제2판

외국인 및 재외동포를 위한

국 적 법

– 국적법령의 이해 및 실무 –

조 국 현

이 종 옥
유 태 수 감수

진 원 사

제2판 머리말

『국적법』에 대한 [제1판]이 나온 이래로 이제 [제2판]의 출간을 맞이하고 있습니다. 제가 처음 『국적법』을 쓰기로 마음먹은 동기 중의 하나는 재외동포, 외국인, 그리고 이민행정전문가 등을 위해 실무에 적합한 교재를 한번 마련해 보자는 것이었습니다.

이러한 『국적법』 교재는 다른 유사한 교재가 있거나 거의 없음에도 불구하고 적지 않은 호응을 받았던 것 같습니다. [제1판]이라 오·탈자도 많고 내용도 미흡한 부분이 많음에도 때때로 강의를 나가보면 적지 않은 분들이 제가 쓴 『국적법』으로 학습하고 실무에 대해 질문을 받게 됩니다. 아마도 그 이유는 '현장에 답'이 있고 '보는 흉내라도 일단 보고 해보아야 흉내를 낼 수 있듯이' 그럴듯해 보이는 단순히 법령의 나열, 법률용어의 사용 등과 같은 형식적 논리를 넘어 독자 여러분의 시각에서 바라보고 서술하도록 노력하였기 때문이 아닌가 생각해 봅니다. 그럼에도 불구하고 무엇인가 '하나'를 깨달아 익힌다고 해도 '열 개'의 부족함이 여실히 드러남을 알기에 적어도 국적법 분야에서만은 꼭 필요한 교재(the must-have book)가 될 수 있도록 앞으로도 더욱 내용의 내실을 기하고자 합니다.

[제2판]에서는 초판에서의 부족하고 미흡한 내용에 대한 보완을 통해 보다 완성도를 높이고자 하였습니다. 즉, [제2판]에서는 초판 내용속의 오·탈자를 수정하고 초판에서 다루지 않은 기본적인 내용들과 함께 특정 내용에 대한 이론을 학습한 경우 그것이 실제로 어떻게 사례에 적용되는지에 대한 고민을 담았습니다.

구체적으로 [제2판]에 반영된 내용은 다음과 같습니다. 우선 최근 개정된 국적법 내용과 [제1판]의 국적법 내용 중 국적법 범위에 직접적으로 포함되지 않는 부분, 재외동포법(재외국민, 외국국적동포) 등 다른 법령과 관련된 부분, 상대적으로 덜 중요한 부분 등은 과감히 삭제하였습니다. 그 대신에 국적법 이해에 반드시 필요한 「국적법」, 「국적법 시행령」, 「국적법 시행규칙」, 「국적업무처리지침」, 「외국국적 동포의 국적회복 등에 관한 업무처리 지침」, 「국적법 시행령 제6조제2항에 해당하는 우수인재 평가 기준 및 추천 등에 관한 고시」 등을 부록으로 반영하였습니다. 또한 [제2판]에서는 「국적법」 업무에 있어서 고려해야 할 중요한 연령, 혼외자(미성년자) 출생신고 및 국적취득 절차, 국외여행 허가간주 제도, 복수국적자의 병역의무, 복수국적자(국적이탈 시기 도과자)의 병역의무, 국적변경 병역회피자에 대한 제재 등에 대한 내용을 수정 또는 보완하였습니다.

이제 본 교재의 원고를 마무리하면서 늘 가족을 위해 헌신을 다하고 있을 영기엄마를 생각하게 됩니다. 오늘의 제가 이렇게라도 머리말을 쓸 수 있는 것은 "사랑은 내게 질문하지 않으며 다만 끝없는 지지를 준다(Love asks me no question and gives me endless support. 세익스피어)."라는 표현처럼 삶의 길목마다 영기엄마의 사랑과 지지가 있었기에 가능한 일이었습니다.

지금 이 순간에도 요양병원에서 걸음조차 움직이기 어려운 상태에 계신 어머님을 생각하게 됩니다. 자식으로서 코로나 등을 핑계로 제대로 병문안도 드리지 못함이 늘 눈앞을 가리게 합니다. 참으로 불효자인 저를 이 자리에 이르게 한 어머님의 간절한 '기도'와 무조건적인 '사랑'을 늘 마음에 간직하면서 건강함속의 평안함을 가지시길 온 마음을 담아 기도드립니다.

어쩌면 우리는 하루에도 몇 번씩 선택의 갈림길을 마주하는 것 같습니다. 누구를 만날 때나, 무엇을 먹을 때나, 무엇을 하려하거나, 어디로 가야할지 행선지를 정하거나 하는 등등 늘 선택지를 접하게 됩니다. 하지만 이러한 순간들을 마주칠 때마다 마음이 정해지지 않으면 갈등하거나 주저하게 만들기에 자신이 갖는 주관적 감정은 잠시 뒤로하고 객관적이고 이성적인 거울을 갖고 자신을 먼저 보아야 할 것 같습니다.

일단 선택이 정해지면 비록 뒤로 되돌아 갈 수 없고, 선택이 잘못되어 후회를 하게 되어도 그 때의 선택이 최선이었음을 믿고, 진정한 '용기'를 통해 내가 정한 내 자존심의 크기를 키워가며, 할 수 있는 만큼 노력하면서 삶의 한 모퉁이를 돌아가는 것은 어떨까 합니다.

우리들 인생은 비록 완성된 길이 아닐지라도 이렇게 우리가 선택한 것들이 모여 선택한 그 일에 책임을 지고 가면서 인생길을 만들어 가는 것 같습니다. 이와 같이 한 걸음 한 걸음 주어진 인생길을 연마하고 갈고 다듬어 가면서 자신만의 삶의 작품을 만들어 가다보면 날마다 즐겁고 기쁜 날이 될 것이라고 확신합니다{(보보시도량(步步是道場) 일일시호일(日日是好日)}.

늘 그렇듯이 사랑하는 아들 영기에게 역시 고마움을 표시합니다. 세상살이 그렇게 호락호락 하지 않은데 묵묵히 직장에 충실하게 나아가는 모습에 감사함을 더합니다. 때로는 걱정 또한 많이 앞서지만 잘 해나가리라고 굳게 믿으며, 더욱 건강 잘 챙겨서 하고 싶은 일들을 이루길 기도합니다.

사랑하는 영호에게도 역시 고맙다는 말을 함께하면서, 영차 힘을 낼 수 있도록 용기를 북돋아 주고 싶습니다. 세상에서 혼자인 것 같고 세상이 내 편이 아닌 것 같은 생각이 들 때마다 아빠가 영호에게 당부한 그동안 쓴 책들의 머리말을 펼쳐보길, 어떤 상황에서도 꿈을 잃지 않고 절대로 그 꿈을 포기하지 않기를, '인생이란 끊임없는 공부의 연속'임을 실감하고, 그래도 살아가면서 힘이 들 때면 노래 "Never Give Up On a Dream by Rod Stewart(1981)을 배경으로 한 동영상 한 편(Terry Fox Run)을 만나보고, 다시 힘을 내었으면 합니다.

……♪ 누구나 한 번쯤은 자기만의 세계로, 빠져들게 되는 순간이 있지
그렇지만 나는 제자리로 오지 못했어, 되돌아 나오는 길을 모르니.♬
♪♪ 너무 많은 생각과 너무 많은 걱정에, 온통 내 자신을 가둬두었지
이젠 이런 내 모습 나조차 불안해 보여, 어디부터 시작할지 몰라서.♬
♪ 나도 세상에 나가고 싶어, 당당히 내 꿈들을 보여줘야 해
그토록 오랫동안 움츠렸던 날개, 하늘로 더 넓게 펼쳐 보이며 날고 싶어.♬

♪ 감당할 수 없어서 버려둔 그 모든 건, 나를 기다리지 않고 떠났지
그렇게 많은 걸 잃었지만 후회는 없어, 그래서 더 멀리 갈 수 있다면.♬
♪♪ 상처받는 것보단 혼자를 택한 거지, 고독이 꼭 나쁜 것은 아니야
외로움은 나에게 누구도 말하지 않은, 소중한 것 깨닫게 했으니까.♬
♪ 이젠 세상에 나갈 수 있어, 당당히 내 꿈들을 보여줄 거야
그토록 오랫동안 움츠렸던 날개, 하늘로 더 넓게 펼쳐 보이며.♬
♪♪ 다시 새롭게 시작할 거야, 더 이상 아무것도 피하지 않아
이 세상 견뎌낼 그 힘이 돼줄 거야, 힘겨웠던 방황은.♣

《임재범, 비상》

제법 제가 하는 업무의 경험들이 쌓이면서 "사업가에게 가장 필요한 것은 박사학위가 아니라 열정이고, 음식을 직접 만들고 배달한 사람만이 회사의 중역이 될 수 있음"(크록)을 체험하게 됩니다. 대부분의 일들이 '책상'이 아닌 '현장'에 답이 있다는 것입니다. 이러한 것은 '열심을 다하는 것'은 기본이며, '일도 역시 잘해서' 고객을 만족시켜야 한다는 경영철학도 함께해야 할 것입니다.

곁들여 '믿음'과 '나눔'의 나무를 심어서 믿음 속에서 '배려'를 생각하고, 나눔 속에서 이루어지는 '관대함'을 체감하게 됩니다. 이러한 것은 어쩌면 불광불급(不狂不及)이란 말이 있듯이 어떤 일을 함에 있어서 열정적으로 그 일에 미칠 정도에 이르러야 목표에 도달할 수 있는 것 같습니다.

국적법 교재 [제2판]을 준비하면서 이민행정 분야에서 '나눔'과 '관대함'이 무엇인지를 깨우쳐주신 '이종옥' 국장님, '유태수' 소장님, '이영희' 그리고 병역과 관련된 내용을 검토해 주신 이연우 박사님께 고마움을 표시합니다. 또한 늘 그렇듯이 제가 쓴 교재들 하나하나에 대해 배려를 아끼지 않으시는 진원사의 양진수 대표님, 양희원 과장님, 류재현 편집부장님께도 이 자리를 빌려 감사의 말씀을 드립니다.

요즘 들어 누구에게나 행복할 권리가 있다는 말을 종종 듣곤 합니다. 그러기 위해서는 우선 기쁜 추억이든 슬픈 추억이든 이미 지난 것이라면 흘려보내고 오늘의 삶을 되새겨 보게 하는 힘이 곧 세월의 힘을 인정하면서 모든 것이 우리 자신으로부터 시작됨을 인식하여야 할 것입니다. 다른 사람과 비교하지 말고, 지금 갖고 있는 것, 지금 함께하는 소중한 사람들에게 늘 감사함을 가지며, 따뜻한 사랑과 나눔을 통해 즐겁고 밝게 살아나가면서 행복의 메시지를 전해야 할 줄 믿습니다. 또한 수많은 좋은 것들은 나눌수록 커지고, 나누는 데 그렇게 많은 돈이 들지도 않다면 나눌수록 더욱 커지는 기적을 함께 맛보면서 보다 살기 좋은 이웃과 사회 그리고 자랑스러운 대한민국을 만들어 나가는 것은 어떨까 합니다.

이제 가을이 조금씩 더욱 깊어져 가고 있습니다. 객지인 우리나라에서 힘들 수 있고, 어쩌면 다양한 아픔들을 가질 수 있는 외국인과 재외동포들 그리고 그들의 가족을 생각하면서, 관련된 모든 일에 전심전력하여 우리들의 찐한 섬김과 성숙함을 나타나게 하셨으면 더욱 좋겠습니다.

아무쪼록 본 교재를 통해 이민행정전문가, 연구자, 법조인 등 외국인과 재외동포업무에 종사하는 모든 분들에게 필요한 정보와 함께 학습, 연구나 실무 등에 보탬이 되어 이 분야에서만은 적어도 '대가(大家)'나 '달인(達人)'이 되셨으면 합니다. 그리하여 '오늘'이라는 시간이나 기회에 노력을 더하여, '내일'이라는 새로움이 가득한 행운과 그토록 기다리던 일들이 모두 이루어지는 그런 날들만 이어지시길 이 자리를 빌려 삼가 기원 드립니다.

"Not Success, But Service !!"

고맙습니다.

2022년 10월

2022년 깊어가는 가을, 제가 태어나고 정든 강원도 봉평의 산골마을 그 오솔길을 걸어보며,

조 국 현 올림

머리말

본 교재는 외국인과 재외동포를 위한 국적법과 재외동포법 등과 관련된 내용을 담아, 각종 자격의 취득, 수험, 연구, 실무 등 이와 관련된 분야 모든 분들에 대한 지침서 내지 필독서(the must-read book)로서의 역할을 하기 위한 하나의 소박한 바람 속에서 이루어졌습니다.

이미 저의 이름으로 출판된 『미국 계약법』, 『미국 불법행위법』, 『미국 재산법』, 『미국 증거법』과 같은 교재들은 시중에 유사한 교재가 있음에도 독자들로부터 좋은 호응을 얻었던 것 같습니다. 아마도 뭔가 그럴듯해 보이는 단순한 법률용어의 사용이나 형식적 논리를 넘어 독자 여러분의 시각에서 바라보고 서술하도록 노력하였기 때문이 아닌가 생각해 봅니다.

제가 다섯 번째의 교향곡(?)으로서 국적법 교재를 한번 써 보자고 생각하게 된 동기는 위에서 언급한 네 곡의 교향곡들과는 달리 제가 미국 뉴욕주(Flushing)에서 미국 이민변호사로서 업무를 수행하면서 경험한 내용을 나누고 싶었고, 우리나라 국적 등과 관련하여 유사한 점이 많아 관련 법령에 대한 이해 및 실무에 도움이 되고 싶었습니다. 또한 국적법 관련 내용이 갖는 중요성에도 불구하고 실제 우리나라에서 국적과 관련된 업무에 종사하는 분들에 대한 교재를 쉽게 찾을 수가 없었습니다. 실제로 실무에 임하면서 법령의 내용이 사건에 적용이 쉽지 않았고 그렇기에 어떻게 보면 국적법 관련 내용에 대한 실무 경험 등을 본 교재로 옮겨보고자 하는 마음으로 시작한 고민의 축적물이라고도 할 수 있을 것입니다.

본 교재의 내용을 채워가면서 어려웠던 점의 하나는 우리나라에 국적법 내용을 다루는 교재가 거의 없고 정보나 자료의 부족과 함께 실제로 최신 자료를 찾기가 쉽지 않았으며, 그 저변 또한 넓지 않아 그 서술 순서나 체계 그리고 내용 설명에 있어서 한계가 있었습니다. 그리하여 국적법 관련 서적의 경우 내용의 정확성이 중요하다고 생각, 가능한 한 기존의 교재와 자료를 통해 그 출처를 찾아 반영하도록 하였습니다. 하지만 이러한 노력에도 불구하고 빈번한 관련 법령의 제·개정으로 인해 내용이 변경된 것도 있을 것이고 때로는 미흡한 부분도 많을 것이라고 생각합니다. 이러한 것은 개정판 등을 통해 보다 정확하고 최신의 정보를 반영하는 등 내용의 질적 향상을 위해 노력하고자 합니다.

이제 원고를 넘기면서 인디애나대학 로스쿨 시절 인디애나폴리스에서 박사과정(S.J.D., The Doctor of Juridical Science) 재학 시 지도교수(James P. Nehf)를 뵙고 나오던 때가 떠오릅니다. 교수님으로부터 학위논문에 대한 여러 가지 말씀을 듣고 미국에서의 박사학위 취득이란 쉽지 않고 자칫 정신을 바짝 차리지 않으면 목표도 없이 시간만 가고 어디론지 한없이 표류할 수도 있다는 생각과 함께 끝없이 펼쳐지는 석양을 마주하면서 운전하며 블루밍턴(Bloomington)으로 향하던 때와 함께 말입니다. 어쩌면 저의 한 생애를 통해 쉽게 볼 수 없을 석양의 투명한 빛이 산자락과 능선을 통해 선명하게 펼쳐지며, 하늘은 고요와 평화 그리고 아름다움과 신비로 물들었건만, 그저 살아남기 위한 인생(survival life)의 길을 걸어가야 했던 환경이었기에 아무 생각 없이 무감각하게 흘려보내야만 했던 아쉬움도 가득했었습니다.

우리가 어디로 가고 있는지 모른다면 결국 거기로 가지 못할 수 있습니다(If you don't know where you're going, you might not get there). 저는 지금 이 세상 어디쯤에 와 있는지 알지 못하지만, 절대자가 허락한 인생의 시간(time-table)속에서 앞으로 좀 모자라고 아쉬워도 여백(餘白)이 주는 의미를 되새기며 삶의 가치와 무게와 폿대를 어디에 두고 살아가야 할 것인지를 함께 생각해 봅니다.

그래서인지 언제부터인가 힘을 내라는 말, 자신감을 가지라는 말, 화이팅하라는 말보다는, 힘을 덜 내도 괜찮고, 서툴러도 괜찮으며, 덜 자신감을 가져도, 잘하지 못할 수도 있다는 마음으로 내려놓기도 해 봅니다. 세월이란 오는 것이 아니라 가는 것이기에 인생이란 여행길에서 인생의 '벽'에 부딪치고 바닥을 치게 될 '터널'을 만날 때마다 적어도 인생을 너머, 바닥을 너머, '아직도 가야할 길'이 남아있다면 그 '터널'을 지나갈 '길'들을 찾아보게 됩니다.

만일 이러한 '길'이 제2의 인생을 찾아가는 길이고, 하염없이 여행해야 한다면 제1의 인생은 청산하고 훌훌 털어버림과 함께 제1의 인생을 위해 사용되었던 항해지도를 이젠 버려야 하는 것은 아닌지 모르겠습니다. 기적은 준비한 그릇만큼 올 수 있기에 준비된 빈 그릇을 채울 수 있도록 <인생의 후반전>을 위해 대비해야 할 것 같기 때문입니다.

오늘이 있기까지 많은 분들로부터 신세를 졌습니다. 무엇보다도 나름대로 힘들 일들도 많을 텐데 내가 무엇을 하든 지지해 주고, 말로 다할 수 없는 정성으로 묵묵히 내조를 아끼지 않으신 가장 고맙고 존경하는 영기엄마에게 손때 묻은 이 책을 드리고 싶습니다. 오늘 이날에 이르기까지 뭐 하나 제대로 보태준 것도, 나눠준 것도 없는 것 같고 여전히 가족을 위해 고생하고 있다는 생각이 늘 마음을 무겁게 합니다.

또한 이 순간에도 강원도 봉평의 혜민요양병원에서 거동조차 힘든 상태로 요양을 하고 계신 어머님께 감사함을 드립니다. 바다를 먹물삼고 하늘을 두루마기 삼아도 말로써 표현할 수 없는 어머님의 사랑에 이 자리를 빌려 건강함속의 평안함을 가지시길 자식으로서 너무 죄송스러운 마음과 함께 간절히 기도를 올려봅니다.

인생은 멀리서 보면 '희극'이고 가까이 보면 '비극'이라고 합니다. 우리네 인생은 본디 비바람에 흔들리게 되어 있고 기왕 이 비바람을 피할 수 없다면 평온한 마음으로 내려놓음으로써 소탈해지는 법을 익히고, 담담하게 삶과 마주하는 법을 배워야 할 것 같습니다. 화(禍)와 복(福)이 들어오는 정(定)해진 문이 없으며, 화는 한번만 행(行)해지지 않고 겹쳐서 온다는 말(화복무문화불단행, 禍福無門禍不單行)을 증명이라도 하듯 작금의 코로나19 사태와 같은 여러 어려운 상황들이 금방이라도 눈앞에 마주칠 것 같습니다.

'세상은 고통의 바다'라는 말이 있듯이 산다는 것은 즐거움과 함께 고통이 있게 마련이며 살아남는 다는 것은 어쩌면 고통 속에서 그 의미를 찾아내는 일인지도 모르겠습니다. 요즘 들어 날이 날을 더할수록 바라는 것이 무엇인지 알 수 없고(The days/times go by and every vision comes to nothing.), 무엇인가 있어야 하는 사명감조차 저물어 가고 있다는 생각까지 들게 됩니다.

하지만 세상살이에 경험이 많은 지혜로운 선인들은 어떤 어려운 일에 부딪칠 때마다 급히 서두르지 말고 좀 더 기다리라고 일러줍니다. 해결하기 어려운 문제일수록 조급히 해결해 버리려고 서두르지 말고 한 걸음 물러서서 조용히 이모저모를 살펴보고, 지혜로운 해결책과 분별력을 가질 수 있도록 수시로 남의 눈을 빌어

내 자신의 살림살이를 냉정하게 바라보며, 작은 이익에 눈을 파느라고 큰일을 놓치지 말고, 마음의 소리에 귀를 기울이면서 진정한 스승은 내안에 깃들여 있으며, 자신의 삶에 충실한 사람만이 자기 자신을 제대로 관리할 수 있음도 절실히 체감하게 됩니다.

사랑하는 아들 영기, 영호에게도 고마움을 표시합니다. 나름대로 어려움이 있을 텐데 이를 표시하지 않고 주어진 직장에서 열심을 다하는 영기의 모습, 특히 누구보다 쉽지 않은 생활일 텐데 묵묵히 가족의 일을 도와준 영호에게, 새롭게 출발하려는 아빠를 위해 로고(logo)를 만들어 준 자랑스러운 영호에게, 어렸을 때부터 아빠로서 제대로 챙겨주지 못한 것이 늘 마음을 아프게 합니다. 이 자리를 빌려 영호에게 정말 미안하다는 말을 전하고 싶습니다.

이와 함께 비록 살아간다는 것이 힘들고 어려우며, 무엇을 해야 할지 잘 모르더라도 절대로 '소망'을 포기하지 말며 세상 빛 가운데로 가까이 나아가기를, 고통이나 고민이 있다면 이를 놓아버리고 늘 간절한 '기도'와 '마음 돌봄'(mindfulness)을 통해 어제를 후회하거나 내일을 걱정하지 말기를, 오늘 이 순간 매우 특별하고 귀중한 인생의 전환점이 되기를, 영호가 인생의 방향을 찾아감에 있어서 하나님께서 늘 영호 곁에서 지켜보고 계시면서 갈 길을 밝힐 것임을 확실히 믿기를 간절히 바랍니다.

♬♪그대여 아무 걱정 하지 말아요.
…지나간 것은 지나간 대로, 그런 의미가 있죠. …♬
♬♩…우리 다 함께 노래합시다.
…후회 없이 꿈을 꾸었다 말해요. …♬
♬♪♩… 새로운 꿈을 꾸겠다 말해요. …♬

《걱정 말아요, 그대!!》 중에서 ~♧

본 교재의 내용에 대해 한 획 한 획을 그어가는 과정에서도 많은 분들로부터 도움을 받았습니다. 제가 모르는 것이 많기 때문이고 제가 더 배우고 싶었기 때문입니다. 내용을 하나하나 채워가면서 단순한 법령의 내용뿐만 아니라 실무 면에서도 큰 지도와 상세한 자료를 나누어 주신 이종옥 교수님께 특별히 감사를 드립니다.

또한 내용의 새로움과 실무 면에 있어서 도움을 주신 유태수 영사님과 이영희 국장님께도 고마움을 표시하며 앞으로도 많은 가르침을 받고자 합니다.

어떤 책도 저절로 홀로 완성되지 않듯이 본 교재가 나오기까지 편집 등 많은 노력이 필요했습니다. 본 교재의 출판을 허락해 주신 진원사의 양희원 과장님과 정성스럽게 수고를 아끼지 않으신 류재현 부장님을 비롯한 여러분들에게도 깊은 고마움을 표시합니다.

"비를 내리는 것은 하나님이 일하신 것이지만 빗줄기를 피해 작은 화분을 처마 밑으로 옮기는 것은 내가 할 수 있는 일"이라고 합니다. 절대자가 하는 일을 인정하면서 내가 할 수 있는 일임을 깨닫게 합니다. '비'에 젖으면 '비'를 두려워하지 않는 것처럼 '희망'에 젖으면 '내일'이 두렵지 않을 것이라고 생각합니다.

이왕이면 정말로 하고 싶은 일이면서 잘하는 일을 하는 것이 의무이고 사명이라는 생각으로, 그 일에 전심전력을 기울이는 열의와 기쁨을 통해 품삯과는 상관없이 힘차게 '믿음으로 승부'하면서, 우리네 인생을 환하게 꽃피우고 삶을 아름답게 만들어 갈 기쁨을 누려야 할 것이라고 생각합니다. 진리는 전혀 헛되거나 속이지 않는다는 믿음 속에서, 무슨 일이든지 얻어지는 것은 내가 한 만큼일 수 있기에, 지금까지 해왔던 것처럼 앞으로도 한결같이 하면 사회와 자랑스러운 대한민국을 위해 보람 있는 일을 할 때가 반드시 올 것이라고 확신합니다.

무엇보다도 세월이 흐르는 만큼 대가나 고수가 될 수 있지만 건강은 반비례 한다고 하니 건강에 좀 더 신경 쓰고 관리를 잘 해야 나갈 줄 믿습니다. 세찬 바람이 불어도 쉽게 꺼지지 않는 별빛과 같이 삶 전체 속에서 고난 등에 놓인 절대자에 대한 호소라고 할 수 있는 '기도'와 함께 미세한 입자라고 할 수 있는 '마음'도 챙기고 돌보아야 할 것 같습니다.

지난날의 묵은 먼지와 때는 털어버리고 사실 속에 존재하는 문제들을 하나하나 짚어보면서 우리 일상생활에 도움을 준 나사(screw)나 바퀴(wheel)처럼 희망차게, 늘 감사하는 마음으로 한걸음씩, 한걸음씩 내일을 향해 문을 두드려가면서, 이왕이면 "Cool Head, Warm Heart"를 통해 때가 이르면 '성공'하는 삶으로부터 '의미'있는 삶으로 나아가셨으면 합니다.

아무쪼록 외국인과 재외동포업무 등에 종사하는 분들이 본 교재를 통해 필요한 정보와 함께 학습, 연구나 실무 등에 있어서 본 교재가 좋은 나침반 역할을 할 수 있었으면 좋겠습니다. 곁들여 날마다 기적이고, 새롭고, 신명나며, 기막힌 날들만 이어져 모든 행운, 희망, 그리고 성취가 여러분에게 향하기를 이 자리를 빌려 삼가 기원 드립니다.

고맙습니다.

2020년 10월

'마음 챙김'을 통해 '소명'을 알아가는 <인생의 후반전> 그 한 가운데에서 여섯 번째의 교향곡을 기대하며,

조 국 현 올림

목 차

제1장 총 론 / 3

제2장 국적법에 관한 일반적 논의 / 25

제3장 국적의 취득 및 절차 / 51

제4장 수반취득 / 151

제5장 국적회복에 의한 국적의 취득 / 157

제6장 국적취득자의 외국국적 포기의무 / 177

제7장 국적의 재취득 / 193

제8장 복수국적과 복수국적자 / 197

第10장 선천적 복수국적자의 국적선택제도 / 253

第11장 대한민국 국적의 선택 / 267

제12장 대한민국 국적의 이탈 / 275

제13장 국적선택의 명령 / 295

제14장 대한민국 국적의 상실 / 301

제15장 복수국적자에 대한 통보의무 / 307

제16장 외국 국적 취득에 따른 국적의 상실 / 311

제17장 법정대리인에 의한 신고 등 / 341

제18장 국적의 판정 / 351

제19장 귀화허가, 국적회복허가 또는 국적판정의 취소 / 363

第20장 수수료의 납부 / 369

第21장 관계기관 등에 대한 협조의무 / 375

第22장 권한의 위임 / 377

第23장 개인정보 보호를 위한 정보의 처리 / 379

[부 록]

외국인 및 재외동포를 위한

국 적 법

제1장 총 론

제1절 서술방법 및 주요 내용

본 교재는 원칙적으로 [제1판]과 같이 「국적법」 조문 순서에 따른 내용을 다룬다. 특히 국적취득, 국적포기의무, 국적상실, 국적판정, 국적취소, 복수국적, 가족관계등록관서 통보, 증명서 발급 등이 주로 다루어야 할 내용이다.

[제2판]에 수정되거나 반영된 내용은 다음과 같다. 우선 [제1판]의 국적법 내용 중 국적법 범위에 직접적으로 포함되지 않고, 재외동포법(재외국민, 외국국적동포) 등 다른 법령과 관련된 내용과 덜 중요한 [부록] 부분은 과감히 삭제하였다. 대신 국적법 이해에 반드시 필요한 「국적법, 「국적법 시행령」, 「국적법 시행규칙」, 「국적업무처리지침」, 「외국국적 동포의 국적회복 등에 관한 업무처리 지침」, 「국적법 시행령 제6조제2항에 해당하는 우수인재 평가 기준 및 추천 등에 관한 고시」를 부록으로 반영하였다.

또한 [제2판]에서는 「국적법」 업무에 있어서 고려해야 할 중요한 연령, 혼외자(미성년자) 출생신고 및 국적취득 절차, 국외여행허가 간주 제도, 복수국적자의 병역의무, 국적변경 병역회피자에 대한 제재 등에 대한 부분을 수정·보완하였다.

이와 같은 내용을 바탕으로 한 본 교재에서 다루는 주요 내용은 다음과 같다.

제1장에서는 「국적법」 이해를 위한 기본 개념, 서술방법 및 각 장별 주요 내용 등에 대해 설명한다.

제2장에서는 「국적법」에 관한 일반적 논의로서 국적과 대한민국의 국민, 국적과 시민권, 국적과 가족관계등록부, 북한이탈주민의 국적, 「국적법」, 「출입국관리법」, 「재외동포법」 그리고 「통합이민법」과의 관계, 국적의 법원(法源), 국적법의 제정 목적, 「국적법」 연혁에 따른 시행일과 제정·개정이유 및 주요 제·개정 사항 등 국적법 등의 주요 연혁(沿革), 현행 「국적법」의 주요 내용, 「국적법」상 기간의 계산, 「국적법」 업무에 있어서 숙지해야 할 중요한 시기, 「국적법」 업무에 있어서 고려해야 할 중요한 연령, 이민행정 실무에 있어서 숙지해야 할 기본적인 신청서류 및 절차

등에 대해선 살펴본다.

제3장에서는 국적의 취득 및 절차에 대해서 중점적으로 살펴본다. 여기에서는 「국적법」상 대한민국의 국적취득과 관련하여 출생에 의한 국적취득, 인지에 의한 국적취득, 귀화에 의한 국적취득이 있음을 확인한다. 우선 ① 출생에 의한 국적취득에서는 「국적법」상의 규정 및 법적 성격, 요건, 효과, 관련문제로서 북한 이탈주민의 국적, 출생에 의한 국적 취득 시 국적의 유효기간, 부가 외국인 경우 그 자녀의 성(姓), 대한민국 국민이 외국에서 출생한 경우, 가족관계등록부에 출생시각의 기록 방법 등 관련문제에 대해서 살펴보고, ② 인지에 의한 국적취득은 인지에 의한 국적취득 업무의 흐름, 국적법상의 규정, 요건, 절차 및 구비서류, 효과, 한국인 여자와 외국인 남자사이의 혼인외 출생자(혼외자)의 국적 취득 절차, ③ 귀화에 의한 국적취득에서는 일반귀화, 간이귀화, 그리고 특별귀화로 구분하여 설명한다. 우선 ㉠ 공통적인 내용으로서 귀화허가 업무의 흐름, 국적법상의 규정, 국적회복과의 구별, 유형 및 유형의 전환, 귀화허가의 신청, 귀화 요건 구비여부의 심사, 귀화허가를 받은 사람에 대한 국민선서 및 귀화증서 수여, 귀화의 법률적 효과, 귀화허가를 받은 자의 국적 취득의 통보 및 가족관계등록, 관련문제로서 귀화 신청자의 방문동거(F-1) 자격으로 체류자격을 변경한 외국인의 체류 기간연장 신청서류, 귀화허가(외국국적동포) 등 신청자의 배우자, 자녀(F-1-71)와 영주자격(F-5-7) 신청자의 배우자, 미성년자녀(F-1-72) 자격변경, 귀화한 국민의 미성년자녀가 거주 자격으로의 체류자격 변경과 체류기간 연장 신청서류, 귀화한 중국계한국인의 중국비자 신청서류, 한국에서 태어난 아이 중국 호구부에 등재 절차, 미성년자의 국내 입양 절차(예: 중국) 등에 대해 살펴본다.

그 후 구체적으로 ② 일반귀화에서는 의의, 대상, 요건, 구비서류(해외 범죄경력증명서 제출관련 주요 내용 등)에 대해서, ③ 간이귀화에서는 대상, 요건 및 절차, 구비서류 등을, ④ 특별귀화에서는 의의, 대상, 요건 및 절차, 특별귀화 대상별 구체적인 내용, 관련문제 등에 대해서 살펴본다.

제4장에서는 수반취득에 대해서 알아본다. 국적법상의 규정, 대상, 신청절차 및 허가, 효과 등이 본 장에서 학습할 내용이다.

제5장에서는 국적의 회복에 관해서 다루어 본다. 구체적으로 국적법상의 규정,

국적회복과 귀화와의 관계, 요건, 일반적인 경우 및 일반적인 경우가 아닌 중국동포의 국적회복 절차 및 구비서류, 효력, 외국국적불행사 서약의 절차, 문제되는 경우로서 만 65세 이상 고령 동포의 국적회복 신청, 외국의 국적을 취득하였으나 가족관계등록부가 폐쇄(舊 제적)되지 않은 경우, 불법체류 중인 신청자의 경우, 출생월일이 특정되지 않은 자의 경우 등에 대해서 알아보기로 한다.

제6장에서는 국적취득자의 외국국적 포기의무에 대해서 살펴본다. 대한민국 국적을 취득한 날부터 1년 내에 그 외국 국적을 포기하거나 법무부장관이 정하는 바에 따라 대한민국에서 외국 국적을 행사하지 아니하겠다는 뜻을 법무부장관에게 서약토록 함으로써 그 나라의 국적을 보유할 수 있도록 하고 있다. 이에 대해 구체적으로 설명하면 국적법상의 규정, 이전국적을 포기하는 경우와 외국국적불행사 서약의 경우 각각의 대상 등 요건, 구비서류, 다른 나라 국적도 없는 상태에서 개인적 이유로 대한민국 국적의 포기 가능여부, 대한민국 국적 취득 중국인의 중국국적 포기 절차 등 관련문제에 대해 살펴보기로 한다.

제7장에서는 국적의 재취득에 관해서 살펴본다. 이와 관련하여 개요, 국적법상의 규정, 대상, 방법 및 시기, 절차 및 구비서류, 국적 재취득 신고의 수리 효과 및 사후 절차 등이 본 장에서 주로 학습해야 할 내용이다.

제8장에서는 복수국적과 복수국적자에 대해서 알아본다. 여기에서는 국적법상의 규정 및 의의, 복수국적자의 발생 유형(선천적인 경우와 후천적인 경우) 및 허용대상, 우리나라 「국적법」에 따른 복수국적의 허용, 대상, 복수국적자의 법적 지위(복수국적자의 특정분야 종사의 제한, 복수국적자에 대한 외국인 처우와 관련된 법령 제·개정시의 제한), 만 65세 이상 외국국적동포의 국적회복을 통한 복수국적의 취득, 복수국적자의 출입국 및 체류에 관한 지침 내용, 관련문제로서 출생신고를 하지 아니한 선천적 복수국적자의 국적상실 여부, 외국국적 취득 후 대한민국 여권의 부정사용시의 문제 등에 대해서 살펴보기로 한다.

제9장에서는 복수국적자의 병역의무에 대해서 살펴본다. 여기에서는 구체적으로 의의, 근거, 가족관계등록신고와 국적과의 관계, 병역의무에 관한 일반적 이해로서 병역의무의 이행, 연기 및 면제, 병역의무 해당자의 국외여행허가, 병역의무자의 국외여행 및 국외여행기간 연장의 허가, 국외여행 목적별 허가 대상 및 기간,

국외여행허가 및 국외여행기간 연장허가의 절차, 허가의 제한, 국외여행 허가의 취소 등, 복수국적자의 병역의무와 관련된 주요 쟁점으로서 ① 미국의 영주권을 보유하고 있는 한국 국적의 부모를 둔 선천적 복수국적자가 한국에서 출생신고를 하지 않은 경우 외국인등록과 함께 한국에서의 생활이 가능한 지의 여부, ② 복수국적자가 병무청의 국외여행허가를 받지 아니하고 외국여권(이름)으로 출·입국을 할 수 있는지의 여부, ③ 국외에서 출생한 복수국적자로서 37세까지 병역을 연기받은 후 귀국하여 외국인 신분으로 취업하는 경우에도 병역의무를 부과하는지의 여부, ④ 대한민국에서 출생하여 생활 중 부모와 함께 외국으로 이주하여 외국 국적을 취득한 사람이(갑, 20세, 남자) 한국의 가족관계등록부가 정리(폐쇄)되지 아니한 경우 병역의무를 이행해야 하는지의 여부, ⑤ 대한민국에서 출생하여 군 복무를 마친 후 외국의 국적을 취득하게 된 경우 다시 국적을 회복하면 복수국적을 유지할 수 있는지의 여부, ⑥ 영주권자 및 복수국적자가 국외이주의 사유로 만 37세까지 병역 연기를 받은 경우 병역의무가 부과되는 경우, ⑦ 영주권 취득자가 영주권을 포기하지 않고 병역의무 이행 여부, 영주권자 등 입영희망제도, ⑧ 시민권 취득자의 병역의무, ⑨ 재외국민 2세인 경우의 병역의무, ⑩ 영주권인 시민권 소지자 부모와 함께 거주하는 자녀(갑)가 영주권 미취득시의 병역의무 이행 여부에 대해서 살펴보기로 한다.

제10장에서는 선천적 복수국적자의 국적선택 제도에 관해 알아본다. 여기에서는 구체적으로 국적법상의 규정 및 도입취지, 국적선택의 방식, 대상(국적선택 의무자), 국적선택기간(일반적인 경우, 병역의무자인 경우), 관련문제로서 ① 선천적 복수국적자가 국적선택의무기간 내에 국적 선택을 하지 않은 경우 대한민국 국적의 상실 여부, 선천적 복수국적자의 국적선택의무와 외국국적불행사 서약, ② 선천적 복수국적자(여성, 25세)가 국적선택의무기간이 지난 경우에도 국적이탈 신고를 할 수 있는지의 여부에 관해서 살펴본다.

제11장에서는 대한민국 국적의 선택 절차에 대해서 알아본다. 본 장에서 살펴볼 내용은 국적법상의 규정, 대상{① 대한민국의 국적을 선택하고 외국의 국적을 포기하는 경우와 ② 대한민국의 국적을 선택하고 외국국적불행사 서약을 하는 경우, 특히 모가 임신 후 자녀에게 외국 국적 취득의 목적으로 출국, 체류 중 출생한 자("원정출산자")의 경우}, 절차 및 구비서류,

대한민국의 국적을 선택할 수 있는 기간(① 국적 선택기간이 경과한 이후에 대한민국 국적을 선택하는 경우와 ② 외국 국적 포기절차가 종료되지 않은 경우) 등이다.

제12장에서는 대한민국 국적의 이탈에 대해서 알아본다. 여기에서는 주로 국적법상의 규정, 국적상실과의 구별, 요건, 국적이탈 신고 기간(남자의 경우, 여자의 경우), 직계존속(直系尊屬)이 외국에서 영주(永住)할 목적 없이 체류한 상태에서 출생한 자, 국적이탈신고의 절차 및 구비서류, 효력(국적이탈신고를 한 경우와 국적이탈신고를 하지 않은 경우), 관련문제로서 출생신고 미필자의 경우와 국적이탈에 의한 국적상실 시점에 대해 살펴보기로 한다. 본 장에서의 내용들은 실제로 실무상 자주 다루어진다는 점에서 상세히 숙지하여야 할 것이다.

제13장에서는 복수국적자에 대한 국적선택명령에 대해서 살펴본다. 여기에서는 국적법상의 규정, 요건, 국적선택의 명령과 그 절차(국적선택의무 불이행자에 대한 경우와 외국국적불행사 서약 위반자에 대한 경우), 관련문제로서 무호적 복수국적자의 출생신고 및 국적상실 등에 대해서 주로 알아보기로 한다.

제14장에서는 대한민국 국적의 상실에 대해 살펴보는데 여기에서는 구체적으로 국적법상의 규정, 요건, 대상, 사유, 절차(청문 및 국적심의위원회의 심의), 구비서류 등이 포함된다.

제15장에서는 복수국적자에 대한 통보의무에 대해서 알아보고 구체적으로 여기에서는 통보의무의 대상, 내용, 절차, 복수국적자에 대한 질문권 및 자료제출요청권 등이 포함된다.

제16장에서는 외국 국적 취득에 따른 국적의 상실에 대해서 알아본다. 여기에서는 구체적으로 국적법상 국적이 상실되는 경우(대한민국 국적 취득에 의한 국적상실, 외국 국적 취득에 의한 국적상실, 복수국적자의 대한민국 국적이탈에 의한 국적상실, 복수국적자에 대한 국적선택명령 불이행자의 국적상실, 법무부장관의 국적상실 결정에 의한 국적상실), 외국 국적을 자진하여 취득하는 경우(자진취득), 외국 국적을 자진하여 취득하는 경우가 아닌 경우(비자진취득, 국적보유의 신고의 의미, 유형, 국적보유의사의 신고 절차, 국적보유 신고 시 처우, 국적보유신고를 한 사람이 해야 할 일), 국적상실자의 처리 : 국적상실의 신고와 공무원의 국적상실 통보의무, 관보를 통한 고시, 국적상실자의 법률관계, 국적상실자의 양도가능한 권리의 양도의무를 이행하지 않은 경우, 국적상실에 따른 부수적 효과 등에

대해서 살펴보기로 한다.

제17장에서는 법정대리인에 의한 신고 등에 대해서 알아본다. 여기에서는 주로 국적법상의 규정, 구체적인 내용으로서 15세 미만인 자의 경우와 15세 이상인 자의 경우, 귀화신청의 경우 배우자 동반여부, 국내 신청자가 불법체류자인 경우 등에 대한 내용을 다룬다.

제18장에서는 국적의 판정에 대해서 다룬다. 여기에서는 구체적으로 국적법상 규정, 취지 및 법적 성격, 대상, 국적판정의 신청절차 및 구비서류, 국적판정의 심사, 효력('국적보유판정'을 한 경우와 '국적비보유판정'을 한 경우), 관련문제로서 국적취득자 기록정리 및 외국인등록증의 반납, 국적판정 신청자와 국적비보유판정자의 체류관리, '법률 형식상으로는 일응 대한민국의 국적을 보유하였다고 보기 어려우나 실질적으로는 국민으로 살아온 사람'의 경우 고려사항에 관한 내용을 살펴보기로 한다.

제19장에서는 귀화허가, 국적회복허가, 또는 국적판정의 취소에 관한 내용을 다루는데 여기에는 국적법상의 규정, 대상, 절차, 효과 등이 포함된다.

제20장에서는 수수료의 납부와 관련한 내용을 다루고 여기에는 국적법령상의 규정, 납부해야 할 수수료와 납부방법, 수수료 납부의 방법과 면제 등이 포함된다.

제21장에서는 관계기관 등에 대한 협조의무에 관한 내용을 살펴보는데 여기에는 국적법령상의 규정, 요청할 수 있는 정보 및 관계 기관장 등의 정보제공의무가 포함된다.

제22장에서는 권한의 위임에 관한 내용을 다루는데 여기에는 국적법상의 규정, 법무부장관의 권한이 위임되는 내용과 수임기관에 관한 내용이 포함된다.

제23장에서는 개인정보 보호를 위한 정보의 처리에 관한 내용을 다루는데 여기에는 법령상의 규정, 민감정보 및 고유식별정보의 처리에 관한 내용이 포함된다.

특히 국적법 관련 실무에 있어서 주로 접하게 되는 분야로서 전체적이고 입체적이면서 순수 외국인과 그 내용이나 실제 적용을 하는 측면에 있어서 어떻게 구별되는지를 숙지하는 것이 본 장에서의 학습 포인트가 될 것이다.

한편, 제출서류와 관련하여서는 이에 따른 모든 구비서류는 신청시점에 따라 그 내용이 다를 수 있으므로, 즉 구비서류가 추가되거나 불필요 할 수 있으므로 원칙적으로 <1345>에 직접 문의하여 그 내용을 정리하면서 신청 시 이외에도 심사관이 심사 시 추가로 보완서류를 요구할 수 있기에 반드시 확인해야 할 것이다.

제 2 절 국적법 이해를 위한 기본 개념

「국적법」에 대한 내용을 학습하고 이를 이해하여 실무에 임하기 위해서는 그 전제로서 일정한 개념 내지 용어를 이해하여야 한다. 이와 관련된 것으로 다음과 같은 용어를 생각할 수 있을 것이다.

❍ 가족관계등록부

가족관계등록부는 국민 각자의 출생, 혼인 사망 등과 관련한 신분변동 내용을 전산정보 처리 등을 통해 기록, 관리하는 공적장부(public record)로서 대한민국의 국적을 증명하기 위한 기초자료로도 활용되고 있다.

❍ 간이귀화 대상자

외국인이 귀화허가를 받기 위한 경우로서 간이귀화 대상자는 외국인 가운데 우리나라와 혈연이나 지연적으로 결합관계가 있는 자에게 적용된다. 그 구체적인 대상은 「국적법」 제6조제1항, 제2항 각 호의 어느 하나에 해당하는 외국인으로서 대한민국에 3년 이상 계속하여 주소가 있는 사람이 된다.

❍ 국 민

'국민'이란 대한민국의 국민[1] 즉, 대한민국의 국적을 가진 자를 말하는데 이때 대한민국의 국적 보유여부는 국적법에 의해 결정된다. 그러므로 가족관계등록부에의 등재여부와 관계가 없다.

❍ 국외에 거주하는 사람

'국외에 거주하는 사람'이란 출입국사항 및 학업 또는 영리활동의 장소 등 국내

---

1) 「출입국관리법」 제2조(정의)

외 체류실태를 종합적으로 고려하여 생활 근거지가 국외에 있는 것으로 인정되는 사람을 말한다.2)

❍ 국 적3)

'국적'이란 국민이 되는 자격·신분으로서 대한민국 국민은 대한민국 국적을 가진 사람을 말한다. 그러므로 국민이 아닌 자는 외국인이 된다. 국적은 성문의 법령을 통해서가 아니라 국가의 생성과 더불어 존재하는 것이므로, 헌법의 위임에 따라 「국적법」이 제정되나 그 내용은 국가의 구성요소인 국민의 범위를 구체화, 현실화하는 헌법상의 조항으로서 규율된다. 그리하여 대한민국 헌법 제2조제1항은 "대한민국의 국민이 되는 요건을 법률로 정한다."고 규정하고 있고, 국적과 관련된 사항을 전반적으로 규율하기 위한 단일법으로서 「국적법」을 두고 있다. 비교법적으로 일본, 대만, 중국, 유럽 국가들은 국적제도를 채택하고 영미계통은 시민권제도를 취하고 있는데 이때 시민권은 국적과 동일한 개념이라고 할 수 있다. 실제에 있어서 대한민국의 국민으로 출생하더라도 출생신고를 하지 않아 가족관계등록부에 등재되지 않은 경우 실제 대한민국의 국민으로 대우하기는 용이하지 않은 한계가 있다.

❍ 국적보유제도

'국적보유제도'란 일정한 경우에 해당하는 대한민국 국민이 외국의 국적을 취득한 때부터 일정 기간 내에 대한민국 국적을 보유하겠다는 의사를 표시한 신고를 통해 국적을 보유할 수 있는 경우로서 비자발적 외국국적취득자에 적용된다. 이러한 '국적보유제도'는 외국의 법률에 따라 입양, 혼인, 인지 등 비자발적, 후천적으로 외국의 국적을 자동적으로 취득하게 된 사람이 그때로부터 6개월 안에 국적 보유신고서를 제출하면 복수국적자로서 국적선택 제도의 적용 대상이 된다.

---

2) 병역의무자 국외여행 업무처리 규정[시행 2022. 1. 1.] [병무청훈령 제1848호, 2021. 12. 31., 전부개정.]

3) 대법원 2010. 7. 15. 선고 2009두19069 판결 [국적신청불허가처분취소]; 법무부출입국·외국인정책본부, 『국적법 문답식 해설』 (2011), 2면.

○ 국적선택제도

국적선택제도란 복수의 국적을 가진 자에게 하나의 국적을 선택할 것을 의무화시키는 제도를 말한다.[4] 즉, '국적선택제도'란 복수국적자에 대해 국적법 제12조에 규정된 국적선택기간 내에 대한민국 국적을 선택하거나(법 제13조) 대한민국의 국적을 이탈하는(제14조) 등 하나의 국적을 선택하도록 요구하는 제도인 것이다. 국적법은 선천적이나 후천적으로 만 20세가 되기 이전에 복수국적자가 된 사람은 22세가 되기 전까지, 만 20세가 된 후에 복수국적자가 된 사람은 그때부터 2년 내에 하나의 국적을 선택해야 하고, 다만 복수국적자가 남자인 경우 만 18세가 되는 해(1월 1일부터 병역준비역에 편입)의 3월말까지 국적선택을 하거나 병역의무가 해소된 때로부터 2년 내에 하나의 국적을 선택하면 되고 국적선택(제13조)은 병역을 마치기 이전에도 가능하다.[5]

○ 국적의 재취득

국적의 재취득이란 국적을 취득한 외국인이 국적을 취득한 날로부터 1년 내에 원 국적을 포기하거나 외국국적불행사 서약을 하지 아니하여 대한민국 국적을 상실한 자로서 그 후 1년 내에 그 외국의 국적을 포기하고 이를 법무부장관에게 신고한 경우를 말한다.[6] 이때 대한민국의 국적을 상실한 날로부터 1년 내에 외국 국적을 포기하면 요건이 충족되며 재취득의 신고를 1년 내에 해야 하는 것이 아님을 유의해야 할 것이다.

○ 국적증서

2017년 12월 19일 국적법 개정으로 국민선서 및 국적증서수여 제도를 도입하였는데 이때의 '국적증서'란 귀화증서와 국적회복증서를 통칭하여 말한다고 볼

---

4) 이철우 외, 『이민법』, (박영사, 2016), 307면.
5) 법무부출입국·외국인정책본부, 『국적법 문답식 해설』, 2011, 126면.
6) 제11조(국적의 재취득) ① 제10조제3항에 따라 대한민국 국적을 상실한 자가 그 후 1년 내에 그 외국 국적을 포기하면 법무부장관에게 신고함으로써 대한민국 국적을 재취득할 수 있다. ② 제1항에 따라 신고한 자는 그 신고를 한 때에 대한민국 국적을 취득한다. ③ 제1항에 따른 신고 절차와 그 밖에 필요한 사항은 대통령령으로 정한다.

수 있다.

○ 국적의 취득[7)]

'국적의 취득'은 '국적', 즉 대한민국의 국민이 되는 자격·신분을 취득하게 되는 것으로서 이는 ① 출생에 의한 경우와 ② 인지에 의한 경우, ③ 귀화에 의한 경우, ④ 수반취득에 의한 경우, ⑤ 국적회복에 의한 경우, ⑥ 국적의 재취득에 의한 경우로서, ①의 경우는 다시 혈통주의(속인주의)와 출생지주의(속지주의)로 구분된다.

○ 국적의 취소

'국적의 취소'는 거짓이나 그 밖의 부정한 방법으로 귀화허가나 국적회복허가 또는 국적보유판정을 받은 자에 대해 대통령령에서 정하는 기준과 절차에 따라 그 허가나 판정을 취소하는 경우를 말한다.[8)]

○ 국적판정

'국적판정'이란 어떤 사람에 대해 그가 과거에 한국의 국적을 취득한 사실이 있는지 또는 현재도 한국의 국적을 보유하고 있는지 여부 등이 불분명한 경우 그의 신청과 대통령령에서 정한 내용에 따라 법무부장관이 이를 심사, 국민인지의 여부를 판정하는 제도를 말한다.[9)]

○ 국적회복

'국적회복'은 과거에 어떠한 사유에 의하든 대한민국의 국적을 취득하였다가 국적을 상실했거나 이탈했던 사람이 대한민국 국적을 재취득하는 경우를 말한다.[10)] 즉, 국적회복이란 쉽게 말하면 대한민국 사람이 외국 사람으로 되었다가 다시 대한

---

7) 헌법재판소 결정(국적법 제2조제1항제1호 위헌제청, 2000. 8. 31. 97헌가12).

8) 「국적법」 제21조(허가 등의 취소) ① 법무부장관은 거짓이나 그 밖의 부정한 방법으로 귀화허가나 국적회복허가 또는 국적보유판정을 받은 자에 대하여 그 허가 또는 판정을 취소할 수 있다.
② 제1항에 따른 취소의 기준·절차와 그 밖에 필요한 사항은 대통령령으로 정한다.

9) 「국적법」 제20조(국적 판정) ① 법무부장관은 대한민국 국적의 취득이나 보유 여부가 분명하지 아니한 자에 대하여 이를 심사한 후 판정할 수 있다.
② 제1항에 따른 심사 및 판정의 절차와 그 밖에 필요한 사항은 대통령령으로 정한다.

10) 석동현, 「국적법」, (법문사, 2011), 124면.

민국 국민이 되는 경우로서 과거에 대한민국의 국민이었지만 국적법에서 정한 국적의 상실사유로 인해 대한민국의 국적을 상실하였던 자 또는 복수국적자로서 대한민국의 국적을 이탈하였던 자가 법무부장관의 허가를 얻어 대한민국의 국적을 회복(재취득)하는 것을 말한다.[11]

○ 귀 화

'귀화'란 출생 이후에 한 번도 대한민국 국적을 보유한 적이 없는 순수한 외국인이 대한민국 국적을 취득하는 경우를 말한다.[12]

○ 귀화허가

'귀화허가'는 외국인에게 대한민국 국적을 부여함으로써 국민으로서의 법적 지위를 포괄적으로 설정하는 행위에 해당한다.[13] 한편「국적법」등 관계 법령 어디에도 외국인에게 대한민국의 국적을 취득할 권리를 부여하였다고 볼 만한 규정이 없다. 이와 같은 귀화허가의 근거 규정의 형식과 문언, 귀화허가의 내용과 특성 등을 고려하여 보면, 법무부장관은 귀화신청인이 법률이 정하는 귀화요건을 갖추었다고 하더라도 귀화를 허가할 것인지 여부에 관하여 재량권을 가진다.[14]

○ 난 민

'난민'이란 인종, 종교, 국적, 특정 사회집단의 구성원인 신분 또는 정치적 견해를 이유로 박해를 받을 수 있다고 인정할 충분한 근거가 있는 공포로 인하여 국적국의 보호를 받을 수 없거나 보호받기를 원하지 아니하는 외국인 또는 그러한 공포로 인하여 대한민국에 입국하기 전에 거주한 국가("상주국")로 돌아갈 수 없거나

---

11) 법무부 출입국·외국인정책본부,『국적법 문답식 해설』, 2011, 92면.

12) 석동현,「국적법」, (법문사, 2011), 123~124면.

13) 대법원 2010. 7. 15. 선고 2009두19069 판결 [국적신청불허가처분취소][공2010하,1592]
귀화허가는 외국인에게 대한민국 국적을 부여함으로써 국민으로서의 법적 지위를 포괄적으로 설정하는 행위에 해당한다. 한편「국적법」등 관계 법령 어디에도 외국인에게 대한민국의 국적을 취득할 권리를 부여하였다고 볼 만한 규정이 없다. 이와 같은 귀화허가의 근거 규정의 형식과 문언, 귀화허가의 내용과 특성 등을 고려하여 보면, 법무부장관은 귀화신청인이 법률이 정하는 귀화요건을 갖추었다고 하더라도 귀화를 허가할 것인지 여부에 관하여 재량권을 가진다.

14) 대법원 2009두19069 판결.

돌아가기를 원하지 아니하는 무국적자인 외국인을 말한다.15)

❍ 단순노무행위

「출입국관리법」 시행령 제23조(외국인의 취업과 체류자격)제3항제1호의 '단순노무행위'란 단순하고 일상적인 육체노동을 요하는 업무로서 한국표준직업분류(통계청고시)에 의한 단순노무직 근로자의 취업분야를 말한다.16)

❍ 단일 국적주의

'단일 국적주의'란 대한민국의 국적과 외국국적을 보유한 경우 하나의 국적만을 인정하는 경우를 말한다. 우리나라는 원칙적으로 단일 국적주의를 예외적으로 복수 국적주의를 채택한다. 그러므로 대한민국의 국민이 스스로 자진하여 외국 국적을 취득하게 되면 대한민국의 국적은 자동적으로 상실하게 된다. 만일 외국인으로서 대한민국 국적을 취득한 경우라면 1년 이내 원국적을 포기하여야 하고, 만일 원국적을 포기하지 않을 경우 대한민국 국적은 역시 자동적으로 상실된다. 또한 출생 등에 의해 복수국적자로 된 자가 국적선택의무 기간 이내에 국적을 선택하지 아니하면 국적선택명령을 받게 되고, 국적선택명령을 받았음에도 불구하고 국적을 선택하지 않을 경우 대한민국 국적은 자동적으로 상실하게 된다.

❍ 방문취업제도(H-2)

방문취업제도(H-2)는 2007년 2월 28일 신설된 것으로서 당초 재외동포의 출입국과 법적 지위에 관한 법률의 적용 대상에서 제외될 수 있는 중국 및 독립국가연합(CIS) 지역 동포들에게 일정한 기간 동안 유효한 복수사증을 발급하고 사증의 유효기간 동안 자유롭게 대한민국을 왕래할 수 있고 취업활동을 할 수 있는 제도를 말한다.17)

---

15) 난민법[시행 2016. 12. 20] [법률 제14408호, 2016. 12. 20, 일부개정] 제2조제1호.
16) 「출입국관리법」 시행규칙 제27조의2(재외동포의 취업활동 제한)
17) 이철우 외, 앞의 책, 163면.

❍ 범 칙 금

'범칙금'이란 지방출입국·외국인관서의 장이 출입국사범에 대한 조사의 결과 범죄의 확증을 얻었을 때 그 이유를 명확하게 적어 서면으로 벌금에 상당하는 금액을 지정한 곳에 낼 것을 통고할 수 있도록 하고 있는데 이때의 금액을 말한다.[18] 즉, 범칙금은 출입국관리법을 위반한 범칙자가 통고처분에 의해 국고 등 지정한 곳에 납부해야 할 금전이라고 할 수 있다. 물론 법무부장관은 출입국사범의 나이와 환경, 법 위반의 동기와 결과, 범칙금 부담능력, 그 밖의 정상을 고려하여 제102조제1항에 따른 통고처분을 면제할 수 있다.[19] 출입국사범은 통고서를 송달받으면 15일 이내에 범칙금을 내야하고, 동 기간 내에 범칙금을 내지 아니하면 고발당하므로, 즉 형사처벌 절차가 진행되게 된다. 다만, 고발하기 전에 범칙금을 낸 경우나 출입국사범에 대하여 강제퇴거명령서를 발급한 경우에는 고발되지 아니하며,[20] 일단 기간 내에 출입국사범이 통고한 대로 범칙금을 내면 동일한 사건에 대하여 다시 처벌받지 않게 된다.[21]

❍ 병역준비역

병역준비역이란 병역의무자로서 현역, 예비역, 보충역, 전시근로역 및 대체역이 아닌 사람을 말한다.[22]

❍ 보 호

'보호'란 출입국관리공무원이 출입국관리법 제46조제1항 각 호에 따른 강제퇴거 대상에 해당된다고 의심할 만한 상당한 이유가 있는 사람을 출국시키기 위하여 외국인보호실, 외국인보호소 또는 그 밖에 법무부장관이 지정하는 장소에 인치(引致)하고 수용하는 집행활동을 말한다.[23]

---

18) 출입국관리법 제102조(통고처분) 제1항.
19) 출입국관리법 제103조제2항.
20) 출입국관리법 제105조제1항, 제2항, 제3항.
21) 출입국관리법 제106조.
22) 「병역법」 제5조제4호.
23) 「출입국관리법」 제2조(정의)

○ 복수국적

'복수국적'이란 한 개인이 두 개 이상의 국적을 보유하고 있는 경우 즉, 출생이나 그 밖에 「국적법」에 따라 대한민국 국적과 외국 국적을 함께 가지게 된 사람을 의미하는데 복수국적자가 되는 경우는 선천적인 경우와 후천적인 경우로 구분된다.[24] 「국적법」 제11조의2는 출생이나 그 밖에 이 법에 따라 대한민국 국적과 외국 국적을 함께 가지게 된 사람으로서 대통령령으로 정하는 사람, 즉 복수국적자(複數國籍者)에 대해서는 대한민국의 법령 적용에서 대한민국 국민으로만 처우함을 규정하고 있다.

○ 부모양계혈통주의

'부모양계(父母兩系)혈통주의'란 우리나라 「국적법」이 취하는 기본원칙으로서(1998년 6월 14일 시행) 출생할 당시에 부 또는 모가 대한민국 국민인 자는 출생과 함께 대한민국 국적을 당연히 취득하는 경우를 말한다. 1998년 6월 14일을 기준으로 그 전은 부계혈통주의 (1998.6.13.까지 출생자)를 그 이후에는 부모양계혈통주의(1998.6.14. 이후 출생자) 구분된다. 다만 예외적으로 부모 모두가 분명하지 아니한 경우나 국적이 없는 경우에는 대한민국에서 출생한 자에 대하여 대한민국의 국적을 부여한다. 입법론적으로[25] 혈통주의를 취하는 국가 중 ① 유럽지역 대부분의 국가는 부모양계혈통주의를, ② 아시아지역은 중동의 회교권국가 및 대만, 인도네시아, 태국은 부계혈통주의를, ③ 우리나라, 일본, 중국을 포함한 대부분의 국가는 부모양계혈통주의를, ④ 북미와 남미지역 국가는 대부분 출생지주의를 채택하고 있으며, 국외에서 출생한 자녀에게는 부모양계혈통주의의 원칙에 따라 국적을 부여하기도 한다.

○ 부부 및 가족의 개별국적주의

'부부 및 가족의 개별국적주의'란 대한민국 국민과 혼인한 외국인은 자동적으로

---

24) 법무부 출입국·외국인정책본부, 「국적법」 문답식 해설』, 2011, 16면; "이중국적"이라는 표현은 더 이상 사용하지 않음(2010.5.4.), 법무부 출입국·외국인정책본부, 『국적실무편람』, 2014, 181면.
25) 헌법재판소 결정(「국적법」 제2조제1항제1호 위헌제청, 2000. 8. 31. 97헌가12).

대한민국 국적을 취득하는 것이 아니고 당사자의 귀화(또는 국적회복)를 통하여 대한민국의 국적을 취득하게 되는데 외국인의 가족 중 한 사람만 대한민국의 국적을 취득하고자 하는 경우 그 사람에 대한 개별적인 국적 취득이 가능한 경우를 말한다.

❍ 사증(査證, VISA)

'사증'이란 한 개인이 다른 나라에 입국하려 할 때 주재국 영사로부터 사증발급을 신청한 신청인의 여권이 그 국적 국가의 정부기관에 의해 합법적으로 발급된 유효한 여권임을 확인함과 동시에 사증발급 신청 사유와 사증발급에 필요한 기준에 따라 입국하려는 국가에서 입국 및 체류가 상당함을 확인하여 출입국항에서 출입국관리공무원로부터 입국심사를 받도록 허가한 문서를 말한다.[26)]

❍ 사회통합프로그램

'사회통합프로그램'은 우리나라에 체류하는 이민자가 우리 사회의 구성원으로 적응하고 자립함에 있어서 필수적인 기본적인 소양을 쌓을 수 있도록 마련한 사회통합교육을 말한다.[27)]

❍ 사회통합프로그램 종합평가

'사회통합프로그램 종합평가'이란 대한민국 영주 · 귀화자로서 필요한 한국어 능력 및 한국사회 이해정도 등 종합적인 기본소양 능력을 평가하는 시험을 말한다.

❍ 상 거 소

법적 개념인 주소와는 달리 상거소는 사실적 개념으로서 보통 상시적으로 머무는 생활의 중심지를 의미하는 데 당사자의 상거소지를 알 수 없을 때에는 거소가 있는 나라의 법이 적용된다.[28)]

---

26) 차용호, 『한국 이민법』 (법문사, 2015), 53면.
27) 법무부 출입국·외국인정책본부, 『이민자조기적응프로그램』(외국국적동포), 2018, 46면.
28) 국제사법[시행 2016. 1. 19] [법률 제13759호, 2016. 1. 19, 일부개정] 제4조 (상거소지법) 당사자의 상거소지법(常居所地法)에 의하여야 하는 경우에 당사자의 상거소를 알 수 없는 때에는 그의 거소가 있는 국가의 법에 의한다; 안춘수, 『국제사법』, 법문사, 2017, 121~122면.

❍ 선천적 복수국적

선천적 복수국적이란 출생주의 국가에서 이민한 자의 자녀로 출생하여 부모의 국적과 출생한 국가의 국적을 취득하거나 서로 다른 두 국가의 국적을 가진 부모로부터 출생하여 혈통주의에 따라 서로 다른 국적을 취득함으로써 발생하는 경우를 말한다.[29]

❍ 수반취득제도

'수반취득제도'란 외국인이 법무부장관에게 귀화허가를 신청함에 있어서 우리나라 민법상 미성년인 자녀가 함께 신청할 수 있는데 이때 법무부장관이 귀화를 허가할 경우 그 자녀도 함께 부나 모가 대한민국의 국적을 취득한 때에 함께 대한민국 국적을 취득하게 되는 제도를 말한다.[30]

❍ 아포스티유(Apostille)

'아포스티유'(Apostille)란 문서의 관인 또는 서명을 대조하여 진위 여부를 확인해 주는 제도를 말한다.

❍ 여 권

'여권'이란 대한민국정부·외국정부 또는 권한 있는 국제기구에서 발급한 여권 또는 난민여행증명서나 그 밖에 여권을 갈음하는 증명서로서 대한민국정부가 유효하다고 인정하는 것을 말한다.[31]

❍ 영 주 권

'영주권'은 한 국가가 그 국가 내에 거주하는 외국인에 대해 그 국가 내에 영구히 또는 장기적으로 거주할 수 있도록 부여한 자격을 말한다.[32] 즉, 영주권은 국적

---

29) 이철우 외, 앞의 책, 306~307면.

30) 「국적법」 제8조(수반취득) ① 외국인의 자(子)로서 대한민국의 「민법」상 미성년인 사람은 부 또는 모가 귀화허가를 신청할 때 함께 국적 취득을 신청할 수 있다. ② 제1항에 따라 국적 취득을 신청한 사람은 부 또는 모가 대한민국 국적을 취득한 때에 함께 대한민국 국적을 취득한다.

31) 「출입국관리법」 제2조(정의)

32) 석동현, 「국적법」, (법문사, 2011), 22면.

과는 상관없이 외국 정부로부터 그 나라에 영주(무기한 체류 또는 장기체류)하도록 부여받은 권리 또는 자격을 의미한다.[33] 따라서 대한민국 국민이 외국의 영주권을 취득했어도 대한민국 국민의 신분은 계속 유지된다. 이렇게 대한민국 국민이 외국 영주권을 취득하여 외국에서 상주하는 사람들을 법적으로는 '재외국민'이라고 부르는 데 재외국민은 대한민국 국민이다. 이러한 점은 대한민국 국적을 보유했던 자가 외국의 국적을 자진 취득하는 등의 사유로 대한민국 국적을 상실한 자를 '외국국적동포'라고 불리는 것과 차이가 있는데 '재외국민'은 대한민국의 국민이지만 '외국국적동포'는 외국인이다.[34]

❍ 영주자격

'영주자격'이란 대한민국에 영주(永住)할 수 있는 체류자격을 말한다.[35]

❍ 영 주 증

'영주증'이란 영주자격을 가진 외국인에게 발급하는 외국인등록증을 말한다.[36]

❍ 외국국적동포[37]

'외국국적동포'는 대한민국의 국적을 보유하였던 자(대한민국정부 수립 전에 국외로 이주한 동포를 포함한다) 또는 그 직계비속(直系卑屬)으로서 외국국적을 취득한 자 중 대통령령으로 정하는 자를 의미한다. 이때 대통령령으로 정하는 자란 ① 출생에 의하여 대한민국의 국적을 보유하였던 자(대한민국정부 수립 이전에 국외로 이주한 동포를 포함)로서 외국국적을 취득한 자와 ② ①에 해당하는 사람의 직계비속으로서 외국국적을 취득한 사람을 말한다.

❍ 외국국적불행사 서약

'외국국적불행사 서약'이란 대한민국 국적을 취득한 외국인으로서 외국 국적을

---

33) 법무부 출입국·외국인정책본부, 『「국적법」 문답식 해설』, 2011, 6면.
34) 법무부 출입국·외국인정책본부, 위의 책, 6면.
35) 「출입국관리법」 제10조(체류자격) 제2호.
36) 「출입국관리법」 제33조(외국인등록증의 발급 등)제3항
37) 「재외동포의 출입국과 법적 지위에 관한 법률」 제2조 및 동 시행령 제3조..

가지고 있는 자는 대한민국 국적을 취득한 날부터 1년 내에 그 외국 국적을 포기하여야 하는데(제10조제1항), 예외적으로 국적법 제10조제2항 각 호의 어느 하나에 해당할 경우 대한민국 국적을 취득한 날부터 1년 내에 외국 국적을 포기하거나 법무부장관이 정하는 바에 따라 대한민국에서 외국 국적을 행사하지 아니하겠다는 뜻을 법무부장관에게 서약하여야 하는 것을 말한다.[38)]

○ 외 국 인

'외국인'이란 대한민국의 국적을 가지지 아니한 사람을 말한다.[39)]

○ 외국인보호소

'외국인보호소'란 지방출입국·외국인관서 중 이 법에 따라 외국인을 보호할 목적으로 설치한 시설로서 대통령령으로 정하는 곳을 말한다.[40)]

○ 외국인보호실

'외국인보호실'이란 이 법에 따라 외국인을 보호할 목적으로 지방출입국·외국인관서에 설치한 장소를 말한다.[41)]

---

38) 「국적법」 제10조(국적 취득자의 외국 국적 포기 의무) ① 대한민국 국적을 취득한 외국인으로서 외국 국적을 가지고 있는 자는 대한민국 국적을 취득한 날부터 1년 내에 그 외국 국적을 포기하여야 한다. ② 제1항에도 불구하고 다음 각 호의 어느 하나에 해당하는 자는 대한민국 국적을 취득한 날부터 1년 내에 외국 국적을 포기하거나 법무부장관이 정하는 바에 따라 대한민국에서 외국 국적을 행사하지 아니하겠다는 뜻을 법무부장관에게 서약하여야 한다. 1. 귀화허가를 받은 때에 제6조제2항제1호·제2호 또는 제7조제1항제2호·제3호의 어느 하나에 해당하는 사유가 있는 자 2. 제9조에 따라 국적회복허가를 받은 자로서 제7조제1항제2호 또는 제3호에 해당한다고 법무부장관이 인정하는 자 3. 대한민국의 「민법」상 성년이 되기 전에 외국인에게 입양된 후 외국 국적을 취득하고 외국에서 계속 거주하다가 제9조에 따라 국적회복허가를 받은 자 4. 외국에서 거주하다가 영주할 목적으로 만 65세 이후에 입국하여 제9조에 따라 국적회복허가를 받은 자 5. 본인의 뜻에도 불구하고 외국의 법률 및 제도로 인하여 제1항을 이행하기 어려운 자로서 대통령령으로 정하는 자 ③ 제1항 또는 제2항을 이행하지 아니한 자는 그 기간이 지난 때에 대한민국 국적을 상실(喪失)한다.

39) 「출입국관리법」 제2조(정의)

40) 「출입국관리법」 제2조(정의)

41) 「출입국관리법」 제2조(정의)

❍ 원정출산자

'원정출산자'란 출생 당시에 모가 자녀에게 외국 국적을 취득하게 할 목적으로 외국에서 체류 중이었던 사실이 인정되는 자를 말한다. 이는 구체적으로 국내에 생활기반을 두고 있는 어머니가 임신한 후 자녀의 외국 국적 취득을 목적으로 출국하여 외국에서 체류하는 동안 출생한 사람을 말한다.[42)]

❍ 인 지

'인지'란 기본적으로 민법에서 정한 제도로서 법률상의 부부가 아닌 남녀사이에서 출생한 자(비적출자 또는 혼외자)를 생부나 생모가 자녀로서 인정하는 용어를 말한다.[43)]

❍ 일반귀화 대상자

외국인이 귀화허가를 받기 위한 경우로서 '일반귀화 대상자'는 외국인 가운데에서 혈연적이나 지연적으로 우리나라와 아무런 결합관계가 없는 자에게 적용된다. 그 구체적인 대상은 「국적법」 제6조(간이귀화) 및 「국적법」 제7조(특별귀화)에 해당하는 사람을 제외한 사람으로서 5년 이상 계속하여 대한민국에 주소가 있는 등 「국적법」 제5조 각 호의 요건을 갖춘 사람이 된다.

❍ 재외공관의 장

'재외공관의 장'이란 외국에 주재하는 대한민국의 대사(大使), 공사(公使), 총영사(總領事), 영사(領事) 또는 영사업무를 수행하는 기관의 장을 말한다.[44)]

❍ 재외국민

'재외국민'이란 대한민국의 국민으로서 외국의 영주권(永住權)을 취득한 자 또는 영주할 목적으로 외국에 거주하고 있는 자를 의미한다.[45)]

---

42) 「국적법시행령」 제17조제3항 본문.
43) 법무부출입국·외국인정책본부, 『국적법 문답식 해설』, 2011, 34면
44) 「출입국관리법」 제2조(정의)
45) 「재외동포의 출입국과 법적 지위에 관한 법률」 제2조.

❍ 재외동포

'재외동포'란 재외국민과 한국계 외국인인 외국국적동포를 포함하며 재외국민뿐만 아니라 이전에 대한민국 국민이었다가 외국 국적이나 시민권을 취득하여 외국의 국민이 된 한국계 외국인을 포괄하는 용어로 사용된다.[46)]

❍ 재외동포 체류자격

'재외동포 체류자격'은 「출입국관리법」 제10조제1호 체류자격 중 「출입국관리법시행령」 별표 1의2 중 26. 재외동포 체류자격을 의미한다.[47)]

❍ 전시근로역

'전시근로역'이란 ① 병역판정검사 또는 신체검사 결과 현역 또는 보충역 복무는 할 수 없으나 전시근로소집에 의한 군사지원업무는 감당할 수 있다고 결정된 사람이거나 ② 그 밖에 이 법에 따라 전시근로역에 편입된 사람 중 어느 하나에 해당하는 사람을 말한다.[48)]

❍ 지방출입국·외국인관서

'지방출입국·외국인관서'란 출입국 및 외국인의 체류 관리업무를 수행하기 위하여 법령에 따라 각 지역별로 설치된 관서와 외국인보호소를 말한다.[49)]

❍ 출입국사범

'출입국사범'이란 출입국관리법 제93조의2(벌칙), 제93조의3(벌칙), 제94조(벌칙)부터 제99조(미수범 등)까지, 제99조의2(난민에 대한 형의 면제), 제99조의3(양벌규정) 및 제100조(과태료)에 규정된 죄를 범하였다고 인정되는 자를 말한다.[50)]

---

46) 법무부 출입국·외국인정책본부, 『「국적법」 문답식 해설』, 2011, 21면.
47) 「재외동포의 출입국과 법적 지위에 관한 법률」 제3조.
48) 「병역법」 제5조제5호.
49) 「출입국관리법」 제2조(정의)
50) 「출입국관리법」 제2조(정의)

○ 특별귀화 대상자

외국인이 귀화허가를 받기 위한 경우로서 '특별귀화 대상자'는 외국인 가운데 우리나라와 혈연이나 지연적으로 결합관계가 있는 사람에게 적용된다. 그 구체적인 대상은 「국적법」 제7조 각 호의 어느 하나에 해당하는 외국인으로서 대한민국에 주소가 있는 사람이 된다.

○ 후천적 복수국적

후천적 복수국적이란 외국인이 인지, 귀화, 국적의 회복 등에 의해 국적을 취득하거나 국민이 다른 국가의 국적을 비자발적으로 취득함으로써 발생하는 경우를 말한다.[51]

51) 이철우 외, 앞의 책, 307면.

제 2 장 국적법에 관한 일반적 논의

제2장에서는 「국적법」에 관한 일반적 논의로서 국적과 대한민국의 국민, 국적과 시민권, 국적과 가족관계등록부, 북한이탈주민의 국적, 「국적법」, 「출입국관리법」, 「재외동포법」 그리고 「통합이민법」과의 관계, 국적의 법원(法源), 국적법의 제정 목적, 「국적법」 연혁에 따른 시행일과 제정·개정이유 및 주요 제·개정 사항 등 국적법 등의 주요 연혁(沿革), 현행 「국적법」의 주요 내용, 「국적법」상 기간의 계산, 「국적법」 업무에 있어서 숙지해야 할 중요한 시기, 「국적법」 업무에 있어서 고려해야 할 중요한 연령, 이민행정 실무에 있어서 숙지해야 할 기본적인 절차 등에 대해서 살펴본다.

제 1 절 국적 일반

Ⅰ. 국적과 대한민국의 국민

국적이란 국민의 자격을 결정짓는 것이고, 국적을 취득한 사람은 국가의 주권자가 되는 동시에 국가의 속인적 통치권의 대상이 된다.[52] 즉, 국적은 개인이 어떤 한 나라의 국민의 되는 자격이나 국민인 신분을 의미하는데 대한민국 국민은 곧 대한민국 국적을 가진 사람을 말한다.[53] 국적의 개념과 성격에 관련한 대법원의 입장은 다음과 같다.[54] 국민은 영토, 주권과 더불어 국가의 3대 구성요소 가운데

---

52) 대법원 2010. 7. 15. 선고 2009두19069 판결 [국적신청불허가처분취소] [공2010하,1592]
국적은 국민의 자격을 결정짓는 것이고, 이를 취득한 사람은 국가의 주권자가 되는 동시에 국가의 속인적 통치권의 대상이 되므로, 귀화허가는 외국인에게 대한민국 국적을 부여함으로써 국민으로서의 법적 지위를 포괄적으로 설정하는 행위에 해당한다. 한편 「국적법」 등 관계 법령 어디에도 외국인에게 대한민국의 국적을 취득할 권리를 부여하였다고 볼 만한 규정이 없다. 이와 같은 귀화허가의 근거 규정의 형식과 문언, 귀화허가의 내용과 특성 등을 고려하여 보면, 법무부장관은 귀화신청인이 법률이 정하는 귀화요건을 갖추었다고 하더라도 귀화를 허가할 것인지 여부에 관하여 재량권을 가진다.

53) 법무부 출입국·외국인정책본부, 『「국적법」 문답식 해설』, 2011, 2면.

하나다. 국적은 국민이 되는 자격 내지 신분을 의미하므로 국민이 아닌 사람은 외국인이라고 불린다. 국민은 항구적 소속원이 되므로 어느 곳에 있든지 그가 속하는 국가의 통치권에 복종할 의무를 부담하고, 국외에 있을 경우라면 예외적으로 그 나라(거주국)의 통치권에 복종하여야 한다.

근대국가 성립 이전의 영민(領民)의 경우에는 토지에 종속되어 영주(領主)의 소유물과 같은 처우를 받았다. 근대국가에서 있어서도 개인은 출생지 또는 혈통에 기속되고 충성의무를 강요당하는 지위에 있었으므로 국적선택권이 부여될 여지가 없었다. 그러나 천부인권(天賦人權) 사상을 통해 국민주권을 기반으로 하는 자유민주주의적 헌법을 낳았고 개인은 자신의 운명에 큰 영향을 미치는 정치적 공동체인 국가를 선택할 수 있는 권리(국적선택권)를 기본권으로 인식하게 되었다. 세계인권선언(1948. 12. 10.) 제15조에서 규율한 "① 사람은 누구를 막론하고 국적을 가질 권리를 가진다. ② 누구를 막론하고 불법하게 그 국적을 박탈당하지 아니하여야 하며 그 국적변경의 권리가 거부되어서는 아니 된다."는 내용은 이를 뒷받침하는 좋은 예가 된다. 그러나 개인의 국적선택에 대하여는 나라마다 그들의 국내법에서 많은 제한을 두고 있는 것이 현실이므로 국적은 아직도 자유롭게 선택할 수 있는 권리라고는 할 수 없을 것이다.

한편, 국적은 국가와 그의 구성원 간의 법적유대(法的紐帶)를 갖고 보호와 복종관계를 뜻하며 이를 분리하여 생각할 수 없다. 즉, 국적은 국가의 생성과 더불어 발생하고 국가의 소멸을 통해 국적은 상실하게 되는 사유가 된다.[55] 우리나라의 경우 국적은 성문의 법령을 통해서가 아니라 국가의 생성과 함께 존재하는 것이므로 헌법의 위임에 따라 「국적법」이 제정되지만 그 내용은 국가의 구성요소의 하나인 국민의 범위를 구체화시키고 현실화하는 헌법사항으로 규율하고 있는 것이다. 하지만 국적에 관한 국내법 규정은 제한 없이 인정되는 절대적 성격을 갖는 것은 아니고 국제협약, 국제관습 또는 일반적으로 인정된 법 원칙 내지 원리들에 의해 제한을 받게 되는 상대적 성격을 지닌다.[56]

---

54) 「국적법」 제2조제1항제1호 위헌제청 (2000.8.31. 97헌가12 전원재판부)

55) 대법원 2010. 7. 15. 선고 2009두19069 판결 [국적신청불허가처분취소] [공2010하,1592].

56) 이주윤, "국제법적 시각에서 본 대한민국의 국적문제", 『법학연구』 (제29집, 2008), 378면.

Ⅱ. 국적과 시민권

국적은 어떤 나라의 국민이 되는 자격을 의미하여 우리나라를 비롯하여 일본, 중국, 대만, 유럽이 국적제도를 채택하는데 비해 미국, 캐나다, 호주 등은 시민권이라는 제도를 운영하고 있다.[57] 국적과 시민권은 그 법적 성격이나 기능면에서 거의 동일하다고 볼 수 있고 시민권 제도 아래에서의 시민권자는 곧 그 나라의 국민이라고 해도 무방할 것이다. 따라서 국적에 관한 법률문제가 발생시 시민권과 국적은 같은 개념으로 취급되기도 한다.[58] 하지만 미국의 경우에는 미국의 해외속령에서 출생한 사람(a person born in an outlying possession of the United States)은 미국의 국적자(a national)가 되어 미국의 대인관할권에 구속되지만 미국 헌법상 시민(a citizen)은 아니라는 점에서 반드시 국적자와 시민권자는 일치한다고 볼 수는 없을 것이다.[59]

Ⅲ. 국적과 가족관계등록부

가족관계등록부는 대한민국 국적을 보유한 자만이 작성될 수 있고 가족관계등록부가 작성된 사람도 대한민국의 국적을 상실하면 정리되어야 한다.[60] 외국인의 경우 대한민국 국적을 보유한 자가 아니므로 가족관계등록부는 만들 수 없으나 대한민국 국민의 배우자나 직계 존속과 비속, 대한민국의 국민에게 입양이나 인지된 자 등은 대한민국 국민의 가족관계등록부에 그 외국인의 인적사항을 한글로 표기하고 혼인, 가족관계, 입양, 인지 등에 관한 사항을 기록하게 된다.[61] 가족관계등록의 신고는 「국적법」에 따른 국적의 득실이나 실체적 변동내역을 사후적, 보고적으로 정리하는 행위에 불과하므로 대한민국의 국적을 취득한 사람은 설사 가족관계등록부에 등재되어 있지 않더라도 그 신분에는 영향이 없고, 가족관계등록부에 등재되어

57) 법무부 출입국·외국인정책본부, 『국적법』 문답식 해설』, 2011, 5면.

58) 그러므로 미국 시민권과 대한민국의 국적을 모두 보유하고 있는 사람은 복수국적자에 해당하는 것이다(법무부 출입국·외국인정책본부, 앞의 책, 5면).

59) 8 U.S.C. § 1408 (Nationals but not citizens of the United States at birth) Unless otherwise provided in section 1401 of this title, the following shall be nationals, but not citizens, of the United States at birth: (1) A person born in an outlying possession of the United States on or after the date of formal acquisition of such possession...; 이철우 외, 『이민법』 (한국이민재단, 2016). 256면.

60) 법무부 출입국·외국인정책본부, 『국적법』 문답식 해설』, 2011, 9면.

61) 위의 책, 같은 면.

있는 국민이 외국에 귀화하는 등 국적을 상실한 경우에는 가족관계등록부가 정리되지 않아 가족관계등록부가 제대로 현실을 반영하고 있지 않더라도 법적으로는 대한민국 국민이 더 이상 아니다.[62)]

Ⅳ. 북한 이탈주민의 국적

조선인을 부친으로 하여 출생한 자는 남조선과도정부법률 제11호 국적에관한임시조례의 규정에 따라 조선국적을 취득하였다가 제헌헌법의 공포와 동시에 대한민국 국적을 취득하였다 할 것이고, 설사 그가 북한법의 규정에 따라 북한국적을 취득하여 중국 주재 북한대사관에서 해외공민증을 발급받은 자라 하더라도 북한지역 역시 대한민국의 영토에 속하는 한반도의 일부를 이루는 것이어서 대한민국의 주권이 미칠 뿐이고, 대한민국의 주권과 부딪치는 어떠한 국가단체나 주권을 법리상 인정할 수 없는 점에 비추어 볼 때, 그러한 사정은 그가 대한민국 국적을 취득하고 이를 유지함에 있어 아무런 영향을 끼칠 수 없을 것이다.[63)]

Ⅴ. 「국적법」, 「출입국관리법」 그리고 「통합이민법」과의 관계

「국적법」은 대한민국의 국민이 되는 요건을 정함을 목적으로 하는데 비해서,[64)] 「출입국관리법」은 대한민국에 입국하거나 대한민국에서 출국하는 모든 국민 및 외국인의 출입국관리를 통한 안전한 국경관리, 대한민국에 체류하는 외국인의 체류관리와 사회통합 등에 관한 사항을 규정함을 목적으로 한다.[65)] 「국적법」과 「출입국관리법」은 동전의 양면과 같이 그 적용의 영역, 대상, 절차, 효과 등에서 기능적으로 밀접한 관련성을 갖고 있다고 볼 수 있다.[66)]

이에 대해 「통합이민법」은 「국적법」과 「출입국관리법」이 서로 통합된 것으로서

---

62) 위의 책, 같은 면.
63) 대법원 1996. 11. 12. 선고 96누1221 판결 [강제퇴거명령처분무효확인등] [집44(2)특, 703; 공1996. 12.15.(24), 3602].
64) 「국적법」 제1조(목적)
65) 「출입국관리법」 제1조(목적)
66) 차용호, 앞의 책, 728~729면.

국민 및 외국인의 출입국관리, 외국인에 대한 체류관리, 국적의 취득 및 상실, 통합을 위한 노력 등을 규정하여 자연인의 국가간 이동, 국가의 구성원이 되기 위한 요건, 국가의 구성원으로서 갖는 법적 지위 등을 규율한다.[67]

Ⅵ. 「국적법」과 「병역법」과의 관계

대한민국 국적을 갖고 있던 사람이 외국으로 이주하여 그 나라의 국적을 취득하거나 출생에 의하여 복수국적을 취득하게 된 경우 신분이 변경되거나 국적을 선택해야 할 의무가 발생할 수 있다. 또한 이에 해당하는 사람이 병역과 관련이 있는 남자의 경우라면 병역의무의 이행이 문제될 수 있다. 그러므로 「국적법」과 「병역법」을 잘 숙지하여 대비해야 한다.

Ⅶ. 「재외동포법」과 「출입국관리법」과의 관계

재외동포의 출입국과 법적 지위에 관한 법률 (약칭 : 재외동포법) 제3조(적용 범위)에서 "이 법은 재외국민과 「출입국관리법」 제10조에 따른 체류자격 중 재외동포 체류자격(이하 "재외동포체류자격"이라 한다)을 가진 외국국적동포의 대한민국에의 출입국과 대한민국 안에서의 법적 지위에 관하여 적용한다."라고 규정되고 있어 재외동포법과 출입국관리법과의 상관관계가 문제될 수 있다. 재외동포법은 특히 재외동포의 대한민국 출입국과 체류에 대한 제한을 완화함으로써 재외동포가 거주국의 국적을 취득·정착한 이후에도 대한민국과 관계가 단절되지 않도록 하기 위하여 제정되었고, 재외동포법에서 재외동포의 대한민국 출입국과 체류에 대한 개방적이고 포용적인 태도를 취하고 있는 점에 비추어 보더라도 재외동포에 대해 기한의 정함이 없는 입국금지조치를 하는 것은 법령에 근거가 없는 한 신중을 기하여야 한다는 점에서[68] 재외동포 체류자격 사증 신청 및 그 발급과 관련해서는 재외동포법이 출입국관리법보다 우선 고려되어야 하는 측면이 있다.[69]

67) 차용호, 위의 책, 728면.
68) 대법원 2019. 7. 11. 선고 2017두38874 판결[사증발급거부처분취소]
69) 김형수, "유승준 사건, 무엇이 문제인가", 한국이민법학회·건국대학교 법학연구소 2019년 추계공동학술대회 발표자료(2019년 10월 25일, 건국대학교), 19면.

대법원은 이에 대해 재외동포에 대한 입국금지결정이 처분에 해당하여 공정력과 불가쟁력이 인정되는지 여부와 다른 사정을 전혀 고려하지 않은 채 오로지 13년 7개월 전에 입국금지결정이 있었다는 이유만으로 사증발급 거부처분을 한 것을 적법하다고 볼 수 있는지 여부와 관련한 사안에서[70] “재외동포에 대한 사증발급은 행정청의 재량행위에 속하는 것으로서, 재외동포가 사증발급을 신청한 경우에 출입국관리법 시행령 [별표 1의2]에서 정한 재외동포 체류자격의 요건을 갖추었다고 해서 무조건 사증을 발급해야 하는 것은 아니며, 재외동포에게 출입국관리법 제11조제1항 각호에서 정한 입국금지 사유 또는 재외동포법 제5조제2항에서 정한 재외동포체류자격 부여 제외 사유(이 사건에서는 ‘대한민국 남자가 병역을 기피할 목적으로 외국국적을 취득하고 대한민국 국적을 상실하여 외국인이 된 경우’)가 있어 그의 국내 체류를 허용하지 않음으로써 달성하고자 하는 공익이 그로 말미암아 발생하는 불이익보다 큰 경우에는 행정청이 재외동포 체류자격의 사증을 발급하지 않을 재량을 가진다고 보아야 한다.”고 하였다.

이러한 내용은 동일한 사항에 관해 출입국관리법과 재외동포법이 규정하고 있을 경우 특별법 우선의 법리상 재외동포법상의 규정이 우선 적용되어야 할 것이지만 외국인의 입국과 관련하여 발급되는 사증과 외국인이 국내에서 활동할 수 있는 법적 지위를 의미하는 체류자격은 개념상 구분된다는 이유로 재외동포의 사증발급에 있어서는 재외동포법이 적용되는 것이 아니라 출입국관리법이 적용된다고 볼 수 있다.[71]

개정된 재외동포의 출입국과 법적 지위에 관한 법률에 따라 재외동포 체류자격을 가진 외국국적동포의 대한민국에의 출입국과 대한민국 안에서의 법적 지위에 관한 사항에 관해서는 재외동포법이 우선적으로 적용되지만 이 법에서 정하지 아니한 사항은 출입국관리법에 따른다는 점을 명확히 하고 있다.[72]

---

70) 대법원 2019. 7. 11. 선고 2017두38874 판결[사증발급거부처분취소]

71) 김형수, 위의 자료, 19면.

72) 재외동포의 출입국과 법적 지위에 관한 법률 제3조의2(다른 법률과의 관계) 재외동포체류자격을 가진 외국국적동포의 대한민국에의 출입국과 대한민국 안에서의 법적 지위에 관하여 이 법에서 정하지 아니한 사항은 「출입국관리법」에 따른다. [본조신설 2020. 2. 4.]

제 2 절 국적법의 제정 목적

【제1조】 (목적)
이 법은 대한민국의 국민이 되는 요건을 정함을 목적으로 한다.

국적법 제1조는 법의 입법 목적을 정하고 있는데 이는 우리나라 헌법 제2조제1항에 따라[73] 제정된 법률을 의미한다. 여기에서 '대한민국의 국민'은 대한민국 국적을 가진 모든 사람(광의적 의미)이거나 국적법에 따라 대한민국의 국적을 취득한 사람 가운데 「가족관계의 등록 등에 관한 법률」에 따라 출생 신고 등의 절차를 통해 가족관계등록부에 신분에 관한 기본적 사항이 등재된 사람으로서 국가 입장에서 보면 기본권 보호의 대상이 되면서 동시에 병역이나 납세 등의 국민적 의무의 부과 대상이 되는 국민(협의적 의미)을 의미한다.[74] 또한 '대한민국의 국민이 되는 요건'은 대한민국의 국적을 뜻하고 요건을 정한다는 의미는 대한민국의 국적을 취득하거나 상실하게 되는 요건이나 이에 관한 제도, 절차 등을 규정하는 것으로 볼 수 있다.[75]

제 3 절 국적의 법원(法源)

국적의 법원(法源)은 국적을 결정함에 있어서 그 기준이 되거나 그 기준에 영향을 미치는 법적 근거를 의미하는 데 특히 국적의 취득·상실과 관련하여서는 각 국의 법체계(성문법 또는 불문법)에 따라 결정되며 때에 따라서는 조약이나 선언 그리고 의정서 등 국제법에 따라 정해질 수 있을 것이다.[76] 구체적으로 여기에는 국내법적으로는 법률, 명령, 또는 규칙이나 지침, 국제법적으로는 1930년의 헤이그협약

73) 헌법 제2조제1항 (대한민국의 국민이 되는 요건은 법률로 정한다.)
74) 석동현, 앞의 책, 88면.
75) 위의 책, 같은 면.
76) 위의 책, 30면.

(Convention on Certain Questions relating to the Conflict of Nationality Laws), 1948년의 세계인권선언(Universal Declaration of Human Rights), 1954년의 무국적자의 지위에 관한 협약(Convention relation to the Status of Stateless Person), 1966년의 국제인권규약(International Covenant on Human rights), 1977년 국적에 관한 유럽조약(European Convention on Nationality) 등을 들 수 있을 것이다.[77)]

우리나라의 경우 국적의 법원으로 대표적인 것은 「국적법」, 「국적법시행령」, 「국적법시행규칙」을 들 수 있고, 이외에 「출입국관리법」, 「출입국관리법시행령」, 「출입국관리법시행규칙」, 「병역법」, 「병역법시행령」, 「병역법시행규칙」, 「가족관계의 등록 등에 관한 법률」, 「대법원 가족관계등록예규」, 「병역의무자 국외여행 업무처리 규정」, 「국적업무처리지침」 등의 관련 법령이나 각종 지침들이 포함될 수 있을 것이다.

제 4 절 국적법과 관련법의 주요 연혁(沿革)

Ⅰ. 「국적법」 연혁에 따른 시행일과 제정·개정이유 및 주요내용

우리나라 「국적법」은 제헌국회에서 최초 「국적법」을 제정할 때(1948년 12월 20일, 법률 제16호)까지를 기준으로 1948년 5월 11일의 『국적에 관한 임시조례』가 우리나라에서 근대적 의미의 입법이 시작된 이후 국적에 관한 최초의 법원이라고 할 수 있다.[78)]

그 이후 2022년까지 18차례 개정이 있었다. 이 가운데 1997년의 4차 개정을 통해 부계혈통주의를 부모양계혈통주의로 변경하고 외국인이 우리나라 국민의 처가 될 경우 자동으로 대한민국 국적을 취득하던 것을 귀화 허가를 받도록 개정하였다.

77) 이철우 외, 앞의 책, 257~258면.

78) 「국적법」에 관한 연혁은 석동현, 「국적법」 (법문사, 2011), 53~84면; 법제처 국가법령정보센터의 내용을 수정하여 인용함.
http://www.law.go.kr/LSW/lsRvsRsnListP.do?lsId=001435&chrClsCd=010202&lsRvsGubun=all
(최종 방문일, 2019년 11월 21일)

또한 대한민국 국적 취득자는 이전의 국적을 반드시 6개월 이내에 포기하도록 한 것을 이전 국적포기 의무의 예외를 신설하여 그 예외에 해당되는 사람은 이전 국적의 포기의무를 유보해 주며, 국적의 선택제도와 국적 판정제도를 도입하였다. 즉, 부모양계혈통주의, 이중국적자의 국적선택의무, 국민의 배우자의 간이귀화, 처의 수반취득 및 단독귀화 금지조항의 삭제, 국적판정제도 등을 채택한 것이다.

2010년의 10차 개정은 이중국적이라는 용어를 복수국적이라는 용어로 변경하고, 선천적 복수국적자에 대한 복수국적 유지를 허용하며, 대한민국 국적을 취득한 외국인 가운데 우수인재, 결혼이민자, 만 65세 이상의 국적회복자 등에 대해 이전 국적 포기의무를 국적 불행사 서약으로 대체하는 방식으로 복수국적을 허용하고, 복수국적의 악용을 방지하기 위해 복수국적자들이 국적이탈을 할 경우 국내에서는 할 수 없도록 하였으며, 국적선택명령제도와 국적상실결정제도를 새롭게 도입하였다. 이러한 내용을 기초로 「국적법」 전체에 대한 시행일과, 제정·개정이유 및 주요내용을 살펴보면 다음과 같다.

□ [시행 2022. 10. 1.] [법률 제18978호, 2022. 9. 15., 일부개정]

◇ 개정이유

병역준비역에 편입된 복수국적자가 국적 선택 기간 내에 국적 이탈을 신고하지 않은 경우에는 그 사유를 불문하고 병역의무가 해소될 때까지 국적 이탈을 할 수 없도록 하는 규정은 국적 이탈 자유를 과도하게 침해한다는 헌법재판소의 헌법불합치결정(헌법재판소 2020. 9. 24. 선고 2016헌마889)의 내용 및 취지를 고려하여, 주된 생활의 근거가 외국에 있는 복수국적자에게 적용되는 예외적인 국적 이탈의 허가 절차를 신설함으로써 현행 규정의 위헌성을 제거하는 동시에 국적 이탈의 자유라는 사익과 병역의무 이행의 공평성 확보라는 공익의 조화를 도모하려는 것이다.

◇ 주요내용

가. 외국에서 출생하거나 6세 미만의 아동일 때 외국으로 이주한 사람으로서 주된 생활의 근거를 계속하여 외국에 둔 복수국적자의 경우에는 병역준비역에 편입된 때부터 3개월 이내에 국적 이탈을 신고하지 못한 정당한 사유가 있는 경우 법무부장관에게 대한민국 국적의 이탈 허가를 신청할 수 있도록 하였다(제14조의2제1항 신설).

나. 법무부장관은 국적 이탈 허가 신청자의 출생지, 복수국적 취득경위, 병역의무 이행의 공평성과의 조화 여부 등을 고려하여 허가 여부를 결정하도록 하였다(제14조의2제2항 신설).

다. 현재 대통령령에 설치 근거를 두고 있는 국적심의위원회를 법률상 심의기구로 격상시키면서, 다수의 민간 위원이 참여하도록 하고 종전의 심의사항 외에 국적 이탈 허가에 관한 사항을 추가적으로 심의하도록 하였다(제22조, 제23조 및 제27조 신설).

라. 이 법의 시행일을 2022년 10월 1일로 명시하고, 그 시행일 전에 병역준비역에 편입된 때부터 3개월이 지난 복수국적자의 경우에도 신설되는 국적 이탈 허가 관련 규정을 적용받을 수 있도록 하였다(부칙 제1조 및 제2조).

□ 2020. 1. 1. 시행 [법률 제16851호, 2019. 12. 31, 타법제정]

◇ 제·개정이유 및 주요내용

대체역의 편입 및 복무 등에 관한 법률(제16851호, 2019.12.31.) 제정으로 인해 병역의무 이행 내용에 추가된 대체역 반영

□ 2018. 12. 20. 시행 [법률 제15249호, 2017. 12. 19, 일부개정]

◇ 개정이유

귀화자 및 국적회복자로 하여금 대한민국 국민으로서의 소속감과 자긍심을 높이기 위하여 국민선서와 귀화증서 등 수여제도를 도입하는 한편, 우리 국적을 취득하려는 외국인이 증가하는 현실을 고려하여 외국인의 국적 취득 요건을 강화하는 등 현행 제도의 운영상 나타난 일부 미비점을 개선·보완하려는 것이다.

◇ 주요내용

가. 국민선서 및 귀화증서 등 수여제도를 도입

국민선서 및 귀화증서 등 수여제도를 도입하여 종전에는 귀화허가 또는 국적회복허가 신청을 한 사람은 법무부장관이 귀화허가 또는 국적회복허가를 한 때에 대한민국 국적을 취득하도록 하던 것을, 앞으로는 귀화허가 또는 국적회복허가를 받은 사람이 국민선서 후 귀화증서 또는 국적회복증서를 수여받은 때 대한민국 국적을 취득하도록 하였다(제4조제3항 및 제9조제3항).

나. 일반귀화 요건을 강화함(제5조)

1) 일반귀화 신청 요건을 강화하여 종전에는 외국인이 5년 이상 계속하여 대한민국에 주소가 있으면 일반귀화 허가 신청을 할 수 있도록 하던 것을, 앞으로는 대한민국에서 영주할 수 있는 체류자격을 가지고 있고 5년 이상 계속하여 대한민국에 주소가 있어야 일반귀화 허가 신청을 할 수 있도록 하였다.

2) 귀화요건인 품행 단정에 대한 구체적인 판단기준 위임근거의 마련
귀화요건인 품행 단정에 대한 구체적인 판단 기준을 하위법령에 둘 수 있게 위임하는 근거를 마련하였다.

3) 일반귀화 요건의 강화
국가안전보장·질서유지 또는 공공복리를 저해하지 아니한다고 법무부장관이 인정하는 경우 귀화할 수 있도록 일반귀화의 요건을 강화하였다.

□ **2018. 9. 18. 시행 [법률 제15752호, 2018. 9. 18, 일부개정]**

◇ 개정이유 및 주요내용

현재 국적업무와 관련된 수수료 징수의 근거는 법률이 아닌 현행법 시행규칙에 규정되어 있으나, 수수료 징수가 국민들에게 금전적 부담을 지우는 침익적 행정행위로 국민의 재산권을 제한한다는 점을 고려할 때, 하위 법령에 규정되어 있는 국적업무와 관련된 각종 허가신청, 신고 및 증명서 등의 발급에 관한 수수료 징수의 근거를 법률로 상향하여 규정하려는 것이다.

□ **「국적법 시행령」[시행 2017. 8. 29.] [대통령령 제28255호, 2017. 8. 29. 일부개정]**

◇ 개정이유

귀화 필기시험을 사회통합 프로그램 종합평가로 대체하여 국적을 취득하려는 외국인에게 보다 체계적인 학습기회를 제공하고 국민으로서 소양을 더욱 객관적으로 평가할 수 있도록 개선하며, 법률상 의무기간 내에 외국국적 포기절차를 마치기 어려운 귀화자 등이 포기절차를 개시하여야 하는 기간을 명확히 규정하는 한편, 국적상실자 등이 이미 발급받은 대한민국 여권의 무효처리를 위하여 관련 정보를 외교부장관에게 통보할 수 있도록 하는 등 현행 제도의 운영상 나타난 일부 미비점을 개선·보완하려는 것이다.

◇ 주요내용

가. 귀화 필기시험 대신 사회통합 프로그램 종합평가로 대체(제4조제3항 및 같은 조 제5항부터 제7항까지, 제4조제4항 신설)

귀화허가 신청자에 대하여 필기시험을 실시하던 것을 「출입국관리법시행령」에 따른 사회통합 프로그램 종합평가에 응시하여 그 결과를 귀화 신청일부터 1년 이내에 제출하도록 하였다.

나. 귀화자 등의 외국국적 포기절차 개시기간 구체화(제13조제1항제2호)

대한민국 국적을 취득한 외국인이 본인의 뜻에도 불구하고 외국의 법률 및 제도로 인하여 1년 이내에 외국국적 포기절차를 마치기 어려운 경우 지체 없이 포기절차를 개시하여야 외국국적불행사 서약이 가능하도록 하던 것을 3개월 이내에 포기절차를 개시해야 가능하도록 명확히 하였다.

다. 국적상실자 등의 대한민국 여권 무효처리를 위한 통보 근거 신설(제18조제6항, 제18조의2제7항, 제21조제3항 및 제27조제6항 신설)

국적이탈, 국적상실 및 귀화허가 취소 등으로 국적이 상실되면 이미 발급받은 대한민국 여권은 무효가 되므로 국적상실 및 이탈 등으로 국적이 상실된 사람이 이미 발급받은 대한민국 여권이 있는 경우 국적상실의 원인 및 여권번호 등을 외교부장관에게 통보할 수 있도록 하였다.

라. 국적심의위원회의 설치 및 운영(제28조 및 제28조의2부터 제28조의4까지)

특별귀화 대상자 선정에 관한 사항, 대한민국 국적의 상실 결정에 관한 사항 및 그 밖에 법무부장관이 국적업무와 관련하여 위원회에 심의를 요청하는 사항을 심사하기 위하여 법무부장관 소속으로 국적심의위원회를 두고, 전체 위원수는 30명 이내로 하며, 회의 시 지정 인원수는 10명 이상 15명 이하로 하였다.

□ **2016. 12. 20. 시행 [법률 제14407호, 2016. 12. 20. 일부개정]**

◇ 개정이유 및 주요내용

위임입법의 원칙상 국민의 기본권에 관한 시행령 및 시행규칙은 상위 법령의 위임규정이 있어야만 규정을 둘 수 있다. 그러나 「국적법 시행령」에서는 법률에 위임규정이 없음에도 불구하고 외국국적을 함께 가지게 된 자에 대해 규정하고 있는바, 법의 명확성을 제고하기 위하여 복수국적자에 관한 사항을 대통령령에서 정할 수 있도록 위임규정을 마련하려는 것이다.

□ **2016. 11. 30. 시행 [법률 제14183호, 2016. 5. 29. 타법개정]**(병역법 일부개정법률)

◇ 개정이유

병역법 일부개정으로 인한 병무용어 변경내용 반영

◇ 주요내용

제1국민역을 병역준비역으로, 제2국민역을 전시근로역으로 변경

□ **2014. 6. 19. 시행 [법률 제12421호, 2014. 3. 18., 타법개정]**(출입국관리법 일부개정법률)

◇ 개정이유 및 주요내용

출입국관리법 일부개정 내용 반영, 즉 "출입국관리사무소·출장소·외국인보호소" 등의 조직 명칭을 "지방출입국·외국인관서"로 변경

□ **2011. 1. 1. 시행 [법률 제10275호, 2010. 5. 4., 일부개정]**

◇ 「국적법」 개정이유

엄격한 단일국적주의 아래에서 복수국적자에 대하여 규제 일변도로 되어 있는 현행 규정을 국제 조류와 국익에 부합되는 방향으로 복수국적을 제한적으로 허용하는 한편, 복수국적 허용에 따른 병역기피 등 부작용과 사회적 위화감을 최소화하는 방향으로 관련 규정을 보완하려는 것이다.

◇ 주요내용

가. 우수 외국인재의 귀화 요건 완화(법 제7조제1항제3호 신설)

1) 외국인이 우리나라에 귀화하려면 국내에 5년 이상(대한민국 국민의 배우자인 경우는 2년 이상) 거주하여야 한다.
2) 국익에 기여할 수 있는 우수 외국인재의 경우 국내 거주기간 요건 없이 귀화할 수 있도록 제도를 개선하였다.

나. 대한민국 국적 취득자의 외국국적 포기의무 완화(법 제10조)

1) 외국인이 우리 국적을 취득한 경우 6개월 이내에 외국 국적을 포기하여야 하며, 그러하지 아니하면 대한민국 국적을 상실한다.
2) 국적취득자의 외국국적 포기의무 기간(6개월)이 너무 짧다는 지적에 따라 1년으로 연장한다.

3) 외국국적 포기방식과 관련하여 국적취득자 중에서 ① 혼인관계를 유지하고 있는 결혼이민자, ② 대한민국에 특별한 공로가 있거나, 우수 외국인재로서 특별귀화한 자, ③ 국적회복허가를 받은 자로서 특별한 공로가 있거나, 우수 외국인재로 인정되는 자, ④ 해외입양 되었다가 우리 국적을 회복한 자, ⑤ 외국에 장기 거주하다가 국내에 영주 귀국하여 대한민국 국적을 회복한 만 65세 이상의 자, ⑥ 본인의 뜻에도 불구하고 외국의 법률 또는 제도로 인하여 외국 국적 포기의무를 이행하기 어려운 자로서 대통령령으로 정하는 자 등은 대한민국 국적을 취득한 후 외국국적을 포기하지 아니하고 국내에서 외국 국적을 행사하지 아니하겠다는 서약만 하면 대한민국 국적이 상실되지 아니하도록 하였다.
4) 대한민국에서 외국 국적을 행사하지 아니하는 조건으로 외국 국적을 유지하면서 대한민국 국적을 계속 보유할 수 있는 길을 열어 주어 복수국적을 제한적으로 허용하였다.

다. 이중국적자의 용어 변경 및 복수국적자의 법적 지위(법 제11조의2 신설)

1) 현행 규정은 둘 이상의 국적을 가진 자를 모두 이중국적자로 규정하여 셋 이상의 국적을 가진 자를 포섭하지 못할 뿐만 아니라 부정적 이미지를 내포하고 있고, 복수국적자의 법적 지위를 명확히 규정하고 있지 못하였다.
2) 이중국적자를 복수국적자로 용어를 변경하고, 복수국적자에게 국내법 적용에서 대한민국 국민으로만 처우함을 명확히 하였다.
3) 복수국적자가 관계 법령에 따라 외국 국적을 보유한 상태에서 직무를 수행할 수 없는 분야에 종사하려면 외국국적을 포기하도록 하였다.

라. 국적선택방식의 개선(법 제13조)

1) 복수국적자가 대한민국 국적을 선택하려면 사전에 외국국적을 포기하여야 하는 바, 현실적으로 22세 전에 외국국적 포기를 마치고 그 증빙을 갖추기가 어려워 우리 국적 선택의 걸림돌로 작용하여 왔다.
2) 만 20세가 되기 전에 복수국적자가 된 자는 만 22세 전에, 만 20세가 된 후에 복수국적자가 된 자는 그 때부터 2년 내에 대한민국 국적을 선택하려는 경우에는 외국 국적을 포기하는 대신 외국 국적을 행사하지 아니하겠다는 서약을 하는 방식으로 우리 국적을 선택할 수 있게 하여 우리 국적 선택을 유도하였다.
3) 국적선택기간 이후에 대한민국 국적을 선택하려는 자와 출생 당시 모(母)가 자녀에게 외국국적을 취득하게 할 목적으로 외국에서 체류한 상태에서 출생한 자에 대해서는 외국국적을 포기한 경우에만 우리 국적을 선택할 수 있도록 하여

국적선택제도의 실효성을 확보함과 동시에 복수국적 허용으로 인한 부작용을 최소화할 수 있을 것으로 기대된다.

마. 대한민국 국적의 이탈 요건 및 절차 강화 등(법 제14조)

1) 국내외 거주 여부에 관계없이 대한민국 내에서도 대한민국 국적이탈 신고를 할 수 있다.

2) 외국에 주소가 있는 경우에만 재외공관을 통하여 국적이탈 신고를 할 수 있게 하여 실제 국내에 생활기반을 두고 있는 자의 대한민국 국적 이탈을 제한하려고 한다.

바. 국적선택명령제도의 도입(법 제14조의2 신설)

1) 복수국적자가 일정 기간 이내에 국적선택의무를 이행하지 아니하면 별도의 절차 없이 대한민국 국적을 당연히 상실한다.

2) 복수국적자가 국적선택기간이 지난 경우에는 법무부장관이 국적선택명령을 한 후 그 때에도 국적을 선택하지 아니하면 대한민국 국적을 상실하는 것으로 개선하였다.

3) 대한민국 국적을 취득하거나 대한민국 국적을 선택하는 경우 외국 국적을 행사하지 아니하겠다는 서약을 한 자가 서약의 취지에 반하는 행위를 하는 경우에도 법무부장관이 국적선택명령을 한 후 일정한 기간 이내에 외국국적을 포기하지 아니하면 대한민국 국적을 상실하도록 하였다.

4) 본인 의사의 확인 없이 우리 국적을 당연상실하게 하는 현행 제도에 따른 국민배제 및 인권침해 논란을 해소하고, 복수국적자 허용 범위의 확대로 인한 부작용을 최소화할 수 있을 것으로 기대된다.

사. 대한민국 국적의 상실결정제도 도입(법 제14조의3 신설)

1) 복수국적자가 대한민국의 국익에 반하는 행위를 하는 경우에 국적을 상실시킬 법적 근거가 없다.

2) 복수국적자가 국가안보, 외교관계 등에서 대한민국의 국적을 보유함이 현저히 부적합하다고 인정되는 경우에는 법무부장관이 대한민국 국적의 상실을 결정할 수 있도록 하여 복수국적 허용에 따른 부작용을 최소화할 수 있을 것으로 기대된다.

아. 복수국적자에 관한 통보의무(법 제14조의4 신설)

1) 복수국적자를 파악·관리할 수 있는 제도가 마련되어 있지 아니하여 복수국적자의 증가에 따른 관리에 미흡한 점이 있다.

2) 공무원이 직무와 관련하여 복수국적자를 발견하면 법무부장관에게 통보하도록 하여 복수국적자의 관리체계 구축을 위한 법적 근거를 마련하였다.

자. 권한 위임에 관한 규정 신설(법 제22조 신설)

1) 매년 증가하고 있는 국적의 취득 및 상실에 관한 각종 신청 및 신고 관련 업무 등을 위임할 필요가 있으나 법무부장관의 권한을 위임할 수 있는 근거가 없었다.
2) 법무부장관의 권한을 출입국관리사무소장 등에게 위임할 수 있도록 하여 국적 업무의 효율성이 제고될 것으로 기대된다.

□ 2008. 3. 14. 시행 [법률 제8892호, 2008. 3. 14., 일부개정]

◇ 개정이유 및 주요내용

거짓이나 그 밖의 부정한 방법으로 귀화허가나 국적회복허가 또는 국적보유의 판정을 받은 경우 법무부장관이 그 허가 또는 판정을 취소할 수 있는 근거를 법률에 규정하여 법령의 명확성을 확보하고 행정의 예측가능성을 강화하여 부정한 방법으로 국적을 취득하려는 행위를 방지하는 한편, 법 문장을 원칙적으로 한글로 적고, 어려운 용어를 쉬운 용어로 바꾸며, 길고 복잡한 문장은 체계 등을 정비하여 간결하게 하는 등 국민이 법 문장을 이해하기 쉽게 정비하려는 것이다.

□ 2008. 1. 1. 시행 [법률 제8435호, 2007. 5. 17., 타법개정](「가족관계의 등록 등에 관한 법률」)

◇ 제정이유 및 주요 내용

민법 개정으로 호주제가 폐지됨에 따른 「가족관계의 등록 등에 관한 법률」 제정으로 국적법 제16조제3항 중 "호적관서"를 "가족관계등록관서"로 변경

국적변동사항이 있는 경우 법무부장관이 국적변동자의 등록기준지의 시·읍·면의 장에게 이를 직접 통보하도록 하였다.

□ 2005. 5. 24. 시행 [법률 제7499호, 2005. 5. 24., 일부개정]

◇ 개정이유 및 주요내용

병역을 기피하도록 할 목적으로 원정출산 등 편법적인 방법으로 자녀에게 외국국적을 취득시키는 것을 방지하기 위하여 직계존속이 외국에서 영주할 목적 없이 체류한

상태에서 출생하여 이중국적자가 된 자는 병역의무의 이행과 관련하여 현역·상근예비역 또는 보충역으로 복무를 마치거나 마친 것으로 보는 때, 병역면제처분을 받은 때, 제2국민역에 편입된 때에 한하여 국적이탈신고를 할 수 있도록 하는 한편, 그 밖에 현행 제도의 운영상 나타난 일부 미비점을 개선·보완하려는 것이다.

□ **2004. 1. 20. 시행 [법률 제7075호, 2004. 1. 20., 일부개정]**

◇ 개정이유 및 주요내용

대한민국 국민과 결혼한 외국인이 「국적법」에 의한 간이귀화요건을 충족시키지 못한 때에도, 대한민국 국민인 배우자와 혼인한 상태로 대한민국에 주소를 두고 있던 중 그 배우자가 사망·실종되거나 자신의 귀책사유 없이 혼인생활을 계속할 수 없었던 경우 또는 혼인에 의하여 출생한 미성년 자녀의 양육 등의 필요가 있는 경우에는 외국인 배우자의 인권보장과 아동보호 차원에서 국적취득을 허용하려는 것이다.

□ **2001. 12. 19. 시행 [법률 제6523호, 2001. 12. 19., 일부개정]**

◇ 개정이유 및 주요골자

「국적법」이 개정(1997.12.13, 법률 제5431호)되어 부계혈통주의가 부모양계혈통주의로 바뀜에 따라 동법이 시행된 1998년 6월 14일 현재 10세 미만인 자로서 대한민국의 국민을 모(母)로 하여 출생한 자에 대하여 신고로써 대한민국의 국적을 취득할 수 있는 특례를 인정하였으나, 2000년 8월 31일 헌법재판소에서 모계출생자에 대한 국적취득의 특례를 10세 미만인 자에 한정하여 적용하는 것은 평등원칙에 위배된다는 취지의 헌법불합치 결정을 함에 따라 모계출생자에 대한 국적취득의 특례를 동법이 시행된 1998년 6월 14일 현재 20세 미만인 자로 확대하려는 것이다.

□ **1998. 6. 14. 시행 [법률 제5431호, 1997. 12. 13., 전부개정]**

◇ 개정이유 및 주요내용

현행법상의 부계혈통주의 조항은 헌법상 남녀평등의 원칙에 위배된다는 주장이 제기되어 왔고, 최근에는 헌법재판소에 위헌심판이 제청되어 있는 실정이며, 우리 정부가 1984년에 유엔의 여성에대한모든형태의차별철폐에관한협약에 가입할 당시 유보한 바 있는 국적취득에 있어서의 남녀평등 조항에 대한 유보를 철회하여 국제조류에 따를 필요성이 있기 때문에 현행법 중 각종 남녀차별적 요소를 남녀평등의 원칙에 부

합되는 방향으로 정비함과 아울러, 1948년 제정 이래 동일한 골격을 유지하여 온 「국적법」의 내용중 현실에 맞지 아니하거나 입법상 미비된 점을 합리적으로 개선·보완하려는 것이다.

① 종전에는 출생당시에 부가 대한민국의 국민인 경우에 그 자녀에게 우리 국적을 부여하는 부계혈통주의를 채택하여 왔으나 앞으로는 부 또는 모 어느 한쪽이 대한민국 국민이면 그 자녀에게 우리 국적을 부여하는 부모양계혈통주의로 전환하였다(법 제2조제1항제1호).

② 국적취득을 목적으로 하는 위장혼인을 방지하기 위하여 대한민국 국민의 처가 된 외국인에게 우리 국적을 부여하던 종전의 제도를 폐지하고, 대한민국 국민과 혼인한 외국인은 남녀 모두 혼인 후 국내에 2년 이상 거주하는 등 일정 요건을 갖추고 법무부장관의 귀화허가를 받아야만 우리 국적을 취득할 수 있도록 하였다(법 제6조제2항).

③ 남편이 우리 국적을 취득하면 그 처도 자동으로 대한민국 국민이 되는 수반취득 조항과 처의 단독귀화를 금지하는 조항을 삭제함으로써 혼인한 여성에게 독자적인 국적선택권을 보장하였다(현행 제4조제2항 및 제8조제1항 삭제).

④ 20세 전에 우리 국적과 외국 국적을 함께 가지게 되는 이중국적자는 22세 전까지, 20세 후에 이중국적자가 된 자는 그 때부터 2년 내에(병역미필자는 병역을 필한 후 2년 내에) 국적을 택일하게 하고, 그 중 우리 국적을 선택하지 아니한 사람은 우리 국적을 상실하도록 하는 국적선택제도를 신설하였다(법 제12조 내지 제14조).

⑤ 부모양계혈통주의를 채택함에 따라, 외국인 부와 한국인 모 사이에 출생한 자녀는 모의 성과 본을 따를 수 있고 모의 호적에 입적하도록 민법의 내용을 일부 정비하였다(법 부칙 제8조).

□ 1976. 12. 22. 시행 [법률 제2906호, 1976. 12. 22., 일부개정]

◇ 개정이유 및 주요내용

현재는 일정한 사유로 대한민국의 국적을 상실한 자가 대한민국에 주소를 가지지 아니하고 국적을 회복하고자 하는 때에는 국적회복심의위원회의 건의에 의하여 법무부장관의 허가를 받도록 되어 있는 바, 대한민국에 주소를 가지지 아니한 자의 국적회복허가를 함에 있어서는 미리 관계기관과 긴밀한 협조를 행하고 있으므로 이와 별도로 국적회복심의위원회의 건의는 필요하지 아니하여 정부의 각종 위원회정비계획에 따라 동위원회를 폐지하려는 것이다.

□ 1963. 9. 30. 시행 [법률 제1409호, 1963. 9. 30., 일부개정]

◇ 개정이유 및 주요내용

귀화인, 귀화인의 처 또는 자의 공직취임에 관한 제한규정을 삭제하고, 외국인으로서 대한민국의 국적을 취득한 자가 6월이 경과하여도 그 국적을 상실하지 아니한 때에는 대한민국의 국적을 상실하도록 하려는 것이다.

□ 1962. 11. 21. 시행 [법률 제1180호, 1962. 11. 21., 일부개정]

◇ 개정이유 및 주요내용

① 외국인의 대한민국 국적취득요건으로 국적이 없거나 대한민국 국적취득일로부터 6월 내에 그 국적을 상실하게 되는 경우를 추가하였다.

② 대한민국의 국적을 가졌던 자가 그 국적을 상실한 경우 외국에 주소를 가지면서도 대한민국의 국적을 회복할 수 있도록 하였다.

□ 1948. 12. 20. 시행 [법률 제16호, 1948. 12. 20., 제정]

◇ 주요내용

대한민국의 국민이 되는 요건을 규정하려는 것이다.

① 다음 각 호의 1에 해당하는 자는 대한민국의 국민으로 한다.

가. 출생당시 부가 대한민국의 국민인 자

나. 출생전 부가 사망한 경우에는 그 사망당시 대한민국의 국민이던 자

다. 부가 불분명한 경우 또는 국적이 없는 경우에는 그 모가 대한민국의 국민인 자

라. 부모가 불분명한 경우 또는 국적이 없는 경우에는 대한민국에서 출생한 자(대한민국에서 발견한 기아는 대한민국에서 출생한 것으로 추정)

② 대한민국의 국민의 처가 된 자, 대한민국의 국민인 부 또는 모가 인지한 자, 귀화한 자는 대한민국의 국적을 취득토록 하였다.

③ 이 법에서 정한 요건을 구비하는 외국인으로서 대한민국에 주소가 있는 자는 법무부장관의 허가를 얻어 귀화할 수 있게 하였다.

Ⅱ. 현행 「국적법」의 주요내용

현행 「국적법」의 주요 내용을 살펴보면 다음과 같이 <표>로 설명할 수 있을 것

이다.[79)]

현행 「국적법」의 주요내용[80)]

<table>
<tr><th colspan="3">구 분</th><th>내 용</th><th>비고</th></tr>
<tr><td rowspan="7">귀
화</td><td rowspan="4">간이
귀화</td><td>법 제6조1항
(계속 국내 주소)</td><td>1. 부 또는 모가 대한민국의 국민이었던 사람
2. 대한민국에서 출생한 사람으로서 부 또는 모가 대한민국에서 출생한 사람
3. 대한민국 국민의 양자(養子)로서 입양 당시 대한민국의 「민법」상 성년이었던 사람</td><td>허가</td></tr>
<tr><td>제6조2항1호
(혼인상태로 2년 계속 국내거주)</td><td>그 배우자와 혼인한 상태로 대한민국에 2년 이상 계속하여 주소가 있는 사람</td><td>허가</td></tr>
<tr><td>제6조2항2호
(혼인동거 3년, 거주 1년 이상)</td><td>배우자가 대한민국의 국민인 외국인으로서 혼인 후 3년이 경과하고 혼인상태로 대한민국에 1년 이상 계속하여 주소가 있는 자</td><td>허가</td></tr>
<tr><td>제6조2항3,4호
(혼인파경, 미성년 양육/ 2년 또는 혼인 3년 이상 1년 거주)</td><td>배우자의 사망, 실종 등 자신의 귀책사유 없이 정상적인 혼인생활을 할 수 없었던 자(3호), 또는 미성년의 자녀 양육(4호)</td><td>허가</td></tr>
<tr><td rowspan="3">특별
귀화</td><td>법 제7조1항1호
(부모 국민인 경우)</td><td>① 부 또는 모가 대한민국 국민인 자</td><td>허가</td></tr>
<tr><td>법 제7조1항2호
(특별공로자)</td><td>② 대한민국에 특별한 공로가 있는 자</td><td>허가</td></tr>
<tr><td>법 제7조1항3호
(우수 인재)</td><td>③ 과학·경제·문화·체육 등 특정 분야에서 매우 우수한 능력을 보유한 자로서 대한민국의 국익에 기여할 것으로 인정되는 자</td><td>허가</td></tr>
<tr><td colspan="3">수반취득
(법 제8조)</td><td>외국인의 자로 대한민국의 민법에 의하여 미성년인 자는 그 부 또는 모가 귀화허가 또는 국적회복을 신청할 때에 함께 국적취득 신청 가능</td><td>허가</td></tr>
<tr><td rowspan="2">국적
회복</td><td colspan="2">일반회복
(법 제9조)</td><td>과거에 한국 사람이었으나 한국 국적을 상실하였던 자 또는 복수국적자로서 한국 국적을 이탈하였던 자가 법무부장관의 허가를 받아 다시 우리 국적을 취득</td><td>허가</td></tr>
<tr><td colspan="2">중국동포회복
(외국국적 동포의 국적회복 등에 관한 업무처리지침)</td><td>1949년 10월 1일 전에 한반도 및 그 부속도서에서 중국으로 이주하였거나 중국에서 출생한 자로서 현재 중국 국적을 보유하고 있는 자
1949.10.1.부 대한민국 국적 상실</td><td>허가</td></tr>
</table>

79) 국적법, 국적법시행령, 국적법시행규칙 개정을 위한 입법 내용은 부록 부분의 법령 내용 참조.
80) 본 정리된 <표>는 이종옥, 『이민행정업무 체류실무특강』 (2019년 9월 1일) 24~26면을 재인용.

구 분	내 용	비고
국적판정 (법 제20조)	어떤 사람이 과거에 한국 국적을 취득한 사실이 있는지 여부, 현재도 그가 한국 국적을 보유하고 있는지 여부 등이 불분명한 경우 등에 있어 본인의 신청에 따라 그 여부를 심사, 판정	확인
국적취소 (법 제21조)	거짓이나 그 밖의 부정한 방법으로 귀화허가, 국적회복허가, 국적판정을 받은 자에 대해 그 허가 또는 판정을 취소할 수 있음	취소
재취득 (법 제11조)	대한민국의 국적을 취득한 외국인으로서 국적을 취득한 날부터 1년 내에 그 외국국적을 포기하지 아니하여 대한민국의 국적을 상실한 자가 그 후 1년 내에 그 외국국적을 포기한 때에는 신고함으로써 대한민국 국적을 재취득	신고
국적선택 (법 제12조, 제13조)	복수국적자로서 대한민국 국적을 선택하고자 하는 자는 규정된 기간 내에 외국 국적을 포기하거나 외국국적불행사서약을 한 후 법무부장관에게 대한민국의 국적을 선택한다는 뜻을 신고하여야 함	신고
국적이탈 (법 제12조, 제14조)	만 20세 전에 복수국적이 된 자는 만 22세가 되기 전에 외국국적을 선택하기 위해서는 재외공관을 통하여 국적이탈 신고 가능. 다만, 병역준비역에 편입된 자는 병역을 필하거나 면제받지 아니하고는 국적을 이탈할 수 없음	신고
국적보유 (법 제15조2항)	외국 법률에 의하여 후천적으로 외국국적을 자동으로 취득하게 된 자는 그때부터 6개월 안에 국적보유신고서를 제출하면 복수국적자로서 국적선택제도의 적용 대상이 됨	신고
국적상실 (법제10조제3항, 제14조제2항, 제14조의2 제4항, 제14조의3 제4항, 제14조의4, 제15조 제1항·2항)	① 대한민국 국적을 취득한 외국인이 1년 내에 외국국적을 포기하지 아니하면 그 기간이 지난 때에 대한민국 국적이 상실 ② 복수국적자로서 국적이탈신고를 하고 법무부장관이 신고를 수리한 때 대한민국 국적이 상실 ③ 복수국적자가 국적선택명령을 받고서도 국적 선택을 하지 아니하면 그 기간이 지난 때에 대한민국 국적이 상실 ④ 복수국적자가 국적상실결정을 받은 때에 대한민국 국적 상실 ⑤ 대한민국국민으로서 자진하여 외국국적을 취득한 자는 그 외국국적을 취득한 때에 대한민국 국적이 상실 ⑥ 외국인과의 혼인, 입양, 인지 등에 의하여 외국국적을 취득하게 된 후 6개월 내에 대한민국 국적의 보유신고를 하지 아니한 때에는 외국국적 취득일로 소급하여 대한민국 국적이 상실	신고

제 5 절 「국적법」상 기간의 계산[81)]

Ⅰ. 법적 근거

「국적법」상 기간의 계산과 관련하여 기간의 기산점, 연령의 기산점, 그리고 공휴일 등과 기간의 만료점이 문제될 수 있다. 이와 관련한 법적 근거로 민법 제157조(기간의 기산점), 민법 제158조(연령의 기산점), 그리고 민법 제161조(공휴일 등과 기간의 만료점)를 들 수 있다.[82)]

Ⅱ. 기간 산정시의 기본 원칙

기간 산정과 관련하여 위와 같은 법적 근거를 기초로 설명하면 ① 기간이 오전 영("0")시로부터 시작하는 경우를 제외하고는 초일은 산입하지 않지만 연령 계산에는 출생일이 산입된다. ② 토요일 및 공유일의 경우 이들을 포함하여 기간을 산정하고 신고 또는 신청의 접수 시 기간 만료일이 토요일이나 공휴일인 경우 익일까지 접수하여 처리한다. 이때 기간 산정 시 '내'와 '이내'는 동일한 의미로 사용되고 당일을 포함한다.

Ⅲ. 「국적법」상 기간 산정을 위한 구체적 내용

「국적법」상 규정되어 있는 기간 산정은 그 내용에 따라 상이한데 이에 대한 내용을 정리하면 다음과 같다.

---

81) 법무부출입국·외국인정책본부, 『2014국적실무편람』(2014.6), 26면(수정 인용).

82) 민법 제157조(기간의 기산점) 기간을 일, 주, 월 또는 연으로 정한 때에는 기간의 초일은 산입하지 아니한다. 그러나 그 기간이 오전 영시로부터 시작하는 때에는 그러하지 아니하다. 제158조(연령의 기산점) 연령계산에는 출생일을 산입한다. 제161조(공휴일 등과 기간의 만료점) 기간의 말일이 토요일 또는 공휴일에 해당한 때에는 기간은 그 익일로 만료한다. <개정 2007.12.21.>

「국적법」상 기간 산정을 위한 구체적 내용[83]

내 용	근 거	산 정 방 법	구 체 적 인 "예"
인지에 의한 국적취득	제3조 제1항	미성년일 것 ⇒ 출생일 산입	출생일이 2002년 5월 1일이라면 2021년 4월 30일까지 미성년자이고 2021년 5월 1일부터 성년이 됨
국적상실 (외국국적포기 의무의 불이행)	제10조 제1항	1년 내에 외국국적 포기 ⇒ 초일 불산입	2020년 5월 1일 대한민국 국적 취득 후 1년 내에 외국국적을 포기하지 않을 경우 국적상실일은 2021년 5월 2일이 됨
국적의 재취득	제11조	그 후 1년 내에 외국국적 포기 ⇒ 초일 불산입	2020년 5월 1일 대한민국 국적 취득 후 1년 내에 외국국적을 포기하지 않은 경우 2022년 5월 1일까지 외국국적을 포기 시 국적의 재취득 가능
복수국적자의 국적선택의무	제12조 제1항	만 22세가 되기 전까지 국적을 선택 ⇒ 출생일 산입	출생일이 2002년 5월 1일인 여성이 2024년 4월 30일까지 국적 미선택 시 2024년 5월 1일부터 국적선택명령 대상
		그 때부터 2년 내에 하나의 국적 선택 ⇒ 초일 불산입	성년 여성이 2019년 5월 1일 국적보유 신고를 하고 2021년 5월 1일까지 국적 미선택 시 2021년 5월 2일부터 국적선택명령 대상
		해당하는 때부터 2년 이내에 국적선택 ⇒ 초일 불산입	성년 남성이 2019년 5월 1일 병역해소 후 2021년 5월 1일까지 국적 미선택 시 2021년 5월2일부터 국적선택명령 대상
대한민국 국적의 선택절차	제13조 제2항	2년 이내에는 제1항에서 정한 방식으로 ⇒ 초일 불산입	성년 남성이 2019년 5월 1일 군대제대시 2021년 5월 1일까지는 외국국적 불생사 서약방식에 따른 국적선택 가능
복수국적자에 대한 국적선택명령	제14조의3 제1항	1년 내에서 하나의 국적 선택 명령 ⇒ 초일 불산입	2020년 5월 1일 국적선택명령서 수령 시 2021년 5월 1일까지 국적선택을 하지 않으면 2021년 5월 2일 한국국적 자동 상실
	제14조의3 제2항	6개월 내에 하나의 국적 선택 명령 ⇒ 초일 불산입	2020년 5월 1일 국적선택명령서 수령 시 2020년 11월 1일까지 국적선택을 하지 않으면 2020년 11월 2일 한국국적 자동상실
국적상실자의 권리변동	제18조	3년 내에 대한민국의 국민에게 양도 ⇒ 초일 불산입	2018년 5월 1일 국적이 상실된 자는 2021년 5월 1일까지 그 권리를 대한민국 국민에게 양도해야 함
법정대리인이 하는 신고 등	제19조	15세 미만이면 법정대리인이 대리 ⇒ 출생일 산입	출생일이 2007년 5월 1일 경우 2022년 4월 30일까지 법정대리인이 대신하여 신고하고 2022년 5월 1일부터 본인이 직접 신고해야 함

이와 관련하여 유의해야 할 것은 「국적법」 규정상 "내"와 "이내"는 차이가 없다는 점이다.[84] 즉, 예를 들어 "6개월 내에"는 6개월이 되는 날을 포함하는 것이므로 외국국적 취득일로부터 6개월이 되는 날에도 국적보유신고를 할 수 있게 된다.[85]

제 6 절 「국적법」 업무에 있어서 숙지해야 할 중요한 시기

국적과 관련된 업무를 수행함에 있어서는 특히 숙지해야 할 중요한 날짜들이 있는 데 이러한 내용들은 다음과 같은 <표>의 내용들이 포함될 것이다.

외국국적 동포의 경우 그 대상은 대한민국의 국적을 보유하였던 자(대한민국정부 수립 전에 국외로 이주한 동포를 포함한다) 또는 그 직계비속(直系卑屬)으로서 외국국적을 취득한 자 중 대통령령으로 정하는 자이다.

「국적법」 업무에 있어서 숙지해야 할 중요한 시기

시기(연월일)	주요내용
1949년 10월 1일[86]	중화인민공화국의 성립(건국)일
1983년 5월 23일	무호적 선천적 복수국적자의 경우 만 22세 경과가 종전 「국적법」(법률 제7499호) 공포일(2005년 5월 24일) 전인 경우(즉, 1983.5.23.이전 출생자)와 이후인 경우(즉, 1983.5.24. 이후 출생자)에 따라 대한민국 국적 상실여부가 다름
1988년 5월 4일	출생신고를 하지 아니한 선천적 복수국적자의 국적상실 여부와 관련하여 개정 「국적법」 공포일 전후에 만 22세가 경과한 자란 1988년 5월 4일생을 포함한 자를 말함
1998년 6월 14일	1998년 6월 14일 '부계' 혈통주의에서 '부모양계' 혈통주의제도를 채택, 1998년 6월 14일을 기준으로 전 출생자는 '부계' 혈통주의에 따라 '부'가 대한민국의 국적자일 경우만 복수국적자로 분류되었지만, 1998년 6월 14일 이후 출생자는 부모 중 1인이 대한민국 국적자이면 복수국적자가 됨
2010년 5월 4일	o 제10차 개정 「국적법」이 공포된 날 (공포일 전후에 만 22세가 경과한지 여부에 따라 외국국적동포국내

83) 법무부출입국·외국인정책본부, 『2014국적실무편람』(2014.6), 26면(수정 인용).

84) 위의 자료, 125, 163면.

85) 위의 자료, 같은 면.

	거소신고를 할 수 있는지 여부가 좌우) - 출생신고를 하지 아니한 선천적 복수국적자의 국적상실 여부 만 22세 경과가 공포일 전인 경우 대한민국 국적 상실, 이후는 대한민국 국적 보유 - 공포일 전후에 만 22세가 경과하였는지 여부에 따라 외국국적 동포국내 거소신고를 할 수 있는지 여부가 좌우됨. o 2010년 5월 4일「국적법」개정(제10차)으로 국적선택의무기간이 지난 사람의 한국 국적 자동상실제도가 폐지되는 대신 국적선택명령제도 도입
2011년 1월 1일	o 면제되는 병역의무기간의 변경(병역법) - 1979년 12월 31일 전 출생자는 만 35세 12월 31일까지, 1980년 1월 1일 이후 출생자는 만 37세 12월 31일까지로 병역의무 이행기간(연령)이 변경
2018년 3월 1일	귀화허가와 관련하여 2018년 3월 1일부터 귀화필기시험이 사회통합프로그램 종합평가로 대체되어 실시됨
2018년 5월 1일	2018년 5월 1일 이후 최초로 대한민국의 국적을 이탈하였거나 상실한 사람은 병역이행이나 면제처분 등이 없으면 40세까지 F-4자격부여가 제한(재외동포의 출입국과 법적 지위에 관한 법률 제5조)

제 7 절 「국적법」 업무에 있어서 고려해야 할 중요한 연령

「국적법」 실무를 다룸에 있어서 숙지해야 할 다음 <표>와 같은 중요한 연령이 있다. 예를 들어 미국에서 태어난 여자(선천적 복수국적자)는 22세 생일이 되기 전에 재외공관에 국적선택 신고를 하게 되면 복수국적이 유지된다. 국적 상실 또는 국적이탈 대상자 중 만 14세 이하는 본인이 아닌 부모가 대신 신고를 접수할 수 있지만 15세 이상은 본인이 직접 접수하는 자리에 참석해야 한다.

86) 외국국적 동포의 경우 그 대상은 ① 1949년 10월 1일 전에 한반도 및 그 부속도서에서 중국 등지로 이주하였거나 중국 등지에서 출생한 자나 ② 이에 해당하는 자의 직계비속을 말하고, ①의 경우에 해당하는 중국 국적 동포는 중화인민공화국이 성립된 1949년 10월 1일부로 중국국적을 취득함과 동시에 대한민국 국적을 상실한 것으로 의제된다(외국국적 동포의 국적회복 등에 관한 업무처리 지침)[시행 2018. 12. 20.] [법무부예규 제1202호, 2018. 12. 18., 일부개정]. 제3조(의제규정) 제2조제1호에 해당하는 중국 국적 동포는 1949년 10월 1일부로 중국국적을 취득함과 동시에 대한민국 국적을 상실한 것으로 본다.

「국적법」 업무에 있어서 고려해야 할 중요한 연령

연 령	주요사항
14세	국적 상실 또는 국적 이탈 대상자 중 만 14세 이하는 본인이 아닌 부모가 대신 신고를 접수할 수 있음
15세	국적 상실 또는 국적 이탈 대상자 중 15세 이상은 본인이 직접 접수하는 자리에 참석해야 함
18세	병역의 의무가 있는 남성으로서 국적이탈 대상자는 만 18세가 되는 해의 3월31일전까지 재외공관을 통해 서류를 접수해야 병무청에 외국 국적자로 통보돼 징병에서 제외됨
22세	미국에서 태어난 여자(선천적복수국적자)는 22세 생일이 되기 전에 재외공관에 국적선택 신고를 하게 되면 복수국적이 유지됨
40세	2018년 5월 1일 이후 최초로 대한민국의 국적을 이탈하였거나 상실한 사람은 병역이행이나 면제처분 등이 없으면 40세까지 F-4 자격부여가 제한 **(재외동포의 출입국과 법적 지위에 관한 법률 제5조)**
65세	외국 국적을 후천적으로 취득한 귀화자의 경우 만 65세 이상이 되면 국적 회복 절차를 밟을 수 있게 됨

제 3 장 국적의 취득 및 절차

제3장에서는 국적의 취득 및 절차에 대해서 중점적으로 살펴본다. 구체적으로 「국적법」상 대한민국 국적 취득과 관련하여 출생에 의한 국적취득, 인지에 의한 국적취득, 귀화에 의한 국적취득 등을 알아본다. 우선 ① 출생에 의한 국적취득에서는 「국적법」상의 규정 및 법적 성격, 요건, 효과, 북한 이탈 주민의 국적, 출생에 의한 국적 취득 시 국적의 유효기간, 부가 외국인 경우 그 자녀의 성(姓), 대한민국 국민이 외국에서 출생한 경우 가족관계등록부에 출생시각의 기록 방법 등 관련문제에 대해서 살펴보고, ② 인지에 의한 국적취득에서는 인지에 의한 국적취득 업무의 흐름, 국적법상의 규정·요건·절차 및 구비서류·효과, 한국인 여자와 외국인 남자 사이의 혼인외 출생자(혼외자)의 국적 취득 절차, ② 귀화에 의한 국적취득에서는 일반귀화, 간이귀화, 특별귀화로 구분하여 설명한다. 우선 ㉠ 공통적인 내용으로 귀화허가 업무의 흐름, 국적법상의 규정, 국적회복과의 구별, 유형 및 유형의 전환, 귀화허가의 신청, 귀화 요건 구비여부의 심사, 귀화허가를 받은 사람에 대한 국민선서 및 귀화증서 수여, 귀화의 법률적 효과, 귀화허가를 받은 자의 국적 취득의 통보 및 가족관계등록 관련문제, ㉡ 일반귀화에서는 의의, 대상, 요건, 구비서류(해외 범죄경력증명서 제출관련 주요 내용 등), ㉢ 간이귀화에서는 대상, 요건 및 절차, 구비서류 등을, ㉣ 특별귀화에서는 의의, 대상, 요건 및 절차, 특별귀화 대상별 구체적인 내용, 관련문제 등에 대해서 살펴본다.

이와 관련하여 외국국적 동포가 국적회복 또는 귀화 허가 요건을 갖추고 그 신청을 한 경우에 그와 함께 국내에 체류하는 가족이 출입국관리법에 따른 체류허가를 신청하면 이를 심사한 후 관련 규정에 따라 체류를 허가할 수 있다(국적취득 요건을 갖춘 신청자의 가족에 대한 체류허가).[87)]

---

87) 외국국적 동포의 국적회복 등에 관한 업무처리 지침 제8조(국적취득 요건을 갖춘 신청자의 가족에 대한 체류허가) ① 출입국·외국인청장, 출입국·외국인사무소장, 출입국·외국인청 출장소장 또는 출입국·외국인사무소 출장소장(이하 '청장등'이라 한다.)은 제2조에 해당하는 외국국적 동포가 국적회복 또는 귀화 허가 요건을 갖추고 그 신청을 한 경우에 그와 함께 국내에 체류하는 가족이

제 1 절 국적법상 대한민국의 국적을 취득하는 유형

국적의 취득은 대체로 출생에 의한 경우와 귀화에 의한 경우로 나눌 수 있고, 출생에 의한 것은 다시 혈통주의(속인주의)와 출생지주의(속지주의)로 나누어진다.[88] 이는 입법론적으로[89] 혈통주의를 취하는 국가 중 유럽지역 대부분의 국가는 부모양계혈통주의를, 중동의 회교권 국가 및 대만, 인도네시아, 태국은 부계혈통주의를 취하나, 우리나라와 일본, 중국 등 아시아 대부분의 국가는 부모양계혈통주의를 채택하고 있다. 한편, 북미와 남미지역 국가는 대부분 출생지주의에 의하나, 국외에서 출생한 자녀에게는 부모양계혈통주의의 원칙에 따라 국적을 부여하고 있다. 특히 미국의 경우에는 기본적으로 출생지주의를 취하고 있으므로 부모와 혈연관계가 없더라도 미국에서 출생한 경우에는 미국 시민권을 획득할 수 있다. 하지만 ① 부모 모두가 미국 시민권자이고 부모 중 일방이 당사자의 출생이전에 미국에 주소를 가졌던 자이거나, ② 부모 중 일방이 미국 시민권자이고 당사자의 출생 이전에 미

출입국관리법에 따른 체류허가를 신청하면 이를 심사한 후 제4항에 따라 체류를 허가할 수 있다.

② 제1항에 규정된 가족의 범위는 다음과 같다.

1. 배우자
2. 자녀 및 그 배우자

③ 청장등은 제2조에 해당하는 외국국적 동포가 불법체류 상태이나 아래 각 호의 어느 하나에 해당하고 가족결합 등 대한민국에 체류하여야 할 특별한 사정이 있다고 인정하는 경우에는 출입국관리법령에 따른 출입국사범 처리를 한 후 신청을 받아 제4항에 따라 체류를 허가할 수 있다. 다만, 밀입국자, 위·변조여권 등을 행사한 자에 대하여는 그러하지 아니하다.

1. 대한민국 국적을 보유하였던 자로서 가족관계등록부에 등록(폐쇄된 경우를 포함한다)되어 있는 자
2. 제1호에 해당하는 자와 함께 국내에 체류하는 배우자, 자녀 및 그 배우자
3. 국적회복허가를 받고 국적법 제10조에 따른 외국국적 포기 또는 외국국적불행사서약을 한 자의 배우자와 자녀 및 그 배우자

④ 청장등은 제1항부터 제3항까지에 해당하는 자로부터 체류허가 신청이 있는 때에는 출입국관리법 시행령 별표 1의 26.방문동거(F-1) 자격으로 체류를 허가한다. 다만, 체류허가를 신청하는 자가 방문동거(F-1) 이외의 자격으로 체류할 수 있는 경우에는 그에 따른다.

⑤ 청장등은 제3항에 해당하는 자가 출입국사범 심사결정 사항을 이행한 때에는 출국조치를 하여야 할 특별한 사정이 없는 한 출입국관리법령에 따른 강제퇴거 조치 등을 취하지 아니한다.

88) 법무부 조사로는, 118개국 중 72개국은 혈통주의를, 나머지 46개국은 출생지주의를 채택하고 있(대법원 2010. 7. 15. 선고 2009두19069 판결 [국적신청불허가처분취소][공2010하,1592]).

89) 대법원 2010. 7. 15. 선고 2009두19069 판결 [국적신청불허가처분취소][공2010하,1592]

국에서 1년 동안 계속하여 거주하였던 자의 경우에는 예외적으로 미국 밖에서 출생하더라도 미국의 시민권을 획득할 수 있다.[90]

제 2 절 출생에 의한 국적취득

사례의 연습

1. 외국인 부와 한국인 모 사이에서 태어난 자녀가 대한민국의 국적을 취득하게 되는 경우는 그 부모가 법률상 부부인 경우에만 가능한가? 사실혼 관계상의 부부도 가능하다면 가족관계등록부상 부의 성명 역시 표시될 수 있는가?
2. 외국인 부와 한국인 모 사이에서 태어난 아이는 처음에 부의 국적을 따라 외국인으로 생활하다가 나중에라도 모의 국적인 대한민국 국적을 취득할 수 있는가? 취득할 수 있다면 별도의 국적취득 절차를 거쳐야 하는가?
3. 1985년 중국에서 출생한 조선족인 "을"은 2015년경 한국에 단기비자로 입국한 후 비자가 만료되었음에도 귀국하지 않고 불법체류상태로 지내고 있었다. 2019년 9월경 한국인 남성("갑")을 만나 법률적인 혼인관계 없이 동거를 시작, 갑과 을사이에 자녀("병")을 낳았고, 을과 병은 가족관계등록부에 등재되지 않은 상태에 있다. 2020년 5월 갑은 불의의 사고를 당해 사망하고 말았다. 이제 (1) "을"과 (2) "병"은 각각 대한민국의 국적 취득을 원하고 있다. 국적취득이 가능한가? 가능하다면 어떻게 해야 하는가?[91]

Ⅰ. 「국적법」상의 규정 및 법적 성격

【제2조】 (출생에 의한 국적 취득)

① 다음 각 호의 어느 하나에 해당하는 자는 출생과 동시에 대한민국 국적(國籍)을 취득한다.

1. 출생 당시에 부(父)또는 모(母)가 대한민국의 국민인 자

---

90) 법무부 출입국·외국인정책본부, 『세계 각국의 국적제도 -국적포기와 회복 절차 및 이중국적 허용 등에 관한 내용~』, 2010, 203면.

91) 법무부출입국·외국인정책본부, 『국적법 문답식 해설』, 2011, 236면(수정 인용).

> 2. 출생하기 전에 부가 사망한 경우에는 그 사망 당시에 부가 대한민국의 국민이었던 자
> 3. 부모가 모두 분명하지 아니한 경우나 국적이 없는 경우에는 대한민국에서 출생한 자
> ② 대한민국에서 발견된 기아(棄兒)는 대한민국에서 출생한 것으로 추정한다. [전문개정 2008. 3. 14.]

「국적법」 제2조는 출생에 의한 국적취득을 규정하고 있다. 이와 관련하여 헌법재판소 전원재판부는 부계혈통주의 원칙을 규정하는 제4차 개정 전의 구법 제2조제1항제1호에 대해 위헌결정을 내린 바 있다.[92] 특히 부계혈통주의는 『여성에 관한 모든 형태의 차별철폐에 관한 협약』(1979년 제9조제2항)에 반하기도 하였다.[93]

이에 따른 「국적법」의 개정으로 1998년 6월 13일 이전에는 출생 당시 반드시 부가 대한민국 국민이어야 했지만(부계혈통주의, 父系血統主義), 1998년 6월 14일부터 부모양계혈통주의(父母兩系血統主義)를 채택, 출생에 의한 대한민국의 국적 취득을 확대하게 되었다.

「국적법」 제2조에 의한 국적취득의 법적 성격과 관련하여 이는 '법률에 의한 당연취득'으로서 「가족관계의 등록 등에 관한 법률」 제44조에 따라[94] 출생신고를 별도로 하지 않더라도 대한민국의 국민이고, 가족관계등록부에 기록이 남아있는 경우라도 대한민국의 국적을 상실하였거나 출생 당시 법 제2조제1항 각 호의 어느 하나에 해당하는 요건을 갖추지 않은 사람은 대한민국 국민이 아니라고 할 수 있다.[95] 이러한 출생에 의한 국적취득은 대한민국의 국민의 자로 출생하였다는 사실자체에 의해 발생하며 출생신고에 의해 발생하는 법률효과가 아닌 것이다.[96]

부모양계혈통주의에 의해 한국인 모가 출생신고를 할 경우 그 자녀는 바로 우리나라 가족관계등록부가 작성되지만 외국인인 부의 가족관계등록부는 별도로 작성되지 않고 그 자녀의 가족관계증명서상의 부 란에 외국인 부의 성명을 표기할 수

92) 헌법재판소 결정, 97헌가12 위헌법률심판제청, 2000.8.31.
93) 이철우 외, 앞의 책, 263면.
94) 「가족관계의 등록 등에 관한 법률」 (약칭: 가족관계등록법) [시행 2017. 10. 31] [법률 제14963호, 2017. 10. 31, 일부개정] 제44조(출생신고의 기재사항) ① 출생의 신고는 출생 후 1개월 이내에 하여야 한다.
95) 법무부 출입국·외국인정책본부, 『2014국적실무편람』 (2014.6), 35면.
96) 서울행정법원 2012.2.17. 선고 2011구합22051; 이철우 외, 앞의 책, 264면(각주 20).

있으며 그 자녀는 모의 성과 본을 따를 수 있다.[97]

Ⅱ. 요 건

위에서 언급한 것처럼 출생에 의한 국적취득은 법률에 의한 당연취득을 의미한다. 이러한 출생에 의한 국적취득은 ① 출생 당시 부나 모가 대한민국 국민인 경우, ② 출생 당시에 모(母)만 있는 경우(유복자), ③ 대한민국에서 출생하였지만 부모가 모두 분명하지 아니한 경우, ④ 대한민국에서 출생하였지만 부모가 모두 국적이 없는 경우로 유형화 할 수 있다.

1. 출 생

우선 국적 취득 원인으로 '출생'하여야 한다(제2조1항 본문).

2. 출생당시 법률상 친자관계의 존재

「국적법」 제2조제1항제1호에 따라 출생 당시에 부(父) 또는 모(母)가 대한민국의 국민인 자이어야 한다. 즉, 출생과 동시에 자녀가 대한민국의 국적을 취득하는 것은 출생 당시 대한민국의 국민인 부나 모와의 사이에 '법률상'의 친자관계가 인정될 경우에 한정되고, 따라서 여기서의 '부'는 법률상의 부를 의미하게 된다.[98] 하지만 한국인 모(母)의 자녀는 법률혼 관계에서의 출생 여부를 불문하다.[99]

2.1. 법률적 혼인관계를 갖는 '대한민국인 부'와 '외국인 모' 사이에 자녀의 출생

법률적 혼인 관계를 갖는 대한민국 국민인 부와 외국인 모 사이에 자녀가 출생한 경우에는 '부'가 대한민국의 국민이므로 그 자녀는 위 규정 제1호에 따라 출생과 동시에 대한민국의 국적을 취득하게 된다.

이때 법률적 혼인 관계의 성립에 대한 판단기준은 「국제사법」이 정한 바에 따라

97) 법무부출입국·외국인정책본부, 『국적법 문답식 해설』, 2011, 25면.
98) 석동현, 앞의 책, 100~101면.
99) 법무부 출입국·외국인정책본부, 『2014국적실무편람』, (2014.6), 33면.

혼인의 성립요건은 각 당사자에 관하여 그 본국법에 의하고(국제사법 제36조제1항), 혼인의 방식은 혼인거행지법 또는 당사자 일방의 본국법에 의하므로(국제사법 제36조제2항 본문), 혼인거행지법이나 당사자 일방의 본국법에 따른 혼인 절차를 마친 경우라면 국내에서 혼인신고를 하지 않더라도 법률혼 관계를 인정할 수 있다. 다만, 대한민국에서 혼인을 거행하는 경우에 당사자 일방이 대한민국 국민인 때에는 대한민국 법에 의하므로(국제사법 제36조제2항 단서) 이때는 국내에 혼인신고를 해야 혼인이 성립될 것이다.

2.2. 법률적 혼인관계를 갖는 '외국인 부'와 '대한민국인 모' 사이에 자녀의 출생

법률적 혼인관계를 갖는 '외국인인 부'와 '대한민국인 모' 사이에 자녀가 출생한 경우에는 '모'가 대한민국의 국민이므로 그 자녀 역시 위 규정 제1호에 따라 출생과 동시에 대한민국의 국적을 취득하게 된다.

2.3. 사실적 혼인관계인 '대한민국인 부'와 '외국인 모' 사이에 자녀의 출생

(1) 원 칙

법률상 부자관계는 성립되지 않으므로 그 자녀는 출생과 동시에 대한민국의 국적을 취득하지 못하게 된다. 유의해야 할 것은 이때 '부'가 자녀를 인지한 경우 그 자녀가 출생 당시에 법률상 대한민국의 부가 존재하지 않았으므로 「국적법」 제3조에 의한 국적취득은 별론으로 하고 본 규정 제1호의 적용을 받는 것은 아니라는 점이다.

(2) 예 외

예외적으로 해당 자녀가 '태아'의 상태에 있고 그 자녀의 대한민국 국민인 생부가 그 태아를 인지한 경우라면 민법 제858조에 따라 법률상 부자관계가 성립될 수 있으므로[100] 그 자녀는 출생과 함께 대한민국의 국적을 취득한다. 예를 들어 대한민국 국민인 생부(A)와 미국인인 생모(B)가 법률상 혼인을 하지 않은 상태에서 임신을 한 경우 A는 포태(胞胎) 중인 자(C)에 대해 인지를 하면 법률상의 부자 관계가

---

100) 민법 제858조(포태중인 자의 인지) 부는 포태 중에 있는 자에 대하여도 이를 인지할 수 있다.

성립되고 따라서 출생과 동시에 대한민국의 국적을 취득하게 된다. 이렇게 되면 별도의 인지절차나 「국적법」 제3조(인지에 따른 국적취득)에 따른 절차를 거칠 필요 없이 바로 가족관계등록관서에 출생신고를 할 수 있다.[101)]

이와 관련하여 민법 제860조상 인지의 소급효를 규정,[102)] 인지를 하면 출생시로 그 효력이 소급하지만 이는 민법상의 친자관계 성립에 관한 것에 한정되므로 국적취득의 효과가 출생시까지 소급되는 것은 아니다. 유의해야 할 점이다.[103)]

이외에도 섭외혼의 경우 혼인 중의 출생자인지 혼인 외의 출생자인지의 여부에 따라 국적 부여에 차등을 두는 것은 평등의 원칙에 반하지 않는가라는 의문이 있을 수 있다.

이에 대해 미국의 경우에는 해외 출생의 혼인 외의 출생자의 부가 국민이고 모가 외국인일 경우 모가 국민이고 부가 외국인인 경우에 비해 보다 엄격한 요건을 충족해야 국적을 취득할 수 있도록 하고 이러한 것은 미국 헌법에 위반되지 않는다고 보았다.[104)] 왜냐하면 국민과 외국인 사이에 태어나 혼외자의 부가 국민인 경우와 모가 국민인 경우를 차별하는 근거는 혼외의 부자관계는 모자관계에 비해 그 결합의 정도와 생활상의 밀착도가 약하다고 볼 수 있기 때문이다.

예를 들어 *Miller* v. *Albright* 사건에서 Lorelyn Miller("밀러")는 미국 국적의 미군(an American solider)인 아버지("F")와 필리핀 국적의 어머니("M") 사이에서 1970년 필리핀에서 태어났다. 이때 Miller의 부모, 즉 F와 M은 법률적 혼인관계를 갖고 있지 않은 상태였으므로 Miller는 소위 혼외자(an illegitimate foreign-born child)였다.

1992년, 밀러는 미국 시민권(U.S. citizenship) 취득을 위한 신청서를 제출했지만 거부되었다. 후에 텍사스 법원에서 F가 밀러의 아버지임을 확인하는 친자확인소송(a paternity decree)에서 이를 받아들이자 밀러는 다시 미국 시민권 취득을 위한 신청서

---

101) 이러한 것은 가족관계등록예규(제94호, 2008.1.1.)에도 규정을 두어 "한국인 부와 외국인 모 사이의 혼인외 자인 경우에는 부가 태아인지신고를 한 경우에만 그 자녀에 대한 가족관계등록부를 작성한다."고 설명하고 있다.

102) 민법 제860조(인지의 소급효) 인지는 그 자의 출생시에 소급하여 효력이 생긴다. 그러나 제삼자의 취득한 권리를 해하지 못한다.

103) 석동현, 앞의 책, 101면.

104) *Flores-Villar* v. *US*, 564 U.S. (2011); *Niguyen* v. *INS*, 533 U.S. 53 (2001); *Miller* v. *Albright*, 523 U.S. 420 (1998); 이철우 외, 앞의 책, 265면.

(her citizenship application)를 제출하였다. 하지만 미국 아버지의 혼외자로서 태어난 외국인 자(foreign born illegitimate children of American fathers)는 18세가 되기 이전에 합법화 절차를 받아야 한다는 8 U.S.C. Section 1409(a) 규정을 근거로 다시 거부되었다.

이에 대해 밀러는 이러한 처분은 아버지가 미국인 경우와 외국에서 출생한 혼외자의 어머니가 미국인 경우와 동일하게 취급해야 함에도 그렇지 않았다는 내용을 이유로 미 국무부의 이러한 거부처분은 헌법에 위반된다고 이의를 제기하였다. 이에 대해 1심 법원은 이를 기각하고 항소심 법원(an appellate court)과 대법원(the Supreme Court)은 이를 확인하였다.

본 사안에서 쟁점이 되는 것은 위와 같은 차별적 내용을 담은 동 조항이 평등권을 보장한 수정헌법 제5조(the Equal Protection Clause)를 위반하는 것인가 하는 것이었다. 이에 대한 법원의 판단은 두 부모가 서로 유사한 위치(similarly situated)에 놓여있다고 볼 수 없기 때문에 혼외 자녀의 어머니와 아버지에 대한 서로 다른 취급(different treatment of mothers and fathers of out-of-wedlock children)은 정당성을 가진다고 보았다. 즉, 아이와 아버지와의 관계는 몇 년 동안 공개되지 않을 수 있지만, 보통 병원 기록을 통해 아이와 엄마와의 혈연관계(blood relationship)가 있음을 명백하게 알 수 있다(apparent). 게다가, 생모들(birth mothers)은 그들의 아이의 존재를 즉시(immediately) 알 수 있지만, 생부와 아이들은 결코 서로를 알지 못할 수도 있다. 그러므로 법적으로 미국 시민권을 보유한 아버지의 혼외자로 인정받기 위해서 18세까지 선서에 의한 부의 서면 확인이나 법원의 판결을 통해 공식적인 친자확인 증명(formal proof of paternity)을 요구하는 것은 부의 관계에만 근거하여 아이에게 시민권을 부여하기 어려운 점에 적절하게 대처하기 위한 것이라고 판단한 것이다.

2.4. 사실적 혼인관계인 '외국인 부'와 '대한민국인 모' 사이에 자녀의 출생

사실혼 관계인 외국인 부와 대한민국인 모 사이에 자녀가 출생한 경우 일단 법률상으로는 혼인 외의 자 내지 비적출자(非嫡出子)이지만 국민인 모와 그 자녀사이의 모자관계는 출생에 의해 당연히 발생하는 것으로 해석될 수 있으므로 그 자녀는 본 규정 제1호에 따라 출생과 동시에 대한민국의 국적을 취득하게 된다.[105] 이 경우 자녀는 '모'의 성을 따르게 된다.

하지만 유의해야 할 것은 외국인 부가 자녀를 인지하여 부의 국적을 취득한 경우라면 외국국적을 취득한 날부터 대한민국의 국적이 자동 상실된다는 점이다.

이와 같은 내용을 종합하여 <표>로 정리하면 다음과 같다.

(요약) 부모의 법률혼 관계와 사실혼 관계 여부에 따른 자녀의 국적 취득 여부

부모의 혼인관계	1998년 6월 13일 이전 출생자	1998년 6월 14일 이후 출생자
법률적 혼인관계	출생당시 부가 국민인 자	출생당시 부 또는 모가 국민이 자
사실적 혼인관계	출생당시 모가 국민인 자	출생당시 모가 국민인 자

<table>
<tr><th>구 분</th><th colspan="2">유 형</th></tr>
<tr><td rowspan="2">법률적 혼인관계</td><td>① '대한민국인 부'와 '외국인 모' 사이에 자녀가 출생한 경우</td><td>② '외국인 부'와 '대한민국 모' 사이에 자녀가 출생한 경우</td></tr>
<tr><td>ㅇ「국적법」 제2조제1항제1호에 따라 출생과 동시에 대한민국의 국적을 취득함</td><td>ㅇ「국적법」 제2조제1항제1호에 따라 출생과 동시에 대한민국의 국적을 취득함</td></tr>
<tr><td rowspan="2">사실적 혼인관계</td><td>③ '대한민국인 부'와 '외국인 모' 사이에 자녀가 출생한 경우</td><td>④ '외국인 부'와 '대한민국인 모' 사이에 자녀가 출생한 경우</td></tr>
<tr><td>(원칙) '인지'가 이루어지지 않는 한 대한민국의 국적을 취득하지 못함
(예외) 자녀가 '태아'의 상태에 있고 그 자녀의 대한민국인 생부가 그 태아를 인지한 경우라면 민법 제858조에 따라 출생과 함께 대한민국의 국적을 취득함</td><td>ㅇ 대한민국인 모와 그 자녀사이의 모자관계는 출생에 따라 당연히 발생하는 것으로 해석될 수 있으므로 출생과 동시에 대한민국의 국적을 취득함</td></tr>
</table>

105) 이와 관련하여 국제사법 제41조제1항은 '혼인 외의 친자관계 성립은 자의 출생 당시 모의 본국법에 의한다고 규정하고 있다.

국제사법 제41조(혼인 외의 친자관계) ① 혼인 외의 친자관계의 성립은 자(子)의 출생 당시 모의 본국법에 의한다. 다만, 부자간의 친자관계의 성립은 자(子)의 출생 당시 부(父)의 본국법 또는 현재 자(子)의 상거소지법에 의할 수 있다.

② 인지는 제1항이 정하는 법 외에 인지 당시 인지자의 본국법에 의할 수 있다.

③ 제1항의 경우 부(父)가 자(子)의 출생전에 사망한 때에는 사망 당시 본국법을 그의 본국법으로 보고, 제2항의 경우 인지자가 인지전에 사망한 때에는 사망 당시 본국법을 그의 본국법으로 본다

3. 출생 당시 모(母)만 생존해 있는 유복자

출생하기 전에 부가 사망한 경우에는 그 사망 당시에 부가 대한민국의 국민이었던 자는 출생과 동시에 대한민국 국적을 취득한다(제2조제1항제2호).

4. 예외적 출생지주의

「국적법」은 예외적으로 출생지주의를 채택하고 있는데 ① 부모 모두 분명하지 않거나 국적이 없는 경우 대한민국에서 출생한 자(제2조제1항제3호)와 ② 대한민국에서 발견된 기아의 경우(제2조제2항)가 여기에 해당한다. 이에 따라 대한민국에서 발견된 기아의 경우 대한민국에서 출생한 것으로 추정한다. 예를 들어 베이비박스에 버려진 아이의 경우 제2조제2항에 따라 국내 출생이 추정되고 따라서 제2조제1항제3호의 적용을 받게 될 것이다.[106)]

Ⅲ. 효 과

위에서 살펴본 내용의 어느 하나에 해당하는 경우는 출생과 '동시에' 대한민국의 국적을 취득하게 된다. 이와 같은 「국적법」 제2조에 따른 국적취득은 법률상 당연취득으로서 「가족관계의 등록 등에 관한 법률」 제44조에 따라 출생신고를 하지 않은 경우에도 대한민국 국민이 된다.[107)]

Ⅳ. 관련문제

1. 북한 이탈주민의 국적

대법원은 조선국적 취득 후 북한법에 의하여 북한국적을 취득하여 중국 주재 북한대사관에서 해외공민증을 발급받은 자가 대한민국 국민이라고 판단한 바 있다. 즉, 조선인을 부친으로 하여 출생한 자는 남조선과도정부법률 제11호 국적에관한

---

106) 이철우 외, 앞의 책, 267면.
107) 법무부 출입국·외국인정책본부, 『국적실무편람』 (2014), 35면.

임시조례의 규정에 따라 조선국적을 취득하였다가 제헌헌법의 공포와 동시에 대한민국 국적을 취득하였다 할 것이고, 설사 그가 북한법의 규정에 따라 북한국적을 취득하여 중국 주재 북한대사관으로부터 북한의 해외공민증을 발급받은 자라 하더라도 북한지역 역시 대한민국의 영토에 속하는 한반도의 일부를 이루는 것이어서 대한민국의 주권이 미칠 뿐이고, 대한민국의 주권과 부딪치는 어떠한 국가단체나 주권을 법리상 인정할 수 없는 점에 비추어 볼 때, 그러한 사정은 그가 대한민국 국적을 취득하고 이를 유지함에 있어 아무런 영향을 끼칠 수 없다고 보았다.[108)]

2. 출생에 의한 국적 취득시 국적의 유효기간

출생에 의해 대한민국의 국적을 취득한 경우 언제까지 대한민국 국민으로서 인정받을 수 있는지의 여부가 문제된다. 출생을 통해 대한민국 국적을 취득한 사람은 부(父)의 등록기준 읍·면·동사무소에 출생 신고를 할 수 있다. 물론 출생이후 어떤 사정으로 인해 다른 나라의 국적을 얻게 됨으로써 우리나라의 국적을 상실하게 되는 경우(「국적법」 제15조제1항) 등은 예외이다.

2.1. 문제되는 경우

그런데 문제는 출생에 의해 외국 국적과 대한민국의 국적을 동시에 취득하게 되는 소위 '선천적 복수국적자'의 경우이다. 왜냐하면 2010년 제10차 「국적법」 개정(2010년 5월 4일) 전인지 아니면 이후인지 여부에 따라 국적보유 여부가 달라질 수 있기 때문이다. 다시 말하면 「국적법」 개정된 날 전까지는 만일 만 22세가 될 때까지 출생신고를 하지 않았다면 그때까지 국적선택을 하지 않은 것으로 되어 대한민국의 국적을 자동 상실하게 되어 이 이후에는 가족관계등록법에 따른 출생신고도 할 수 없었다.[109)]

하지만 제10차 국적법이 개정된 날부터는 위 개정 「국적법」에 따라 비록 만 22세까지 출생신고나 국적선택을 하지 않았어도 대한민국의 국적이 자동적으로 상실

108) 대법원 1996. 11. 12. 선고 96누1221 판결 [강제퇴거명령처분무효확인등].
109) 석동현, 앞의 책, 105면.

되는 것이 아닌 법무부장관의 국적선택명령을 거친 후에 상실하게 되어 국적선택명령을 받기 전까지는 여전히 출생에 따른 국적취득 효과를 주장할 수 있어 출생신고가 가능하다고 볼 수 있다.[110]

이러한 「국적법」 개정은 가족관계등록예규(제326호, 2010년 8월 18일)에도 반영되었다.[111] 즉, 이전에는 복수국적자가 22세까지 출생신고를 하지 않으면 대한민국 국

---

110) 위의 책, 같은 면.

111) 「대법원 가족관계등록예규」 제326호(2010. 8. 18. 결재, 출생에 의한 복수국적자에 대한 출생신고에 관한 사무처리지침 제정예규)

1. 출생에 의해 대한민국 국적과 외국국적을 함께 가지게 된 복수국적자인 경우에도 현재 대한민국 국적의 보유여부를 불문하고 출생신고를 할 수 있다.

2. 출생에 의한 복수국적자에 대한 출생신고를 수리하는 경우의 사무처리

가. 남자의 경우

1) 개정된 「국적법」(법률 제10275호)의 공포일(2010. 5. 4.) 전에 이미 만 42세 되는 해의 12월 31일이 경과한 자에 대한 출생신고

복수국적자로서 출생신고를 하지 않은 남자는 「병역법」」 제72조에 따라 만 41세 되는 해의 1월 1일 병역의무가 해소되므로 개정된 「국적법」의 공포일(2010. 5. 4.) 전에 이미 만 42세 되는 해의 12월 31일이 경과한 경우 종전의 「국적법」(법률 제8892호)에 따라 대한민국 국적을 상실하였으므로 이 자에 대한 출생신고는 수리함과 동시에 「국적법」 제16조제2항에 따라 법무부장관에게 대한민국 국적을 상실한 자를 발견한 사실을 통보하여야 한다.

시(구)·읍·면의 장은 출생신고를 수리하여 등록부를 작성한 후, 「국적법」 제16조제3항에 따른 법무부장관의 국적상실통보를 받아 국적상실을 원인으로 그 자의 가족관계등록부를 폐쇄한다.

2) 개정된 「국적법」(법률 제10275호)의 공포일(2010. 5. 4.) 전에 만 42세 되는 해의 12월 31일이 경과하지 않은 자에 대한 출생신고

대한민국 국적을 보유하고 있으므로 출생신고를 수리함과 동시에 지체없이 법무부장관에게 복수국적자를 발견한 사실을 통보하여야 한다.

다만, 「국적법」 제14조의2제1항 및 제4항에 따라 법무부장관으로부터 국적선택의 명령을 받고도 1년 내에 이를 따르지 아니한 자는 그 기간이 지난 때에 대한민국 국적을 상실하므로 「국적법」 제16조제3항에 따른 법무부장관의 국적상실통보를 받아 국적상실을 원인으로 그 자의 가족관계등록부를 폐쇄한다.

나. 여자의 경우

1) 개정된 「국적법」(법률 제10275호)의 공포일(2010. 5. 4.) 전에 이미 만 22세가 경과한 자에 대한 출생신고

복수국적자로서 출생신고를 하지 않은 여자는 개정된 「국적법」의 공포일(2010. 5. 4.) 전에 이미 만 22세가 경과한 경우 종전의 「국적법」(법률 제8892호)에 따라 대한민국 국적을 상실하였으므로 이 자에 대한 출생신고는 수리함과 동시에 「국적법」 제16조제2항에 따라 법무부장관에게 대한민국 국적을 상실한 자를 발견한 사실을 통보하여야 한다.

시(구)·읍·면의 장은 출생신고를 수리하여 등록부를 작성한 후, 「국적법」 제16조제3항에

적의 상실로 보아 출생신고를 할 수 없었지만 본 예규의 개정으로 출생 당시 대한민국 국적을 취득하였다면 국적상실 여부나 연령과는 관계없이 출생신고를 할 수 있다. 다만 국적이 상실된 사람의 경우 출생신고 후 국적이 상실된 사실을 기재한 후 가족관계등록부를 폐쇄하는 형식을 취하도록 하였다.

또한 위 「국적법」 개정 전까지 구법에 따라 만 22세까지 선천적 복수국적자가 출생신고를 하지 않은 경우 남자의 경우 여자와 달리 22세를 기준으로 하지 않고 출생신고를 하지 않았다고 해도 병역의무가 있는 것으로 해석하여 병역이 면제되는 나이에 도달한 날로부터 2년이 경과하기 전까지는 대한민국의 국적이 있는 것으로 해석하여 예규를 제정하였다.[112]

3. 부가 외국인인 경우 그 자녀의 성(姓)의 문제

'부(父)'가 외국인일 경우 그 자녀의 성(姓)에 관한 것이 문제될 수 있다. 우리나라 민법 제781조는 이와 관련하여 자(子)는 부의 성과 본을 따르되 다만, 부모가 혼인신고 시 모의 성과 본을 따르기로 협의한 경우에는 모의 성과 본을 따르도록 규정하고 있다(제1항). 또한 부가 외국인인 경우에는 자는 모의 성과 본을 따를 수 있도록 하고 있다(제2항).[113] 혼인 외의 출생자의 부가 외국인이고 모가 대한민국 국민

따른 법무부장관의 국적상실통보를 받아 국적상실을 원인으로 그 자의 가족관계등록부를 폐쇄한다.

2) 개정된 「국적법」(법률 제10275호)의 공포일(2010. 5. 4.) 전에 만 22세가 경과하지 않은 자에 대한 출생신고

대한민국 국적을 보유하고 있으므로 출생신고를 수리함과 동시에 지체없이 법무부장관에게 복수국적자를 발견한 사실을 통보하여야 한다.

다만, 「국적법」 제14조의2제1항 및 제4항에 따라 법무부장관으로부터 국적선택의 명령을 받고도 1년 내에 이를 따르지 아니한 자는 그 기간이 지난 때에 대한민국 국적을 상실하므로 「국적법」 제16조제3항에 따른 법무부장관의 국적상실통보를 받아 국적상실을 원인으로 그 자의 가족관계등록부를 폐쇄한다.

「병역법」[시행 2011. 1. 1.] [법률 제9946호, 2010. 1. 25., 일부개정] 제72조(병역의무의 종료) ① 현역·예비역·보충역의 병과 제2국민역의 병역의무는 40세까지로 하고, 예비역·보충역의 장교·준사관 및 부사관의 병역의무는 「군인사법」에 따른 그 계급의 연령정년이 되는 해까지로 한다.

112) 석동현, 앞의 책, 106면.

113) 민법 제781조(자의 성과 본)
① 자는 부의 성과 본을 따른다. 다만, 부모가 혼인신고시 모의 성과 본을 따르기로 협의한 경우

이라면 그 자녀는 모의 성과 본을 따르게 된다.114)

4. 대한민국 국민이 외국에서 출생한 경우, 가족관계등록부에 출생일시의 기록 방법

우리나라 국민이 외국에서 출생한 경우, 가족관계등록부에 출생일시를 기록하는 방법과 관련하여 외국에서 출생한 사람의 현지 출생시각을 한국시각으로 환산하는 경우 그 정확성을 담보하기 어려워 객관적 진실에 반하는 사실이 공시될 가능성이 있었다. 이러한 내용을 반영하여 「대법원 가족관계등록예규」를 개정,115) 가족관계

에는 모의 성과 본을 따른다.

② 부가 외국인인 경우에는 자는 모의 성과 본을 따를 수 있다.

③ 부를 알 수 없는 자는 모의 성과 본을 따른다.

④ 부모를 알 수 없는 자는 법원의 허가를 받아 성과 본을 창설한다. 다만, 성과 본을 창설한 후 부 또는 모를 알게 된 때에는 부 또는 모의 성과 본을 따를 수 있다.

⑤ 혼인외의 출생자가 인지된 경우 자는 부모의 협의에 따라 종전의 성과 본을 계속 사용할 수 있다. 다만, 부모가 협의할 수 없거나 협의가 이루어지지 아니한 경우에는 자는 법원의 허가를 받아 종전의 성과 본을 계속 사용할 수 있다.

⑥ 자의 복리를 위하여 자의 성과 본을 변경할 필요가 있을 때에는 부, 모 또는 자의 청구에 의하여 법원의 허가를 받아 이를 변경할 수 있다. 다만, 자가 미성년자이고 법정대리인이 청구할 수 없는 경우에는 제777조의 규정에 따른 친족 또는 검사가 청구할 수 있다.

114) 가족관계등록예규 제312호, 2008년 1월 1일 시행.

115) 「대법원 가족관계등록예규」 제101호(자녀의 성과 본에 관한 가족관계등록사무 처리지침, 2007. 12. 10. 결재, 2008.1.1.시행)

제1장 총 칙

제1조(목적) 이 예규는「민법」제781조에 따라 자녀의 성(姓)과 본(本)에 관한 가족관계등록사무를 처리할 경우 필요한 절차와 적정한 사무처리기준 을 규정함을 목적으로 한다.

제2조(자녀의 성과 본의 원칙) ① 자녀의 성과 본은 부의 성과 본을 따른다.

② 부를 알 수 없는 자녀는 모의 성과 본을 따르며, 부모를 알 수 없는 자녀는 법원의 허가를 받아 성과 본을 창설한다. 다만, 성과 본을 창설한 후 부 또는 모를 알게 된 때에는 부 또는 모의 성과 본을 따를 수 있다.

제2장 부모가 혼인신고시 모의 성・본을 따르기로 협의한 경우

제3조(부모가 혼인신고시 협의한 경우) ① 부모(부 또는 모가 외국인인 경우를 포함한다)가 혼인신고시「민법」제781조제1항 단서에 따라 자가 모의 성과 본을 따르기로 협의한 경우에는, 제2조제1항에도 불구하고 자녀는 모의 성과 본을 따른다. 혼인신고시 협의하지 아니하였던 부부가 이혼 후 동일한 당사자끼리 다시 혼인하는 경우에도「민법」제781조제1항 단서에 따른 협의를 할 수 있다.

② 제1항의 협의는 그 협의 이후 협의당사자 사이에서 태어나는 모든 자녀에 대하여 효력이 있으며, 협의당사자가 이혼 후 동일한 당사자끼리 재혼하여 다시 혼인신고를 하는 경우에도

등록부 일반등록사항란에 현지 출생시각을 한국시각으로 환산하여 기록하지 않고

효력이 있다.

③ 제2항의 규정에도 불구하고 출생신고가 제1항의 협의 있는 혼인신고와 동시에 접수된 경우에는 그 자녀에 대하여도 협의의 효력이 미친다.

제3장 혼인외 자가 인지된 경우

제8조(혼인 외의 자가 인지된 경우) ①혼인 외의 자가 인지된 경우에는 부의 성과 본을 따른다. 다만, 인지신고시 부모의 협의에 의하여 종전의 성과 본을 계속 사용하기로 하는 별지 2 양식의 협의서를 제출한 경우에는 종전의 성과 본을 그대로 사용할 수 있으며, 이 경우, 자녀의 가족관계등록부에는 종전 성과 본을 유지한다는 취지를 기록하여야 한다. ②부모가 협의할 수 없거나 협의가 이루어 지지 아니한 경우에는 자녀는「가사소송법」제2조제1항나목(1)제4호의2에 따라 법원의 허가를 받아 종전의 성과 본을 계속 사용할 수 있다. ③제2항의 경우, 시(구)·읍·면의 장은 자녀의 가족관계등록부의 자녀의 성과 본을 인지신고의 효력에 따라「민법」제781조제1항 본문에 따라 일단 부의 성과 본으로 변경·기록하여야 하며, 그 후 종전 성과 본 계속사용허가심판서 등본 및 확정증명서를 첨부하여 성·본 계속사용신고가 있을 경우에, 부의 성과 본으로 기록한 자녀의 성과 본을 다시 종전의 성과 본으로 변경·기록한다.

제9조(증서등본 제출에 의한 인지신고의 경우) ①「국제사법」제41조에 따라 외국의 방식에 의한 인지가 허용되어 그 나라에서 한국인 부가 한국인 혼인 외의 자를 인지하여 외국에서 인지가 성립된 후, 그 외국에서 작성한 인지증서의 등본을 제출하여 한국에서 인지신고를 할 경우에도 종전의 성과 본을 계속사용하기로 하는 내용의 협의서를 한국에서의 인지 신고시 제출한 때에는 종전의 성과 본을 그대로 사용할 수 있으며, 이 경우 자녀의 등록부에는 종전 성과 본을 유지한다는 취지를 기록하여야 한다. ②부모가 협의할 수 없거나 협의가 이루어지지 아니한 경우에는 제8조제2항부터 제3항까지를 준용한다.

제4장 부모 중 일방이 외국인인 경우

<u>제11조(부가 외국인인 경우) ①혼인외 출생자의 부(父)가 외국인이고 모(母)가 대한민국 국민인 경우, 그 자녀는 모의 성과 본을 따른다.</u> ②혼인중 출생자의 부(父)가 외국인이고 모(母)가 대한민국 국민인 경우, 제2조제1항에도 불구하고 제3조에 따르지 아니하고,「민법」제781조제2항에 따라 그 자녀는 모의 성과 본을 따를 수 있다. ③제2항에 따라 출생신고 당시 신고의무자가 적법한 절차에 따라 출생자의 성과 본을 모의 성과 본으로 결정하여 신고하였다면, 그 이후에는 그 자녀가 친양자 입양되거나 제5장의 절차에 의하지 않는 한 이를 변경할 수 없고 외국인 부가 귀화 등을 원인으로 대한민국국적을 취득한 사실 또는 그 후 성·본을 창설한 사실에 영향을 받지 아니한다. 다만, 이 경우에 자녀의 성(姓)을 결정하는 것은 부 또는 모가 친권자의 입장에서 친권을 행사하는 행위이며, 친권은 민법에 따라 행사하여야 하는 것이므로, 만일 부모 중 일방이 타방의 의사에 반하여 그 자녀의 성(姓)을 결정하여 출생신고를 하였다면「가족관계의 등록 등에 관한 법률」제104조에 따라 관할 가정법원의 허가를 받아 이를 바로잡을 수 있다. ④제2항에 따른 모의 성·본을 따르는 결정의 효력은 모의 성·본을 따라 출생신고된 해당 자녀에 한정된다.

제12조(외국인 부가 혼인외 자를 인지한 경우) 외국인인 부가 한국인인 혼인 외의 자를 인지한 경우에 그 자녀의 성과 본에 관하여는 제8조부터 제10조까지의 규정을 준용한다.

제13조(모가 외국인인 경우) 한국인인 부와 외국인인 모 사이의 혼인중의 자 및 부로부터 태아 인지된 자녀의 성과 본을 정하는 절차에 관하여는 제2조부터 제10조까지의 규정을 준용한다.

현지 출생시각을 기록하도록 하였다. 또한 등록부에 기록된 한국 출생시각을 현지 시각으로 정정하고자 하는 때에는 가정법원의 등록부정정허가를 받도록 하였다.

5. 출생 이전에 부가 사망한 경우

부모양계혈통주의를 채택함으로써 출생 이전에 부가 사망한 경우 모가 외국인인 경우라도 여전히 국적취득이 가능하다. 다만 대리모에 의한 출산의 경우에 문제될 수 있을 것이다.[116)]

사례의 분석

1. 부모양계혈통주의에 따라 외국인 남자와 한국인 여자가 법률상 부부관계인 경우(이때의 자녀를 적출자 또는 혼인중의 자라고 함) 이외에 이 두 사람이 혼인신고를 하지 않고 동거하는 사실혼 관계인 부부라도 그 자녀(비적출자 또는 혼인외의 자라고 함)는 모가 한국인이므로 대한민국의 국적을 취득하게 되고 따라서 이들 부부 중에 낳은 비적출자도 모자관계만 입증될 경우 가족관계등록부가 작성될 수 있다. 다만 적출자의 경우에는 가족관계등록부상에 외국인 아버지를 부로 표시할 수 있지만 비적출자의 경우에는 법률상의 부자관계가 아니기에 가족관계등록부에 부의 성명을 표시할 수 없다.[117)]
2. 이 경우에는 부모양계혈통주의에 따라 별도로 대한민국의 국적취득할 절차를 거치지 않고도 출생 당시에 한국인이었던 사실만을 증명하면 바로 국내에서 등록기준지로 삼고자 하는 곳의 가족관계등록 관서에 출생신고를 함으로써 그 아이의 가족관계등록부가 작성될 수 있다.[118)]
3. (1) 우선 "을"이 대한민국의 국적을 취득하는 방법으로 우선, 혼인에 의한 귀화허가(간이귀화)를 생각할 수 있지만 이때의 혼인은 법적으로 유효한 혼인관계를 의미하므로 "을"이 동거 중인 사실혼 관계에 불과하므로 이에 해당하지 않는다. 둘째, 일반귀화 허가를 생각할 수 있고 이때는 5년 이상 국내에 거주해야 한다. 하지만 이때의 거주기간은 적법한 체류자격을 유지해야 하는데 "을"은 불법체류 중이므로 동 기간은 산입되지 않는다. 그러므로 "을" 일단 자진 출국 후 적법한 체류신분을 통해 재입국하여 귀화에 필요한 요건을 갖추어 다시 신청을 해야 할 것이다.

   (2) "병"의 경우 사망한 "갑"과의 친자관계가 확인되기 전에서 법률상의 부라고 할 수 없으므로 대한민국의 국적을 취득할 수 없게 된다. 그러므로 "을"이 귀화허

116) 이철우 외, 앞의 책, 266면.

가를 통해 대한민국의 국적을 취득할 때 '수반취득'을 통해 국적을 취득하거나 "병" 스스로의 귀화 요건을 충족하여 국적을 취득할 수 있을 것이다.[119]

제 3 절 인지(認知)에 의한 국적취득

사례의 연습

1. 18세가 넘은 외국인을 한국인 부모가 인지할 수 있는가? 인지를 할 수 있다면 인지하면 바로 대한민국의 국적을 취득하게 되는가?
2. 18세 이전에 인지된 외국인과 18세가 넘어서 인지된 외국인의 대한민국 국적취득 방법은 어떻게 다른가?
3. 한국 사람에게 입양된 외국인의 경우 입양신고를 하였다면 그 외국인은 자동적으로 한국인이 되는가?

Ⅰ. 개 요

1. 개 념

인지란 혼인 외에 출생한 자녀를 그 생부 또는 그 생모가 자신의 자녀로서 인정하는 것을 말한다.[120] 이러한 인지에는 부 또는 모가 자신의 의사에 의해 임의로 하는 ① 임의인지와[121] ② 재판에 의한 강제인지의 두 가지가 있다. ①의 경우 인지는 「가족관계의 등록 등에 관한 법률」의 정하는 바에 의하여 신고함으로써

117) 법무부출입국·외국인정책본부, 『국적법 문답식 해설』, 2011, 26면.
118) 위의 책, 28면.
119) 위의 책, 84~85면.
120) 윤진수, 『친족상속법 강의』(제3판), 박영사, 2020, 187면.
121) 민법 제855조(인지) ① 혼인외의 출생자는 그 생부나 생모가 이를 인지할 수 있다. 부모의 혼인이 무효인 때에는 출생자는 혼인외의 출생자로 본다.
② 혼인외의 출생자는 그 부모가 혼인한 때에는 그때로부터 혼인 중의 출생자로 본다.

그 효력이 생긴다.[122] 이에 비해 ②는 재판을 청구하여 법원이 판단하는 것으로서 자와 그 직계비속 또는 그 법정대리인은 부 또는 모를 상대로 하여 인지청구의 소를 제기하는 경우를 말한다.[123]

물론 혼인 외의 출생자에 대한 친자관계 성립은 인지신고가 원칙적인 방식이지만 가족관계등록법상 부가 혼인 외의 자녀에 대하여 친생자출생신고도 한 형태라고 할 수 있는 데 이 경우 친생자출생의 신고를 한 때에는 그 신고는 인지의 효력을 갖는다.[124]

2. 인지에 의한 국적취득 업무의 흐름

인지에 의한 국적취득은 ① 가족관계등록관서에 인지신고, ② 출입국·외국인관서에 인지에 의한 국적취득 신고 접수, ③ 출입국·외국인관서의 친자관계(유전자 검사) 등 요건 확인 후 신고 수리, ④ 법무부의 관보고시 및 본인에게 통지, 대법원 등 관계기관 통보를 통한 가족관계등록부의 생성, ⑤ 출입국·외국인관서에 외국국적포기 등, ⑥ 주소지 읍·면·동사무소(주민센터)에 주민등록 등 일련의 흐름을 갖게 된다. 이 때 구체적으로 ①과 관련해서는 법률혼 관계가 아닌 대한민국 국민인 부와 외국인 모 사이에서 출생한 미성년 자녀를 대상으로 대한민국 국민인 부의 기본증명서에 자

122) 민법 제859조(인지의 효력발생) ① 인지는 「가족관계의 등록 등에 관한 법률」의 정하는 바에 의하여 신고함으로써 그 효력이 생긴다. <개정 2007. 5. 17.>
② 인지는 유언으로도 이를 할 수 있다. 이 경우에는 유언집행자가 이를 신고하여야 한다.

123) 민법 제863조(인지청구의 소) 자와 그 직계비속 또는 그 법정대리인은 부 또는 모를 상대로 하여 인지청구의 소를 제기할 수 있다.

124) 가족관계의 등록 등에 관한 법률 제57조(친생자출생의 신고에 의한 인지) ①부가 혼인 외의 자녀에 대하여 친생자출생의 신고를 한 때에는 그 신고는 인지의 효력이 있다. <개정 2015. 5. 18.>
② 모의 성명·등록기준지 및 주민등록번호를 알 수 없는 경우에는 부의 등록기준지 또는 주소지를 관할하는 가정법원의 확인을 받아 제1항에 따른 신고를 할 수 있다. <신설 2015. 5. 18.>
③ 가정법원은 제2항에 따른 확인을 위하여 필요한 사항을 직권으로 조사할 수 있고, 지방자치단체, 국가경찰관서 및 행정기관이나 그 밖의 단체 또는 개인에게 필요한 사항을 보고하게 하거나 자료의 제출을 요구할 수 있다. <신설 2015. 5. 18.>
④ 다음 각 호의 어느 하나에 해당하는 경우에는 신고의무자가 1개월 이내에 출생의 신고를 하고 등록부의 정정을 신청하여야 한다. 이 경우 시·읍·면의 장이 확인하여야 한다. <신설 2015. 5. 18.>
1. 출생자가 제3자로부터 「민법」 제844조의 친생자 추정을 받고 있음이 밝혀진 경우
2. 그 밖에 대법원규칙으로 정하는 사유에 해당하는 경우
⑤ 확인절차 및 신고에 필요한 사항은 대법원규칙으로 정한다. <신설 2015. 5. 18.>

녀의 인지사실을 기재하게 된다. ⑤의 경우 인지에 의한 국적취득 허가를 받은 후 1년 내 외국국적을 포기하여야 하나 외국국적 포기가 불가능하거나 국적 취득 후 3개월 내에 외국국적 포기절차를 개시하였으나 1년 내에 포기절차를 마치기 어려운 경우 외국국적불행사 서약을 할 수 있다.

Ⅱ. 국적법상의 규정

【제3조】 (인지에 의한 국적 취득)

① 대한민국의 국민이 아닌 자(이하 "외국인"이라 한다)로서 대한민국의 국민인 부 또는 모에 의하여 인지(認知)된 자가 다음 각 호의 요건을 모두 갖추면 법무부장관에게 신고함으로써 대한민국 국적을 취득할 수 있다.

1. 대한민국의 「민법」상 미성년일 것
2. 출생 당시에 부 또는 모가 대한민국의 국민이었을 것

② 제1항에 따라 신고한 자는 그 신고를 한 때에 대한민국 국적을 취득한다.

③ 제1항에 따른 신고 절차와 그 밖에 필요한 사항은 대통령령으로 정한다. [전문개정 2008. 3. 14.]

인지(認知)에 의한 국적취득은 대한민국 국민의 혼외자로 출생하였다가 그 부(父) 또는 모(母)에 의한 인지에 의해 일정한 요건을 갖추고 신고함으로써 대한민국의 국적을 취득할 수 있는 경우를 말한다. 인지에 관한 국적취득은 「국적법」 제3조에서 규율하고 있다.

Ⅲ. 요 건

인지에 의한 국적을 취득하기 위해서는 대한민국의 국민이 아닌 자(외국인)가 대한민국 「민법」상 미성년이고 출생 당시 부나 모가 대한민국의 국민이어야 한다.

1. 대상 : 대한민국의 「민법」상 미성년자

대상자는 우리나라 민법상 미성년자이어야 한다(제3조제1항제1호). 그러므로 19세 미만의 미성년자가 그 대상이 된다(민법 제4조).[125] 그런데 문제는 미성년자로서 인

정받는 시점이다. 즉, 미성년자의 요건은 부나 모가 그 자를 인지하는 시점에만 만족시키면 되는지 아니면 법무부장관에게 국적취득신고를 하는 시점에도 만족시켜야 하는지의 여부가 문제된다. 이에 대해서는 견해의 대립이 있으나 법무부장관에게 국적취득신고를 하는 시점에도 미성년자의 요건을 만족시켜야 할 것이다. 왜냐하면 인지에 의한 국적을 취득함에 있어서 미성년자를 그 대상자로 한정한 것은 미성년자일 때 인지되지 못하다가 성년 이후에 인지된 자의 경우는 인지신고만으로도 대한민국 국적취득을 인정할 만큼의 인적 결합관계가 있다고 보기란 어렵다고 할 수 있기 때문이다.[126]

특히 성년 이후에 인지된 외국인의 경우 대한민국 국적을 취득하려면 「국적법」 제3조가 아닌 귀화신청을 통한 허가를 얻어야 한다. 물론 대한민국 국민인 부나 모에 의해 인지되었기에 부나 모가 대한민국 국민인 경우에 해당하므로 제7조에 따른 특별귀화 대상자로서 국내 거주기간 여부와 관계없이 귀화신청이 가능하다.[127]

주소를 국내에 두어야 하는지 국외에 두어도 되는지 문제될 수 있다. 미성년자로서 인지된 경우에는 외국에 주소를 둔 경우에도 재외공관을 경유하여 법무부장관에게 국적취득신고를 제출하는 식으로 국적취득이 가능하나 성년이 된 이후에 인지된 경우라면 귀화대상에 해당되므로 국내에 주소를 갖고 있어야만 국적을 취득할 수 있다.

2. 인지자 : 부 또는 모에 의한 유효한 인지

대한민국 국민이 외국인과 사이에 혼인외 출생자의 친자관계 성립을 정하는 기준과 관련된 국제사법 제41조(혼인 외의 친자관계) 규정에 따르고,[128] 우리나라 민법

125) **민법** 제4조(성년) 사람은 19세로 성년에 이르게 된다. [전문개정 2011. 3. 7.]

126) 석동현, 앞의 책, 117면.

127) 위의 책, 같은 면.

128) 국제사법[시행 2016. 1. 19.] [법률 제13759호, 2016. 1. 19., 일부개정] 제41조(혼인 외의 친자관계) ① 혼인 외의 친자관계의 성립은 자(子)의 출생 당시 모의 본국법에 의한다. 다만, 부자간의 친자관계의 성립은 자(子)의 출생 당시 부(父)의 본국법 또는 현재 자(子)의 상거소지법에 의할 수 있다.
② 인지는 제1항이 정하는 법 외에 인지 당시 인지자의 본국법에 의할 수 있다.

제855조(인지)와 제859조(인지의 효력발생)[129] 그리고 가족관계등록법 제55조(인지신고의 기재사항)에서[130] 정한 요건과 절차에 따라야 한다.

3. 대한민국 국민인 부 또는 모에 의한 인지

인지에 의한 국적취득은 출생 당시에 부 또는 모가 대한민국의 국민이었어야 한다(「국적법」 제3조제1항제2호). 즉, 부나 모가 그 자녀를 인지한 시점에서 대한민국 국민이어야 할 뿐만 아니라 그 자녀의 출생 당시에도 역시 대한민국 국민이었어야 한다.[131]

---

③ 제1항의 경우 부(父)가 자(子)의 출생전에 사망한 때에는 사망 당시 본국법을 그의 본국법으로 보고, 제2항의 경우 인지자가 인지전에 사망한 때에는 사망 당시 본국법을 그의 본국법으로 본다.

129) **민법** [시행 2018. 2. 1.] [법률 제14965호, 2017. 10. 31., 일부개정]
제855조(인지) ① 혼인외의 출생자는 그 생부나 생모가 이를 인지할 수 있다. 부모의 혼인이 무효인 때에는 출생자는 혼인외의 출생자로 본다.
② 혼인외의 출생자는 그 부모가 혼인한 때에는 그때로부터 혼인 중의 출생자로 본다.
제859조(인지의 효력발생) ① 인지는 「가족관계의 등록 등에 관한 법률」의 정하는 바에 의하여 신고함으로써 그 효력이 생긴다. <개정 2007. 5. 17.> ② 인지는 유언으로도 이를 할 수 있다. 이 경우에는 유언집행자가 이를 신고하여야 한다.

130) 「가족관계의 등록 등에 관한 법률」 (약칭: 가족관계등록법) [시행 2017. 10. 31.] [법률 제14963호, 2017. 10. 31., 일부개정] 제55조(인지신고의 기재사항) ① 인지의 신고서에는 다음 사항을 기재하여야 한다. <개정 2010. 5. 4.>
1. 자녀의 성명·성별·출생연월일·주민등록번호 및 등록기준지(자가 외국인인 때에는 그 성명·성별·출생연월일·국적 및 외국인등록번호)
2. 사망한 자녀를 인지할 때에는 사망연월일, 그 직계비속의 성명·출생연월일·주민등록번호 및 등록기준지
3. 부가 인지할 때에는 모의 성명·등록기준지 및 주민등록번호
4. 인지 전의 자녀의 성과 본을 유지할 경우 그 취지와 내용
5. 「민법」 제909조제4항 또는 제5항에 따라 친권자가 정하여진 때에는 그 취지와 내용
② 제1항 제4호 및 제5호의 경우에는 신고서에 그 내용을 증명하는 서면을 첨부하여야 한다. 다만, 가정법원의 성·본 계속사용허가심판 또는 친권자를 정하는 재판이 확정된 때에는 제58조를 준용한다.

131) 인지에 의한 국적취득제도는 출생 당시의 부모 국적을 중시하는 혈통주의에 그 기반을 둔다는 점을 고려한 결과라고 할 수 있다(석동현, 앞의 책, 118면).

4. 신 고

위와 같은 요건을 갖추어 대한민국의 국민인 부나 모에 의해 인지된 외국인은 법무부장관에게 인지한 사실을 신고하여야 한다. 즉, 인지에 의한 국적취득은 국민인 생부나 생모의 인지신고를 통해 인지자의 가족관계등록부(기본증명서에 인지사실 기재)에 등재한 후 법무부장관에게 신고해야 하고, 인지대상인 자녀와 동반하여야 한다.

신고는 구체적으로 아래와 같은 특정 서식에 따른 <국적취득신고서>를 작성, 법무부장관에게 제출하여야 한다(「국적법시행령」 제2조 및 「국적법시행규칙」 제2조제1항). 만일 신고를 하는 사람이 15세미만일 경우 법정대리인이 이를 대신하여 신고하여야 한다(「국적법」 제19조). 국적취득 신고서에 첨부하여야 하는 서류는 ① 외국인임을 증명하는 서류, ② 대한민국 국민인 아버지 또는 어머니에 의하여 인지된 사실을 증명하는 서류, ③ 출생한 당시에 그 아버지 또는 어머니가 대한민국 국민이었음을 증명하는 서류, ④ 「가족관계의 등록 등에 관한 법률」 제93조에 따른 국적취득 통보 및 가족관계등록부 작성 등에 필요한 서류로서 법무부장관이 정하는 서류이다(「국적법 시행규칙」 제2조제2항).[132] 즉, 위에서 언급한 바와 같이 인지에 의한 국적취득은 법률혼 부부가 아닌 한국인과 외국인 사이에서 출생한 미성년의 외국인인 자녀가 신청대상이고, 이러한 인지는 대한민국 국민인 생부나 생모가 할 수 있다.

Ⅳ. 절 차

1. 국적취득의 절차 및 구체적으로 갖추어야 할 서류

미성년 혼외자의 인지에 인한 국적취득 절차 시 필요한 제출서류는 ① 아래와 같은 <국적취득신고서>(3.5cm×4.5cm칼라사진 1장 부착, 연락처 2곳 이상 기재) 및 가족관계

---

132) 「가족관계의 등록 등에 관한 법률」 제93조(인지 등에 따른 국적취득의 통보 등) ① 법무부장관은 「국적법」 제3조제1항 또는 같은 법 제11조제1항에 따라 대한민국의 국적을 취득한 사람이 있는 경우 지체 없이 국적을 취득한 사람이 정한 등록기준지의 시·읍·면의 장에게 대법원규칙으로 정하는 사항을 통보하여야 한다.
② 제1항의 통보를 받은 시·읍·면의 장은 국적을 취득한 사람의 등록부를 작성한다.

통보서, ② 피인지자가 외국인임을 증명하는 서류로서 피인지자인 자녀의 외국여권 원본 및 사본(여행증명서는 불가), 외국인등록증 사본(단기체류자는 생략 가능),[133] 외국정부 발행 출생증명서 원본 및 사본(일본의 경우 호적등본 제출), 중국의 경우 호구부(국내 출생자는 생략), 출생지가 한국일 경우 외국인 부 또는 모에 의해 인지된 사실 입증서류 등, ③ 대한민국 국민인 부 또는 모에 의해 인지된 사실 입증 서류(인지자인 부(모)의 기본증명서, 가족관계증명서, 혼인관계증명서, 주민등록등본 각 1부), ④ 신청인의 신분증 사본(접수시 신분증 원본 지참), ⑤ 생모(생부)의 신분증명서류(외국인등록증, 여권, 신분등록증 등 신분증 사본), 신청 당시 인지자와 생모가 혼인하지 않았을 경우 생모의 혼인관계 입증 공증서류(미혼, 결혼, 이혼여부가 나타나는 서류), 모의 전혼관계가 있는 경우는 판결문(친생자존부) 첨부, ⑥ 부의 기본증명서(인지내용 기재), 가족관계증명서, 혼인관계증명서, 주민등록등본, 주민등록증 사본(친생자 출생신고로 부의 기본증명서상 인지내용 미기재시 출생신고 수리증명서 첨부), ⑦ 인지경위서(별도 서식, 인지자 명의로 인지과정을 육하원칙에 따라 자세히 기술하고 인지자의 자필 서명 기재), ⑧ 기본증명서상 이름, 출생지, 생년월일이 외국 서류와 상이한 경우 ① 외국대사관의 동일인 확인증명서 또는 NAME CHANGE 증서와 ② 동일인 확인서 작성 (보증인과의 관계입증서류 및 보증인 신분증 첨부) 중 하나, ⑨ 피인지자가 외국인 생모에게서 출생한 사실을 증명하는 서류가 없을 경우 인지자와 피인지자 유전자 감정 결과서, ⑩ 수수료 등이 필요하다. ⑩ 국적통보제도(가족관계의 등록등에 관한 규칙에 따른 대법원통보)에 따른 추가 서류 : 자필로 쓴 통보서, 가족관계(부모, 배우자, 자녀 등)를 소명할 수 있는 신분관계 서류(각국 호적증명), 각국 정부발행 가족관계증명서(중국의 경우 중국외교부인증 친속관계공증서), 각국 출생증명서, 각국 혼인관계증명서(예 : 결혼증, 결혼사항 등재된 호구부 등), 신청자가 한국계 중국인인 경우 중국 호구부, 중국 거민증 사본 추가 제출, 여권상 생(년)월일이 없는 경우 : 본국 대사관 발급증명서(확인서), 기타 신청자의 부 또는 모가 사망한 경우 : 사망 공증 또는 사망사실 기재된 각국 정부발행증명서가 필요하

---

133) 피인지자가 한국 출생 등으로 외국인 입증 서류가 없는 경우 (i) 외국 정부 발행 무국적 확인서 또는 체류상태확인서, 사유서(양식자유)와 친모 자국 정부(주한 공관)의 자녀 출생신고 불가 확인서, 친모의 외국국적을 증명하는 서류(여권 사본 등), 친부와 친모의 피인지자 사이의 유전자감정서, 자녀의 국내 출생 여부 확인을 위한 친모의 출입국 기록 사실 조회출력서와 같은 서류로 대체할 수 있다(법무부 출입국·외국인정책본부, 『2014국적실무편람』 (2014.6), 41면.

다(예 : 중국의 경우 친속관계공증서상 '己故' 표시).

이때 모든 서류는 원본을 지참해야 하고, 기본증명서, 가족관계증명서, 혼인관계증명서 등 가족관계등록부에 관한 증명서를 발급받을 때에는 상세내용이 기재되어 있는 증명서로 발급받아야 하고 외국어로 작성된 문서의 경우에는 번역문, 번역자의 확인서, 번역자 서명, 연락처가 기재된 한글 번역문을 함께 제출해야 한다.

2. 국적취득 후 가족관계등록의 절차

이와 같은 신고서를 접수하여 수리한 때는 이러한 사실을 지체 없이 신고자 본인에게 통지하고 관보를 통해 고시하게 된다. 이러한 신고절차를 마치게 되면 법무장관의 통지서를 자신이 등록기준지를 삼을 지역의 가족관계등록관서에 가족관계등록부의 등재를 위해 이를 제출함으로써 가족관계등록부를 만들 수 있게 된다.[134] 즉, 법무부가 인지에 의한 국적취득 신고사항을 가족관계등록관서에 통보함으로써 피인지자(인지자가 아님)의 가족관계등록부가 만들어지고 이후 외국의 국적을 포기하고 주민등록 절차를 거쳐야 한다.[135]

이때 주의할 것은 인지에 의한 국적취득자의 외국국적포기 의무에 관한 것이다. 즉, 모든 국적취득자는 1년 이내에 외국국적을 포기할 의무가 있으나(법 제10조제1항), 인지에 의한 국적취득자는 다음과 같은 점을 주의해야 할 것이다.

우선 ① 2010년 12월 31일 이전 인지에 의한 국적취득 신고로 대한민국의 국적을 취득한 자는 복수국적자로서 법령이 정한 국적선택기간까지 외국국적의 포기가 자동 유보된다. 또한 2010년 5월 4일 이전에 유보기간이 종료된 자는 그 기간 내 국적선택을 하지 아니하면 대한민국의 국적을 상실하게 된다. 그리고 외국국적 포기 유보기간이 2010년 5월 4일에서 2010년 12월 31일에 종료된 사람은 국적선택 의무자로서 그 기간 이내 국적선택을 하지 아니하더라도 대한민국의 국적이 자동 상실되지 않고 국적선택명령의 대상자가 된다.

2011년 1월 1일 이후에 유보기간이 종료되는 자는 외국국적포기 의무대상자로

---

134) 석동현, 앞의 책, 120면.

135) 법무부 출입국·외국인정책본부, 『2014국적실무편람』(2014.6), 40면.

그 기간 내 외국국적포기 또는 외국국적불행사 서약을 하지 아니하면 대한민국의 국적이 상실된다. ② 2011년 1월 1일 이후 국적취득자는 미성년 외국국적 포기 유보제도가 폐지되어 국적선택의무자가 아니라 외국국적 포기 의무자가 된다. 다만 법 제10조제2항제5호에 해당하는 자는 외국국적포기 대신 외국국적불행사 서약이 가능하다.[136)]

Ⅴ. 효 과

위와 같은 요건을 갖추어 대한민국의 국민인 부나 모에 의해 인지된 외국인은 법무부장관에게 인지한 사실을 신고한 때, 즉 국적취득신고를 제출한 때 대한민국의 국적을 취득한다(제3조제1항 본문과 제2항). 이는 구체적으로 신고자의 신고서와 신고에 필요한 구비서류를 갖추어 「국적법」에서 정한 요건을 갖춘 사실을 법무부장관이 확인하고 그 신고서를 수리한 때를 의미한다고 볼 수 있다.[137)]

이러한 점에서 민법상의 인지는 인지된 자의 출생시에 소급하여 효력이 생기고, 부는 자의 포태 중에도 인지할 수 있는 것과 차이가 있다.[138)] 포태 중 인지 후 출생전에 신고한 경우를 제외한다면 인지에 의한 국적의 취득은 후천적 국적취득에 해당하게 된다.[139)]

Ⅵ. 한국인 여자와 외국인 남자 사이의 혼인외 출생자(혼외자)의 국적 취득 절차[140)]

한국인 여자와 외국인 남자 사이의 혼인외 출생자(혼외자)의 국적 취득을 위해서는 ① 한국인 모와 외국인 부 사이에 출생한 혼인외 출생자는 한국국적을 취득한 자이므로 한국인 모의 출생신고로 한국국적을 취득할 수 있다. ② 다만, 이 경우

136) 법무부 출입국·외국인정책본부, 『2014국적실무편람』 (2014.6), 40면.
137) 석동현, 앞의 책, 120면.
138) 민법 제860조(인지의 소급효) 인지는 그 자의 출생시에 소급하여 효력이 생긴다. 그러나 제삼자의 취득한 권리를 해하지 못한다.
139) 이철우 외, 앞의 책, 269면.
140) 이종옥, "각종 체류허가 신청서류 안내" (2020.1.), 강의자료, 132번.

혼외자는 모의 성과 본을 따르며, 그 모가 부라고 인정하는 외국인 부의 성을 따를 수는 없고 '부'를 표시할 수도 없음은 물론, 혼인외의 자의 생모와 외국인 부가 나중에 혼인을 하더라도 그것만으로 외국인 부와 혼인외의 자 사이에 친자관계가 발생하는 것이 아니다. ③ 물론 '외국인 부'의 '인지'가 있으면, 그 인지신고에 따라 그 사유를 기록하고 피인지자(혼외자)가 부의 국적을 취득하면 국적상실신고에 따라 가족관계등록부를 폐쇄(제적 또는 말소) 하여야 할 것이다.

Ⅶ. 한국인과 외국인 사이에서 출생한 자녀에 대한 출생신고 처리방법[141)]

한국인과 외국인 사이에서 출생한 자녀에 대한 출생신고는 ① 한국인 남자와 외국인 여자 사이의 출생자인 경우와 ② 한국인 여자와 외국인 남자 사이의 출생자인 경우로, 다시 이는 각각 ㉠ 혼인중의 자인 경우와 ㉡ 혼인외의 자인 경우로 구분하여 설명할 수 있다.

우선 ①㉠인 경우에는 부(父) 또는 기타 출생신고 의무자(국내에 거주하는 외국인 모를 포함)의 신고로써 가족관계등록부를 작성하고, ①㉡인 경우 부(父)의 출생신고만으로 가족관계등록부를 작성할 수 없으며 따로 외국인(대한민국 국민이 아닌 사람)에 대한 인지절차에 따라 부(父)가 인지신고를 한 다음 국적법에 따라 법무부장관에게 신고함으로써 국적을 취득하거나(미성년인 경우) 법무부장관으로부터 귀화허가를 받은 후(성년인 경우), 국적취득신고 또는 귀화신고를 한 때 가족관계등록부를 작성할 수 있다. 다만, 태아인지 신고된 피인지자는 그 부(父)의 출생신고로써 가족관계등록부를 작성할 수 있다.

둘째로 ②㉠인 경우 자녀는 대한민국의 국적을 취득하므로 모 또는 그 밖의 출생 신고의무자(국내에 거주하는 외국인 부를 포함)의 신고로써 가족관계등록부를 작성하고(「국적법」제2조제1항제1호), ②㉡인 경우 모 또는 그 밖의 출생 신고의무자의 신고(모의 성과 본을 따르며, 부를 표시할 수는 없음)로써 가족관계등록부를 작성할 수 있다. 그러나 외국인 부의 인지가 있으면 그 인지신고에 따라 그 사유를 기록하고 부의 국적

141) 대법원 가족관계등록예규 제108호(2007. 12. 10. 결재, 2008. 1. 1.부터 시행), "한국인과 외국인 사이에서 출생한 자녀에 대한 출생신고 처리방법".

을 취득하면 국적상실신고에 따라 가족관계등록부를 폐쇄하여야 한다.

사례의 분석

1. 18세가 넘은 외국인을 한국인 부모가 인지할 수 있지만 인지해도 그 외국인이 바로 대한민국의 국적을 취득하는 것은 아니다.[142)]

2. 18세 이전에 인지된 외국인은 법무부장관에게 신고만으로 대한민국의 국적을 취득하게 되나(국적법 제3조), 18세가 넘어서 인지된 외국인은 법무부장관의 귀화허가를 얻어야 대한민국의 국적을 취득할 수 있다. 물론 이 경우에도 일단 그 부모와 친자관계가 이루어지고 이렇게 되면 부나 모가 한국인인 자녀에 해당하므로 이는 곧 '특별귀화' 대상자가 되므로(국적법 제7조제1항제1호) 국내에 주소가 있을 경우 거주기간과는 관계없이 바로 귀화허가를 신청할 수 있다.[143)]

3. 한국 사람에게 입양된 외국인의 경우 입양신고만으로 자동적으로 한국인이 되는 것은 아니고 한국 국적을 얻어 자신의 가족관계등록부에 작성되기 위해서는 별도로 법무부장관의 귀화허가를 받아야 한다.[144)]

제 4 절 귀화에 의한 국적취득

사례의 연습

1. 귀화란 무엇인가?

2. 우수한 외국의 인재는 특별귀화를 할 수 있는데 복수국적도 허용되는가?

3. 외국인이 귀화하기 위해서는 국내에 일정기간 계속하여 주소가 있어야 한다.
   (1) 외국인은 우리나라 국민과 같이 주민등록을 할 수 있는가? 국적법에서 의미하는 주소란 어떤 의미인가? 또한 귀화를 위해서는 어떠한 체류자격을 유지하여야 하는가?
   (2) 체류기간 계산은 어떻게 하고, 국내 체류도중에 외국인이 잠시 출국한 사실이

142) 법무부출입국·외국인정책본부, 『국적법 문답식 해설』, 2011, 36면.
143) 위의 책, 같은 면.
144) 위의 책, 같은 면.

있는 경우 어떻게 되는가?

(3) G-1체류자격, 즉 소송의 수행 등 불가피한 사유로 대한민국 국내에 일시적 체류를 허가 받아 체류한 기간도 본 규정에서 의미하는 기간산입으로 인정될 수 있는가?

(4) 계속 체류하던 도중 일시적으로 불법적으로 체류한 경우는 계속적인 기간에 포함될 수 있는가?

4. 미국인인 전 남편("갑")과 미국 국적의 여성("을") 사이에 딸("병")이 하나 있다. 을은 그 후에 한국인과 재혼한 후 미국에 있는 병을 한국으로 데려다 대한민국의 국적을 취득하게 하고 싶다면 어떻게 해야 하는가?

5. 대한민국 국민의 양자로서 입양 당시 (1) "갑"은 대한민국 민법에 의해 "성년"이었던 자이고 (2) "을"은 "미성년"이었던 자이다. 갑과 을은 이제 귀화를 신청하려고 하는데 각각 어떤 법적 근거에 의한 절차를 거쳐야 하는가?

Ⅰ. 귀화허가 업무의 흐름

귀화허가 업무는 ① 신청 및 접수, ② 사회통합프로그램 종합평가, 귀화 면접심사, ③ 법무부의 귀화 요건 심사 및 결정, ④ 국민선서 및 국적증서 수여, ⑤ 법무부의 고시 및 대법원 등 관계기관 통보를 통한 가족관계등록부의 생성, ⑥ 외국국적 포기 등, ⑦ 주소지 읍·면·동 사무소(주민센터)에서의 주민등록 순으로 이어진다. 구체적으로 ①은 일반귀화, 간이귀화(혼인귀화 포함), 특별귀화로 구분되고 각각의 사안에 따라 필요한 서류를 준비하여 출입국·외국인관서에 신청하되 미성년 자녀인 경우 부나 모가 귀화신청 시 함께 신청할 수 있다(수반취득 신청). ②에서 사회통합프로그램 종합평가 및 면접심사 대상은 역시 일반귀화, 간이귀화, 특별귀화로 구분되고 혼인관계를 유지하고 있는 이민자 등은 종합평가가 면제될 수 있다. 사회통합프로그램 종합평가나 면접심사 면제대상자는 「국적법시행규칙」 제4조 등의 규정되어 있는데 사회통합프로그램을 이수하고 기본적인 소양이 확인된 사람에 대해서는 사회통합 프로그램 종합평가 및 면접심사가 면제될 수 있다. ③과 관련하여 사회통합프로그램 종합평가 및 면접심사 합격자를 대상으로 필요 시 동향조사도 실시하는데 공통적으로 체류실태, 생계유지능력, 범죄경력 등 입양의 경우 입양의 진정성 등을 혼인귀화의 경우 정상적인 혼인관계 유지 여부 등을 확인하게 된다. 이러한 사회통합프로그램 종합평가 및 면접심사 결과와 조사 내용 등을 종합하여 귀화요건을 심사, 신원조회 등을 거쳐 법무부가 귀화허가 여부를 최종적으로 결정하게 된다. ④와 관련하여 귀화허가를 받은 사람이 법무부장관(출입국·외국인관서의 장)앞에서 국민선서를 한 후 귀화증서를 수여받을 때 대한민국의 국적을 취득하게 된다. ⑥과 관련해서는 원칙적으로 국적 취득 후 1년 내 대한민국 주재 자국 대사관이나 영사관에서 외국 국적을 포기하거나 「국적법」 제10조 규정에 따른 외국국적불행사 서약 대상자는 법무부장관에게 이를 서약하여야 한다.

Ⅱ. 국적법상의 규정

【제4조】 (귀화에 의한 국적 취득)

① 대한민국 국적을 취득한 사실이 없는 외국인은 법무부장관의 귀화허가(歸化許可)를 받아 대한민국 국적을 취득할 수 있다.

② 법무부장관은 귀화허가 신청을 받으면 제5조부터 제7조까지의 귀화 요건을 갖추었는지를 심사한 후 그 요건을 갖춘 사람에게만 귀화를 허가한다. <개정 2017. 12. 19.>

③ 제1항에 따라 귀화허가를 받은 사람은 법무부장관 앞에서 국민선서를 하고 귀화증서를 수여받은 때에 대한민국 국적을 취득한다.[145] 다만, 법무부장관은 연령, 신체적·정신적 장애 등으로 국민선서의 의미를 이해할 수 없거나 이해한 것을 표현할 수 없다고 인정되는 사람에게는 국민선서를 면제할 수 있다. <개정 2017. 12. 19.>

④ 법무부장관은 제3항 본문에 따른 국민선서를 받고 귀화증서를 수여하는 업무와 같은 항 단서에 따른 국민선서의 면제 업무를 대통령령으로 정하는 바에 따라 지방출입국·외국인관서의 장에게 대행하게 할 수 있다. <신설 2017. 12. 19.>

⑤ 제1항부터 제4항까지에 따른 신청절차, 심사, 국민선서 및 귀화증서 수여와 그 대행 등에 관하여 필요한 사항은 대통령령으로 정한다. <개정 2017. 12. 19.> [전문개정 2008. 3. 14.]

---

145) 이와 관련하여 국적법 개정안은 귀화허가에 의해 국적을 취득한 사람은 '귀화증서'를 수여받고 있으나 국적취득 사실을 상징할 수 있도록 국적증서의 명칭을 개선하여 '대한민국 국적증서'로 그 명칭을 변경하였다(법무부공고 제2020-219호(2020.7.21.), 국적법 일부개정법률(안) 입법예고). 또한 귀화허가를 받은 국적신청자는 법무부장관 앞에서 국민선서를 하고 국적증서를 수여받아야 국적을 최종 취득하게 되나 코로나19로 인해 국적증서 수여식이 중단되어 취학대상 아동, 긴급히 질병치료가 필요한 사람 등의 국적취득이 지연되는 문제가 도출, 국가 재난상황으로 국적증서 수여식 개최가 곤란한 경우 국적증서 수여 절차를 생략하고 국적을 부여할 수 있는 예외규정을 마련할 필요가 있었다. 이와 관련하여 국적법 개정안은 제4조제4항을 신설하여(제5항과 제6항은

1. 개 요

「국적법」 제4조는 귀화에 의한 국적취득을 규정하고 있다. 이러한 귀화제도는 연혁(沿革)적으로 1997년 국적법 제4차 개정 전에는 외국인이 대한민국 국민의 처가 되면 자동적으로 대한민국의 국적을 취득한 경우와 달리 「국적법」 개정(제4차, 1997년)을 통해 대한민국 국민의 처가 된 사람도 귀화절차를 통해서 대한민국의 국적을 취득하도록 변경하였다. 여기서 귀화란 외국인이 대한민국의 국민이 될 것을 지망하고 국가가 이에 대해 대한민국의 국적을 부여하는 것이라고 할 수 있다.[146)]

2. 국적회복과의 구별

국적취득의 방법은 크게 ① 선천적인 경우와 ② 후천적인 경우로 나누어 볼 수 있다. 후천적인 경우란 ㉠ 당사자가 이전에 갖지 못했던 새로운 국적을 취득하는 형태일 수도 있고 ㉡ 이전에 국적을 보유했던 적이 있었던 사람이 다시 국적을 재취득 내지 회복하는 형태일 수도 있다. 우리나라의 「국적법」상 전자의 경우, 즉 태어난 이후 단 한번이라도 대한민국의 국적을 보유한 적이 없는 외국인이 대한민국의 국적을 취득하는 경우가 귀화라고 한다면, 후자의 경우는 이전에 대한민국의 국적을 취득한 사람이 국적상실이나 이탈하였다가 다시 국적을 회복하는 경우를 말한다.

3. 유형 및 유형의 전환

우리나라 「국적법」상 귀화대상자는 대한민국과의 혈연과 지연 관계를 기준으로 세 가지로 분류할 수 있는데 ① 일반귀화(「국적법」 제5조), ② 간이귀화(제6조), 그리고 ① 특별귀화(제7조)가 그것이다. 이들의 차이점은 ①은 대한민국과 혈연이나 지연면에서 어떠한 관계도 없는 경우이고, ②와 ③은 혈연이나 지연 관계가 있는 경우

현행 제4항 및 제5항과 같음) 천재지변 등 법무부장관이 정하는 부득이한 사유가 있는 경우 법무부장관이 귀화허가를 한 때 국적을 취득하는 규정을 신설하고, 부득이한 사유는 법무부령에 규정하도록 하였다(법무부공고 제2020-219호(2020.7.21.), 국적법 일부개정법률(안) 입법예고).

146) 이철우 외, 앞의 책, 269면.

이다. 이와 같이 구별하는 이유는 귀화요건에 차등을 두기 위함이라고 볼 수 있다.[147)]

이러한 세 가지 유형 가운데 하나에 해당하면 그 후에는 전환이 불가능한 것이 아니라, 예를 들어 일반귀화 대상자였던 외국인이라도 그 이후에 대한민국 국민과 혼인하거나 국민의 양자가 될 경우 그 요건을 갖추어 간이귀화나 특별귀화 대상자로 전환이 가능할 것이다.

4. 귀화허가의 신청

국적법 제4조제1항에 따라 귀화허가를 받으려면 법무부령으로 정하는 귀화허가 신청서를 작성하여 출입국·외국인청장, 출입국·외국인사무소장, 출입국·외국인청 출장소장 또는 출입국·외국인사무소 출장소장(이하 "청장등"이라 한다)에게 제출하여야 한다(「국적법시행령」 제3조제1항).

이에 따라 귀화허가 신청서를 제출받은 청장 등은 지체 없이 법무부장관에게 송부하여야 한다. 다만, 법무부장관이 정하는 바에 따른 조회·조사 및 확인 등을 해야 할 경우에는 그 절차를 마치고 의견을 붙여 송부하여야 한다(「국적법시행령」 제3조제2항).

실제 귀화허가 신청을 함에 있어서는 일정한 서식에 따른 아래와 같은 <귀화허가신청서>에 따르고 일정한 서류를 첨부해야 한다(「국적법시행규칙」 제3조). 이때에 첨부해야 하는 서류는 구체적으로 ① 외국인임을 증명하는 서류, ② 본인 또는 생계를 같이하는 가족이 생계유지능력을 갖추고 있음을 증명하는 서류로서[148)] ① 법

---

147) 석동현, 앞의 책, 125면.

148) 다만, 「국적법」(이하 "법"이라 한다) 제7조제1항에 해당하는 사람은 제외한다(「국적법시행규칙」 제3조제1항제2호 단서); 「국적법」 제7조(특별귀화 요건) ① 다음 각 호의 어느 하나에 해당하는 외국인으로서 대한민국에 주소가 있는 사람은 제5조제1호·제1호의2·제2호 또는 제4호의 요건을 갖추지 아니하여도 귀화허가를 받을 수 있다.
1. 부 또는 모가 대한민국의 국민인 사람. 다만, 양자로서 대한민국의 「민법」상 성년이 된 후에 입양된 사람은 제외한다.
2. 대한민국에 특별한 공로가 있는 사람
3. 과학·경제·문화·체육 등 특정 분야에서 매우 우수한 능력을 보유한 사람으로서 대한민국의 국익에 기여할 것으로 인정되는 사람

제5조에 따른 일반귀화허가 신청자는 ㉠ 한국은행이 고시하는 전년도 일인당 국민총소득(GNI) 이상의 소득금액 증명원(세무서장이 발급한 것을 말한다), ㉡ 6천만원 이상의 금융재산(예금·적금·증권 등) 증명 서류, ㉢ 공시지가, 실거래가 또는 시중은행 공표 시세가 6천만원 이상에 해당하는 부동산 소유 증명 서류나 6천만원 이상에 해당하는 임대차보증금 등 부동산임대차계약서 사본, ㉣ 그 밖에 ㉠부터 ㉢까지에 상당하다고 법무부장관이 인정하는 서류 중 어느 하나에 해당하는 서류를, ② 법 제6조에 따른 간이귀화허가 신청자는 ㉠ 3천만원 이상의 금융재산(예금·적금·증권 등) 증명 서류, ㉡ 공시지가, 실거래가 또는 시중은행 공표 시세가 3천만원 이상에 해당하는 부동산 소유 증명 서류나 3천만원 이상에 해당하는 임대차보증금 등 부동산임대차계약서 사본, ㉢ 재직증명서 또는 취업예정 사실증명서, ㉣ 그 밖에 ㉠부터 ㉢까지에 상당하다고 법무부장관이 인정하는 서류 중 어느 하나에 해당하는 서류 ③ 수반취득을 신청하는 사람이 있을 때에는 그 관계를 증명하는 서류, ④ 추천서 및 추천서 작성자의 신분을 증명하는 서류,[149](이때의 추천서는 대한민국 국민으로서 직장 동료·이웃사람·통장·이장 등 귀화허가 신청자와 지속적인 관계를 맺고 있는 사람 2명 이상이 아래 <서식>에 따라 작성한 것이어야 한다),[150] ⑤ 아버지 또는 어머니의 가족관계기록사항에 관한 증명서·제적등본,[151] ⑥ 본인과 그 아버지 또는 어머니가 대한민국에서 출생한 사실을 증명하는 서류,[152] ⑦ 입양사실이 기록된 양부 또는 양모의 가족관계기록사항에 관한 증명서,[153] ⑧ 한국인 배우자의 가족관계기록사항에 관한 증명서,[154], ⑨ 한국인 배우자의 가족관계기록사항에 관한 증명서·제적등본, 그 배우자의 사망이나 실종 또는 그 밖에 자신에게 책임이 없는 사유로 정상적인 혼인생활을 할 수 없었던 사실을 증명하는 서류,[155] ⑩ 한국인 배우자의 가족관계기

149) 「국적법」 제6조(간이귀화 요건) 및 제7조(특별귀화 요건)제1항제1호에 해당하는 사람은 제외한다.
150) 다만, 법 제7조제1항제2호에 해당하는 사람은 추천서 대신 관계 기관의 장의 확인서 등으로 갈음하며, 같은 항 제3호에 해당하는 사람은 「국적법시행령」 제6조제2항 각 호의 사람이 작성한 추천서 등을 제출하여야 한다(「국적법시행규칙」 제3조제5항).
151) 「국적법」 제6조제1항제1호에 해당하는 사람으로 한정한다.
152) 「국적법」 제6조제1항제2호에 해당하는 사람으로 한정한다.
153) 「국적법」 제6조제1항제3호에 해당하는 사람으로 한정한다.
154) 「국적법」 제6조제2항제1호 또는 제2호에 해당하는 사람으로 한정한다. 다만, 외국에서 혼인하고 한국인 배우자의 가족관계등록부에 혼인사실이 기록되어 있지 아니할 경우에는 혼인한 사실을 증명하는 서류로 갈음한다.

록사항에 관한 증명서·제적등본, 그 배우자와의 사이에서 출생한 미성년 자녀가 있다는 사실을 증명할 수 있는 출생증명서 또는 그 밖에 이에 준하는 서류 및 본인이 그 미성년 자녀를 양육하고 있거나 양육하여야 할 사람이라는 사실을 증명하는 서류,[156] ⑪ 아버지 또는 어머니의 가족관계기록사항에 관한 증명서,[157] ⑫ 특별귀화 대상자임을 증명하는(「국적법시행령」 제6조제1항 또는 제2항 각 호의 어느 하나에 해당하는 사실을 증명하는) 서류,[158] ⑬ 「가족관계의 등록 등에 관한 법률」 제94조에 따른 귀화허가 통보 및 가족관계등록부 작성 등에 필요한 서류로서 법무부장관이 정하는 서류 등이다. 이와 관련된 자세한 구비서류는 내용별로 해당 부분에서 구체적으로 제시하기로 한다.

5. 귀화 요건 구비여부의 심사

「국적법」 제4조는 제1항에서 대한민국 국적을 취득한 사실이 없는 외국인은 법무부장관의 귀화허가(歸化許可)를 받아 대한민국 국적을 취득할 수 있고, 제2항에서 법무부장관은 귀화허가 신청을 받으면 제5조부터 제7조까지의 귀화 요건을 갖추었는지를 심사한 후 그 요건을 갖춘 사람에게만 귀화를 허가하도록 규정하고 있다(귀화적격의 심사).

이러한 내용에 따라(「국적법」 제4조제2항에 따라) 법무부장관은 귀화허가 신청자에 대한 귀화 요건을 심사할 때 관계 기관의 장에게 귀화허가 신청자에 대한 신원조회, 범죄경력조회 및 체류동향조사를 의뢰하거나 그 밖에 필요한 사항에 관하여 의견을 구할 수 있다(「국적법시행령」 제4조제1항). 또한 법무부장관은 간이귀화에 관한 규정에서 정한(「국적법」 제6조제2항) 귀화 요건에 관한 일정한 사항을 심사하기 위해 법무부령으로 정하는 증명서류를 제출하게 하거나 거주지 현지를 조사하는 등 적절한 방법으로 귀화 요건을 갖추었는지를 확인하여야 한다(「국적법시행령」 제4조제2항).[159] 법무부장관은 이에 따라(국적법 제4조제2항에 따라) 귀화허가 신청자에 대하여

155) 「국적법」 제6조제2항제3호에 해당하는 사람으로 한정한다.
156) 「국적법」 제6조제2항제4호에 해당하는 사람으로 한정한다.
157) 「국적법」 제7조제1항제1호에 해당하는 사람으로 한정한다.
158) 「국적법」 제7조제1항제2호 또는 제3호에 해당하는 사람으로 한정한다.
159) 이에 대한 내용은 구체적으로 ① 법 제6조제2항제1호·제2호에 해당하는 사람: 배우자와 정상적

「출입국관리법시행령」제48조제2항제3호에 따른 종합평가(이하 "종합평가"라 한다)와 면접심사를 실시한다.[160] 다만, 법무부령으로 정하는 사람에 대해서는 종합평가 또는 면접심사를 면제할 수 있다(「국적법시행령」 제4조의2).[161]

이와 관련하여 귀화허가 신청자는 귀화허가 신청일부터 1년 이내에 법무부장관이 정하는 바에 따라 종합평가에 응시하여 그 결과를 제출(정보통신망에 의한 제출을 포함한다)하여야 한다(국적업무처리지침 제6조). 하지만 만일 귀화허가 신청자가 일정한 경우에 해당하는 경우에는 귀화허가를 받을 수 없다. 이에 해당하는 경우로는 ① 종합평가나 면접심사의 실시·면제 여부를 불문하고, 제1항과 제2항에 따른 조회·조사·확인 결과 및 귀화허가 신청 시 제출 서류 등의 심사 결과 귀화 요건을 갖추지 못한 것으로 인정되는 경우, ② 종합평가에서 100점을 만점으로 하여 60점 미만을 득점하거나, 기간 내에 종합평가 결과를 제출하지 아니한 경우, ③ 면접심사에서 부적합평가를 받은 경우이다(「국적법시행령」 제4조의3).

6. 귀화허가를 받은 사람에 대한 국민선서 및 귀화증서 수여

2017년 12월 19일 국적법 개정을 통해 국민선서 및 국적증서수여 제도가 도입되었다. 여기서의 '국적증서'라 함은 귀화증서와 국적회복증서를 통칭하는 의미라고 할 수 있다.[162]

국적법 제4조제1항에 따라 귀화허가를 받은 사람은 법무부장관 앞에서 국민선서를 하고 귀화증서를 수여받은 때에 대한민국 국적을 취득한다(「국적법」 제4조제3항). 즉, 법무부장관이 귀화허가를 한 경우에는 이에 따라(제4조제3항 본문) 국민선서

인 혼인관계를 유지하고 있는지 여부, ② 법 제6조제2항제3호에 해당하는 사람: 정상적인 혼인생활을 유지할 수 없었던 사유, ③ 법 제6조제2항제4호에 해당하는 사람: 자녀의 양육에 관한 사항이 된다.

160) 법무부장관은 제3항 본문에도 불구하고 제1항과 제2항에 따른 조회·조사·확인 결과 및 귀화허가 신청 시 제출 서류 등의 심사 결과 귀화 요건을 갖추지 못한 것으로 인정되는 신청자에 대해서는 종합평가와 면접심사를 실시하지 아니할 수 있다(「국적법시행령」 제4조제5항)

161) 제3항에 따른 면접심사의 심사 항목 등 면접심사의 시행에 필요한 사항은 법무부령으로 정한다. (「국적법시행령」 제4조제7항).

162) 이와 관련하여 국적법 개정안은 귀화에 의해 국적을 취득한 사람은 '귀화증서'를 수여받고 있으나, 국적취득 유형보다 국적취득 사실을 상징할 수 있도록 국적증서의 명칭을 개선하여 '대한민국 국적증서'로 변경하였다(법무부공고 제2020-219호(2020년 7월 21일), 국적법 일부개정법률(안)).

를 받고[163] 귀화증서를 수여하기 위한 일시와 장소를 지정하고, 그 지정된 일시와 장소에 참석할 것을 귀화허가를 받은 사람에게 통보해야 한다(「국적법시행령」 제4조의2제1항).

즉, 국적증서수여 대상자는 개정 국적법 시행일인 2018년 12월 20일 이후 귀화나 국적회복허가를 받은 사람이고 인지에 의한 국적취득이나 국적 재취득, 그리고 국적판정자는 이에 해당되지 않는다. 다만 연령·신체적·정신적 장애 등으로 인해 선서를 수행할 수 없거나 국민선서가 갖는 의미를 이해할 수 없는 사람에게는 국민선서를 면제시킬 수 있다(국적법 제4조제3항 단서). 하지만 이러한 사정이 있다고 해도 국적증서수여식에는 참석해야 할 것이다.

그러므로 위와 같이 통보를 받은 사람이 질병이나 사고 등의 불가피한 사유로 지정된 일시와 장소에 참석하지 못하게 된 경우에는 불참 사유와 참석 가능 일정을 적은 서면(이하 "불참사유서"라 한다)과 신분증사본, 입원확인서 등 소명자료를 첨부하여 지정된 날 전날까지 법무부장관에게 제출해야 할 것이다(「국적법시행령」 제4조의2제2항). 이 경우 법무부장관은 불참사유서가 제출된 날부터 1개월 이내에 국민선서를 받고 귀화증서를 수여하기 위한 일시와 장소를 새로 지정하고, 그 지정된 일시와 장소에 참석할 것을 귀화허가를 받은 사람에게 다시 통보해야 한다(「국적법시행령」 제4조의2제3항).[164]

이와 같은 국민선서를 받고 귀화증서를 수여하는 업무와 국민선서의 면제 업무는 대통령령으로 정하는 바에 따라 지방출입국·외국인관서의 장에게 대행하게 할 수 있다(「국적법」 제4조제4항).[165]

---

163) 이에 따른 국민선서의 내용은 "나는 자랑스러운 대한민국 국민으로서 대한민국의 헌법과 법률을 준수하고 국민의 책임과 의무를 다할 것을 엄숙히 선서합니다."로 한다(「국적법시행령」 제4조의3제1항).

164) 이러한 내용(제1항부터 제3항까지에서 규정한 사항) 외에 국민선서와 귀화증서 수여의 세부적인 절차 및 방법에 관하여 필요한 사항은 법무부장관이 정한다(「국적법시행령」 제4조의2제4항).

165) 「국적법시행령」 제4조의4(귀화허가를 받은 사람에 대한 국민선서 및 귀화증서 수여 등의 대행)
① 법무부장관은 법 제4조제4항에 따라 청장등에게 다음 각 호의 업무를 대행하게 할 수 있다.
1. 국민선서를 받고 귀화증서를 수여하기 위한 일시와 장소를 지정하여 우편 또는 전화 등의 방법으로 통보하는 업무
2. 국민선서를 받고 귀화증서를 수여하는 업무
3. 불참사유서를 제출받는 업무

7. 귀화의 법률적 효과 - 귀화자의 법적 지위

귀화허가를 받은 자는 대한민국의 국적을 취득하게 되므로 귀화자는 선천적 국적취득자와 동등한 국민으로서의 권리와 의무를 가진다.[166] 하지만 귀화를 통해 대한민국 국적을 취득하고도 외국 국적의 포기 절차나 외국국적불행사서약 절차를 마치지 아니할 경우 출입국, 체류, 주민등록 또는 여권발급 등에서 대한민국 국민으로서의 처우가 제한될 수 있다.[167]

병역과 관련해서는 물론 본인의 희망에 의거 현역이나 사회복무요원으로 복무가 가능하지만 병역법시행령상 귀화에 의해 국적을 취득한 사람의 경우 전시근로역에 편입하도록 하고 있다.[168]

---

4. 국민선서 면제 대상자를 확인하고, 면제 대상자에게 그 사실을 통보하는 업무

② 청장등은 법 제4조제3항 본문에 따라 귀화허가를 받은 사람이 국민선서를 하고 귀화증서를 수여받았을 때에는 그 명단을 작성하여 지체 없이 법무부장관에게 송부해야 한다.

③ 제1항 및 제2항에서 규정한 사항 외에 국민선서를 받고 귀화증서를 수여하는 업무와 국민선서의 면제 업무 대행에 필요한 사항은 법무부장관이 정한다.

166) 이철우 외, 앞의 책, 287면.

167) 국적법시행령 제14조(외국 국적 미포기자 등에 대한 처우 제한) 대한민국 국적을 취득하고도 법 제10조제1항 또는 제2항에 따른 외국 국적의 포기 절차나 외국국적불행사서약 절차를 마치지 아니한 사람에게는 관계 법령에서 정하는 바에 따라 출입국, 체류, 주민등록 또는 여권발급 등에서 대한민국 국민으로서의 처우가 제한될 수 있다[전문개정 2010. 12. 31.].

168) 병역법시행령 제136조(수형자 등의 병역처분) ① 현역병입영 대상자, 승선근무예비역 또는 보충역(보충역의 장교·준사관·부사관 및 보충역의 복무를 마친 사람은 제외한다)으로서 법 제65조제1항제2호 및 제3호에 따라 보충역 또는 전시근로역으로 편입할 수 있는 사람은 다음 각 호에 따른다. 이 경우 형이 부정기형으로서 장기와 단기를 정하여 선고된 경우에는 장기를 적용한다. <개정 2010. 7. 21., 2011. 11. 23., 2012. 8. 3., 2012. 12. 20., 2016. 6. 14., 2016. 11. 29.>

1. 보충역 편입 대상은 다음 각 목의 어느 하나에 해당하는 사람. 다만, 법 제86조에 따라 병역의무를 기피하거나 감면받을 목적으로 신체를 손상하거나 속임수를 써서 징역형을 선고받은 사람은 제외한다.
   가. 6개월 이상 1년 6개월 미만의 징역 또는 금고의 실형을 선고받은 사람
   나. 1년 이상의 징역이나 금고의 형의 집행유예를 선고받은 사람
2. 전시근로역 편입 대상은 다음 각 목의 어느 하나에 해당하는 사람
   가. 1년 6개월 이상의 징역 또는 금고의 실형을 선고받은 사람. 다만, 법 제86조에 따라 병역의무를 기피하거나 감면받을 목적으로 신체를 손상하거나 속임수를 써서 징역형을 선고받은 사람은 제외한다.
   나. 삭제 <2010. 7. 21.>
   다. 가족관계등록부상 부모를 알 수 없는 사람
   라. 13세 이전에 부모가 사망하고 부양할 가족(「민법」 제779조 및 제974조에 따른 가족을 말

8. 귀화허가를 받은 자의 국적 취득의 통보 및 가족관계등록 등

귀화허가를 받은 자가 대한민국의 국민으로의 자격을 갖고 부여된 권리의 행사와 의무의 이행을 위해서는 가족관계등록부에 등록이 되어 있어야 한다. 또한 법무부장관은 귀화허가 신청자가 국적을 취득했을 때에 그 사실을 지체 없이 등록기준지 가족관계등록관서의 장에게 통보하고, 관보에 고시하도록 의무를 부여하고 있다(「국적법시행령」 제5조).

이외에도 「가족관계의 등록 등에 관한 법률」에 따르면 법무부장관은 「국적법」 제4조에 따라 외국인을 대한민국 국민으로 귀화를 허가한 경우 지체 없이 귀화허가를 받은 사람이 정한 등록기준지의 시·읍·면의 장에게 대법원규칙으로 정하는 사항을 통보하도록 규정하고 있다.[169] 이러한 통보를 받은 시·읍·면의 장은 귀화허가를 받은 사람의 가족관계등록부를 작성하게 된다.[170]

한편, 귀화통보, 국적회복통보 및 국적취득통보에 따른 성명표기 및 기록방법과 관련해서는 「외국의 국호, 지명 및 인명의 표기에 관한 사무처리지침」[171]을 통해 규율되고 있다.[172]

한다)이 없는 사람

마. 18세 미만의 아동으로 「아동복지법」 제52조제1항에 따른 아동양육시설·아동보호치료시설 및 공동생활가정에 5년 이상 보호된 사실이 있는 사람

바. 「국적법」 제5조부터 제8조까지의 규정에 따라 대한민국국적을 취득한 사람

사. 삭제 <2011. 11. 23.>

아. 성을 전환하여 가족관계등록부상 여성에서 남성으로 성별이 정정된 사람; 이철우 외, 앞의 책, 287면.

169) 「가족관계의 등록 등에 관한 법률」(가족관계등록법) 제94조(귀화허가의 통보 등) 제1항.

170) 위 법률 제94조제2항.

171) 외국의 국호, 지명 및 인명의 표기에 관한 사무처리지침 (개정 2015. 1. 8.) [가족관계등록예규 제451호, 시행 2015. 2. 1.]

172) 외국의 국호, 지명 및 인명의 표기에 관한 사무처리지침 제4조 (귀화통보의 경우)

① 귀화에 의하여 대한민국 국적을 취득한 사람(이하 "귀화자"라 한다)에 대하여 귀화통보를 하는 경우, 그 인명은 해당 외국의 원지음(한자는 함께 기록할 수 없다)을 귀화통보서에 한글로 표기하여야 하고, 가족관계등록부에는 귀화통보서에 한글로 표기한 원지음대로 기록하여야 한다.

② 제1항에도 불구하고, 귀화자가 중국에서 발행한 공문서에 의하여 조선족임을 소명한 중국 국적자인 경우에, 그 귀화자의 인명에 대하여는 제3조제4항부터 제6항까지를 준용한다.

제5조 (부모의 성과 본에 따른 가족관계등록부의 기록)

① 제4조에도 불구하고, 귀화자는 처음부터 우리나라의 가족관계등록부가 없으나 그 부모에게는

9. 관련문제

9.1. 한국에서 태어난 아이 중국 호구부에 등재 절차[173]

한국에서 태어난 아이를 중국 호구부에 등재하기 위해서는 ① 한글로 된 출생증명서를 중국어로 변역, ② 출생증명서와 중국어번역본을 공증사무소에서 공증, ③ 한국 외교부 여권과를 방문하여 외교부 인증, ④ 주한 중국영사관을 방문하여 영사확인을 받은 후 중국으로 가서 호구부에 등재하는 절차를 거치게 된다. 유의해야

우리나라 가족관계등록부(「가족관계의 등록 등에 관한 법률」 부칙 제4조에 따른 제적을 포함한다)가 있는 경우, 귀화자의 성·본(한자를 포함한다)은 부 또는 모(부를 알 수 없는 경우)의 성·본(한자를 포함한다)을 따를 수 있다. 다만, 이름(성을 제외)은 해당 외국의 원지음을 한글로 기록하여야 한다.

② 제1항에도 불구하고, 귀화자가 중국에서 발행한 공문서에 의하여 조선족임을 소명한 중국국적자인 경우에, 그 귀화자의 명(성을 제외)에 대하여는 제3조제4항부터 제6항까지의 규정을 준용한다.

③ 제1항과 제2항의 경우, 귀화자는 귀화통보서에 기재된 부모가 자신의 부모임을 증명하는 소명자료(예: 중국국적자의 경우에는 출생증명서, 호구부, 친족관계공증서 등. 이하 같다)를 제출하여야 하고, 시(구)·읍·면의 장은 귀화통보서에 기재된 부모의 인명과 그 소명자료에 기재된 부모의 인명이 일치하는지를 확인하여야 한다.

제6조 (귀화자의 부와 모의 가족관계등록부 기록)

① 귀화통보를 하는 경우 에, 귀화자의 부모의 성명은 우리나라 등록사항별 증명서에 의하여 소명된 그 부모의 성명을 기록하여야 한다.

② 귀화자의 부모에게 처음부터 우리나라 가족관계등록(폐쇄)부가 없었거나, 등록사항별 증명서(제적을 포함한다. 이하 같다)에 의하여 그 성명을 소명할 수 없는 경우, 그 부모의 인명에 대하여는 해당 외국의 원지음(한자는 함께 기록할 수 없다)을 귀화통보서에 한글로 표기하여야 하고, 귀화자 가족관계등록부의 부모란에는 부와 모를 귀화통보서에 한글로 표기한 원지음대로 기록하여야 한다.

③ 제2항에도 불구하고, 귀화자 및 그 부모가 중국에서 발행한 공문서에 의하여 조선족임을 소명한 중국국적자인 경우에, 그 귀화자의 부모의 인명에 대하여는 제3조제4항부터 제6항까지를 준용한다.

④ 제1항, 제2항 및 제3항의 경우, 귀화자는 귀화통보서에 기재된 부모가 자신의 부모임을 증명하는 소명자료를 제출하여야 하고, 시(구)·읍·면의 장은 귀화통보서에 기재된 부모의 인명과 그 소명자료에 기재된 부모의 인명이 일치하는지를 확인하여야 한다. 다만, 서로 일치하지 아니하는 경우에는 부모의 인명을 가족관계등록부에 기록할 수 없다.

제7조 (귀화로 인한 수반취득자의 인명표기)

귀화로 인한 수반취득자의 인명 은 해당 외국의 원지음을 귀화통보서에 한글로 기재하여야 한다. 다만, 수반취득자가 중국에서 발행한 공문서에 의하여 조선족임을 소명한 중국국적자인 경우에, 그 수반취득자의 인명에 대하여는 제3조제4항부터 제6항까지를 준용한다.

173) 이종옥, "각종 체류허가 신청서류 안내"(2020.1.), 강의 자료, 152번.

할 점은 한국에서 발급된 출생증명서는 반드시 한국에서 공증·인증을 받아야 하며 중국에서 공증·인증을 받으면 안 된다는 것이다. 이때 출생증명서 공증·인증은 대행도 가능하다.

9.2. 미성년자의 국내 입양 절차(예 : 중국)[174)]

미성년자의 국내 입양 절차(예 : 중국)는 중국과 한국에서 준비해야 할 서류가 상이하다. ① 중국에서 먼저 준비해야 할 서류는 ㉠ 당사자(입양인) 동의서(외교부인증, 10세 이상인 경우 해당), ㉡ 친모, 친부 동의서(외교부인증, 한국에 거주할 경우 한국에서 가능), ㉢ 국적공증서(외교부인증), ㉣ 친속관계공증서(외교부인증) 2부, 친속관계증명서(파출소가가 발행하는 것으로 파출소 도장 날인만 필요), ㉤ 출생증명서, 여권원본, 호구부원본, 거민신분증원본, 사진4장, ㉥ 어릴 때 부모하고 같이 찍은 사진 4매, ㉦ 이혼증, 이혼시 민사조회서 및 사망증 또는 판결서(번역본 같이 첨부) 등이다.

이에 비해 ② 한국에서 준비할 서류는 ㉠ 기본증명서 1부, 혼인관계증명서 1부, 가족관계증명서 1부, 주민등록등본 1부, ㉡ 한국인 양부 또는 양모 주민등록증 복사, ㉢ 중국인 외국인등록증 복사, 외국인등록사실증명, 인감증명서, 인감도장, ㉣ 양부의 재정사항 준비서류(부동산, 동산, 재직증명서, 사업자등록증, 예금잔고증명서 등), ㉤ 양부 범죄경력조회 회보서(경찰서 민원실) 등이 필요하고 추가적으로 미성년자 입양동의서 및 승낙서(13세 이상), 청구인 자녀들의 의견서, 송달 및 송달영수인 신고서, 사건본인진술서, 양육계획서, 주거지 내부 및 외부 사진, 신용정보조회서(한국신용정보원), 출입국사실증명, 입양가정을 위한 자녀교육 참석, 조사기일 소환장 등을 필요로 할 것이다.

9.3. 귀화 접수 후의 절차

귀화신청시 접수된 일반, 간이, 특별 귀화자 중 종합평가 면제자를 제외한 2018년 3월 1일 이후 귀화를 신청한 사람의 경우 국적법 제4조 및 국적법시행령 제4조의2에 따라 접수 후에 ① 사회통합프로그램종합평가와 ② 면접심사를 거쳐야 한다. ①의 경우 귀화허가신청서 제출시 사회통합정보망(www.socinet.go.kr)을 통해 사

174) 위의 자료(2020.8.), 163번.

회통합프로그램 종합평가를 받아야 한다. 이때 응시기회는 3회가 부여되고 이는 접수일로부터 1년 내에 합격 기준(60점 이상의 득점)을 통과해야 하고 그렇지 못할 경우 신청은 불허가 된다. ②의 경우 귀화 신청을 한 지방출입국·외국인관서에서 실시하고, 2회의 응시기회가 부여된다. 이러한 면접시험에서 불합격할 경우나 2회에 걸쳐 면접심사에 불참할 경우 역시 귀화신청은 불허가 된다.

사례의 분석

1. 귀화란 과거에 한 번도 대한민국의 국적을 가진 적이 없는 순수한 외국인이 법무부장관으로부터 허가를 받아 대한민국의 국적을 취득하는 절차를 말한다.[175]

2. 복수국적이 허용된다. 즉, 특별귀화 요건은 국익에 기여할 우수한 외국의 인재를 적시에 유치·확보하고자 신설한 것이다(국적법 제7조제1항제3호). 이와 같은 요건 충족을 통해 대한민국의 국적을 취득한 사람은 외국 국적을 포기하지 않더라도 외국국적불행사 서약을 할 경우 외국국적도 계속 보유할 수 있으며 복수국적이 허용된다.[176]

3. (1) 원칙적으로 합법적인 체류자격을 소지하는 것을 전제로 하기에 특별한 체류자격을 요구하는 것은 아니다. 위에서 언급한 것처럼 이는 대한민국에 주소를 두고 체류하는 것과 관련 어떤 체류자격을 갖추고 체류하여야 하는가 하는 체류자격의 종류가 문제와 연결된다. 왜냐하면 「국적법」 조문은 단순히 '주소를 두고 있어야 한다.'라고만 규정되어 있기 때문이다. 이때 '주소를 두고 있어야 한다.'는 것은 합법적인 체류자격을 보유하고 체류하고 있는 경우를 말하므로 비록 과거에 체류한 적이 있어도 귀화신청을 할 때 국내에 체류하고 있지 않다면 재외공관을 통한 신청은 허용되지 않는다.

   문제는 외국인이 주민등록을 할 수 있는지의 여부이다. 외국인은 일반적으로 대한민국의 국민과 같이 주민등록을 할 수 없으므로 국적법에서 의미하는 주소란 주민등록을 의미하는 것이 아니고 민법 제18조상의 생활의 근거가 되는 것을 말한다. 외국인이 귀화하고자 할 경우 출입국관리법상의 외국인등록을 마치고 체류하여 온 때는 주소가 있다고 할 수 있다.[177]

   (2) 위에서 살펴본 것처럼 원칙적으로 체류기간의 계속은 국내에서 체류가 단절함이 없이 대한민국 국내에 주소를 두고 있어야 함을 의미한다. 그러므로 입국 후 국내에 체류하는 도중 일시적으로 출국 시 재입국한 시점부터 다시 기산을 해야 함이 원칙이다.

   하지만 비록 일시적으로 대한민국을 떠난 사실이 있다고 해도 그 출국목적이나 재입국 시기, 출국 이전과 다시 입국한 후의 생활기반의 연속성 등을 종합적으로 고려하여 그 내용이 국내 체류의 연속성이 있다고 볼 만할 상당한 이유가 있다고 인정될 경우라면 출국 이전의 체류기간과 다시 입국한 이후의 체류기간을 합산하여 국내 거주기간을 충족했는지 여부를 판단하게 될 것이다. 이와 관련하여 「국적법 시행규칙」(제5조)은 ① 국내 체류 중 체류기간이 끝나기 전에 재입국 허가를 받고 출국한 후 그 허가기간 내에 재입국한 경우, ② 국내 체류 중 체류기간 연장이 불가능한 사유 등으로 일시 출국하였다가 1개월 이내에 입국사증을 받아 재입국한 경우, ③ ① 및 ②에 준하는 사유로 법무부장관이 전후의 체류기간을 통틀어 합산하는 것이 상당하다고 인정하는 경우 중 어느 하나에 해당된다면 국내에서 계속 체류한 것으로 보아 전후의 체류기간을 통틀어 합산하도록 규정하고 있다.

(3) 또한 위에서 언급하였듯이 G-1체류자격, 즉 소송의 수행 등 불가피한 사유로 대한민국 국내에 일시적 체류를 허가 받아 체류한 기간도 본 규정에서 의미하는 기간산입으로 인정되는지의 여부가 문제될 수 있다. 이에 대해 법원은 G-1 체류자격을 소지하고 거주한 기간도 산입되어야 함을 인정한 있지만,[178] G-1 체류자격에 대해 법무부가 갖는 재량권의 행사를 통해 귀화를 불허하고 있다고 볼 수 있다.

(4) 위에서 언급한 것처럼 불법체류 기간은 합법적 체류가 아니므로 거주기간에 산입되지 않고 그 기간만큼 거주기간에서 공제되며, 불법체류가 끝난 후 합법체류 시점부터 다시 기산하는 것이 아니다. 예를 들어 합법체류 2년 후 불법으로 1년 체류하다가 통고처분을 받고 3년간 합법적으로 체류한 경우 합법체류기간 2년간 3년을 합산하여 5년의 거주기간을 충족하게 된다.[179]

4. "병"이 대한민국의 국적을 취득하기 위해 현재의 한국 남편이 "병"을 입양하고 병이 국내에 입국한 후 특별귀화(국적법 제7조제1항제1호) 절차를 이용하는 방법을 생각해 볼 수 있다.

5. 대한민국 국민의 양자로서 입양 당시 (1) "갑"은 대한민국 민법에 의해 "성년"이었던 자이므로 국적법 제6조제1항제3호에 의해 대한민국에 3년 이상 계속하여 주소가 있을 경우 '간이귀화'를 신청할 수 있다. 이에 대해 (2) "을"은 입양 당시 "미성년"이었던 자이었으므로 국적법 제7조제1항에 따른 '특별귀화'를 신청할 수 있다.

175) 법무부출입국·외국인정책본부, 『국적법 문답식 해설』, 2011, 46면.
176) 위의 자료, 51면.
177) 위의 자료, 36면.
178) 대법원 2010. 10. 28. 선고 2010두6496 판결 [귀화허가신청불허가처분취소] [공2010하,2178].
179) 법무부출입국·외국인정책본부, 『2014국적실무편람』 (2014.6), 46면.

Ⅲ. 구체적인 내용

1. 일반귀화

【제5조】 (일반귀화 요건)

외국인이 귀화허가를 받기 위해서는 제6조나 제7조에 해당하는 경우 외에는 다음 각 호의 요건을 갖추어야 한다. <개정 2017. 12. 19.>

1. 5년 이상 계속하여 대한민국에 주소가 있을 것

1의2. 대한민국에서 영주할 수 있는 체류자격을 가지고 있을 것

2. 대한민국의 「민법」상 성년일 것
3. 법령을 준수하는 등 법무부령으로 정하는 품행 단정의 요건을 갖출 것
4. 자신의 자산(資産)이나 기능(技能)에 의하거나 생계를 같이하는 가족에 의존하여 생계를 유지할 능력이 있을 것
5. 국어능력과 대한민국의 풍습에 대한 이해 등 대한민국 국민으로서의 기본 소양(素養)을 갖추고 있을 것
6. 귀화를 허가하는 것이 국가안전보장·질서유지 또는 공공복리를 해치지 아니한다고 법무부장관이 인정할 것 [전문개정 2008. 3. 14.]

1.1. 의 의

'귀화'란 출생 이후에 한 번도 대한민국 국적을 보유한 적이 없는 순수한 외국인이 대한민국 국적을 취득하는 경우를 말하는데,[180] 일반귀화는 외국인 가운데에서 혈연적이나 지연적으로 우리나라와 아무런 결합관계가 없는 자에게 적용되는 경우를 말한다.

1.2. 대상 - 신청자격

일반귀화를 신청하기 위해서는 귀화 대상 외국인 가운데 간이귀화에 해당되는 자(「국적법」 제6조)와 특별귀화에 해당되는 자(「국적법」 제7조)를 제외한 사람이어야 한다.

180) 석동현, 「국적법」, (법문사, 2011), 123~124면.

1.3. 요 건

외국인이 일반귀화 허가를 받기 위해서는 「국적법」 제5조에서 정한 ① 5년 이상 계속하여 대한민국에 주소가 있어야 하고(대한민국 국내의 거주), ② 대한민국에서 영주할 수 있는 체류자격을 가지고 있어야 하며, ③ 대한민국의 「민법」상 성년이어야 하며(연령의 충족), ④ 법령을 준수하는 등 법무부령으로 정하는 품행 단정의 요건을 갖추고(품행의 단정), ⑤ 자신의 자산(資産)이나 기능(技能)에 의하거나 생계를 같이 하는 가족에 의존하여 생계를 유지할 능력이 있으며(생계유지능력의 구비), ⑥ 국어능력과 대한민국의 풍습에 대한 이해 등 대한민국 국민으로서의 기본 소양(素養)을 갖추고 있고(국민으로서의 기본소양), ⑦ 귀화를 허가하는 것이 국가안전보장·질서유지 또는 공공복리를 해치지 아니한다고 법무부장관으로부터 인정받아야 한다.

(1) 5년 이상 계속하여 대한민국에 주소가 있고 대한민국에서 영주할 수 있는 체류자격을 소지하고 있을 것

1) 의 미

구체적으로 외국인등록일 기준 5년 이상 계속하여 대한민국에 주소가 있어야 한다.[181] 이때의 국내 거주요건과 관련하여서는 귀화허가 신청 시점에서의 국내거주뿐만 아니라 신청한 때로부터 역으로 계산하여 5년 이상 계속하여 즉, 국내에서 체류가 단절함이 없이 대한민국 국내에 주소를 두고 있어야 함을 의미한다. 거주기간은 외국인이 적법하게 입국하여 외국인등록을 마치고 계속 체류한 기간을 말하고 거주기간 기산일은 외국인등록을 마친 날이라고 할 수 있다.[182]

이때 '주소를 두고 있어야 한다.'는 것은 합법적인 체류자격을 보유하고 체류하고 있는 경우를 말하므로 비록 과거에 체류한 적이 있어도 귀화신청을 할 때 국내에 체류하고 있지 않다면 재외공관을 통한 신청은 허용되지 않는다.[183]

앞에서 언급한 바와 같이 2017. 12. 19. 「국적법」 일부개정으로 일반귀화 신청

181) 재외동포체류자격(F-4)을 가진 사람의 거소신고를 마친 후의 거주도 주소의 보유와 동일하게 취급한다(이철우 외, 앞의 책, 270면).

182) 법무부 출입국·외국인정책본부, 『2014국적실무편람』 (2014.6), 46면.

183) 이 점이 외국에 주소를 두고 있는 경우라도 재외공관을 통하여 국적회복을 할 수 있는 점과 구별된다(석동현, 앞의 책, 133면).

요건을 강화하여 종전에는 외국인이 5년 이상 계속하여 대한민국에 주소가 있으면 일반귀화 허가 신청을 할 수 있도록 하던 것을, 대한민국에서 영주할 수 있는 체류자격(F-5)을 가지고 있고 5년 이상 계속하여 대한민국에 주소가 있어야 일반귀화 허가 신청을 할 수 있도록 귀화요건을 강화하였다. 다만 이러한 영주(F-5) 체류자격 요건은 개정법 시행일인 2018년 12월 20일 이후 신청자부터 적용될 것이다.

2) 문제되는 경우

(가) 어떤 체류자격을 갖추고 체류해야 하는가?

5년 이상 계속하여 대한민국에 주소를 두고 체류하는 것과 관련 어떤 체류자격을 갖추고 체류하여야 하는가 라는 체류자격의 종류가 문제될 수 있다. 왜냐하면 「국적법」 조문은 단순히 '주소를 두고 있어야 한다.'라고만 규정되어 있기 때문이다. 예를 들어 E-9 체류자격(고용허가제로 입국하여 단순 노무에 종사하는 외국인에게 부여되는 자격)이나 H-2 체류자격(방문취업제로 입국하여 단순노무에 종사하는 외국국적 동포에게 부여되는 자격)의 경우는 최장 4년 10개월만 체류할 수 있으므로 이러한 자격 소지자는 귀화요건으로서의 체류기간에 산입해서는 안 되고 따라서 귀화신청을 할 수 없을 것이다.[184)]

또한 G-1 체류자격(소송의 수행 등 불가피한 사유)으로 대한민국 국내에 일시적 체류를 허가 받아 체류한 기간도 본 규정에서 의미하는 기간산입으로 인정되는지의 여부가 문제될 수 있는데 법원은 G-1 체류자격을 소지하고 거주한 기간도 산입되어야 함을 인정하고 있지만,[185)] G-1 체류자격에 대해 법무부가 갖는 재량권의 행사

---

184) 석동현, 앞의 책, 133면.

185) 대법원 2010. 10. 28. 선고 2010두6496 판결[귀화허가신청불허가처분취소][공2010하,2178]; 대법원 2010. 7. 15. 선고 2009두19069판결; 이철우 외, 앞의 책, 271면.

대법원 2010. 10. 28. 선고 2010두6496 판결[귀화허가신청불허가처분취소][공2010하,2178

【판시사항】

[1] 귀화신청인이 국내거주요건을 갖추었는지 여부를 판단할 때 「출입국관리법시행령」 제12조에서 정한 외국인의 체류자격에 따라 그 기간을 다르게 산정할 수 있는지 여부(소극)

[2] 법무부장관이 법률에서 정한 귀화 요건을 갖춘 귀화신청인에게 귀화를 허가할 것인지 여부에 관하여 재량권을 가지는지 여부(적극)

[3] 방문동거(F-1-4) 및 특례고용허가자(E-19) 체류자격, 방문취업(H-2) 체류자격, 기타(G-1) 체류자격으로 대한민국 내에서 계속하여 3년 이상 거주한 외국인의 간이귀화신청에 대하여 법무부장관이 방문취업 체류자격이나 기타 체류자격을 이용하여 귀화신청을 하는 것은 간이귀화

요건을 갖춘 것으로 볼 수 없다는 이유로 불허가처분을 한 사안에서, 방문취업 체류자격이나 기타 체류자격으로도 간이귀화의 국내거주요건을 갖출 수 있다는 이유만으로 위 귀화불허가 처분이 위법하다고 한 원심판단에 귀화허가의 법적 성질에 관한 법리를 오해하여 심리를 다하지 않은 위법이 있다고 한 사례

【판결요지】

[1] 「국적법」 제6조제1항은 간이귀화의 요건으로서 '외국인이 대한민국에 3년 이상 계속하여 주소가 있는 자'에 해당할 것을 규정하고 있고, 「국적법 시행규칙」 제5조는 ' 법 제6조의 규정에 의한 기간은 외국인이 적법하게 입국하여 외국인등록을 마치고 국내에서 계속 체류한 기간'으로 한다고 규정하고 있을 뿐이므로, 귀화신청인이 국내거주요건을 갖추었는지 여부를 판단하는 데에 「출입국관리법시행령」 제12조에 정한 외국인의 체류자격에 따라 그 기간의 산정을 달리할 것은 아니다.

[2] 「국적법」 제4조제1항은 "외국인은 법무부장관의 귀화허가를 받아 대한민국의 국적을 취득할 수 있다."라고 규정하고, 그 제2항은 "법무부장관은 귀화 요건을 갖추었는지를 심사한 후 그 요건을 갖춘 자에게만 귀화를 허가한다."라고 정하고 있다. 국적은 국민의 자격을 결정짓는 것이고, 이를 취득한 사람은 국가의 주권자가 되는 동시에 국가의 속인적 통치권의 대상이 되므로, 귀화허가는 외국인에게 대한민국 국적을 부여함으로써 국민으로서의 법적 지위를 포괄적으로 설정하는 행위에 해당한다. 한편, 「국적법」 등 관계 법령 어디에도 외국인에게 대한민국의 국적을 취득할 권리를 부여하였다고 볼 만한 규정이 없다. 이와 같은 귀화허가의 근거 규정의 형식과 문언, 귀화허가의 내용과 특성 등을 고려해 보면, 법무부장관은 귀화신청인이 귀화 요건을 갖추었다 하더라도 귀화를 허가할 것인지 여부에 관하여 재량권을 가진다고 보는 것이 타당하다.

[3] 방문동거(F-1-4) 및 특례고용허가자(E-19) 체류자격, 방문취업(H-2) 체류자격, 기타(G-1) 체류자격으로 대한민국 내에서 계속하여 3년 이상 거주한 외국인의 간이귀화신청에 대하여 법무부장관이 방문취업 체류자격이나 임시적·보충적 성격의 기타 체류자격을 이용하여 귀화신청을 하는 것은 간이귀화요건을 갖춘 것으로 볼 수 없다는 이유로 불허가처분을 한 사안에서, 법무부장관이 위 체류자격의 내용이나 성격 등을 이유로 귀화신청을 불허가한 처분이 재량권을 일탈·남용한 것인지 여부에 관하여 판단하지 않은 채, 방문취업 체류자격이나 기타 체류자격으로도 간이귀화의 국내거주요건을 갖출 수 있다는 이유만으로 위 귀화불허가 처분이 위법하다고 한 원심판단에 귀화허가의 법적 성질에 관한 법리를 오해하여 심리를 다하지 않은 위법이 있.(출처 : 대법원 2010. 10. 28. 선고 2010두6496 판결 [귀화허가신청불허가처분취소] > 종합법률정보 판례).

대법원 2010. 7. 15. 선고 2009두19069 판결 [국적신청불허가처분취소] [공2010하,1592]

【판시사항】

[1] 귀화신청인이 국내거주요건을 갖추었는지 여부를 판단할 때 「출입국관리법시행령」 제12조에서 정한 외국인의 체류자격에 따라 그 기간을 다르게 산정할 수 있는지 여부(소극)

[2] 법무부장관이 법률에 정한 귀화요건을 갖춘 귀화신청인에게 귀화를 허가할 것인지 여부에 관하여 재량권을 가지는지 여부(적극)

【판결요지】

[1] 「국적법」 제6조제1항, 「국적법 시행규칙」 제5조 규정의 문언이나 체계, 국내거주요건이 간이귀화절차, 나아가 귀화절차 일반에서 가지는 의미와 특성·역할 등에 비추어 볼 때, 귀화신청인이 국내거주요건을 갖추었는지 여부를 판단할 때 「출입국관리법시행령」 제12조에서 정

를 통해 귀화를 불허하고 있다고 볼 수 있다.[186)]

물론 대법원은 "귀화신청인이 국내거주요건을 갖추었는지 여부를 판단할 때 「출입국관리법시행령」 제12조에서 정한 외국인의 체류자격에 따라 그 기간의 산정을 달리할 것은 아니다"라고 보고 있지만[187)] 귀화허가에 필요한 체류기간은 거주자격(F-2)이나 영주자격(F-5) 등의 정주 성격을 갖는 체류자격으로 체류한 기간에 한정하거나 귀화허가 신청에 선행하여 영주자격을 갖고 일정 기간의 체류를 요구하는 영주자격전치주의의 도입을 촉구하는 정책론이 있었고,[188)] 앞에서 언급한 것처럼 2017. 12. 19.「국적법」 일부개정을 통해 대한민국에서 영주할 수 있는 체류자격(F-5)을 가지고 있어야 하며, 5년 이상 계속하여 대한민국에 주소가 있어야 일반귀화 허가 신청을 할 수 있도록 하는 '영주자격전치주의'를 채택하는 등 귀화요건을 강화하였다.

(나) 국내체류의 연속성 문제

위에서 언급한 것처럼 국내 거주요건과 관련하여서는 귀화허가를 신청한 때로부터 역으로 계산하여 5년 이상 계속하여 체류가 단절함이 없이 대한민국 국내에 주소를 두고 있어야 한다. 그러므로 입국 후 국내에 체류하는 도중에 일시적으로 출국한 경우에는 재입국한 시점부터 다시 기산을 해야 함이 원칙이다.

또한 불법체류 기간은 합법적 체류가 아니므로 거주기간에 산입되지 않고 그 기간만큼 거주기간에서 공제되며, 불법체류가 끝난 후 합법체류 시점부터 다시 기산

한 외국인의 체류자격에 따라 그 기간의 산정을 달리할 것은 아니다.

[2] 국적은 국민의 자격을 결정짓는 것이고, 이를 취득한 사람은 국가의 주권자가 되는 동시에 국가의 속인적 통치권의 대상이 되므로, 귀화허가는 외국인에게 대한민국 국적을 부여함으로써 국민으로서의 법적 지위를 포괄적으로 설정하는 행위에 해당한다. 한편 「국적법」 등 관계 법령 어디에도 외국인에게 대한민국의 국적을 취득할 권리를 부여하였다고 볼 만한 규정이 없다. 이와 같은 귀화허가의 근거 규정의 형식과 문언, 귀화허가의 내용과 특성 등을 고려하여 보면, 법무부장관은 귀화신청인이 법률이 정하는 귀화요건을 갖추었다고 하더라도 귀화를 허가할 것인지 여부에 관하여 재량권을 가진다(출처 : 대법원 2010. 7. 15. 선고 2009두19069 판결 [국적신청불허가처분취소] > 종합법률정보 판례).

186) 그러므로 거주(F-2)나 영주권 자격(F-5) 등 일정한 체류자격만을 인정하는 입법이 필요할 것이다(석동현, 앞의 책, 133면).

187) 대법원 2010. 7. 15. 선고 2009두19069 판결 [국적신청불허가처분취소][공2010하,1592]

188) 이철우 외, 앞의 책, 271면.

하는 것이 아니다. 예를 들어 합법체류 2년 후 불법으로 1년 체류하다가 통고처분을 받고 3년간 합법적으로 체류한 경우 합법체류기간 2년간 3년을 합산하여 5년의 거주기간을 충족하게 된다.[189]

하지만 비록 일시적으로 대한민국을 떠난 사실이 있다고 해도 그 출국목적이나 재입국 시기, 출국 이전과 다시 입국한 후의 생활기반의 연속성 등을 종합적으로 고려하여 그 내용이 국내 체류의 연속성이 있다고 볼 만할 상당한 이유가 있다고 인정될 경우라면 출국 이전의 체류기간과 다시 입국한 이후의 체류기간을 합산하여 국내 거주기간을 충족했는지 여부를 판단하게 될 것이다.[190]

이와 관련하여 「국적법시행규칙」은 ① 국내 체류 중 체류기간이 끝나기 전에 재입국 허가를 받고 출국한 후 그 허가기간 내에 재입국한 경우, ② 국내 체류 중 체류기간 연장이 불가능한 사유 등으로 일시 출국하였다가 1개월 이내에 입국사증을 받아 재입국한 경우, ③ ① 및 ②에 준하는 사유로 법무부장관이 전후의 체류기간을 통틀어 합산하는 것이 상당하다고 인정하는 경우 중 어느 하나에 해당된다면 국내에서 계속 체류한 것으로 보아 전후의 체류기간을 통틀어 합산하도록 규정하고 있다.[191]

(2) 대한민국의 「민법」상 성년자

귀화를 신청하려는 사람은 대한민국의 민법상 성년이어야 한다.[192]

---

189) 법무부 출입국·외국인정책본부, 『2014국적실무편람』(2014.6), 46면.

190) 이는 외국인이 대한민국내 생활근거지를 두고 있으면서도 비즈니스 등 직업상 필요나 외국인 본 국에 있는 가족을 만나기 위한 일시적 왕래가 발생하고 이 경우 국내체류 기간을 다시 산정하도록 한다면 불합리한 면이 있어서 이를 고려할 필요성이 있었다(석동현, 앞의 책, 135면).

191) 「국적법 시행규칙」 제5조(귀화신청자의 국내거주 요건) 법 제5조제1호 및 법 제6조에 따른 기간은 외국인이 적법하게 입국하여 외국인등록을 마친 후 국내에서 적법하게 계속 체류한 기간으로 하되, 다음 각 호의 어느 하나에 해당하는 경우에는 국내에서 계속 체류한 것으로 보아 전후의 체류기간을 통틀어 합산한다.

1. 국내 체류 중 체류기간이 끝나기 전에 재입국 허가를 받고 출국한 후 그 허가기간 내에 재입국한 경우
2. 국내 체류 중 체류기간 연장이 불가능한 사유 등으로 일시 출국하였다가 1개월 이내에 입국사증을 받아 재입국한 경우
3. 제1호 및 제2호에 준하는 사유로 법무부장관이 전후의 체류기간을 통틀어 합산하는 것이 상당하다고 인정하는 경우 [전문개정 2011. 5. 27.]

192) 민법 제4조(성년) 사람은 19세로 성년에 이르게 된다.[전문개정 2011. 3. 7.]

(3) 품행의 단정

귀화를 신청하려는 사람은 법령을 준수하는 등 법무부령으로 정하는 품행이 단정해야 한다. 이러한 품행요건은 범죄의 유무를 넘어 성별, 연령, 가족, 직업, 경력, 전과관계 등 제반 사정을 종합적으로 고려하여 볼 때 우리나라 국가공동체의 구성원으로 인정하여 주권자의 한 사람으로 받아들이는 데에 지장이 없는 품성과 행동을 보이는 것을 말한다.[193]

품행단정의 구체적인 판단기준에 대해서는 국적법시행규칙 제5조의2(품행단정의 요건)를 통해 규율하고 있는데 이러한 규정은 본 조가 신설된 2018년 12월 20일 이전의 귀화신청자에 대해서도 적용된다 할 것이다.[194]

여기서의 '품행단정'이란 단어가 갖는 의미가 추상적이나 귀화신청자가 불법체류자이거나 기타 국내의 실정법을 위반하여 형사처벌을 받은 사실이 있다면 과실

---

193) 서울행정법원 2010. 9. 2. 선고 2009구합17618판결; 이철우 외, 앞의 책, 273면.

194) 국적법 시행규칙 제5조의2(품행 단정의 요건) 법 제5조제3호에서 "법령을 준수하는 등 법무부령으로 정하는 품행 단정의 요건"이란 다음 각 호의 어느 하나에 해당하는 경우를 말한다.

1. 귀화허가를 받으려는 외국인이 다음 각 목의 어느 하나에도 해당하지 않은 경우로서 법무부장관이 해당 외국인의 법령 위반행위를 한 경위·횟수, 법령 위반행위의 공익 침해 정도, 대한민국 사회에 기여한 정도, 인도적인 사정 및 국익 등을 고려해 품행이 단정한 것으로 인정하는 경우
   가. 금고 이상의 형의 선고를 받은 사람이 그 형의 집행이 끝나거나 집행을 받지 않기로 한 날부터 10년이 지나지 않은 경우
   나. 금고 이상의 형의 선고를 받고 그 형의 집행을 유예 받은 사람이 그 유예기간이 끝난 날부터 7년이 지나지 않은 경우
   다. 벌금형의 선고를 받은 사람이 그 벌금을 납부한 날부터 5년이 지나지 않은 경우
   라. 형의 선고유예나 기소유예의 처분을 받은 사람이 형의 선고유예를 받거나 기소유예의 처분을 받은 날부터 2년이 지나지 않은 경우
   마. 「출입국관리법」 제59조제2항에 따른 강제퇴거명령을 받은 사람이 출국한 날부터 10년이 지나지 않은 경우
   바. 「출입국관리법」 제68조제1항에 따른 출국명령을 받은 사람이 출국한 날부터 5년이 지나지 않은 경우
   사. 국세·관세 또는 지방세를 납부하지 않은 경우
   아. 그 밖에 가목부터 사목까지의 규정에 준하는 사유에 해당한다고 법무부장관이 인정하는 경우
2. 귀화허가를 받으려는 외국인이 제1호 각 목의 어느 하나에 해당하는 경우에도 불구하고 법무부장관이 해당 외국인의 제1호 각 목의 어느 하나에 해당하게 된 경위나 그로 인한 공익 침해 정도, 대한민국 사회에 기여한 정도, 인도적인 사정 및 국익 등을 고려해 품행이 단정한 것으로 인정하는 경우 [본조신설 2018. 12. 20.]

범 등의 정상을 참작할 만한 특단의 사정이 없는 한 본 요건의 미충족으로 인해 귀화는 불허될 것이다.[195] 즉, 우리나라의 경우 범죄경력의 유무는 품행의 가장 중요한 판단기준으로 작용한다고 볼 수 있다.[196] 이에 해당하는 범죄경력으로는 마약류 관리에 관한 법률을 위반하거나, 밀수에 따른 관세법을 위반하거나 가짜 상품 밀수에 따른 상표법을 위반하거나 위명여권의 사용으로 공무집행방해죄로 기소유예 처분을 받은 경우 등을 들 수 있다.[197]

특히 불법체류 중인 외국인에 대해서는 귀화불허사유에 해당하여 그 접수자체를 받지 않았으나 법원(서울고등법원)은 접수 자체의 거부는 신청자의 절차적 신청권을 침해한 것으로 보았다.[198] 단순한 불법체류의 전과만 있는 경우, 두 번의 출국명령에 불응하고 10년간 불법체류한 전력이 있을 경우 귀화가 불허되었고, 불법체류로 세 차례나 범칙금 납부 통고처분을 받고 두 차례나 출국명령을 받아 출국했었던 전력이 있더라도 이것만으로 귀화불허처분이 취소되기도 하는 등 제반 사정을 고려하여 판단이 달라질 수 있다.

(4) 생계를 유지할 능력

귀화를 신청하려는 사람은 자신의 자산(資産)이나 기능(技能)에 의하거나 생계를 같이하는 가족에 의존하여 생계를 유지할 능력이 있어야 한다. 그러므로 신청인 본인 명의의 자산이나 기능에 의하거나 그렇지 않을 경우 비록 동일한 주소지에서 동거하지 않고 주소지를 달리 하더라도 생계를 같이하는 배우자나 부모, 자식 등

---

195) 석동현, 앞의 책, 136면.

196) 이철우 외, 앞의 책, 272면.

197) 서울행정법원 2009. 3. 10. 선고 2008구합46408판결; 서울행정법원 2011. 12. 8. 선고 2011구합19079판결 등; 심지어는 귀화허가신청 과정에서 보인 불손한 태도로 인해 불허처분을 받을 수도 있다(서울행정법원 2010. 7. 2. 선고 2009구합21567참조); 이철우 외, 앞의 책, 272~273면.

198) 서울고등법원 제4특별부 2004.10.29. 선고 2003누12891호 판결 (귀화허가신청서접수거부처분취소); 서울행정법원 2010.8.19. 선고 2010구합18369 판결(국적신청불허가처분취소); 서울행정법원 2010.7.2. 선고 2009구합21567 판결(국적허가불허취소); 서울행정법원 2009.8.14.선고 2009구합10123 판결(국적신청불허가처분취소); 서울행정법원 2010.12.2. 선고 2010구합27837 판결(국적취득신청불허가처분취소); 서울행정법원 2010.6.24. 선고 2010구합14848 판결(국적신청불허가처분취소); 서울행정법원 2009.9.3. 선고 2009구합22348 판결(국적신청불허가처분취소); 서울행정법원 2009.12.28. 선고 2009구합26920 판결(출국명령처분취소 등); 서울행정법원 2008.5.14. 선고 2007구합43501 판결(귀화허가신청불허처분취소); 서울행정법원 2009.10.1. 선고 2009구합5046 판결(국적신청불허가처분취소)

가족에게 이와 같은 능력이 있으면 신청할 수 있다.[199] 여기서의 '가족'의 범위와 관련해서는 민법상의 규정이 적용되어 배우자, 직계혈족 및 형제자매, 직계혈족의 배우자, 배우자의 직계혈족 및 배우자의 형제자매가 해당될 것이다.[200]

생계유지능력과 관련된 판례들도 다수 있다.[201] 이러한 생계유지능력은 불확정 개념으로서 그 요건에 해당하는지의 여부를 판단하는 데에는 상당한 재량이 허용된다고 볼 수 있기에 생계유지능력에 필요한 서류를 모두 갖추었다고 해도 법무부장관은 이에 구속되어 귀화허가를 해야 하는 것은 아니다.[202]

(5) 국민으로서의 기본소양의 구비

귀화를 신청하려는 사람은 국어능력과 대한민국의 풍습에 대한 이해 등 대한민국 국민으로서의 기본 소양(素養)을 갖추고 있어야 한다. 이러한 기본소양 능력 구비와 관련해서는 귀화신청자에 대한 귀화적격심사과정에서 종합평가와 면접심사를 통해 이루어지게 될 것이다. 물론 일정한 사유에 해당할 경우 이를 면제시키기도 한다.

(6) 국가질서의 유지

앞에서 언급한 바와 같이 2017. 12. 19「국적법」일부개정으로 국가안전보장·질서유지 또는 공공복리를 해치지 아니한다고 법무부장관이 인정하는 경우 귀화허가를 받을 수 있도록 귀화요건을 추가함으로써 국적취득의 요건을 강화하였다.

1.4. 구비서류

일반귀화(국내 체류 5년 이상자)를 통한 국적을 취득하기 위해서는 앞의 귀화에 의

---

199) 이러한 것은 귀화신청의 요건으로서 생계유지 능력의 평가는 가족단위로 평가하는 것이 합리성이 갖고 남녀평등의 확보라는 측면도 함께 고려된 것이라고 볼 수 있다(석동현, 앞의 책, 141면).

200) 민법 제779조(가족의 범위) ① 다음의 자는 가족으로 한다.
1. 배우자, 직계혈족 및 형제자매
2. 직계혈족의 배우자, 배우자의 직계혈족 및 배우자의 형제자매
② 제1항제2호의 경우에는 생계를 같이 하는 경우에 한한다.

201) 서울행정법원 2010.6.4. 선고 2010구합12293 판결(국적취득신청불허가처분취소); 서울행정법원 2010.7.9. 선고 2010구합3558 판결(국적취득신청불허가처분취소)

202) 서울행정법원 2012. 5. 3. 선고 2011구합35873 판결; 이철우 외, 앞의 책, 274면.

한 국적취득 부분에서 언급한 바와 같이 일정한 서류를 제출해야 한다. 구체적으로 이러한 일반귀화에 필요한 서류는 ① <귀화허가신청서>(모든 기재사항을 상세히 작성하고 사진(3.5×4.5, 칼라) 첨부), ② 수수료(정부수입인지, 30만원),[203] ③ 외국인임을 증명하는 서류: 여권 사본, 외국인등록증(중국의 경우 중국 거민신분증, 호구부 사본, 각각 원본제시) 또는 영주증 원본 및 앞·뒷면 사본 1부, 외국국적의 호적부 또는 시민증서 원본, ④ 해외 범죄경력증명서(공증/인증/영사확인), ⑤ 생계유지능력 입증자료, ⑥ 2명 이상의 추천서(출입국서식)와 추천인의 신분증 또는 재직증명서(직장 동료 등의 경우) 등 추천인 요건을 입증할 수 있는 서류, ⑦ 국적통보제도(가족관계의 등록 등에 관한 규칙에 따른 대법원통보)에 따른 추가 서류: 자필로 쓴 이래와 같은 <가족관계통보서>(국적지침 별지8호서식), ⑧ 가족관계(부모, 배우자, 자녀 등)를 소명할 수 있는 신분관계 서류(각국 호적증명, 각국 정부발행 가족관계증명서(중국의 경우 중국외교부인증 친속관계공증서), 각국 출생증명서, 각국 혼인관계증명서(예: 결혼증, 결혼사항 등재된 호구부 등), 신청자가 한국계 중국인인 경우 중국 호구부, 중국 거민증 사본 추가 제출, 여권상 생(년)월일이 없는 경우: 본국 대사관 발급증명서(확인서), 기타 신청자의 부 또는 모가 사망한 경우 : 사망 공증 또는 사망사실 기재된 각국 정부발행증명서가 필요하다(예: 중국의 경우 친속관계공증서상 '己故' 표시), 귀화허가 등의 신청 또는 신고자가 조선족인 경우 성명을 원지음이 아닌 한국식 발음으로 기재할 때 조선족임을 소명하는 중화인민공화국 발행의 공문서, 귀화허가 등의 신청 또는 신고자가 출생월일을 새로이 특정할 경우 원 국적국의 대사관이나 영사관에서 발급한 증명서 등 출생월일에 관한 소명자료가 이에 해당한다.

특히, ⑤의 생계유지능력 입증자료와 관련해서는 자산 등을 종합하여 6,000만원 상당의 수준에 해당하는 아래와 같은 서류를 통해 귀화 신청자 본인 또는 생계를 같이하는 가족의 생계유지능력을 입증할 수 있다. 이는 구체적으로 ① 한국은행이 고시하는 전년도 일인당 국민총소득(GNI) 이상의 소득금액 증명원(세무서장 발급) 원본, ② 6천만 원 이상의 금융재산(예금·적금·증권 등) 증명서류 원본(예금잔고 증명만으로

203) 재외동포의 출입국과 법적지위에 관한 법률 시행령 제3조에 따른 외국국적 동포중 대한민국 정부 수립('48.8.15.) 이전에 대한민국 영토 밖으로 이주하였거나 대한민국 영토 밖에서 출생한 자의 경우 수수료가 면제된다(1345자료, 2020년 2월 21일).

입증하려는 경우 통장원본(지참)사본(제출) 또는 6개월 이상의 거래내역을 함께 제출하고, 예금잔고 외에 부동산임대차계약서 등 다른 자료로 생계유지능력이 인정되는 경우 추가 제출 불필요), ③ 실거래가 또는 시중은행 공표 시세에 따라 평가한 기준 금액 이상의 부동산 소유 증명서류 또는 공시지가 6천만원 이상에 해당하는 부동산등기사항증명서 원본이나 6천만원 이상에 해당하는 임대보증금 등 부동산임대차계약서 원본 및 사본(공시지가 확인서류 필요),[204] ④ 기타 ①부터 ③까지에 상당하다고 법무부장관이 인정하는 서류이다.

또한 ⑥과 관련하여 추천인 자격은 직장 동료·이웃사람·통장·이장 등 귀화신청자와 지속적인 관계를 맺고 있는 대한민국 국민이 직업이나 사회적 지위와 관계없이 추천서를 작성할 수 있으며, 추천서 기재내용은 피 추천자를 알게 된 경위, 추천사유 등을 상세하게 기재해야 한다.

이때 모든 서류는 원본을 지참해야 하고, 기본증명서, 가족관계증명서, 혼인관계증명서 등 가족관계등록부에 관한 증명서를 발급받을 때에는 상세내용이 기재되어 있는 증명서로 발급받아야 하고 외국어로 작성된 문서의 경우에는 번역문, 번역자의 확인서, 번역자 서명, 연락처가 기재된 한글 번역문을 함께 제출해야 한다.

이와 관련하여 법무부장관은 첨부서류의 보완 요구에 정당한 이유 없이 2회 이상 응하지 아니한 자에 대해서는 귀화·국적회복 허가 신청에 대하여 불허가 처분할 수 있다(「국적업무처리지침」 제17조제2항).[205]

---

204) 이는 부동산공시가격 알리미 사이트(www.kreic.org/realtyprice)에서 확인하여 출력할 수 있다.

205) 「국적업무처리지침」[시행 2019. 4. 22.] [법무부예규 제1218호, 2019. 4. 16., 일부개정.] 제17조(가족관계등록부 작성에 필요한 서류) ① 규칙 제2조제2항제4호, 제3조제2항제13호, 제6조제2항제5호, 제10제2항제3호, 제15제2항제4호에 의한 첨부서류는 다음 각 호와 같다.

1. 귀화허가 등의 신청 또는 신고자가 자필로 작성한 별지제8호서식의 가족관계통보서
2. 귀화허가 등의 신청 또는 신고자의 부모, 배우자, 자녀, 혼인 또는 미혼, 입양 등의 신분사항에 관한 소명자료
3. 귀화허가 등의 신청 또는 신고자가 조선족인 경우 성명을 원지음이 아닌 한국식 발음으로 기재할 때 조선족임을 소명하는 중화인민공화국 발행의 공문서
4. 귀화허가 등의 신청 또는 신고자가 출생 월일을 새로이 특정할 경우 원 국적국의 대사관 또는 영사관에서 발급한 증명서 등 출생 월일에 관한 소명자료

② 법무부장관은 첨부서류의 보완 요구에 정당한 이유 없이 2회 이상 응하지 아니한 자에 대해서는 귀화·국적회복 허가 신청에 대하여 불허가 처분할 수 있다.

1.5. 신청의 취하, 사망, 소재불명, 완전 출국 등의 경우 처리[206)]

귀화를 신청한 자가 그 신청을 취하하거나 사망, 소재불명 또는 완전 출국한 경우 그 처리가 문제된다. 만일 귀화허가 신청자가 신청을 취하할 경우나 사망한 경우 허가 여부를 판단함이 없이 심사를 종결하게 될 것이다. 만일 신청자가 신원조사나 체류동향 조사 등의 과정에서 소재불명이나 심사를 위한 출석요구에 정당한 이유없이 2회 이상 응하지 않을 경우 이러한 사실을 심사결정서에 기재하고 불허가 처분을 받게 될 것이다. 또한 신청자가 완전 출국하여 당사자 확인 등 심사가 불가능시에는 불허가처분을 내리게 될 것이나 재입국허가나 재입국허가 면제를 받고 출국한 자에 대해 재입국 허가기간 내에 입국하는 경우 신원조사를 다시 의뢰하거나 체류동향조사를 실시하게 될 것이다.

1.6. 해외 범죄경력증명서 제출관련 주요내용

(1) 국적취득(귀화, 회복) 신청의 경우[207)]

1) 근거법령

이와 관련한 근거로는 「국적법」 제5조(일반귀화) 제3호, 제6호[208)] 및 제9조(국적회복에 의한 국적취득)제2항,[209)] 동법 시행규칙 제6조의2를[210)] 들 수 있다.

---

206) 이러한 내용은 '국적회복'이나 '국적판정'에도 준용된다(법무부출입국·외국인정책본부, 『2014국적실무편람』 (2014.6.), 54면).

207) 본 내용은 개정일(2019년 4월 29일)부터 즉시 시행되고 다만, 범죄경력증명서 제출 연령이 하향된 부분에 대해서는(19세→14세)은 2019년 7월 1일부로 시행된다.
(https://www.hikorea.go.kr/pt/InfoDetailR_kr.pt(2020.2.11., 최종방문)(2019. 4. 29.부로 개정된 귀화 및 국적회복을 신청하는 사람에 대한 해외범지경력증명서 징구에 대한 지침에 따른 자료로서 "귀화, 국적회복 신청시 해외 범죄경력증명서 제출관련 상세 설명자료 및 Q&A를 참고).

208) 「국적법」 제5조(일반귀화 요건) 외국인이 귀화허가를 받기 위해서는 제6조나 제7조에 해당하는 경우 외에는 다음 각 호의 요건을 갖추어야 한다. <개정 2017. 12. 19.>
3. 법령을 준수하는 등 법무부령으로 정하는 품행 단정의 요건을 갖출 것
6. 귀화를 허가하는 것이 국가안전보장·질서유지 또는 공공복리를 해치지 아니한다고 법무부장관이 인정할 것 [전문개정 2008. 3. 14.]

209) 「국적법」 제9조(국적회복에 의한 국적 취득) ② 법무부장관은 국적회복허가 신청을 받으면 심사한 후 다음 각 호의 어느 하나에 해당하는 사람에게는 국적회복을 허가하지 아니한다. <개정 2017. 12. 19.>
1. 국가나 사회에 위해(危害)를 끼친 사실이 있는 사람

2) 제출 대상

(가) 원 칙

원칙적으로 형법상 성년(만 14세 이상)인 사람(수반취득 신청자 포함)이 그 대상이 된다. 다만 귀화·국적회복 신청일 기준 최근 3년 이내 기간 중 통산 1년 이상을 제3국에서 거주한 경우 그 국가의 범죄경력증명서를 추가로 제출해야 한다.

(나) 예외(제출이 생략될 수 있는 경우)

하지만 예외적으로 아래 ① ~ ⑩ 어느 하나에 해당하는 사람은 본국 및 제3국 범죄경력증명서 제출을 생략할 수 있다. 그러므로 아래에 해당하는 사람일지라도 범죄경력증명서를 제출받을 필요가 있는 특별한 사정이 있는 경우 제출을 요구받을 수 있다.

(ㄱ) 공통사항

공통적으로 범죄경력증명서 제출을 생략할 수 있는 사람은 ① 만 14세 미만인 사람(형사미성년자), ② 국내에서 체류허가, 귀화·국적회복 신청 시 해외 범죄경력증명서를 이미 제출한 적이 있는 사람이 이후 출국 사실이 없거나 출국 후 해외에서 계속하여 6개월 이상 거주한 사실이 없는 경우, ③ 국내출생자 또는 만 14세 미만이었을 때 입국하였다가 만 14세 이후에 출국한 사실이 없거나, 만 14세 이후 출국하여 외국에 계속하여 6개월 이상 거주한 사실이 없는 경우,[211] ④ 천재지변, 내전 등으로 본국 또는 제3국의 범죄경력증명서를 발급받기가 불가능하거나 그에 준하는 사정이 있다고 법무부장관이 인정하는 사람인 경우이다.

---

2. 품행이 단정하지 못한 사람
3. 병역을 기피할 목적으로 대한민국 국적을 상실하였거나 이탈하였던 사람
4. 국가안전보장·질서유지 또는 공공복리를 위하여 법무부장관이 국적회복을 허가하는 것이 적당하지 아니하다고 인정하는 사람

210) 「국적법시행규칙」 제6조의2(본국 범죄경력증명서 등의 제출) 법무부장관은 필요한 경우 귀화허가 신청자 또는 국적회복허가 신청자에게 본국 정부의 범죄경력증명서 또는 그 밖에 이에 준하는 서류를 제출하게 할 수 있다.

211) 이때 출국 중 국내 입국하여 국내에 1개월 이상 체류한 사실이 없는 사람에 한하여 외국에 '계속하여' 거주한 것으로 간주하게 된다.

(ㄴ) 귀화 신청자

귀화(일반귀화, 혼인에 의한 간이귀화, 입양된 미성년의 귀화, 입양된 성년의 귀화, 혼인파탄으로 인한 간이귀화, 중국동포2세의 간이귀화, 재한 화교 등의 간이귀화, 재한화교의 특별귀화, 2세 귀화 후 동포 3세의 특별귀화, 혼인귀화한 자의 친자의 특별귀화)와 관련하여서는 ⑤「국적법」 제7조제1항제2호, 제3호에서 규정한 특별공로자 또는 우수인재에 해당하여 특별귀화를 신청하는 사람, ⑥ 귀화 신청일까지 대한민국에서 20년 이상 계속하여 합법적으로 거주한 사람, ⑦ 난민법 제18조에 따른 난민인정을 받을 사람 및 동법 제2조제3호에 따른 인도적 체류허가를 받은 사람(단, 제3국 범죄경력증명서 제출 대상에 포함되는 사람은 그 국가의 범죄경력증명서 제출)인 경우에 범죄경력증명서 제출이 면제된다.

(ㄷ) 국적회복 신청자

범죄경력증명서 제출이 면제되는 국적회복의 경우 ⑧ 상기 ⑤에 해당하여 국적회복을 신청하는 사람, ⑨ 국적회복 신청일까지 대한민국에서 10년 이상 계속하여 합법적으로 거주한 사람,[212] ⑩ 만 60세 이후에 국적회복을 신청하는 사람이 그 대상이 된다.

(다) 범죄경력증명서 구비요건

(ㄱ) 발급기관 및 요건

범죄경력증명서 발급은 본국(제3국)의 권한 있는 기관이 발급한 공적문서로서, 본국(제3국) 내에서의 모든 범죄경력이 포함되어 있는 증명서이어야 하고 주한 자국공관장이 발급한 증명서는 인정되지 않는다. 다만 러시아의 경우에는 러시아연방 내무부 훈령 1121호('11.7.11)에 따라 러시아 재외공관에서 자국민에 대한 범죄경력증명서를 발급할 수 있는 권한이 있으므로 러시아 국적자는 주한러시아 대사관에서 발급한 범죄경력증명서를 제출할 수 있다.

또한 본국 내 범죄경력을 확인하는 시스템이 미흡할 경우, 거주지를 관할하는 소관기관 등의 증명서로 대체할 수 있는데 ① 중국의 경우, 발급기관·양식·명칭 등이 통일되어 있지 아니한 점을 고려, "범죄경력 증명에 상응하는 모든 문서(파출

212) 출국 후 외국에서 계속하여 6개월 이상 체류한 사실이 없는 사람에 한하여 계속 하여 국내에 거주한 것으로 간주한다.

소 발급본 포함)"가 인정되고, ② 미국의 경우, FBI본부의 범죄경력증명서(본인이 직접 발급 받거나 FBI에서 공인한 채널을 통하여 발급)를 제출 받는 것을 원칙으로 하되, 주정부에서 발급한 범죄경력증명서도 미국 전역의 범죄경력이 포함되어 발급된 경우 제출이 허용된다.

(ㄴ) 인증절차 등

범죄경력증명서 인증과 관련해서는 아포스티유협약 가입국가의 경우 범죄경력증명서 발급 정부의 아포스티유 확인으로 하고[213] 아포스티유협약에 가입하지 않은 국가는 범죄경력증명서 발급 국가 주재 대한민국 공관의 영사 확인으로 대신하게 된다. 다만, 중국의 경우에는 "중국 공증처 공증과 외교부 인증"을 거쳐 범죄경력증명서를 발급한 국가에 주재하는 대한민국 공관의 영사 확인을 받아야 한다('13.5.13.부 주중공관 사증발급 시 징구하는 범죄경력증명서 확인 절차 준용).

이와 관련하여 아포스티유협약 가입국 국민이 부득이한 사유가 있어 '아포스티유 확인서'를 발급받지 못한 경우 아포스티유협약에 가입하지 않은 국가의 국민과 같이 우리 영사확인을 예외적으로 허용된다.[214]

범죄경력증명서를 제출할 경우에는 해당 범죄경력증명서의 번역본을 첨부해야 하고 여기에는 번역자 인적사항 및 연락처를 기재하고 신분증 사본이 첨부되어야 한다.[215]

(라) 유효기간

통상 공문서 유효기간은 발급일로부터 3개월 이내이나 범죄경력증명서는 신청자가 증명서 발급 신청을 위해 국적국을 방문하여야 하는 점 등을 고려하여 원칙적으로 귀화·국적회복 신청일로부터 6개월 이내 발급된 것에 한한다. 다만 예외적으로 발급일로부터 6개월 이내에 국내에 입국하여 출국한 적이 없다면 신청일로부터 6개월이 도과했더라도 인정될 수 있다.

---

213) '아포스티유'란 문서의 관인 또는 서명을 대조하여 진위 여부를 확인해 주는 제도를 말한다.
214) 단, 부득이한 사유 등을 서면으로 소명할 필요가 있다.
215) 공증은 선택사항이다.

(마) 제출시기

범죄경력증명서는 원칙적으로 '귀화나 국적회복 신청 시'에 제출해야 하지만 예외적으로 귀화나 국적회복 신청 후 출국하여 외국에 계속하여 6개월 이상[216] 거주한 것으로 확인되는 경우 거주국의 범죄경력증명서를 추가로 제출해야 한다.

2. 간이귀화

> **【제6조】 (간이귀화 요건)**
> ① 다음 각 호의 어느 하나에 해당하는 외국인으로서 대한민국에 3년 이상 계속하여 주소가 있는 사람은 제5조제1호 및 제1호의2의 요건을 갖추지 아니하여도 귀화허가를 받을 수 있다. <개정 2017. 12. 19.>
> 1. 부 또는 모가 대한민국의 국민이었던 사람
> 2. 대한민국에서 출생한 사람으로서 부 또는 모가 대한민국에서 출생한 사람
> 3. 대한민국 국민의 양자(養子)로서 입양 당시 대한민국의 「민법」상 성년이었던 사람
>
> ② 배우자가 대한민국의 국민인 외국인으로서 다음 각 호의 어느 하나에 해당하는 사람은 제5조제1호 및 제1호의2의 요건을 갖추지 아니하여도 귀화허가를 받을 수 있다.
> 1. 그 배우자와 혼인한 상태로 대한민국에 2년 이상 계속하여 주소가 있는 사람
> 2. 그 배우자와 혼인한 후 3년이 지나고 혼인한 상태로 대한민국에 1년 이상 계속하여 주소가 있는 사람
> 3. 제1호나 제2호의 기간을 채우지 못하였으나, 그 배우자와 혼인한 상태로 대한민국에 주소를 두고 있던 중 그 배우자의 사망이나 실종 또는 그 밖에 자신에게 책임이 없는 사유로 정상적인 혼인 생활을 할 수 없었던 사람으로서 제1호나 제2호의 잔여기간을 채웠고 법무부장관이 상당(相當)하다고 인정하는 사람
> 4. 제1호나 제2호의 요건을 충족하지 못하였으나, 그 배우자와의 혼인에 따라 출생한 미성년의 자(子)를 양육하고 있거나 양육하여야 할 사람으로서 제1호나 제2호의 기간을 채웠고 법무부장관이 상당하다고 인정하는 사람

2.1. 간이귀화의 대상

다음 어느 하나에 해당하는 외국인으로서 대한민국에 3년 이상 계속하여 주소가

---

216) 출국 중 국내 입국하여 국내에 1개월 이상 체류한 사실이 없는 사람에 한하여 외국에 '계속하여' 거주한 것으로 간주된다.

있는 사람은 제5조제1호 및 제1호의2의 요건을 갖추지 아니하여도 귀화허가를 받을 수 있다.

(1) 부 또는 모가 대한민국의 국민이었던 사람

첫째, 간이귀화의 대상으로서 부 또는 모가 대한민국의 국민이었던 사람이다(「국적법」 제6조제1항제1호). 그러므로 ① 부나 모가 이미 사망하였으나 사망 당시에 대한민국의 국민이었던 사람, ② 부나 모가 이미 사망하였고 그 사망 당시에 외국인이었다고 해도 생전에 한 때라도 대한민국의 국적을 보유하였던 적이 있는 사람, ③ 부나 모가 현재는 외국인이지만 과거 한 때라도 대한민국의 국적을 보유하였던 사실이 있는 사람 등이 이에 해당한다.[217]

"부 또는 모가 대한민국의 국민이었던 자" 말하자면 과거 국민의 자녀에게 허용되는 간이귀화는 중국동포의 귀환을 위한 통로로 활용되는 데 대한민국 정부수립 이전에 중국으로 이주한 중국동포 1세는 국적회복을 통해 국적을 취득하므로 간이귀화의 경우에는 주로 동포 2세나 3세에 의해 활용된다고 볼 수 있다.[218]

(2) 대한민국에서 출생한 사람으로서 부 또는 모가 대한민국에서 출생한 사람

둘째, 대한민국에서 출생한 사람으로서 부 또는 모가 대한민국에서 출생한 사람, 즉 귀화를 신청하는 본인과 그 부나 모가 모두 대한민국에서 출생한 사람이 그 대상이 된다(「국적법」 제6조제1항제2호). 이 경우 그 부나 모가 현재 대한민국 국민이든지 과거 한 때 대한민국 국적을 보유한 적이 있는지의 여부는 문제되지 않고 부나 모가 귀화신청 시점에 이미 사망한 상태라고 해도 그 부나 모가 대한민국에서 출생한 사람이기만 하면 여기에 적용된다고 할 수 있다.[219]

여기에는 재한화교 및 선교사와 같이 오래 전에 대한민국에 정착한 외국인의 후

---

217) 1949년 10월 1일 이후 출생한 자로서 부나 모의 호적이 있는 중국동포는 3년 거주 간이귀화의 대상자이다(「외국국적 동포의 국적회복 등에 관한 업무처리 지침」[시행 2018. 12. 20.] [법무부예규 제1202호, 2018. 12. 18., 일부개정.] 제3조(의제규정) 제2조제1호에 해당하는 중국 국적 동포는 1949년 10월 1일부로 중국국적을 취득함과 동시에 대한민국 국적을 상실한 것으로 본다.; 법무부 출입국·외국인정책본부, 『2014국적실무편람』(2014.6), 82면).

218) 이철우 외, 앞의 책, 277면.

219) 석동현, 앞의 책, 143면.

손이 포함될 수 있을 것이다.[220)]

(3) 대한민국 국민의 양자(養子)로서 입양 당시 대한민국의 「민법」상 성년이었던 사람

셋째, 대한민국 국민의 양자(養子)로서 입양 당시 대한민국의 「민법」상 성년이었던 사람이다. 즉, 외국인이 대한민국의 국민에 의해 양자로 입양된 경우 그 외국인은 법률상으로 친자가 성립되지만 대한민국의 국민으로서 자격을 갖는 것은 별개이다. 그러므로 본 규정에 따라 별도로 귀화절차를 거쳐야 대한민국의 국민이 될 수 있는 것이다.

유의해야 할 것은 대한민국의 국민이 국내에 거주하는 외국인을 입양시 그 외국인 양자가 대한민국 국적 취득을 위한 귀화를 원한다면 입양당시의 연령에 따라 간이귀화와 특별귀화 대상자로 구분된다는 점이다. 즉, 입양당시의 연령이 대한민국의 민법상 성년이 된 이후라면 본 규정에 따라 그 외국인 양자는 간이귀화의 대상자가 되고, 입양당시의 연령이 성년이 되기 전이라면 특별귀화 대상자가 되는 것이다. 성년이후에 입양된 외국인 양자에 대하여 상대적으로 엄격한 귀화요건을 요구하는 것은 국적취득을 위해 입양제도를 악용하는 것을 방지하는데 있다고 볼 수 있다.[221)]

성년 입양(제6조제1항제3호) 신청자의 경우 3년 이상 국내 거주 기간은 '입양된 날부터' 기산하고 다만 입양 이후에 외국인등록을 한 경우라면 '외국인등록일'부터 기산된다.[222)]

(4) 배우자가 대한민국의 국민인 외국인 - 국민의 외국인 배우자

넷째, 배우자가 대한민국의 국민인 외국인으로서 다음의 어느 하나에 해당하는 사람은 제5조제1호 및 제1호의2의 요건을 갖추지 아니하여도 귀화허가를 받을 수 있다(「국적법」 제6조제2항). 즉, ① 그 배우자와 혼인한 상태로 대한민국에 2년 이상 계속하여 주소가 있는 사람(「국적법」 제6조제2항제1호), ② 그 배우자와 혼인한 후 3년이 지나고 혼인한 상태로 대한민국에 1년 이상 계속하여 주소가 있는 사람(「국적법」

220) 이철우 외, 앞의 책, 277면.
221) 석동현, 앞의 책, 144면.
222) 법무부 출입국·외국인정책본부, 『2014국적실무편람』(2014.6), 85면.

제6조제2항제2호), ③ 제1호나 제2호의 기간을 채우지 못하였으나, 그 배우자와 혼인한 상태로 대한민국에 주소를 두고 있던 중 그 배우자의 사망이나 실종 또는 그 밖에 자신에게 책임이 없는 사유로 정상적인 혼인 생활을 할 수 없었던 사람으로서 제1호나 제2호의 잔여기간을 채웠고 법무부장관이 상당(相當)하다고 인정하는 사람(「국적법」 제6조제2항제3호), ④ 제1호나 제2호의 요건을 충족하지 못하였으나, 그 배우자와의 혼인에 따라 출생한 미성년의 자(子)를 양육하고 있거나 양육하여야 할 사람으로서 제1호나 제2호의 기간을 채웠고 법무부장관이 상당하다고 인정하는 사람이다(「국적법」 제6조제2항제4호).

여기서 의미하는 '배우자가 대한민국인인 외국인'은 당연히 대한민국 국민과 어디에서 혼인식을 거행하였든 본 규정에 따라 간이귀화의 신청시점에 대한민국 국민과 법률상 유효한 혼인관계를 유지하는 경우를 말한다.

이때 외국인으로서 대한민국 국민과의 혼인 관계를 지속하던 중 ① 본 규정(국적법 제6조제2항) 제1호와 제2호에 규정된 국내 거주기간을 채우기 이전에 한국인 배우자의 사망 등으로 혼인관계가 소멸 내지 중단된 경우라면 그 외국인 배우자는 제2항 제3호나 제4호에 규정된 요건을 충족시킨 경우에만 간이귀화 신청을 할 수 있고, ② 본 규정(제2항) 제1호와 제2호에 규정된 국내 거주기간을 채운 이후에 한국인 배우자의 사망 등의 사유가 발생한 경우라면 그 외국인 배우자는 비록 귀화신청 시점에 혼인관계가 소멸되었다고 해도 본조 제2항제3호나 제4호가 아닌 제2항 제1호나 제2호를 적용시켜 간이귀화 신청을 할 수 있을 것이다.[223)]

2.2. 간이귀화의 요건

(1) 3년의 간이귀화(제6조제1항)

위에서 언급한 것처럼 ① 부 또는 모가 대한민국의 국민이었던 사람, ② 대한민국에서 출생한 사람으로서 부 또는 모가 대한민국에서 출생한 사람, ③ 대한민국 국민의 양자(養子)로서 입양 당시 대한민국의 「민법」상 성년이었던 사람 중 어느 하나에 해당하는 외국인으로서 대한민국에 3년 이상 계속하여 주소가 있는 사람은

223) 석동현, 앞의 책, 144~145면.

제5조제1호 및 제1호의2의 요건을 갖추지 아니하여도 귀화허가를 받을 수 있다.

간이귀화의 귀화요건은 허가에 필요한 최소한의 국내 거주기간이 짧다는 것(일반귀화의 경우 국내에서 계속하여 5년 이상의 거주를 요구하지만 간이귀화는 대한민국 국민과 혼인한 외국인의 경우를 제외하고는 국내에 계속하여 3년 이상의 거주를 요구) 이외의 다른 요건, 즉 연령, 품행단정, 기본소양, 생계유지능력 등과 관련된 내용은 동일하다고 볼 수 있다.

(2) 혼인관계에 있는 자의 간이귀화(제6조제2항 제1·2호)

역시 위에서 언급한 것처럼 배우자가 대한민국의 국민인 외국인으로서 ① 그 배우자와 혼인한 상태로 대한민국에 2년 이상 계속하여 주소가 있는 사람, ② 그 배우자와 혼인한 후 3년이 지나고 혼인한 상태로 대한민국에 1년 이상 계속하여 주소가 있는 사람 중 어느 하나에 해당하는 사람은 제5조제1호 및 제1호의2의 요건을 갖추지 아니하여도 귀화허가를 받을 수 있다.

즉, 혼인 이후 귀화심사 시점까지 법률적 혼인관계가 중단됨이 없이 정상적으로 혼인관계가 유지되어야 하고 만일 귀화 신청 이후 혼인관계가 중단된 경우라면 실태조사를 거쳐 혼인관계 단절자로 심사하게 될 것이다. 특히 혼인의 진정성이 문제되는데 이는 주로 실태조사의 의견을 참고하고 보고서를 통해 불허의 근거가 미약시 재조사를 통해 보완될 수 있다.[224] 이때 유자녀, 즉 한국인 배우자와의 적출자는 실태조사가 생략될 수 있지만 사실혼 출생자녀는 실태조사의 대상으로서 법 제3조의 인지의 대상이 될 수 있을 것이다.

대한민국 국민과 혼인한 외국인 배우자의 귀화요건은 배우자가 된 외국인이 적법하게 혼인한 상태로 2년만 거주할 경우 기본적으로 귀화에 의한 대한민국의 국적을 취득할 수 있다. 만일 외국인간 혼인한 후 일방 배우자가 대한민국의 국적을 취득한 경우라면 그 일방이 국민이 된 시기를 기산점으로 하여 거주기간이 계산되어야 할 것이다.

혼인한 상태로 본 규정에서 요구하는 기간 동안 국내에 거주했다는 사실만 인정된다면 이러한 기간 중에 어떠한 체류자격으로 체류하였는지는 문제가 되지 않을

224) 법무부 출입국·외국인정책본부,『2014국적실무편람』(2014.6), 86면.

것이다.[225)]

이와 관련하여 만일 간이귀화 대상자가 국내에 체류하는 중간에 일시 출국사실이 있는 경우 일반귀화 대상자와 같이 귀화허가에 필요한 국내 거주기간을 산정함에 있어서 출국 이유나 기간 중 국내 생활기반의 연속성 등을 종합하여 판단해 볼 때 출국 이전과 재입국 한 후의 국내체류가 동일성이 유지되는 것으로 인정된다면 기간을 합산할 수 있을 것이다.[226)]

연령과 관련하여 귀화를 받기 위해서는 대한민국 민법 규정상 성년, 즉 19세 이어야 하는 것이 원칙이다. 하지만 대한민국 국민의 배우자가 된 외국인이 만일 19세에 달하지 않은 경우 귀화허가를 받을 수 있는지의 여부가 문제될 수 있다. 이에 대해서는 우리나라 민법 제826조의2에 따라 혼인한 사람은 그 연령에 상관없이 성년자로 의제되므로[227)] 국민의 배우자가 된 외국인 역시 본 규정에 의거 연령은 문제되지 않을 것이다.

외국인 또는 가족관계등록부가 없는 사람 등과의 혼인신고가 있는 경우의 사무처리와 관련하여서는 예를 들어 우리나라 사람 갑이 외국인 또는 가족관계등록부가 없거나 가족관계등록부에 기록이 되어 있는지가 분명하지 아니한 사람인 을과의 혼인신고를 할 경우에는 해당 외국 관공서 또는 우리나라의 관공서가 발행한 공문서(예: 여권, 주민등록등본, 그 밖의 증명서 등)에 의하여 을에 대한 성명, 출생연월일 등의 인적사항을 소명하여야 한다.[228)]

---

225) 석동현, 앞의 책, 150면.

226) 위의 책, 150~151면.

227) 민법 제826조의2(성년의제) 미성년자가 혼인을 한 때에는 성년자로 본다.

228) 「대법원 가족관계등록예규」 제163호(외국인 또는 가족관계등록부가 없는 사람 등과의 혼인신고가 있는 경우의 사무처리지침, 2007. 12. 10. 결재)

1. 우리나라 사람 갑이 외국인 또는 가족관계등록부가 없거나 가족관계등록부에 기록이 되어 있는지가 분명하지 아니한 사람인 을과의 혼인신고를 할 경우에는 해당 외국 관공서 또는 우리나라의 관공서가 발행한 공문서(예: 여권, 주민등록등본, 그 밖의 증명서 등)에 의하여 을에 대한 성명, 출생연월일 등의 인적사항을 소명하여야 한다.
2. 1항의 혼인신고에 의하여 갑의 가족관계등록부에 혼인사유를 기록하되 을의 가족관계등록부를 작성해서는 안 된다.
3. 을이 우리나라 국적을 취득하거나 가족관계등록부에 기록되어 있음이 판명된 때 또는 기록할 수 있게 된 때에는 신고인 또는 신고사건의 본인은 그 사실을 안 날로부터 1개월 이내에 신고사건을 표시하여 제1항의 혼인신고를 수리한 시(구)·읍·면의 장에게 그 사실을 신고하여야 한

(3) 현재 혼인관계가 단절된 자, 미성년 자녀의 양육자에 대한 간이귀화(제6조제2항 제3·4호)

배우자가 대한민국의 국민인 외국인으로서 ① 제1호나 제2호의 기간을 채우지 못하였으나, 그 배우자와 혼인한 상태로 대한민국에 주소를 두고 있던 중 그 배우자의 사망이나 실종 또는 그 밖에 자신에게 책임이 없는 사유로 정상적인 혼인 생활을 할 수 없었던 사람으로서 제1호나 제2호의 잔여기간을 채웠고 법무부장관이 상당(相當)하다고 인정하는 사람, ② 제1호나 제2호의 요건을 충족하지 못하였으나, 그 배우자와의 혼인에 따라 출생한 미성년의 자(子)를 양육하고 있거나 양육하여야 할 사람으로서 제1호나 제2호의 기간을 채웠고 법무부장관이 상당하다고 인정하는 사람은 제5조(일반귀화) 제1호 및 제1호의2의 요건을 갖추지 아니하여도 귀화허가를 받을 수 있다.

즉, 국내 거주기간과 관련해서는 혼인관계가 단절 당시 ① 혼인 후 계속해서 2년 국내에 거주하였거나(제1호) ② 혼인 후 3년 계속해서 1년 국내 거주(제2호)의 기간을 채우지 못하였다고 해도 신청 당시에 제1호나 제2호의 기간을 채웠다면 국내 거주기간 요건을 충족한 것으로 볼 수 있을 것이다.

이와 관련하여 … "제1호나 제2호의 기간을 채우지 못하였으나, 그 배우자와 혼인한 상태로 대한민국에 주소를 두고 있던 중 그 배우자의 ① 사망이나 ② 실종 또는 ③ 그 밖에 자신에게 책임이 없는 사유로 정상적인 혼인 생활을 할 수 없었던 사람" … 부분과 관련하여 그 인정 범위가 문제된다.

우선 ① '사망'과 관련해서는 혼인관계 성립 후 국내에서 혼인생활 중 한국인 배우자가 사망한 경우로서 자연적인 사망 이외에 가족관계등록법 제87조상의 인정사망도 포함되며,[229] 그 사망원인은 문제되지 않을 것이다.

다(「가족관계의 등록 등에 관한 법률」 제22조).

4. 제1항의 경우 등록사항별증명서 기재례는 가족관계등록실무자료집(기재편) 참조.

부칙 이 예규는 2008년 1월 1일부터 시행한다.

229) 「가족관계의 등록 등에 관한 법률」 (약칭: 가족관계등록법)[시행 2017. 10. 31] [법률 제14963호, 2017. 10. 31, 일부개정] 제87조(재난 등으로 인한 사망) 수해, 화재나 그 밖의 재난으로 인하여 사망한 사람이 있는 경우에는 이를 조사한 관공서는 지체 없이 사망지의 시·읍·면의 장에게 통보하여야 한다. 다만, 외국에서 사망한 때에는 사망자의 등록기준지의 시·읍·면의 장 또는 재외국민 가족관계등록사무소의 가족관계등록관에게 통보하여야 한다. <개정 2015. 2. 3.>; 인정사망

다만 외국에서 대한민국 국민과 혼인하고 생활하던 중 한국인 배우자가 사망 후 외국인 배우자만 대한민국에 입국한 경우 본 호의 적용을 받을 수 있는지 문제될 수 있다. 적용되지 않을 것이다. 왜냐하면 본 호는 규정상 "한국인 배우자와 혼인한 상태로 대한민국에 주소를 두고 있던 중"에 한국인 배우자가 사망한 것을 전제로 하고 있기 때문이다.[230]

② 실종과 관련해서는 '실종의 의미', 즉 민법 제27조상의 실종선고를 받은 경우로 한정될 것인지의 여부가 문제될 수 있다. 이에 대해서 법무부 「국적업무처리지침」(제11조제1항)에서는 민법상의 실종선고를 받은 경우로 규정하고 있다.[231]

또한 ③ "그 밖에 자신에게 책임이 없는 사유로 정상적인 혼인 생활을 할 수 없었던 사람"과 관련해서 '자신에게 책임이 없는'이 갖는 의미가 무엇인지 문제될 수 있다. 이는 외국인 배우자의 입장에서 본인에게 혼인생활 중단에 대한 귀책사유가 없으면 되고 반드시 한국인 배우자에게 그 귀책사유가 있는 경우이어야 하는 것은 아니므로 부부 모두에게 뚜렷한 귀책사유를 인정하기 어렵다고 해도 본 호가 적용될 수 있을 것이다.[232] 이와 관련하여 폭행이나 폭언 등 학대행위로 인해 형사고소를 하였거나 병원치료를 받은 사실 등이 입증된 때(한국인 배우자의 학대행위 등으로 별거 중인 경우), 배우자 일방의 생존이나 사망을 증명할 수 없는 상태가 3년간 계속되거나(재판상 이혼사유가 될 수 있음), 3개월 이상 가출한 때(악의의 유기라고 볼 수 있는 경우), 부당한 피임, 성병의 감염, 이유 없는 성교의 거부, 치유할 수 없는 정신병, 지나친 신앙생활, 마약이나 알코올 중독, 자식에 대한 모욕 등은 이러한 예에 해당

을 인정하는 이유는 사체 확인은 없으나 고도의 사망 확률이 높음에도 실종선고 절차를 따르게 하는 것은 복잡하고 불편하기 때문이다(석동현, 앞의 책, 152면, 각주 3).

230) 석동현, 앞의 책, 152~153면.

231) 민법 제27조(실종의 선고) ① 부재자의 생사가 5년간 분명하지 아니한 때에는 법원은 이해관계인이나 검사의 청구에 의하여 실종선고를 하여야 한다.
② 전지에 임한 자, 침몰한 선박 중에 있던 자, 추락한 항공기 중에 있던 자 기타 사망의 원인이 될 위난을 당한 자의 생사가 전쟁종지 후 또는 선박의 침몰, 항공기의 추락 기타 위난이 종료한 후 1년간 분명하지 아니한 때에도 제1항과 같다. <개정 1984. 4. 10.>
「국적업무처리지침」[시행 2019. 4. 22.] [법무부예규 제1218호, 2019. 4. 16., 일부개정.] 제11조(한국인 배우자와 혼인관계가 단절된 외국인의 귀화신청 접수 등) ① 법 제6조제2항제3호의 실종이라 함은 「민법」 제27조에 의한 실종선고를 받은 경우를 말한다.

232) 석동현, 앞의 책, 155면.

할 것이다.[233)]

'이혼'과 관련하여 외국인 배우자가 본소든 반소든 원고로서 소송에서 '승소 확정판결'을 받은 경우라면 그 이혼에 귀책사유가 있다고 할 수 없을 것이고, '협의이혼'의 경우라도 그 이혼에 관해 전적으로 또는 주로 한국인 배우자에게 귀책사유가 있거나 외국인 배우자에게 귀책사유가 없다는 것에 대한 별도의 입증 내지 소명이 필요하며 공인여성단체 작성 혼인관계 단절확인서를 해당 단체에 발급사실을 확인하게 되며(상담일자 불문),[234)] '정식재판이 아닌 조정, 화해를 통한 이혼'은 배우자의 폭행, 외도 등 이혼사유를 입증할 수 있는 별도의 구체적 자료를 확인하게 되고,[235)] '혼인무효'의 판결이 확정되었다면 혼인무효의 소급효에 따라 혼인관계를 전제로 한 간이귀화 신청 자체가 어렵고, '혼인취소'의 판결이라면 민법 제824조에 따른 장래효에 따라[236)] 혼인취소사유가 당사자 간에 있는지 아니면 일방에게만 있는지 사안별로 판단해야 할 것이다.[237)]

즉, 과거의 정상적인 혼인생활 유지 여부는 실태조사 결과를 참고하되, 혼인 관계단절 이전 혼인의 진정성을 갖고 정상적으로 동거했는지, 예외적으로 배우자 사망, 실종 등과 같이 정상 동거여부의 확인이 불가능할 경우 현재 체류상태의 건전성, 기본적 소양, 품행단정, 생계유지의 능력 등 다른 귀화요건을 엄격하게 적용 후 결정하게 될 것이다.[238)]

(4) 구비서류

간이귀화를 위한 구비서류로는 앞부분의 귀화에 의한 국적취득 부분에서 언급한 바 있고 다소 중복될 수 있지만 이를 구체적으로 살펴보면 공통적으로 필요한 서류와 내용별 추가로 요구되는 서류로 구분할 수 있다.

---

233) 하지만 단순한 성격차이, 별거합의, 임신불능, 이혼신고서나 각서를 작성하고 별거 중인 경우, 단순한 신앙의 차이 등은 자신에 책임이 없는 사유라 보기 어려울 것이다(석동현, 앞의 책, 155면).

234) 법무부 출입국·외국인정책본부, 『2014국적실무편람』 (2014.6), 91면.

235) 위의 책, 90면.

236) 민법 제824조(혼인취소의 효력) 혼인의 취소의 효력은 기왕에 소급하지 아니한다.

237) 석동현, 앞의 책, 155~156면.

238) 법무부 출입국·외국인정책본부, 『2014국적실무편람』 (2014.6), 90면.

1) 공통적으로 요구되는 서류

귀화허가신청서(수수료 30만원), 외국인임을 증명하는 서류{여권 사본 등, 중국동포의 경우 중국 거민증 사본, 호구부 사본 추가(각각 원본 제시)}, 해외 범죄경력증명서(일반귀화 부분 참고), 생계유지능력 입증서류, 가족관계등록부 작성에 필요한 서류(일반귀화 부분 참고)이다.

이때 모든 서류는 원본을 지참해야 하고, 기본증명서, 가족관계증명서, 혼인관계증명서 등 가족관계등록부에 관한 증명서를 발급받을 때에는 상세내용이 기재되어 있는 증명서로 발급받아야 하고 외국어로 작성된 문서의 경우에는 번역문, 번역자의 확인서, 번역자 서명, 연락처가 기재된 한글 번역문을 함께 제출해야 한다.

이와 관련하여 심사관은 심사에 필요한 경우 보완서류를 요구할 수 있으며 법무부장관은 첨부서류의 보완 요구에 정당한 이유 없이 2회 이상 응하지 아니한 자에 대해 불허가 처분을 내릴 수 있다(「국적업무처리지침」 제17조제2항).[239]

2) 부 또는 모가 대한민국의 국민이었던 자의 간이귀화

부 또는 모가 대한민국 국민이었음을 증명하는 서류(부 또는 모의 기본증명서(제적등본), (1949년 10월 1일 전에 한반도 및 그 부속도서에서 중국 등지로 이주하였거나 중국 등지에서 출생한 자의 직계비속인 경우) 부 또는 모의 7촌 이내 혈족의 기본증명서, 그 혈족과 부 또는 모와의 관계를 증명할 수 있는 가족관계 기록사항에 관한 증명서, 족보와 친척관계확인서, 관련국의 공적서류 또는 공증증서, 공인의료기관에서 발행한 유전자 감식결과 등, 친자관계를 증명하는 서류(출생증명서, 법원판결문 등 친자관계 증명서

---

239) 「국적업무처리지침」[시행 2019. 4. 22.] [법무부예규 제1218호, 2019. 4. 16., 일부개정.] 제17조(가족관계등록부 작성에 필요한 서류) ① 규칙 제2조제2항제4호, 제3조제2항제13호, 제6조제2항제5호, 제10제2항제3호, 제15제2항제4호에 의한 첨부서류는 다음 각 호와 같다.

1. 귀화허가 등의 신청 또는 신고자가 자필로 작성한 별지제8호서식의 가족관계통보서
2. 귀화허가 등의 신청 또는 신고자의 부모, 배우자, 자녀, 혼인 또는 미혼, 입양 등의 신분사항에 관한 소명자료
3. 귀화허가 등의 신청 또는 신고자가 조선족인 경우 성명을 원지음이 아닌 한국식 발음으로 기재할 때 조선족임을 소명하는 중화인민공화국 발행의 공문서
4. 귀화허가 등의 신청 또는 신고자가 출생 월일을 새로이 특정할 경우 원 국적국의 대사관 또는 영사관에서 발급한 증명서 등 출생 월일에 관한 소명자료

② 법무부장관은 첨부서류의 보완 요구에 정당한 이유 없이 2회 이상 응하지 아니한 자에 대해서는 귀화·국적회복 허가 신청에 대하여 불허가 처분할 수 있다.

류), 중국의 경우 친자공증(외교부 인증을 받을 것), 국내 거주 혈족(신청인과 8촌 이내) 1인 이상의 친척관계확인서 및 신청인이 가족관계등록부상 인물의 자녀라고 인정할 수 있는 근거자료(친척관계확인서를 작성한 사람과의 관계를 나타내는 가계도, 친척관계확인서를 작성한 사람의 가족관계기록사항에 관한 증명서, 제적등본, 족보 등 가계도(친척관계))를 증명할 수 있는 서류, 친척관계확인서를 작성한 사람과의 상봉경위서, 주민등록등본, 주민등록증 사본, 신청인과 함께 찍은 사진(조상의 묘지에서 등), 기타 국내 친척과 주고받은 편지, KBS 방송국 이산가족 결연확인서, 국내 친척과의 유전자 감식결과 등(필요시), 부 또는 모의 대한민국 가족관계등록부와 중국 호구부상으 이름이나 생년월일이 상이한 경우 동일인 확인공증서를 추가로 제출(친척등 그 신분관계를 아는 자가 동일인 보증을 하고 대한민국의 공증사무소에서 공증을 받아야 함)하여야 한다.

3) (중국) 동포 2세의 간이귀화[240]

부 또는 모가 대한민국 국민이었던 자로 간이귀화 신청을 할 경우 대한민국에 3년 이상 거주해야 하고 귀화신청자는 대한민국의 민법상 성년이어야 한다. (중국) 동포 2세의 경우 구비해야 할 서류는 ① 귀화허가신청서, ② 외국인의 여권 원본과 사본(인적사항면, 대한민국 사증면 복사본 각 1부), ③ 외국인등록증 원본과 앞·뒷면 사본 1부(외국인등록을 한 경우), ④ 중국의 거민신분증 원본과 사본 1부, ⑤ 중국의 호구부 원본과 전체 복사본 1부, ⑥ 부 또는 모의 기본증명서, 가족관계증명서, 제적등본, ⑦ 동포 1세의 자녀임을 입증할 수 있는 서류 : ㉠ 중국 친자공증서(중국 외교부 인증받은 것, 부·모 모두 기재), ㉡ 친자관계 입증서류(ⓐ와 ⓑ 중에서 한 가지를 선택하여 제출), ⓐ 전가족상주인구등기표, 농촌호구등기표, 호구저부, 전국인구보사등기표, 직장당안 중 택일(공안파출소 또는 해당 직장인사국에서 원본을 복사하여 발급기관과 발급자 확인을 받은 서류), ⓑ 유전자 감정서, 출생증명서, 법원판결문 등 친자관계를 증명할 수 있는 서류(부모의 생전 사진과 중국의 과거 사진 등 원본과 칼라 복사본 1부), ㉢ 국내 거주 혈족(신청인과 7촌 이내) 1인 이상의 친척관계확인서, ㉣ 동일인확인공증(부 또는 모의 한국 가족관계등록부에 있는 이름 또는 생년월일이 중국 호구부상의 이름 또는 생년월일과 다른 경우에 작성하는 것으로, 보증인 친척으로부터 확인받아 한국공증사무소에서 공증을 받아서 제출), ㉤ 가계도

240) 1345 자료(2020.2.21.).

(보증인 7촌 이내 혈족들과의 친족관계도), ㉥ 보증인들 각각의 기본증명서, 가족관계증명서, 제적등본, 족보 등 친척관계 입증 서류, ㉦ 보증인들 각각의 상봉 경위서, 주민등록등본, 주민등록증 사본, 함께 찍은 사진, ㉧ 국내친척과 주고받은 편지, KBS 사회방송국 이산가족 결연 확인서, 국내친척과의 유전자 감식결과 등(해당하는 경우 제출), ⑧ 재정관련 서류 해외 범죄경력증명서, ⑨ 정부수입인지 30만원, ⑩ 국적통보제도에 따른 추가 서류 등이다.

4) 대한민국에서 출생한 자로서 부 또는 모가 대한민국에서 출생한 자(재한화교 등)의 간이귀화[241]

(가) 개 요

대한민국에서 출생한 자로서 부 또는 모가 대한민국에서 출생한 외국인(재한화교나 선교사 후손)은 대한민국에 3년 이상 계속하여 주소가 있으면 간이귀화를 신청할 수 있다. 물론 귀화신청자는 대한민국의 민법상 성년이어야 한다. 이때 필요한 서류는 ① 귀화허가신청서, ② 외국인의 여권 원본과 사본(인적사항 면, 대한민국 사증면 복사본 각 1부), ③ 외국인등록증 원본과 앞, 뒷면 사본 1부, ④ 대만 호적부(본인), ⑤ 부 또는 모의 국내출생 입증자료(부 또는 모의 대만호적부, 출생증명서, 폐쇄부(舊 제적·말소부), 부 또는 모가 과거에 한국 국적이였던 경우(부 또는 모의 제적등본, 기본증명서, 혼인관계증명서, 가족관계증명서 각 1부), ⑥ 재정입증서류, ⑦ 해외 범죄경력증명서, ⑧ 정부수입인지 30만원, ⑨ 국적통보제도(가족관계의 등록등에 관한 규칙에 따른 대법원통보)에 따른 추가 서류 등이다.

(나) 화교(대만, 중국 해외거주자)에 대한 업무처리 절차[242]

화교(대만, 중국 해외거주자)에 대한 업무처리와 관련해서는 ① 화교에 대한 호적관리는 한성화교협회(명동 소재)와 영등포화교협회(영등포 소재) 등 전국 46개 재한 화교협회에서 관리하고 있는데 ② 대만에 호적 또는 거주지가 없기 때문에 대만 입국이 불가능하다고 볼 수 있으므로 화교 영주권자(F-2, F-5)는 국내 범법행위로 강제퇴거나 출국명령을 받지 않고, ③ 화교들이 소지한 대만여권은 대만 입국시 사전에 주한 대만대표부로부터 입국허가증(스티커)을 여권에 부착해야 하며(유효기간 10년),

241) 재한화교는 원지음 성명으로 접수하고 귀화 후 개명절차를 안내받게 될 것이다.
242) 이종옥, “각종 체류허가 신청서류 안내” (2020.1.), 강의자료, 143면.

④ 대만국적(화교)과 대한민국 국적을 가진 복수국적자는 국적이탈시 대만으로 출국하여 대만에 있는 주소를 가지고 주 대만대표부에 국적이탈신고를 하면 될 것이다(거주기간 관계없음).

5) 입양된 미성년자의 귀화[243)]

입양된 미성년자의 귀화는 대한민국에 입국하여 외국인등록을 마친 후에 신청할 수 있고, 거주지 관할 출입국·외국인청(사무소·출장소)에 접수하며, 입양한 자녀와 그의 부모가 함께 방문하여야 한다. 이때 필요한 서류는 ① 귀화허가신청서, ② 입양경위서(양부 또는 양모가 입양경위 등을 상세히 작성한 후 서명할 것), ③ 외국인의 여권 원본과 사본(인적사항 면, 대한민국 사증 면 복사본 각 1부), ④ 외국인등록증 원본과 앞, 뒷면 사본 1부, ⑤ 한국인 양부 또는 양모의 기본증명서, 가족관계증명서, 입양관계증명서, 혼인관계증명서, 주민등록등본, 주민등록증 사본 각 1부(입양사실, 양부 또는 양모의 혼인관련 사실을 확인할 수 있어야 함), ⑥ 거민신분증 원본과 사본 1장 (중국인의 경우), ⑦ 전 가족 기재된 호구부 원본과 전체 사본 1부(중국인의 경우), ⑧ 해외 범죄경력증명서, ⑨ 정부수입인지(30만원), ⑩ 국적통보제도(가족관계의 등록등에 관한 규칙에 따른 대법원통보)에 따른 추가 서류 등이다.

6) 입양된 성년의 간이귀화

입양된 성년의 귀화는 대한민국 국민의 양자로서 입양 당시 성년인 자로서 외국인등록일 기준 외국인의 국내 거주기간이 3년 이상일 때 신청할 수 있고, 입양된 날로부터 기산하여 3년 이상 국내거주기간을 충족해야 한다. 이를 위해서는 ① 귀화허가 신청서, ② 외국인의 여권 원본과 사본(인적사항 면, 대한민국 사증면 복사본 각 1부), ③ 외국인등록증 원본과 앞, 뒷면 사본 1부, ④ 입양경위서(양부 또는 양모가 상세하게 작성하고 서명 날인하여 제출, 피입양자의 출생 및 성장과정, 입양자의 교제 및 혼인경위, 입양경위 및 국적신청 사유), ⑤ 입양한 한국인 양부 또는 양모 서류(기본증명서, 가족관계증명서, 입양 사실이 기재된 입양관계증명서, 혼인관계증명서, 주민등록등본, 주민등록증 앞,뒷면 사본 각 1부), ⑥ 중국인의 경우 : 호구부(전 가족 기재된 것) 및 거민신분증 원본 및 전체 사본 1부, ⑦ 재정관련 서류(뒤의 혼인관계에 있는 자의 간이귀화 참조), ⑧ 해외 범죄경력

243) 1345 자료(2020.2.21.).

증명서, ⑨ 정부수입인지 30만원, ⑩ 국적통보제도(가족관계의 등록등에 관한 규칙에 따른 대법원통보)에 따른 추가 서류 등이다.

7) 혼인관계에 있는 자의 간이귀화

혼인관계에 있는 자의 간이귀화는 위에서 언급한 것처럼 배우자가 대한민국의 국민인 외국인으로서 그 배우자와 혼인한 상태로 대한민국에서 2년 이상 계속하여 주소가 있는 자 또는 그 배우자와 혼인한 후 3년이 경과하고 혼인한 상태로 대한민국에 1년 이상 계속하여 주소가 있는 사람이어야 한다(혼인귀화, 국적법 제6조제2항 제1호와 제2호).[244] 물론 혼인 귀화자의 경우도 기본적인 의사소통 및 한국어 읽기와 쓰기 능력을 갖추어야 할 것이다.

이에 필요한 구체적인 구비서류로는 ① 귀화허가 신청서(모든 기재 사항을 자세히 작성한 후 사진(3.5×4.5, 칼라) 첨부), ② 신청 외국인 관련 서류(원본 지참, 사본 제출)로서 여권 원본과 사본(인적사항, 사증면 포함), 본국 신분증 원본과 사본, 외국인등록증 원본과 사본, 호구부 원본과 전체 사본(중국인인 경우), ③ 한국인 배우자 관련 서류로서(동사무소 또는 구청에서 발급) 기본증명서, 혼인관계증명서, 가족관계증명서, 주민등록등본, 주민등록증 사본, 자녀 명의의 가족관계증명서(법률혼 성립 이후 출생 자녀가 있는 경우), ④ 생계유지능력을 입증할 재정관련 서류, ⑤ 현거주지 관련 서류로서 부동산등기부 등본(자기소유 주택인 경우), 전·월세 계약서 원본 및 사본(전세 또는 월세인 경우), 그밖의 주거사실 확인원(집주인 또는 소유자가 확인해 주는 경우), ⑥ 기타 서류(혼인의 진정성을 입증하기 위한 자료로 필요시 제출)로서 가족사진 칼라복사 한 것(원본제출 가능, 2~3매 정도), 이웃 등 주위사람들이 작성한 '동거사실 확인서'와 확인자의 주민등록등본 1부, ⑦ 해외 범죄경력증명서, ⑧ 수수료(정부수입인지 30만원),[245] ⑨ 국적

244) 이때 재입국허가 후 출국했던 기간은 국내거주기간으로 산입하지 않는다.

245) 이 경우 아래와 같은 일정한 경우 면제대상에 해당됨을 입증할 수 있는 자료를 제출 시 수수료가 면제된다('15.5.30., 1345 자료, 2020년 2월 21일).
① 특별공로자(법 제7조제1항제2호, 독립유공자 또는 국가유공자) 본인의 직계존비속의 배우자
② 국적판정(법 제20조)을 받은 사할린동포의 배우자
③ 재난 및 안전관리 기본법에 따라 특별재난지역으로 인정되어 피해 지원금을 받고 있는 자
④ 아래의 장애를 가지고 있는 자(장애인복지법 시행규칙 제2조 별표1)
가. 지적·정신 장애인으로서의 1급부터 3급까지의 판정을 받은 자 또는 보건복지부 고시에 따른 1급부터 3급까지의 장애정도가 있다고 판단되는 자

통보제도(가족관계의 등록 등에 관한 규칙에 따른 대법원통보)에 따른 추가 서류(일반귀화 부분 참조)이다.

여기서 ④ 생계유지능력 입증자료와 관련해서는 아래 내용 중 하나를 선택하여 귀화 신청자 본인 또는 생계를 같이하는 가족의 생계유지능력을 입증할 수 있다. ㉠ 3천만원 이상의 금융재산(예금·적금·증권 등) 증명서류 원본(예금잔고증명만으로 입증하려는 경우 통장원본(지참)사본(제출) 또는 6개월 이상의 거래내역을 함께 제출, 예금잔고 외에 부동산임대차계약서 등 다른 입증자료로 생계유지능력이 인정되는 경우 추가 제출 불필요) ㉡ 실거래가 또는 시중은행 공표 시세에 따라 평가한 기준 금액 이상의 부동산 소유 증명서류 또는 공시지가 3천만원 이상에 해당하는 부동산등기사항증명서 원본이나 3천만원 이상에 해당하는 임대보증금 등 부동산임대차계약서 원본 및 사본,[246] ㉢ 재직증명서 원본(사업자등록증 사본 첨부) 또는 취업예정사실증명서 원본(사업자등록증 사본 첨부), ㉣ 그 밖에 ㉠부터 ㉢까지에 상당하다고 법무부장관이 인정하는 서류가 필요하다.

다만 이와(국적법 제6조제2항, 제3호를 제외) 관련하여 일정한 경우 생계유지능력 요건을 완화하여 달리 정할 수 있다(국적업무처리지침 제18조).[247] 즉, 법 제6조2항에 따

나. 자폐성장애인으로서 1급 또는 2급의 판정을 받은 자 또는 보건복지부 고시에 따른 1급부터 2급까지의 장애정도가 있다고 판단되는 자

다. 뇌병변장애인으로서 1급부터 3급까지의 판정을 받은 자 또는 보건복지부 고시에 따른 1급부터 3급까지의 장애정도가 있다고 판단되는 자

⑤ 재외동포의 출입국과 법적지위에 관한 법률 시행령 제3조에 따른 외국국적 동포중 대한민국 정부 수립('48.8.15.) 이전에 대한민국 영토 밖으로 이주하였거나 대한민국 영토 밖에서 출생한 자('15.8.15. 추가)

246) 이는 부동산공시가격 알리미 사이트(www.kreic.org/realtyprice)에서 확인하여 출력할 수 있다.

247) 국적업무처리지침 제18조(생계유지능력 입증서류) ① 법무부장관은 귀화허가를 신청한 사람이 다음 각 호의 어느 하나에 해당하는 경우 규칙 제3조제2항제2호에 따른 서류를 달리 정할 수 있다.

1. 법 제6조2항에 따라 귀화허가를 신청한 아래 각 목에 해당하는 사람
   가. 국민인 배우자와 혼인한 후 자녀를 임신한 사람(유산한 경우를 포함)
   나. 국민인 배우자와 혼인한 후 자녀를 출산하고자 불임시술을 받은 사람
   다. 국민인 배우자와 혼인한 후 자녀를 출산하여 양육하고 있는 사람
   라. 국민인 배우자의 부모를 1년 이상 부양하며 동거하고 있는 사람
   마. 위 각 목에 준하는 상당한 사유가 있는 것으로 청장등이 인정하는 사람
2. 법 제7조제1항제2호에 따라 특별귀화허가를 받은 사람의 배우자로서 만 60세 이상인 사람
3. 법 제20조에 따라 국적판정을 받은 사할린동포의 배우자로서 만 60세 이상인 사람

라 귀화허가를 신청한 사람 중 ① 국민인 배우자와 혼인한 후 자녀를 임신한 사람(유산한 경우를 포함), ② 국민인 배우자와 혼인한 후 자녀를 출산하고자 불임시술을 받은 사람,③ 국민인 배우자와 혼인한 후 자녀를 출산하여 양육하고 있는 사람, ④ 국민인 배우자의 부모를 1년 이상 부양하며 동거하고 있는 사람, ⑤ 위 ①~④에 준하는 상당한 사유가 있는 것으로 청장 등이 인정하는 사람에 해당할 경우 생계유지능력 입증자료가 기준을 충족하지 못하더라도 ㉠ 통장입금내역 또는 기타 증빙자료(소액이라도 일정한 근로수입이 있는 경우(일용직 등)), ㉡ 교육기관 발급 확인서(학원, 직업훈련기관 등에서 취업교육을 받고 있는 경우), ㉢ 구직등록증(고용지원센터에 구직등록을 한 경우), ㉣ 통장입금내역(실업급여를 수령 중인 경우)과 같은 입증자료 제출을 통해 요건을 충족시킬 수 있다.[248)]

8) 혼인파탄으로 인한 간이귀화

혼인파탄으로 인한 간이귀화의 경우 ① 귀화허가 신청서, ② 혼인관계 단절 입증서류로서 ㉠ 혼인관계중단사유서, ㉡ 배우자 사망의 경우 제적등본이나 기본증명서 또는 사망진단서, ㉢ 배우자 실종의 경우 실종선고 사실이 기재된 배우자의 제적등본, ㉣ 혼인관계가 중단(이혼 또는 별거)된 경우(다음 중 1개 이상 제출) 판결문, 이혼 조정결정문(정식재판이 아닌 조정 또는 화해를 통한 이혼은 배우자 폭행, 외도 등 별도의 구체적 입증 자료 제출), 한국인 배우자의 폭행 등을 고소하여 받은 검찰의 불기소 결정문(기소유예 또는 공소권 없음), 진단서(배우자의 폭행 내용 기재된 것), 상처 사진 등, 파산결정문 등(한국인 배우자의 파산사실이 나타나 있는 것), 한국인 배우자의 가출신고서 등(경찰조회결과 특정주거지에 거주함이 밝혀지면 제외함), 친척 또는 주변 지인의 확인서(한국인 배

---

② 법무부장관이 제1항에 따라 달리 정할 수 있는 서류는 다음 각 호의 어느 하나이다

1. 소액이라도 일정한 근로수입이 있는 경우(일용직 등): 통장입금내역 또는 기타 증빙자료. 다만, 제1항제2호 및 제3호에 해당하는 사람의 경우는 임대아파트 계약서 등 생활지원자금 증빙자료
2. 학원, 직업훈련기관 등에서 취업교육을 받고 있는 경우: 교육기관 발급 확인서
3. 고용지원센터에 구직등록을 한 경우: 구직등록증
4. 실업급여를 수령 중인 경우: 통장입금내역

248) 하지만 장애인 수당이나 기초생활수급자가 받은 수당과 같은 경우는 근로수입이라고 할 수 없으므로 입증자료로 활용될 수 없을 것이다. 이와 관련하여 국적을 회복한 동포1세의 배우자라면 생계유지를 위해 필요한 요건의 1/2 범위 내에서 완화되거나 1945년 8월 15일 이후 출생한 사할린동포 1세의 경우에는 생계유지 관련 입증서류 제출이 면제될 수 있을 것이다.

우자의 4촌 이내 친척이 작성한 혼인관계 중단 원인 설명확인서, 혼인관계가 중단될 당시 거주지 통(반)장이 작성한 혼인관계 중단 원인이 한국인 배우자에게 있음을 설명하는 확인서(혼인관계 중단 원인이 구체적으로 기술되지 아니 한 단순확인서나 한국인 배우자 본인이 작성한 확인서는 인정되지 않음), 공인된 여성관련단체 작성의 <혼인관계단절확인서>, ③ 자녀 양육 관련 입증서류로는 ㉠ 필수서류로서 자녀의 기본증명서, 가족관계증명서, 신청인의 혼인관계증명서, ㉡ 자녀 양육에 관한 사실 증명 서류로서 판결문, 이혼신고서 및 확인서 등본, 한국인 배우자의 4촌 이내 친족이나 주거지 통(반)장이 작성한 확인서 등 가운데 하나 이상을 구비하여야 할 것이다.[249] ④ 외국 여권 원본과 사본(인적사항 면, 대한민국 사증면 복사본 각 1부), ⑤ 외국인등록증 원본과 앞·뒷면 사본 1부, 외국에서의 신분등록증 원본과 사본(중국 : 중국 거민신분증, 호구부원본과 사본), ⑥ 이혼 사실이 기재된 한국인 전(前) 배우자의 혼인관계증명서(상세내용이 기재되어있는 상세증명서로 발급), ⑦ 재정관련 서류, ⑧ 해외 범죄경력증명서, ⑨ 정부수입인지 30만원(수수료 면제 대상은 면제대상에 해당됨을 입증할 수 있는 자료 필요), ⑩ 국적통보제도(가족관계의 등록 등에 관한 규칙에 따른 대법원통보)에 따른 추가 서류 등이다.[250]

이와 관련하여 ②의 <혼인관계중단사유서>는 한국인 배우자를 만나게 된 경위(언제, 어디에서, 누구 소개로 등 6하 원칙에 의거 상세하게 작성), 결혼한 경위(어디에서 어떻게, 한국에서 결혼식을 거행했는지 여부), 한국입국 경위(언제 어떻게 입국), 현재 거주 장소(배우자와의 동거여부), 생활수단 및 향후 계획(배우자 및 자신의 직업 등), 한국 배우자의 가족과 교류 여부 등, 혼인 중단 또는 파탄 사유(불법체류자는 불법체류하게 된 이유 설명)를 A4용지에 혼인부터 중단에 이르기까지 과정을 상세히 기재하여야 한다.

3. 특별귀화

【제7조】 (특별귀화 요건)

① 다음 각 호의 어느 하나에 해당하는 외국인으로서 대한민국에 주소가 있는 사람은 제5조 제1호·제1호의2·제2호 또는 제4호의 요건을 갖추지 아니하여도 귀화허가를 받을 수 있다.

249) 법무부출입국·외국인정책본부, 『2014국적실무편람』 (2014.6), 93면.

250) 법무부 출입국·외국인정책본부, 위의 책, 92면; 1345 자료, 2020.2.21.).

<개정 2010. 5. 4., 2017. 12. 19.>
1. 부 또는 모가 대한민국의 국민인 사람. 다만, 양자로서 대한민국의 「민법」상 성년이 된 후에 입양된 사람은 제외한다.
2. 대한민국에 특별한 공로가 있는 사람
3. 과학·경제·문화·체육 등 특정 분야에서 매우 우수한 능력을 보유한 사람으로서 대한민국의 국익에 기여할 것으로 인정되는 사람

② 제1항제2호 및 제3호에 해당하는 사람을 정하는 기준 및 절차는 대통령령으로 정한다. <개정 2010. 5. 4., 2017. 12. 19.> [전문개정 2008. 3. 14.]

3.1. 의 의

특별귀화는 일반귀화나 간이귀화 대상자와 달리 국내에 일정기간 거주해야 하는 거주기간에 관계없이 신청일 현재 대한민국 내에 주소를 갖고 있으면 귀화가 가능하다. 즉, 특별귀화는 거주기간이나 연령, 생계유지능력을 그 요건으로 하지 않는다(국적법 제7조제1항).

이러한 특별귀화는 외국인이 대한민국의 국적을 취득하기 위해서는 기본적으로 「국적법」 제5조에 따른 일반귀화 요건을 충족해야 하지만 국민의 자(子) 등 일정한 경우에는 거주기간 요건 등을 면제해 주는 제도라고 할 수 있다.[251)]

3.2. 대 상

특별귀화를 신청하기 위해서는 다음의 어느 하나에 해당하는 외국인으로서 대한민국에 주소가 있는 사람이 그 대상이 된다(「국적법」 제7조제1항). 즉, ① 부 또는 모가 대한민국의 국민인 사람(다만, 양자로서 대한민국의 「민법」상 성년이 된 후에 입양된 사람은 제외), ② 대한민국에 특별한 공로가 있는 사람, 그리고 ③ 과학·경제·문화·체육 등 특정 분야에서 매우 우수한 능력을 보유한 사람으로서 대한민국의 국익에 기여할 것으로 인정되는 사람이 그 대상이다. 이와 관련된 구체적인 내용은 뒷부분에서 다시 설명하기로 한다.

---

251) 법무부 출입국·외국인정책본부, 『2014국적실무편람』 (2014.6), 94면.

3.3. 요 건

특별귀화의 신청요건은 일반 귀화의 요건 가운데에서 국내 거주기간, 영주 체류자격, 연령 그리고 생계유지능력 등의 요건은 면제된다. 따라서 국내거주기간이나 생계유지능력과는 관계없이 귀화를 신청할 당시에 대한민국에 주소를 두고 품행단정, 기본소양 등의 나머지 요건만 구비하면 될 것이다. 유의해야 할 것은 요건상 반드시 성년일 것을 요하지 않기에 미성년자의 경우도 특별귀화의 신청을 할 수 있다.

3.4. 기준 및 절차

위의 국적법 제7조제1항 제2호 및 제3호에 해당하는 사람을 정하는 기준 및 절차에 대해서는 대통령령으로 정하도록 하고 있다(「국적법」 제7조제2항). 이와 관련된 구체적 부분은 앞의 귀화에 의한 국적취득 부분에서 언급되고 다소 중복될 수 있지만 아래와 같이 특별귀화 대상의 구체적인 내용을 통해 살펴보기로 한다.

3.5. 일반적인 구비서류

귀화허가를 받기 원하는 사람은 「국적법시행령」 제3조 및 「국적법시행규칙」(별지 2호)에 따른 신청서를 작성하여 법무부장관에게 제출하여야 한다. 즉, 「국적법」 제4조제1항에 따라 귀화허가를 받으려면 법무부령으로 정하는 귀화허가 신청서를 작성하여 출입국·외국인청장, 출입국·외국인사무소장, 출입국·외국인청 출장소장 또는 출입국·외국인사무소 출장소장(이하 "청장등"이라 한다)에게 제출하여야 한다(시행령 제3조제1항). 청장 등은 제1항에 따라 신청서를 제출받은 때에는 지체 없이 법무부장관에게 송부하여야 한다. 다만, 법무부장관이 정하는 바에 따른 조회·조사 및 확인 등을 해야 할 경우에는 그 절차를 마치고 의견을 붙여 송부하여야 한다(시행령 제3조제2항).[252]

---

252) 「국적법시행령」 제3조(귀화허가의 신청) ① 법 제4조제1항에 따라 귀화허가를 받으려면 법무부령으로 정하는 귀화허가 신청서를 작성하여 출입국·외국인청장, 출입국·외국인사무소장, 출입국·외국인청 출장소장 또는 출입국·외국인사무소 출장소장(이하 "청장 등"이라 한다)에게 제출하여야 한다. <개정 2010. 12. 31., 2018. 5. 8.>

이와 관련하여 구체적으로 귀화허가신청서와 이에 첨부시켜야 할 서류는 귀화허가신청서(제7조제1항제2호, 제3호는 수수료 면제, 제1호는 30만원), 외국인임을 증명하는 서류: 여권 사본 등, 중국동포의 경우 추가로 중국 거민증 사본, 호구부 사본(각각 원본제시), 우수인재추천서(시행령 제6조제3항제1호 및 제2호에 따른 추천을 받은 사람에 한함),[253] 신청인이 속한 분야에서 매우 우수한 능력을 보유하였음을 입증하는 서류: (예) 과학분야 우수인재(학위증, 대학 또는 연구기관 재직증명성, 상장, 본인의 논문이 게재된 학술지 또는 학술저서 등), 범죄경력증명서, 가족관계등록부 작성에 필요한 서류(일반귀화 부분 참조)가 될 것이다. 이외에도 위 제1항의 귀화허가 신청서에 요구되는 일정한 서류를 첨부하여 제출하여야 한다.[254]

---

② 청장 등은 제1항에 따라 신청서를 제출받은 때에는 지체 없이 법무부장관에게 송부하여야 한다. 다만, 법무부장관이 정하는 바에 따른 조회·조사 및 확인 등을 해야 할 경우에는 그 절차를 마치고 의견을 붙여 송부하여야 한다. <신설 2010. 12. 31., 2018. 5. 8.> [전문개정 2008. 10. 6.]

253) 우수인재추천서는 귀화추천서인 규칙 별지 제2호의2 서식과 동일 양식은 아니며 피추천인의 인적사항, 추천인, 추천사유(피추천이 속한 분야에서 매우 우수한 능력을 보유한 사실을 구체적으로 기술)를 추천기관에서 정한 양식에 따라 공식적으로 작성한 추천서이면 된다(법무부 출입국·외국인정책본부, 『2014국적실무편람』 (2014.6), 105면).

254) 「국적법시행규칙」 제3조(귀화허가 신청서의 서식 및 첨부서류) ② 제1항의 귀화허가 신청서에 첨부하여야 하는 서류는 다음 각 호와 같다. <개정 2015. 11. 11., 2018. 12. 20.>

1. 외국인임을 증명하는 서류
2. 다음 각 목의 어느 하나에 해당하는 서류로서 본인 또는 생계를 같이하는 가족이 생계유지능력을 갖추고 있음을 증명하는 서류. 다만, 「국적법」(이하 "법"이라 한다) 제7조제1항에 해당하는 사람은 제외한다.
   가. 법 제5조에 따른 일반귀화허가 신청자는 다음의 어느 하나에 해당하는 서류
      1) 한국은행이 고시하는 전년도 일인당 국민총소득(GNI) 이상의 소득금액 증명원(세무서장이 발급한 것을 말한다)
      2) 6천만원 이상의 금융재산(예금·적금·증권 등) 증명 서류
      3) 공시지가, 실거래가 또는 시중은행 공표 시세가 6천만원 이상에 해당하는 부동산 소유 증명 서류나 6천만원 이상에 해당하는 임대차보증금 등 부동산임대차계약서 사본
      4) 그 밖에 1)부터 3)까지에 상당하다고 법무부장관이 인정하는 서류
   나. 법 제6조에 따른 간이귀화허가 신청자는 다음의 어느 하나에 해당하는 서류
      1) 3천만원 이상의 금융재산(예금·적금·증권 등) 증명 서류
      2) 공시지가, 실거래가 또는 시중은행 공표 시세가 3천만원 이상에 해당하는 부동산 소유 증명 서류나 3천만원 이상에 해당하는 임대차보증금 등 부동산임대차계약서 사본
      3) 재직증명서 또는 취업예정사실증명서
      4) 그 밖에 1)부터 3)까지에 상당하다고 법무부장관이 인정하는 서류
3. 수반취득을 신청하는 사람이 있을 때에는 그 관계를 증명하는 서류
4. 추천서 및 추천서 작성자의 신분을 증명하는 서류(법 제6조 및 제7조제1항제1호에 해당하는

이때 청장 등은 귀화허가 신청서를 받은 경우에는 출입국정보처리시스템을 통해 외국인등록사실증명과 출입국사실증명 서류의 내용을 확인하여야 한다. 다만, 귀화허가를 받으려는 사람이 그 확인에 동의하지 아니하는 경우에는 해당 서류를 첨부하도록 하여야 한다(「국적법시행규칙」 제3조제3항).

또한 청장 등은 귀화허가 신청서를 받은 경우에는 「전자정부법」 제36조제1항에 따른 행정정보의 공동이용을 통하여 ① 한국인 배우자의 주민등록표 등본(법 제6조제2항제1호 또는 제2호에 해당하는 사람으로 한정한다)과 ② 부 또는 모의 주민등록표 등본(법 제7조제1항제1호에 해당하는 사람으로 한정한다)의 내용을 확인하여야 한다. 다만, 귀화허가를 받으려는 사람이나 정보주체가 그 확인에 동의하지 아니하는 경우에는 해당 서류를 첨부하도록 하여야 한다(「국적법시행규칙」 제3조제4항)

사람은 제외한다)

5. 아버지 또는 어머니의 가족관계기록사항에 관한 증명서·제적등본(법 제6조제1항제1호에 해당하는 사람으로 한정한다)
6. 본인과 그 아버지 또는 어머니가 대한민국에서 출생한 사실을 증명하는 서류(법 제6조제1항제2호에 해당하는 사람으로 한정한다)
7. 입양사실이 기록된 양부 또는 양모의 가족관계기록사항에 관한 증명서(법 제6조제1항제3호에 해당하는 사람으로 한정한다)
8. 한국인 배우자의 가족관계기록사항에 관한 증명서(법 제6조제2항제1호 또는 제2호에 해당하는 사람으로 한정한다). 다만, 외국에서 혼인하고 한국인 배우자의 가족관계등록부에 혼인사실이 기록되어 있지 아니할 경우에는 혼인한 사실을 증명하는 서류로 갈음한다.
9. 한국인 배우자의 가족관계기록사항에 관한 증명서·제적등본, 그 배우자의 사망이나 실종 또는 그 밖에 자신에게 책임이 없는 사유로 정상적인 혼인생활을 할 수 없었던 사실을 증명하는 서류(법 제6조제2항제3호에 해당하는 사람으로 한정한다)
10. 한국인 배우자의 가족관계기록사항에 관한 증명서·제적등본, 그 배우자와의 사이에서 출생한 미성년 자녀가 있다는 사실을 증명할 수 있는 출생증명서 또는 그 밖에 이에 준하는 서류 및 본인이 그 미성년 자녀를 양육하고 있거나 양육하여야 할 사람이라는 사실을 증명하는 서류(법 제6조제2항제4호에 해당하는 사람으로 한정한다)
11. 아버지 또는 어머니의 가족관계기록사항에 관한 증명서(법 제7조제1항제1호에 해당하는 사람으로 한정한다)
12. 영 제6조제1항 또는 제2항 각 호의 어느 하나에 해당하는 사실을 증명하는 서류(법 제7조제1항제2호 또는 제3호에 해당하는 사람으로 한정한다)
13. 「가족관계의 등록 등에 관한 법률」 제94조에 따른 귀화허가 통보 및 가족관계등록부 작성 등에 필요한 서류로서 법무부장관이 정하는 서류

3.6. 특별귀화 대상별 구체적인 내용

특별귀화의 일반적인 대상에 대해서는 위에서 언급한 바 있지만 구체적인 내용을 살펴보면 아래와 같다.

(1) 국민의 자녀: 부 또는 모가 대한민국의 국민인 사람

첫째, 부 또는 모가 대한민국의 국민인 사람인 외국인으로서 대한민국에 주소가 있는 사람은 제5조제1호·제1호의2·제2호 또는 제4호의 요건을 갖추지 아니하여도 귀화허가를 받을 수 있다. 즉, 외국인으로서 부모 가운데 어느 한 사람이라도 신청일 현재 대한민국 국민인 경우 특별귀화의 대상이 된다. 특별귀화는 부나 모가 국민이어야 하므로 접수 및 심사 결정 시 부나 모가 반드시 생존하고 있어야 한다.[255)]

만일 귀화허가 전 입양자(양부나 양모)가 사망한 경우는 특별귀화 요건을 충족하지 못해 그 대신에 거주요건 3년을 충족한 후에 간이귀화 신청은 가능할 것이다.

1) 국적회복자의 자녀

(가) 개 요

국적회복자의 자녀인 경우, 즉 대한민국의 국적을 상실한 사실이 있는 자가 다시 국적을 회복 시 그 자녀도 특별귀화 신청을 할 수 있다. 이는 중국의 동포 중 1949년 10월 1일 전에 중국으로 이주하였거나 중국에서 출생한 자는 1949년 10월 1일부로 중국의 국적을 취득함과 동시에 대한민국의 국적을 상실한 것으로 간주되므로[256)] 이 경우 국적회복을 할 수 있기 때문이다. 이때는 자녀는 친자 또는 양자이어야 하고 성년, 미성년 모두가 해당된다.[257)]

---

255) 법무부 출입국·외국인정책본부, 『2014국적실무편람』(2014.6), 95면.

256) 「외국국적 동포의 국적회복 등에 관한 업무처리 지침」[시행 2018. 12. 20.] [법무부예규 제1202호, 2018. 12. 18., 일부개정.] 제2조(적용대상) 이 지침은 외국국적 동포로서 아래 각 호의 어느 하나에 해당하는 자에 대하여 적용한다.

1. 1949년 10월 1일 전에 한반도 및 그 부속도서에서 중국 등지로 이주하였거나 중국 등지에서 출생한 자
2. 제1호에 해당하는 자의 직계비속

제3조(의제규정) 제2조제1호에 해당하는 중국 국적 동포는 1949년 10월 1일부로 중국국적을 취득함과 동시에 대한민국 국적을 상실한 것으로 본다.

257) 친자가 아닌 자를 허위 출생신고하여 양육한 경우 허위 출생신고는 입양의 효력을 갖지 못하므로

만일 신청 당시 국적회복의 부나 모가 생존하였으나 최종심사 이전에 사망한 경우라면 그 자녀는 간이귀화로 전환하여 간이귀화 요건 충족 여부를 심사하게 될 것이다.[258]

(나) 구비서류

이와 관련된 구비서류는 귀화허가신청서(수수료 : 30만원), 외국인임을 증명하는 서류: 여권 사본 등, 중국동포의 경우 추가로 중국 거민증 사본, 호구부 사본(각각 원본제시), 부 또는 모의 국적회복 사실 및 친자관계를 증명하는 서류: 국적회복한 부나 모의 기본증명서, 가족관계증명서, 혼인관계증명서, 주민등록등본, 주민등록증 사본, 중국의 경우 친속관계증명서(외교부 인증 필요), 어린 시절 및 최근에 같이 찍은 사진(필요시 제출), 위 서류에 추가하여 친자관계 입증 보완자료 중 택일(구 호구부, 친속관계증명서, 출생증명서, 이혼판결문, 호적증명, 전가족상주인구등기표 등 가족관계 입증자료),[259] 범죄경력증명서, 가족관계등록부 작성에 필요한 서류 등이다.

특히 귀화자의 자녀가 만 15세 미만이고 대상자의 친부모가 혼인관계를 유지하지 않을 경우라면 민사합의서, 친권포기각서 공증서류 등의 친권 소명자료, 사망진단서, 실종선고서, 미혼상태에서 출생한 사실을 입증할 수 있는 판결문, 사유서 등이 필요로 할 것이다.

2) 미성년 양자

(가) 개 요

성년이 되기 이전에 국민의 양자로 입양된 외국인에게는 그 양부나 양모가 대한민국 국민임을 근거로 일반귀화와는 달리 거주기간 요건 등을 요구하지 않는 특별귀화 대상이며, 미성년일 때 입양되었다가 성년이 된 후 귀화허가를 받으려는 자도 특별귀화의 대상이 된다.[260] 대한민국에 주소가 있어야 하므로 해외 거주자의 경우는 국내에 입국하여 외국인 등록을 마쳐야 대상이 될 수 있다.[261]

입양하지 않는 한 특별귀화 대상은 될 수 없다(서울행정법원 2015구합67458, 귀화불허가처분취소청구).

258) 법무부 출입국·외국인정책본부, 『2014국적실무편람』 (2014.6), 95면.

259) 입증자료 미제출시 유전자 감정서 제출 요구

260) 법무부 출입국·외국인정책본부, 『2014국적실무편람』 (2014.6), 96면.

261) 법무부 출입국·외국인정책본부, 『2014국적실무편람』 (2014.6), 97면.

한편, 양자로서 대한민국의 「민법」상 성년이 된 후에 입양된 사람은 제외한다(「국적법」 제7조제1항제1호). 즉, 입양 당시 성년인 외국인은 「국적법」 제6조제1항제3호상의 3년 이상 거주요건이 충족된 경우 간이귀화 대상자가 될 수 있을 것이다.

(나) 구비서류

여기에 필요한 서류는 귀화허가신청서(수수료:30만원), 외국인임을 증명하는 서류: 여권 사본 등, 중국동포의 경우 추가로 중국 거민증 사본, 호구부 사본(각각 원본제시), 한국인 부 또는 모의 미성년 양자임을 증명하는 서류: 한국인 양부나 양모의 기본증명서, 가족관계증명서, 입양관계증명서, 혼인관계증명서, 주민등록등본, 주민등록증 사본, 입양경위서(입양경위에 대해 부나 모가 상세하게 작성 후 서명), 범죄경력증명서, 가족관계등록부 작성에 필요한 서류 등이다.

(다) 문제되는 경우[262)]

위와 같은 특별귀화도 부 또는 모가 계부나 계모인 경우, 귀화허가 전 입양을 취소한 경우, 한국인과 혼인한 외국인 배우자의 전혼(前婚)관계에서 출생한 자녀를 입양한 경우, 양부(또는 양모)가 외국인 배우자의 친자가 아닌 자를 입양한 경우 등에 대해 문제될 수 있을 것이다.

(ㄱ) 부 또는 모가 계부나 계모인 경우

다만 부 또는 모가 계부나 계모인 경우는 특별귀화 대상자가 아닌 일반귀화 요건을 갖추어야 한다. 왜냐하면 양부나 양모는 법률상의 부나 모에 해당하지만 계부나 계모는 법률상의 부나 모에 해당되지 아니하고 민법상 인척이나 친족 또는 가족의 범위에 포함될 뿐이기 때문이다.

(ㄴ) 귀화허가 전 입양을 취소한 경우

만일 귀화허가 전 입양을 취소한 경우라면 가족관계등록관서에 먼저 파양신고를 하여야 한다. 즉, 국민과 혼인한 외국인 여자의 친자(미성년)를 한국인 배우자(양부)가 입양하여 귀화허가를 신청하였으나 양부가 입양을 취소하고자 할 경우 먼저 해당 가족관계등록관서에 파양신고를 하여야 하며, 이때는 특별귀화가 아닌 일반귀

---

262) 앞의 책, 97~98면.

화 대상이 된다.

(ㄷ) 한국인과 혼인한 외국인 배우자의 전혼(前婚)관계에서 출생한 자녀를 입양한 경우

한국인 배우자(양부나 양모)와 친모(또는 친부)의 혼인의 진정성을 확인하고 친모(또는 친부)의 귀화실태조사가 실시될 수 있고 이 경우 그 결과를 확인 후 심사하게 될 것이다.

(ㄹ) 양부(또는 양모)가 외국인 배우자의 친자가 아닌 자를 입양한 경우

양부(또는 양모)가 외국인 배우자의 친자가 아닌 자를 입양한 경우에는 입양경위 및 입양자와의 동거여부 등에 대해 실태조사 후에 심사를 하게 될 것이다.

(ㅁ) 신청자와 친모(또는 친부)와의 나이 차이가 18세 미만인 경우 등 친자관계가 극히 의심되는 경우

신청자와 친모 또는 친부와의 연령차이가 18세미만인 경우와 같이 친자관계와 신원이 일치함에 대한 의심이 드는 경우라면 대검찰청에서의 유전자 감정을 통한 친자여부를 확인하고, 학교의 생활기록부, 출생증명서 기타 부모의 인적사항을 확인할 수 있는 원 국적의 서류 등이 추가로 요청될 것이다. 만일 추가로 서류 제출이 불가능할 경우라면 그 사유서를 첨부해야 할 것이다.

3) 혼인귀화한 자의 친자의 특별귀화[263)]

(가) 대 상

대한민국 국민과 혼인하여 귀화허가를 받은 자의 자녀는 국민의 자녀이므로 국내 거주요건을 필요로 하지 않고, 친자의 연령(미성년·성년)이나 혼인 여부(미혼·기혼)와 관계없다. 다만 친자의 배우자는 친자와 함께 귀화 신청을 할 수 없다. 이 경우에는 먼저 친자가 귀화허가를 받아 국적을 취득한 후 국민의 배우자로서 간이귀화(국내거주요건 충족)를 신청할 수 있을 것이다.

유의해야 할 점은 부는 법률상의 부이어야 하지만 모의 경우에는 반드시 법률상의 모일 필요가 없고 사실상의 생모이어도 가능하다.[264)] 또한 부모가 생래적으로

---

263) 1345 자료(2020년 2월 21일).

대한민국의 국민인지, 대한민국에 귀화한 자이거나 대한민국의 국적을 회복한 자인지의 여부는 문제되지 않는다.[265)]

(나) 구비서류

혼인귀화한 자의 친자의 특별귀화를 위해 구비해야 할 서류는 ① 귀화허가 신청서, ② 여권원본과 사본(인적사항면과 대한민국 사증면 복사본 각 1부), ③ 외국인등록증 원본과 앞 ° 뒷면 사본 1부(외국인등록을 한 경우), ④ 거민신분증 원본과 앞 ° 뒷면 사본 1부(중국인의 경우), ⑤ 호구부 원본과 전체 복사본 1부(중국인의 경우), ⑥ 혼인귀화자(부 또는 모)의 기본증명서, 가족관계증명서, 혼인관계증명서, 주민등록등본, 주민등록증 사본 각 1부(제적등본(이혼 또는 사망, 1998년 이전 혼인의 경우) 추가 제출), ⑦ 귀화허가자의 자녀임을 입증하는 서류(㉠ 중국의 친자관계 공증서(중국공증처의 공증과 외교부 인증 필요, 부·모 모두 확인되어야 함), ㉡ 다음의 ⓐ와 ⓑ 친자관계 입증 보완 자료 중에서 택일: ⓐ 구 호구부, 친속관계증명, 출생증명서, 이혼판결문, 호적증명, 전가족상주인구등기표 등 가족관계 입증 자료, ⓑ 공인된 유전자 감정기관 발행의 유전자 감정서(의료기관 개설신고필증 제출, 보건복지부장관에게 신고된 기관으로 검사기관 신고필증 제출, 검사대상물(혈액, 모근 등)의 채취일시, 채취자가 표기된 감정서여야 함), ③ 귀화 허가자와 함께 찍은 과거(어릴 적) 및 최근 사진 원본과 복사본), ⑧ 혼인귀화자(母인 경우)의 미성년 친자인 경우 추가 서류(㉠ 친권이 외국인 전 남편에게 있는 경우 친부(親父)의 친권포기각서 공증서류 또는 국민과 혼인한 모에게 친권 및 양육권이 있다는 입증 자료 제출, ㉡ 친부(親父) 사망 시 : 중국공증처 공증과 외교부영사 인증을 받은 사망공증서, ㉢ 혼외출생자가 제3자의 호구부에 자녀로 등재된 경우 : 미혼상태에서 출생한 사실을 확인할 수 있는 판결문 첨부), ⑨ 해외 범죄경력증명서, ⑩ 정부수입인지 30만원, ⑪ 국적통보제도(가족관계의 등록등에 관한 규칙에 따른 대법원통보)에 따른 추가 서류 등이다.

4) 재한 화교의 특별귀화

재한 화교의 특별귀화는 부 또는 모가 대한민국의 국민인 자가 그 대상이 되지만 양자로서 대한민국의 민법상 성년이 된 후에 입양된 자는 제외된다. 이때 필요한 서류는 ① 귀화허가신청서, ② 외국인의 여권 원본과 사본(인적사항 면, 대한민국

264) 법무부 출입국·외국인정책본부, 『2014국적실무편람』(2014.6), 99면.

265) 예를 들어 국민과 혼인하여 귀화허가를 받은 자의 자녀(연령 및 혼인여부 불문)는 국민의 자녀이므로 거주요건의 충족을 요구하지 않는 특별귀화의 대상이 된다(법무부 출입국·외국인정책본부, 『2014국적실무편람』(2014.6), 99면).

사증면 복사본 각 1부), ③ 외국인등록증 원본과 앞, 뒷면 사본 1부, ④ 대만 호적부 2부, ⑤ 한국 국적 부 또는 모의 기본증명서· 혼인관계증명서· 가족관계증명서 각 1부, 주민등록등본, 주민등록증 앞 뒤 사본 각 1부, ⑥ 해외 범죄경력증명서, ⑦ 정부수입인지 30만원, ⑧ 국적통보제도(가족관계의 등록 등에 관한 규칙에 따른 대법원통보)에 따른 추가 서류 등이다.[266)]

5) (중국)동포 2세의 특별귀화

(중국)동포2세의 특별귀화는 동포 1세가 주민등록증을 수령한 이후에 동포 2세 본인의 신청으로 특별귀화 신청을 할 수 있다. 만일 동포 1세가 사망한 이후 동포 2세가 국적 취득하려는 경우 간이귀화(국내 3년 이상 거주)대상이 된다.

이때 필요한 구비서류로는 ① 귀화허가신청서, ② 외국인의 여권 원본과 사본(인적사항면, 대한민국 사증면 복사본 각 1부), ③ 외국인등록증 원본과 앞· 뒷면 사본 1부(외국인등록을 한 경우), ④ 중국의 거민신분증 원본과 사본 1장, ⑤ 중국의 호구부 원본과 전체 복사본 1부, ⑥ 국적취득한 동포 1세의 기본증명서, 가족관계증명서, 혼인관계증명서, 주민등록증 사본 1장, 주민등록등본 1통 (신청일로부터 3개월 내에 발급된 것으로 상세내용이 기재되어있는 상세증명서로 발급), ⑦ 동포 1세의 자녀임을 입증할 수 있는 서류, ㉠ 중국 친자공증서(중국 공증처의 공증과 외교부 인증 받은 것), ㉡ 어릴적 동포 1세와 함께 찍은 가족사진, 최근 한국에서 부 또는 모와 함께 찍은 사진 원본 및 복사본 1부, ㉢ 동포 1세가 신청인의 부모임을 입증할 수 있는 친자 관계확인 공적서류[택일], 전가족상주인구등기표, 농촌호구등기표, 호구저부, 전국인구보사등기표, 직장당안 중 택일(공안파출소 또는 해당 직장인사국에서 원본을 복사하여 발급기관과 발급자 확인을 받은 서류), ⑧ ⑦번 입증 서류 미제출시 동포1세와의 유전자 검사 결과서, ⑨ 해외 범죄경력증명서, ⑩ 정부수입인지 30만원(수수료 면제 대상은[267)] 면제대상

---

266) 1345 자료(202년 2월 21일).

267) ① 재난 및 안전관리 기본법에 따라 특별재난지역으로 인정되어 피해 지원금을 받고 있는 자
② 아래의 장애를 가지고 있는 자(장애인복지법 시행규칙 제2조 별표1)
가. 지적·정신 장애인으로서의 1급부터 3급까지의 판정을 받은 자 또는 보건복지부 고시에 따른 1급부터 3급까지의 장애정도가 있다고 판단되는 자
나. 자폐성장애인으로서 1급 또는 2급의 판정을 받은 자 또는 보건복지부 고시에 따른 1급부터 2급까지의 장애정도가 있다고 판단되는 자

에 해당됨을 입증할 수 있는 자료 필요), ⑪ 국적통보제도(가족관계의 등록등에 관한 규칙에 따른 대법원통보)에 따른 추가 서류이다.[268)]

6) (2세 귀화 후) 동포 3세의 특별귀화

동포 2세가 주민등록증을 수령한 이후에 동포 3세가 특별귀화 신청을 할 수 있는데 동포3세 본인이 신청자가 된다. (2세 귀화 후) 동포3세의 특별귀화를 위한 구비서류는 ① 귀화허가 신청서, ② 중국 여권 원본과 사본(인적사항면, 대한민국 사증면 복사본 각 1부), ③ 외국인등록증 원본과 앞·뒷면 사본(외국인등록을 한 경우), ④ 중국 거민신분증 원본과 사본, ⑤ 중국 호구부 원본과 전체 복사본 1부, ⑥ 동포 1세의 국적회복 허가서 사본, 기본증명서, 가족관계증명서, 주민등록등본, 주민등록증 사본, ⑦ 동포 2세의 귀화허가 통지서 사본, 기본증명서, 가족관계증명서, 주민등록등본, 주민등록증 사본, ⑧ 동포 2세의 자녀임을 증명할 수 있는 서류{㉠ 중국 친자공증서 (중국 공증처 공증과 외교부 인증받은 것), ㉡ 어릴적 동포 2세와 함께 찍은 가족사진, 최근 한국에서 부 또는 모와 함께 찍은 사진 원본 및 복사본 1부, ㉢ 동포 2세가 신청인의 부모임을 입증할 수 있는 친자 관계 확인 공적서류[택일], 전가족상주인구등기표, 농촌호구등기표, 호구저부, 전국인구보사등기표, 직장당안 중 택일(공안파출소 또는 해당 직장인사국에서 원본을 복사하여 발급기관과 발급자 확인을 받은 서류 또는 유전자 감정서 (부모 생존하여 동반 신청하거나 회복시 선택 가능)}, ⑨ 미성년 친자일 경우 친권자의 "한국국적 취득동의서"와 같은 추가적인 서류, ⑩ 해외 범죄경력증명서, ⑪ 정부수입인지 30만원, ⑧ 국적통보제도(가족관계의 등록 등에 관한 규칙에 따른 대법원통보)에 따른 추가 서류 등이다.[269)]

7) 국적판정자 및 비귀화자의 자녀

국적판정자 즉, ① 사할린 동포 국적판정자의 자녀나 ② 북한 국적판정자의 자녀에 대한 특별귀화가 문제된다. ①의 경우는 1945년 8월 15일 이전 출생한 자(사

다. 뇌병변장애인으로서 1급부터 3급까지의 판정을 받은 자 또는 보건복지부 고시에 따른 1급부터 3급까지의 장애정도가 있다고 판단되는 자

③ 재외동포의 출입국과 법적지위에 관한 법률 시행령 제3조에 따른 외국국적 동포중 대한민국 정부 수립('48.8.15.) 이전에 대한민국 영토 밖으로 이주하였거나 대한민국 영토 밖에서 출생한 자('15.8.15. 추가

268) 1345 자료(2020년 2월 21일).

269) 1345 자료(2020년 2월 21일).

할린동포1세)가 영주귀국사업을 통해 국적판정을 받은 사람의 자녀를 의미하고 ②의 경우는 국적판정자를 모(母)로, 외국인을 부(父)로 한 부모의 법률적 혼인관계에서 1998년 6월 13일 이전에 출생한 자는 특별귀화의 대상이 된다고 볼 수 있다.[270)]

또한 비귀화자 자녀의 경우 ① 1998년 6월 13일 이전 대한민국인 모(母)와 외국인(父) 사이에 법률적 혼인관계에서 출생한 자녀와 ② 한국인이 인지한 자녀가 국적을 신청할 당시 민법상 성년인 경우가 해당될 것이다. 여기서 ②의 경우에는 국적을 신청할 당시 만일 민법상 미성년인 경우라면 인지에 의한 국적취득이 가능할 것이다.[271)]

이때 필요한 서류로는 귀화허가신청서, 여권 사본과 같은 외국인임을 증명하는 서류(중국동포의 경우 중국 거민증 사본, 호구부 사본), 부 또는 모가 한국인이라는 사실 사실 및 친자관계를 증명하는 서류 : 한국인 부나 모의 기본증명서, 가족관계증명서, 혼인관계증명서, 주민등록등본, 주민등록증 사본, 중국의 경우 친속관계증명서(외교부 인증 필요), 한국인 부나 모와 함께 어린 시절 및 최근에 같이 찍은 사진(필요시 제출), 위 서류에 추가하여 친자관계 입증 보완자료(구 호구부, 친속관계증명서, 출생증명서, 이혼판결문, 호적증명, 전가족상주인구등기표 등 가족관계 입증자료), 범죄경력증명서, 가족관계등록부 작성에 필요한 서류 등을 필요로 할 것이다.

(2) 대한민국에 특별한 공로가 있는 자(특별공로자, 국적법 제7조제1항제2호)

1) 개 요

둘째, 대한민국에 특별한 공로가 있는 외국인으로서 대한민국에 주소가 있는 사람은 특별귀화를 신청할 수 있다(「국적법」 제7조제1항제2호). 여기서 '특별한 공로가 있는 자'의 의미가 문제될 수 있는데 이에 대해 「국적법시행령」(제6조)은 다음과 같은 경우로 규정하고 있다.[272)]

---

270) 이때 여성인 북한 국적판정자의 자녀가 만일 1998년 6월 14일 이후 출생하였다면 출생신고를 하고, 남성인 북한 국적판정자 자녀의 경우라면 혼인관계 여부에 따라 출생신고나 인지를 통해 국적취득이나 특별귀화의 대상이 될 수 있을 것이다.

271) 이때 필요한 서류로는 국적판정자 자녀의 경우와 동일할 것이다.

272) 「국적법시행령」 제6조(특별귀화 대상자) ① 법 제7조제1항제2호에 해당하는 사람은 다음 각 호의 어느 하나에 해당하는 사람으로 한다. <개정 2014. 6. 17., 2018. 12. 18.>

1. 본인 또는 그 배우자나 직계존비속이 다음 각 목의 어느 하나에 해당하는 사람

즉, ① 본인 또는 그 배우자나 직계존비속이「독립유공자예우에 관한 법률」 제4조에 따른 독립유공자이거나「국가유공자 등 예우 및 지원에 관한 법률」 제4조에 따른 국가유공자로서 국가유공으로 관계 법률에 따라 대한민국 정부로부터 훈장·포장 또는 표창을 받은 사람(제1호), ② 국가안보·사회·경제·교육 또는 문화 등 여러 분야에서 대한민국의 국익에 기여한 공로가 있는 사람(제2호), ③ 그 밖에 제1호 및 제2호에 준하는 공로가 있다고 법무부장관이 인정하는 사람(제3호)이다. 또한「외국국적 동포의 국적회복 등에 관한 업무처리 지침」에서도 법무부장관은 외국국적 동포 중 독립유공자·국가유공자 및 그 친족에 해당하는 자가 대한민국 국적의 취득을 원하는 때에는 국적법령에 반하지 않는 범위 내에서 제5조 및 제8조의 규정에 불구하고 그 신청을 받아 국가보훈처와의 협의 등을 거쳐 국적회복 또는 귀화를 허가할 수 있음을 규정하고 있다.[273] 특히「외국국적 동포의 국적회복 등에

가.「독립유공자예우에 관한 법률」 제4조에 따른 독립유공자
나.「국가유공자 등 예우 및 지원에 관한 법률」 제4조에 따른 국가유공자로서 국가유공으로 관계 법률에 따라 대한민국 정부로부터 훈장·포장 또는 표창을 받은 사람
2. 국가안보·사회·경제·교육 또는 문화 등 여러 분야에서 대한민국의 국익에 기여한 공로가 있는 사람
3. 그 밖에 제1호 및 제2호에 준하는 공로가 있다고 법무부장관이 인정하는 사람
② 법 제7조제1항제3호에 해당하는 사람은 다음 각 호의 어느 하나에 해당하는 사람 중에서 제28조에 따른 국적심의위원회의 심의를 거쳐 법무부장관이 정하는 사람으로 한다. <개정 2017. 8. 29.>
1. 국회사무총장, 법원행정처장, 헌법재판소사무처장 또는 중앙행정기관의 장 등이 추천한 사람
2. 재외공관의 장, 지방자치단체(특별시·광역시·특별자치시·도·특별자치도를 말한다)의 장, 4년제 대학의 총장, 그 밖에 법무부장관이 정하는 기관·단체의 장이 추천하는 사람으로서 법무부장관이 심의에 부친 사람
3. 과학·경제·문화·체육 등의 분야에서 수상, 연구실적, 경력 등으로 국제적 권위를 인정받고 있는 사람으로서 법무부장관이 심의에 부친 사람 [전문개정 2011. 3. 29.]

273) 「외국국적 동포의 국적회복 등에 관한 업무처리 지침」[시행 2018. 12. 20.] [법무부예규 제1202호, 2018. 12. 18., 일부개정.] 제7조(독립유공자등에 대한 특례) ① 법무부장관은 외국국적 동포 중 독립유공자·국가유공자 및 그 친족에 해당하는 자가 대한민국 국적의 취득을 원하는 때에는 「국적법」령에 반하지 않는 범위 내에서 제5조 및 제8조의 규정에 불구하고 그 신청을 받아 국가보훈처와의 협의 등을 거쳐 국적회복 또는 귀화를 허가할 수 있다.
② 제1항에서 독립유공자라 함은「독립유공자예우에관한법률」 제4조의 규정에 의한 독립유공자(순국선열 및 애국지사)를 말한다
③ 제1항에서 국가유공자라 함은「국가유공자등예우및지원에관한법률」 제4조의 규정에 의한 국가유공자를 말한다.
④ 제1항에서 친족이라 함은「독립유공자예우에관한법률」 제5조 및「국가유공자등예우및지원에

관한 업무처리 지침」 제7조제1항에 의해 불법체류(밀입국자, 위·변조여권 소지자 제외) 중인 자도 신청할 수 있다. 이때 독립유공자의 후손 인정범위는 ① 합법체류자인 경우 「국적법시행령」 제6조에 따라 독립유공자의 배우자, 직계존·비속, ② 불법체류자인 경우 위 동포지침 제7조제4항에 따른 독립유공자의 배우자, 자녀, 손자녀에 한하게 된다.

2) 구비서류

독립유공자 또는 국가유공자 후손에 대한 특별 귀화의 신청 대상은 위에서 언급한 것처럼 신청자 본인 또는 그 배우자나 직계 존·비속이 「독립유공자예우에 관한 법률」 제4조에 따른 독립유공자 또는 「국가유공자 등 예우 및 지원에 관한 법률」 제4조에 따른 국가유공자로서 국가유공으로 관계 법률에 따라 대한민국 정부로부터 훈장·포장 또는 표창을 받은 사람이 된다. 이를 위해서는 ① 귀화허가신청서(또는 국적회복신청서), 즉 1949년 10월 1일 전 출생자는 국적회복서를 작성하고, 1949년 10월 1일 이후 출생자는 귀화허가신청서를 작성한다. ② 국적회복 진술서(귀화허가 신청인 경우 귀화진술서 제출폐지), ③ 여권 원본과 사본(인적사항 면, 대한민국 사증 면 복사본 각 1부), ④ 외국인등록증 원본과 앞, 뒷면 사본 1부(외국인등록을 한 경우), ⑤ 중국 거민증 원본과 사본, ⑥ 중국 호구부 원본과 전체 복사본 1부, ⑦ 훈장증서 원본과 사본(반드시 원본을 지참하여야 함), ⑧ 인터넷 또는 국가보훈처에서 발급하는 유공자에 대한 공적조서 1부, ⑨ 유공자와 신청인의 관계를 알 수 있는 서류(가급적 ①번 서류로 제출): ㉠ 전가족상주인구등기표, 호구부, 직장 당안, 농촌호구등기표, 전국인구보사등기표(택일)(공안파출소 또는 해당 직장인사국에서 원본을 복사, 발급기관과 발급자 확인을 받은 서류), ㉡ 외교부 인증을 받은 공증서 사본과 기본증명서, 가족관계증명서, 제적등본, 족보, 사진 등을 제출, ⑩ 유공자와의 관계가 나타나는 가계도, ⑪ 수반취득 신청자가 있는 경우 출생증명서 등 신청인과의 관계를 증명하는 서류, ⑫ 수수료 면제(특별공로자 본인 또는 그 배우자나 직계존비속, 특별공로자 본인의 직계존비속의 배우자가 국적회복 신청하는 경우도 수수료 면제), ⑬ 국적통보제도에 따른 추가 서류 등이다.[274)]

관한법률」 제5조의 규정에 의한 친족을 말한다.

274) 1345 자료.

(3) 우수능력을 보유한 사람(국적법 제7조제1항제3호)

1) 개 요

셋째, 과학·경제·문화·체육 등 특정 분야에서 매우 우수한 능력을 보유한 사람으로서 대한민국의 국익에 기여할 것으로 인정되는 사람인 외국인의 경우 특별귀화를 신청할 수 있다(「국적법」 제7조제1항제3호).

구체적으로 이에 대해서는 「국적법시행령」(제6조제2항)을 통해 다음 어느 하나에 해당하는 사람 중에서 제28조에 따른 국적심의위원회의 심의를 거쳐 법무부장관이 정하는 사람으로 하고 있다.[275] 이에 해당하는 구체적인 대상은 ① 국회사무총장, 법원행정처장, 헌법재판소사무처장 또는 중앙행정기관의 장 등이 추천한 사람, ② 재외공관의 장, 지방자치단체(특별시·광역시·특별자치시·도·특별자치도를 말한다)의 장, 4년제 대학의 총장, 그 밖에 법무부장관이 정하는 기관·단체의 장이 추천하는 사람으로서 법무부장관이 심의에 부친 사람, 즉 ① 지방자치단체(특별시, 광역시, 도, 특별자치도)의 장, 4년제 대학의 총장, 재외공관의 장, ② 대한상공회의소 회장, 전국경제인연합회 회장, 한국무역협회 회장, 중소기업협동중앙회 회장, ③ 한국문화예술위원회 위원장, 한국콘텐츠진흥원 원장, 영화진흥위원회 위원장 대한체육회 회장, ④ 과학기술분야 정부출연연구기관등의 설립·운영 및 육성에 관한 법률 제8조제1항에 규정된 연구기관의 장, ③ 과학·경제·문화·체육 등의 분야에서 수상, 연구실적, 경력 등으로 국제적 권위를 인정받고 있는 사람으로서 법무부장관이 심의에 부친 사람이다.

특히 우수인재로 특별귀화 허가를 받거나 복수국적을 허용받기 위해서는 국적심의위원회의 심의를 거쳐 우수인재로 선정되어야 한다. 이때 시행령 제6조제2항제1

---

275) 「국적법시행령」 제6조 ② 법 제7조제1항제3호에 해당하는 사람은 다음 각 호의 어느 하나에 해당하는 사람 중에서 제28조에 따른 국적심의위원회의 심의를 거쳐 법무부장관이 정하는 사람으로 한다. <개정 2017. 8. 29.>

1. 국회사무총장, 법원행정처장, 헌법재판소사무처장 또는 중앙행정기관의 장 등이 추천한 사람
2. 재외공관의 장, 지방자치단체(특별시·광역시·특별자치시·도·특별자치도를 말한다)의 장, 4년제 대학의 총장, 그 밖에 법무부장관이 정하는 기관·단체의 장이 추천하는 사람으로서 법무부장관이 심의에 부친 사람
3. 과학·경제·문화·체육 등의 분야에서 수상, 연구실적, 경력 등으로 국제적 권위를 인정받고 있는 사람으로서 법무부장관이 심의에 부친 사람 [전문개정 2011. 3. 29.]

호에 해당하는 추천인으로부터 추천을 받은 사람은 국적심의위원회에 당연히 회부되고, 2호에 해당하는 추천인으로부터 추천을 받은 사람은 법무부장관이 우수인재 평가의 기준 등을 고려하여 국적심의위원회의 심의에 회부할지 여부를 결정하게 될 것이다. 이때 국적심의위원회는 우수인재 평가기준을 참고하여 우수인재 해당 여부를 심의하고 의결하게 되며 시행령 제6조제2항제2호 및 제3호에 따라 법무부장관이 국적심의위원회에의 회부여부를 결정할 경우에도 우수인재 평가기준을 고려하게 된다.

이와 관련하여 우수인재 해당여부에 대한 평가는 일정한 기준에 따라야 하고 이때의 기본요건 및 소득요건 등 해당하는 모든 사항은 본인이 입증하고 소명해야 한다. 또한 경력 등 기본요건은 국적 취득 신청일 당시 충족하여야 하고 국내·외 대학(원)에서 정규과정을 마치고 취득한 이공계 석·박사 이상 학위증 취득자는 외국국적동포 기준이 적용된다.[276)]

2) 구비서류

우수인재 특별귀화를 위해서는 ① 귀화허가신청서(3.5cm×4.5cm칼라사진 1장 부착), ② 여권 원본 및 사본, ③ 외국 가족관계등록부 또는 시민증서 사본(한글 번역문 첨부), ④ 우수인재 추천서(영 제6조제2항제1호 및 제2호 따른 추천을 받은 사람에 한함),[277)] ⑤ 신청인이 속한 분야에서 매우 우수한 능력을 보유하였음을 입증하는 서류(예) 과학 분야 우수인재 : 학위증, 대학 또는 연구기관 재직증명서, 상장, 본인의 논문이 게재된 학술지 또는 학술저서 등),[278)] ⑥ 수수료 면제, ⑦ 가족관계의 등록 등에 관한 규칙에 따른 통보서(가족관계 입증서류 첨부)이다. 외국국적 동포가 우수인재 특별귀화를 신청할 경우라면 동포를 입증할 만한 서류로서 신청인이 대한민국 국적을 보유(귀화가 아닌 국적회복 대상)하였던 자료 또는 부모의 일방 또는 조부모의 일방이 대한민국 국적을

---

276) 「국적법시행령」 제6조제2항에 해당하는 우수인재 추천 및 평가기준에 관한 고시[시행 2020. 6. 26.] [법무부고시 제2020-220호, 2020. 6. 26.] (수정인용).

277) 우수인재 추천서는 귀화추천서인 규칙 별지 제2호의2 서식과 동일한 양식이 아니며 피 추천인의 인적사항, 추천인, 추천사유(피추천인이 속한 분야에서 매우 우수한 능력을 보유한 사실을 구체적으로 기술)를 추천기관에서 정한 양식에 따라 공식적으로 작성한 추천서이면 된다.

278) 우수인재임을 입증하는 서류는 국적심의위원회의 심의 시 중요한 자료이므로 논문게재 자료 등 객관적이고 다양한 자료의 제출은 우수인재 심사를 원활하게 할 수 있을 것이다.

보유하였던 자료 및 관계입증서류가 필요할 것이다.[279]

3.7. 귀화 이후의 중요 행정절차

(1) 외국국적의 포기 또는 외국국적불행사 서약

귀화허가를 받은 사람은 이제 대한민국 국민이 되었으므로 대한민국 국적을 취득한 외국인으로서 외국 국적을 가지고 있는 자는 대한민국 국적을 취득한 날부터 1년 내에 그 외국 국적을 포기하여야 한다(「국적법」 제10조제1항).

하지만 이러한 내용에도 불구하고 '일정한 경우에 해당하는 사람'은 대한민국 국적을 취득한 날부터 1년 내에 외국 국적을 포기하거나 법무부장관이 정하는 바에 따라 대한민국에서 외국 국적을 행사하지 아니하겠다는 뜻을 법무부장관에게 서약하여야 한다(「국적법」 제10조제2항). 이러한 외국국적포기는 대한민국 국적을 취득한 외국인 자신이 이전 국적국으로부터 외국국적을 포기하였음을 증명하는 서류를 발급받아 이를 법무부장관(실제로는 관할 출입국·외국인관서장)에게 제출하게 되고 이를 통해 외국국적포기 확인서를 발급받게 될 것이다.

여기서 '일정한 경우에 해당하는 사람'이란 ① 귀화허가를 받은 때에 제6조제2항제1호·제2호 또는 제7조제1항제2호·제3호의 어느 하나에 해당하는 사유가 있는 자(「국적법」 제10조제2항제1호), ② 제9조에 따라 국적회복허가를 받은 자로서 제7조제1항제2호 또는 제3호에 해당한다고 법무부장관이 인정하는 자(제2호), ③ 대한민국의 「민법」상 성년이 되기 전에 외국인에게 입양된 후 외국 국적을 취득하고 외국에서 계속 거주하다가 제9조에 따라 국적회복허가를 받은 자(제3호), ④ 외국에서 거주하다가 영주할 목적으로 만 65세 이후에 입국하여 제9조에 따라 국적회복허가를 받은 자(제4호), ⑤ 본인의 뜻에도 불구하고 외국의 법률 및 제도로 인하여 제1항을 이행하기 어려운 자로서 대통령령으로 정하는 자이다(제5호). 만일 「국적법」 제10조제1항 또는 제2항을 이행하지 아니한 자, 즉 외국 국적의 포기나 외국국적불행사 서약을 하지 않을 경우 그 기간이 지난 때에 대한민국 국적을 상실(喪失)하게 된다(「국적법」 제10조제3항).[280]

---

279) 1345 자료(2020년 2월 21일).

280) 「국적법」 제10조(국적 취득자의 외국 국적 포기 의무) ① 대한민국 국적을 취득한 외국인으로서

(2) 가족관계등록과 주민등록

법무부장관으로부터 귀화허가를 받은 경우 이제 대한민국 국민이 되었으므로 국민으로서 자신의 권리를 행사할 수 있다. 하지만 구체적인 권리를 행사하기 위해서는 귀화자가 「가족관계의 등록 등에 관한 법률」에 따라 가족관계등록을 마쳐야 한다. 가족관계등록은 본인이 직접하는 것이 아니라 법무부장관이 귀화허가 받은 자가 희망하는 등록기준지의 시·읍·면장에게 직접 통보를 하게 되고(2008.9.1. 개정), 통보를 받은 시·읍·면장은 이러한 내용을 기초로 가족관계등록부를 작성하게 된다.

또한 위의 '외국국적 포기확인서'나 '외국국적불행사 서약확인서'를 발급받은 경우 해당하는 확인서와 국적취득 내용이 기재된 '기본증명서'를 지참하고 신청자 본인이 거주하는 주민등록관서(읍·면·동 주민자치센터)에서 주민등록을 하면 주민등록증이나 여권과 같은 신분증을 취득할 수 있음과 동시에 국민건강보험의 가입이나 선거권 등 대한민국 국민으로서의 권리를 행사할 수 있게 된다.

외국 국적을 가지고 있는 자는 대한민국 국적을 취득한 날부터 1년 내에 그 외국 국적을 포기하여야 한다. <개정 2010. 5. 4.>

② 제1항에도 불구하고 다음 각 호의 어느 하나에 해당하는 자는 대한민국 국적을 취득한 날부터 1년 내에 외국 국적을 포기하거나 법무부장관이 정하는 바에 따라 대한민국에서 외국 국적을 행사하지 아니하겠다는 뜻을 법무부장관에게 서약하여야 한다. <신설 2010. 5. 4.>

1. 귀화허가를 받은 때에 제6조제2항제1호·제2호 또는 제7조제1항제2호·제3호의 어느 하나에 해당하는 사유가 있는 자
2. 제9조에 따라 국적회복허가를 받은 자로서 제7조제1항제2호 또는 제3호에 해당한다고 법무부장관이 인정하는 자
3. 대한민국의 「민법」상 성년이 되기 전에 외국인에게 입양된 후 외국 국적을 취득하고 외국에서 계속 거주하다가 제9조에 따라 국적회복허가를 받은 자
4. 외국에서 거주하다가 영주할 목적으로 만 65세 이후에 입국하여 제9조에 따라 국적회복허가를 받은 자
5. 본인의 뜻에도 불구하고 외국의 법률 및 제도로 인하여 제1항을 이행하기 어려운 자로서 대통령령으로 정하는 자

③ 제1항 또는 제2항을 이행하지 아니한 자는 그 기간이 지난 때에 대한민국 국적을 상실(喪失)한다. <개정 2010. 5. 4.> [전문개정 2008. 3. 14.]

3.8. 관련문제

(1) 특별귀화 신청자의 방문동거(F-1)자격으로의 체류자격변경 신청서류[281]

특별귀화 신청자의 방문동거(F-1)자격으로의 체류자격을 변경하기 위해서는 ① 통합신청서(사진 1매), ② 여권, ③ 외국인등록증(소지자), ④ 중국 거민신분증, ⑤ 호구부, ⑥ 귀화접수증, ⑦ 신원보증서(특별귀화), ⑧ 부·모의 주민등록증(특별귀화), ⑨ 단순노무 비취업 서약서, ⑩ 결핵검진 확인서, ⑪ 체류지 입증서류(임대차계약서/거주숙소제공확인서/임차인신분증) 등의 서류가 필요하다. 다만 중국동포(고려인)의 경우 방문동거(F-1)자격으로 변경한 후, 3개월이 경과하면 방문취업(H-2) 자격으로 변경하여 취업을 할 수 있다. 하지만 국적신청이 불허되면 방문 취업(H-2)자격에 대하여는 체류기간 연장을 할 수 없다.

(2) 특별귀화신청을 하여 방문동거(F-1)자격으로 체류자격을 변경하고, 3개월 경과 후, 방문취업(H-2)으로 체류자격변경 신청서류[343]

특별귀화신청을 하여 방문동거(F-1)자격으로 체류자격을 변경하고, 3개월이 경과한 후, 방문취업(H-2)으로 체류자격 변경을 위해서는 ① 통합신청서(사진 1매), ② 여권, ③ 중국 거민신분증, ④ 호구부, ⑤ 귀화접수증, ⑥ 신원보증서, ⑦ 부·모의 주민등록증, ⑧ 조기적응프로그램교육 이수증, ⑨ 건강검진 진단서, ⑩ 체류지 입증서류(임대차계약서/거주숙소제공확인서/임차인신분증) 등의 서류가 필요하다. 이때 국적 신청이 불허되면 방문취업(H-2)자격에 대한 체류기간의 연장은 할 수 없으나 일단 출국 후에 방문취업(H-2-7) 비자를 받아 재입국이 가능할 것이다.

Ⅳ. 귀화허가의 무효와 취소

1. 귀화허가의 무효

귀화허가가 무효로 처리되는 경우와 관련하여 「국적법」상 규정은 없다. 이 경우 일반 행정상 법리에 따라 예를 들어 A가 B의 이름으로 귀화를 신청하여 신청대로 B에게 귀화허가가 내려진 경우와 같은 당연 무효인 사례가 발생할 수 있을

281) 이종옥, "각종 체류허가 신청서류 안내" (2020.1.), 강의자료, 31면.

것이다.[282]

2. 귀화허가의 취소

일정한 경우 국적법 제21조에 따라 귀화허가는 취소될 수 있다. 이와 관련하여 구체적인 것은 제19장의 귀화허가, 국적회복허가 또는 국적판정의 취소에 관한 내용을 통해 구체적으로 살펴보기로 한다.

2.1. 취소사유

법무부장관은 거짓이나 그 밖의 부정한 방법으로 귀화허가나 국적회복허가 또는 국적보유판정을 받은 자에 대하여 그 허가 또는 판정을 취소할 수 있다.[283] 즉, 귀화허가에 대한 취소사유는 ① 거짓이나 ②그 밖의 부정한 방법으로 귀화허가를 받은 경우이다. 이러한 것의 예로는 구체적으로 귀화허가를 신청함에 있어서 일정한 요건에 대해 기망행위를 하였거나 서류를 위·변조하였거나 대한민국 국민과의 위장혼인에 기한 간이귀화 신청을 하고 그 허가를 받은 후 그 사실이 발견된 경우 등이 포함될 것이다.[284]

2.2. 귀화허가 취소의 효력

일단 허가받은 귀화를 법무부장관이 취소하게 될 경우 그 효력은 귀화의 허가시점으로 소급하여 소멸된다고 할 것이다(귀화허가 취소의 소급효).[285] 이에 따른 취소의 기준·절차와 그 밖에 필요한 사항은 대통령령으로 정한다.[286] 이때 귀화허가가 소급하여 효력을 상실하게 되면 대상자는 무국적 상태가 될 수 있고 귀화허가의 취소 이외에 「출입국관리법」 제46조에 따라 강제퇴거의 문제가 발생할 수 있다는 점을 고려해야 할 것이다.[287]

---

282) 이 경우 A나 B 누구에게도 법적인 귀화효과는 발생하지 않게 된다고 볼 수 있다(석동현, 앞의 책, 131면).
283) 「국적법」 제21조(「국적법」) 제1항.
284) 석동현, 앞의 책, 130면.
285) 위의 책, 같은 면.
286) 「국적법」 제21조(「국적법」) 제2항.

한편 귀화허가 취소가 갖는 취소의 소급효에 따라 국적회복 허가를 받을 수 없게 되고 따라서 만일 대한민국의 국적을 취득하려한다면 귀화절차를 다시 거쳐야 할 것이다.[288)]

V. 관련문제

1. 국적심의위원회

개정 국적법(시행 2022.10.1.)에 따라 기존 대통령령(국적법시행령)에 설치 근거를 두고 있는 국적심의위원회를 법률(제22조, 제23조 및 제27조 신설)상 심의기구로 격상시키면서, 다수의 민간 위원이 참여하도록 하고 종전의 심의사항 외에 국적 이탈 허가에 관한 사항을 추가적으로 심의하도록 하였다.

1.1. 국적심의위원회의 구성 및 운영

【제23조】 (국적심의위원회의 구성 및 운영)

① 위원회는 위원장 1명을 포함하여 30명 이내의 위원으로 구성한다.

② 위원장은 법무부차관으로 하고, 위원은 다음 각 호의 사람으로 한다.

1. 법무부 소속 고위공무원단에 속하는 공무원으로서 법무부장관이 지명하는 사람 1명
2. 대통령령으로 정하는 관계 행정기관의 국장급 또는 이에 상당하는 공무원 중에서 법무부장관이 지명하는 사람
3. 국적 업무와 관련하여 학식과 경험이 풍부한 사람으로서 법무부장관이 위촉하는 사람

③ 제2항제3호에 따른 위촉위원의 임기는 2년으로 하며, 한 번만 연임할 수 있다. 다만, 위원의 임기 중 결원이 생겨 새로 위촉하는 위원의 임기는 전임위원 임기의 남은 기간으로 한다.

④ 위원회의 회의는 제22조제1항의 안건별로 위원장이 지명하는 10명 이상 15명 이내의 위원이 참석하되, 제2항제3호에 따른 위촉위원이 과반수가 되도록 하여야 한다.

⑤ 위원회의 회의는 위원장 및 제4항에 따라 지명된 위원의 과반수의 출석으로 개의하고 출석위원 과반수의 찬성으로 의결한다.

⑥ 위원회의 사무를 처리하기 위하여 간사 1명을 두되, 간사는 위원장이 지명하는 일반직공무원으로 한다.

---

287) 석동현, 앞의 책, 130면.
288) 위의 책, 같은 면.

> ⑦ 위원회의 업무를 효율적으로 수행하기 위하여 위원회에 분야별로 분과위원회를 둘 수 있다.
> ⑧ 제1항부터 제7항까지의 규정에서 정하는 사항 외에 위원회의 구성 및 운영에 필요한 사항은 대통령령으로 정한다. [본조신설 2022. 9. 15.]

국적심의위원회는 위원회는 위원장 1명을 포함하여 30명 이내의 위원으로 구성한다.[289] 위원장은 법무부차관으로 하고, 그 위원은 ① 법무부 소속 고위공무원단에 속하는 공무원으로서 법무부장관이 지명하는 사람 1명, ② 대통령령으로 정하는 관계 행정기관의 국장급 또는 이에 상당하는 공무원 중에서 법무부장관이 지명하는 사람, ③ 국적 업무와 관련하여 학식과 경험이 풍부한 사람으로서 법무부장관이 위촉하는 사람이 된다.[290] 이때 ③에 따른 위촉위원의 임기는 2년으로 하며, 한 번만 연임할 수 있고 다만, 위원의 임기 중 결원이 생겨 새로 위촉하는 위원의 임기는 전임위원 임기의 남은 기간으로 한다.[291]

위원회의 회의는 국적법 제22조제1항의 안건별로 위원장이 지명하는 10명 이상 15명 이내의 위원이 참석하되, 제2항제3호에 따른 위촉위원이 과반수가 되도록 하여야 하고,[292] 위원회의 회의는 위원장 및 안건별로 위원장으로부터 지명된 위원의 과반수의 출석으로 개의하고 출석위원 과반수의 찬성으로 의결한다.[293]

이러한 국적심의위원회의 사무를 처리하기 위하여 간사 1명을 두되, 간사는 위원장이 지명하는 일반직공무원으로 하고,[294] 위원회의 업무를 효율적으로 수행하기 위하여 위원회에 분야별로 분과위원회를 둘 수 있다.[295] 기타 이와 같이 규정한 사항 외에 위원회의 구성 및 운영에 필요한 사항은 대통령령으로 정한다.[296]

---

289) 국적법 제23조(국적심의위원회의 구성 및 운영) 제1항.
290) 국적법 제23조(국적심의위원회의 구성 및 운영) 제2항.
291) 국적법 제23조(국적심의위원회의 구성 및 운영) 제3항.
292) 국적법 제23조(국적심의위원회의 구성 및 운영) 제4항.
293) 국적법 제23조(국적심의위원회의 구성 및 운영) 제5항.
294) 국적법 제23조(국적심의위원회의 구성 및 운영) 제6항.
295) 국적법 제23조(국적심의위원회의 구성 및 운영) 제7항.
296) 국적법 제23조(국적심의위원회의 구성 및 운영) 제8항.

1.2. 국적심의위원회 심의사항

【제22조】(국적심의위원회)

① 국적에 관한 다음 각 호의 사항을 심의하기 위하여 법무부장관 소속으로 국적심의위원회(이하 "위원회"라 한다)를 둔다.

1. 제7조제1항제3호에 해당하는 특별귀화 허가에 관한 사항
2. 제14조의2에 따른 대한민국 국적의 이탈 허가에 관한 사항
3. 제14조의4에 따른 대한민국 국적의 상실 결정에 관한 사항
4. 그 밖에 국적업무와 관련하여 법무부장관이 심의를 요청하는 사항

② 법무부장관은 제1항제1호부터 제3호까지의 허가 또는 결정 전에 위원회의 심의를 거쳐야 한다. 다만, 요건을 충족하지 못하는 것이 명백한 경우 등 대통령령으로 정하는 사항은 그러하지 아니하다.

③ 위원회는 제1항 각 호의 사항을 효과적으로 심의하기 위하여 필요하다고 인정하는 경우 관계 행정기관의 장에게 자료의 제출 또는 의견의 제시를 요청하거나 관계인을 출석시켜 의견을 들을 수 있다.

[본조신설 2022. 9. 15.] [종전 제22조는 제26조로 이동 <2022. 9. 15.>]

법무부장관 소속인 국적심의위원회는 국적에 관한 다음 각 호의 사항을 심의한다. 여기서 다음 각 호의 사항이란 ① 국적법 제7조제1항제3호에 해당하는 특별귀화 허가에 관한 사항, ② 제14조의2에 따른 대한민국 국적의 이탈 허가에 관한 사항, ③ 제14조의4에 따른 대한민국 국적의 상실 결정에 관한 사항, ④ 그 밖에 국적업무와 관련하여 법무부장관이 심의를 요청하는 사항을 말한다.[297)]

이와 관련하여 법무부장관은 위 ①부터 ③까지의 허가 또는 결정 전에 위원회의 심의를 거쳐야 하고, 다만 요건을 충족하지 못하는 것이 명백한 경우 등 대통령령으로 정하는 사항은 그러하지 아니하다.[298)] 또한 위원회는 위 각 호의 사항을 효과적으로 심의하기 위하여 필요하다고 인정하는 경우 관계 행정기관의 장에게 자료의 제출 또는 의견의 제시를 요청하거나 관계인을 출석시켜 의견을 들을 수 있다.[299)]

297) 국적법 제22조(국적심의위원회) 제1항.
298) 국적법 제22조(국적심의위원회) 제2항.
299) 국적법 제22조(국적심의위원회) 제3항.

1.3. 벌칙 적용에서의 공무원 의제

【제27조】 (벌칙 적용에서의 공무원 의제)

위원회의 위원 중 공무원이 아닌 사람은 「형법」 제127조 및 제129조부터 제132조까지의 규정을 적용할 때에는 공무원으로 본다. [본조신설 2022. 9. 15.]

위원회의 위원 중 공무원이 아닌 사람은 「형법」 제127조 및 제129조부터 제132조까지의 규정을 적용할 때에는 공무원으로 본다.[300]

2. 귀화자의 성(姓)과 본(本)

외국인이 귀화를 통해 대한민국의 국적을 취득한 경우 그 귀화자의 성과 본을 어떻게 정해야 할 것인지가 문제될 수 있다. 이에 대해 가족관계의 등록 등에 관한 규칙에 따르면[301] 국적취득자(수반국적취득자 포함)의 성명은 외국어로 표기하되 외국

300) 형법[시행 2021. 12. 9.] [법률 제17571호, 2020. 12. 8., 일부개정], 제127조(공무상 비밀의 누설), 제129조(수뢰, 사전수뢰), 제130조(제삼자뇌물제공), 제131조(수뢰후부정처사, 사후수뢰), 제132조(알선수뢰)

301) 가족관계의 등록 등에 관한 규칙 제80조의2(국적취득의 통보사항 등) ① 법무부장관이 법 제93조, 제94조, 제95조에 따라 대한민국의 국적을 취득한 사람이 정한 등록기준지의 시·읍·면의 장에게 통보할 사항은 다음 각 호와 같다.

1. 국적취득자의 성명, 생년월일, 성별, 주소, 국적취득자가 정한 등록기준지, 국적취득 전에 가졌던 국적, 국적취득 연월일 및 원인, 혼인관계·입양 등 기타 신분변동에 관한 사항, 국적회복자의 경우에는 한국국적상실 연월일 및 원인
2. 부, 모, 배우자의 성명, 국적, 생년월일
3. 국적취득자의 가족관계등록부 또는 구 호적이 있는 경우 국적취득자의 등록기준지(본적), 주민등록번호, 본(한자)
4. 자녀의 가족관계등록부 또는 구 호적이 있는 경우 자녀의 성명, 등록기준지(본적), 주민등록번호
5. 부, 모, 배우자의 가족관계등록부 또는 구 호적이 있는 경우 부, 모, 배우자의 등록기준지(본적), 주민등록번호

② 법무부장관이 제1항의 통보와 함께 첨부할 서류는 다음 각 호와 같다. 가족관계등록부 또는 전산제적부로 통보사항을 소명할 수 있는 경우에는 가족관계등록사항별 증명서 또는 제적등본을 첨부하지 아니할 수 있다.

1. 국적취득사실을 증명하는 법무부장관 명의의 통지서 또는 관보 등 1부
2. 국적취득자의 부모, 배우자, 자녀, 혼인 또는 미혼, 입양 등의 신분사항을 기재하는 경우에는 그에 관한 소명자료 각 1부
3. 국적취득자가 조선족인 경우 성명을 원지음(原地音)이 아닌 한국식 발음으로 기재할 때 조선

어의 원지음(原地音)을 한글로 표기하고 부, 모, 배우자의 성명이 외국어인 경우에는 원지음(原地音)을 한글로 표기하도록 하고 있다(제80조의2 제4항). 이러한 규정에도 불구하고, 중화인민공화국("중국")에서 발행한 공문서(예: 거민신분증, 호구부 등)에 의하여 조선족임을 소명한 중국 국적자에 대하여 가족관계등록신고(법무부장관의 국적관련통보를 포함)를 하는 경우에, 신고인이 해당 중국국적자의 인명에 대하여 그에 대응하는 한국통용의 한자를 소명한 때에는 그 한국통용의 한자에 대한 한국식 발음의 한글을 그 원지음을 갈음하여 가족관계등록신고서에 표기할 수 있으며, 시(구)·읍·면의 장은 가족관계등록신고서에 표기된 한국식 발음의 한글을 그 원지음을 갈음하여 가족관계등록부에 기록하여야 하고, 한자는 함께 기록할 수 없다.302)

그런데 귀화한 사람이 한글 등 한국식 성명을 원할 경우가 문제된다. 이에 대해 「가족관계의 등록 등에 관한 법률」은 외국의 성을 쓰는 국적취득자가 그 성을 쓰지 아니하고 새로이 성(姓)·본(本)을 정하고자 하는 경우에는 그 등록기준지·주소지 또는 등록기준지로 하고자 하는 곳을 관할하는 가정법원의 허가를 받고 그 등본을 받은 날부터 1개월 이내에 그 성과 본을 신고하도록 규정하고 있다(제96조제1항).303)

족임을 소명하는 중화인민공화국 발행의 공문서

③ 수반(隨伴)국적취득자가 있는 경우 법무부장관이 대한민국의 국적을 취득한 사람이 정한 등록기준지의 시·읍·면의 장에게 통보할 사항은 다음 각 호와 같고, 수반(隨伴)국적취득자에 관한 첨부서류는 제2항을 준용한다.

1. 수반(隨伴)국적취득자의 성명, 생년월일, 성별, 주소, 국적취득자가 정한 등록기준지, 국적취득 전에 가졌던 국적, 국적취득 연월일 및 원인, 입양 등 기타 신분변동에 관한 사항
2. 수반(隨伴)국적취득자의 부, 모의 성명, 국적, 생년월일
3. 수반(隨伴)국적취득자의 가족관계등록부 또는 구 호적이 있는 경우 수반(隨伴)국적취득자의 등록기준지(본적), 주민등록번호, 본(한자)
4. 수반(隨伴)국적취득자의 부, 모의 가족관계등록부 또는 구 호적이 있는 경우 부, 모의 등록기준지(본적), 주민등록번호

④ 국적취득자(수반국적취득자 포함)의 성명은 외국어로 표기하되, 외국어의 원지음(原地音)을 한글로 표기한다. 부, 모, 배우자의 성명이 외국어인 경우에는 원지음(原地音)을 한글로 표기한다. [본조신설 2008. 7. 7.]

302) 외국의 국호, 지명 및 인명의 표기에 관한 사무처리지침 (개정 2015. 1. 8.) [가족관계등록예규 제451호, 시행 2015. 2. 1.] 제3조제4항.

303) 「가족관계의 등록 등에 관한 법률」 제96조(국적취득자의 성과 본의 창설 신고) ① 외국의 성을 쓰는 국적취득자가 그 성을 쓰지 아니하고 새로이 성(姓)·본(本)을 정하고자 하는 경우에는 그 등록기준지·주소지 또는 등록기준지로 하고자 하는 곳을 관할하는 가정법원의 허가를 받고 그 등본을 받은 날부터 1개월 이내에 그 성과 본을 신고하여야 한다.

② 대한민국의 국적을 회복하거나 재취득하는 경우에는 종전에 사용하던 대한민국식 성명으로 국적회복신고 또는 국적재취득신고를 할 수 있다.
③ 제2항의 경우 신고서에는 종전에 사용하던 대한민국식 성명을 소명하여야 한다.
④ 신고서에는 다음 사항을 기재하여야 한다.
1. 종전의 성
2. 창설한 성·본
3. 허가의 연월일
⑤ 제4항의 신고서에는 제1항에 따른 허가의 등본을 첨부하여야 한다.
⑥ 제1항의 경우에 가정법원은 심리(審理)를 위하여 국가경찰관서의 장에게 성·본 창설허가 신청인의 범죄경력 조회를 요청할 수 있고, 그 요청을 받은 국가경찰관서의 장은 지체 없이 그 결과를 회보하여야 한다. <신설 2013. 7. 30.>

제 4 장 수반취득

제4장에서는 수반취득에 대해서 알아본다. 국적법상의 규정, 대상, 신청절차 및 허가, 효과 등이 본 장에서 학습할 내용이다.

사례의 연습

1. (1) 수반취득이란 무엇이며 (2) 미성년자 자녀는 반드시 수반취득을 해야 하는지, (3) 처도 수반취득이 가능한가?
2. 부 또는 모를 따라서 수반취득한 자녀도 1년 내에 이전 국적의 포기절차를 마쳐야 하는가?
3. 만일 부모가 이혼한 경우라면 그 미성년 자녀가 수반취득을 할 수 있는가?
4. 부 또는 모가 일단 먼저 대한민국의 국적을 취득한 후에라도 미성년 자녀가 수반취득을 할 수 있는가?

1. 국적법상의 규정

【제8조】(수반취득)

① 외국인의 자(子)로서 대한민국의 「민법」상 미성년인 사람은 부 또는 모가 귀화허가를 신청할 때 함께 국적 취득을 신청할 수 있다. <개정 2017. 12. 19.>

② 제1항에 따라 국적 취득을 신청한 사람은 부 또는 모가 대한민국 국적을 취득한 때에 함께 대한민국 국적을 취득한다. <개정 2017. 12. 19.>

③ 제1항에 따른 신청절차와 그 밖에 필요한 사항은 대통령령으로 정한다. <개정 2017. 12. 19.> [전문개정 2008. 3. 14.]

「국적법」 제8조는 수반취득이란 제목으로 외국인의 자(子)로서 대한민국의 「민법」상 미성년인 사람은 부 또는 모가 귀화허가를 신청할 때 함께 국적 취득을 신청할 수 있음을 규정하고 있다. 본 규정은 국적회복의 경우에도 「국적법」 제9조제6

항에 따라 준용된다. 즉, 국적회복 부분에서 상세히 설명하겠지만 대한민국의 국민이었던 외국인은 법무부장관의 국적회복허가(國籍回復許可)를 받아 대한민국 국적을 취득할 수 있고, 이에 따른 수반(隨伴)취득에 관하여는 본 조를 준용(準用)하여 적용되는 것이다.[304]

2. 수반취득의 대상

수반취득의 대상은 외국인의 자(子)로서 대한민국의「민법」상 미성년인 사람이어야 한다. 이때 해당되는 자녀가 반드시 혼인 중의 출생자일 것을 요하지는 않더라도 출생증명서 등의 자료를 통해 부나 모가 귀화허가를 신청시 부자관계나 모자관계라는 사실을 입증하여야 할 것이다.[305] 만일 귀화허가를 신청하는 부나 모가 이혼한 상태라면「국적법시행령」의 규정에 따라 그 부나 모가 수반취득을 신청한 사람에 대해 친권이나 양육권이 있음이 서면으로 입증되어야 한다.[306]

3. 수반취득 신청의 절차 및 허가

실제적으로 수반취득에 대해서는 귀화허가 신청시 그 신청서에 수반취득 관계를 표시하는 항목에 표시하는 형태를 취한다. 구체적으로는「국적법시행령」규정에 따라 그 아버지 또는 어머니가 제출하는 귀화허가 신청서에 수반취득하려는 뜻을 표시하고,[307] 그 관계를 증명하는 서류를 첨부하여야 한다.[308]

---

304) 「국적법」 제9조(국적회복에 의한 국적 취득) ⑥ 국적회복허가에 따른 수반(隨伴) 취득에 관하여는 제8조를 준용(準用)한다.

305) 석동현, 앞의 책, 181면.

306) 「국적법시행령」 제7조(수반취득의 신청절차 등) ② 부모가 이혼한 수반취득 신청자는 그 아버지나 어머니가 수반취득을 신청한 사람에 대하여 친권 또는 양육권을 가지고 있다는 것을 서면으로 증명하여야 한다.

307) 「국적법시행령」 제7조(수반취득의 신청절차 등) ① 법 제8조제1항에 따라 국적취득(이하 "수반취득"이라 한다)을 하려면 그 아버지 또는 어머니가 제3조에 따라 청장등에게 제출하는 귀화허가 신청서에 수반취득하려는 뜻을 표시하여야 한다. <개정 2018. 5. 8.>

308) 이러한 것은 국적회복허가를 신청하는 경우에도 같다.; 「국적법시행규칙」 제3조(귀화허가 신청서의 서식 및 첨부서류) ① 영 제3조에 따른 귀화허가 신청서는 별지 제2호서식에 따른다.
② 제1항의 귀화허가 신청서에 첨부하여야 하는 서류는 다음 각 호와 같다.
3. 수반취득을 신청하는 사람이 있을 때에는 그 관계를 증명하는 서류

4. 추천서 및 추천서 작성자의 신분을 증명하는 서류(법 제6조 및 제7조제1항제1호에 해당하는 사람은 제외한다)
5. 아버지 또는 어머니의 가족관계기록사항에 관한 증명서·제적등본(법 제6조제1항제1호에 해당하는 사람으로 한정한다)
6. 본인과 그 아버지 또는 어머니가 대한민국에서 출생한 사실을 증명하는 서류(법 제6조제1항제2호에 해당하는 사람으로 한정한다)
7. 입양사실이 기록된 양부 또는 양모의 가족관계기록사항에 관한 증명서(법 제6조제1항제3호에 해당하는 사람으로 한정한다).
8. 한국인 배우자의 가족관계기록사항에 관한 증명서(법 제6조제2항제1호 또는 제2호에 해당하는 사람으로 한정한다). 다만, 외국에서 혼인하고 한국인 배우자의 가족관계등록부에 혼인사실이 기록되어 있지 아니할 경우에는 혼인한 사실을 증명하는 서류로 갈음한다.
9. 한국인 배우자의 가족관계기록사항에 관한 증명서·제적등본, 그 배우자의 사망이나 실종 또는 그 밖에 자신에게 책임이 없는 사유로 정상적인 혼인생활을 할 수 없었던 사실을 증명하는 서류(법 제6조제2항제3호에 해당하는 사람으로 한정한다)
10. 한국인 배우자의 가족관계기록사항에 관한 증명서·제적등본, 그 배우자와의 사이에서 출생한 미성년 자녀가 있다는 사실을 증명할 수 있는 출생증명서 또는 그 밖에 이에 준하는 서류 및 본인이 그 미성년 자녀를 양육하고 있거나 양육하여야 할 사람이라는 사실을 증명하는 서류(법 제6조제2항제4호에 해당하는 사람으로 한정한다)
11. 아버지 또는 어머니의 가족관계기록사항에 관한 증명서(법 제7조제1항제1호에 해당하는 사람으로 한정한다)
12. 영 제6조제1항 또는 제2항 각 호의 어느 하나에 해당하는 사실을 증명하는 서류(법 제7조제1항제2호 또는 제3호에 해당하는 사람으로 한정한다)
13. 「가족관계의 등록 등에 관한 법률」 제94조에 따른 귀화허가 통보 및 가족관계등록부 작성 등에 필요한 서류로서 법무부장관이 정하는 서류

③ 출입국·외국인청장, 출입국·외국인사무소장, 출입국·외국인청 출장소장 또는 출입국·외국인사무소 출장소장(이하 "청장등"이라 한다)은 귀화허가 신청서를 받은 경우에는 정보처리시스템으로 다음 각 호의 서류의 내용을 확인하여야 한다. 다만, 귀화허가를 받으려는 사람이 그 확인에 동의하지 아니하는 경우에는 해당 서류를 첨부하도록 하여야 한다. <개정 2014. 6. 18., 2018. 5. 15.>

1. 외국인등록사실증명
2. 출입국사실증명

④ 청장등은 귀화허가 신청서를 받은 경우에는 「전자정부법」 제36조제1항에 따른 행정정보의 공동이용을 통하여 다음 각 호의 서류의 내용을 확인하여야 한다. 다만, 귀화허가를 받으려는 사람이나 정보주체가 그 확인에 동의하지 아니하는 경우에는 해당 서류를 첨부하도록 하여야 한다. <개정 2018. 5. 15.>

1. 한국인 배우자의 주민등록표 등본(법 제6조제2항제1호 또는 제2호에 해당하는 사람으로 한정한다)
2. 아버지 또는 어머니의 주민등록표 등본(법 제7조제1항제1호에 해당하는 사람으로 한정한다)

⑤ 제2항제4호에 따른 추천서는 대한민국 국민으로서 직장 동료·이웃사람·통장·이장 등 귀화허가 신청자와 지속적인 관계를 맺고 있는 사람 2명 이상이 별지 제2호의2서식에 따라 작성한 것이어야 한다. 다만, 법 제7조제1항제2호에 해당하는 사람은 추천서 대신 관계 기관의 장의 확인

구체적인 구비서류로서 ① 수반취득 신청자(미성년자)에 대한 것으로는 외국인임을 증명하는 서류(외국 여권 사본), 친자관계 입증서류(외국의 가족관계 입증서류), 가족관계의 등록 등에 관한 규칙에 따른 통보서와 가족관계입증서류(중국의 경우 친속관계증명서 제출시 외교부 인증확인)를, ② 부모가 이혼한 경우의 수반취득 신청은 부 또는 모가 수반취득을 신청한 사람(자녀)에 대한 친권이나 양육권이 있음을 확인하는 서류(이혼판결문, 외국호적부 기타 공적서류)로 증명해야 할 것이다.[309)]

이와 같이 부 또는 모가 귀화허가를 신청시 수반취득에 대해서는 법무부장관은 수반취득을 허가하고 수반취득 대상자의 명단을 함께 관보에 고시하게 된다.[310)]

4. 수반취득의 효과

수반취득의 효과는 부 또는 모가 대한민국 국적을 취득한 때에 발생한다.[311)] 이러한 내용은 귀화와 국적회복에 같이 적용되고,[312)] 국적을 수반취득한 자도 부 또는 모와 같이 원국적을 포기하거나 외국국적불행사 서약을 하여야 한다(국적법 제10조).

그러므로 귀화허가를 신청시 대한민국의 민법상 미성년인 자녀가 있을지라도 본 조에서 정한 수반취득의 신청을 하지 않았다면 그 자녀에게 수반취득의 효과는 발생하지 않는다. 즉, 미성년 자녀에 대한 수반취득의 신청 없이 부나 모만 국적신청을 한 경우 부나 모의 국적 신청 후 미성년 자녀에 대한 수반취득 신청은 할 수 없고 비록 미성년 자녀라고 해도 별도로 귀화 신청을 해야 하며 다만 부나 모가 대한민국의 국적을 취득한 상태라면 그 자녀는 특별귀화 신청은 가능할 것이다.[313)]

서 등으로 갈음하며, 같은 항 제3호에 해당하는 사람은 영 제6조제2항 각 호의 사람이 작성한 추천서 등을 제출하여야 한다. <개정 2015. 11. 11., 2018. 12. 20.>

309) 이 때 필요한 수수료는 부 또는 모에 대해서만 해당하고 수반취득 신청자는 그 수에 관계없이 수수료는 면제된다(법무부 출입국·외국인정책본부, 『2014국적실무편람』 (2014.6), 113면).

310) 「국적법시행령」 제26조(관보에 고시할 사항) 제2호.

311) 이러한 국적회복허가에 따른 수반취득에 관하여는 「국적법」 제8조의 수반취득 규정이 준용된다(「국적법」 제9조제6항).

312) 국적법 제9조(국적회복에 의한 국적 취득) ⑥ 국적회복허가에 따른 수반(隨伴) 취득에 관하여는 제8조를 준용(準用)한다.

문제는 수반취득 대상자가 수반취득을 하기 이전 국가의 제도나 법률로 인하여 본인의 뜻에도 불구하고 그 외국 국적의 포기를 허용하지 않거나 국적상실을 인정하지 않는 경우이다. 이 경우라도 우리나라 법은「국적법」제10조제2항제5호와 동법 시행령 제13조제1항의 규정에 따라 그러한 사정의 입증을 통해 외국국적불행사의 서약으로 대체할 수 있다.[314]

사례의 분석

1. (1) 수반취득이란 미성년 자녀의 경우 별도로 귀화나 국적회복을 위한 절차를 거치지 않고도 그 부 또는 모가 귀화허가나 국적회복허가를 신청하여 허가를 받을 때 부 또는 모와 동시에 대한민국의 국적을 취득하게 되는 경우를 말한다.[315] (2) (3) 1997년 국적법 개정으로 처의 수반취득 제도는 폐지하고 미성년의 자녀에 대해서만 인정하되 부모가 신청한 경우에 한해 수반취득을 할 수 있도록 권리조항으로 변경되었다.[316]

2. 수반취득한 미성년의 자녀도 무국적자가 아닌 한 원칙적으로 1년 내에 이전 국적의 포기절차를 마쳐야하지만「국적법」제10조제2항제5호(본인의 뜻에도 불구하고 외국의 법률 및 제도로 인하여 제1항을 이행하기 어려운 자로서 대통령령으로 정하는 자)에 해당하는 경우 외국국적불행사 서약을 할 경우 한국 국적을 보유할 수 있다.

   이때 법 제10조제2항제5호에서 "대통령령으로 정하는 자"란 (1) 외국의 법률 및 제도로 인하여 외국 국적의 포기가 불가능하거나 그에 준하는 사정이 인정되는 사람, (2) 대한민국 국적을 취득한 후 3개월 이내에 외국 국적의 포기절차를 개시하였으나 외국의 법률 및 제도로 인하여 법 제10조제1항에 따른 기간 내에

---

313) 법무부 출입국·외국인정책본부,『2014국적실무편람』(2014.6), 113면).

314) 「국적법」제10조(국적 취득자의 외국 국적 포기 의무) ② 제1항에도 불구하고 다음 각 호의 어느 하나에 해당하는 자는 대한민국 국적을 취득한 날부터 1년 내에 외국 국적을 포기하거나 법무부장관이 정하는 바에 따라 대한민국에서 외국 국적을 행사하지 아니하겠다는 뜻을 법무부장관에게 서약하여야 한다. <신설 2010. 5. 4.> 5. 본인의 뜻에도 불구하고 외국의 법률 및 제도로 인하여 제1항을 이행하기 어려운 자로서 대통령령으로 정하는 자

「국적법시행령」제13조(외국 국적 포기가 어려운 자 등) ① 법 제10조제2항제5호에서 "대통령령으로 정하는 자"란 다음 각 호의 어느 하나에 해당하는 사람을 말한다. <개정 2017. 8. 29.>

1. 외국의 법률 및 제도로 인하여 외국 국적의 포기가 불가능하거나 그에 준하는 사정이 인정되는 사람
2. 대한민국 국적을 취득한 후 3개월 이내에 외국 국적의 포기절차를 개시하였으나 외국의 법률 및 제도로 인하여 법 제10조제1항에 따른 기간 내에 국적포기절차를 마치기 어려운 사정을 증명하는 서류를 법무부장관에게 제출한 사람

국적포기절차를 마치기 어려운 사정을 증명하는 서류를 법무부장관에게 제출한 사람을 말한다.[317)]

3. 수반취득을 할 수 있다. 다만 외국 또는 국내에서 작성된 이혼판결문 기타 공인할 수 있는 서류에 의해 그 미성년 자녀에 대한 친권 또는 양육권을 가지고 있다는 사실이 입증되어야 한다.[318)]

4. 수반취득을 할 수 없다. 왜냐하면 부 또는 모가 먼저 대한민국의 국적을 취득하였다면 그 미성년 자녀는 수반취득절차가 아니라 별도로 귀화나 국적회복절차를 거쳐야만 대한민국의 국적을 취득할 수 있기 때문이다. 다만 이때 그 자녀가 후에 귀화하고자 할 때 부 또는 모가 계속하여 대한민국의 국민의 신분을 유지하고 있다면 그 자녀는 법 제7조제1항제1호상의 특별귀화 대상자에 해당될 것이다.[319)]

315) 법무부출입국·외국인정책본부, 『국적법 문답식 해설』, 2011, 84, 89면.

316) 위의 책, 84~85면

317) 「국적법 시행령」 제13조(외국 국적 포기가 어려운 자 등)제1항; 다만 종전의 제10조제2항 단서 및 동 시행령 제13조에 의해 외국국적포기가 유보된 자는 만 22세까지 대한민국의 국적을 상실하게 되지는 아니하나 그 기간 내에는 외국국적의 포기나 외국국적불행사 서약을 하여야 한다(위의 책, 87면).

318) 위의 책, 88면.

319) 위의 책, 89면.

제 5 장 국적회복에 의한 국적의 취득

제5장에서는 국적의 회복에 관해서 다루어 본다. 구체적으로 국적법상의 규정, 국적회복과 귀화와의 관계, 요건, 일반적인 경우 및 일반적인 경우가 아닌 중국동포의 국적회복 절차 및 구비서류, 효력, 외국국적불행사 서약의 절차, 문제되는 경우로서 만 65세 이상 고령 동포의 국적회복 신청, 외국의 국적을 취득하였으나 가족관계등록부가 폐쇄(舊 제적)되지 않은 경우, 불법체류 중인 신청자의 경우, 출생월일이 특정되지 않은 자의 경우 등에 대해서 알아보기로 한다.

사례의 연습

1. 국적회복이란 무엇이고 귀화와는 어떻게 다른가?
2. 국적회복을 하고 싶은데 국내에 가족관계등록부가 없는 경우에도 가능한가?
3. 부부가 모두 외국인인 경우에 한 사람만 국적회복을 할 수 있는가?
4. 외국인이 국내에서 불법체류 중인 경우라도 국적회복허가 신청을 할 수 있는가? 독립유공자인 경우라면 어떠한가?
5. 대한민국의 국적과 외국의 국적을 모두 가진 선천적인 복수국적자가 국적이탈신고를 한 이후에 국적회복을 할 경우 복수국적이 허용되는가?
6. "갑"은 이전에 대한민국에 국적회복 신청을 하였지만 허가를 받지 못하였다. 갑은 다시 심사를 받을 수 있는가?

Ⅰ. 국적법상의 규정

【제9조】(국적회복에 의한 국적 취득)

① 대한민국의 국민이었던 외국인은 법무부장관의 국적회복허가(國籍回復許可)를 받아 대한민국 국적을 취득할 수 있다.

② 법무부장관은 국적회복허가 신청을 받으면 심사한 후 다음 각 호의 어느 하나에 해당하는

사람에게는 국적회복을 허가하지 아니한다. <개정 2017. 12. 19.>
1. 국가나 사회에 위해(危害)를 끼친 사실이 있는 사람
2. 품행이 단정하지 못한 사람
3. 병역을 기피할 목적으로 대한민국 국적을 상실하였거나 이탈하였던 사람
4. 국가안전보장·질서유지 또는 공공복리를 위하여 법무부장관이 국적회복을 허가하는 것이 적당하지 아니하다고 인정하는 사람

③ 제1항에 따라 국적회복허가를 받은 사람은 법무부장관 앞에서 국민선서를 하고 국적회복증서를 수여받은 때에 대한민국 국적을 취득한다.[320] 다만, 법무부장관은 연령, 신체적·정신적 장애 등으로 국민선서의 의미를 이해할 수 없거나 이해한 것을 표현할 수 없다고 인정되는 사람에게는 국민선서를 면제할 수 있다. <개정 2017. 12. 19.>

④ 법무부장관은 제3항 본문에 따른 국민선서를 받고 국적회복증서를 수여하는 업무와 같은 항 단서에 따른 국민선서의 면제 업무를 대통령령으로 정하는 바에 따라 재외공관의 장 또는 지방출입국·외국인관서의 장에게 대행하게 할 수 있다. <신설 2017. 12. 19.>

⑤ 제1항부터 제4항까지에 따른 신청절차, 심사, 국민선서 및 국적회복증서 수여와 그 대행 등에 관하여 필요한 사항은 대통령령으로 정한다. <개정 2017. 12. 19.>

⑥ 국적회복허가에 따른 수반(隨伴) 취득에 관하여는 제8조를 준용(準用)한다. <개정 2017. 12. 19.> [전문개정 2008. 3. 14.]

「국적법」 제9조는 국적회복에 의한 국적취득을 규정하고 있다. 즉, 대한민국의 국민이었던 외국인은 법무부장관의 국적회복허가(國籍回復許可)를 받아 대한민국 국적을 취득할 수 있는 것이다. 이러한 국적회복에 의한 국적취득은 일단 과거에 어떠한 원인이로든 대한민국의 국민이었던 외국인이면 되므로 대한민국의 국민이었

320) 이와 관련하여 국적법 개정안은 국적회복에 의해 국적취득한 사람은 '국적회복 증서'를 수여받고 있으나, 국적취득 유형보다 국적취득 사실을 상징할 수 있도록 국적증서의 명칭을 개선하여 '국적회복 증서'를 '대한민국 국적증서'로 변경하였다(법무부공고 제2020-219호(2020년 7월 21일), 국적법 일부개정법률(안) 입법예고).
또한 국적회복 허가를 받은 국적신청자는 법무부장관 앞에서 국민선서를 하고 국적증서를 수여받아야 국적을 최종 취득하게 되나 코로나19로 인해 국적증서 수여식이 중단되어 취학대상 아동, 긴급히 질병치료가 필요한 사람 등의 국적취득이 지연되는 문제가 도출, 국가 재난상황으로 국적증서 수여식 개최가 곤란한 경우 국적증서 수여 절차를 생략하고 국적을 부여할 수 있는 예외규정을 마련할 필요가 있었다. 이와 관련하여 국적법 개정안은 제9조제4항을 신설하여(제5항에서 제7항은 현행 제4항부터 제6항까지와 같음)천재지변 등 법무부장관이 정하는 부득이한 사유가 있는 경우 법무부장관이 국적회복허가를 한 때 국적을 취득하는 규정을 신설하고, 부득이한 사유는 법무부령에 규정하도록 하였다(법무부공고 제2020-219호(2020년 7월 21일), 국적법 일부개정법률(안) 입법예고).

던 기간은 문제되지 않는다.

국적회복허가의 신청에 대한 심사에 있어서 신청인이 대한민국 국민이었는지를 판단하는 것이 그 중요한 부분이 되고 특히 중국동포의 국적회복에 있어서는 국민인 친족과의 관계를 심사하는 과정에서 분쟁이 자주 발생할 수 있다.[321)]

Ⅱ. 국적회복과 귀화와의 관계

국적회복과 귀화는 외국인이 후천적으로 법무부장관의 허가를 통해 대한민국의 국적을 취득한다는 점에서 공통점이 있다. 하지만 귀화가 출생 이후 한 번도 대한민국의 국적을 가진 바가 없는 순수외국인이 대한민국의 국적을 취득하게 되는 제도라면, 국적의 회복은 과거 어떤 원인이로든 대한민국의 국적을 취득한 적이 있는 외국인에게 적용된다는 점에서 차이가 있다.

또한 국적회복은 귀화와는 달리 병역기피를 위해 국적을 상실하였거나 이탈하였는지의 여부를 판단해야 하므로 병적조회가 추가로 요구된다.[322)]

Ⅲ. 국적회복의 요건

국적회복은 일반귀화 및 간이귀화의 경우와 달리 대한민국에 주소를 두지 않아도 신청할 수 있다. 이러한 국적회복에 대해 중국동포를 제외한 일반적인 경우와 중국동포의 경우를 나누어서 살펴보기로 한다.

---

321) 서울고등법원 2001. 6. 21. 선고 2000누12913 판결 등; 이철우 외, 앞의 책, 290면.

322) 국적법시행령 제9조(국적회복허가 신청에 대한 심사) ① 법무부장관은 법 제9조제2항에 따라 국적회복허가 신청자에 대한 국적회복 요건을 심사할 때 관계 기관의 장에게 국적회복허가 신청자에 대한 신원조회, 범죄경력조회, 병적조회 또는 체류동향조사를 의뢰하거나 그 밖에 필요한 사항에 관하여 의견을 구할 수 있다.

② 법무부장관은 필요하면 국적회복허가 신청자에 대하여 의견을 진술하게 하거나 보완자료 제출을 요구할 수 있다. [전문개정 2011. 3. 29.] (이 심사부분을 따로 목차로 설명? 중국동포 이외의 경우와 공통의 적용되는지 살펴보고 정리하자)

1. 일반적인 경우의 국적회복(중국동포 이외의 경우)

1.1. 국적회복의 대상

(1) 원 칙

국적회복을 위해서는 '대한민국의 국민이었던 외국인'은 법무부장관의 국적회복허가를 받아 대한민국 국적을 취득할 수 있다(「국적법」 제9조제1항), 그러므로 국적회복의 대상은 과거에 한국인이었으나 대한민국의 국적을 상실한 자를 말한다. 이는 구체적으로 ① 대한민국 국민으로서 자진하여 외국국적을 취득한 자(법 제15조제1항), ② 복수국적자로서 국적선택기간 내에 국적선택을 하지 아니하여 대한민국의 국적을 상실한 자 및 국적선택명령을 받고 이 기간 내에 명령을 이행하지 아니한 자, ③ 복수국적자로서 대한민국의 국적을 이탈한 자(법 제14조제2항), ④ 귀화·국적회복 등으로 대한민국의 국적을 취득한 후 종전 법 제10조제2항 본문에 따라 6개월 내에 외국국적을 포기하지 아니하거나, 법 제10조에 따라 1년 내에 외국의 국적을 포기하지 아니하거나, 법 제10조에 따라 1년 내에 외국국적을 포기하거나 외국국적불행사 서약을 하지 아니하여 대한민국의 국적이 상실된 자,[323) ⑤ 외국인과의 혼인, 입양, 인지 등에 의해 외국국적을 취득하였으나 6개월 내에 대한민국의 국적보유신고를 하지 아니하여 대한민국 국적이 상실된 자(법 제15조제2항), ⑥ 1998년 6월 13일 이전에 한국인 남자와 혼인(신고)한 외국인 여성의 경우 혼인과 동시에 대한민국의 국적을 취득하나 그 취득일로부터 6개월 내에 외국국적을 포기하지 아니하여 대한민국의 국적이 상실된 자, ⑦ 법 제14조의3에 따라 대한민국 국적의 상실결정을 받은 자가 된다.[324)]

(2) 예 외

하지만 국적회복의 대상자라고 볼 수 있더라도 법무부장관은 국적회복허가 신청을 받아 심사한 후 일정한 경우 국적회복을 허가하지 않는데, 즉 아래에서 열거하

323) 대한민국의 국적을 상실한 때로부터 1년 내에 외국의 국적을 포기한 경우에는 법 제11조에 의한 재취득 신고를 통해 대한민국이 국적을 취득할 수 있을 것이다(법무부 출입국·외국인정책본부, 『2014국적실무편람』 (2014.6), 114면).

324) 법무부 출입국·외국인정책본부, 『2014국적실무편람』 (2014.6), 114~115면.

는 것과 같은 부정적인 사유가 없어야 한다. 여기에서의 부정적 사유란 ① 국가나 사회에 위해(危害)를 끼친 사실이 있는 사람(국적법 제9조제2항제1호), ② 품행이 단정하지 못한 사람(제2호), ③ 병역을 기피할 목적으로 대한민국 국적을 상실하였거나 이탈하였던 사람(제3호), ④ 국가안전보장·질서유지 또는 공공복리를 위하여 법무부장관이 국적회복을 허가하는 것이 적당하지 아니하다고 인정하는 사람(제4호)이 이에 해당된다(「국적법」 제9조제2항). 이러한 것은 귀화심사에서처럼 모든 요소가 종합적으로 고려되어 평가의 대상이 될 것이다.[325]

특히 위의 '② 품행이 단정하지 못한 사람(제2호)'과 관련, 국적회복 불허가 처분한 사안에 대해 법원은 이를 적법하다고 보기도 하고[326] 위법하다고 보기도 하여[327] 사안에 따라 구체적으로 판단하고 있다.

하지만 국적회복허가는 과거의 국민에게 국적을 부여하는 것이기에 국민이었던 적이 없는 외국인에게 국적을 부여하는 귀화와 비교하여 상대적으로 실체적 요건 심사가 엄격하지 않을 것이다.[328]

---

325) 이철우 외, 앞의 책, 289면.

326) 원고가 제출한 제적등본 등에 기재된 사람과 원고를 동일이라고 보기 어려울 뿐만 아니라 이러한 주장을 믿고 그녀와 그 가족들은 초청해 준 사람들에게 원고가 폭언이나 협박을 한 이상 그 품행이 단정하다고도 볼 수 없으므로 국적회복신청을 불허한 처분은 적법하다(서울행정법원 2010.8. 13. 2009구합50350, 국적신청불허가처분취소).

327) 대한민국 국민의 처가 되어 국적을 취득하였으나 6개월 이내에 종전 국적을 포기하지 않아 대한민국 국적을 상실하고 적법한 체류기간도 경과함으로써 불법체류자로 된 경우, 「국적법」 제2항 제2호에서 정한 '품행이 단정하지 못한 자'에 해당하지 아니한다고 본 사안(원고가 1995. 11. 1. 대한민국 국민의 처가 되어 구 「국적법」(1997. 12. 13. 법률 제5431호로 개정되기 전의 것, 이하 '구 「국적법」'이라 한다) 제3조제1호에 따라 대한민국 국적을 취득한 후, 6개월이 지나도록 중국 국적을 포기하는 절차를 밟지 아니하여 구 「국적법」 제12조제7호에 따라 1996. 5. 1. 대한민국의 국적을 상실하게 되고, 방문동거 목적으로 입국할 당시의 적법한 체류기간도 이미 경과함으로써 1996. 5. 2. 이후 현재까지 불법체류하고 있는 것은 사실이나, 원고가 대한민국의 국적을 취득한 후 일정 기간 내에 중국 국적을 포기하여야만 대한민국 국적을 유지할 수 있다는 점을 알지 못하여 대한민국 국적을 계속 유지하고 있는 것으로 알고 있었기 때문에 대한민국 국적 상실 이후의 체류가 불법인 점을 알지 못하였던 것으로 보일 뿐, 원고가 불법체류 사실을 알고도 이를 계속하는 등 대한민국 법질서를 무시하는 태도를 갖고 있다거나 거주기간 동안 특별히 범법행위를 하였다고 볼 증거가 없고, 남편과의 나이 차이만을 이유로 그 혼인관계가 정상적이지 않은 위장결혼이라고 보기도 어려우며, 달리 원고가 「국적법」 제9조제2항 각 호 소정의 국적회복신청을 허가하지 아니할 사유에 해당한다고 인정할 증거가 없다는 이유로, 원고의 국적회복신청을 반려한 이 사건 처분은 위법하다(대법원 2005. 7. 14. 선고 2005두2483 판결 [국적회복허가신청불수리처분취소]).

1.2. 절차 및 구비서류

우선 국적회복을 원하는 사람은 「국적법」 규정에 따라 법무부장관에게 아래와 같은 <국적회복허가신청서>를 작성 제출하여야 한다.[329] 이러한 국적회복의 신청은 국내·외에서 가능하고, 국적회복을 원하는 사람은 자신이 대한민국의 국민이었음을 입증해야 하므로 이와 관련된 서류 등 자료를 제출해야 한다. 신청인은 국적회복 대상이 되는 자가 되지만 중병치료 등으로 거동이 어려워 사무소 출석이 불가한 경우 요건을 충족한 자에 한하여 대행이 허용된다.[330]

기본적으로 국적회복 신청자는 대한민국 내에 자신의 가족관계등록이 폐쇄되어 있는 사람들이다.[331] 외국 국적을 취득하여 대한민국의 국적을 상실하였음에도 실제로 가족관계등록부상에 이것이 반영되어 있지 않을 수 있는데 이 경우 국적상실신고를 먼저 해야 한다. 하지만 실제에 있어서는 신청자 편의를 위해 국적회복허가신청서 서식에 국적상실신고란을 두어 국적회복 신청과 동시에 국적상실신고를 할 수 있도록 하고 있다. 그러므로 가족관계등록부에 국적상실로 제적되지 않은 자는 국적회복신청과 국적상실신고를 같이 신청하여야 한다.

이와 관련한[(중국 제외) 국적회복인 경우] 구체적인 구비서류로서 ① 국적회복허가

---

328) 이철우 외, 앞의 책, 289면.

329) 특별공로자(독립유공자 후손) 또는 우수인재로 복수국적을 보유하고자 하는 자는 신청서에 그 의사를 밝히고 입증서류(특별귀화 구비서류)를 함께 제출(법무부 출입국·외국인정책본부, 『2014 국적실무편람』 (2014.6), 115면).

330) 구체적으로는 의료법 제3조제2항제3호 각 목에 해당하는 의료기관에서 90일 이상을 기거하고 있는 사람으로서 거동할 수 없는 상태임을 해당 의료기관의 장으로부터 확인을 받은 경우가 이에 해당하는 데 이때 배우자나 4촌 이내의 친족이 대행할 수 있다고 한다(2020년 3월 3일, 1345 확인 내용).

<u>의료법 제3조제3조(의료기관)</u> ② 의료기관은 다음 각 호와 같이 구분한다. <개정 2009. 1. 30., 2011. 6. 7., 2016. 5. 29., 2019. 4. 23.>

3. 병원급 의료기관: 의사, 치과의사 또는 한의사가 주로 입원환자를 대상으로 의료행위를 하는 의료기관으로서 그 종류는 다음 각 목과 같다.

가. 병원, 나. 치과병원, 다. 한방병원, 라. 요양병원(정신건강증진 및 정신질환자 복지서비스 지원에 관한 법률 제3조제5호에 따른 정신의료기관 중 정신병원, 장애인복지법 제58조제1항제4호에 따른 의료재활시설로서 제3조의2의 요건을 갖춘 의료기관을 포함한다. 이하 같다), 마. 종합병원

331) 그러므로 국적회복 이후의 가족관계등록절차와 관련하여 국적회복허가를 받은 사람은 가족관계등록을 새로 해야 하는 귀화자의 경우와는 달리 기존의 가족관계등록이나 구 호적 기록을 다시 살리는 형태를 띠게 될 것이다(석동현, 앞의 책, 189면).

신청서 : 모든 기재사항을 상세히 작성하고 사진(3.5×4.5, 칼라사진 첨부), ② 국적회복 진술서, ③ 외국 여권 원본과 사본(인적사항 면, 대한민국 사증면 복사본 각 1부), ④ 아래 중 해당 서류 ㉠ 외국인등록을 한 경우 : 외국인등록증 원본과 앞· 뒷면 사본 1장, ㉡ 외국국적동포국내거소신고를 한 경우 거소신고증 원본과 앞· 뒷면사본 1장, ⑤ 외국국적취득(국적상실) 원인 및 일자를 증명하는 서류(시민권증서원본과 사본, 귀화허가서 원본과 사본, 출생증명서 원본과 사본 등), ⑥ 본인이 대한민국의 국민이었던 사실을 증명하는 서류, ㉠ 가족관계등록부상 국적상실로 제적된 경우 기본증명서 또는 제적등본 1부, ㉡ 가족관계등록부상 제적되지 않은 경우(국적상실과 국적회복신고를 같이 접수함) ① 최근 3개월 이내 발급된 본인의 기본증명서와 가족관계증명서 각 1부, ② 부모 서류(부모 양쪽 서류 모두 필요) 부모가 생존해 있고 한국국적인 경우라면 부모의 기본증명서 1부, 부모가 사망했거나, 한국국적을 상실한 경우라면 사망(국적상실)으로 인한 제적 등본 1부, ⑦ 가족관계등록부의 이름·생년월일·출생지가 외국여권의 인적사항과 다른 경우 ㉠ 시민권증서 뒷면에 이름변경 사실이 기재된 경우 시민권증서 앞·뒷면 사본(이름만 다른 경우), ㉡ 각국 대사관에서 공증받은 이름 변경 진술서(이름만 다른 경우), ㉢ 동일인 확인서와 친척관계 확인서류(예 : 가족관계증명서),[332] ㉣ 법원판결문(시민권취득 국가 법원), 결혼으로 이름변경 없이 오직 성(姓, SURNAME)만 바뀐 경우 혼인사실이 등재된 혼인관계증명서 또는 외국결혼증명서로 대체 가능, ⑧ 해외 범죄경력증명서, ⑨ 정부수입인지 20만원(면제대상 : 면제대상에 해당됨을 입증할 수 있는 자료 필요),[333] ⑩ 국적통보제도(가족관계의 등록등에 관한 규칙에 따른 대법원통보)에 따른 추가 서류, ⑪ 수반취득 자녀가 있는 경우 그 자녀의 여권사본과 친자임을 증명하는 서류(출생증명서 등)이다.[334]

---

332) 이때 보증인의 자격은 가족관계등록부에 등재된 부모를 포함한 친척 2인이고, 보증인의 인적사항과 서명 날인이 되어있어야 한다.

333) 구체적인 수수료 면제 대상은 ① 특별공로자(법 제7조제1항제2호, 독립유공자 또는 국가유공자) 본인 또는 그 배우자나 직계존비속, ② 특별공로자(법 제7조제1항제2호, 독립유공자 또는 국가유공자) 본인의 직계존비속의 배우자, ③ 재외동포의 출입국과 법적지위에 관한 법률 시행령 제3조에 따른 외국국적 동포중 대한민국 정부 수립('48.8.15.) 이전에 대한민국 영토 밖으로 이주하였거나 대한민국 영토 밖에서 출생한 자이다(1345자료, 2020년 2월 21일).

334) 수반취득은 앞에서 언급한 바 있듯이 외국인의 자로서 대한민국 민법상 미성년인 자는 부 또는 모가 국적회복허가 신청시 함께 국적취득을 신청할 수 있다.

하지만 어떤 사유로 인해 대한민국의 국민이었던 신청자 자신의 성명과 국적회복 당시의 성명이 상이하여, 즉 과거의 가족관계등록부에 기재되어 있는 사람과 동일한 사람임을 입증할 자료를 제시할 수 없다면 신청자의 국적회복 신청은 받아들여지기 어려울 것이다.[335)]

위에서 언급한 바와 같이 국적회복 신청자는 기본적으로 대한민국 내에 자신의 가족관계등록이 되어 있는 사람들이므로 국적회복 이후의 가족관계등록절차와 관련하여 국적회복허가를 받은 사람은 가족관계등록을 새로 해야 하는 귀화자의 경우와는 달리 기존의 가족관계등록이나 구 호적 기록을 다시 살리는 형태를 띠게 될 것이다.

실제에 있어서는 「가족관계의 등록 등에 관한 법률」 제95조(국적회복허가의 통보 등)에 근거하여 법무부장관이 「국적법」제9조에 따라 대한민국의 국적회복을 허가한 경우 지체 없이 국적회복을 한 사람이 정한 등록기준지의 시·읍·면의 장에게 대법원규칙으로 정하는 사항을 통보하게 된다(제95조제1항). 이러한 통보를 받은 시·읍·면의 장은 국적회복을 한 사람의 등록부를 작성한다. 다만, 국적회복을 한 사람의 등록부등이 있는 경우에는 등록부등에 기재된 등록기준지의 시·읍·면의 장에게 그 사항을 통보하여야 한다(제95조제2항).

1.3. 효 력

국적회복허가를 받은 사람은 법무부장관 앞에서 국민선서를 하고 국적회복증서를 수여받은 때에 대한민국 국적을 취득한다. 다만, 법무부장관은 연령, 신체적·정신적 장애 등으로 국민선서의 의미를 이해할 수 없거나 이해한 것을 표현할 수 없다고 인정되는 사람에게는 국민선서를 면제할 수 있다(「국적법」 제9조제3항). 법무부장관은 제3항 본문에 따른 국민선서를 받고 국적회복증서를 수여하는 업무와 같은 항 단서에 따른 국민선서의 면제 업무를 대통령령으로 정하는 바에 따라 재외공관의 장 또는 지방출입국·외국인관서의 장에게 대행하게 할 수 있다(「국적법」 제9조제4항).[336)]

---

335) 서울고등법원 2010. 10. 14. 선고 2009누30365 판결(국적회복신청불허가처분 및 반려처분취소).

336) 제1항부터 제4항까지에 따른 신청절차, 심사, 국민선서 및 국적회복증서 수여와 그 대행 등에

국적회복에 의한 국적을 취득한 경우 국적법 제10조에 따라 국적취득 후 1년 내에 원국적, 즉, 보유하고 있던 외국 국적을 포기하여야 한다.337) 그렇지 않을 경우 그 기간이 경과한 때 대한민국의 국적을 상실하게 된다. 이에 대한 내용은 다음의 '국적취득자의 외국 국적 포기 의무' 부분에서 상세히 다루기로 한다.

국적회복허가에 따른 수반(隨伴) 취득이 문제될 수 있는데 이에 관하여는 「국적법」 제9조제6항에 따라 제8조를 준용(準用)한다. 그러므로 국적회복 신청자의 미성년자인 자녀는 그 부나 모가 국적회복허가신청서를 작성, 제출하면서 수반취득도 함께 신청시 그 부나 모가 대한민국의 국적 회복허가 신청이 받아들여져 법무부장관 앞에서 국민선서를 하고 국적회복증서를 수여받은 때에 대한민국 국적을 취득하게 될 것이다.

1.4. 외국국적불행사 서약의 절차338)

(1) 「국적법」 제10조제2항제2호에 따른 서약

「국적법」 제10조제2항제2호[제9조(국적회복에 의한 국적 취득)에 따라 국적회복허가를 받

관하여 필요한 사항은 대통령령으로 정한다(「국적법」 제9조제5항).

337) 국적법 【제10조】 (국적 취득자의 외국 국적 포기 의무)

① 대한민국 국적을 취득한 외국인으로서 외국 국적을 가지고 있는 자는 대한민국 국적을 취득한 날부터 1년 내에 그 외국 국적을 포기하여야 한다. <개정 2010. 5. 4.>

② 제1항에도 불구하고 다음 각 호의 어느 하나에 해당하는 자는 대한민국 국적을 취득한 날부터 1년 내에 외국 국적을 포기하거나 법무부장관이 정하는 바에 따라 대한민국에서 외국 국적을 행사하지 아니하겠다는 뜻을 법무부장관에게 서약하여야 한다. <신설 2010. 5. 4.>

1. 귀화허가를 받은 때에 제6조제2항제1호·제2호 또는 제7조제1항제2호·제3호의 어느 하나에 해당하는 사유가 있는 자
2. 제9조에 따라 국적회복허가를 받은 자로서 제7조제1항제2호 또는 제3호에 해당한다고 법무부장관이 인정하는 자
3. 대한민국의 「민법」상 성년이 되기 전에 외국인에게 입양된 후 외국 국적을 취득하고 외국에서 계속 거주하다가 제9조에 따라 국적회복허가를 받은 자
4. 외국에서 거주하다가 영주할 목적으로 만 65세 이후에 입국하여 제9조에 따라 국적회복허가를 받은 자
5. 본인의 뜻에도 불구하고 외국의 법률 및 제도로 인하여 제1항을 이행하기 어려운 자로서 대통령령으로 정하는 자

③ 제1항 또는 제2항을 이행하지 아니한 자는 그 기간이 지난 때에 대한민국 국적을 상실(喪失)한다. <개정 2010. 5. 4.>

338) 구체적인 외국국적불행사의 법적 성격, 대상, 서약방식 및 기간, 구비서류 등과 관련해서는 '국적

은 자로서 제7조제1항제2호(특별귀화 요건, 대한민국에 특별한 공로가 있는 사람)] 또는 제3호(과학·경제·문화·체육 등 특정 분야에서 매우 우수한 능력을 보유한 사람으로서 대한민국의 국익에 기여할 것으로 인정되는 사람에 해당한다고 법무부장관이 인정하는 자)의 경우에는 국적회복 신청자가 신청을 하면서 특별공로자나 우수인재로 외국국적불행사 서약의 의사를 밝힌 경우에는 법무부(본부)에서 국적회복허가 통보 시에 서약 가능여부를 함께 통보하게 되고 이때 특별공로자나 우수인재로 외국국적불행사 서약이 가능하다는 통보도 함께 받은 회복허가자라면 그 서약서를 지방 출입국·외국인관서에 제출하면 될 것이다.[339)]

(2) 「국적법」 제10조제2항제3호 및 제5호에 따른 서약

「국적법」 제10조제2항제3호(대한민국의 「민법」상 성년이 되기 전에 외국인에게 입양된 후 외국 국적을 취득하고 외국에서 계속 거주하다가 제9조에 따라 국적회복허가를 받은 자) 및 제5호(본인의 뜻에도 불구하고 외국의 법률 및 제도로 인하여 제1항을 이행하기 어려운 자로서 대통령령으로 정하는 자)에 따른 서약의 경우 국적회복허가를 받은 자가 해당 입증서류를 첨부한 서약서를 제출 시 법무부(본부)가 요건을 심사하여 수리한 후 본인에게 통보하게 될 것이다.[340)]

(3) 「국적법」 제10조제2항제4호에 따른 서약

「국적법」 제10조제2항4호(외국에서 거주하다가 영주할 목적으로 만 65세 이후에 입국하여 제9조에 따라 국적회복허가를 받은 자)에 따른 서약은 65세가 지난 이후 영주 귀국할 목적으로 입국하여 국적회복의 허가를 받은 자가 서약하는 경우라면 이는 지방 출입국·외국인관서에서 취급하여 수리하게 될 것이다.[341)]

취득자의 외국국적 포기의무' 부분을 참조.

339) 만일 국적회복허가 신청 시 서약의 의사가 없었고 입증서류를 제출하지 않았으나 허가 후 서약서를 제출 시에는 특별공로나 우수인재 심의를 마친 후 수리하고 그 사실을 본인에게 통보하게 될 것이다(법무부 출입국·외국인정책본부, 『2014국적실무편람』 (2014.6), 117면).

340) 위의 책, 117면.

341) 위의 책, 118면.

1.5. 문제되는 경우

(1) 65세 이상 고령 동포의 국적회복 신청

65세 이상의 국적회복 고령 동포가 복수국적을 인정받기 위해서는, 즉 외국국적 불행사 서약이 수리되기 위해서는 국적회복 신청 시뿐만 아니라 국적회복 허가 시점까지도 외국인등록이나 거소신고의 상태를 유지해야 할 것이다.[342]

(2) 외국의 국적을 취득하였으나 가족관계등록부가 폐쇄(舊 제적)되지 않은 경우

외국의 국적을 취득하였으나 가족관계등록부가 폐쇄(舊 제적)되지 않은 경우에 그 가족관계등록부는 국적상실신고에 의해 상실사실을 기록한 후 폐쇄되어야 하고 국적회복허가의 절차를 통해 새롭게 가족관계등록부에 등재되게 된다.[343]

(3) 국적회복 후의 병역의무와 관련(병역법 제71조)

국적을 회복한 남자가 국적회복의 시점에서 병역의무 연령에 해당되고 종전에 병역을 마치지 않은 상태라면 「병역법」에 따라 병역의무를 이행해야 할 것이다.

(4) 불법체류자가 신청자인 경우

이러한 국적회복허가는 귀화허가와 같이 재량행위이고 국적회복을 허가하지 않는다는 결정은 국적회복 불허처분의 형태를 띠어야 할 것이다.[344] 귀화의 경우처럼 이전에는 형식적 요건을 구비하였음에도 신청서의 접수를 거부한 사례들이 있었지만 이러한 것은 위법한 행정처분이라고 할 수 있다.[345]

원칙적으로 불법체류자는 불법체류 상태를 해소하기 이전까지는 귀화나 국적회복 신청을 할 수 없다. 하지만 예외적으로 「국적업무처리지침」이나 「외국국적 동포의 국적회복 등에 관한 업무처리 지침」에 의거하여 일정한 요건을 충족시에는

342) 앞의 책, 같은 면.

343) 가족관계등록부가 폐쇄되지 않고 남아 있어도 외국국적 취득 시점에 이미 대한민국의 국적이 자동 상실되었으므로 그 가족관계등록부는 당연히 정리되어야 할 등록부에 지나지 않아 그대로 사용할 수 없으므로 이 경우에는 보통 국적상실의 신고와 국적회복허가 신청을 동시에 하는 형태를 띠게 될 것이다(법무부 출입국·외국인정책본부, 『2014국적실무편람』(2014.6), 116면).

344) 이철우 외, 앞의 책, 290면.

345) 서울행정법원 2003. 6. 24. 선고 2002구합34786판결; 이철우 외, 위의 책, 같은 면.

국적회복 또는 귀화 신청을 할 수 있을 것이다.[346)]

이와 관련하여 「외국국적동포의 국적회복 등에 관한 업무처리지침」상 외국국적동포가 국내에서 국적회복 또는 귀화 허가 신청을 하고자 할 경우 적법하게 입국·체류 중인 때에 한하여 법무부장관에게 그 신청을 할 수 있다고 해서 이를 근거로 불법체류자에 대한 신청서의 접수를 거부해서는 안 될 것이다.[347)] 왜냐하면 이러한 지침은 법무부예규에 불과하여 대외적으로 구속력을 가진다고 할 수 없고 특히 불법체류자의 신청자격 자체를 부정하려고 한다면 법률이나 위임명령에 의하여 할 것이기 때문이다.[348)] 불법체류자가 신청자인 경우와 관련한 자세한 내용은 제17장(법정대리인에 의한 신고 등) 부분에서 상세히 다루기로 한다.

(5) 출생월일이 특정되지 않은 자의 경우

해당 국가의 신분등록제도의 미비로 인해 출생월일이 특정되지 않은 신분증을 소지하고 실제 출생 월일을 증명할 수 있는 별도의 자료가 없는 사람이 국적회복의 신청을 하는 경우 신청자가 그의 국내 자국대사관이나 영사관 등을 통해 출생월일을 특정 받은 후 「출입국관리법」 제35조에 의한 외국인등록사항 변경의 신고를 이행한 경우에 한해 국적회복의 신청을 심사하게 될 것이다.[349)]

---

346) 법무부 출입국·외국인정책본부, 『2014국적실무편람』(2014.6), 18~19면; 불법체류자의 귀화와 국적회복 신청과 관련한 구체적인 내용은 제17장의 '법정대리인에 의한 신고 등'의 부분을 참조.

347) 외국국적동포의 국적회복 등에 관한 업무처리지침 제4조(국내 신청자격) 외국국적 동포로서 이 지침에 따라 국내에서 국적회복 또는 귀화 허가 신청을 하고자 하는 자는 적법하게 입국·체류 중인 때에 한하여 법무부장관에게 그 신청을 할 수 있다.

348) 이철우 외, 앞의 책, 290~291면.

349) 「국적업무처리지침」[시행 2019. 4. 22.] [법무부예규 제1218호, 2019. 4. 16., 일부개정 제16조(출생 월일이 특정되지 않은 자의 처리) 법무부장관은 해당국의 신분등록제도의 불비로 인하여 출생월일이 특정되지 않은 신분증을 소지하고 있고, 실제 출생 월일을 증명할 수 있는 별도의 자료가 없는 자가 귀화·국적회복 허가 신청을 하는 경우에는 신청자가 그의 국내 주재 자국대사관 또는 영사관 등을 통하여 출생 월일을 특정받은 후 「출입국관리법」 제35조에 의한 외국인등록사항 변경의 신고를 이행한 경우에 한하여 귀화·국적회복 허가 신청을 심사한다.

2. 일반적이지 아니한 경우의 국적회복(중국동포의 경우)

2.1. 대 상

중국국적 동포의 경우 그 대상은 ① 1949년 10월 1일 전에 한반도 및 그 부속도서에서 중국 등지로 이주하였거나 중국 등지에서 출생한 자나 ② 이에 해당하는 자의 직계비속이다.[350)]

2.2. 구비서류[351)]

중국 동포의 국적회복에 필요한 서류는 국적회복허가신청서, 수수료 : 20만원 특

---

350) ①의 경우에 해당하는 중국 국적 동포는 중화인민공화국이 성립된 1949년 10월 1일부로 중국국적을 취득함과 동시에 대한민국 국적을 상실한 것으로 의제된다(「외국국적 동포의 국적회복 등에 관한 업무처리 지침」)[시행 2018. 12. 20.] [법무부예규 제1202호, 2018. 12. 18., 일부개정]. 제2조(적용대상) 이 지침은 외국국적 동포로서 아래 각 호의 어느 하나에 해당하는 자에 대하여 적용한다.

1. 1949년 10월 1일 전에 한반도 및 그 부속도서에서 중국 등지로 이주하였거나 중국 등지에서 출생한 자
2. 제1호에 해당하는 자의 직계비속

제3조(의제규정) 제2조제1호에 해당하는 중국 국적 동포는 1949년 10월 1일부로 중국국적을 취득함과 동시에 대한민국 국적을 상실한 것으로 본다.

351) 1345 자료(2020.1.29. 기준)에 의하면(중국) 동포 1세 국적회복의 경우에 대한 구비서류로서 ① 국적회복허가신청서, ② 국적회복진술서(항목별로 상세히 작성) ㉠ 부 또는 모가 중국으로 건너가게 된 경위, ㉡ 한국 입국 경위(언제 어떤 경위로, 누구의 초청으로, 경비 등), ㉢ 한국에 있는 친척을 찾게 된 경위 및 부 또는 모의 가족관계등록사항에 관한 증명서(호적) 제적등본을 발견하게 된 경위, ㉣ 국내거주 친척, 고향방문 여부, 연고자 내지 친척생존 여부(친척 전화번호 기재), ㉤ 국적취득 신청 이유 및 취득 후 생계유지 방법 등 활동계획, ㉥ 중국내 친척 및 재산보유 여부, ③ 외국인의 여권 원본과 사본(인적사항면, 대한민국 사증면 복사본 각 1부), ④ 외국인등록증 원본과 앞·뒷면 사본 1부(외국인등록을 한 경우), ⑤ 중국의 거민신분증 원본과 사본 1부, ⑥ 중국의 호구부 원본과 전체 복사본 1부, ⑦ [본인 가족관계등록부가 있는 경우로서] ㉮ 한국 가족관계등록부와 중국 공적서류상 인적사항이 동일한 경우 ㉠ 본인의 제적등본 ·본인의 가족관계등록부에 관한 증명서, ㉡ 국내거주 8촌 이내 혈족 보증인(1인 이상) 서류로서 친척관계 확인서, 8촌 이내 친척과의 관계를 나타내는 가계도, (가계도를 증명할 수 있는) 제적등본, 족보 등, 친척의 기본증명서, 가족관계증명서, 주민등록등본, 주민등록증 사본, 친척이 신청인을 만나게 된 상봉 경위서(친척이 작성한 후 서명날인, 인감증명 불필요), 조상 묘 등에서 함께 찍은 사진, ㉢ 국내 친척과 주고받은 편지, KBS 방송국 이산가족 결연 확인서, 국내 친척과의 유전자 감식 결과 등 (해당하는 경우 제출), ㉯ 한국 가족관계등록부와 중국 공적서류상 인적사항이 다른 경우 추가 서류로서 ㉣ 동일인 확인서(별도 서식, 국내 친척이 한국의 공증 사무소에서 동일인 보증을 하여 공증을 받아서 제출, ⑧ [부 또는 모의 가족관계등록부만 있는 경우로서] ㉮ 부 또는 모의 한국

별공로자(독립유공자 후손) 또는 우수인재로 복수국적을 보유하고자 하는 자는 신청서에 그 의사를 밝히고 입증서류(특별귀화 부분 참조)를 함께 제출해야 함; 국적회복진술서, 중국 여권 사본 및 호구부 사본(각각 원본제시 필요), 외국 국적 취득(대한민국 국적상실) 원인 및 일자를 증명하는 서류(국적상실 의제규정으로 인해 제출 불요), 중국(제3국) 범죄경력증명서(일반귀화 부분 참고), 가족관계등록부 작성에 필요한 서류(일반귀화 부분 참조), 본인이 과거 대한민국의 국민이었던 사실을 증명하는 서류이다.

이 가운데 본인이 과거 대한민국의 국민이었던 사실을 증명하는 서류와 관련해서는 허위의 가족관계등록부나 무연고 가족관계등록부를 이용하여 대한민국의 국적을 취득할 수 있음을 방지하기 위해 외국국적동포의 국적회복 등에 관한 업무처리지침에 의하면 대한민국 국민이었던 사실의 증명을 위해 일정한 서류를 제출하도록 규정하고 있고,[352] 이러한 내용을 포함하여 그 사안에 따라 다음과 같은 여러

가족관계등록부와 중국 공적서류상 인적사항이 동일한 경우, ㉠ 부 또는 모의 제적등본 ·가족관계등록부에 관한 증명서, ㉡ 중국의 친자 공증서(중국 외교부 인증받은 것, 부·모 자녀관계를 증명하는 것임), ㉢ 친자 관계 입증 보완 자료(택일), 전가족상주인구등기표, 농촌호구등기표, 호구저부, 전국인구보사등기표, 직장당안 중 택일(공안파출소 또는 해당 직장인사국에서 원본을 복사하여 발급기관과 발급자 확인을 받은 서류), ㉣ 국내거주 8촌 이내 혈족 보증인(1인 이상) 서류, 친척관계 확인서, 8촌 이내 친척과의 관계를 나타내는 가계도(가계도를 증명할 수 있는), 제적등본, 족보 등, 친척의 기본증명서, 가족관계증명서, 주민등록등본, 주민등록증 사본, 친척이 신청인을 만나게 된 상봉 경위서(친척이 작성한 후 서명날인, 인감증명 불필요), 조상 묘 등에서 함께 찍은 사진, ㉤ 국내 친척과 주고받은 편지, KBS 방송국 이산가족 결연 확인서, 국내 친척과의 유전자 감식 결과 등(해당하는 경우 제출), ㉯ 한국 가족관계등록부와 중국 공적서류상 인적사항이 다른 경우 추가 서류로서 ㉥ 동일인 확인서(별도 서식, 국내 친척이 한국의 공증 사무소에서 동일인 보증을 하여 공증을 받아서 제출), ⑨ 정부수입인지 20만원(수수료 면제대상에 해당됨을 입증할 수 있는 자료 필요), ⑩ 국적통보제도(가족관계의 등록등에 관한 규칙에 따른 대법원통보)에 따른 추가 서류를 들고 있다.

352) 외국국적동포의 국적회복 등에 관한 업무처리지침 제5조 (대한민국 국민이었던 사실의 증명)
①국적회복허가를 신청하는 자는 다음 각 호의 자료에 의하여 본인이 대한민국 국민이었던 사실을 증명하여야 한다.
1. 본인의 가족관계기록사항에 관한 증명서·제적등본
2. 본인의 부 또는 모의 가족관계기록사항에 관한 증명서·제적등본 및 본인과의 관계를 증명할 수 있는 출생증명서, 관련국의 공적서류 또는 공증증서 등
3. 8촌 이내 혈족의 가족관계기록사항에 관한 증명서 및 그 혈족과의 관계를 증명할 수 있는 가족관계기록사항에 관한 증명서·제적등본, 관련국의 공적서류 또는 공증증서, 족보와 친척관계 확인서, 공인의료기관에서 발행하는 유전자감식결과 등
4. 그 밖에 위 각호에 준하는 증명자료
② 귀화허가를 신청하는 자가 본인의 부 또는 모가 대한민국 국민이었던 사실을 주장하기 위해

가지 입증서류를 요구할 수 있을 것이다.[353]

(1) 본인의 가족관계등록부(제적부나 구 호적부)가 있는 경우

이는 ① 대한민국의 가족관계등록부와 중국 공적서류 상 인적사항이 같은 경우와 ② 다른 경우가 있을 수 있다. ①의 경우는 본인의 가족관계등록부에 관한 증명서·제적등본, 국내 8촌 이내 친족보증인(1인 이상)이 제출해야 할 서류: 친족관계확인서(양식 자유), 본인과 친척과의 관계를 나타내는 가계도 및 가계도를 증명할 수 있는 서류(친척의 가족관계등록부, 족보 등), 친척의 주민등록등본, 주민등록증 사본, 친척이 신청인을 만나게 된 상봉경위서 및 신청인과 함께 찍은 사진(조상의 묘지에서 등), 기타 국내 친척과 주고받은 편지, KBS 방송국 이산가족 결연확인서, 국내 친척과의 유전자 감식 결과 등(해당 시 제출)이고 ②의 경우는 ①의 경우에 해당하는 서류 이외에 동일인 확인서를 추가로 제출해야 하는데 이는 친척 등 그 신분관계를 아는 자가 동일인 보증을 하고 대한민국의 공증사무소에서 공증을 받아야 할 것이다.

(2) 본인의 가족관계등록부(제적부나 구 호적부)는 없으나 부 또는 모 가족관계등록부가 있는 경우

이 경우 역시 ① 부·모의 가족관계등록부와 중국 공적서류 상 인적사항이 같은 경우와 ② 다른 경우가 있을 수 있다. ①의 경우는 부 또는 모의 가족관계기록사항에 관한 증명서(제적등본 등), 친자관계 입증서류: 외교부 인증을 받은 중국의 친자공증, 보완자료로서 중국 舊 호구부, 친속관계증명서, 출생증명서, 이혼판결문, 호적증명, 전가족상주인구등기표 등, 국내 8촌 이내 친족보증인(1인 이상)이 제출해야 할

서는 다음 각 호의 자료에 의하여 그 사실을 증명하여야 한다.

1. 부 또는 모의 가족관계기록사항에 관한 증명서·제적등본
2. 부 또는 모의 7촌 이내 혈족의 가족관계기록사항에 관한 증명서 및 그 혈족과 부 또는 모와의 관계를 증명할 수 있는 가족관계기록사항에 관한 증명서·제적등본, 족보와 친척관계확인서, 관련국의 공적서류 또는 공증증서, 공인의료기관에서 발행한 유전자 감식결과 등
3. 그 밖에 위 각호에 준하는 증명자료

③ 제1항 내지 제2항에 있어 본인, 부 또는 모의 가족관계기록사항에 관한 증명서·제적등본에 표시된 성명, 생년월일이 여권 기타 외국의 신분서류 기재사항과 다른 때에는 상당한 관계가 있는 자의 친척관계확인 등 적절한 방법으로 동일인인 사실을 증명하여야 한다.

353) 법무부 출입국·외국인정책본부, 『2014국적실무편람』 (2014.6), 120~121면.

서류: 친족관계확인서(양식 자유), 본인과 친척과의 관계를 나타내는 가계도 및 가계도를 증명할 수 있는 서류(친척의 가족관계등록부, 족보 등), 친척의 주민등록등본, 주민등록증 사본, 친척이 신청인을 만나게 된 상봉경위서 및 신청인과 함께 찍은 사진(조상의 묘지에서 등), 기타 국내 친척과 주고받은 편지, KBS 방송국 이산가족 결연확인서, 국내 친척과의 유전자 감식 결과 등(해당 시 제출)이고 ②의 경우에는 ①에서 필요한 서류 이외에 위에서 언급한 것과 같은 동일인 확인서를 추가로 제출해야 하는데 이는 친척 등 그 신분관계를 아는 자가 동일인 보증을 하고 대한민국의 공증사무소에서 공증을 받아야 할 것이다.

(3) 본인 및 부·모의 가족관계등록부는 없으나 8촌 이내 친족의 가족관계등록부가 있는 경우

이 경우에는 부·모의 가족관계등록부가 멸실된 사실을 공적으로 증명할 수 있는 서류(가족관계등록관서의 멸실확인서 등), 친족의 기본증명서, 주민등록등본, 인감증명서 등 친족과 신청인과의 관계를 증명할 수 있는 자료(유전자감정서, 서신, 족보, 함께 찍은 사진 등), 신청인과 부·모의 관계를 입증할 수 있는 자료(호구부, 친속관계증명서 등), 기타 대한민국 국민이었던 사실을 입증하는 자료가 될 것이다.

2.3. 문제되는 경우

(1) 외국의 국적을 취득하였으나 가족관계등록부가 폐쇄(舊 제적)되지 않은 경우

이 경우는 위에서 언급한 일반적인 경우의 국적회복 절차처럼 외국의 국적을 취득하였으나 가족관계등록부가 폐쇄(舊 제적)되지 않은 경우에 그 가족관계등록부는 국적상실신고에 의해 상실사실을 기록한 후 폐쇄되어야 하고 국적회복허가의 절차를 통해 새롭게 가족관계등록부에 등재되게 된다.

이와 관련하여 「대법원 가족관계등록예규」(제207호)에 따르면 대한민국 국민이 외국인과 혼인, 입양 또는 귀화 등으로 외국의 국적을 취득하여 대한민국 국적을 상실하거나 또는 외국인이 대한민국 국적을 취득하였으나 법정기간(6개월) 내에 외국국적을 포기하지 않아 대한민국 국적을 상실하였으나 가족관계등록부상 국적상실의 기록이 되어 있지 아니한 경우 법원의 허가를 받아 직권으로 국적상실의 처리를 한 다

음에 국적회복신고에 의한 가족관계등록부를 정리할 수 있는 예외를 규정하고 있다.[354)]

(2) 국적회복 후의 병역의무와 관련

국적을 회복한 남자가 국적회복의 시점에서 병역의무 연령에 해당되고 종전에 병역을 마치지 않은 상태라면 「병역법」에 따라 병역의무를 이행해야 할 것이다. 다만 이 경우(「국적법」 제9조에 따라 국적회복허가를 받아 대한민국의 국적을 취득한 사람) 병역판정검사, 재병역판정검사, 확인신체검사, 현역병 입영 또는 사회복무요원 소집 의무는 38세부터 면제된다(「병역법」 제71조).[355)]

(3) 불법체류 중인 신청자의 경우

이 경우도 위에서 언급한 일반적인 경우의 국적회복 절차가 동일하게 적용될 것이다.[356)] 불법체류자가 신청자인 경우와 관련한 자세한 내용은 제17장(법정대리인에

---

354) 「대법원 가족관계등록예규」 제207호(2007. 12. 10. 결재, 2008년 1월 1일부터 시행) 국적상실의 기록이 없는 사람에 대한 국적회복의 신고

대한민국 국민이 외국인과 혼인, 입양 또는 귀화 등으로 외국의 국적을 취득하여 대한민국 국적을 상실하거나 또는 외국인이 대한민국 국적을 취득하였으나 법정기간(6개월) 내에 외국국적을 포기하지 않아 대한민국 국적을 상실하였으나 가족관계등록부상 국적상실의 기록이 되어 있지 아니한 경우, 「국적법」 제9조제1항 및 같은 법 시행령 제10조에 따라 법무부장관으로부터 국적회복허가통지서를 교부받아 국적회복신고를 한 경우에 가족관계등록부에 기록을 하고자 하였으나 가족관계등록부상 국적상실의 원인기록이 없어 회복정리를 할 수 없는 경우에는,

가. 먼저 「가족관계의 등록 등에 관한 법률」 제38조에 따라 배우자 또는 4촌 이내의 친족 등에게 국적상실신고를 하도록 최고하고, 최고를 하여도 그 신고를 하지 아니하거나 또는 최고를 할 수 없을 때(신고의무자가 없는 때 또는 외국거주 등으로 소재불명일 때) 등에는 「가족관계의 등록 등에 관한 법률」 제18조제2항에 따라 감독법원의 허가를 받아 직권으로 국적상실의 처리를 한 다음에 국적회복신고에 의한 가족관계등록부를 정리해야 할 것이며, 국적상실기록(폐쇄)이 되어 있지 아니하다고 하여 국적회복신고를 불수리할 것이 아니다.

나. 대한민국 국적상실 원인 및 연월일과 인적사항은 법무부장관의 통지서에 나타나므로 직권으로 기록할 사항은 그 통지서 내용에 의하여 처리(폐쇄)한 다음 국적회복절차에 따라 새로이 가족관계등록부를 작성한다.

355) 병역법 제71조(입영의무 등의 감면) ① 병역판정검사, 재병역판정검사, 확인신체검사, 현역병입영 또는 사회복무요원 소집 의무는 36세부터 면제되며, 면제된 사람은 전시근로역에 편입한다. 다만, 다음 각 호의 어느 하나에 해당하는 사람은 38세부터 면제된다.

11. 「국적법」 제9조에 따라 국적회복허가를 받아 대한민국의 국적을 취득한 사람. 다만, 귀화에 의하여 대한민국의 국적을 취득한 사람은 제외한다.

356) 불법체류자의 귀화와 국적회복 신청과 관련한 구체적인 내용은 제17장의 '법정대리인에 의한 신

의한 신고 등) 부분에서 상세히 다루기로 한다.

(4) 출생월일이 특정되지 않은 자의 경우

역시 위에서 언급한 일반적 경우의 국적회복 절차와 같이 해당 국가의 신분등록 제도의 미비로 인해 출생월일이 특정되지 않은 신분증을 소지하고 실제 출생 월일을 증명할 수 있는 별도의 자료가 없는 사람이 국적회복의 신청을 하는 경우 신청자가 그의 국내 자국대사관이나 영사관 등을 통해 출생 월일을 특정 받은 후 「출입국관리법」 제35조에 의한 외국인등록사항 변경의 신고를 이행한 경우에 한해 국적회복의 신청을 심사하게 될 것이다.[357)]

(5) 가족 동반신청의 여부

2013년 1월 1일 국적회복에 관한 지침이 개정되기 전에는 중국동포 1세가 국적회복을 신청시 신청자의 배우자, 직계존비속, 직계존비속의 배우자도 불법체류자가 아닌 한 국적회복허가나 귀화허가 신청이 가능하였었지만 본 지침 개정으로 인해 폐지되었다.

(6) 외국국적불행사 서약의 절차[358)]

외국국적불행사 서약의 절차는 위에서 살펴 본 일반적인 경우의 국적회복 절차와 같다고 할 수 있다. 다만 「국적법」 제10조제2항제2호 해당자 가운데 독립유공자 후손의 경우, 즉 독립유공자의 후손으로 국적회복을 받은 자가 외국국적불행사 서약서를 제출하면 법무부에서 확인한 후 이를 즉시 수리, 지방 출입국·외국인 관서에서 서약확인서를 발급받을 수 있게 될 것이다.[359)]

고 등'의 부분을 참조.

357) 「국적업무처리지침」[시행 2019. 4. 22.] [법무부예규 제1218호, 2019. 4. 16., 일부개정 제16조(출생 월일이 특정되지 않은 자의 처리) 법무부장관은 해당국의 신분등록제도의 불비로 인하여 출생월일이 특정되지 않은 신분증을 소지하고 있고, 실제 출생 월일을 증명할 수 있는 별도의 자료가 없는 자가 귀화·국적회복 허가 신청을 하는 경우에는 신청자가 그의 국내 주재 자국대사관 또는 영사관 등을 통하여 출생 월일을 특정받은 후 「출입국관리법」 제35조에 의한 외국인등록사항 변경의 신고를 이행한 경우에 한하여 귀화·국적회복 허가 신청을 심사한다.

358) 구체적인 외국국적불행사의 법적 성격, 대상, 서약방식 및 기간, 구비서류 등과 관련해서는 '국적취득자의 외국국적 포기의무' 부분을 참조.

359) 법무부 출입국·외국인정책본부, 『2014국적실무편람』 (2014.6), 123면.

사례의 분석

1. 국적회복이란 쉽게 말하면 대한민국 사람이 외국 사람으로 되었다가 다시 대한민국의 사람이 되는 경우를 말한다. 즉, 과거에 대한민국의 국민이었지만 국적법에서 정한 국적의 상실사유로 인해 대한민국의 국적을 상실하였던 자 또는 복수국적자로서 대한민국의 국적을 이탈하였던 자가 법무부장관의 허가를 얻어 대한민국의 국적을 회복(재취득)하는 것을 말한다.[360] 국적회복이 과거 대한민국의 국적을 보유한 적이 있는 외국인이 그 대상이라면 귀화는 출생이후 대한민국의 국적을 보유해 본 적이 없는 순수 외국인이 그 대상이 된다는 점에서 구분된다.

2. 가능하다. 국적회복은 과거에 국적상실이나 국적이탈에 의해 정리되었던 가족관계등록부를 되살리는 의미라고도 할 수 있다. 그런데 문제는 본인의 가족관계등록부가 분실 내지 멸실되거나 부모의 해외이주로 인해 국내 출생신고가 되어 있지 않거나 혹은 오래 전에 외국으로 이주하거나 행정지명의 변경 등으로 등록기준지가 어디인지 모르는 경우가 있다. 이러한 경우에는 부나 모의 가족관계등록부와 국내에 거주하는 친족과의 혈족관계를 입증하는 가족관계기록사항에 관한 증명서 등을 통해 대한민국 국민이었던 사실을 소명할 경우 가족관계등록부가 없어도 국적회복절차를 통해 가족관계등록부가 새로 작성될 수 있다.[361]

3. 할 수 있다. 1997년 국적법에서는 처의 수반취득제도를 폐지하였기에 부부 중 어느 한 사람만 국적회복 신청이 가능하게 되었다.[362]

4. 가능하다. 원칙적으로는 적법하게 입국하여 체류 중인 자에 한해서 가능하나 예외적으로 「국적업무처리지침」이나 「외국국적 동포의 국적회복 등에 관한 업무처리 지침」에 의거하여 일정한 요건을 충족 시에는 국적회복 또는 귀화를 할 수 있다. 이는 구체적으로
   (1) 외국인이 불법체류 상태인 경우 법무부장관은 (i) 「국적법」 제6조제2항제3호 또는 제4호에 해당하는 자[363]나 (ii) 1998. 6. 14. 전에 국민과 혼인하여 국적을 취득한 자로 혼인일로부터 6개월이 경과한 후 원 국적을 포기함으로써 무국적 상태에 있는 자 중 어느 하나에 해당하고 인도적 고려가 필요하다고 인정되는 자에 대하여는 일정한(제2항 각 호상에 정한) 절차를 이행한 경우에 한하여 귀화 또는 국적회복허가 여부를 심사·결정한다(「국적업무처리지침」 제12조제1항).
   (2) 독립유공자가 불법체류 상태인 경우 「외국국적 동포의 국적회복 등에 관한 업무처리 지침」에 따른 독립유공자등에 대한 특례를 통해[364] 법무부장관은 외국국적 동포 중 독립유공자·국가유공자 및 그 친족에 해당하는 자가 대한민국 국적의 취득을 원하는 때에는 국적법령에 반하지 않는 범위 내에서 제5조 및 제8조의 규정에 불구하고 그 신청을 받아 국가보훈처와의 협의 등을

거쳐 국적회복 또는 귀화를 허가할 수 있다(「외국국적 동포의 국적회복 등에 관한 업무처리 지침」 제7조제1항).

5. 국적회복이 되더라도 복수국적은 허용되지 않는 것이 원칙이다. 하지만 대한민국에 특별한 공로가 있거나 우수 외국인재에 해당 시 '외국국적포기증명서' 대신 '외국국적불행사 서약서' 제출을 통해 복수국적을 보유할 수 있다. 유의해야 할 것은 선천적 복수국적자가 병역을 기피할 목적으로 대한민국의 국적을 이탈한 것으로 인정될 경우에는 대한민국의 국적을 회복할 수 없다(국적법 제9조제2항제3호), 물론 이러한 경우가 아니라면 국적회복허가가 가능하며 이 경우 회복허가를 받은 날로부터 1년 내에 외국국적포기를 하여야 한다.

6. 갑은 일단 국적회복 불허가 신청을 받았으므로 원칙적으로 동일한 신청 건에 대해서는 허부여부를 재심사 할 수 없다. 다만 최초의 국적회복허가 신청 내용 이외에 사정변경이 있거나 새로운 입증자료 등이 있다면 이러한 내용을 보완하여 다시 국적회복허가 신청을 할 수 있을 것이다.

---

360) 법무부출입국·외국인정책본부, 『국적법 문답식 해설』, 2011, 92면.

361) 위의 책, 93면.

362) 위의 책, 95면

363) 「국적법」 제6조(간이귀화 요건) ② 배우자가 대한민국의 국민인 외국인으로서 다음 각 호의 어느 하나에 해당하는 사람은 제5조제1호 및 제1호의2의 요건을 갖추지 아니하여도 귀화허가를 받을 수 있다. <개정 2017. 12. 19.>

3. 제1호나 제2호의 기간을 채우지 못하였으나, 그 배우자와 혼인한 상태로 대한민국에 주소를 두고 있던 중 그 배우자의 사망이나 실종 또는 그 밖에 자신에게 책임이 없는 사유로 정상적인 혼인 생활을 할 수 없었던 사람으로서 제1호나 제2호의 잔여기간을 채웠고 법무부장관이 상당(相當)하다고 인정하는 사람
4. 제1호나 제2호의 요건을 충족하지 못하였으나, 그 배우자와의 혼인에 따라 출생한 미성년의 자(子)를 양육하고 있거나 양육하여야 할 사람으로서 제1호나 제2호의 기간을 채웠고 법무부장관이 상당하다고 인정하는 사람

364) 「외국국적 동포의 국적회복 등에 관한 업무처리 지침」[시행 2018. 12. 20.] [법무부예규 제1202호, 2018. 12. 18., 일부개정.]

제 6 장 국적취득자의 외국국적 포기의무

제6장에서는 국적취득자의 외국국적 포기의무에 대해서 살펴본다. 대한민국 국적을 취득한 날부터 1년 내에 그 외국 국적을 포기하거나 법무부장관이 정하는 바에 따라 대한민국에서 외국 국적을 행사하지 아니하겠다는 뜻을 법무부장관에게 서약토록 함으로써 그 나라의 국적을 보유할 수 있도록 하고 있다. 이에 대해 구체적으로 설명하면 국적법상의 규정, 이전 국적을 포기하는 경우와 외국국적불행사 서약의 경우 각각의 대상, 요건, 구비서류, 다른 나라 국적도 없는 상태에서 개인적 이유로 대한민국 국적의 포기 가능여부, 대한민국 국적 취득 중국인의 중국국적 포기 절차 등 관련문제에 대해 살펴보기로 한다.

사례의 연습

1. 외국인이 대한민국의 국적을 취득하면 모두 종전에 갖고 있던 외국의 국적을 포기해야 하는가?
2. 외국인이 대한민국의 국적을 취득 시 그때부터 1년 내에 이전 국적의 포기절차만 마치면 되는지, 아니면 이 기간 내에 이전 국적을 포기하였다는 증명서의 제출까지 마쳐야 하는가?
3. 미성년인 외국인이 후천적인 사유로 대한민국의 국적을 취득한 경우 반드시 1년 내에 이전 국적을 포기하여야 하는가?
4. 후천적인 사유로 대한민국의 국적을 취득한 외국인 가운데 외국국적불행사 서약의 대상이 아닌 사람이 대한민국의 국적을 취득한 날로부터 1년이 경과할 때 까지 이전 국적 포기절차를 마치지 않으면 대한민국의 국적을 상실하게 된다. 만일 이 사람이 대한민국 국적이 상실된 이후 1년 이내 이전 국적 포기절차를 마친 경우라면 국적회복허가 절차를 거쳐야 대한민국의 국적을 취득할 수 있는가? 아니면 재취득 신고만으로 대한민국의 국적을 취득할 수 있는가?

제1절 개 요

귀화 등을 통해 대한민국의 국적을 취득한 자가 취득 이전의 국적을 포기해야 할지의 여부를 결정하는 것은 중요한 일이라고 할 수 있다. 이에 대해 우리나라는 대한민국 국적을 취득한 날부터 1년 내에 그 외국 국적을 포기하거나 법무부장관이 정하는 바에 따라 대한민국에서 외국 국적을 행사하지 아니하겠다는 뜻을 법무부장관에게 서약토록 함으로써 그 나라의 국적을 보유할 수 있도록 하고 있다.

제2절 국적법상의 규정

【제10조】(국적 취득자의 외국 국적 포기 의무)

① 대한민국 국적을 취득한 외국인으로서 외국 국적을 가지고 있는 자는 대한민국 국적을 취득한 날부터 1년 내에 그 외국 국적을 포기하여야 한다.

② 제1항에도 불구하고 다음 각 호의 어느 하나에 해당하는 자는 대한민국 국적을 취득한 날부터 1년 내에 외국 국적을 포기하거나 법무부장관이 정하는 바에 따라 대한민국에서 외국 국적을 행사하지 아니하겠다는 뜻을 법무부장관에게 서약하여야 한다.

1. 귀화허가를 받은 때에 제6조제2항제1호·제2호 또는 제7조제1항제2호·제3호의 어느 하나에 해당하는 사유가 있는 자
2. 제9조에 따라 국적회복허가를 받은 자로서 제7조제1항제2호 또는 제3호에 해당한다고 법무부장관이 인정하는 자
3. 대한민국의 「민법」상 성년이 되기 전에 외국인에게 입양된 후 외국 국적을 취득하고 외국에서 계속 거주하다가 제9조에 따라 국적회복허가를 받은 자
4. 외국에서 거주하다가 영주할 목적으로 만 65세 이후에 입국하여 제9조에 따라 국적회복허가를 받은 자
5. 본인의 뜻에도 불구하고 외국의 법률 및 제도로 인하여 제1항을 이행하기 어려운 자로서 대통령령으로 정하는 자

③ 제1항 또는 제2항을 이행하지 아니한 자는 그 기간이 지난 때에 대한민국 국적을 상실(喪失)한다.

제3절 요 건

I. 이전국적을 포기하는 경우

1. 이전국적을 포기해야 하는 자 : 포기의무의 대상

대한민국 국적을 취득한 날부터 1년 내에 그 외국 국적을 포기하여야 하는 사람은 「국적법」 제10조제2항에 해당하는 사람을 제외한 대한민국 국적을 취득한 외국인이다(「국적법」 제10조제1항).

2. 이전 국적의 포기기간과 포기방식

2.1. 이전국적 포기기간

「국적법」 제10조제1항에 따라 대한민국 국적을 취득한 외국인으로서 외국 국적의 포기는 귀화 또는 국적회복허가 등의 후천적인 사유로 대한민국 국적을 취득한 날부터 원칙적으로 반드시 1년 이내에 행해져야 한다. 이러한 내용은 대한민국의 국적을 취득한 날로부터 1년 이내에 이전 국적 국가의 제도나 법령에 따라 그 국적을 포기 내지 상실절차를 마쳐야 한다는 의미를 갖고, 이러한 절차를 마쳤다는 사실에 대한 입증자료를 법무부장관에 제출하는 것까지 포함하여 1년 이내에 마쳐야 한다는 의미를 갖는 것은 아니므로 이전 국적에 대한 포기 내지 상실되었음이 확인된 경우라면 비록 1년 이후에 법무부장관에게 그 입증자료를 제출하였어도 이전 국적의 포기기간을 준수한 것이 될 것이다.[365]

2.2. 이전 국적 포기의 방식

위와 같이(「국적법」 제10조제1항 또는 제2항과 같이) 이전 외국의 국적을 포기하려는 사람은 그 기간 내에 외국 국적을 포기하거나 상실하는 절차를 마치고, 그 외국의 영사나 관련 공무원이 발급한 국적포기(상실)증명서 또는 이에 준하는 서류(이하 "국

---

365) 석동현, 앞의 책, 196면.

적포기증명서 등"이라 한다)를 지체 없이 법무부장관에게 제출하여야 한다(「국적법시행령」 제11조제1항).[366)]

또한 「국적법」 제10조제2항에 따라 대한민국에서 외국 국적을 행사하지 아니하겠다는 뜻을 서약(이하 "외국국적불행사서약"이라 한다)하려는 사람은 그 기간 내에 국내에 주소를 두고 있는 상태에서 외국국적불행사 서약서를 작성하여 청장 등에게 제출하여야 한다(「국적법시행령」 제11조제3항).[367)]

2.3. 법무부장관의 이전 외국 국적 포기사실에 대한 증명요구권

법무부장관은 법 제10조제1항에 규정된 사람(국적법시행령 제11조제1항 또는 제3항에 따라 국적포기증명서등을 제출하거나 외국국적불행사 서약서를 제출한 사람은 제외한다.)에 대하여 그 기간이 지난 후에 그 외국 국적을 포기하였는지를 확인할 필요가 있으면 그 포기사실을 증명할 것을 요구할 수 있다(「국적법시행령」 제12조제1항).[368)] 이러한 요구를 받은 사람은 요구를 받은 때부터 1개월 내에 그 외국의 영사나 그 밖의 관련 공무원이 발급한 국적포기증명서등으로 그 외국 국적을 포기한 사실을 증명하여야 하며, 이를 이행하지 아니한 경우에는 그 외국 국적을 포기하지 않은 것으로 본다(「국적법시행령」 제12조제3항).[369)]

---

366) 이때 법무부장관은 제1항에 따라 국적포기증명서등을 제출한 사람에 대하여 외국국적 포기 확인서를 발급하여야 한다(「국적법시행령」 제11조제2항).

367) 청장등은 제3항에 따라 외국국적불행사 서약서를 제출받은 때에는 지체 없이 법무부장관에게 송부하여야 하며, 법무부장관이 그 서약서를 수리한 때에는 서약서를 제출한 사람에게 외국국적불행사 서약확인서를 발급하여야 한다(「국적법시행령」 제11조제4항).

또한 법무부장관은 법 제11조의2제2항에 따라 외국 국적을 포기한 사람이 국적포기증명서등을 제출하고 그 확인을 요청하는 경우에는 외국국적 포기확인서를 발급하여야 한다(「국적법시행령」 제11조제5항).

이외에도 제2항부터 제5항까지의 규정에 따른 외국국적 포기확인서, 외국국적불행사 서약서 및 외국국적불행사 서약확인서의 서식은 법무부령으로 정한다(「국적법시행령」 제11조제6항).

368) 이때 「국적법시행령」 제12조제1항에 규정된 사람의 소재를 알 수 없거나 그 밖에 서면으로 요구할 수 없는 부득이한 사정이 있을 때에는 관보에 게재하는 방식으로 제1항의 요구를 할 수 있다. 이 경우 관보에 게재된 날의 다음 날에 그 요구의 의사표시가 도달된 것으로 본다(「국적법시행령」 제12조제2항).

369) 물론 제3항에 규정된 사람으로서 천재지변이나 그 밖의 불가항력적 사유로 그 기간 내에 요구사항을 이행하지 못한 사람은 그 사유가 소멸된 때부터 10일 내에 그 외국 국적을 포기한 사실을 증명할 수 있다(「국적법시행령」 제12조제4항).

Ⅱ. 외국국적불행사 서약의 경우

1. 외국국적불행사의 법적 성격

외국국적불행사 서약은 2010년 도입되었으며 복수국적을 유지할 수 있는 요건인 동시에 제한적이나마 후천적 복수국적을 허용하는 새로운 정책의 전환을 명료히 보여주는 증거의 하나, 즉 외국인이 대한민국의 국적을 취득하면 외국의 국적을 포기하는 대신 복수국적을 인정받기 위한 법적의무에 해당한다고 할 수 있다.[370)]

2. 외국국적불행사 서약의 대상

위에서 언급한 것처럼 원칙적으로 대한민국 국적을 취득한 날부터 1년 내에 그 외국 국적을 포기하여야 하지만 일정한 경우에 해당하는 사람은 대한민국 국적을 취득한 날부터 1년 내에 외국 국적을 포기하지 않고 법무부장관이 정하는 바에 따라 대한민국에서 외국 국적을 행사하지 아니하겠다는 뜻을 법무부장관에게 서약함으로써 그 외국 국적을 보유할 수 있다(「국적법」 제10조제2항).

여기서의 일정한 경우에 해당하는 사람이란 혼인귀화, 우수인재로 특별귀화 등의 예외적인 사유가 있는 경우이다.

2.1. 귀화허가와 관련된 경우

귀화허가와 관련하여 앞의 귀화 부분에서 언급한 바 있지만 구체적으로는 ①「국적법」 제6조제2항제1호·제2호 또는 제7조제1항제2호·제3호의 어느 하나에 해당하는 사유로 귀화허가를 받은 자(「국적법」 제10조제2항 제1호)와[371)] ② 다른 사유로 귀화허가를 받았으나 귀화자가 「국적법」 제6조제2항제1호·제2호 또는 제7조제1항제2호·제3호의 어느 하나에도 해당하는 경우(예 : 국민의 배우자인 자가 법 제7조제1항제1호로 귀화허가를 받은 경우)가 문제될 것이다.[372)]

---

370) 권채리, “복수국적의 허용과 규제 그리고 과제”, 『공법학연구』 제20권제2호, 한국비교공법학회, 2019.5. 276면.

371) 이때 외국국적불행사 서약 시 위 각 규정에 해당하여 귀화허가를 받았다는 사실을 다시 입증할 필요는 없을 것이다(법무부 출입국·외국인정책본부, 『2014국적실무편람』 (2014.6.), 131면).

여기서 ①의 경우, 즉 귀화허가를 받은 때에 제6조제2항제1호·제2호 또는 제7조제1항제2호·제3호의 어느 하나에 해당하는 사유가 있는 자란 ㉠ 그 배우자와 혼인한 상태로 대한민국에 2년 이상 계속하여 주소가 있는 사람(제6조제2항 제1호)과 ㉡ 그 배우자와 혼인한 후 3년이 지나고 혼인한 상태로 대한민국에 1년 이상 계속하여 주소가 있는 사람(제6조제2항 제2호), ㉢ 대한민국에 특별한 공로가 있는 사람(「국적법」 제7조제1항 제2호), ㉣ 과학·경제·문화·체육 등 특정 분야에서 매우 우수한 능력을 보유한 사람으로서 대한민국의 국익에 기여할 것으로 인정되는 사람(「국적법」 제7조제1항 제3호)이 된다.

이에 따를 경우 제6조제2항제1호와 제2호만 해당된다는 점에서 제3호와 제4호 그리고 「국적법」 제7조제1항제1호에는 적용이 없으므로 이에 해당하여 귀화허가를 받은 사람이라면 외국국적불행사 서약을 위한 대상이 될 수 없고 1년 이내에 반드시 외국 국적을 포기해야만 한다.[373]

2.2. 국적회복허가와 관련된 경우

국적회복허가와 관련하여서는 ① 법 제9조에 따라 국적회복허가를 받은 자로서 제7조제1항제2호 또는 제3호에 해당한다고 법무부장관이 인정하는 경우(국적법 제10조제2항 제2호), ② 대한민국의 「민법」상 성년이 되기 전에 외국인에게 입양된 후 외국 국적을 취득하고 외국에서 계속 거주하다가 제9조에 따라 국적회복허가를 받은 자(제3호), ③ 외국에서 거주하다가 영주할 목적으로 만 65세 이후에 입국하여

---

372) 이 경우 외국국적불행사 서약 시 위 각 규정에도 해당함을 입증해야 할 것이다(법무부 출입국·외국인정책본부, 『2014국적실무편람』 (2014.6), 131면).

373) 「국적법」 제6조제2항제3호 및 제4호

3. 제1호나 제2호의 기간을 채우지 못하였으나, 그 배우자와 혼인한 상태로 대한민국에 주소를 두고 있던 중 그 배우자의 사망이나 실종 또는 그 밖에 자신에게 책임이 없는 사유로 정상적인 혼인 생활을 할 수 없었던 사람으로서 제1호나 제2호의 잔여기간을 채웠고 법무부장관이 상당(相當)하다고 인정하는 사람

4. 제1호나 제2호의 요건을 충족하지 못하였으나, 그 배우자와의 혼인에 따라 출생한 미성년의 자(子)를 양육하고 있거나 양육하여야 할 사람으로서 제1호나 제2호의 기간을 채웠고 법무부장관이 상당하다고 인정하는 사람

「국적법」 제7조(특별귀화 요건) (제1항제1호) 1. 부 또는 모가 대한민국의 국민인 사람. 다만, 양자로서 대한민국의 「민법」상 성년이 된 후에 입양된 사람은 제외한다

제9조에 따라 국적회복허가를 받은 자(제4호)가 그 대상이 된다(국적법 제10조제2항).

구체적으로 ①의 경우 국적회복허가를 받은 때로부터 1년 내에 법 제7조제1항제2호 또는 제3호에 해당하는 사유가 있음을 입증해야 하는데 특별공로자나 우수인재의 경우 그 심사에 장시간이 소요되므로 국적회복 신청시 서약의사를 밝히고 입증서류를 제출하지 아니하면 외국 국적포기기간 내에 서약이 수리되지 못하는 문제가 발생할 수 있을 것이다.[374)]

② 즉 대한민국의 「민법」상 성년이 되기 전에 외국인에게 입양된 후 외국 국적을 취득하고 외국에서 계속 거주하다가 제9조에 따라 국적회복허가를 받은 자(제3호)는 사회보장 시설이나 입양기관에서 보육을 하다 입양된 자를 말하고 외국 국적을 취득하기 위해 친인척이나 친지에게 입양된 자는 여기에 해당되지 않는다.[375)] 해외 입양되었던 사람들의 국적회복 사례가 늘어나면서 양부모와의 지속적 관계를 고려하여 이들이 대한민국의 국적을 회복하는 경우 외국 국적의 포기 대신에 외국 국적의 불행사 서약을 통해 그 외국의 국적을 계속하여 유지할 수 있도록 한 것이다.[376)]

③의 경우, 즉 외국에서 거주하다가 영주할 목적으로 만 65세 이후에 입국하여 제9조에 따라 국적회복허가를 받은 자(제4호)의 경우 규정상 '영주 목적의 만 65세 이후에 입국,이 요구되는바 국내에 영주의 목적이 없거나 만 65세 이전에 국내로 역이민하여 외국인 등록이나 거소신고를 통해 생활해 오던 중 만 65세 이후가 되어 국적회복을 한 경우라면 외국국적을 포기해야 만 하고 외국국적불행사를 할 수 없게 된다는 해석이 가능하다. 하지만 본 조항의 입법 취지가 고령의 동포에 대한 정책적 배려가 입법 취지의 하나라고 본다면 국적회복 허가의 시점이 만 65세 이후라면 영주 목적의 유무나 국적회복 이전의 입국 시점 등을 엄격히 확인할 만큼 그 실익은 크지 않을 수 있기에 본 규정의 적용이 가능할 것이다.[377)] 그러므로 남

374) 법무부 출입국·외국인정책본부, 『2014국적실무편람』 (2014.6), 131면.

375) 다만 부모의 사망이나 부모가 자녀을 양육할 능력이 현저히 낮은 경우라면 입양기관을 통하지 아니하여도 될 것이다(법무부 출입국·외국인정책본부, 『2014국적실무편람』 (2014.6), 131면).

376) 석동현, 앞의 책, 202면.

377) 실제 실무상으로도 비록 외국국적 동포로서 만 65세 이전에 입국하여 외국인 등록이나 거소신고를 한 사람은 만 65세 이후 국적회복허가를 신청하여 허가를 받았다면 외국국적의 포기 대신에 외국국적불행사 서약만으로도 가능하도록 운영하고 있다(석동현, 앞의 책, 203면).

은 인생을 국내에서 보내려는 고령 동포에 대한 인도적인 배려정책의 하나라는 점에서 만 65세 이상인지의 여부는 외국인등록(거소신고) 시점을 불문하고 국적회복 신청시점을 기준으로 만 65세 이상이면 복수국적을 허용하게 되고 만 65세 이전부터 국내에 체류한 자라도 만 65세 이후까지 국내 체류 중이라면 복수국적이 허용될 것이다.[378)]

또한 여기서 "영주의 목적"의 유무에 대한 판단은 국적회복진술 등을 통해 확인 가능하고 외국인등록이나 재외동포 거소신고를 한 경우 기본적으로 영주할 목적이 있는 것으로 인정될 수 있을 것이다.[379)]

2.3. 본인의 뜻에도 불구하고 외국의 법률 및 제도로 인하여 제1항을 이행하기 어려운 자로서 대통령령으로 정하는 자의 경우(제5호)

여기서, 즉 「국적법」 제10조제2항제5호에서 "대통령령으로 정하는 자"란 ① 외국의 법률 및 제도로 인하여 외국 국적의 포기가 불가능하거나 그에 준하는 사정이 인정되는 사람, ② 대한민국 국적을 취득한 후 3개월 이내에 외국 국적의 포기절차를 개시하였으나 외국의 법률 및 제도로 인하여 법 제10조제1항에 따른 기간 내에 국적포기절차를 마치기 어려운 사정을 증명하는 서류를 법무부장관에게 제출한 사람 중 어느 하나에 해당하는 사람을 말한다(「국적법시행령」 제13조제1항).

이러한 내용을 요약하면 아래와 같은 <표>로 정리할 수 있을 것이다.

현행법상 외국국적불행사 서약 가능 대상자

서약의 근거 및 유형		대한민국 국적취득자
귀화 허가자	법10조2항1호	o 혼인 + 2년 이상 계속 주소 있는 자[(법6조2항1호)] o 혼인 + 3년 지난 후 혼인상태로 1년 이상 계속 주소 있는 자[(법6조2항2호)] o 특별공로자[(법7조1항2호)] o 우수인재[(법7조1항3호)] * ① 법6조2항3호(제1호나 제2호의 기간 미충족이지만 혼인 상태로

378) 법무부 출입국·외국인정책본부, 『2014국적실무편람』 (2014.6), 132면.

379) 다만 단기 체류자격으로 체류 중인 상태에서 국적회복을 신청하는 경우와 재외공관을 통하여 신청한 자는 원칙적으로 그 대상에서 제외될 것이다(법무부 출입국·외국인정책본부, 『2014국적실무편람』 (2014.6), 132면).

		주소를 두고 있던 중 배우자 사망이나 실종 또는 그 밖에 자신에게 책임이 없는 사유로 정상적인 혼인 생활을 할 수 없었던 사람으로서 제1호나 제2호의 잔여기간을 채웠고 법무부장관이 상당(相當)하다고 인정하는 사람)와 ② 4호(제1호나 제2호의 요건 미충족이지만 배우자와의 혼인에 따라 출생한 미성년의 자(子)를 양육하고 있거나 양육하여야 할 사람으로서 제1호나 제2호의 기간을 채웠고 법무부장관이 상당하다고 인정하는 사람), ③ 법7조1항1호(부 또는 모가 대한민국의 국민인 사람)는 미해당 ⇒ 서약 대상 아님 ⇒ 1년 이내 외국국적 포기해야 함
국적 회복 허가자	법10조2항2호	o 특별공로자(법7조1항2호) o 우수인재(법7조1항3호)
	법10조2항3호	o 성년 전 외국인에게 입양된 후 외국국적취득자
	법10조2항4호	o 외국거주, 영주목적으로 만 65세 이후 입국
	법10조2항5호	o 외국의 법률/제도로 인해 국적포기의무 이행 곤란자

3. 외국국적불행사의 서약방식과 기간

위에서 언급한 것처럼 외국국적불행사의 서약을 통해 외국 국적을 보유할 수 있는 대상에 해당되는 사람은 대한민국 국적을 취득한 날부터 1년 내에 법무부장관이 정하는 바에 따라 대한민국에서 외국 국적을 행사하지 아니하겠다는 뜻을 「국적법시행규칙」상의 서식에 따라 작성, 청장 등에게 제출해야 한다(국적법시행령 제11조제3항 및 제6항).

이러한 외국국적 불이행 서약서를 제출받은 청장 등은 지체 없이 법무부장관에게 송부하여야 하고, 법무부장관이 그 서약서를 수리한때에는 서약서를 제출한 사람에게 외국국적불행사 서약확인서를 발급하여야 한다(국적법시행령 제11조제4항, 제6항).

4. 구비서류 및 절차

이와 관련한 구체적 구비서류와 절차는 다음과 같은 공통적인 경우와 개별적인 경우에 따라 그 내용이 상이하다.[380]

---

380) 법무부 출입국·외국인정책본부, 『2014국적실무편람』(2014.6), 133~136면.

4.1. 공통사항

대한민국 국적을 취득한 날로부터 1년 내에 외국국적불행사 서약서를 작성하여 출입국·외국인관서에 제출, 서약자가 국내에 거주(외국인등록 또는 거주신고)하는 경우에만 접수 가능하고 해외에서의 서약은 할 수 없다. 법무부 본부에서 수리하는 경우, 즉 법 제10조제2항제2호, 제3호 또는 제5호에 해당하는 경우 서약자에게 통보하고 출입국·외국인관서는 서약자의 신청을 받아 외국국적불행사 서약확인서를 교부하게 되고, 반려시 반려사실을 통보받게 될 것이다.

4.2. 법 제10조제2항제1호에 따른 서약

법 제10조제2항제1호[(귀화허가를 받은 때에 제6조제2항제1호(간이귀화의 요건과 관련 그 배우자와 혼인한 상태로 대한민국에 2년 이상 계속하여 주소가 있는 사람)·제2호(그 배우자와 혼인한 후 3년이 지나고 혼인한 상태로 대한민국에 1년 이상 계속하여 주소가 있는 사람) 또는 제7조제1항제2호(대한민국에 특별한 공로가 있는 사람)·제3호(과학·경제·문화·체육 등 특정 분야에서 매우 우수한 능력을 보유한 사람으로서 대한민국의 국익에 기여할 것으로 인정되는 사람)의 어느 하나에 해당하는 사유가 있는 자)]에 해당하는 경우에는 우선 ① 법 제6조제2항제1호·제2호 또는 제7조제1항제2호·제3호에 해당하는 사유로 귀화허가를 받은 자는 귀화허가 후 서약서를 작성하여 제출하게 되는 데 이 경우 외국국적불행사 서약 시 위 각 규정에 해당하여 귀화허가를 받았다는 사실을 다시 입증할 필요는 없을 것이다. ② 다른 사유로 귀화허가를 받았으나 귀화자가 「국적법」 제6조제2항제1호·제2호 또는 제7조제1항제2호·제3호의 어느 하나에도 해당하는 경우에는 외국국적불행사 서약 시 위 각 규정에도 해당함을 입증해야 하는 구체적인 입증서류로는 혼인귀화(제6조제2항제1·제2호), 특별공로자(법 제7조제1항제2호), 우수인재(법 제7조제1항제3호)에서 필요로 하는 서류이다.

4.3. 법 제10조제2항제2호에 따른 서약[381]

법 제10조제2항제2호[(제9조에 따라 국적회복허가를 받은 자로서 제7조제1항제2호(대한민국에 특별한 공로가 있는 사람) 또는 제3호(과학·경제·문화·체육 등 특정 분야에서 매우 우수한 능력

381) 법무부 출입국·외국인정책본부, 『2014국적실무편람』 (2014.6), 117면.

을 보유한 사람으로서 대한민국의 국익에 기여할 것으로 인정되는 사람에 해당한다고 법무부장관이 인정하는 자)]에 해당하는 경우로서 국적회복 신청 시 특별공로나 우수인재로 외국국적불행사 서약 의사를 밝힌 자에 대하여는 출입국·외국인관서에서 접수하여 법무부에 원본을 송부하고 법무부에서 국적회복허가 통보 시 서약 가능여부를 함께 통보하게 된다. 이후 특별공로나 우수인재로 서약이 가능하다는 통보를 받은 국적회복자의 경우는 서약서를 지방 출입국·외국인관서에 제출하고 이를 접수한 지방 출입국·외국인관서는 법무부에 유선으로 보고하며, 법무부는 이미 특별공로나 우수인재로 인정되어 본인에게 통보한 자는 유선상으로 보고받은 즉시 수리하여 지방 출입국·외국인관서에서 확인서를 발급할 수 있도록 할 것이다.

만일 국적회복 허가의 신청시 서약의 의사가 없었고 입증서류를 제출하지 않았으나 허가 후 서약서을 제출한 경우라면 원본이 법무부에 송부되어 법무부에서 특별공로나 우수인재 심의를 마친 후 수리하고 그 사실을 본인에게 통보하게 되며 통보를 받은 신청자는 출입국·외국인관서에서 확인서 발급신청을 하면 될 것이다.

4.4. 법 제10조제2항제3호 및 제5호에 따른 서약[382]

「국적법」 제10조제2항제3호(대한민국의 「민법」상 성년이 되기 전에 외국인에게 입양된 후 외국 국적을 취득하고 외국에서 계속 거주하다가 제9조에 따라 국적회복허가를 받은 자) 및 제5호(본인의 뜻에도 불구하고 외국의 법률 및 제도로 인하여 제1항을 이행하기 어려운 자로서 대통령령으로 정하는 자)에 따른 서약의 경우 국적취득(귀화허가, 국적회복허가, 인지에 의한 국적취득) 후 서약서를 제출하게 된다. 이때 서약 대상의 유형에 따라(위에서 언급한 「국적법」 제10조제2항제5호에서 "대통령령으로 정하는 자"에 해당하는 경우) 즉, ① 외국의 법률 및 제도로 인하여 외국 국적의 포기가 불가능하거나 그에 준하는 사정이 인정되는 사람, ② 대한민국 국적을 취득한 후 3개월 이내에 외국 국적의 포기절차를 개시하였으나 외국의 법률 및 제도로 인하여 법 제10조제1항에 따른 기간 내에 국적포기절차를 마치기 어려운 사정을 증명하는 서류를 법무부장관에게 제출한 사람 중 어느 하나에 해당하는 사람에 따라 제출해야 할 서류의 내용은 달리 적용될 것이다.

---

382) 위의 책 같은 면.

4.5. 법 제10조제2항제4호에 따른 서약[383)]

「국적법」 제10조제2항제4호(외국에서 거주하다가 영주할 목적으로 만 65세 이후에 입국하여 제9조에 따라 국적회복허가를 받은 자)에 따른 서약은 65세가 지난 이후 영주 귀국할 목적으로 입국하여 국적회복의 허가를 받은 자가 서약하는 경우라면 국적회복 허가 후 서약서를 관할 출입국·외국인관서에 제출하면 해당 관서에서는 이를 심사하여 수리하게 될 것이다.

제 4 절 외국국적 포기와 외국국적불행사 서약을 안한 경우 처우의 제한

위에서 언급한 것처럼 법무부장관은 국적포기증명서 등을 제출한 사람에 대하여 외국국적 포기 확인서를 발급하여야 하고(「국적법시행령」 제11조제2항), 발급받은 외국인은 주민등록과 함께 대한민국의 여권을 발급받을 수 있고, 선거에 참여하거나 사회보장 혜택을 보게 되는 등 대한민국 국민으로서의 권리를 행사할 수 있게 된다. 이러한 것은 외국국적불행사 서약대상자가 그 서약을 마친 때의 경우도 동일하게 적용된다.

하지만 반대로 대한민국의 국적을 취득하고도 「국적법」 제10조제1항 또는 제2항에 따른 외국 국적의 포기 절차나 외국국적불행사 서약 절차를 마치지 아니한 사람은 그 기간이 지난 때에 대한민국 국적을 상실(喪失)한다(「국적법」 제10조제3항).

이때 국적상실시기와 관련해서 소급하여 국적이 상실되는 것이 아니라 1년이 경과한 날로부터 국적이 상실된다.[384)] 예를 들어 2021년 9월 25일 대한민국의 국적을 취득하였으면 초일은 산입되지 아니하므로 2021년 9월 26일부터 기산하여 1년이 되는 2022년 9월 25일까지 외국의 국적을 포기하거나 외국국적불행사 서약을 해야 하고 불이행시 이 기간이 경과한 2022년 9월 26일부터 대한민국의 국적이

383) 위의 책, 118면.

384) 법무부 출입국·외국인정책본부, 『2014국적실무편람』(2014.6), 130면.

상실되게 된다.

또한 관계 법령에서 정하는 바에 따라 출입국, 체류, 주민등록 또는 여권발급 등에서 대한민국 국민으로서의 처우가 제한될 수 있다(「국적법시행령」 제14조). 또한 대한민국의 국적을 취득하고 외국국적불행사 서약을 한 사람이 그 서약에 위반된 행동을 한 경우 법무부장관으로부터 국적선택명령을 받게 될 것이다.

제 5 절 관련문제

Ⅰ. 다른 나라 국적도 없는 상태에서 대한민국 국적의 포기 가능여부

대한민국 국민이 다른 나라의 국적을 취득하지 않은 상태에서 개인적인 사유로 대한민국의 국적을 포기할 수 있는지의 여부가 문제된다. 어떤 나라도 그 나라의 국민이 외국 국적을 자진 취득함에 따른 국적을 상실하거나 복수국적인 상태에서 자국의 국적을 포기하는 경우가 아닌 한 하나만 보유한 그 국적을 포기하여 무국적 상태가 될 수는 없을 것이다.[385)]

Ⅱ. 대한민국 국적 취득 중국인의 중국국적 포기 절차[386)]

대한민국의 국적을 취득한 중국인이 중국의 국적을 포기하기 위해서는 여권, 주민등록증, 기본증명서, 제적등본(남편 제적등본임), 국적취득확인서 또는 귀화허가통지서(출입국·외국인관서 발급, 한국에서 공증, 인증, 영사확인 필요), ⑥ 중국에 있는 공안부 파출소에 가서 국적상실(말소) 신고를 해야 한다.

이와 관련하여 ① 1998년 6월 13일 이전에는 국민과 혼인한 외국인 처는 혼인신고를 하면 동시에 국적을 부여하였고, ② 중국의 경우에는 법률로 복수국적을 인정하지 않으며, ③ 외국인이 한국 국적을 취득하면 취득일로부터 1년 이내에 원국적을 포기해야 한다. 그러나 한국 국적을 취득한 후 중국에 호구부가 살아 있다면

385) 법무부 출입국·외국인정책본부, 『「국적법」 문답식 해설』, 2011, 20면.
386) 이종옥, "각종 체류허가 신청서류 안내"(2020.1.), 강의 자료, 161면.

이는 명목상 살아있는 것으로 유효한 것이 아니다. 따라서 중국 여권을 발급 받아 사용할 경우 중국은 복수국적을 인정하지 않으므로 위법이며, 또한 한국국적을 포기하려 해도 불가능하게 된다.

사례의 분석

1. 반드시 그렇지 않다. 원칙적으로 외국인이 대한민국에 귀화하거나 국적회복허가를 받은 사람은 원래 무국적자이었거나 대한민국의 국적을 취득하는 과정에서 미리 이전 국적을 포기한 경우 이외에는 1년 내에 이전 국적을 포기해야 하며 포기하지 않을 경우 1년이 경과한 시점에서 대한민국의 국적을 상실하게 된다.[387] 하지만 국적법 제10조2항은 이에 대해 ① 귀화허가를 받은 때에 제6조제2항제1호·제2호 또는 제7조제1항제2호·제3호의 어느 하나에 해당하는 사유가 있는 자, ② 제9조에 따라 국적회복허가를 받은 자로서 제7조제1항제2호 또는 제3호에 해당한다고 법무부장관이 인정하는 자, ③ 대한민국의 「민법」상 성년이 되기 전에 외국인에게 입양된 후 외국 국적을 취득하고 외국에서 계속 거주하다가 제9조에 따라 국적회복허가를 받은 자, ④ 외국에서 거주하다가 영주할 목적으로 만 65세 이후에 입국하여 제9조에 따라 국적회복허가를 받은 자, ⑤ 본인의 뜻에도 불구하고 외국의 법률 및 제도로 인하여 제1항을 이행하기 어려운 자로서 대통령령으로 정하는 자로 그 예외를 규정하고 있다. 이러한 내용 가운데 어느 하나에 해당하는 사람은 외국 국적을 포기하는 대신 법무부장관이 정하는 바에 따라 대한민국에서 외국 국적을 행사하지 아니하겠다는 뜻을 법무부장관에게 서약함으로써 국적을 보유할 수 있다.

2. 법에서 1년으로 정한 기간은 그 기간 내에 이전 국적의 포기절차를 마쳐야 한다는 의미이며 이 기간 내에 이전 국적을 포기하였다는 증명서의 제출까지 마쳐야 한다는 의미는 아니다. 그러므로 이전 국적포기 일자가 기재된 증명서를 제출하거나 외국국적포기확인서를 주민등록관서에 제출하는 것은 그 기간이 경과한 뒤에 하여도 상관이 없다.[388]

3. 그렇지 않다. 미성년인 외국인이 후천적으로 한국 국적을 취득하는 경우(국적법 제3조에 의해 인지되고 신고한 경우, 국적법 제7조제1항제1호에 의해 한국 사람의 자녀로서 미성년일 때 특별귀화한 경우, 국적법 제8조에 의해 귀화나 국적회복허가를 받은 외국인의 자녀로서 수반취득한 경우) 위에서 언급한 국적법 제10조제2항제5호에서 "대통령령으로 정하는 자", 즉 ① 외국의 법률 및 제도로 인하여 외국 국적의 포기가 불가능하거나 그에 준하는 사정이 인정되는 사람, ② 대한민국 국적을 취득한 후 3개월 이내에 외국 국적의 포기절차를 개시하였으나 외국의 법률 및 제도로 인하여 법 제10조제1항에 따른 기간 내에 국적포기절차를 마

치기 어려운 사정을 증명하는 서류를 법무부장관에게 제출한 사람 중 어느 하나에 해당하는 사람에 한하여 대한민국의 국적을 취득한 후 1년 내 외국국적불행사서약만 하면 대한민국의 국적을 상실함이 없이 계속 유지할 수 있다. 물론 이에 해당하지 않을 경우 1년 내에 이전 국적을 포기해야 한다.

4. 법무부장관에 대한 재취득 신고만으로 대한민국의 국적을 취득할 수 있다. 왜냐하면 국적법 제11조상의 국적재취득 신고제도의 취지가 외국인이 대한민국의 국적을 취득한 사실로 인해 이전 국적 포기까지 마쳤으나 그 절차가 지연되어 부득이하게 대한민국의 국적을 상실하게 된 경우 국적회복허가 절차를 거치지 않고 신고만으로 재취득할 수 있도록 하기 위한 것이기 때문이다.[389]

387) 법무부출입국·외국인정책본부, 『국적법 문답식 해설』, 2011, 108면.
388) 위의 책, 111면.
389) 위의 책, 123면.

제 7 장 국적의 재취득

제7장에서는 국적의 재취득에 관해서 살펴본다. 이와 관련하여 개요, 국적법상의 규정, 대상, 방법 및 시기, 절차 및 구비서류, 국적 재취득 신고의 수리 효과 및 사후 절차 등이 본 장에서 주로 학습해야 할 내용이다.

제 1 절 개 요

대한민국의 국적을 취득한 자가 그 외국 국적을 포기하지 않거나(「국적법」 제10조제1항) 일정한 경우 외국국적불행사 서약을 하지 않은 경우(「국적법」 제10조제2항) 대한민국의 국적을 취득한 날로부터 1년이 지난 때에는 대한민국의 국적을 상실(喪失)하게 된다(「국적법」 제10조제3항). 하지만 대한민국 국적의 취득을 통해 이전 국적의 포기 신청을 하였으나 본국의 제도나 법령 또는 행정상 절차 등의 이유로 포기절차가 지연되면서 대한민국의 국적을 상실하고 그 후에 본국의 국적포기절차가 완료됨으로써 결국은 무국적 상태가 될 수 있는 문제가 발생할 수 있다. 이러한 무국적 상태를 신속하면서도 간이하게 해소할 필요가 있는데 국적 재취득 제도는 이에 대한 구제책으로서 기능한다고 볼 수 있다.390)

제 2 절 「국적법」상의 규정

【제11조】 (국적의 재취득)

① 제10조제3항에 따라 대한민국 국적을 상실한 자가 그 후 1년 내에 그 외국 국적을 포기하면 법무부장관에게 신고함으로써 대한민국 국적을 재취득할 수 있다. <개정 2010. 5. 4.>

---

390) 석동현, 앞의 책, 207면.

> ② 제1항에 따라 신고한 자는 그 신고를 한 때에 대한민국 국적을 취득한다.
> ③ 제1항에 따른 신고 절차와 그 밖에 필요한 사항은 대통령령으로 정한다. [전문개정 2008. 3. 14.]

「국적법」 제11조는 국적의 재취득에 관해 제10조제3항에 따라 대한민국 국적을 상실한 자가 그 후 1년 내에 그 외국 국적을 포기하면 법무부장관에게 신고함으로써 대한민국 국적을 재취득할 수 있도록 하고 있다. 이는 이전에 보유하고 있던 국적의 포기절차를 1년 이내에 마치지 못했으나 그 후 1년 이내에 이전 국적의 포기절차를 마쳤다면 법무부장관에게 신고만으로 대한민국의 국적을 재취득 할 수 있게 해 주는 제도라고 할 수 있다.[391] 이때 "1년 내에"는 1년이 되는 날을 포함하는 것이므로 국적상실일로부터 1년이 되는 날에 원래의 국적을 포기한 경우 국적의 재취득 신고를 할 수 있게 된다.

제3절 대 상

국적의 재취득을 위해서는 우선「국적법」 제10조제3항에 따라 대한민국 국적을 상실한 자이어야 한다. 즉, 대한민국의 국적을 취득한 외국인으로서 국적취득일(허가일)로부터 1년 이내에 그 외국 국적을 포기하거나 대한민국에서 외국국적을 행사하지 아니하겠다는 서약을 하지 아니하여 대한민국의 국적을 상실하게 된 자로서 그 후 1년 이내에 그 외국의 국적을 포기한 사람이어야 한다.

제4절 방법 및 시기

「국적법」 제11조에 따른 국적의 재취득은 원래 국적의 포기 사실과 대한민국의 국적을 다시 취득하겠다는 의사를 법무부장관에게 신고를 함으로써 대한민국의 국

391) 앞의 책, 같은 면.

적을 재취득할 수 있다.

이를 시간적으로 설명하면 대한민국의 국적을 취득한 후 1년 이내에 이전 국적을 포기하거나 외국국적불행사 서약을 하지 못한 상태로 1년이 경과하고(이때 대한민국의 국적을 상실하게 되고), 다시 1년이 경과하기 전, 즉 대한민국의 국적을 취득한 후 총 2년이 경과하기 이전까지 이전 국적의 포기절차를 마친 사람이다. 유의해야 할 것은 대한민국의 국적상실일로부터 1년 내에 외국의 국적을 포기하였으면 본 요건을 충족하는 것이고 재취득신고를 1년 내에 해야 하는 것은 아니다.[392]

또한 「국적법」 제10조제2항에 따라 외국국적불행사 서약을 할 수 있는 사람이 그 서약기간인 1년이 경과되어 대한민국의 국적을 상실하게 된 경우 이제는 그 국적을 포기해야만 본 조(「국적법」 제11조)에 따른 국적의 재취득 제도를 이용할 수 있게 된다.

제 5 절 절차 및 구비서류

국적의 재취득을 위한 신고 절차와 그 밖에 필요한 사항은 대통령령으로 정하고 있다(「국적법」 제11조제3항). 즉, 「국적법」 제11조제1항에 따라 대한민국 국적을 재취득하려면 법무부령으로 정하는 국적취득 신고서식 및 첨부서류를 갖추어 법무부장관에게 제출하여야 한다(「국적법시행령」 제15조제1항).[393] 법무부장관이 제1항에 따라 국적취득신고를 수리하였으면 그 사실을 지체 없이 본인과 등록기준지 가족관계등록관서의 장에게 통보하고, 관보에 고시하여야 한다(「국적법시행령」 제15조제2항).

구체적인 구비서류로는 아래와 같은 <국적취득신고서>(수수료: 정부수입인지 2만원,

---

392) 앞의 책, 같은 면.

393) 「국적법시행규칙」 제10조(국적재취득 신고자의 신고서식 및 첨부서류) ① 영 제15조제1항에 따른 국적 재취득을 위한 국적취득 신고서는 별지 제1호 서식에 따른다.
② 제1항의 국적취득 신고서에 첨부하여야 하는 서류는 다음 각 호와 같다.
1. 가족관계기록사항에 관한 증명서 또는 대한민국 국적 취득사실을 증명하는 서류
2. 외국 국적을 포기한 사실 및 연월일을 증명하는 서류
3. 「가족관계의 등록 등에 관한 법률」 제93조에 따른 국적취득 통보 및 가족관계등록부 작성 등에 필요한 서류로서 법무부장관이 정하는 서류

3.5cm×4.5cm 칼라사진 1장 부착, 연락처 2곳 이상 기재, 앞의 출생에 의한 국적취득 부분 서식 참조), 여권 사본(여권반납 등의 사유로 첨부 불가시 이를 생략), 외국인등록증 원본 및 사본, 외국국적포기증명서원본 (번역자 성명, 연락처가 기재된 한글 번역문 포함), 신고인의 기본증명서와 가족관계증명서 1부, 국적취득(귀화, 국적회복 등) 허가통지서, 고시문 사본, 국적통보제도(가족관계의 등록 등에 관한 규칙에 따른 대법원통보)에 따른 추가 서류가 필요하다.[394]

제 6 절 국적 재취득 신고의 수리 효과 및 사후 절차

위와 같이 「국적법」 제11조제1항에 따라 국적재취득을 위한 신고를 한 자는 그 신고를 한 때에 대한민국 국적을 취득하게 된다(「국적법」 제11조제2항). 이러한 법 제11조에 따른 국적의 재취득 신고에 관한 권한은 「국적법시행령」 제29조(권한의 위임) 제4호에 따라 법무부장관으로부터 청장 등에게 위임되어 업무를 처리하게 된다.

394) 법무부 출입국·외국인정책본부, 『2014국적실무편람』 (2014.6), 124~1255면; 1345 자료(2020년 2월 19일).

제 8 장 복수국적과 복수국적자

제8장에서는 복수국적과 복수국적자에 대해서 알아본다. 여기에서는 국적법상의 규정 및 의의, 복수국적자의 발생 유형(선천적인 경우와 후천적인 경우) 및 허용대상, 복수국적자의 법적 지위(복수국적자의 특정분야 종사의 제한, 복수국적자에 대한 외국인 처우와 관련된 법령 제·개정 시의 제한), 만 65세 이상 외국국적동포의 국적회복을 통한 복수국적의 취득, 복수국적자의 출입국 및 체류에 관한 지침 내용, 관련문제로서 출생신고를 하지 않은 선천적 복수국적자의 국적상실 여부, 외국국적 취득 후 대한민국 여권의 부정사용 시의 문제 등에 대해서 살펴보기로 한다.

사례의 연습

1. 이전 국적을 포기하지 않아 대한민국의 국적을 상실했던 여성이 대한민국의 국적을 재취득할 경우 복수국적을 유지할 수 있는가?
2. "갑"은 남편의 사망 등으로 혼인관계가 중단된 상태에서 귀화한 사람이라고 할 경우 복수국적을 허용할 수 있는가?
3. "갑"은 대한민국 국민으로서 미국에 체재 중 미국 시민권을 취득하였다. 이때 갑은 복수국적을 보유할 수 있는가?
4. 부모가 미국의 시민권을 취득할 때 미성년 자녀도 외국의 법률에 의해 함께 미국 시민권을 취득한 경우 자녀의 복수국적은 허용될 수 있는가?
5. 복수국적자인 여성 "갑"은 외국인으로서 대한민국에 계속하여 체류하고 싶다. 어떻게 해야 하는가?
6. 선천적 복수국적자 "갑"은 대한민국 국적이탈 신고를 하였다. 그 후에 한국인과 혼인할 경우라면 갑의 복수국적은 허용되는가?
7. 대한민국법상 병역의무 연령에 해당하는 한국계 외국인이 국적회복허가를 받았다면 병역의무를 이행하여야 하는가? 만일 국적회복이 아닌 귀화허가를 받았다면 어떻게 되는가?

제 1 절 「국적법」상의 규정 및 의의

【제11조의2】(복수국적자의 법적 지위 등)
① 출생이나 그 밖에 이 법에 따라 대한민국 국적과 외국 국적을 함께 가지게 된 사람으로서 대통령령으로 정하는 사람[이하 "복수국적자"(複數國籍者)라 한다]은 대한민국의 법령 적용에서 대한민국 국민으로만 처우한다. <개정 2016. 12. 20.>
② 복수국적자가 관계 법령에 따라 외국 국적을 보유한 상태에서 직무를 수행할 수 없는 분야에 종사하려는 경우에는 외국 국적을 포기하여야 한다.
③ 중앙행정기관의 장이 복수국적자를 외국인과 동일하게 처우하는 내용으로 법령을 제정 또는 개정하려는 경우에는 미리 법무부장관과 협의하여야 한다. [본조신설 2010. 5. 4.]

「국적법」 제11조의2는 출생이나 그 밖에 이 법에 따라 대한민국 국적과 외국 국적을 함께 가지게 된 사람으로서 대통령령으로 정하는 사람, 즉 복수국적자에 대해서는 대한민국의 법령 적용에서 대한민국 국민으로만 처우함을 규정하고 있다.

이때 복수국적자란 위에서 언급한 것처럼 "출생이나 그 밖에 「국적법」에 따라 대한민국 국적과 외국 국적을 함께 가지게 된 사람"을 말한다.

제 2 절 복수국적자의 발생 유형 및 허용대상

Ⅰ. 복수국적의 발생 유형

복수국적의 발생 유형으로는 ① 국내 이민자의 귀화에 의한 복수국적과 ② 재외동포의 복수국적, 그리고 ③ 선천적 복수국적과 ④ 후천적 복수국적으로 구분할 수 있다. 특히 ①과 ②의 구분은 ①이 이민통합정책의 대상이 되고 ②는 재외동포정책의 대상이 된다는 점에서 그 구별실익이 있다고 볼 수 있다.[395] 하지만 실무상 주로 복수국적자가 되는 경우는 선천적인 경우와 후천적인 경우로 구별된다는 점에서 이를 중심으로 살펴보기로 한다.[396]

395) 이철우 외, 앞의 책, 307면.
396) 법무부 출입국·외국인정책본부, 『「국적법」 문답식 해설』, 2011, 16면.

1. 선천적 복수국적인 경우

선천적 복수국적이란 출생주의 국가에서 이민자의 자녀로 출생하여 부모의 국적과 출생한 국가의 국적을 취득하거나 서로 다른 두 국가의 국적을 가진 부모로부터 출생하여 혈통주의에 따라 서로 다른 국적을 취득함으로써 발생하는 경우를 말한다.[397)]

즉, 출생과 동시에 선천적으로 복수국적자가 되는 경우는 ① 혈통주의(속인주의) 국민의 자녀로서 출생지주의(속지주의) 국가에서 출생한 사람과 ② 혈통주의(속인주의) 국가의 남자와 혈통주의(속인주의) 국가의 여자 사이에 출생한 사람으로 생각해 볼 수 있다. 이때 ①의 경우에는 부 또는 모의 국적과 출생지 국가의 국적을 동시에 취득하게 되고, ②의 경우에는 부의 국적과 모의 국적을 동시에 취득하게 된다.

이러한 선천적 복수국적자가 발생하는 이유는 국가마다 선천적으로 그 나라의 국민이 되는 자격이 부계혈통주의, 부모양계혈통주의, 출생지주의 등으로 상이하기 때문이다.[398)]

2. 후천적 복수국적인 경우

후천적 복수국적이란 외국인이 인지, 귀화, 국적의 회복 등에 의해 국적을 취득하거나 국민이 귀화 등을 통해 다른 국가의 국적을 취득함으로써 발생하는 경우를 말한다.[399)] 즉, 후천적인 복수국적은 출생이래로 한 개의 국적만을 보유하고 있던 사람이 후천적으로 다른 국적을 취득하는 과정에서 나타날 수 있다. 예를 들어 미국 국민이 대한민국에 귀화하여 대한민국의 국적을 취득하게 된 상태에서 미국 국적을 계속 보유하게 된다면 복수국적자가 되는 것이다. 유의할 것은 후천적 복수국적자는 두 개의 국가가 모두 법적으로 그 나라의 국적자로 인정되는 경우이어야 한다는 점이다. 따라서 중국 국민이 대한민국 국민으로 귀화하면 대한민국 국적을 취득하게 되었는데 중국 법률상 이러한 경우 중국 국적이 자동상실 되도록 규정하고 있

397) 이철우 외, 앞의 책, 306~307면.

398) 법무부 출입국·외국인정책본부, 『「국적법」 문답식 해설』, 2011, 17면.

399) 이철우 외, 위의 책, 307면.

어 대한민국 국적만을 취득하게 되므로 복수국적자라고 할 수 없다.

Ⅱ. 복수국적을 규율하는 방식

우리나라에서 복수국적을 규율하는 방식으로는 ① 국적선택의무의 부과, ② 외국인의 원국적, 즉 외국국적 포기의무의 부과, 그리고 ③ 자진하여 외국의 국적을 취득할 경우 대한민국 국적의 자동 상실을 들 수 있다. 이에 대한 내용은 해당 부분에서 구체적으로 설명하기로 한다.

Ⅲ. 우리나라 「국적법」에 따른 복수국적의 허용

기본적으로 대한민국 국민이 외국 국적을 취득한 경우에는 대한민국의 국적을 상실하게 된다.[400] 하지만 2010년 「국적법」 개정을 통해 복수국적을 제한적으로 허용하고 있다. 우리나라에 있어서 '복수국적 허용'이 갖는 의미를 알아보고 그 구체적인 내용을 살펴보기로 한다.

1. 우리나라에 있어서 '복수국적 허용'이 갖는 의미[401]

2010년 「국적법」이 개정되기 이전에는 외국인이 대한민국의 국적을 취득하거나 출생과 동시에 대한민국과 외국국적을 모두 가지게 된 선천적 복수국적자의 경우 일정한 절차에 따라 기한 내에 외국의 국적을 포기해야 만 대한민국을 계속 보유할 수 있었다. 하지만 개정된 「국적법」을 통해 '외국국적 포기' 대신 '대한민국 내에서 외국국적을 행사하지 않겠다는 서약서'를 제출할 경우 대한민국의 국적을 계속 보유할 수 있도록 함으로써 결과적으로 외국국적과 대한민국 국적 모두를 보유할 수 있게 되었다.

---

400) 법무부 출입국·외국인정책본부, 『「국적법」 문답식 해설』, 2011, 18면.
401) 위의 책, 19면.

2. 선천적인 복수국적자의 경우

선천적인 복수국적자의 경우 법에서 정한 기한 내에 '외국국적불행사 서약'을 하면서 대한민국의 국적을 선택하면 복수국적을 계속 보유할 수 있다.

3. 후천적인 복수국적자의 경우

혼인 귀화자, 해외입양인, 대한민국에 특별한 공로가 있는 사람, 우수한 인재, 고령의 영주귀국 국적회복자, 외국의 법률 및 제도로 인해 국적의 포기가 불가능한 사람 등 후천적 복수국적자의 경우 '외국국적불행사서약'을 하면 외국국적을 포기하지 않아도 되도록 규정, 후천적 복수국적을 부분적으로 허용하고 있다.

다만 '외국국적불행사서약'을 하여 복수국적을 인정받은 사람이라도 그 서약의 내용에 현저히 위반되는 행위를 한 경우 6개월 이내에 하나의 국적을 선택할 수 있도록 명할 수 있고, 후천적 대한민국의 국적을 보유하는 것이 현저히 부적합하다고 인정될 경우 일정한 청문절차를 거쳐 대한민국의 국적이 상실될 수도 있다.[402)]

후천적 복수국적자 중 ① 외국인이 대한민국의 국적을 취득한 경우와 ② 한국인이 비자진하여 외국 국적을 취득한 경우로 구분하여 살펴볼 수 있다. ①의 경우 「국적법」 제10조에 따른 국적취득자의 외국국적 포기의무와 연결되어 취득한 날로부터 1년 내에 그 외국 국적을 포기해야하고 기간이 지난 경우 대한민국의 국적을 상실하게 된다. 이때 유의해야 할 점은 국적선택의무(「국적법」 제12조제1항 단서)가 없다는 것이다. ②의 경우 유의해야 할 점은 국적보유신고에 의해 복수국적을 가지게 된 자는 국적선택의무가 있고, 선천적 복수국적자의 국적선택(외국국적불행사 서약포함)·국적이탈 신고 제도를 국적보유신고자에게도 동일하게 적용된다는 것이다.[403)]

위와 같은 내용을 중심으로 복수국적의 발생 유형 및 대상을 다음과 같은 <표>로 요약할 수 있을 것이다.

---

402) 앞의 책, 18면.
403) 법무부 출입국·외국인정책본부, 『2014국적실무편람』 (2014.6.), 203면.

복수국적의 발생 유형 및 대상[404)]

구분	복수국적 발생 유형	복수국적 허용 대상
선천적	① 미국, 캐나다 등 출생지주의(속지주의) 국가에서 출생한 경우	• 출생 당시부터 복수국적을 보유하나 일정 연령 도달 시 복수국적 계속여부 등을 결정(국적선택 제도)해야 함. • 남녀 모두 만 22세 전까지 외국국적불행사 서약 방식으로 한국 국적 선택한 자(제13조) ※ 남자의 경우는 만 22세 이후에도 병역의무 이행하면 2년 내에는 서약방식으로 한국국적 선택가능(단, 병역면제자는 제외) ※ 원정출산자는 22세 전 또는 병역의무 이행여부 관계없이 외국국적 포기해야만 한국국적 선택가능(복수국적 대상에서 제외)
	② 국제결혼 가정 출생자(부·모 중 일방이 외국인인 경우)	
후천적	③ 한국에 귀화한 외국인	• 우수 외국인재 • 독립유공자·국가유공자 후손 등 특별공로자 • 한국인 배우자(혼인파탄자는 제외) ※ 귀화허가일로부터 1년 내 외국국적불행사서약을 한 경우(제10조제2항)
	④ 국적 회복한 외국국적동포	• 만 65세 이상 영주 귀국동포 • 미성년 당시 해외입양 되어 국적을 상실하였던 해외입양인 • 우수외국인재· • 독립유공자·국가유공자 후손 등 ※ 국적회복 허가일로부터 1년 내 외국국적불행사서약을 한 경우(제10조제2항)
	⑤ 비자발적으로 외국 국적을 취득한 국민	• 해외입양, 혼인, 인지, 수반취득한 배우자 또는 미성년 자녀 등 비자발적으로 외국국적 취득 후 우리 국적 보유 신고한 자(제15조제2항) ※ 외국적 취득시 미성년은 선천적 복수국적자와 동일기간 내, 성년은 외국적 취득일로부터 2년 내 외국국적불행사서약하고 한국국적 선택 시 복수국적 가능
	⑥ 자발적으로 외국 국적을 취득한 국민	• 제외(외국국적 취득한 때 한국국적 자동상실) ※ 다만, 우리 국적 회복 시 ④요건 충족하면 복수국적 가능

※ 이때 서약방식은 외국국적 포기 증명 대신 대한민국 내에서는 외국 국적을 행사하지 않겠다는 뜻을 서약하고, 서약방식이 가능한지의 여부에 관한 내용은 귀화허가, 국적회복허가, 국적선택 신고 당시를 기준으로 결정하게 된다.

404) 위의 책, 182면; 이종옥, "이민행정업무 체류실무특강 (2019.9.1.), 27면.

제 3 절 복수국적자의 법적 지위

Ⅰ. 국민처우원칙

복수국적자는 대한민국의 법령 적용에서 대한민국 국민으로만 처우되므로(「국적법」 제11조의2제1항) 대한민국의 법령을 적용함에 있어서는 외국인으로 보지 않고 대한민국 국민으로서의 지위를 부여하고 있다. 이러한 규정이 있기 전에는 법무부예규인 「이중국적자업무 처리지침」(법무부고시 제2009-528호)에 따라 복수국적자로서 외국여권으로 우리나라에 입국한 사람이 출입국관리사무소나 출장소에 '국민처우신고'를 하게 되면 그때로부터 대한민국의 국민으로 처우하지만 신고를 하지 않은 경우 외국인 신분으로 체류관리를 하면서 외국인등록도 허용하였었다고 한다.[405) 그리하여 「국적법」 제10차 개정을 통해 복수국적자는 대한민국의 국적을 가진 사람임에도 외국인으로 취급하여 체류관리를 하는 것은 법체계상 적절하지 않을 수 있고 복수국적자임을 이용하여 병역의무를 회피하고자 주민등록을 하지 않는 것을 방조하는 결과가 될 수 있는 점 등의 문제가 있어왔던 점을 반영한 것이라고 볼 수 있다.[406) 특히 복수국적자가 병역의무를 회피하기 위한 수단으로 외국인등록이란 형식을 이용할 수 있다는 측면에서 보면 대한민국에서 병역의무의 부과는 대한민국 내에서의 출생신고를 전제로 하는데 외국에서 출생한 선천적 복수국적자의 경우 국내에 입국하더라도 출생신고를 하지 않고 외국인등록을 통해 지내려는 사람은 병역회피의 목적이 있다고 볼 여지가 있는 것이다. 이러한 문제점은 이제 「국적법」의 개정을 통해 복수국적자가 외국인등록을 하려는 경우 출생 당시의 부모의 국적 등을 확인하여 대한민국의 국적 보유사실이 확인되면 외국인등록을 받아주지 않고 국내에 계속 거주를 원할 경우 거주지 주민등록관서에 주민등록을 하도록 하고 있다.[407) 또한 「출입국관리법」 시행규칙상의 복수국적자의 출입국절차 등과 관련해서도 복수국적자의 경우 여권을 사용함에 있어 대한민국의 공항만에서는 대한민국의 여권 사용을 원칙으로 하고 있기에[408) 대한민국의 여권을 소지하고 있지

405) 석동현, 앞의 책, 212면.
406) 위의 책, 같은 면.
407) 위의 책, 214면.

않는 사람으로서 긴급히 출국해야 하는 특별한 사정이 없는 한 외국여권으로 출국을 할 수 없도록 하고 있다.[409]

이러한 내용은 외국 국적 보유자는 외국인학교 입학이 가능하였기에 복수국적자의 경우도 외국인등록증만 있으면 외국인학교에 입학할 수 있다는 문제점에도 영향을 미쳤다. 그리하여 「외국인학교 및 외국인유치원의 설립·운영에 관한 규정」을 통해 외국에서 거주한 기간이 총 3년 이상인 내국인으로서 원칙적으로 외국인학교 정원의 30%를 넘지 않는 범위 내에서만 입학이 가능하도록 하였다.[410]

---

408) 「국적법」 제11조의2제1항 및 「출입국관리법」 시행규칙 제79조제1항의 규정에 따라 대한민국 국적과 외국 국적을 함께 가지고 있는 자(이하 "복수국적자")의 출입국 및 체류에 관한 필요한 절차를 규정함을 목적에 따라 제정된 「복수국적자의 출입국 및 체류에 관한 지침」(법무부 출입국·외국인정책본부 2011. 1. 31. http://overseas.mofa.go.kr/ca-ko/brd/m_5351/view.do?seq=786793, 2020년 1월 22일 최종 방문)에 의하면 복수국적자의 출입국 심사기준으로서 출입국정보시스템(ICRM) 또는 여권 등을 통하여 복수국적자로 확인 된 사람은 대한민국 여권으로 출입국심사를 함을 기본원칙으로 하고 있다.

409) 「출입국관리법시행규칙」[시행 2019. 6. 11] [법무부령 제952호, 2019. 6. 11, 일부개정]제79조(복수국적자의 출입국절차등) ① 「국적법」에 따른 복수국적자의 출입국 및 체류에 관한 절차는 법무부장관이 따로 정한다. <개정 2010. 11. 16.>

② 대한민국국적이 아닌 2개 이상의 외국국적을 가지고 있는 사람은 그가 행사하는 여권을 발급한 국가의 국민으로 본다. <개정 2010. 11. 16.>

③ 국적이 불명한 자는 그가 행사하는 여권을 발급한 국가의 국민으로 취급한다. <신설 1994. 7. 20.>

④ 청장·사무소장 또는 출장소장은 제1항에 따른 복수국적자에 대하여는 따로 기록을 작성·비치하여야 한다. <개정 1998. 4. 1., 2010. 11. 16., 2018. 5. 15.> [제목개정 2010. 11. 16.]

410) 외국인학교 및 외국인유치원의 설립·운영에 관한 규정[시행 2016. 7. 28] [대통령령 제27374호, 2016. 7. 26, 일부개정] 제10조(외국인학교의 내국인 입학자격 등) ① 「초·중등교육법」 제60조의2제1항에서 "대통령령으로 정하는 사람"이란 외국에서 거주한 기간이 총 3년 이상인 내국인을 말한다. <개정 2016. 7. 26.>

② 「초·중등교육법」 제60조의2제1항에서 "해당 학교의 장이 대통령령으로 정하는 기준과 절차에 따라 학업을 지속하기 어렵다고 판단한 사람"이란 해당 학교의 장이 같은 법 제31조에 따른 학교운영위원회의 심의를 거쳐 다음 각 호의 어느 하나에 해당하는 학생으로 인정한 사람을 말한다. <신설 2016. 7. 26.>

1. 한국어 능력이 현저히 부족하여 수업을 따라가지 못하는 학생
2. 문화적인 차이로 인하여 학교 부적응의 문제가 발생한 학생
3. 그 밖에 제1호 또는 제2호에 준하는 사유가 있어 해당 학교에서 학업을 지속하기 어려운 학생

③ 제1항에 해당하는 내국인은 외국인학교 학생 정원의 30퍼센트를 넘지 아니하도록 하되, 교육감은 특별시·광역시 또는 도의 여건을 고려하여 20퍼센트의 범위에서 특별시·광역시 또는 도의 교육규칙으로 입학비율을 높일 수 있다. <개정 2016. 7. 26.>

이외에도 재외공관의 장이 직무상 복수국적자를 발견하면 외교부장관을 거쳐 법무부장관에게 통보하도록 하고 있다(국적업무처리지침 제14조의3제1항).[411]

Ⅱ. 복수국적자의 특정분야 종사의 제한(「국적법」 제11조의2제2항)

「국적법」 제11조의2는 복수국적자가 관계 법령에 따라 외국 국적을 보유한 상태에서 직무를 수행할 수 없는 분야에 종사하려는 경우에는 외국 국적을 포기하도록 하고 있다(제2항). 여기서 구체적으로 "관계 법령에 따라 외국 국적을 보유한 상태에서 직무를 수행할 수 없는 분야"란 주로 국가안보나 보안, 기밀, 외교 분야 등 외국국적을 보유한 상태로 직무를 수행하는 것이 사회통념상으로 보아 적절하지 않는 분야가 될 것이다.[412]

Ⅲ. 복수국적자에 대한 외국인 처우와 관련된 법령 제·개정시의 제한

또한 「국적법」 제11조의2제3항은 중앙행정기관의 장이 복수국적자를 외국인과 동일하게 처우하는 내용으로 법령을 제정 또는 개정하려는 경우에는 미리 법무부장관과 협의하도록 하고 있다. 이러한 내용은 복수국적자에 대한 국민처우가 원칙임에도 예외적으로 복수국적자를 외국인으로 처우하는 내용으로 하는 법령을 제정하거나 개정할 필요가 있는 경우를 대비한 조항으로서 이 경우 그 입법이 정부입

---

411) 「국적법시행령」 제18조의4제1항 및 제2항에 따라 복수국적자를 통보하는 때에는 별지 제5호서식의 복수국적자 발견통보(보고)서를 작성하여 송부한다(국적업무처리지침 제14조의3제2항).
[참고] 「국적법시행령」 제18조의4(복수국적자에 관한 통보절차 등) ① 법 제14조의4제1항에 따른 통보는 그 공무원이 속한 기관의 주소지를 관할하는 청장등에게 하여야 한다. 다만, 재외공관의 장이 통보하는 경우는 법무부장관이 따로 정한다. <개정 2018. 5. 8.>
② 제1항에 따른 통보는 다음 각 호의 사항을 적은 서류로 하여야 하며, 복수국적자가 복수국적을 보유하게 된 원인 및 연월일을 증명하는 서류와 소지한 외국 여권의 사본을 첨부하여야 한다. <개정 2014. 6. 17.>
1. 한글 성명, 생년월일, 성별 및 등록기준지 등 인적사항
2. 외국 국적의 영문 성명 및 생년월일
③ 청장등은 제1항에 따라 통보를 받거나 그 직무상 복수국적자를 발견하면 복수국적자 기록표를 작성하여 법무부장관에게 송부하고 그 부본(副本)을 갖추어 두어야 한다. <개정 2018. 5. 8.>
[전문개정 2011. 3. 29.]

412) 석동현, 앞의 책, 214면.

법이든 의원입법이든 상관하지 않고 이와 관련된 법령을 제정이나 개정시 법무부 장관의 의견을 들어야 하는 것으로 이해하여야 할 것이다.[413)]

제 4 절 65세 이상 외국국적동포의 국적회복을 통한 복수국적의 취득[414)]

Ⅰ. 개 요

2011. 1. 1.부터 만 65세 이상 외국국적동포는 대한민국으로의 영주귀국을 희망할 경우 "국적회복허가" 신청을 통해 복수국적의 취득이 가능하게 되었다[415)]. 또한 2011. 7. 1.부터 외국인등록(또는 거소신고) 시점 및 6개월 이상 거주 요건 등을 불문하고 국적회복허가 신청 시점에 만 65세 이상이면 복수국적을 허용하기로 하였고, 외국인등록이나 재외동포 거소신고를 한 경우 기본적으로 영주할 목적이 있는 것으로 인정키로 하였다.

Ⅱ. 국적회복 절차

복수국적 취득을 위한 만 65세 이상 외국국적동포의 국적 회복을 위해서는 ① 국적상실신고, ② 외국국적동포 거소의 신청, ③ 국적회복허가의 신청, ④ 국적회복허가서의 수령, ⑤ 외국국적불행사의 서약, ⑥ 주민등록신고, ⑦ 외국국적동포거소 신고증의 반납의 절차를 거치게 된다. 국적회복 처리에 필요한 기간은 약 6개월이지만 국적상실 신고(필요한 경우)와 거소증 발급받는 기간을 포함하면 6~8개월 정

---

413) 석동현, 앞의 책, 215면.

414) 주 뉴욕대한민국 총영사관 자료(2020년 3월 4일 최종방문) http://overseas.mofa.go.kr/us-newyork-ko/brd/m_4222/view.do?seq=996441&srchFr=&srchTo=&srchWord=&srchTp=&multi_itm_seq=0&itm_seq_1=0&itm_seq_2=0&company_cd=&company_nm=&page=1

415) 구법에서 외국국적동포가 우리 국적을 회복하면 외국국적을 포기하여야만 하였으나, 신법은 외국국적포기를 대신하여 "외국국적불행사서약"만 함으로써 복수국적 취득이 가능하게 되었다.

도 소요된다고 볼 수 있을 것이다.

1. 국적상실의 신고

대한민국의 국민이 외국국적을 취득하게 되면 대한민국의 국적을 자동적으로 상실하게 된다. 다만 본인이 국적상실 신고를 하지 않을 경우 가족관계등록부에 국민으로 그대로 남아 있어 이를 먼저 정리하여야 한다. 그렇기 때문에 만일, 가족관계등록부에 국적상실신고가 되어 있지 않은 사람은 먼저 국적상실신고를 하여야 하고, 국적상실신고 및 국적회복신청은 대한민국의 출입국·외국인 관서에 동시에 접수시킨다.

이때 국적상실에 필요한 구비서류는 예를 들어 미국의 경우라면 국적상실신고서(법정양식) 2부, 본인의 기본증명서 및 가족관계증명서 각 2부(한국 내 구청 등에서 발급), 미국 시민권증서 원본 및 사본 2부, 미국 시민권과 가족관계등록부 상의 이름이 다른 경우 성명변경증명서 원본 및 사본 2부, 최종 한국여권 원본 및 사본 1부 등이 필요하게 될 것이다.[416)]

2. 외국국적동포 거소의 신청

"외국국적동포 거소" 제도란 대한민국에 주소를 두고 91일 이상 체류할 목적의 외국국적동포의 편의를 위한 제도로서 "만 65세 이후 우리나라에 영주귀국"할 목적으로 우리나라에 입국하였음을 입증하기 위한 절차이기도 하다.

3. 국적회복허가의 신청 및 국적회복허가서의 수령

상실된 국적을 회복하는 신청으로서 체류지 관할 출입국·외국인 관서에서 하여야 한다. 유의해야 할 것은 국적회복은 매우 주요한 개인 신분변동 신청으로 대행이 불가능하며, 신청서 등 서류를 구비하여 반드시 본인이 신청하여야 하고 그 신청은 개인별로 하여야 함으로 부부라도 반드시 개별적으로 신청하여야 한다.

---

416) 구체적인 국적상실에 대해서는 뒷부분의 국적상실 부분 참고.

이때 국적회복 신청을 위한 구비서류로는 국적회복신청서, 국적회복진술서, 신원진술서(2부), 가족관계통보서와 여권 사본, 외국국적동포거소증 사본, 외국국적취득관련서류(시민권증서 등 원본소지 사본제출), "폐쇄"된 기본증명서, "국적상실" 표기된 제적등본, 성명 변경 시 입증서류, 신청 수수료 20만원(수반취득자는 제외)을 첨부하여야 할 것이다.

이렇게 국적회복허가를 신청하고 허가를 받게 되면 국적회복허가통지문을 허가일로부터 10일 이내 법무부장관으로부터 거소지 주소로 통보받게 된다(등록된 휴대폰 문자메세지로 허가여부가 전송됨). 이때 국적회복의 허가는 보통 접수일로부터 2~3개월 소요된다. 신청자가 국적회복허가 통지문을 받으면, 가까운 시·군·구청을 방문하여 기본증명서를 발급받아 국적회복허가 기재내용의 작성여부와 오류내용을 확인하게 된다.

4. 외국국적불행사의 서약 - 복수국적의 취득절차

외국국적불행사 서약은 국적회복허가를 신청한 출입국·외국인 관서를 방문하여 대한민국에서 외국국적을 행사하지 않겠다는 것을 서약하는 "외국국적불행사서약서"를 작성하여 제출하여야 한다. 복수국적 취득을 위한 외국국적불행사서약은 국내에 주소(거소)를 두고 있는 상태에서 국적회복허가를 신청한 경우에만 가능하여 재외공관에서는 접수를 하지 않는다. 다만 국적회복의 신청절차에서 선행조건인 국적상실의 신고와 외국국적동포들을 위한 재외동포 비자(F-4) 발급을 위한 신청은 재외공관에서 가능하다.

이러한 외국국적불행사서약은 국적회복허가일로부터 1년 이내에 해야 하고, 이 서약 역시 본인이 관할 출입국·외국인관서를 방문하여 해야 한다. 이때 외국국적불행사서약시 구비서류는 기본증명서, 허가통지서, 외국국적동포거소신고증, 사진(3×4cm) 1매이다.

유의해야 할 사항으로서 「국적법」은 외국국적동포에게 제한적으로 복수국적을 인정하되, 대한민국에서는 국민으로만 인정함을 분명히 하고 있기에 외국국적불행사 서약을 한 이후에는 대한민국에 입국하거나 출국 시에는 반드시 대한민국의 여권을 사용하여야 하며, 국내에서 외국인의 지위를 인정받을 수 없다는 것이다.

5. 주민등록의 신고와 외국국적동포 거소신고증의 반납

출입국·외국인 관서에 "외국국적불행사서약서"를 작성·제출하여 수리하게 되면 "외국국적불행사서약확인서"를 발급받게 되고 이러한 "외국국적불행사서약확인서"와 기본증명서, 사진(3×4cm) 2매를 가지고 거주지 읍·면·동 주민자치센터를 방문하여 주민등록신고를 한 후 주민등록증을 발급받게 된다. 일단 주민등록신고 후라면 대한민국 여권 발급을 신청할 수 있다.

이와 같이 외국국적동포가 국민이 된 경우에는 주민등록을 마친 날부터 30일 이내 외국국적동포거소 신고증을 출입국·외국인관서에 반납하여야 하고[417] 30일이 도과할 경우 100만원 이하의 과태료가 부과된다.[418] 물론 본인이 원할 경우에는 외국국적불행사서약 확인서를 발급받을 때 외국국적동포거소신고증을 미리 반납할 수도 있다.

특히, 외국국적동포가 국내거소신고증을 반납하는 경우 반납기한을 법률에서 일률적으로 정하고 있어 반납사유에 따라 반납기한을 합리적으로 정할 수 없는 문제가 있으므로 반납기한을 개정 재외동포법을 통해 대통령령으로 위임할 수 있도록 하였다.[419]

---

417) 재외동포의 출입국과 법적 지위에 관한 법률 제8조(국내거소신고증의 반납) 외국국적동포가 국내거소신고증을 지닐 필요가 없게 된 때에는 대통령령으로 정하는 바에 따라 지방출입국·외국인관서의 장에게 국내거소신고증을 반납하여야 한다. <개정 2014. 3. 18., 2014. 5. 20., 2020. 2. 4.>
재외동포의 출입국과 법적 지위에 관한 법률 제17조(과태료) ① 제6조제2항을 위반하여 국내거소의 이전 사실을 신고하지 아니한 자에게는 200만원 이하의 과태료를 부과한다. ② 제8조를 위반하여 국내거소신고증을 반납하지 아니한 자에게는 100만원 이하의 과태료를 부과한다. ③ 제1항이나 제2항에 따른 과태료는 대통령령으로 정하는 바에 따라 지방출입국·외국인관서의 장이 부과하고 징수한다. <개정 2014. 3. 18.>

418) 재외동포의 출입국과 법적 지위에 관한 법률 제17조제2항

419) 재외동포의 출입국과 법적 지위에 관한 법률 시행령 제14조(국내거소신고증의 반납 등) ① 법 제8조에 따라 외국국적동포에게 다음 각 호의 어느 하나에 해당하는 사유가 발생한 경우에는 다음 각 호의 구분에 따라 거소(제4호의 경우에는 출국항을 말한다) 관할 청장·사무소장 또는 출장소장에게 국내거소신고증을 반납하여야 한다.

1. 외국국적동포가 국민이 된 경우에는 주민등록을 마친 날부터 30일 이내에 본인·배우자·부모 또는 「출입국관리법 시행령」 제89조제1항에 따른 사람이 반납

6. 외국국적자의 거소증 발급 필요 여부

외국국적자 예를 들면 미국 시민권자의 경우에도 거소증이 필요한지 여부가 문제될 수 있지만 이는 체류기간 및 목적에 따라 다르다. 즉, 거소증은 대한민국에서 91일 이상 체류할 경우 필요한데 거소증을 발급받기 위해서는 먼저 관할 재외공관에 국적상실 신고 여부를 확인한 뒤 재외동포 비자(F-4)를 발급받아야 한다. 그 후 재외동포 거소증 신청 및 갱신에 대한 것은 방문예약을 통해 관할 출입국·외국인 관서를 방문하여 신청한다.

7. 의료보험 가입여부

주민등록을 한 재외국민과 국내거소신고를 한 외국국국적동포가 최소 90일 이

---

2. 외국국적동포가 재외동포체류자격을 상실한 경우에는 재외동포체류자격 상실 사실을 안 날부터 30일 이내에 본인·배우자·부모 또는 「출입국관리법 시행령」 제89조제1항에 따른 사람이 반납. 다만, 외국국적동포가 재외동포체류자격에서 「출입국관리법 시행령」 별표 1부터 별표 1의3까지에 따른 체류자격으로 변경한 경우에는 해당 체류자격 변경허가를 받은 때에 반납하여야 한다.
3. 외국국적동포가 국내에서 사망한 경우에는 외국국적동포의 배우자·부모 또는 「출입국관리법 시행령」 제89조제1항에 따른 사람이 외국국적동포의 사망 사실을 안 날부터 30일 이내에 국내거소신고증에 진단서 또는 검안서나 그 밖에 사망 사실을 증명하는 서류를 첨부하여 반납
4. 외국국적동포가 재외동포체류자격의 체류기간 내에 재입국할 의사없이 출국하는 경우에는 본인이 출국 시 반납

② 삭제

③ 출국항 관할 청장·사무소장 또는 출장소장이 제1항제4호에 따라 국내거소신고증을 반납받은 때에는 그 사실을 지체없이 거소 관할 청장·사무소장 또는 출장소장에게 통보하여야 한다.

④ 거소 관할 청장·사무소장 또는 출장소장은 국내거소신고를 한 외국국적동포가 다음 각 호의 어느 하나에 해당하면 지체 없이 국내거소신고 원부를 정리하고, 그 사실을 그 외국국적동포의 거소를 관할하는 시·군·구의 장 또는 읍·면·동의 장에게 통보하여야 한다.

1. 제1항 각 호의 어느 하나에 해당하는 사유로 국내거소신고증을 반납한 경우
2. 제1항 각 호의 어느 하나에 해당하는 사실이 확인된 경우
3. 제3항에 따라 출국항을 관할하는 청장·사무소장 또는 출장소장으로부터 국내거소신고증을 반납받았다는 통보를 받은 경우

⑤ 제4항에 따른 통보를 받은 시·군·구의 장 또는 읍·면·동의 장은 지체 없이 국내거소신고표에 통보받은 사실을 기록하여야 한다. <신설 2007. 10. 15., 2016. 9. 29.>

⑥ 청장·사무소장·출장소장은 법 제8조에 따라 국내거소신고증을 반납받은 경우에는 제3항 및 제4항에 따른 절차를 마친 후 그 국내거소신고증을 파기한다. <신설 2015. 6. 15., 2018. 5. 8.>

상 대한민국 안에 체류하는 경우 건강보험 관련 법령에 따라 건강보험을 적용받을 수 있다(재외동포의 출입국과 법적 지위에 관한 법률 제14조).

제 5 절 복수국적자의 출입국 및 체류에 관한 지침

복수국적자의 경우 출입국 및 체류가 중요한 내용의 하나가 되는데 이 지침의 개괄적인 내용은 다음과 같다.

복수국적자의 출입국 및 체류에 관한 지침 요약420)

<table>
<tr><td>근거</td><td colspan="3">「국적법」 제11조의2 제1항 및 「출입국관리법」 시행규칙 제79조제1항</td></tr>
<tr><td>적용대상</td><td colspan="3">① 출생에 의한 복수국적자(선천적 복수국적자)421)
② 외국인으로서 대한민국 국적을 취득한 후 「국적법」 제10조제2항에 따라 외국국적불행사 서약을 한 자
③ 대한민국의 국민으로서 「국적법」 제15조제2항에 따라 외국 국적을 취득하게 된 후 6개월 내에 법무부장관에게 대한민국 국적의 보유 의사를 신고한 자422)</td></tr>
<tr><td rowspan="4">공통기준</td><td colspan="2">외국 여권으로는 출국할 수 없는 자</td><td>대한민국 여권으로 입국한 자(반드시 대한민국 여권으로만 출국심사를 하여야 함)</td></tr>
<tr><td colspan="2">대한민국 여권과 외국여권을 함께 제출한 자</td><td>대한민국 여권으로만 출입국심사(단, 외국 여권의 인적사항으로도 규제자 검색은 실시)</td></tr>
<tr><td rowspan="2">외국여권만을 제출한자</td><td>(A) 외국국적불행사 서약자</td><td>아래 (A) 의 심사기준에 따라 처리</td></tr>
<tr><td>(B) 외국국적불행사 미서약자</td><td>아래 (B) 의 심사기준에 따라 처리</td></tr>
<tr><td>(A)</td><td>입국심사</td><td>외국에 주재하는 대한민국 공관(재외공관)에서 외국국적불행사서약을 하고 최초 입국</td><td>o 재심으로 신병인계
재심에서는 "향후 입국시 대한민국 여권으로 입국하겠다"는 각서 징구 후 외국여권 하단에 '향후 외국여권으로 입국불가(최종고지필)' 날인 후 외국여권으로 심사</td></tr>
</table>

420) 본 내용은 법무부출입국·외국인정책본부, 『2014국적실무편람』 (2014.6), 213~217면을 참고한 것으로 실제에 있어서는 내용이 상이할 수 있음.

		하는 자가 외국 여권을 제출하는 경우	
		최초 1회에 한하여 외국여권으로 출국이 허용되었던 자가 그 후 처음으로 입국 시	o 외국여권을 제시하는 경우에는 외국여권으로 심사하되, 향후 출국시에는 외국여권으로 출국할 수 없음을 구두 안내
		향후 외국여권으로 입국할 수 없음을 안내 받은 사람이 그 후 입국시 외국여권을 제시하는 경우	o 재심으로 신병인계 재심에서는 대한민국 여권이 있으면 대한민국 여권으로 심사하고, 대한민국 여권이 없으면 「출입국관리법」 제6조제2항을 적용하여 입국심사
	출국 심사	외국여권을 행사하는 경우	o 재심으로 신병인계 최초 1회에 한해 출국허용 하되, "향후 출국시 대한민국 여권으로 출국하겠다"는 각서 징구 후 외국여권에 '향후 외국여권으로 출국불가' 날인
		다만, 대한민국 여권을 발급 받지 못한 자로서 긴급히 출국하여할 부득이한 사정이 있는 경우	사무소장의 허가를 받아 추가 1회에 한해 외국여권으로 출국허가하고 본부 국적과에 조치사항 보고(향후 외국여권을 행사하는 경우 「국적법」 제14조의2에 따른 국적선택명령의 대상이 될 수 있음을 고지하고, 외국여권에 '향후 외국여권으로 출국불가(최종고지필)' 날인
(B)	입국 심사	출입국정보시스템 또는 여권 등을 통하여 복수국적자임이 확인되지 않은 사람	제출한 여권으로 심사
		복수국적자임이 확인된 사람	o 출입국정보시스템 또는 여권 등을 통하여 90일 이내 단기사증 또는 무사증 입국자의 경우 ⇒ 제출한 외국여권으로 심사
			o 91일 이상 장기사증 소지자의 경우 : 재심으로 신병인계 제출한 외국여권으로 심사하되 단기방문(C-3, 체류기간 90일) 단수사증으로 정정조치 후 입국심사하고, 91일 이상 체류하려는 경우에는 외국인등록 또는 거소신고를 할 수 없으며, 주민등록을 하고 대한민국 여권으로 출국하여야 함. 다만, 아래 4. 가. 2)에 해당하

<table>
<tr><td></td><td></td><td></td><td>는 사람 중 출생신고를 하지 않은 상태에서 2010.5.4. 전에 22세가 경과한 자에게 발급한 사증
⇒ 사증내용 대로 심사</td></tr>
<tr><td rowspan="3"></td><td rowspan="3">출국
심사</td><td>출입국정보시스템 또는 여권등을 통하여 복수국적자임이 확인되지 않은 사람의 경우</td><td>제출한 여권으로 심사</td></tr>
<tr><td rowspan="2">출입국정보시스템 또는 여권등을 통하여 복수국적자임이 확인된 사람</td><td>o 무사증 또는 단기사증으로 90일 이내 체류 후 출국하려는 자
⇒ 입국시 행사한 외국여권으로 출국심사</td></tr>
<tr><td>o 91일 이상 장기체류 후 출국하려는 경우: 재심으로 신병인계
- 재심에서는 최초 1회에 한해 출국허용 하되, “향후 출국시 대한민국 여권으로 출국하겠다”는 각서 징구 후 외국여권에 ‘향후 91일 이상 체류시 외국여권으로 출국불가(최종고지필)’ 날인</td></tr>
<tr><td rowspan="2">사증발급</td><td colspan="2">원 칙</td><td>복수국적자에 대해서는 외국여권에 대한민국 사증을 발급하지 않음</td></tr>
<tr><td colspan="2">예외적으로 사증 발급이 가능한 경우</td><td>(가) 대한민국에 무사증 입국이 허용되지 않는 국가의 국적을 함께 보유하고 있는 복수국적자로서 대한민국 여권으로 입국할 수 없는 부득이한 사유가 있는 자
⇒ 외국여권에 단기방문(C-3, 체류기간 90일, 유효기간 1년) 복수사증 발급
(나) 출생신고를 하지 않은 상태에서 법률 제10275호 「국적법」 개정법률 공포일(2010년 5월 4일) 전에 만 22세가 경과한 출생에 의한 복수국적자로서 대한민국 여권으로 입국할 수 없는 부득이한 사유가 있는 자
⇒ 체류목적에 합당한 사증발급 가능</td></tr>
<tr><td rowspan="2">체류관리</td><td colspan="2">원 칙</td><td>(가) 복수국적자는 외국여권으로 입국한 경우에도 외국인등록을 할 수 없음
(나) 외국여권을 소지하고 단기방문(C-3) 사증 또는 무사증 등으로 입국심사를 받은 복수국적자는 체류자격 변경을 할 수 없음
(다) 외국여권으로 입국한 복수국적자가 대한민국에 주소를 두고 계속 체류하려는 경우에는 주민등록을 해야 함</td></tr>
<tr><td colspan="2">예 외</td><td>(가) 출생신고를 하지 않은 상태에서 법률 제10275호 「국적법」 개정법률 공포일(2010년 5월 4일) 이후에 만 22세가 경과한 출생에 의한 복수국적자로서 유학(D-2), 어학연수(D-4), 신병치료 등의 사유로 체류하고 있는 경우
⇒ 해당 체류목적 종료시까지만 제한적으로 외국인등록 및 체류기간 연장허가 가능
(나) 출생신고를 하지 않은 상태에서 법률 제10275호 「국적법」 개정법률 공포일(2010년 5월 4일) 전에 만 22세가 경과한 출생에</td></tr>
</table>

<table>
<tr><td></td><td colspan="2"></td><td>의한 복수국적자로서 외국여권으로 입국한 경우
⇒ 해당 체류목적에 합당한 자격으로 외국인등록 및 계속 체류허가 가능.</td></tr>
<tr><td rowspan="4">출입국</td><td colspan="2">원 칙</td><td>출입국시 한국 여권만 사용</td></tr>
<tr><td rowspan="3">예외</td><td>외국국적불행사 서약자</td><td>최초 1회에 한해 외국여권 사용가능</td></tr>
<tr><td rowspan="2">외국국적불행사 미서약자</td><td>90일 이내 단기·무사증: 외국여권 사용 가능</td></tr>
<tr><td>91일 이상 장기 사증: 외국여권 사용 불가</td></tr>
<tr><td rowspan="3">사증발급</td><td colspan="2">원 칙</td><td>외국여권에 대한 사증 발급하지 않음</td></tr>
<tr><td rowspan="2">예외</td><td>무사증입국 불허 국가의 국민</td><td>부득이한 사유가 있을 시 단기방문(C-3, 체류기간 90일, 유효기간 1년) 복수사증 발급</td></tr>
<tr><td>출생신고를 하지 않은 상태로 1988년 5월 3일 이전 출생자</td><td>부득이한 사유가 있을 시 체류목적에 합당한 사증발급 가능</td></tr>
<tr><td rowspan="3">체류</td><td colspan="2">원 칙</td><td>복수국적자는 외국인 등록을 할 수 없음</td></tr>
<tr><td rowspan="2">예외</td><td rowspan="2">출생신고를 하지 않은 1988년 5월 3일 이전 출생자</td><td>유학(D-2), 어학연수(D-4), 신병치료 등의 사유로 체류 시 해당 체류목적이 종료될 때 까지</td></tr>
<tr><td>외국여권으로 입국 시 해당 체류목적에 합당한 자격으로 외국인 등록 및 계속 체류허가 가능</td></tr>
</table>

제 6 절 관련문제

Ⅰ. 출생신고를 하지 아니한 선천적 복수국적자의 국적상실 여부

출생신고를 하지 않은 선천적 복수국적자 즉, 무호적 복수국적자의 출생신고 및 국적상실 여부가 문제된다.[423)]

421) 다만, 「국적법」 제13조에 따라 외국 국적을 포기하고 대한민국 국적을 선택하거나, 「국적법」 제14조에 따라 외국 국적을 선택한 자는 제외된다.

422) 다만, 「국적법」 제13조에 따라 외국 국적을 포기하고 대한민국 국적을 선택하거나, 「국적법」 제14조에 따라 외국 국적을 선택한 자는 제외된다.

423) 법무부 출입국·외국인정책본부, 『2014국적실무편람』 (2014.6), 198면.

1. 출생신고

출생에 의해 대한민국의 국적과 외국 국적을 모두 가지게 된 복수국적자의 경우 신고기간의 제한 없이 가족관계등록관서에 출생신고를 할 수 있다.

2. 출생신고를 하지 아니한 선천적 복수국적자의 국적상실 여부

2.1. 남자의 경우

(1) 이전의 「국적법」(법률 제7499호)이 공포되기(공포일, 2005. 5. 24) 이전에 이미 만 22세가 경과한 경우

이전의 「국적법」(법률 제7499호)의 공포일(2005. 5. 24) 전에 이미 만 22세가 경과한 경우에는 대한민국의 국적을 상실하게 된다(1983. 5. 23. 이전 출생자, 출생신고 후 국적상실 처리).

(2) 이전의 「국적법」(법률 제7499호)의 공포일(2005. 5. 24) 이후에 만 22세가 경과한 경우

이전의 「국적법」(법률 제7499호)이 공포된(공포일, 2005. 5. 24) 이후에 만 22세가 경과한 경우에는 대한민국 국적을 보유한다(1983. 5. 24. 이후 출생자, 병역의무 해소된 날부터 2년 이내 국적선택).

2.2. 여자의 경우

(1) 개정 「국적법」(법률 제10245호)의 공포일(2010. 5. 4) 이전에 이미 만 22세가 경과한 경우

개정 「국적법」(법률 제10245호)의 공포일(2010. 5. 4) 이전에 이미 만 22세가 경과한 경우에는 대한민국의 국적을 상실한다(1988. 5. 4. 이전 출생자, 출생신고 후 국적상실 처리).

(2) 개정 「국적법」(법률 제10245호)의 공포일(2010. 5. 4) 이후에 만 22세가 경과한 경우

개정 「국적법」(법률 제10245호)의 공포일(2010. 5. 4) 이후에 만 22세가 경과한 경우에는 대한민국 국적을 보유한다(1988 5. 5. 이후 출생자, 국적선택 명령 대상).

Ⅱ. 외국국적 취득 후 대한민국 여권의 부정사용[424)]

대한민국 국민이 후천적으로 외국국적을 취득하게 되면 취득일로부터 대한민국 국적이 자동 상실되므로 국적상실 신고를 하면서 대한민국의 여권을 반납해야 한다. 즉, 외국국적을 취득한 후에는 더 이상 대한민국의 국민이 아니므로 대한민국 여권을 다시 사용할 수 없다. 그럼에도 불구하고 만일 외국국적 취득 후에 대한민국 여권을 계속 사용하였다면 여권 부정사용 혐의로 심사를 통해 사범처리 되어 범칙금을 납부하게 될 뿐만 아니라 외국인으로서 체류허가 등 각종 제한을 받게 될 수 있다.

따라서 대한민국에 입국할 때에는 유효한 여권과 법무부장관이 발급한 사증(査證)을 가지고 있어야 하고(「출입국관리법」 제7조제1항),[425)] 출국할 때 역시 유효한 여권을 가지고 출국하는 출입국항에서 출입국관리공무원의 출국심사를 받아야 한다(「출입국관리법」 제28조제1항).

이에(위의 「출입국관리법」 제7조제1항 위반과 제28조제1항) 위반하여 입국이나 출국을 한 경우 3년 이하의 징역 또는 3천만원 이하의 벌금에 처하게 되는 등 처벌을 받을 수 있다. 주의해야 할 사항이다.

특히 복수국적자의 경우는 두 개의 국적을 가지고 있으므로 복수국적을 인정하는 미국의 경우를 예를 들면 즉, 대한민국 여권과 미국여권을 모두 소지한 경우에는 우리나라의 공항을 이용할 때는 대한민국 여권으로 출·입국 하고, 미국공항을 이용시에는 미국 여권으로 출·입국하여야 한다. 유의해야 할 것은 대한민국여권과 미국여권을 소지한 복수국적자는 미국여권상 표기된 이름으로 항공권 예약을 해야 미국에서 출국시 문제가 없다는 점이다.

사례의 분석

1. 복수국적을 유지할 수 없을 것이다. 국적법 제10조제2항에 의해 외국국적불행사 서약을 할 수 있는 사람이 그 서약기간인 1년을 도과하여 결국 대한민국의 국적을

---

424) 이종옥, "이민행정업무 체류실무특강" (2019.9.1.), 강의자료, 22면.

425) 「출입국관리법」 [시행 2019. 10. 24] [법률 제16344호, 2019. 4. 23, 일부개정] 제7조(외국인의 입국).

상실하게 되었다면 그 이후에는 그 국적을 포기하여야만 국적법 제11조에 의한 재취득신고 제도를 이용할 수 있다. 만일 외국국적불행사 서약 대상자로서 서약불이행에 의해 대한민국의 국적을 상실한 사람이 만약 국적 재취득신고 절차가 아니라 새로이 국적회복허가를 받는다면 그 경우에는 다시 외국국적불행서 서약을 할 수도 있을 것이다.[426)]

2. 이혼한 사람이거나 한국인 배우자가 사망한 경우 등은 혼인관계가 중단된 상태에서 귀화허가를 받은 사람에게는 복수국적이 허용되지 않는다. 왜냐하면 결혼 이민자 중에서 혼인관계를 계속 유지한 상태에서 귀화허가를 받아 대한민국의 국적을 취득한 사람에게만 복수국적이 허용되기 때문이다. 이 경우 갑은 본인의 귀책사유가 없다면 귀화허가는 받을 수 있지만 이때에는 귀화허가일로부터 1년 내에 외국국적불행사 서약이 아닌 외국국적 포기를 해야 할 것이다.

3. 원칙적으로 갑은 복수국적을 유지할 수 없다. 외국국적을 취득하면 그 취득시에 자동적으로 대한민국의 국적을 상실되도록 되어 있기 때문이다. 하지만 미국에서 계속 체류 중 일정한 연령(65세)이 되어 영주귀국하면서 국적을 회복한 경우와 국적회복 당시에 특별한 공로가 있거나 우수 외국인재로 인정된 사람은 외국국적불행사 서약, 즉 미국 시민권 불행사 서약을 할 경우 미국 시민권을 포기하지 않아도 된다.[427)]

4. 부모가 미국의 시민권을 취득할 때 미성년 자녀도 외국의 법률에 의해 함께 미국 시민권을 취득한 경우 국적법 제15조(외국국적 취득에 따른 국적상실)에 따라 미국의 시민권을 취득한 날로부터 6개월 내에 국적보유신고를 하고, 국적법 제12조(복수국적자의 국적선택의무)에서 정한 국적선택기간 내, 즉 만 22세가 되기 전까지 외국국적불행사 서약을 통해 국적선택을 할 수 있지만(제13조, 대한민국 국적의 선택절차), 극적선택을 하지 않았을 경우 외국국적 취득시 대한민국의 국적을 상실하게 되므로 복수국적은 허용될 수 없을 것이다.

5. 복수국적자인 여성 외국인이 대한민국에서 계속하여 체류하고 싶다면 먼저 가족관계등록관서에 출생신고를 먼저 하고 난 후 국적이탈신고를 통해 대한민국의 국적을 포기하여야 한다.[428)]

6. 일단 갑은 대한민국 국적을 보유하였던 사실이 있으므로 귀화허가 대상이 아닌 국적회복허가(국적법 제9조) 대상이 된다. 그러므로 대한민국 국적을 상실한 사람이 한국민과 혼인해도 혼인귀화 신청이 아닌 회복허가 신청을 하여야 한다. 다만, 국적회복허가를 받은 때에는 특별한 공로자나 우수 외국인재에 해당하는 경우 등에 한해 외국국적불행사 서약을 통해 복수국적을 보유할 수 있게 된다.[429)]

7. 국적회복을 한 남자의 경우 국적을 회복한 시점에서 병역의무 연령에 해당되고 이전에 병역을 마치지 않았다면 병역법에 따라 병역의무를 부담하게 된다(병역법

제71조),[430] 이에 대해 귀화자의 경우는 원칙적으로 병역의무의 대상이지만 출원에 의해 징병검사를 하지 않고 보충역 편입 또는 전시근로역 편입을 할 수 있다(병역법 제65조).[431]

426) 석동현, 앞의 책(국적법), 208면.

427) 위의 책, 202면.

428) 위의 책, 214면.

429) 위의 책, 218면.

430) 「병역법」 제71조(입영의무 등의 감면) ① 병역판정검사, 재병역판정검사, 확인신체검사, 현역병 입영 또는 사회복무요원 소집 의무는 36세부터 면제되며, 면제된 사람은 전시근로역에 편입한다. 다만, 다음 각 호의 어느 하나에 해당하는 사람은 38세부터 면제된다. <개정 2010. 1. 25., 2011. 5. 24., 2013. 6. 4., 2014. 12. 30., 2016. 1. 19., 2016. 5. 29., 2017. 3. 21.>

11. 「국적법」 제9조에 따라 국적회복허가를 받아 대한민국의 국적을 취득한 사람. 다만, 귀화에 의하여 대한민국의 국적을 취득한 사람은 제외한다.

431) 「병역법」 제65조(병역처분 변경 등) ① 현역병(제21조 및 제25조에 따라 복무 중인 사람과 현역병입영 대상자를 포함한다), 승선근무예비역 또는 보충역으로서 제1호에 해당하는 사람에 대하여는 신체검사를 거쳐 보충역 편입·전시근로역 편입 또는 병역면제 처분을 할 수 있고, 제2호 및 제3호에 해당하는 사람에 대하여는 보충역 편입 또는 전시근로역 편입을 할 수 있다. <개정 2010. 1. 25., 2016. 1. 19., 2016. 5. 29.>

3. 「국적법」에 따른 귀화 및 그 밖에 대통령령으로 정하는 사유로 병역에 적합하지 아니하다고 인정되는 사람

제 9 장 복수국적자를 포함한 병역의무자의 출입국관리[432)]

제9장에서는 복수국적자를 포함한 병역의무자의 출입국관리에 대해서 살펴본다. 여기에서는 구체적으로 의의, 근거, 가족관계등록신고와 국적과의 관계, 병역의무에 관한 일반적 이해로서 병역의무의 이행, 연기 및 면제, 병역의무 해당자의 국외여행허가, 병역의무자의 국외여행 및 국외여행기간 연장의 허가, 국외여행 목적별 허가 대상 및 기간, 국외여행허가 및 국외여행기간 연장허가의 절차, 허가의 제한, 국외여행 허가의 취소 등 복수국적자의 병역의무와 관련된 주요 쟁점들에 대해서 살펴보기로 한다.

실제 사례 연습

1. 갑(David, 남자)은 1982년 4월 25일 한국에서 출생하였고 갑의 부(父)는 갑에 대한 출생신고를 관할 동사무소(주민센터)에 출생신고를 하였다. 갑은 부(父)를 따라 미국 캘리포니아 LA로 이주하였고 2004년 갑의 부는 미국 시민권 자격을 취득하였다. 갑은 미국에 체재하면서 미국 시민권자 여성을 만나 결혼하여 아이를 출산하였다. 2020년 현재 갑은 영주권(Green Card) 자격으로 미국에 체재하고 있고 아이는 1살이다.

   어렸을 때부터 미국에서 체재한 이후로 단 한 번도 한국을 방문한 적이 없는 갑은 시간이 흐르면서 태어난 아이를 생각하여 한국으로의 일시적인 귀국을 위해 LA 소재 대한민국 총영사관을 방문하여 한국 여권을 신청하였다. 하지만 총영사관에서는 여권 발급을 거부하였다.

   이에 대해 여권발급 신청을 거부당한 갑은 이민행정을 전문으로 하는 여러분에게 다음과 같은 상담을 통해 자신의 상황을 확인하고자 할 경우 여러분은 어떻게 상담할 수 있는지 생각해 보시오.

1.1. 갑의 국적은 현재 어디인가?

1.2. 갑은 대한민국의 국민으로서 병역의무를 이행하여야 하는가?

1.3. 갑은 위와 같은 여권발급 제한 문제를 해결하기 위해서는 결국 어떻게 해야 하는가?

---

432) 병무청 홈페이지 https://www.mma.go.kr/contents.do?mc=usr0000193 (2019년 11월 22일, 최종방문).

제1절 개 요

Ⅰ. 개 설

복수국적자는 예컨대, 대한민국과 같은 혈통주의(속인주의) 국민의 자녀가 미국과 같은 출생지주의(속지주의) 국가에서 출생하여 부 또는 모의 국적과 출생지 국가의 국적을 동시에 취득한 사람을 의미한다. 즉, 한국인을 부 또는 모로 하여 속지주의 국가인 미국에서 출생한 사람은 태어나면서부터 한국 국적과 미국 시민권을 동시에 가지게 되어 복수국적자가 된다.

이 경우, 미국 사관학교나 공무원을 지망하려는 복수국적자인 학생이 입학이나 지망이 어려울 수 있는데 이는 부가 미국 시민권자 모는 미국 영주권자로 출생과 동시 한국의 국적도 갖게 된다는 사실을 모르고 한국에 출생신고도 하지 않고 있다가 불이익을 받게 되는 경우이다.

Ⅱ. 근 거

대한민국 국민 특히 병역의무가 있는 남자의 경우에는 헌법과[433)]「병역법」 그리고 「국적법」에 따라 관련 규정을 준수하여야 한다. 특히 대한민국의 국민으로서 외국으로 이주하여 그 나라의 시민권을 취득하거나 외국에서 출생하여 복수국적을 보유하게 될 경우 신분이 변경되거나 국적선택의무가 발생하게 되므로 이러한 내용을 충분히 숙지하고 있어야 한다. 병역의무는 우리나라에서 헌법적 요청일 뿐 아니라 다른 어느 사회와도 비교할 수 없을 정도로 강력하고도 절대적인 사회적 요구이기 때문이다.[434)]

433) 대한민국 헌법에 의하면 모든 국민은 법률이 정하는 바에 의하여 국방의 의무를 지며(헌법 제39조제1항), 누구든지 병역의무의 이행으로 인하여 불이익한 처우를 받지 아니함을 규정하고 있다(헌법 제39조제2항).

434) 이연우, "복수국적자를 포함한 병역의무자의 출입국관리", 강의자료(2021.7.) 4면.

Ⅲ. 복수국적자(국적이탈 시기 도과자)의 병역의무

복수국적자(국적이탈 시기 도과자)의 병역의무는 생활근거지에 따라 병역의무가 부과되게 된다. ① 국내 거주자의 경우 일반 내국인과 동일하게 병역의무가 부과된다. ② 국외 이주자의 경우 영주권이나 시민권을 가진 부 또는 모와 국외거주 하는 등 국외 이주 사유에 따른 국외여행 허가를 받아야 하고, 그럴 경우 외국 영주권자 등과 같이 37세까지 병역연기를 하다가 38세에 전시근로역으로 편입되어 병역의무가 해소되게 되며 그 후에는 국적이탈이 가능하다.

Ⅳ. 가족관계등록신고와 국적과의 관계

가족관계등록 신고는 「국적법」에 따라 형성된 국적의 득실 또는 실체적 변동내역을 사후적·보고적으로 정리하는 행위에 불과하다. 따라서 출생·귀화 등 「국적법」이 정한 국적취득 원인에 의하여 대한민국의 국적을 취득하였으나 가족관계등록 신고를 하지 않아 가족관계등록부가 작성되지 않은 상태라 하더라도 대한민국의 국적을 가지고 있다는 실체적 신분에는 아무런 영향이 없게 된다.

제2절 병역의무에 관한 일반적 이해 : 병역의무의 이행, 연기 및 면제

Ⅰ. 「병역법」상의 규정

「병역법」에 의하면 대한민국 국민인 남성은 헌법과 이 법에서 정하는 바에 따라 병역의무를 성실히 수행하여야 하고 여성의 경우에는 지원에 의하여 현역 및 예비역으로만 복무할 수 있음을 규정하고 있다(「병역법」 제3조).[435)]

---

435) 병역법 제3조(병역의무) ① 대한민국 국민인 남성은 「대한민국헌법」과 이 법에서 정하는 바에 따라 병역의무를 성실히 수행하여야 한다. 여성은 지원에 의하여 현역 및 예비역으로만 복무할 수 있다. <개정 2011. 5. 24., 2019. 12. 31.>
② 이 법에 따르지 아니하고는 병역의무에 대한 특례(特例)를 규정할 수 없다.

Ⅱ. 병역이행 과정[436)]

우리나라 병역이행 과정은 병역준비역으로 편입 (18세, 병역의무 발생) ⇒ 병역판정검사(19세, 병역처분) ⇒ 병역이행(20~37세, 25세 국외여행허가 의무 발생) ⇒ 예비군복무(전역 후 6~8년) 단계를 거치고, 37세까지 병역이 연기된 사람은 38세에 전시근로역으로 편입하게 된다.

* 병역처분기준 : 1~3급 현역, 4급 보충역, 5급 전시근로역, 6급 병역면제, 7급 재검사대상

Ⅲ. 병역의무자의 구분

「병역법」상 병역의무자로는 현역, 예비역, 보충역, 병역준비역, 전시근로역, 그리고 대체역으로 구분된다.[437)]

---

③ 제1항에 따른 병역의무 및 지원은 인종, 피부색 등을 이유로 차별하여서는 아니 된다.

④ 병역의무자로서 6년 이상의 징역 또는 금고의 형(刑)을 선고받은 사람은 병역에 복무할 수 없으며 병적(兵籍)에서 제적된다. <개정 2013. 6. 4.> [전문개정 2009. 6. 9.]

436) 이연우, "복수국적자를 포함한 병역의무자의 출입국관리", 강의자료(2021.7.) 4면.

437) 병역법 제5조(병역의 종류) ① 병역은 다음 각 호와 같이 구분한다.

1. 현역: 다음 각 목의 어느 하나에 해당하는 사람
   가. 징집이나 지원에 의하여 입영한 병(兵)
   나. 이 법 또는 「군인사법」에 따라 현역으로 임용 또는 선발된 장교(將校)·준사관(準士官)·부사관(副士官) 및 군간부후보생
2. 예비역: 다음 각 목의 어느 하나에 해당하는 사람
   가. 현역을 마친 사람
   나. 그 밖에 이 법에 따라 예비역에 편입된 사람
3. 보충역: 다음 각 목의 어느 하나에 해당하는 사람
   가. 병역판정검사 결과 현역 복무를 할 수 있다고 판정된 사람 중에서 병력수급(兵力需給) 사정에 의하여 현역병입영 대상자로 결정되지 아니한 사람
   나. 다음의 어느 하나에 해당하는 사람으로 복무하고 있거나 그 복무를 마친 사람
      1) 사회복무요원
      2) 삭제 <2016. 1. 19.>
      3) 예술·체육요원
      4) 공중보건의사
      5) 병역판정검사전담의사
      6) 삭제 <2016. 1. 19.>
      7) 공익법무관
      8) 공중방역수의사
      9) 전문연구요원

Ⅳ. 병역의무의 종료

「병역법」의 규정에 따라 국외체류자인 경우 병역판정검사, 재병역판정검사, 확인신체검사, 현역병입영 또는 사회복무요원·대체복무요원 소집 의무는 38세부터 면제되고, 현역·예비역·보충역의 병, 전시근로역 및 대체역의 병역의무는 40세까지이다.[438] 즉, 현역입영 등 병역의무 부과는 35세까지이고, 36세 이후는 원칙적으

---

10) 산업기능요원

다. 그 밖에 이 법에 따라 보충역에 편입된 사람

4. 병역준비역: 병역의무자로서 현역, 예비역, 보충역, 전시근로역 및 대체역이 아닌 사람

5. 전시근로역: 다음 각 목의 어느 하나에 해당하는 사람

가. 병역판정검사 또는 신체검사 결과 현역 또는 보충역 복무는 할 수 없으나 전시근로소집에 의한 군사지원업무는 감당할 수 있다고 결정된 사람

나. 그 밖에 이 법에 따라 전시근로역에 편입된 사람

6. 대체역: 병역의무자 중 「대한민국헌법」이 보장하는 양심의 자유를 이유로 현역, 보충역 또는 예비역의 복무를 대신하여 병역을 이행하고 있거나 이행할 의무가 있는 사람으로서 「대체역의 편입 및 복무 등에 관한 법률」에 따라 대체역에 편입된 사람

② 예비역에 편입된 사람은 예비역의 장교·준사관·부사관 또는 병으로, 보충역에 편입된 사람은 보충역의 장교·준사관·부사관 또는 병으로, 전시근로역에 편입된 사람은 전시근로역의 부사관 또는 병으로 구분한다. <개정 2016. 5. 29.>

③ 병역의무자는 각각 그 병역의 병적에 편입되며, 병적 관리에 필요한 사항은 대통령령으로 정한다.

[헌법불합치, 2011헌바379, 2018. 6. 28. 병역법(2016. 5. 29. 법률 제14183호로 개정된 것) 제5조제1항은 헌법에 합치되지 아니한다. 위 조항은 2019. 12. 31.을 시한으로 입법자가 개정할 때까지 계속 적용된다.]

438) 병역법 제71조(입영의무 등의 감면) ① 병역판정검사, 재병역판정검사, 확인신체검사, 현역병입영 또는 사회복무요원·대체복무요원 소집 의무는 36세부터 면제되며, 면제된 사람(대체복무요원 소집 의무가 면제된 사람은 제외한다)은 전시근로역에 편입한다. 다만, 다음 각 호의 어느 하나에 해당하는 사람은 38세부터 면제된다.

1. 정당한 사유 없이 병역판정검사, 재병역판정검사, 확인신체검사, 현역병입영 또는 사회복무요원·대체복무요원 소집을 기피한 사실이 있거나 기피하고 있는 사람과 행방을 알 수 없었거나 알 수 없는 사람

1의2. 제23조의4제1항에 따라 승선근무예비역의 편입이 취소된 사람

2. 제33조의10제4항제3호부터 제6호까지의 규정에 따라 예술·체육요원의 편입이 취소된 사람

3. 제35조제2항, 제35조의2제2항 또는 제35조의3제2항에 따라 공중보건의사·병역판정검사전담의사·공익법무관 또는 공중방역수의사의 편입이 취소된 사람

4. 제41조제1항에 따라 전문연구요원 또는 산업기능요원의 편입이 취소된 사람

4의2. 「대체역의 편입 및 복무 등에 관한 법률」 제25조제1항에 따라 대체역 편입이 취소된 사람

5. 제58조제3항에 따른 의무·법무·군종·수의사관후보생의 병적에서 제적된 사람

6. 제60조제1항제2호의 사유로 병역판정검사, 재병역판정검사 또는 입영 등이 연기된 사람

로 36세에 입영 등 의무 면제 및 전시근로역에 편입되나 입영기피자 및 국외거주자 등은 38세에 입영 등 의무면제 및 전시근로역으로 편입하게 되는데 36세 이후에는 사회복무요원으로 근무하게 된다.

병역의무의 종료는 현역, 예비역, 보충역의 병, 전시근로역 및 대체역의 병역의무는 40세까지로 하고, 예비역/보충역의 장교/준사관 및 부사관의 병역의무는 계급정년이 되는 해까지로 한다.[439]

V. 병역의무의 연기

병역의무의 연기는 입영 등 연기(병역법 제60조)와 입영일자 연기(병역법 제61조)로 구분하여 살펴볼 수 있다. 구체적으로 전자는 다시 국내 재학생(학교별 연기 제한 연령까지 연기, 병역법 시행령 제124조)과 국외체재/거주하는 사람(허가기간 동안 연기, 시행령 제146조 등)으로 구분된다.[440]

---

7. 제65조제2항 또는 제65조의2제2항의 사유로 보충역에 편입되거나 사회복무요원·대체복무요원 소집이 해제된 사람
8. 제65조제6항 또는 제65조의2제3항에 따라 보충역 편입처분이나 사회복무요원·대체복무요원 소집의 해제처분이 취소된 사람
9. 제70조제1항 또는 제3항에 따른 허가를 받지 아니하고 출국한 사람, 국외에서 체류하고 있는 사람 또는 정당한 사유 없이 허가된 기간에 귀국하지 아니한 사람
10. 거짓이나 그 밖의 부정한 방법으로 병역면제·전시근로역 또는 보충역의 처분을 받고 그 처분이 취소된 사람
11. 「국적법」 제9조에 따라 국적회복허가를 받아 대한민국의 국적을 취득한 사람. 다만, 귀화에 의하여 대한민국의 국적을 취득한 사람은 제외한다.
12. 29세 이후에 병무청장 또는 지방병무청장(병무지청장을 포함한다)을 피고로 행정소송을 제기하여 패소의 판결이 확정된 사람

② 제1항 단서에 따라 현역병으로 입영하여야 할 사람 중 36세 이상인 사람은 사회복무요원으로 복무하게 할 수 있다.

③ 제33조의10제4항제1호·제2호의 사유로 편입이 취소된 사람에 대하여는 제1항을 적용하지 아니한다.

439) 병역법 제72조(병역의무의 종료) ① 현역·예비역·보충역의 병, 전시근로역 및 대체역의 병역의무는 40세까지로 하고, 예비역·보충역의 장교·준사관 및 부사관의 병역의무는 「군인사법」에 따른 그 계급의 연령정년이 되는 해까지로 한다.
② 제1항에 따른 병역의무기간을 마치면 장교·준사관 및 부사관의 경우는 퇴역이 되고, 병 및 대체역의 경우는 면역이 된다.

440) 국외 일시 체재자는 일정 기간까지만 연기되고, 귀국하여 입영되며, 국외거주자(이주자)는 37세까지 연기되고, 38세에 전시근로역으로 편입하게 된다.

이에 대해 입영일자 연기는 질병 등 사유가 있는 경우 30세를 초과하지 않는 범위에서 연기가 가능하고, 연기 사유별 횟수 및 기간의 제한이 있다.

1. 병역판정검사 및 입영 등의 연기

국외에 체재하거나 거주하고 있는 사람의 경우 「병역법」상의 규정에 따라 병역판정검사 및 입영 등의 연기를 할 수 있다.[441]

2. 학업의 계속을 위한 경우 : 학부 과정별 병역 연기 허가기간

또한 학업의 계속을 위한 과정별로 아래와 같이 입영 등의 연기를 할 수 있다.[442]

---

441) 「병역법」 제60조(병역판정검사 및 입영 등의 연기) ① 지방병무청장은 병역판정검사 또는 재병역판정검사 대상자로서 다음 각 호의 어느 하나에 해당하는 사람에 대하여는 병역판정검사 또는 재병역판정검사를 연기할 수 있다. <개정 2013. 6. 4., 2016. 5. 29.>

1. 국외를 왕래하는 선박의 선원
2. 국외에 체재(滯在)하거나 거주하고 있는 사람
3. 범죄로 인하여 구속되거나 형의 집행 중에 있는 사람

② 지방병무청장은 병역판정검사 또는 재병역판정검사를 받은 사람으로서 다음 각 호의 어느 하나에 해당하는 사람과 제1항제1호부터 제3호까지에 해당하는 사람에 대하여는 징집이나 소집을 연기할 수 있다. <개정 2013. 6. 4., 2016. 5. 29.>

1. 고등학교 이상의 학교에 다니고 있는 학생
2. 연수기관에서 정하여진 과정을 이수 중에 있는 사람
3. 국위선양을 위한 체육 분야 우수자

③ 제1항 또는 제2항에 따라 병역판정검사, 재병역판정검사, 징집 또는 소집이 연기된 사람으로서 병역판정검사, 재병역판정검사, 징집 또는 소집을 원하는 사람과 그 연기사유가 끝나는 사람에 대하여는 그 해 또는 그 다음 해에 병역판정검사 또는 재병역판정검사를 받게 하거나 징집 또는 소집한다. <개정 2013. 6. 4., 2016. 5. 29.>

④ 제2항에 따라 징집이나 소집이 연기된 사람이 다시 징집되거나 소집될 때에는 그 징집되거나 소집되는 해의 병역처분기준에 따라 병역처분을 변경할 수 있다.

⑤ 제2항에 따른 학교·연수기관 및 체육 분야 우수자의 범위와 연기의 제한 등에 필요한 사항은 대통령령으로 정한다. [전문개정 2009. 6. 9.] [제목개정 2016. 5. 29.]

442) 「병역법」 시행령 제124조(학교별 제한연령 등) ① 법 제60조제2항제1호 또는 제2호에 해당되는 사람은 다음 각 호의 연령까지 징집이나 소집(이하 제124조의2, 제124조의3, 제125조부터 제127조까지, 제127조의2, 제128조, 제128조의2 및 제129조에서 "입영등"이라 한다)을 연기할 수 있다. <개정 2013. 12. 4., 2014. 11. 4., 2015. 6. 30.>

1. 고등학교는 28세

수학과정	허가기간	
고등학교는 28세		28세까지
전문대학 및 「평생교육법」상 전공대학	2년제 과정	22세까지
	3년제 과정	23세까지
	학위심화과정	24세까지
학부과정	4년제	24세까지
	5년제	25세까지

---

2. 전문대학 및 「평생교육법」 제31조제4항에 따른 전공대학(이하 "전공대학"이라 한다)의 2년제 과정은 22세, 3년제 과정은 23세, 학위심화과정은 24세
3. 대학의 4년제 과정은 24세, 5년제 과정은 25세, 6년제 과정은 26세(의과대학, 치과대학, 한의과대학, 수의과대학 또는 약학대학은 27세)
4. 대학원의 석사학위과정 중 2년제 과정은 26세, 2년을 초과하는 과정은 27세(일반대학원의 의학과·치의학과·한의학과·수의학과·약학과 및 의학전문대학원·치의학전문대학원은 28세), 박사학위과정은 28세
5. 연수기관은 26세

② 제1항에 따른 학교 또는 연수기관의 범위는 다음 각 호와 같다. <개정 2010. 10. 1., 2015. 6. 30., 2015. 9. 25.>

1. 고등학교: 다음 각 목의 학교
   가. 「초·중등교육법」 제2조에 따른 고등학교, 3년제 고등기술학교 및 각종학교(고등학교 또는 수업연한이 3년인 고등기술학교와 유사한 교육기관만 해당한다) 중 상급학교 입학 학력이 인정되는 학교
   나. 「평생교육법」 제31조에 따른 고등학교과정에 상응하는 과정을 교육하는 평생교육시설 중 상급학교 입학학력이 인정되는 학교
   다. 「경제자유구역 및 제주국제자유도시의 외국교육기관 설립·운영에 관한 특별법」에 근거하여 설립·운영되는 외국교육기관 중 「초·중등교육법」 제2조에 따른 고등학교에 상응하는 외국교육기관
2. 전문대학 및 대학 등: 다음 각 목의 학교 또는 시설
   가. 「고등교육법」 제2조에 따른 대학, 산업대학(입학한 때부터 대학에 상응하는 교육과정을 출석수업으로 마치는 경우만 해당한다), 교육대학, 전문대학, 원격대학, 기술대학, 각종학교 및 특별법에 근거하여 설립·운영되는 대학
   나. 「경찰대학 설치법」에 따른 경찰대학
   다. 「한국과학기술원법」 제14조제3항에 따라 한국과학기술원에 설치한 대학
   라. 「평생교육법」 제33조제3항에 따른 원격대학 형태의 평생교육시설 중 전문대학 또는 대학의 졸업자와 동등한 학력·학위가 인정되는 시설 및 전공대학
3. 대학원: 석사 이상의 학위를 수여하는 학교(한국과학기술원, 광주과학기술원, 대구경북과학기술원 및 울산과학기술원과 대학원과정에 상응하는 교육과정을 운영하는 한국예술종합학교를 포함한다)
4. 연수기관: 사법연수원 [전문개정 2009. 12. 7.]

	6년제	26세까지 (의과대학, 치과대학, 한의과대학, 수의과대학 또는 약학대학은 27세까지)
석사학위과정	2년제	26세까지
	2년제 초과	27세까지 (일반대학원의 의학과·치의학과·한의학과·수의학과·약학과 및 의학전문대학원·치의학전문대학원은 28세까지)
박사학위과정	일반대학원 내 의학과, 치의학과, 한의학과, 수의학과, 의과전문대학원, 치의학전문대학원 포함	28세까지
연수 및 훈련 (어학연수 포함)		2년 범위 내 26세까지

※ 입학예정일 6월전부터 졸업예정일 경과 3월 범위 내
※ 상급학교 진학예정자는 졸업예정일부터 6월 범위 내
※ 30세가 되는 해 6월 이전 박사학위를 취득할 수 있는 경우 30세가 되는 해
※ 6월 30일까지
※ 입학예정자가 학기 등의 차이로 입학허가서를 얻지 못한 경우 1년 범위 내 학교별
※ 제한 연령 내에서 허가 가능

Ⅵ. 병역의무자의 국외여행허가

2007.1.1.부터 24세 이하인 자에 대한 국외여행허가제가 폐지되어 24세가 되는 해 12월 말까지는 별도의 허가절차 없이 국외여행이 가능하다.[443] 따라서 병역의무자는 「병역법」 제70조에 따라 25세가 되는 해 1월 1일부터 국외여행허가 의무가 발생하므로 「병역법」상 현재 24세인 사람으로서 25세 이후에도 계속하여 국외에 체재 또는 거주 하고자 할 때에는 24세가 되는 해 1월 1일 부터 25세가 되는 해 1월 15일까지의 기간 중에 국외여행 (기간연장)허가를 받아야 한다.[444]

다시 말하면, 24세가 되기 이전에 출국하여 25세 이후까지 계속 국외에 체재하

443) 병무청, "2018년 국외체류자 병역제도 안내", 11면.

444) 물론 24세 이하라고 해도 사회복무요원 등으로 대체복무 중인 사람은 국외여행허가를 받아야 한다.

고자 하는 경우 역시 24세부터 25세가 되는 해의 1월 15일까지 국외체재 사유를 증명하는 서류 내지 여행목적에 필요한 구비서류(해외이주확인서, 영주권 등)를 갖추어 국외여행허가 신청서를 관할 재외공관에 제출하여 병무청장의 국외여행허가를 받아야 한다.[445] 이때 비록 37세까지 '부모와 같이 국외 거주하는 복수국적자'로서

---

445) 「병역법」 제70조(국외여행의 허가 및 취소) ① 병역의무자로서 다음 각 호의 어느 하나에 해당하는 사람이 국외여행을 하려면 병무청장의 허가를 받아야 한다. <개정 2016. 5. 29.>

1. 25세 이상인 병역준비역 또는 보충역으로서 소집되지 아니한 사람
2. 승선근무예비역 또는 보충역으로 복무 중인 사람

② 병무청장은 정당한 사유 없이 병역판정검사, 재병역판정검사, 확인신체검사나 입영을 기피한 사실이 있거나 기피하고 있는 사람 등 대통령령으로 정하는 사람에 대하여는 다음 각 호의 기준에 따라 처리하여야 한다. 다만, 가족의 사망 등 불가피한 사유로서 대통령령으로 정하는 경우에는 그러하지 아니하다. <개정 2013. 6. 4., 2016. 5. 29.>

1. 제1항에 따른 국외여행허가 대상자인 경우에는 국외여행허가를 하여서는 아니 된다.
2. 25세 미만으로 병역준비역 또는 보충역으로서 소집되지 아니한 사람인 경우에는 국외여행이 제한되도록 필요한 조치를 취하여야 한다.

③ 국외여행의 허가를 받은 사람이 허가기간에 귀국하기 어려운 경우에는 기간만료 15일 전까지, 25세가 되기 전에 출국한 사람은 25세가 되는 해의 1월 15일까지 병무청장의 기간연장허가 또는 국외여행허가를 받아야 한다.

④ 제1항 및 제3항에 따른 국외여행허가 또는 기간연장허가의 범위 및 절차에 관하여는 대통령령으로 정한다.

⑤ 병무청장은 국외여행허가 또는 기간연장허가를 한 경우에는 그 사실을 법무부장관에게 통보하여야 한다.

⑥ 제1항 및 제3항에 따라 국외여행허가 또는 기간연장허가를 받은 사람이 국내에서 영주할 목적으로 귀국하는 등 대통령령으로 정하는 사유에 해당하는 경우에는 국외여행허가 또는 기간연장허가를 취소하고 병역의무를 부과할 수 있다. [전문개정 2009. 6. 9.]

「병역법」시행령 제147조의2(국외여행허가의 취소) ① 법 제70조제6항에 따라 국외여행허가 또는 국외여행기간 연장허가를 취소하고 병역의무를 부과할 수 있는 경우는 다음 각 호와 같다. 다만, 제1호다목 및 마목에 해당하는 사람이 제128조제5항에 따른 재외국민 2세에 해당하는 기간 동안은 그러하지 아니하다. <개정 2010. 7. 21., 2010. 10. 1., 2012. 12. 20., 2013. 12. 4., 2014. 11. 4., 2016. 6. 14., 2016. 11. 29., 2018. 5. 28., 2019. 7. 2.>

1. 국외이주 목적으로 국외여행허가를 받고 출국하거나 국외이주사유로 국외여행기간 연장허가를 받은 사람이 다음 각 목의 어느 하나에 해당하는 경우. 이 경우 부 또는 모와 거주하는 것을 요건으로 국외여행허가 또는 국외여행기간 연장허가를 받은 사람은 부 또는 모가 가목부터 다목까지의 사유에 해당하는 경우에도 적용한다.
   가. 「해외이주법」 제12조에 따라 영주귀국 신고를 한 경우
   나. 삭제 <2011. 11. 23.>
   다. 1년의 기간 내에 통틀어 6개월 이상 국내에서 체재하고 있는 경우. 이 경우 국내체재기간(입국일은 포함하고 출국일은 제외한다. 이하 같다)은 산정일부터 거꾸로 계산하여 합산하되, 1) 또는 2)의 사유로 국내에서 60일 이내의 기간 동안 체재하는 경우와 부·모나 배우자

가 국내에 체재하지 아니한 상태에서 3) 또는 4)의 사유로 국내에 체재하는 경우에는 그 기간을 합산하지 아니한다.

1) 본인의 혼인, 배우자의 출산, 본인이나 배우자의 형제자매·직계존속·직계비속의 장례나 회갑 또는 혼인에의 참석
2) 대한체육회 산하 경기단체에서 주관하는 운동경기에 선수 또는 임원으로의 참가
3) 제124조에서 정한 국내교육기관(고등학교는 제외한다)에서 학교별 제한연령에 1년을 더한 기간까지(박사과정의 경우 30세가 되는 해의 6월 이전에 학위를 취득할 수 있는 경우에는 30세가 되는 해의 6월 30일까지)의 범위에서 재학
4) 재외국민을 위한 국내교육과정에서 일정기간 동안의 재학. 이 경우 해당 교육과정 및 기간은 제124조에서 정한 학교별 제한연령 및 해당 교육과정의 성격 등을 고려하여 병무청장이 정한다.

라. 삭제 <2016. 6. 14.>
마. 국내취업 등 병무청장이 고시하는 영리활동을 하는 경우

2. 국외이주 목적으로 국외여행허가를 받아 병역판정검사, 재병역판정검사 또는 입영일이 연기된 사람이 정당한 사유 없이 연기받은 날부터 1년 6개월 이내에 출국하지 아니하는 경우
3. 국외이주 외의 목적으로 국외여행허가를 받고 정당한 사유 없이 허가받은 날부터 1년 이내에 출국하지 아니하거나 법 제70조제1항제1호에 해당하는 사람이 국외여행허가기간 내에 귀국하여 3개월 이상 계속하여 국내에 체재하는 경우
4. 제145조 및 제147조에 따른 국외여행허가 또는 국외여행기간 연장허가를 받은 사람이 허가기간이나 연장허가기간이 종료되기 전에 귀국하여 병역의무를 이행하려는 경우
5. 제146조제1항 각 호의 어느 하나에 해당되어 국외여행허가를 받은 사람이 그 허가요건을 유지하지 못하게 된 경우

② 병무청장은 제1항에도 불구하고 제1항제1호다목 및 마목에 해당되는 사람에 대해서는 한 번만 3개월의 허가취소 유예기간을 주고, 그 기간 내에 출국하지 아니하는 경우에는 국외여행허가나 국외여행기간 연장허가를 취소하고 병역의무를 부과할 수 있다.

「병역법」 시행령 제128조(병역판정검사 등의 연기) ① 다음 각 호의 어느 하나에 해당하는 사람이 국외를 왕래하는 선박에 선원으로 승선하고 있거나 국외에 거주 또는 병무청장이 정하는 기간 이상 국외에 체재하고 있는 경우에는 법 제60조제1항제1호·제2호 또는 제2항에 따른 병역판정검사, 재병역판정검사 또는 입영등이 연기된 것으로 본다. 다만, 입영등의 날짜가 결정되어 있는 사람의 입영연기에 관하여는 병무청장이 따로 정하는 바에 따른다. <개정 2013. 12. 4., 2016. 11. 29., 2018. 5. 28.>

1. 법 제70조제1항 또는 제3항에 따라 국외여행허가 또는 국외여행기간 연장허가를 받은 사람
2. 25세 미만으로 병역준비역 또는 보충역으로 소집되지 아니한 사람

② 국외에서 출생한 사람 또는 「해외이주법」에 따른 해외이주신고를 하고 국외에 거주하고 있는 사람은 재외공관의 장, 법무부 출입국관리사무소의 장이나 법무부 출입국관리사무소 출장소의 장의 사실확인에 의하여 병역판정검사, 재병역판정검사 또는 입영등을 연기할 수 있다. <개정 2013. 12. 4., 2016. 11. 29.>

③ 범죄로 인하여 구속되거나 형의 집행 중에 있는 사람은 병역판정검사, 재병역판정검사 또는 입영등이 연기된 것으로 본다. <개정 2013. 12. 4., 2016. 11. 29.>

④ 제2항에 따라 병역판정검사, 재병역판정검사 또는 입영등의 연기처분을 받은 사람이 제147조의2제1항제1호 각 목의 어느 하나에 해당하는 경우에는 병역판정검사, 재병역판정검사 또는 입

병역판정검사연기를 받았다고 해도 재외공관에 여권발급 신청을 하면 병무청장의 국외여행허가를 받지 않았다는 이유로 여권발급이 처리되지 않을 수 있다. 그러므로 병무청장의 국외여행허가를 받지 않았다면 시민권, 영주권 등 체재자격을 소지하고 재외공관을 방문하여 국외여행허가를 받아야 한다.[446)]

또한 영주권이나 5년 이상 장기체류자격을 부여하지 않는 국가에서 부모와 같이 5년 이상 거주하고 있거나 영주권제도가 있는 국가에서 영주권을 취득하지 못하였더라도 부모와 같이 5년 이상 거주하는 경우 혹은 부모와 같이 거주하면서 부 또는 모가 영주권을 얻은 경우에는 37세까지를 허가기간으로 하는 국외여행허가를 받을 수 있는 데 이 경우, 병역의무자가 허가를 받은 후 국내 6개월 이상 체재하거나 취업 등 영리활동을 하면 국외여행허가가 취소되고 병역의무가 부과 될 수 있다.[447)] 만일 조건부 영주권을 얻었다면 그 사람은 조건부 영주권의 유효기간 초과

영등의 연기처분과 국외여행허가 또는 국외여행기간 연장허가를 취소하고 병역의무를 부과하되, 제147조의2제1항제1호다목 및 마목에 해당하는 사람이 재외국민 2세에 해당하는 기간 동안은 그러하지 아니하다. 이 경우 병역의무를 부과하는 경우에는 제147조의2제2항을 적용한다. <개정 2013. 12. 4., 2016. 11. 29., 2018. 5. 28.>

⑤ 제4항에서 "재외국민 2세"란 국외에서 출생한 사람(6세 이전에 국외로 출국한 사람을 포함한다)으로서 17세까지 본인과 부모가 계속하여 국외에서 거주하면서 다음 각 호의 어느 하나에 해당하게 된 사람을 말한다. 이 경우 17세 이전에 국내에서 「초·중등교육법」 제2조에 따른 학교에서 통틀어 3년 이내 수학하였거나 17세까지 본인 또는 부모가 1년의 기간 중 통틀어 90일 이내의 기간 동안 국내에서 체재(국내체재기간은 산정일부터 거꾸로 계산하여 합산하되, 입국일은 포함하고 출국일은 제외한다)한 경우에도 계속 국외에서 거주한 것으로 본다. <개정 2011. 11. 23., 2014. 11. 4., 2017. 12. 19., 2019. 7. 2.>

1. 외국 정부로부터 국적·시민권 또는 영주권(조건부 영주권은 제외한다)을 얻은 사람
2. 영주권 제도가 없는 국가에서 무기한 체류자격(5년 이상 장기 체류자격을 포함한다)을 얻은 사람
3. 5년 미만의 단기 체류자격만을 부여하는 국가에서 「해외이주법」 제6조에 따른 해외이주신고를 하고 계속 거주하고 있는 사람

⑥ 병무청장, 지방병무청장 또는 재외공관의 장은 가족관계기록사항에 관한 증명서, 영주권(국적, 시민권 및 5년 이상 장기체류자격을 포함한다), 출입국기록 등을 통하여 제5항에 따른 재외국민 2세임을 확인하여야 한다. 이 경우 재외공관의 장은 확인된 명단과 이를 증명하는 서류를 지방병무청장에게 즉시 송부하여야 한다.

⑦ 제5항에 따른 "재외국민 2세"가 다음 각 호의 어느 하나에 해당하는 경우에는 "재외국민 2세"로 보지 아니한다.

1. 본인, 부 또는 모가 「해외이주법」 제12조에 따라 외교부장관에게 영주귀국 신고를 한 경우
2. 본인이 18세 이후 통틀어 3년을 초과하여 국내에 체재한 경우

446) 병무청, "2018년 국외체류자 병역제도 안내", 14면.

6월 범위 내에서 허가를 받을 수 있고, 이후 정식 영주권을 얻을 경우 37세까지를 기간으로 하는 국외여행(기간연장)허가를 받을 수 있다.448)

Ⅶ. 국외여행(기간연장) 허가 의무 위반자에 대한 제재

만약, 25세 이후에도 국외여행(기간연장)허가를 받지 않고 국외에서 계속 체재·거주할 경우, 국외여행허가 의무위반자로서 「병역법」 등 관련 규정에 따라 국외여행허가 의무 위반으로 고발되어 ① 1년 이상 5년 이하의 징역 또는 3년 이하의 징역(「병역법」 제94조), ② 40세까지 국내에서의 취업 및 관허업의 인허가 등 제한(「병역법」 제76조), ③ 국외여행허가 의무 위반자 인적사항 인터넷(병무청 홈페이지) 공개(「병역법」 제81조의2), ④ 37세까지 입영 등 의무부과(제71조, 36세부터는 현역입영 대상도 사회복무요원으로 소집가능), ⑤ 여권발급 제한 및 반납 등(「여권법」 제12조 및 제19조), 출국제한(「출입국관리법 시행규칙」 제6조의2)과 같은 불이익을 받을 수 있다.

제 3 절 병역의무자의 국외여행 및 국외여행기간 연장의 허가449)

Ⅰ. 내 용

병역의무자로서 아래의 허가대상자가 국외여행을 하고자 할 때에는 지방병무청장의 국외여행허가를 받아야 한다. 만일 국외여행허가를 받은 사람이 ① 허가기간 이내에 귀국하기 어려운 때에는 허가기간만료 15일 이전까지, ② 24세 이전에 출국한 사람은 25세가 되는 해의 1월 15일까지 국외여행(기간연장)허가를 받아야 한다.

---

447) 병무청, “2018년 국외체류자 병역제도 안내”, 14~15면.

448) 위의 자료, 15면.

449) 병무청 홈페이지 https://www.mma.go.kr/contents.do?mc=usr0000186 (2019년 11월 22일 최종방문) 및 병무청, “2018년 국외체류자 병역제도 안내”, 참조.

Ⅱ. 허가대상

국외여행 허가를 받아야 하는 사람은 25세 이상인 병역준비역(병역판정검사대상, 현역병입영대상), 보충역으로서 소집되지 아니한 사람과 연령에 관계없이 사회복무요원·산업기능요원·공중보건의사·병역판정검사전담의사·공익법무관·공중방역수의사 및 승선근무예비역으로 복무중인 사람을 말한다.

한편, 군복무 또는 대체복무중인 사람으로 6개월 이내 전역 또는 의무복무 만료 예정인 사람은 국외여행 허가 없이 여권발급이 가능(군부대장이나 소속기관장이 발행하는 전역예정 또는 복무만료예정일이 명시된 복무확인서)하다. 다만 출국은 전역 또는 복무만료 후에 가능하다.

Ⅲ. 국외이주 목적 외의 국외여행허가 대상 및 기간[450)]

병역의무자 국외여행업무처리 규정에 의하면 그 국외여행의 목적별 허가 대상 및 기간에 대해 아래와 같이 구분하여 규율하고 있다.

국외여행 목적	허 가 대 상	허 가 기 간	구 비 서 류
1. 단기 국외 여행	가. 병역준비역, 사회복무요원소집대상. 다만, 의무·법무·군종·수의사관후보생, 기본병과장교편입대상자(이하 별표 1에서 "특수병과사관후보생등"이라 한다) 및 법 제37조제2항에 따라 선발된 전문연구요원 편입	27세(영 제124조제1항제4호에 따라 28세까지 연기가 가능한 사람은 그 기간까지)를 초과하지 않는 범위에서 다음과 같이 허가 할 수 있다. 가) 1회에 6개월 이내 나) 통틀어 2년 이내 다) 입영일이 결정된 경우에는 입영일 5일 전까지. 이 경우 기간 연장 허가를 할 수 없으며, 허가기간 만료일 이내에 귀국하지 아니한 경우에도 단기국외여행으로 다시 허가할 수 없다. 라) 영 제124조제1항에 따라 입영 등이 연기 중에 있지 아니한 사람에 대하여는 5회까지만 허가	없음

450) 「병역의무자 국외여행 업무처리 규정」 [별표 1] <개정 2018. 5.28, 2019.12.11.>

국외여행 목적	허 가 대 상	허 가 기 간	구 비 서 류
	대상자는 나목에 따라 허가한다.		
	나. 사회복무요원, 예술·체육요원 전문연구요원(법 제37조제2항에 따라 선발된 전문연구요원 편입대상자를 포함한다. 이하 별표 1에서 같다) 산업기능요원 공중보건의사, 병역판정검사전담의사, 공익법무관, 공중방역수의사, 특수병과사관후보생등	5개월 범위에서 다음 중 어느 하나에 해당하는 기간까지. 이 경우 동일사유로 기간연장허가는 할 수 없음 1) 복무, 수학 또는 수련 중인 사람은 소속기관의 장 또는 업체의 장의 추천기간 범위 내 2) 수련기관 등에서 수련과정 등을 이수하였거나 퇴직 등으로 입영 대기 중에 있는 사람 또는 입영부대에서 귀가, 퇴교 또는 퇴영한 사람은 입영에 지장이 없는 범위 내 3) 해당 병적에 편입된 후 복무기관·업체 배치 전에 있는 사람 또는 전직 대기기간 중에 있는 사람은 배치 또는 전직에 지장이 없는 범위 내	복무, 수학 또는 수련 중인 사람은 소속기관의 장 또는 업체의 장의 추천서(수학을 마쳤거나 수련기관에서 퇴직 등으로 입영대기 중에 있는 사람 또는 입영부대에서 귀가, 퇴교 또는 퇴영한 사람과 해당 병적에 편입된 후 복무기관·업체 배치 전에 있는 사람 또는 전직 대기기간 중에 있는 사람은 구비서류 없음) * 이 경우 추천기간은 개별 복무관리에 관한 규정에서 정하고 있는 기간을 따르되, 그렇지 아니한 경우에는 휴가기간을 초과할 수 없음
2. 유학	가. 병역준비역, 사회복무요원소집대상	1) 영 제124조에 따른 고등학교를 제외한 학교별 제한연령(이하 별표 1에서 "학교별 제한연령"이라 한다) 범위에서 입학예정일 6개월 전부터 졸업예정일 경과 후 3개월까지 2) 이미 외국의 학교에 재학 중인 경우, 학교별 제한연령에 1년을 더한 기간 범위에서 졸업예정일 경과 후 3개월까지. 다만, 30세가 되는 해의 6월 이전에 박사학위를 취득할 수 있는 경우에는 30세가 되는 해의 6월 30일까지 3) 25세 이전 대학졸업 가능자 또는 27세 이전 석사과정 졸업예정자로서 상급학교 진학예정인 사람은 학교별 제한연령에 1년을 더한 기간의 범위에서 졸업예정일부터 6개월까지	가) 입학허가서 또는 재학증명서 나) 재외공관장의 재학사실확인서(별지 제5호서식) [재외공관장에게 제출하는 경우만 해당] * 유학자 중 제3국으로 상급학교 진학자는 현재의 체류지 재외공관에서도 서류 접수 가능 다) 국외학력에 관한 사실확인서·증명서 발급 동의서(별지 제6호서식) 라) 재학(입학)사실 진술서 [지방병무청장에게 제출하는 경우만 해당] 마) 소속기관의 장의 추천서(특수병과사관후보생등만 해당) * 퇴교·퇴직 등의 경우 추천서 제출 생략

국외여행 목적	허 가 대 상	허 가 기 간	구 비 서 류
		4) 입학예정자가 학기 등 차이로 상급 학교 입학허가서를 받지 못한 사람은 진학할 상급학교의 학교별 제한 연령 내에서 1년 범위 내	가) 졸업(졸업예정)증명서 나) 재학(입학)사실 진술서
	나. 예술·체육요원	입학예정일 6개월 전부터 졸업 예정일 경과 후 3개월까지 다만, 군사교육소집을 마치지 않은 사람은 29세를 초과할 수 없음	가목의 구비서류와 같음
3. 연수, 훈련	병역준비역, 사회복무요원 소집 대상. 다만, 유학사유로 2년 이상 허가를 받았던 사람이 유학한 동일 국가로 어학연수하려는 경우에는 제외한다.	1) 2년 범위에서 27세까지. 다만, 영 제124조제1항제4호에 따라 28세까지 연기가 가능한 사람은 그 기간까지 2) 1)에도 불구하고 기간연장의 경우, 당초 허가기간을 포함하여 2년을 초과하지 않는 범위에서 27세까지. 다만, 영 제124조제1항제4호에 따라 28세까지 연기가 가능한 사람은 그 기간까지	가) 연수등 주관기관의 연수·훈련계획서 또는 입학허가서(재학증명서), 재학(입학)사실 진술서(지방병무청 제출 시) 나) 소속기관의 장의 추천서(특수병과사관후보생등만 해당) * 퇴교·퇴직 등의 경우 추천서 제출 생략
4. 농업, 해양 및 수산계 학교 재학생의 실습	농업, 해양 및 수산계 학교 재학자 중 승선 및 해외실습자	실습기간까지	학교의 장의 추천서
5. 선원이나 승무원의 선박 및 항공기 탑승	가. 사회복무요원 소집대상	3년 범위에서 27세까지	승선·탑승근로계약서
	나. 산업기능요원	산업기능요원 편입일로부터 의무복무기간 만료 후 6개월 범위 내	없음
	다. 승선근무예비역	승선근무예비역 편입일로부터 5년 범위 내	없음
6. 국외 취업	가. 사회복무요원 소집대상	3년 범위에서 27세까지	재외공관의 장의 확인을 받은 취업증명서
	나. 건설분야 기간산업체에 종사하는 산업기능요원	3년 범위에서 추천기간까지	업체의 장의 추천서
7. 국외출장, 공동	전문연구요원, 산업기능요원	의무복무기간 중 통틀어 1년 범위에서 병역지정업체의 장의 추천	소속기관의 장 또는 병역지정업체의 장의 추천서,

국외여행 목적	허 가 대 상	허 가 기 간	구 비 서 류
연구, 기술연수, 기술지도		기간까지 다만, 법 제37조제2항에 따른 전문연구요원편입대상자는 편입에 지장이 없는 범위에서 소속기관장의 추천기간까지	「전문연구 및 산업기능요원의 관리규정」 별표 2에 의한 증빙서류
8. 예술 및 체육활동	예술·체육요원	중앙행정기관장의 추천기간까지	중앙행정기관장의 추천서
9. 범죄인 인도	범죄인 인도대상자	37세를 초과하지 않는 범위 내	법무부장관의 범죄인 인도결정 공문
10. 입영을 위한 가사 정리	영 제145조제4항에 따른 국외여행 허가 제한대상자	3개월 범위에서 한번만	본인의 사유서 사실을 증명할 수 있는 서류
11. 기 타	질병의 치료나 가족의 경조사 등 부득이한 사유가 있는 사람으로서 지방병무청장이 병역의무부과에 지장이 없다고 인정하는 사람. 이 경우 부득이한 사유가 있는지 여부는 별표 1의2에 따라 심사	3개월 범위	사실을 증명할 수 있는 서류

[별표 1의2] 부득이한 사유 심사 기준

사 유	심사 기준
1. 신혼여행, 친족의 경조사 등	친족의 경조사에 사회통념상 반드시 본인이 참석하여야 하는 경우
2. 재판 출석 등	외국 법령에 따라 본인이 반드시 참석해야 하는 경우
3. 본인 및 배우자의 직계존비속 및 형제자매의 병간호	본인의 병간호가 불가피한 경우
4. 질병치료	가. 국내에서 치료가 곤란한 질병을 국외에서 치료하고자 하는 경우

	나. 국내에서 치료가 가능한 질병이라도 새로운 의료기술 등으로 치료가 보다 쉬운 국가에서 질병 치료를 받고자 하는 경우
5. 경기(전지훈련 포함), 공연(대중문화예술 공연 포함) 등	국가를 대표하거나 국위선양에 도움이 되는 경우
6. 출장, 회의(학회) 등	가. 국익에 도움이 되거나 학업 등의 사유로 불가피하게 국외출국이 필요한 경우
	나. 보충역으로 장기간 소집 대기 중에 있는 사람이 생계유지를 위해 불가피하게 업무출장 등을 하여야 하는 경우
7. 학위 취득, 시험응시 등	가. 유학생이 해당 학위 과정을 수료하고 졸업시험 또는 논문심사 등의 과정만 남아 있는 경우. 이 경우 1회에 한정하여 허가할 수 있다.
	나. 일정 교육과정을 마친 경우에만 응시자격이 부여되는 외국의 변호사 또는 의사 시험 등에 응시하고자 하는 경우. 이 경우 1회에 한정하여 허가할 수 있다.
8. 기 타	그 밖에 이에 준하는 부득이한 사유가 있다고 지방병무청장이 인정하는 경우

Ⅳ. 국외여행허가 및 국외여행기간 연장허가의 절차

국외여행허가의 경우 방문접수는 모든 지방병무청 민원실, 인천공항 병무민원센터 (단, 전문연구요원, 산업기능요원, 사회복무요원으로 복무중인 사람은 병적을 관할하는 지방병무청 민원실에서 접수)을 통해 신청한다. 또한 인터넷을 통해 국외여행 신청 병무청 홈페이지에 접속 → 병무민원포털 → 국외여행/체제민원(증빙서류를 이미지파일 전송 또는 FAX, 우편송부)으로 가능하다. 다만 재외공관장의 사실 확인이 필요한 국외이주 및 국외취업 사유 국외여행허가의 경우 재외공관장에게 직접 신청하여야 한다.

국외여행기간 연장허가의 경우에는 체재지역 관할 재외공관(대사관, 총영사관), 병적지 관할 지방병무청장에 신청한다. 인터넷에 의할 경우 위에서와 같이 국외여행기간 연장허가 신청 병무청 홈페이지 → 병무민원포털 → 국외여행/체재민원 신청(증빙서류를 이미지파일 전송 또는 FAX, 우편송부)의해 가능하다.

국외여행허가를 받은 사람은 "국외여행 허가서"를 인터넷(병무청 홈페이지 → 병무민원포털 → 국외여행/체재 → 국외여행증명서/허가서 출력)을 통해 직접 출력하여 이용할 수 있다.

V. 국외이주 목적 국외여행허가[451]

국외이주 목적 허가기준[452]

허가대상	허가요건 (국외 체류자격 + 국외 거주사실)
외국 영주권자	o 영주권 국가에서 계속하여 3년 이상 거주하는 경우 *전 가족 영주권자 병역면제 제도 폐지(2005년 7월)
복수국적자	o 부·모와 거주하는 경우 o 10년 이상 거주하는 경우
부·모 동거	o 외국 영주권(시민권)자인 부·모와 거주하는 경우 o 부모와 5년 이상 거주하는 경우 (단, 부모가 주재원인 경우 제외)

국외이주 사유 국외여행허가에 있어서 그 허가대상별 허가기간 등은 아래 <표>와 같고, 거주지역 관할 재외공관(대사관, 총영사관)에 출원하여야 한다.

허가대상별 허가기간

<table>
<tr><th colspan="2">허가대상</th><th>허가기간</th><th>구비서류</th></tr>
<tr><td rowspan="3">1. 병역준비역, 사회복무요원 소집대상</td><td>가. 외국의 조건부 또는 임시영주권을 취득하여 그 국가에서 거주하는 사람</td><td>조건부 또는 임시영주권 유효기간 초과 6개월 범위 내</td><td rowspan="3">가) 가족거주사실확인서(규칙 별지 제132호의2서식)
나) 체류자격(허가서) 사본(바목의 경우 생략 가능)
다) 부 또는 모의 거주여권 사본(마목의 경우만 해당)
라) 개인정보 제공 동의서(별지 제11호 서식), (바목의 경</td></tr>
<tr><td>나. 일본의 “일본인의 배우자 등” “영주자의 배우자 등” 또는 “정주자”의 체류자격을 취득하여 그 국가에서 거주하는 사람</td><td>체류자격 유효기간 초과 6개월 범위 내</td></tr>
<tr><td>다. 외국의 영주권(일본국의 영주·특별영주 체류자격, 영주권제도가 없는 국가에서 무기한 체류자격 또는 5년 이상 장기체류자격을 포함하되, 조건부영주권이나 임시영주권은 제외한다. 이하 별표 2에</td><td>3년 범위에서 한번만</td></tr>
</table>

451) 「병역의무자 국외여행 업무처리 규정」[별표 2] <개정 2018. 5.28, 2019.12.11.> 국외이주 목적의 국외여행허가 또는 기간연장허가

452) 병역의무자 국외여행 업무처리 규정 <별표 2>; 이연우, 위의 자료(2021.7.), 25면.

<table>
<tr><th colspan="3">허가대상</th><th>허가기간</th><th>구비서류</th></tr>
<tr><td rowspan="8"></td><td colspan="2">서 “영주권등”이라 한다)을 취득하여 그 국가에서 계속 거주하는 기간이 3년 미만인 사람. 다만, 실제 거주하지 않는 국가에서 영주권을 취득한 사람은 제외한다.</td><td></td><td rowspan="8">우만 해당)
마) 기타 국외거주사실을 증명할 수 있는 서류(지방병무청장이 사실 확인을 위해 필요하다고 인정하는 경우)</td></tr>
<tr><td colspan="2">라. 영주권 등을 취득하여 그 국가에서 계속하여 3년 이상 거주하는 사람</td><td rowspan="7">37세까지</td></tr>
<tr><td colspan="2">마. 부모와 같이 국외에서 거주하는 사람으로서 부 또는 모가 영주권등을 취득한 경우</td></tr>
<tr><td colspan="2">바. 부모와 같이 계속하여 5년 이상 국외에서 거주하는 사람. 다만, 부 또는 모가 국외파견 공무원 및 주재원인 경우 허가대상에서 제외한다.</td></tr>
<tr><td colspan="2">사. 외국의 시민권(외국국적)을 가진 부모와 같이 국외에서 거주하는 사람</td></tr>
<tr><td rowspan="3">아. 복수 국적자</td><td>1) 외국의 영주권이나 시민권(외국국적)을 가진 부 또는 모와 같이 국외에서 계속 거주하는 사람</td></tr>
<tr><td>2) 부모와 같이 24세 이전부터 국외에서 계속 거주하는 사람</td></tr>
<tr><td>3) 국외에서 10년 이상 계속하여 거주하는 사람</td></tr>
<tr><td rowspan="3"></td><td colspan="2">자. 해외이주신고를 한 사람</td><td>3년 범위 내에서 한번만</td><td rowspan="3">가) 해외이주신고확인서 또는 영주권 등 사본
* 해외이주신고확인서는「전자정부법」 제36조에 따른 행정정보 공동이용시스템으로 담당공무원이 확인하는 것에 동의하는 경우 제출 생략</td></tr>
<tr><td colspan="2">차. 해외이주신고를 한 사람이 출국 대기기간을 포함하여 이주 국가에서 계속하여 3년 이상 거주하는 경우</td><td rowspan="2">37세까지</td></tr>
<tr><td colspan="2">카. 다목, 라목, 자목, 또는 차목에도 불구하고 24세 이전에 해외이주신고를 하고 출국하였거나 영주권등을 취득하여 그 국가에서 계속 거주하는 사람</td></tr>
<tr><td>2. 군전공의요원, 공중보건의사, 병역판정검사전담의사, 공익법무관, 공중방역</td><td colspan="2">영 제131조제2호에 따른 가족 모두가 해외이주신고(영주권등을 취득한 경우도 포함)를 한 경우</td><td>37세까지</td><td>가) 해외이주신고확인서 또는 영주권 등 사본
* 해외이주신고확인서는 「전자정부법」 제36조에 따른 행</td></tr>
</table>

허가대상		허가기간	구비서류
수의사를 제외한 전 자원			정정보 공동이용 시스템으로 담당 공무원이 확인하는 것에 동의하는 경우 제출 생략

※ 제1호 마목부터 아목 2)까지의 경우에는 병역의무자가 부·모의 거주국이 아닌 제3국에서 거주하는 경우에도 부·모와 같이 거주하는 것으로 본다.

Ⅵ. 국외여행 허가의 제한[453)]

일정한 경우에는 국외여행허가가 제한될 수 있다. 이러한 경우로는 병역판정검사를 기피 중에 있는 사람 또는 기피 사실이 있는 사람, 입영 또는 소집을 기피 중에 있는 사람 또는 기피 사실이 있는 사람, 사회복무요원 등의 복무를 이탈하고 있거나 이탈한 사실이 있는 사람, 국외여행허가 의무를 위반한 사실이 있는 사람, 영주권취득자 등 국외이주자로서 국내 영리활동 등 사유로 병역면제 또는 병역연기처분이 취소된 사람, 병역의무를 기피하거나 감면 받을 목적으로 신체손상이나 사위행위를 한 사람이 해당된다.[454)]

Ⅶ. 국외여행 허가의 취소

국외이주사유로 병역을 연기 받은 사람이라고 해도 일정한 경우에는 국외여행허가 또는 기간연장허가가 취소되고 병역의무가 부과될 수 있다.[455)] 이에 해당하

453) 국외여행허가 제한과 무죄추정의 원칙과 관련해서는 헌법재판소 결정, 2016마619, 2016.8.17. 참조.

454) 병무청, “2018년 국외체류자 병역제도 안내”, 14면.

455) 병역법 제70조(국외여행의 허가 및 취소) ① 병역의무자로서 다음 각 호의 어느 하나에 해당하는 사람이 국외여행을 하려면 병무청장의 허가를 받아야 한다.
1. 25세 이상인 병역준비역, 보충역 또는 대체역으로서 소집되지 아니한 사람
2. 승선근무예비역, 보충역 또는 대체복무요원으로 복무 중인 사람
③ 국외여행의 허가를 받은 사람이 허가기간에 귀국하기 어려운 경우에는 기간만료 15일 전까지, 25세가 되기 전에 출국한 사람은 25세가 되는 해의 1월 15일까지 병무청장의 기간연장허가 또는 국외여행허가를 받아야 한다.

는 경우로는 다음 각 호와 같다.456) 즉, ① 국외이주 목적으로 국외여행허가를 받

---

⑥ 제1항 및 제3항에 따라 국외여행허가 또는 기간연장허가를 받은 사람이 국내에서 영주할 목적으로 귀국하는 등 대통령령으로 정하는 사유에 해당하는 경우에는 국외여행허가 또는 기간연장허가를 취소하고 병역의무를 부과할 수 있다. [전문개정 2009. 6. 9.]

456) 병역법 시행령[시행 2022. 1. 1.] [대통령령 제32250호, 2021. 12. 28., 일부개정] 제147조의2(국외여행허가의 취소) ① 법 제70조제7항에 따라 국외여행허가 또는 국외여행기간 연장허가를 취소하고 병역의무를 부과할 수 있는 경우는 다음 각 호와 같다. 다만, 제1호다목 및 마목의 경우 해당 목에 해당하는 사람이 제128조제5항의 재외국민 2세인 기간 동안에 있는 경우는 제외한다.

1. 국외이주 목적으로 국외여행허가를 받고 출국하거나 국외이주사유로 국외여행기간 연장허가를 받은 사람이 다음 각 목의 어느 하나에 해당하는 경우. 이 경우 부 또는 모와 거주하는 것을 요건으로 국외여행허가 또는 국외여행기간 연장허가를 받은 사람은 부 또는 모가 가목부터 다목까지의 사유에 해당하는 경우에도 적용한다.

가. 「해외이주법」 제12조에 따라 영주귀국 신고를 한 경우

나. 삭제 <2011.11.23>

다. 1년의 기간 내에 통틀어 6개월 이상 국내에서 체재하고 있는 경우. 이 경우 국내체재기간(입국일은 포함하고 출국일은 제외한다. 이하 같다)은 산정일부터 거꾸로 계산하여 합산하되, 1) 또는 2)의 사유로 국내에서 60일 이내의 기간 동안 체재하는 경우와 부·모나 배우자가 국내에 체재하지 아니한 상태에서 3) 또는 4)의 사유로 국내에 체재하는 경우에는 그 기간을 합산하지 아니한다.

1) 본인의 혼인, 배우자의 출산, 본인이나 배우자의 형제자매·직계존속·직계비속의 장례나 회갑 또는 혼인에의 참석

2) 대한체육회 산하 경기단체에서 주관하는 운동경기에 선수 또는 임원으로의 참가

3) 제124조에서 정한 국내교육기관(고등학교는 제외한다)에서 학교별 제한연령에 1년을 더한 기간까지(박사과정의 경우 30세가 되는 해의 6월 이전에 학위를 취득할 수 있는 경우에는 30세가 되는 해의 6월 30일까지)의 범위에서 재학

4) 재외국민을 위한 국내교육과정에서 일정기간 동안의 재학. 이 경우 해당 교육과정 및 기간은 제124조에서 정한 학교별 제한연령 및 해당 교육과정의 성격 등을 고려하여 병무청장이 정한다.

라. 삭제 <2016.6.14>

마. 국내취업 등 병무청장이 고시하는 영리활동을 하는 경우

2. 국외이주 목적으로 국외여행허가를 받아 병역판정검사, 재병역판정검사 또는 입영·소집일이 연기된 사람이 정당한 사유 없이 연기받은 날부터 1년 6개월 이내에 출국하지 아니하는 경우

3. 국외이주 외의 목적으로 국외여행허가를 받고 정당한 사유 없이 허가받은 날부터 1년 이내에 출국하지 아니하거나 법 제70조제1항제1호에 해당하는 사람이 국외여행허가기간 내에 귀국하여 3개월 이상 계속하여 국내에 체재하는 경우

4. 제145조 및 제147조에 따른 국외여행허가 또는 국외여행기간 연장허가를 받은 사람이 허가기간이나 연장허가기간이 종료되기 전에 귀국하여 병역의무를 이행하려는 경우

5. 제146조제1항 각 호의 어느 하나에 해당되어 국외여행허가를 받은 사람이 그 허가요건을 유지하지 못하게 된 경우

6. 본인이 국외여행허가나 국외여행기간 연장허가의 취소를 원하는 경우

② 병무청장은 제1항에도 불구하고 제1항제1호다목 및 마목에 해당되는 사람에 대해서는 한 번

고 출국하거나 국외이주사유로 국외여행기간 연장허가를 받은 사람이 ㉠「해외이주법」 제12조에 따라 영주귀국 신고를 한 경우, ㉡ 1년의 기간 내에 통틀어 6개월 이상 국내에서 체재하고 있는 경우,[457] ㉢ 국내취업 등 병무청장이 고시하는 영리활동을 하는 경우 가운데 어느 하나에 해당하는 경우,[458] ② 국외이주 목적으로 국외여행허가를 받아 병역판정검사, 재병역판정검사 또는 입영일이 연기된 사람이 정당한 사유 없이 연기받은 날부터 1년 6개월 이내에 출국하지 아니하는 경우, ③ 국외이주 외의 목적으로 국외여행허가를 받고 정당한 사유 없이 허가받은 날부터 1년 이내에 출국하지 아니하거나 법 제70조제1항제1호에 해당하는 사람이 국외여행허가기간 내에 귀국하여 3개월 이상 계속하여 국내에 체재하는 경우, ④ 제145조 및 제147조에 따른 국외여행허가 또는 국외여행기간 연장허가를 받은 사람이 허가기간이나 연장허가기간이 종료되기 전에 귀국하여 병역의무를 이행하려는 경우 등이다(「병역법시행령」 제147조의2제1항).

그러므로 예를 들어 부모와 국외거주를 요건으로 허가를 받은 사람이 허가를 받은 이후 부 또는 모가 1년의 기간 중 통틀어 6개월 이상 국내 체재하는 경우 국외여행허가가 취소되므로 귀국하여 병역의무를 이행하여야 한다. 만약 귀국하지 않을 경우 「병역법」을 위반한 불법체재자로 고발되며 국외여행허가 제한, 출국 금지

만 3개월의 허가취소 유예기간을 주고, 그 기간 내에 출국하지 아니하는 경우에는 국외여행허가나 국외여행기간 연장허가를 취소하고 병역의무를 부과할 수 있다.

457) 이 경우 국내체재기간(입국일은 포함하고 출국일은 제외한다. 이하 같다)은 산정일부터 거꾸로 계산하여 합산하되, 1) 또는 2)의 사유로 국내에서 60일 이내의 기간 동안 체재하는 경우와 부·모나 배우자가 국내에 체재하지 아니한 상태에서 3) 또는 4)의 사유로 국내에 체재하는 경우에는 그 기간을 합산하지 아니한다.

1) 본인의 혼인, 배우자의 출산, 본인이나 배우자의 형제자매·직계존속·직계비속의 장례나 회갑 또는 혼인에의 참석
2) 대한체육회 산하 경기단체에서 주관하는 운동경기에 선수 또는 임원으로의 참가
3) 제124조에서 정한 국내교육기관(고등학교는 제외한다)에서 학교별 제한연령에 1년을 더한 기간까지(박사과정의 경우 30세가 되는 해의 6월 이전에 학위를 취득할 수 있는 경우에는 30세가 되는 해의 6월 30일까지)의 범위에서 재학
4) 재외국민을 위한 국내교육과정에서 일정기간 동안의 재학. 이 경우 해당 교육과정 및 기간은 제124조에서 정한 학교별 제한연령 및 해당 교육과정의 성격 등을 고려하여 병무청장이 정한다.

458) 이 경우 부 또는 모와 거주하는 것을 요건으로 국외여행허가 또는 국외여행기간 연장허가를 받은 사람은 부 또는 모가 가목부터 다목까지의 사유에 해당하는 경우에도 적용한다.

등 불이익을 받게 된다.[459)]

이때 국내체재기간의 산정방법과 관련하여 ① 「1년의 기간 내」라 함은 산정일을 기준으로 역산하여 1년이 되는 날까지의 기간을 말하고,[460)] ② 「통틀어 6개월 이상」이라 함은 「1년의 기간 내」에 입국한 횟수에 관계없이 국내에 체재한 기간이 183일이상인 경우를 말한다.[461)]

한편, 병무청장은 위의 제1항에도 불구하고 제1항제1호다목 및 마목에 해당되는 사람에 대해서는 한 번만 3개월의 허가취소 유예기간을 주고, 그 기간 내에 출국하지 아니하는 경우에는 국외여행허가나 국외여행기간 연장허가를 취소하고 병역의무를 부과할 수 있다.[462)]

Ⅷ. 국외여행 허가 간주 제도

국외에 거주하고 있는 병역의무자가 25세가 되기 전에 ① 본인이나 그 부모가 국외에서 영주권(조건부 영주권은 제외한다)을 얻거나 영주권제도가 없는 국가에서 무기한 체류자격 또는 5년 이상 장기 체류자격을 얻어 국외에 계속 거주하고 있는 경우, ② 본인이나 그 부모가 일본의 특별영주자 또는 영주자의 체류자격을 얻어 국외에 계속 거주하고 있는 경우, ③ 본인이 외국에서 출생하여 해당 국가로부터 국적 또는 시민권을 받아 부모와 같이 국외에 계속 거주하고 있는 경우, ④ 본인이나 그 부모가 「해외이주법」에 따라 해외이주하여 국외에 계속 거주하고 있는 경우, ⑤ 본인이 18세가 되기 전에 국외 주재원이 아닌 부모와 같이 출국하여 그 부모와 같이 국외에 계속 거주하고 있는 경우 중 하나에 해당하는 경우에는 37세까지를 허가기간으로 하는 국외여행허가를 받은 것으로 본다.[463)]

---

459) 다만, 부모와 5년 이상 국외거주하는 사유로 허가를 받은 이후 영주권을 취득하였다면 영주권 취득으로 다시 허가를 받을 수 있고 또한 부모의 국내 체재기간에 따른 국외여행허가가 취소 대상자에서 제외된다(병무청, “2018년 국외체류자 병역제도 안내”, 17면.

460) 예를 들어 '17.1.10.(산정일) → '16.1.11.(역산하여 1년이 되는 날)이다.

461) 예를 들어 ① '17.1.10. 입국하여 183일이 되는 날까지 계속 국내에 체재하는 경우, ②「'16.1.11.~'17.1.10.」 기간 중 국내체재기간을 합산하여 183일이 되는 경우이다.

462) 「병역법시행령」 제147조의2 제2항; 「병역의무자 국외여행 업무처리 규정」 제27조(허가 취소의 유예 등).

463) 병역법 시행령[시행 2022. 1. 1.] [대통령령 제32250호, 2021. 12. 28., 일부개정]제149조(국외이

제4절 복수국적자의 병역의무

대한민국 국민인 남자라면 위에서 언급한 것처럼 헌법과 「병역법」에 따라 병역의무가 있다. 복수국적자인 남자의 경우 18세가 되는 해의 3월말까지 하나의 국적을 선택하여야 하며, 그 기간 내 국적을 이탈하지 아니한 사람은 병역의무를 이행해야 한다.

다만, 외국에 거주하는 복수국적자는 일정한 요건을 갖추고 있으면 37세까지 병역을 연기 받을 수 있고, 이를 위해서는 24세부터 25세가 되는 해 1월 15일 사이에 재외공관을 통해 '국외이주' 사유로 국외여행허가를 받아야 하고 허가를 받을 수 있는 기간은 37세까지이다. 여기에는 앞에서 언급한 것처럼 ① 외국의 영주권이나 시민권을 가진 부 또는 모와 같이 국외에서 계속 거주하는 사람, ② 부모와 같이 24세 이전부터 국외에서 계속 거주하는 사람, ③ 복수국적인 병역의무자로서 국외에서 10년 이상 계속하여 거주하고 있는 사람이 해당된다.[464]

하지만 37세까지 병역이 연기된 사람이 한국에 있는 교육기관에서 학업 계속이 아닌 경우로서 통산 6개월 이상 체류하거나 취업 등 영리활동 시[465] 국외여행허가가 취소되고 병역의무가 부과된다. 물론 학업기간 중 그 부나 모 또는 배우자가 1년 중 통산 6개월 이상 한국에 거주하고 있다면 병역의무가 부과된다.

주자 등의 처리) 제1항
이때 제1항 각 호에 해당하는 사람이 여권을 발급받으려는 경우에는 그 사실을 증명하는 서류(전자문서를 포함한다)를 재외공관의 장을 거쳐 병무청장에게 제출하여야 한다. 이 경우 병무청장은 제1항제5호에 따른 병역의무자의 부모가 국외 주재원인지 여부를 확인하기 위하여 법 제80조에 따라 병역의무자 부모의 연금 가입 관련 자료를 관계 기관의 장에게 요청할 수 있다(제2항). 또한 제1항에 따라 국외여행허가를 받은 것으로 보는 사람이 제147조의2제1항제1호 각 목의 어느 하나에 해당하는 경우에는 국외여행허가가 취소된 것으로 보아 병역의무를 부과할 수 있다. 이 경우 제147조의2제1항 각 호 외의 부분 단서 및 같은 조 제2항을 적용한다(제3항).

464) 「병역의무자 국외여행 업무처리 규정」 [별표 2].

465) '취업 등 영리활동'이란 구체적으로 (i) 1년의 기간 내에 통틀어 60일 이상 다음 항목에서 정하는 활동을 하는 경우 (가) 고용관계에 의하여 봉급·급료·보수·세비·임금 등 급여를 받는 경우, (나) 농업·공업·상업·어업 등 각종 사업 운영, (ii) 1년의 기간 내에 통틀어 60일 이상 한국에 거주하며 다음 항목에서 정하는 활동을 하는 경우, (가) 연예인·예술가·체육선수 등이 공연·방송·영화출연·CF촬영 및 경기 참가 등으로 수입이 있는 경우, (나) 기타 인적 용역 제공의 대가로 1천만 원 이상의 수입이 있는 경우를 말한다(「병역의무자 국외여행 업무처리 규정」 제21조).

Ⅰ. 주요 쟁점

1. 미국의 영주권을 보유하고 있는 한국 국적의 부모를 둔 선천적 복수국적자(갑, 남자, 미국에서 출생, 미국 시민권 보유)가 한국에서 출생신고를 하지 않은 경우 외국인등록과 함께 한국에서의 생활이 가능한 지의 여부

「국적법」은 '복수국적자에게 대한민국의 법령을 적용에서 대한민국의 국민으로만 처우'한다고 규정하고 있다(「국적법」 제11조의2제1항). 이에 따른 갑은 대한민국의 국적자이므로 외국인등록을 할 수 없고 따라서 한국에 거주하려면 출생신고를 통해 주민등록을 하여야 한다. 만일 갑이 대한민국의 국적을 이탈하고 외국 국적만 보유 하려고 한다면 위에서 언급한 것처럼 만 18세가 되는 해의 3월 31일 이전에 국적이탈신고를 해야 하며, 이후에는 국적법 제14조의2(대한민국 국적의 이탈에 관한 특례)에 해당하지 않는 한 병역의무를 해소해야만 국적이탈신고를 할 수 있다.

2. 25세 이상 복수국적자가 병무청의 국외여행허가를 받지 아니하고 외국여권(이름)으로 출·입국을 할 수 있는지의 여부

위에서 언급한 것처럼 25세 이상 복수국적자도 국외여행을 하고자 할 때에는 허가를 받아야 한다. 그러므로 만일 국외여행허가를 받지 아니하고 외국 여권으로 출·입국 하는 것은 국외여행허가 의무를 위반한 것으로 이후 출국이 제한될 수 있다.

3. 국외에서 출생한 복수국적자로서 37세까지 병역을 연기받은 후 귀국하여 외국인 신분으로 취업하는 경우에도 병역의무를 부과하는지의 여부

영주권이나 시민권 등 국외이주사유로 37세까지 병역연기를 받은 사람이 1년의 기간 내 통산 6월 이상 체재하거나 취업 등 영리활동을 하는 경우 병역연기처분을 취소하고 병역의무를 부과하게 된다. 즉, 복수국적자로서 '국외이주' 사유로 국외여행허가를 받은 경우 외국 영주권자 등과 동일하게 국내 장기체재 및 영리활동이 제한된다. 다만, '재외국민 2세'인 경우 3년간은 제한받지 않는다.

여기서의 영리활동 범위와 기준은 구체적으로 ① 1년의 기간 내에 통틀어 60일 이상 다음 항목에서 정하는 활동을 하는 경우 ㉠ 고용관계에 의하여 봉급·급료·보수·세비·임금 등 급여를 받는 경우, ㉡ 농업·공업·상업·어업 등 각종 사업 운영,

② 1년의 기간 내에 통틀어 60일 이상 한국에 거주하며 다음 항목에서 정하는 활동을 하는 경우, ㉠ 연예인·예술가·체육선수 등이 공연·방송·영화출연·CF촬영 및 경기 참가 등으로 수입이 있는 경우, ㉡ 기타 인적 용역 제공의 대가로 1천만원 이상의 수입이 있는 경우를 말한다(「병역의무자 국외여행 업무처리 규정」 제22조, 영리활동의 범위).

4. 대한민국에서 출생하여 생활 중 부모님과 함께 외국으로 이주하여 외국 국적을 취득한 사람이(갑, 20세, 남자) 한국의 가족관계등록부가 정리(폐쇄)되지 아니한 경우 병역의무를 이행해야 하는지의 여부

이 경우는 갑이 한국 국민으로서 후천적으로 자진하여 외국 국적을 취득한 경우에 해당하므로 외국 국적을 취득한 때에 한국 국적이 상실된다(국적법 제15조제1항). 이 경우에는 기본적으로 국적상실신고를 하여 가족관계등록부를 정리(폐쇄)해야 한다. 병역의무와 관련해서는 외국 국적을 취득한 때로부터 더 이상 한국 국민이 아니므로 병역의무가 원칙적으로 부과되지 않는다. 다만 「국적법」 제15조제2항에 따라 즉, 입양, 수반, 인지, 혼인으로 외국국적을 자동 취득하여 국적보유신고를 한 경우라면 아직 한국 국적을 보유 중인 복수국적자에 해당하므로 국적선택절차에 따라야 하고, 국적이탈을 하지 않는 한 이때는 여전히 병역의무자로 관리하게 될 것이다.

5. 대한민국에서 출생하여 군 복무를 마친 후 외국의 국적을 취득하게 된 경우 다시 국적을 회복하면 복수국적을 유지할 수 있는지의 여부

이 경우는 복수국적이 될 수 없을 것이다. 왜냐하면 병역복무를 마친 사람에게 복수국적을 허용하는 요건은 출생 등에 의해 복수국적을 보유하게 된 사람, 즉 선천적 복수국적자가 국적선택신고를 할 때의 요건이기 때문이다. 후천적으로 자진하여 외국 국적을 취득한 자가 한국 국적을 다시 회복하게 되면 그 날부터(국적회복일로부터) 1년 내에 외국 국적을 포기해야 한다. 물론, 우수외국인으로서 특별귀화 요건에 해당하는 경우나 만 65세 이후에 영주할 목적으로 입국한 경우 등 예외적인 경우라면 외국국적 불행사 서약을 통한 복수국적이 허용될 수 있을 것이다.

6. 영주권자 및 복수국적자가 국외이주의 사유로 만 37세까지 병역 연기를 받은 경우의 병역의무가 부과되는 경우

영주권자 및 복수국적자가 국외이주의 사유로 만37세까지 병역을 연기 받은 사람은 1년의 기간이내 통틀어 6개월 이상 국내에 체재하거나 국내 취업 등 영리활동을 하는 경우에는 병역의무가 부과된다.

7. 영주권 취득자가 영주권을 포기하지 않고 병역의무 이행 여부 : 영주권자 등 입영희망제도[466]

7.1. 의 의

영주권자 등 입영희망제도란 영주권을 취득하거나 국외이주사유로 국외여행허

466) 병무청, "2018년 국외체류자 병역제도 안내", 22~23면; 병역의무자 국외여행 업무처리 규정[시행 2022. 1. 1.] [병무청훈령 제1848호, 2021. 12. 31., 전부개정.] 제24조(영주권자 등 입영희망신청 제도 운영) ① 병무청장은 국외이주자 중 자진하여 입영을 원하는 사람에 대하여 영주권자 등 입영희망신청제도를 운영할 수 있다.
② 제1항에 따라 국외에 거주하는 사람으로서 다음 각 호의 어느 하나에 해당하는 사람은 별지 제9호서식의 영주권자 등 입영희망(취소)신청서(이하 이 조에서 "신청서"라 한다)를 제출할 수 있다.
1. 3년 이상 국외에 거주하고 있는 사람으로서 외국의 영주권(조건부 또는 임시영주권을 포함한다)을 취득한 사람
2. 3년 이상 국외에 거주하고 있는 사람으로서 영주권 제도가 없는 국가에서 무기한 체류자격(5년 이상 장기체류자격 포함한다)을 취득한 사람
3. 별표 3에 따라 37세까지 국외여행(기간연장)허가를 받은 경우 또는 영 제149조에 따라 국외여행허가를 받은 것으로 보는 사람
4. 「재외국민등록법」에 따라 재외국민으로 등록된 부모와 같이 국외에서 거주하고 있는 사람 중 다음 각 목의 어느 하나에 해당하는 사람
가. 본인이 복수국적자인 경우
나. 부 또는 모가 외국의 영주권이나 시민권을 취득한 경우
다. 국외파견 공무원 및 주재원이 아닌 부모와 같이 국외에서 거주한 기간이 5년 이상인 경우
5. 본인이 복수국적자로서 국외에서 10년 이상 계속하여 거주한 사람
③ 지방병무청장은 제2항제4호다목에 따라 신청서를 제출한 사람에 대하여 부 또는 모의 국외파견 주재원 여부를 확인하여야 할 경우 별지 제11호서식의 개인정보 제공 동의서를 받아야 한다.
④ 지방병무청장은 신청서를 접수한 때에는 다음 각 호와 같이 조치하여야 한다.
1. 신청 대상자 여부를 확인 후 비대상자인 경우에는 비대상 사유를 명시하여 신청서를 회송
2. 국내 주소, 연락처, 병역판정검사 및 입영희망 일자 등 각 기재사항 확인 보정
3. 신청서 뒷면의 유의 사항을 신청자에게 설명
4. 신청서 사본을 첨부하여 신청서 접수 사실을 병무청장에게 보고
⑤ 지방병무청장은 제4항에 따라 신청서를 수리(受理)한 사람에 대하여 병역면제 또는 병역연기

가를 받은 사람이 병역의무 이행을 희망할 경우 병역판정검사 일자·장소 및 입영 일자를 본인이 직접 선택하여 원하는 시기에 병역이행이 가능하도록 하며, 또한 군 복무기간 중 정기휴가를 이용하여 영주권 유지를 위한 국외여행을 보장해 주는 제도를 말한다. 이와 관련하여 영주권 취득 병역의무자는 "영주권자 등 입영희망원"을 출원하면 영주권을 포기하지 않고 병역의무를 이행할 수 있다.

또한, 현역병의 경우 정기휴가 기간 중 국외여행을 보장하며, 군복무 중에도 외국의 영주권을 계속 유지할 수 있도록 하기 위해 이주국 방문에 소요되는 왕복항공료와 국내 여비를 국가에서 지급하며, 전역 시 자원병역이행 명예증서를 수여받게 된다.

※ 영주권 유지를 위해 정기휴가 횟수보다 자주 이주국을 방문해야 할 경우 연 2회 까지 지급이 가능하나, 본인이 직접 관련 법령 등의 자료를 제출하여 사실을 입증해야 하며, 영주권 갱신이 필요 없는 국가나 그 밖의 국가의 거주자는 정기휴가 범위 내에서 지급하게 된다. 사회복무요원 복무 중인 자의 경우 영구 영주권 유지를 위한 국외여행시 연 1회에 한하여 왕복항공료를 지급할 수 있다.

7.2. 출원 대상

이러한 영주권자 등 입영희망제도를 이용할 수 있는 대상은 ① 3년 이상 국외에 거주하고 있는 사람으로서 영주권(조건부 또는 임시 영주권 포함)을 취득한 사람, ② 3

처분을 취소하고 다음 각호와 같이 처리한다.

1. 신청일부터 6개월(영 제147조의2제2항에 따른 허가취소 유예기간 중에 있는 사람은 그 기간) 범위에서 본인이 원하는 시기에 입영 조치
2. 병역판정검사대상자는 본인이 원하는 일자에 병역판정검사를 실시하되, 병역판정검사 일정이 없는 경우에는 인근지역 지방병무청장에게 의뢰
3. 현역병 모집에 의해 선발된 사람은 모집분야의 지원자격·선발절차 및 입영계획에 따른 입영 조치

⑥ 제5항에 따라 병역면제처분이 취소된 사람은 영 제149조에 따른 국외여행허가를 받은 것으로 본다.

⑦ 영 제147조의2에 따라 국외여행허가가 취소(영 제149조제3항에 따라 국외여행허가가 취소된 것으로 보는 경우를 포함한다)되지 아니한 사람으로서 입영희망 취소 신청서를 제출하거나 병역판정검사, 현역병입영 또는 사회복무요원, 예술·체육요원 및 대체복무요원의 소집에 불응한 경우에는 제5항에 따른 병역면제 또는 병역연기의 취소 처분을 취소한다.

⑧ 제7항에 해당하는 사람이 신청서를 다시 제출하고자 할 경우에는 입영신청이 취소된 날부터 6개월이 지난 후 신청하여야 한다.

⑨ 지방병무청장은 입영 통지된 사람의 명단을 입영 부대장 또는 복무기관의 장에게 통보하여야 한다.

년 이상 국외에 거주하고 있는 사람으로서 영주권제도가 없는 국가에서 무기한체류자격(5년 이상 장기체류자격 포함)을 얻은 사람, ③ 국외이주 사유 국외여행허가를 받은 사람, ④ 재외국민등록부에 재외국민으로 등록된 부모와 같이 국외에서 거주하고 있는 사람으로서, ㉠ 본인이 복수국적인 사람(10년 이상 계속하여 국외 거주하는 경우에는 부모와 같이 국외에서 거주하지 않는 경우에도 해당), ㉡ 부 또는 모가 영주권(또는 시민권)을 얻은 사람, ㉢ 국외파견 공무원 및 주재원이 아닌 부모와 같이 국외에서 거주한 기간이 5년 이상인 경우이다.

7.3. 절차 및 구비서류

영주권자 등 입영희망제도를 이용할 수 있기 위해서는 병무청 홈페이지, 재외공관, 지방병무청, 인천공항병무민원센터를 통해 접수하면 되는 데 병무청 홈페이지 영주권자 등 입영 희망원 접수하기 위해서는 병무청 홈페이지 → 병무민원포털 → 국외여행/체재 → 영주권자 입영 희망 민원신청 → 공인인증서 로그인→ 입영일자 및 병역판정 검사일자 선택을 하면 된다.

이에 필요한 서류로는 영주권자 등 입영 희망 신청서, 체류자격 증명서(영주권, 무기한/장기체류자격, 재외국민 등록부 등본)이다. 만일 사정에 의하여 영주권 입영 희망원 취소를 원하는 사람은 입영일 전까지 지방병무청장에게 취소신청서를 제출해야 한다.

8. 시민권 취득자의 병역의무

「국적법」에 의하면 대한민국 국민이 외국국적을 자진하여 취득한 경우 대한민국 국적은 자동적으로 상실된다. 이에 해당하는 대상자는 병역의무가 없으나 이와 같이 국적을 상실한 경우에는 재외공관이나 법무부에 국적상실신고를 반드시 해야 한다. 만일 국적상실신고를 하지 않으면 대한민국 공부상 국민으로 관리됨은 물론 병역의무자로 관리될 수 있다.

* 2018년 5월 1일부터 병역의무가 해소되지 아니한 상태에서 국적이 상실된 사람에 대하여는 재외동포 체류자격(F4비자)을 40세까지 제한함.

9. 재외국민 2세인 경우의 병역의무

9.1. 의 의

'재외국민 2세'란 국외에서 출생한 사람(6세 이전에 국외로 출국한 사람을 포함)으로서

17세까지 본인과 부모가 계속하여 국외에서 거주하면서 ① 외국 정부로부터 국적·시민권 또는 영주권(조건부 영주권은 제외)을 얻은 사람, ② 영주권 제도가 없는 국가에서 무기한 체류자격(5년 이상 장기 체류자격을 포함)을 얻은 사람, ③ 5년 미만의 단기 체류자격만을 부여하는 국가에서 「해외이주법」 제6조에 따른 해외이주신고를 하고 계속 거주하고 있는 사람 중 어느 하나에 해당하는 사람을 말한다.[467]

이를 위한 신청은 당사자 나이 18세 부터 가능하고,[468] 필요한 서류를 구비하여 재외공관 또는 지방병무청으로부터 재외국민 2세 확인을 받아야 한다.

다만 기준일 이후, 본인의 국내 체재기간이 통틀어 3년을 초과하거나 부·모가 영주귀국 신고를 하는 경우 재외국민 2세로 보지 않는다. 여기서 기준일은 1993년 12월 31일 이전 출생자는 2018년 5월 29일, 1994년 1월 1일 이후 출생자는 18세가 되는 해 1월 1일이 된다. 만일 17세 이전에 국내의 초·중·고교에서 통산 3년의 범위 내에서 수학한 경우에도 계속 국외에서 거주한 것으로 인정되고, 17세 이전에 1년의 기간 중 국내체재기간이 통틀어 90일 이내인 경우에 한하여 '계속하여 국외거주'한 것으로 인정할 수 있지만, 1년의 기간 중 통틀어 90일을 초과하여 국내 체재한 사실이 있는 경우 재외국민 2세로 인정받을 수 없을 것이다.

9.2. 병역의무의 부과

하지만 재외국민 2세라도 18세부터(1993년 이전 출생자는 2018년 5월 29일부터) 통산 3년을 초과하여 국내에 체재한 경우에는 재외국민 2세에 해당하지 않고, 이미 재외국민 2세의 확인을 받은 사람이라도 그 지위가 상실된다.[469] 이 경우 국외여행허가

---

467) 「병역법」시행령 제128조(병역판정검사 등의 연기) 제5항 이 경우 17세 이전에 국내에서 「초·중등교육법」 제2조에 따른 학교에서 통틀어 3년 이내 수학하였거나 17세까지 본인 또는 부모가 1년의 기간 중 통틀어 90일 이내의 기간 동안 국내에서 체재(국내체재기간은 산정일부터 거꾸로 계산하여 합산하되, 입국일은 포함하고 출국일은 제외한다)한 경우에도 계속 국외에서 거주한 것으로 본다. 즉, 7세부터 17세까지의 기간 중 1년에 통산 90일을 초과하여 국내 체재한 사실이 있는 경우 재외국민 2세로 보지 않는 것이다.

468) 2022년 기준으로 2004년 생년월일이 지난 사람부터 해당될 것이다.

469) 다음 중 어느 하나에 해당되는 경우에는 '재외국민 2세'의 지위를 상실하게 된다.
 가. 본인이 해외이주법에 따라 영주귀국 신고를 한 경우신고를 한 경우
  다만, '93년 12월 31일 이전 출생자는 '18.5.29.이후 부 또는 모가 영주귀국 신고를 한 경우(이 경우는 재외국민 2세 지위상실과 동시에 병역의무도 부과됨)
 나. 본인이 18세가 되는 해 1월 1일부터 국내 체재한 기간이 통틀어 3년을 초과한 경우

를 받은 25세 이상자는 ‘재외국민 2세’의 지위가 상실되어도 ‘국외이주’ 사유 국외여행 허가 요건이 유지되는 한 37세까지 병역이 연기되지만 ‘국외이주’ 사유 국외여행허가자는 37세 이전에 ① 해외이주법에 따라 영주귀국 신고를 한 경우, ② 국내에서 1년의 기간 내에 통틀어 6개월 이상 체재하고 있는 경우, ③ 국내에서 취업 등 영리활동을 하는 경우 중 어느 하나에 해당하는 사유가 발생할 경우에는 국외여행허가가 취소되고 병역의무가 부과된다.[470)]

이외에도 재외국민 2세로 허가 받은 경우 국내에서 영리목적 사업·취업활동 가능하나, 단 18세부터 37세까지 국내에 통산 3년을 초과하여 체류한 경우 재외국민 2세 자격이 박탈된다.

10. 영주권 또는 시민권 소지자 부모와 함께 거주하는 자녀(갑)가 영주권 미취득시의 병역의무 이행 여부

영주권 또는 시민권자인 부모와 함께 거주하는 자녀(갑)가 병역의무자인 경우 영주권을 받지 못했다하더라도 영주권 또는 시민권을 얻은 부모와 같이 국외에 거주하는 경우에는 37세까지 허가기간으로 하는 국외여행허가를 받을 수 있고, 37세까지 병역연기도 할 수 있다. 다만, 이 경우 본인 및 부모가 1년의 기간 중 통산 6개월 이상 국내에 체재를 하는 경우나 본인이 국내에서 영리활동을 하는 경우라면 국외여행허가가 취소되고 병역의무가 부과될 수 있다.

다만, '93년 12월 31일 이전 출생자는 '18.5.29.이후부터 국내 체재한 기간이 통틀어 3년을 초과한 경우. 이때 “통틀어 3년을 초과한 경우”란 국내 입국일은 산입하고, 출국일은 산입하지 않는 방식으로 계산하여 국내 체재한 일수가 통틀어 1,095일을 초과한 경우를 말함.

다. 부 또는 모가 해외이주법에 따라 영주귀국신고를 한 경우, 다만, '93년 12월 31일 이전 출생자는 '18.5.29. 이후 부 또는 모가 영주귀국 신고를 한 경우이다(병무청, “2018년 국외체류자 병역제도 안내”, 21면).

470) 24세 이전에 ‘재외국민 2세’의 지위가 상실된 사람으로서 국외에 거주하고 있는 경우, 25세가 되는 해 1월 15일까지 재외공관을 통해 병무청장의 ‘국외이주’ 사유 국외여행허가를 받아야만 37세까지 병역을 연기받을 수 있다(병무청, “2018년 국외체류자 병역제도 안내”, 21면).

제5절 국적변경 병역회피자에 대한 제재

국적변경 병역회피자에 대한 제재가 문제된다. 이에 대해서는 ① 국적법상 제재와 ② 재외동포법상 제재를 생각해 볼 수 있다. 먼저 국적법상 제한으로 국적회복을 제한하고 있다. 즉, 병역기피를 목적으로 국적이탈 및 국적상실자에 대해 국적회복을 제한하고 있다(국적법 제9조제2항제3호). 하지만 이 경우 '병역기피'를 목적으로 하는 내심의 주관적 의사를 입증하기 어렵다는 점에서 본 규정의 실효성 문제가 있다. 그러므로 병역의무가 해소되지 않은 상태에서 국적을 이탈하거나 상실한 자에 대해서는 국적회복 및 취업비자 발급을 제한할 필요가 있을 것이다.

또한 ② 재외동포법상 제한으로 재외동포체류자격(F-4)의 제한을 들 수 있다. 재외동포법 제5조제2항은 '병역기피목적' 국적이탈 및 상실자에 대한 재외동포 체류자격을 제한하고 있다. 이 역시 '병역기피를 목적'으로 한다는 점에서 내심의 주관적 의사를 입증하기 어렵다. 그러므로 병역의무가 해소되지 않은 상태에서 국적을 이탈하거나 상실한 자에 대해서는 재외동포 체류자격을 제한하거고, 본인의 공직임용을 제한하는 등의 방안을 마련할 필요가 있다.

외국인(국적변경자)에 대한 비자 발급 제한과 관련하여 ① 입국의 자유가 외국인에게까지 인정된다고 할 수 없고 즉, 입국의 자유에 대한 외국인의 기본권 주체성을 인정할 수 없고,[471] ② 비자발급 제한(사증발급 신청 거부)이 항고소송의 대상이 되는 처분성 있는지의 여부와 관련하여 판례 중에는 일부 처분성을 인정한 판례가 있으나 사증발급신청 거부로 인해 원고의 구체적인 권리나 법적인 이익을 침해하는 것이 아니므로 사증발급 거부행위는 항고소송의 대상이 되는 행정처분이라고 할 수 없으며,[472] ③ 사법심사의 대상이 되는지의 여부가 문제될 수 있는데 이에 대해 미국 연방대법원은 Kerry v. Din 사건에서 외국인에 대한 영사의 사증발급 여부의 결정은 사법심사의 대상이 아니라고 하여 영사불심사권(Consular non-reviewability)을 재확인하였다.[473]

---

471) 헌법재판소, 2014. 6.26. 2011헌마502 결정.
472) 서울행정법원 2007.11.15. 2007구합21983 판결.
473) Kerry v. Din, 576 U.S. ___ (2015).

사례의 분석

1. (국적상의 쟁점) 사안에서 갑은 대한민국에서 한국인의 부모의 자녀로 출생하여 대한민국 국적을 취득한 사람으로서 오래 전에 미국으로 이민을 갔으나, 아직 미국 영주권만을 취득한 상태이므로 당연히 대한민국의 국민이다. 향후, 미국으로 귀화하여 미국 시민권을 취득하게 된다면 그 때 비로소 대한민국 국적이 상실되어 외국인이 될 수 있게 된다.

2. (병역상의 쟁점) 사안에서 언급되었듯이 갑은 미국 영주권자로서 미국에 거주하고 있고 이민 간 이후로 단 한 번도 한국을 방문한 적이 없다. 방문한 적이 없지만 갑에 대한 인적사항은 관할 지방자치단체에 대한민국의 국민으로 관리되고 있을 것이다.

   또한 한국의 병무관련 당국에서도 병역의무자로 관리되어 19세 때에 병역판정검사 대상이 되나, 출입국사항을 확인하여 국외체류 중인 사실이 확인되면 24세까지 병역판정검사를 연기하게 된다.

   그렇지만 25세 이후에도 병역법상의 국외여행허가를 받지 않고 계속하여 국외체류할 경우에는 병역법 제94조에 따라 국외여행허가의무 위반으로 형사고발을 할 수 있고, 그렇게 될 경우 여권법령에 따라 여권발급 또한 제한받게 된다.

3. (문제의 해결) 이러한 여권발급 제한 문제를 해결하기 위해서는 귀국하여 형사사건 및 병역의무가 해소되어야만 다시금 여권발급이 가능하다. 다만 병역법 시행령 제149조의 허가간주자에 해당할 경우에는 허가의무위반 사실이 없게 되어 무혐의 불기소처분이 가능하게 되며, 여권발급도 가능할 것이다.

제 10 장 선천적 복수국적자의 국적선택제도

제10장에서는 선천적 복수국적자의 국적선택제도에 관해 알아본다. 여기에서는 구체적으로 국적법상의 규정 및 도입취지, 국적선택의 방식, 대상(국적선택 의무자), 국적선택기간(일반적인 경우, 병역의무자인 경우), 관련문제로서 ① 선천적 복수국적자가 국적선택의무기간 내에 국적 선택을 하지 않은 경우 대한민국 국적의 상실 여부: 선천적 복수국적자의 국적선택의무와 외국국적불행사 서약, ② 선천적 복수국적자(여성, 25세)가 국적선택의무기간이 지난 경우에도 국적이탈 신고를 할 수 있는지의 여부에 관해서 살펴본다.

사례의 연습

1. 외국국적을 취득하였지만 국내의 가족관계등록부가 정리되지 않은 사람("갑")의 경우도 복수국적자인가? 이 경우 갑은 국적선택을 해야 할 의무가 있는가?

2. 갑은 선천적 복수국적자이다. 하지만 대한민국에서 출생신고를 하지 않아 국내에 가족관계등록부가 작성되지 않은 상태이다. 이 경우 갑은 국적선택의무가 있는가? 만일 국적선택의무가 있고 그럼에도 갑이 대한민국 국적을 '선택'하거나 '이탈'을 원할 경우 어떻게 하여야 하는가?

3. 선천적 복수국적자인 갑이 22세가 될 때까지 출생신고가 안 된 경우 그 이후라도 부모가 출생신고를 할 수 있는가? 할 수 있다면 그 근거는 무엇인가?

4. (1) 만 20세가 되기 "전"과 (2) 만 20세가 된 "이후"에 복수국적자가 된 자(국적법 제12조제1항 본문)란 어떤 경우를 의미하는가?

5. (1) 만 20세가 되기 "전"과 (2) 만 20세가 된 "이후"에 복수국적이 된 사람은 국적선택을 할 수 있는 기한은 언제까지인가?

6. (1) 국적법 제12조제2항에서의 "병역법 제8조의 규정에 따라 병역준비역에 편입된 자"는 어떤 사람이고, (2) "제3항 각 호에 해당되는 때"란 어떤 시기를 의미하며, (3) 복수국적인 남자가 만 19세일 경우 신체검사에서 병역면제(또는 전시근로역) 처분을 받은 사람의 경우 언제까지 국적선택을 할 수 있는가?

7. (1) 대한민국의 국적 선택을 위해 외국의 국적을 포기했던 사람이 그 외국의 국적

을 재취득하거나 (2) 외국국적불행사 서약을 한 이후에 국내에서 외국국적을 행사할 경우라면 어떻게 되는가?

8. 국적선택 불이행과 관련하여 대한민국의 국적이 자동적으로 상실되는 사람과 그렇지 않는 사람으로 구분되는데 그 기준일은 언제부터, 왜, 내용은 구체적으로 무엇인가?

9. (1) 복수국적자가 대한민국의 국적 이탈신고를 하여 국적을 포기하는 방법은 무엇인가? (2) 대한민국 국적이탈 신고를 하여 한국의 국적을 포기했던 사람이 후에 다시 대한민국 사람이 될 수 있는가? (3) 선천적 복수국적자로 국적이탈을 했던 사람이 국적회복을 하면 복수국적이 허용되는가?

10. (1) 국적법 제12조제3항에서의 "직계존속이 외국에서 영주할 목적 없이 체류한 상태에서 출생한 자"("갑")의 의미는 무엇이고, (2) 갑이 국적이탈신고를 할 수 있는 경우는 어떠한 경우이며, (3) 이때의 영주할 목적 없이 체류하였는지 여부에 대한 판단 권한은 누구에게 있는가?

제 1 절 「국적법」상의 규정 및 도입취지

【제12조】 (복수국적자의 국적선택의무)

① 만 20세가 되기 전에 복수국적자가 된 자는 만 22세가 되기 전까지, 만 20세가 된 후에 복수국적자가 된 자는 그 때부터 2년 내에 제13조와 제14조에 따라 하나의 국적을 선택하여야 한다. 다만, 제10조제2항에 따라 법무부장관에게 대한민국에서 외국 국적을 행사하지 아니하겠다는 뜻을 서약한 복수국적자는 제외한다.

② 제1항 본문에도 불구하고 「병역법」 제8조에 따라 병역준비역에 편입된 자는 편입된 때부터 3개월 이내에 하나의 국적을 선택하거나 제3항 각 호의 어느 하나에 해당하는 때부터 2년 이내에 하나의 국적을 선택하여야 한다. 다만, 제13조에 따라 대한민국 국적을 선택하려는 경우에는 제3항 각 호의 어느 하나에 해당하기 전에도 할 수 있다.

③ 직계존속(直系尊屬)이 외국에서 영주(永住)할 목적 없이 체류한 상태에서 출생한 자는 병역의무의 이행과 관련하여 다음 각 호의 어느 하나에 해당하는 경우에만 제14조에 따른 국적이탈신고를 할 수 있다.

1. 현역·상근예비역 또는 보충역으로 복무를 마치거나 마친 것으로 보게 되는 경우
2. 전시근로역에 편입된 경우

3. 병역면제처분을 받은 경우

‘국적선택제도’란 복수의 국적을 가진 자에게 하나의 국적을 선택할 것을 의무화 시키는 제도를 말한다.[474)]「국적법」 제12조는 ‘복수국적자의 국적선택의무’라는 제목 아래 원칙적으로 만 20세가 되기 전에 복수국적자가 된 자는 만 22세가 되기 전까지, 만 20세가 된 후에 복수국적자가 된 자는 그 때부터 2년 내에 제13조와 제14조에 따라 하나의 국적을 선택하여야 함을 규정하고 있다. 즉, 대한민국의 국민 가운데 적법하게 대한민국의 국적과 외국의 국적을 함께 갖게 된 복수국적자의 경우「국적법」 제12조, 제13조, 그리고 제14조에서 정한 기한 이내에 하나의 국적을 선택할 의무를 부과하고 불이행 시 국적선택명령의 대상이 되는 제도를 마련하고 있는 것이다.

즉,「국적법」 제12조의 제1항과 제2항에서는 복수국적자가 국적을 선택해야 하는 기한에 대해 규율하고 있고 제3항은 외국에서 영주할 목적이 없이 체류한 상태에서 재외국민의 자녀로서 출생, 복수국적이 된 사람의 경우 병역의무의 이행 문제가 해결된 이후에만 대한민국의 국적을 이탈할 수 있음을 규율하고 있다. 국적선택제도는 1997년 제4차 개정을 통해 도입한 것으로서 종전의 부계혈통주의에서 부모양계혈통주의로 변경됨에 따른 선천적 복수국적자의 증가에 대비하자는 취지에서 도입하게 되었다.[475)]

이와 함께 대한민국 국적 취득자에 대한 이전 국적포기의무 유보제도나 외국 국적 취득자의 대한민국 국적 보유 신고제도 등도 새로 도입되면서 선천적 복수국적자뿐만 아니라 후천적 복수국적자도 많이 발생하게 되어 복수국적자를 줄이기 위한 방안을 모색하게 되었고 이 가운데 하나로서 복수국적자로 하여금 법이 정한 기한까지는 반드시 하나의 국적을 선택하도록 하는 제도를 마련하게 된 것이다.

이때의 제도가「국적법」 제10차 개정되기 이전까지 복수국적자가「국적법」에서 정한 기한 이내에 국적선택을 하지 않을 경우 대한민국의 국적을 자동적으로 상실하게 되어 있었으나 제10차 개정을 통해 이러한 경우에도 국적이 자동 상실되는

474) 이철우 외, 앞의 책, 307면.
475) 석동현, 앞의 책, 217면.

것이 아니라 법무부장관으로부터 국적선택명령을 받는, 즉 국적선택명령을 받은 후 그럼에도 국적을 선택하지 않은 경우에야 대한민국의 국적을 상실하게 되었다.

제 2 절 국적선택의 방식

국적의 선택은 ① 선택을 요구하는 나라의 국적을 포기하거나 ② 다른 국적국의 국적을 포기하는 방식으로 이루어지게 되는 데 ①의 경우는 국적의 이탈을 제한할 것인지의 문제이고, ②의 경우는 다른 국적을 포기하지 않는 경우 어떠한 조치를 취하게 되는지에 대한 문제라고 할 수 있다.[476]

이와 같은 국적선택의 방식에 대해서는 다음과 같이 세 가지로 구분할 수 있다.[477] 즉, ① 한국 국적을 선택하고 외국국적을 포기하는 경우(국적선택신고), ② 한국 국적을 선택하되 외국 국적은 포기하지 않고 그 대신 한국에서는 외국 국적을 행사하지 않겠다는 서약을 하는 경우(국적선택신고), ③ 한국 국적을 포기하고 외국 국적을 선택하는 경우(국적이탈신고)와 같은 방식이 있다.

제 3 절 대상 – 국적선택 의무자

국적선택을 해야 할 의무가 부여되는 자에 대해 「국적법」은 대상자가 만 20세가 되기 전에 복수국적자가 된 경우와 만 20세가 된 이후에 복수국적자로 된 경우로 구분하여 규정하고 있다. 즉, 만 20세가 되기 전에 복수국적자가 된 자는 만 22세가 되기 전까지, 만 20세가 된 후에 복수국적자가 된 자는 그 때부터 2년 내에 제13조와 제14조에 따라 하나의 국적을 선택하여야 함을 규정하고 있다(「국적법」 제12조제1항).

이러한 국적법 조항은 마치 국적선택의 시기만이 다를 뿐 모든 복수국적자가 국

---

476) 이철우 외, 앞의 책, 307면.

477) 법무부 출입국·외국인정책본부, 『2014국적실무편람』 (2014.6), 184면.

적선택의무를 가진다는 의미로 해석할 수 있지만 이에 따라 국적선택의무를 부담하는 자는 ① 출생에 의해 복수국적자가 된 사람과 ② 혼인, 입양, 인지, 수반취득에 의해 비자발적으로 외국 국적을 취득 후 6개월 내에 국적을 보유하겠다는 의사를 신고한 사람이 되는데 국적선택의무를 부담하는 사람의 대부분은 ①의 경우라고 할 수 있다.478)

이외에도 혼인귀화자나 특별공로자, 우수인재에 해당하는 자, 해외입양인, 만 65세 이후의 영주귀국자, 원국적포기 불능자와 같이 귀화 또는 국적회복을 통해 복수국적자가 된 자가 외국국적불행사 서약의 뜻에 현저히 반하는 행위를 할 경우 국적선택명령을 받게 된다. 하지만 이러한 내용은 제12조제1항이 규율하는 국적선택의무와는 구별된다고 볼 수 있다.479)

그러므로 구체적으로 국적선택의무를 지는 자는 ① ㉠ 미국, 캐나다, 남미 등 출생지주의 국가에서 대한민국 국민의 자녀로 출생한 자, ㉡ 일본, 베트남, 유럽 등 부모 가운데 한사람은 대한민국 국민이고 그 상대방은 부모양계혈통주의를 채택하는 국가의 국민인 경우 그 부부사이에 출생한 자, ㉢ 중동 등의 국가와 같이 모가 대한민국 국민이고 부계혈통주의 국가의 국민을 부로 하여 그 사이에서 출생한 자 등과 같이 출생에 의해 선천적으로 복수국적을 가지게 된 사람과 ② 대한민국 국민으로서 외국 국적을 비자진취득한 경우 그 외국 국적을 취득한 날로부터 6개월 내에「국적법」제15조제2항에 따라 법무부장관에게 대한민국 국적을 보유하겠다는 의사를 신고함으로써 복수국적자가 된 사람일 것이다.480)

결국 복수국적자로서 국적선택의무를 부담하지 않는 사람은 위에 해당하지 않는 경우로「국적법」제10조제2항에 따라 법무부장관에게 대한민국에서 외국 국적을 행사하지 아니하겠다는 뜻을 서약한 사람(「국적법」제12조제1항 단서),「국적법」제13조(대한민국 국적의 선택 절차)에 의해 대한민국의 국적을 선택하면서 외국 국적을 행사하지 않겠다고 서약한 사람들과 같이 외국국적불행사 서약 방식을 통해 합법적으로 복수국적을 보유한 경우가 이에 해당될 것이다.

---

478) 이철우 외, 앞의 책, 307면.
479) 위의 책, 같은 면.
480) 석동현, 앞의 책, 220~221면.

물론 위에서 언급한 것처럼 비록 대한민국에서 외국 국적을 행사하지 아니하겠다는 뜻을 서약한 자라고 해도 그 뜻에 현저히 반하는 행위를 한 경우라면 하나의 국적을 선택하도록 요구받을 수 있을 것이다(「국적법」 제14조의2제2항).

제 4 절 국적선택기간

Ⅰ. 일반적인 경우

① 만 20세가 되기 전에 복수국적자가 된 자는 만 22세가 되기 전까지, ② 만 20세가 된 후에 복수국적자가 된 자는 그 때부터 2년 내에 제13조와 제14조에 따라 하나의 국적을 선택하여야 한다(「국적법」 제12조제1항 본문).

①의 경우 언제부터 기산되는지, 즉 기산시점에 대한 명문상 규정이 없이 '만 22세가 되기 전까지'로만 되어 있어 그 시점이 문제될 수 있다. 선천적 복수국적자의 경우라면 출생 직후부터 만 22세가 되기 전까지는 언제라도 국적선택이 가능하다고 볼 수 있다.[481] 이와 달리 ②의 경우, 즉 '만 20세가 된 후에 복수국적자가 된 자'는 그 때부터 2년 이내 이므로 명문상 기산 시점은 '복수국적자가 된 때부터가 된다.

이와 같은 규정에도 불구하고 주어진 기간 이내에 국적선택을 하지 않아 그 기간이 경과된 경우에 ① 더 이상 국적선택을 할 수 없는지, ② 국적을 상실하게 되는지의 여부가 문제될 수 있다. 하지만 ①과 관련하여 위와 같은 기간이 경과한 후라도 스스로 혹은 법무부장관의 국적선택명령에 의해 국적선택을 할 수 있고 다만 이 경우 위와 같은 일반적인 경우보다 더 엄격한 방식이나 요건 등이 적용될 것이다. 또한 ②의 경우라도 국적선택기간을 경과한 경우라도 자동적으로 대한민국의 국적이 상실되는 것은 아니다. 2010년 제10차 「국적법」 개정으로 국적 자동상실 조항을 삭제하였기 때문이다. 그러므로 대한민국 국적의 자동상실이 아닌 법무부장관의 국적선택명령을 받았음에도 그 명령에 불응한 경우에야 대한민국의 국

481) 석동현, 앞의 책, 222면.

적을 상실하게 된다(「국적법」 제14조의2).

Ⅱ. 병역의무자인 경우

위와 같은 내용(제1항 본문)에도 불구하고 ① "「병역법」 제8조에 따라[482] 병역준비역에 편입된 자는 편입된 때부터 3개월 이내에 하나의 국적을 선택하거나" ② "제3항 각 호의 어느 하나에 해당하는 때부터 2년 이내에" 하나의 국적을 선택하여야 한다(「국적법」 제12조제2항 본문).

여기서 ①의 경우, 즉 '병역준비역에 편입된 자는 편입된 때부터 3개월 이내'라는 의미가 문제될 수 있는데 이와 관련하여 국적선택은 병역준비역으로 편입되기 이전뿐만 아니라 편입된 이후에도 3개월까지는 병역이행 여부와 관계없이 국적선택이 가능하다. 즉 복수국적자 남자의 경우 아래에서 살펴볼 「국적법」 제12조제3항에 따른 '직계존속(直系尊屬)이 외국에서 영주(永住)할 목적 없이 체류한 상태에서 출생한 자'를 제외하고 출생한 이후부터 만 18세가 되는 해의 3월 31일까지 병역이행의 여부와 관계없이 국적선택을 할 수 있다는 의미로 해석될 수 있다.[483]

②의 경우, 즉 "제3항 각 호의 어느 하나에 해당하는 때부터 2년 이내에"라는 표현이 갖는 의미도 문제될 수 있다. 이 경우도 그 의미는 국적 선택의 종기(終期)를 나타나는 것으로서 대한민국의 국적을 선택하려는 자는 아래 제3항의 어느 하나에 해당하는 시기 이전에도 할 수 있고 그 이후에는 2년이 지나기 전까지 국적선택을 해야 한다는 것이다. 즉, 병역의무자에 해당하는 사람이 병역준비역으로 편입된 이후에는 아래 제3항의 각 호 중 어느 하나에 해당하는 시점에 더하여 2년 이내에 국적을 선택할 수 있고 만일 이때까지에도 국적을 선택하지 않는다면 「국적법」 제14조의2에서 정한 바에 따라 법무부장관의 국적선택명령을 받게 되는 대상이 되는

482) 「병역법」[시행 2019. 10. 24] [법률 제16356호, 2019. 4. 23, 일부개정] 제8조(병역준비역 편입) 대한민국 국민인 남성은 18세부터 병역준비역에 편입된다. <개정 2011. 5. 24., 2016. 5. 29.> [전문개정 2009. 6. 9.] [제목개정 2016. 5. 29.]; 「병역법」의 개정[시행 2016. 11. 30] [법률 제14183호, 2016. 5. 29, 일부개정]으로 '제1국민역'이라고 불리던 용어가 '병역준비역'으로, '제2국민역'을 '전시근로역'으로 변경하는 등 그 의미를 알기 어려운 용어를 쉽게 바꾸어 병무행정에 대한 국민의 이해도를 높였다(제2조 등).

483) 석동현, 앞의 책, 223~224면.

것이다.[484] 「국적법」 제12조제3항은 직계존속(直系尊屬)이 외국에서 영주(永住)할 목적 없이 체류한 상태에서 출생한 자는 병역의무의 이행과 관련하여 다음의 어느 하나에 해당하는 경우에만 제14조에 따른 국적이탈신고를 할 수 있을 규정하고 있다. 이에 해당하는 경우란 구체적으로 ① 현역·상근예비역·보충역 또는 대체역으로 복무를 마치거나 마친 것으로 보게 되는 경우(제1호),[485] ② 전시근로역에 편입된 경우(제2호), ③ 병역면제처분을 받은 경우(제3호)를 말한다.

제 5 절 관련문제

I. 선천적 복수국적자가 국적선택의무기간 내에 국적 선택을 하지 않은 경우 대한민국 국적의 상실 여부 : 선천적 복수국적자의 국적선택의무와 외국국적불행사 서약

「국적법」 10차 개정(2010년 5월 4일)으로 국적선택의무 기간이 지난 사람의 한국국적 자동상실 제도가 폐지되었고, 대신 국적선택명령 제도가 도입되었다. 즉, 국적선택의무 기간이 지난 사람의 경우 곧바로 한국 국적을 상실시키지 않고 국적선택명령을 하여 1년 내에 이행하지 않으면 한국 국적이 상실되도록 규정하고 있다. 특히 국적선택을 하지 않은 남자의 경우 ① 2010년 5월 4일 당시 이미 병역의무를 해소(현역·상근예비역·보충역 또는 대체역으로 복무를 마치거나 마친 것으로 보게 되는 경우, 전시근로역에 편입된 경우, 병역면제처분을 받은 경우)하고 2년이 지났으면 2년이 지난 그 시점

484) 석동현, 앞의 책, 224면.

485) 「국적업무처리지침」 제13조의2(병역의무의 이행) 「국적법」 제12조제3항제1호에서 "복무를 마친 것으로 보게 되는 경우" 란 현역·상근예비역 또는 보충역의 복무 중 부득이한 사유로 복무기간을 채우지 못한 사람으로서 다음 각 호의 어느 하나에 해당하는 경우를 말한다.
1. 「병역법」 제62조제2항 및 제63조제1항에 따라 전시근로역에 편입된 경우
2. 「병역법」 제65조제1항제1호에 해당하여 전시근로역에 편입되었거나 병역면제 처분을 받은 경우. 단, 현역병입영 대상자는 제외한다.
3. 「병역법」 시행령 제135조제3항에 해당하여 전시근로역에 편입된 경우. 단, 현역병입영 대상자는 제외한다.
4. 군인사법 제37조제1항제1호 및 제3호에 따라 전역한 경우
5. 그 밖에 법무부장관이 제1호부터 제4호까지의 어느 하나에 상당하다고 인정하는 경우

에 한국 국적은 자동상실하게 되고, ② 2010년 5월 4일 당시 병역의무를 해소하고 아직 2년이 지나지 않았으면 한국 국적을 보유하고 있는 상태가 된다.

다시 말하면, 선천적 복수국적자는 일정한 연령에 도달할 때까지 한국 국적과 외국 국적 중 하나를 선택하여야 한다(「국적법」 제12조). 다만 남녀 모두 만 22세가 되기 전까지 한국 국적을 선택하면서 외국 국적을 포기하는 대신 외국국적불행사 서약을 할 수 있고, 남자는 만 22세가 지났더라도 현역, 보충역 등으로 병역복무를 마치면 외국국적불행사 서약을 할 수 있는 기회가 2년 동안(병역복무를 마친 날부터 2년) 추가적으로 주어진다(외국국적불행사 서약 방식에 의한 복수국적 허용). 외국국적불행사 서약은 한국 국적을 선택하면서 하는 것이므로 국적선택신고시 구비서류를 법무부에 제출해야 하며, 이때 원정출산자 자녀가 아님을 입증하는 서류도 함께 제출해야 한다.

예를 들어 올해 23세인 미국 시민권을 가진 복수국적자가 한국에서 병역의무를 이행할 경우, 즉 현역·상근예비역·보충역 또는 대체역으로 복무를 마칠 경우 복무를 마친 때부터 2년 이내에 외국국적불행사 서약 방식을 통해 복수국적을 유지할 수 있다(단, 출생 당시에 모가 자녀에게 외국 국적을 취득하게 할 목적으로 외국에서 체류 중이었던 사실이 인정되는 사람은 제외). 다시 말하면 미국에서 출생하여 선천적으로 미국 시민권과 한국 국적을 복수로 보유하게 된 사람이 국적 선택기간인 22세를 도과하였다 하여도 병역을 마치게 되면, 그때로부터 2년 이내에 관할 출입국·외국인 관서에 「외국국적불행사 서약서」를 제출하여 복수국적을 계속 유지할 수 있게 되는 것이다.

Ⅱ. 선천적 복수국적자(여성, 25세)가 국적선택의무기간이 지난 경우에도 국적이탈 신고를 할 수 있는지의 여부

원칙적으로 만 22세까지 국적선택의무 기간이지만, 그 기간이 지났더라도 국적이탈신고를 할 수 있다. 즉, 국적선택의무 기간이 지났다는 것은 국적선택명령 대상이 되는 것을 의미할 뿐이고 그 기간이 지났더라도 한국 국적을 선택하거나 관할 재외공관을 통해 국적이탈이 가능하다(단, 외국국적불행사 서약은 할 수 없음). 참고로 국적선택명령은 법무부에 공식적으로 확인·통보된 선천적 복수국적자에게 우선적

으로 실시하고 있다.[486)]

사례의 분석

1. 복수국적자 아니며 국적선택의무도 없다. 왜냐하면 외국국적 취득자는 그 취득시점에서 대한민국의 국적을 자동상실 하게 되는 단순 외국인에 불과하기 때문이다. 이러한 것은 단순히 국내에 국적상실신고를 하지 않았기에 국내의 가족관계등록부가 정리되지 않을 뿐이므로 가족관계등록부에 여전히 남아있다고 해서 대한민국의 국적이나 복수국적자의 지위를 갖는 것은 아니다.

2. 국적선택의무가 있다. 왜냐하면 출생에 의한 비록 출생신고를 하지 않았어도 여전히 선천적 복수국적자이기에 국적선택의무가 있기 때문이다. 대한민국에서 출생신고를 하지 않았기에 당연히 국내에 가족관계등록부가 작성될 수 없고 이러한 것은 국적선택이나 국적이탈신고를 하더라도 마찬가지이다. 만일 갑이 대한민국의 국적을 선택하거나 이탈하려고 할 경우 우선 출생신고를 하고 가족관계등록부가 작성된 후에 법무부장관에게 국적선택신고나 국적이탈신고를 하여야 할 것이다.[487)]

3. 대법원 가족관계등록예규 제326호에 따라 선천적 복수국적자의 경우 만 22세 이후에도 현재 대한민국의 국적 보유여부를 불문하고 출생신고를 할 수 있다.[488)]

4. (1) 만 20세가 되기 "전"에 복수국적자가 된 자란 ① 출생에 의해 복수국적을 함께 취득하게 된 때, ② 외국인이 20세가 되기 "전"에 다음과 같은 사유, 즉 (a) 한국인 부모에게 인지되고 법무부장관에게 신고한 때(제3조), (b) 대한민국에 귀화한 때, (c) 대한민국의 국적을 수반취득 한 때(제8조), (d) 국적회복허가를 받은 때(제9조) ③ 대한민국의 국적을 취득하고도 이전 국적을 포기하거나 상실하지 아니한 경우, ④ 대한민국 사람이 만 20세가 되기 전에 '해외입양' 등의 사유로 외국국적을 취득하게 된 후에 대한민국의 국적보유신고를 한 경우이다.

   (2) 만 20세가 된 "이후"에 복수국적자가 된 자란 ① 만 20세 이후에 귀화 또는 국적회복허가를 받아 대한민국의 국적을 취득하게 된 외국인으로서 제10조제2항에 따라 법무부장관에게 '외국국적불행사서약'을 한 사람 또는 ② 대한민국 사람으로서 만 20세가 된 "이후"에 외국인과의 국제결혼 등을 통해 외국의 국적을 취득하게 된 뒤 제15조제2항에 의해 법무부장관에게 대한민국 국적의 보유의사를 신고한 사람을 말한다.[489)]

5. (1) 만 20세가 되기 "전"에 복수국적이 된 사람의 경우에는 대한민국의 국적을 ① '선택'하는 경우와 ② '이탈'하는 경우로 구분하여 생각할 수 있다. ①의 경

486) 법무부·병무청, '국적 및 병역안내서'(2013.9.), 11면.
487) 법무부출입국·외국인정책본부, 『국적법 문답식 해설』, 2011, 131면.

우 (a) 남녀 모두 만 22세 전까지는 외국국적불행사 서약의 방식으로 선택하고, 그 이후에는 외국의 국적을 포기해야 만 대한민국의 국적을 선택할 수 있고, (b) 남자의 경우 만 22세 이후라도 병역의무를 이행할 경우 2년간 외국국적불행사 서약의 방식으로 선택할 수 있다(원정출산자 제외). ②의 경우 (a) 만 22세 전까지 국적을 이탈할 수 있고, (b) 남자의 경우 18세가 되는 해의 3월 31일까지는 병역이행 여부와 관계없이 국적 이탈을 할 수 있고, 그 이후에는 병역의무가 해소되어야만 국적이탈이 가능하다. 물론 원정출산자의 경우 시기와 관계없이 병역이 해소된 때에만 국적이탈이 가능하다.[490]

(2) 만 20세가 된 "이후"에 복수국적이 된 사람은 복수국적이 된 때로부터 2년 내에 국적선택을 하여야 하고(법 제12조제1항 본문) 이때 법 제10조제2항에 따라 복수국적불행사 서약을 한 복수국적자는 제외된다. 즉, 대한민국의 국적과 외국의 국적 중 나중에 취득한 국적의 '취득일'을 기준으로 하여 2년 내에 하나를 선택해야 하는 것이 된다.

한편, 국적법은 국적선택기간이 만료되기 이전까지 국적선택을 하지 않으면 1년 내에 하나의 국적을 선택할 기회를 다시 한 번 더 주고 이 기간 내에도 어느 하나의 국적을 선택하지 않을 경우 그때야 비로소 대한민국의 국적을 상실하게 된다. 물론 이 기간 내에 대한민국의 국적을 이탈한 사람은 그 때 바로 대한민국의 국적을 상실하게 된다.[491]

6. (1) 국적법 제12조제2항의 "병역법 제8조의 규정에 따라 병역준비역에 편입된 자"란 대한민국의 국적을 가진 남자로서 만 18세가 되는 해의 1월 1일 이후에 해당하는 자를 말하는데 병역법상 대한민국 국민인 남자는 만 18세가 되는 해의 1월 1일에 병역준비역으로 자동편입하게 된다.

(2) "제3항 각 호에 해당하는 때"란 ① 현역, 상근예비역 또는 보충역으로서 그 복무를 마치거나 마친 것으로 보는 때. ② 전시근로역에 편입된 때, ③ 병역면제처분을 받은 때를 말한다. 다만 만 20세가 되기 전에 여기에 해당하게 된 사람은 만 20세가 되는 날을 "그 사유가 소멸된 때"로 간주하여 그때로부터 국적선택기간(2년)을 기산하게 된다.

(3) 복수국적인 남자가 만 19세일 경우, 즉 만 20세가 되기 전에 법 제12조제3항 각 호의 어느 하나에 해당하게 된 사람은 만 20세가 된 때부터 같은 조 제2항 본문의 기간이 계산되므로 만 22세가 되기 전까지 대한민국의 국적과 외국의 국적 중 하나를 선택해야 되고, 이때까지 선택하지 않을 경우 국적선택명령의 대상이 된다.[492]

7. (1) 대한민국의 국적 선택을 위해 외국의 국적을 포기했던 사람이 그 외국의 국적을 재취득한 경우라면 대한민국국민으로서 자진하여 외국의 국적을 취득한 자에 해당하여 대한민국의 국적을 상실하게 된다(법 제15조제1항).

(2) 외국국적불행사 서약을 한 이후에 서약의 취지에 현저하게 반하는 행위를 한 경우 국적선택명령을 받고, 이때에는 6개월 내에 복수국적 중 대한민국의 국적을 이탈하거나 외국국적을 포기함으로써 하나의 국적을 선택해야 하고, 선택명령을 받은 사람이 6개월 내에 어느 하나의 국적을 선택하지 않을 경우 대한민국의 국적을 상실하게 된다.[493]

8. 이는 국적법 시행일이 2010년 5월 4일이 때문이며 이를 기준으로 대한민국 국적의 자동상실 여부가 판단된다. 즉, 국적선택 불이행을 한 (1) 여자의 경우 2010년 5월 4일 현재 1988년 5월 4일생을 포함한 그 '이전' 출생자는 이전 국적법의 적용을 받으므로 대한민국의 국적이 '상실'되고, 1988년 5월 5일생을 포함한 그 '이후' 출생자는 '상실되지 않는다.' (2) 남자의 경우 2010년 5월 4일 현재 병역해소일로부터 2년이 '지난' 경우라면 병역을 해소한 날로부터 2년이 되는 때에 대한민국의 국적이 '상실'되고, '지나지 않은' 경우라면 '상실되지 않는다.'

9. (1) 복수국적자가 외국에 있는 경우에만 재외공관을 통해 국적이탈 신고를 할 수 있고, 신고를 수리한 때 효력이 발생한다. 유의해야 할 것은 국적이탈 신고시 여자는 별다른 제한이 없으나 남자의 경우 병역복무에 따른 제한이 있다. 즉, 병역법 제8조에 따라 병역준비에 편입된 남자는 편입된 때로부터 3월 이내에는 병역여부와 관계없이 국적이탈을 할 수 있지만 그 이후에는 제12조제3항 각 호(현역, 상근예비역 또는 보충역으로 마치거나 마친 것으로 보는 때, 병역면제처분을 받은 때, 전시근로역에 편입된 때)의 어느 하나에 해당되는 경우에만 국적이탈 신고가 가능하다.

(2) 국적이탈 신고를 하여 대한민국의 국적을 포기했던 사람도 후에 국적회복 허가를 받으면 다시 취득할 수 있다.[494]

(3) 국적회복을 하더라도 원칙적으로 복수국적이 허용되지 않으므로 국적회복 허가일로부터 1년 내에 외국국적을 포기하여야 한다. 다만 대한민국에 특별 공로가 있거나, 우수 외국인재로 인정되거나, 그리고 외국에서 계속 거주하다가 고령(65세)이 되어 영주귀국하면서 국적 회복을 하는 경우 예외적으로 복수국적이 허용되며 이때 외국국적불행사 서약을 할 경우 외국국적을 포기하지 않아도 된다. 하지만 이 경우에도 선천적 복수국적자가 병역 기피의 목적으로 대한민국의 국적을 이탈한 것으로 인정될 때라면 국적회복이 허가되지 않을 수 있다.[495]

10. (1) 국적법 제12조제3항에서의 "직계존속이 외국에서 영주할 목적 없이 체류한 상태에서 출생한 자"("갑")의 의미는 외국에서 출생한 사람 중 다음의 경우, 즉 ① 외국에서 출생한 남자로서 출생 이후 부 또는 모가 외국의 영주권 또는 시민권을 취득한 사람, ② 부 또는 모가 외국에서 체류하다가 외국의 영

주권 또는 시민권을 신청한 상태에서 출생한 남자, ③ 외국에서 출생한 남자로서 출생 이후 부 또는 모가 외국의 영주권 또는 시민권을 신청한 사람, ④ 외국에서 출생한 남자로서 국적이탈 신고 전 까지 부 또는 모가 외국에서 17년 이상 계속하여 거주한 사람에 해당되지 않는 사람을 말한다(국적법 시행규칙 제10조의2).

(2) 갑은 병역준비역 편입 이전에 국적이탈을 할 수 없고 병역의무를 이행 또는 면제받거나 전시근로역에 편입되는 때에 한하여 국적이탈신고를 할 수 있다.

(3) 이 경우 직계존속이 외국에서 영주할 목적 없이 체류하였는지 여부에 대한 판단권한은 법무부장관에게 있다.[496)]

---

488) 대법원 가족관계등록예규 제326호(2010. 8. 18. 결재) 출생에 의한 복수국적자에 대한 출생신고에 관한 사무처리지침 제정예규

1. 주요내용

○ 남자의 경우 2010년 5월 4일 이전에 이미 병역의무를 해소한 날로부터 2년이 경과한 자(즉, 만 42세 되는 해의 12월 31일이 경과한 자)는 종전「국적법」제12조제2항에 의하여 국적이 상실된 자에 해당하여, 이 경우「가족관계의 등록 등에 관한 법률」제51조의 취지를 유추하여 출생신고가 가능하도록 함과 동시에「국적법」제16조제2항에 따라 법무부장관에게 국적상실자를 발견한 사실을 통보하도록 하고, 후에「국적법」제16조제3항에 따른 법무부장관의 국적상실통보에 의하여 그 자의 등록부를 폐쇄하도록 함.

○ 남자의 경우 2010년 5월 4일 이후에 병역의무를 해소한 날로부터 2년이 경과할 자(즉, 5월 4일 이전에 만 42세 되는 해의 12월 31일이 경과하지 않은 자)는 개정된「국적법」에 의해 우리나라 국적을 보유하고 있는 자에 해당하므로 출생신고를 수리함과 동시에 지체없이 법무부장관에게 복수국적자를 발견한 사실을 통보하도록 하고, 후에「국적법」제14조의2제1항에 따른 국적선택명령을 받고도 이를 따르지 아니하여 동조제4항에 따라 대한민국 국적을 상실한 경우「국적법」제16조제3항에 따른 법무부장관의 국적상실통보에 의하여 그 자의 등록부를 폐쇄하도록 함.

○ 여자의 경우 2010년 5월 4일 이전에 이미 만 22세가 경과한 자(즉, 2010년 5월 4일 현재 1988년 5월 4일생을 포함한 그 이전 출생자)는 종전「국적법」제12조제2항에 의하여 국적이 상실된 자에 해당하여, 이 경우「가족관계의 등록 등에 관한 법률」제51조의 취지를 유추하여 출생신고가 가능하도록 함과 동시에「국적법」제16조제2항에 따라 법무부장관에게 국적상실자를 발견한 사실을 통보하도록 하고, 후에「국적법」제16조제3항에 따른 법무부장관의 국적상실통보에 의하여 그 자의 등록부를 폐쇄하도록 함.

○ 여자의 경우 2010년 5월 4일 이전에 만 22세가 경과하지 않은 자(즉, 2010년 5월 4일 현재 1988년 5월 5일생을 포함한 그 이후 출생자)는 개정된「국적법」에 의해 우리나라 국적을 보유하고 있는 자에 해당하므로 출생신고를 수리함과 동시에 지체없이 법무부장관에게 복수국적자를 발견한 사실을 통보하도록 하고, 후에「국적법」제14조의2제1항에 따른 국적선택명령을 받고도 이를 따르지 아니하여 동조제4항에 따라 대한민국 국적을 상실한 경우「국적법」제16조제3항에 따른 법무부장관의 국적상실통보에 의하여 그 자의 등록부를 폐쇄하도록 함.

489) 법무부출입국·외국인정책본부, 『국적법 문답식 해설』, 2011, 133, 135면.
490) 위의 책, 134면.
491) 위의 책, 136면.
492) 위의 책, 138면.
493) 위의 책, 143면.
494) 위의 책, 145면.
495) 위의 책, 151면.
496) 위의 책, 145면.

제 11 장 대한민국 국적의 선택

제11장에서는 대한민국 국적의 선택 절차에 대해서 알아본다. 본 장에서 살펴볼 내용은 국적법상의 규정, 대상{① 대한민국의 국적을 선택하고 외국의 국적을 포기하는 경우와 ② 대한민국의 국적을 선택하고 외국국적불행사 서약을 하는 경우, 특히 모가 임신 후 자녀에게 외국 국적 취득의 목적으로 출국하여 외국에서 체류 중 출생한 자("원정출산자")의 경우}, 절차 및 구비서류, 대한민국의 국적을 선택할 수 있는 기간(① 국적 선택기간이 경과한 이후에 대한민국 국적을 선택하는 경우와 ② 외국 국적 포기절차가 종료되지 않은 경우) 등이다.

【제13조】 (대한민국 국적의 선택 절차)

① 복수국적자로서 제12조제1항 본문에 규정된 기간 내에 대한민국 국적을 선택하려는 자는 외국 국적을 포기하거나 법무부장관이 정하는 바에 따라 대한민국에서 외국 국적을 행사하지 아니하겠다는 뜻을 서약하고 법무부장관에게 대한민국 국적을 선택한다는 뜻을 신고할 수 있다. <개정 2010. 5.>

② 복수국적자로서 제12조제1항 본문에 규정된 기간 후에 대한민국 국적을 선택하려는 자는 외국 국적을 포기한 경우에만 법무부장관에게 대한민국 국적을 선택한다는 뜻을 신고할 수 있다. 다만, 제12조제3항제1호의 경우에 해당하는 자는 그 경우에 해당하는 때부터 2년 이내에는 제1항에서 정한 방식으로 대한민국 국적을 선택한다는 뜻을 신고할 수 있다. <신설 2010. 5. 4.>

③ 제1항 및 제2항 단서에도 불구하고 출생 당시에 모가 자녀에게 외국 국적을 취득하게 할 목적으로 외국에서 체류 중이었던 사실이 인정되는 자는 외국 국적을 포기한 경우에만 대한민국 국적을 선택한다는 뜻을 신고할 수 있다. <신설 2010. 5. 4.>

④ 제1항부터 제3항까지의 규정에 따른 신고의 수리(受理) 요건, 신고 절차, 그 밖에 필요한 사항은 대통령령으로 정한다. <개정 2010. 5. 4.> [전문개정 2008. 3. 14.]

제 1 절 국적법상의 규정

「국적법」 제13조는 복수국적자가 「국적법」 제12조제1항 본문에 규정된 기간 내에 대한민국 국적을 선택하려는 자는 외국 국적을 포기하거나 대한민국에서 외국 국적을 행사하지 아니하겠다는 뜻을 서약하고 법무부장관에게 대한민국 국적을 선택한다는 뜻을 신고할 수 있음을 규정하고 있다.

제2절 대 상

대한민국의 국적을 선택할 수 있는 대상은 아래와 같이 ① 대한민국의 국적을 선택하고 외국의 국적을 포기하는 경우와 ② 대한민국의 국적을 선택하고 외국국적불행사 서약을 하는 경우로 구분하여 설명할 수 있다.

Ⅰ. 대한민국의 국적을 선택하고 외국의 국적을 포기하는 경우

이 경우 ① 출생 당시부터 다음 기간까지가 대한민국 국적을 선택할 수 있다. 즉, ㉠ 여자는 만 22세가 되기 전까지 ㉡ 남자는 병역의무 해소(병역면제, 전시근로역 등 편입 포함) 후 2년 이내까지, ② 국적선택의무 기간을 도과한 경우라면 국적선택 명령을 받을 수 있고 비록 기간이 도과하였다고 해도 국적선택신고(외국 국적포기) 또는 국적이탈 신고를 할 수 있다. 다만 이 경우 외국국적불행사 서약을 할 수 없어 복수국적을 유지할 수 없다.[497)]

Ⅱ. 대한민국의 국적을 선택하고 외국국적불행사 서약을 하는 경우[498)]

1. 일반적인 경우

복수국적자는 일반적으로 ① 남녀 모두 만 22세가 되기 전까지 대한민국의 국적을 선택하면서 외국 국적을 포기하는 대신 외국국적불행사 서약을 할 수 있다. ② 다만 남자는 만 22세가 도과되었어도 현역, 보충역 등으로 병역복무를 마치게 되면

497) 법무부 출입국·외국인정책본부, 『2014국적실무편람』(2014.6.), 185면.

498) 구체적인 외국국적불행사의 법적 성격, 대상, 서약방식 및 기간, 구비서류 등과 관련해서는 '국적취득자의 외국국적 포기의무' 부분을 참조.

외국국적불행사 서약을 할 수 있는 기회가 2년 간(병역복무를 마친 날부터 2년 이내) 추가적으로 주어진다.[499]

2. 모가 임신 후 자녀의 외국국적 취득을 목적으로 출국하여 외국에서 체류 중 출생한 자(원정출산자)의 경우

2.1. 의 의

하지만 위의 경우에 해당하더라도 원정출산 자녀인 경우 외국국적불행사 서약은 할 수 없고, 국적이탈 또한 제한된다. 국적선택과 관련하여 「국적법」 '제13조제1항 및 제2항 단서에도 불구하고 출생 당시에 모가 자녀에게 외국 국적을 취득하게 할 목적으로 외국에서 체류 중이었던 사실이 인정되는 자 즉, 소위 '원정출산자'의 경우가 문제될 수 있다. 여기서 "출생 당시에 모가 자녀에게 외국 국적을 취득하게 할 목적으로 외국에서 체류 중이었던 사실이 인정되는 자"란 국내에 생활기반을 두고 있는 어머니가 임신한 후 자녀의 외국 국적 취득을 목적으로 출국하여 외국에서 체류하는 동안 출생한 사람을 말한다(「국적법시행령」 제17조제3항 본문).

원정출산자는 ① 광의로 직계존속이 외국에서 영주할 목적없이 체류한 상태에서 출생한 경우(광의의 원정출산자, 국적법 제12조제3항, 2005년 개정, 일명 홍준표법)와 ② 출생당시 모가 자녀에게 외국국적을 취득하게 할 목적으로 외국에서 체류한 경우(협의의 원정출산자, 국적법 제13조제3항, 2010년 제10차 개정)로 구분할 수 있다.

원정출산자의 구분 및 국적이탈의 제한[500]

광의의 원정출산자	협의의 원정출산자
o 직계존속이 외국에서 영주할 목적 없이 체류한 상태에서 출생한 경우 (국적법 제12조제3항, 2005년 제7차 개정, 일명 홍준표법)	o 출생당시 모가 자녀에게 외국국적을 취득하게 할 목적으로 외국에서 체류한 경우 (국적법 제13조제3항, 2010년 제10차 개정)
o 18세 3월말 전에도 병역의무 해소시까지 국적이탈 불허	o 18세 3월말 전에도 병역의무 해소시까지 국적이탈 불허

499) 법무부 출입국·외국인정책본부, 『2014국적실무편람』 (2014.6.), 185면.
500) 이연우, 앞의 자료(2021.7.), 51면.

ㅇ 병역의무와 무관한 경우 외국국적불행사 서약을 통한 복수국적 보유가능	ㅇ 외국국적불행사 서약을 통한 복수국적 보유불가, 하나의 국적만 선택 가능

이러한 협의의 원정출산자는 규정의 문언상 대한민국 국내에 생활기반을 갖고 있는 모가 임신한 후 그 자녀에게 외국 국적을 취득하게 할 목적을 갖고 외국으로 출국하여 체류하는 동안에 출생한 자가 해당되므로 모가 임신하기 전에 출국하여 출생한 자녀는 모의 출국 목적을 불문하고 협의의 원정출산이 아니라는 의미를 갖는다.

2.2. 판단시점

현실적으로 국내에 생활기반을 두고 있는 어머니가 임신한 후 자녀의 외국 국적 취득을 목적으로 출국하여 외국에서 체류하는 동안 출생한 사람("원정출산자")인지의 여부를 판단하는 시점이 문제될 수 있다. 그 시점, 즉 원정출산자의 판단여부와 그 시점은 복수국적자가 대한민국의 국적을 선택하겠다는 의사로 국적선택신고서와 외국국적불행사 서약서를 제출한 때라고 볼 수 있는데 위에서 규정한 선택기간 내에 외국국적불행사 서약서를 작성 제출하면서 대한민국 국적을 선택하겠다는 신고서를 제출한 때 이 제출된 신고서의 수리여부를 판단하기 위해서는 신청자가 원정출산자에 해당한지의 여부를 먼저 검토해야 할 것이다.[501)]

2.3. 법령상의 규정

(1) 원 칙

이러한 원정출산자에 대해 「국적법」은 반드시 그 외국 국적을 포기한 경우에만 대한민국 국적을 선택한다는 뜻을 신고할 수 있음을 규정하고 있다(「국적법」 제13조 제3항).

(2) 예 외

하지만 다음과 같은 일정한 경우에는 예외적으로 '원정출산자'로 보지 않아 위

501) 석동현, 앞의 책, 227면.

규정이 적용되지 않는다(「국적법시행령」 제17조제3항 단서). 이에 해당하는 일정한 경우란 부 또는 모가 ① 자녀의 출생 전후를 합산하여 2년 이상 계속하여 외국에서 체류한 경우(제1호), ② 자녀의 출생 전후에 외국의 영주권 또는 국적을 취득한 경우(제2호), ③ 자녀의 출생 당시 유학, 공무파견, 국외주재, 취업 등 사회통념상 상당한 사유로 법무부장관이 정하는 기간 동안 외국에서 체류한 경우(제3호)를 말한다.

여기서 ①의 "2년 이상 계속하여 외국에서 체류한 경우"의 체류 기간을 계산함에 있어 1년 간 국내에서 체류한 총 일수가 30일 이상 90일 미만인 경우는 그 일수를 공제하고 90일 이상인 경우는 계속하여 외국에 체류한 것으로 보지 아니한다.[502] 또한 ③의 "자녀의 출생 당시 유학, 공무파견, 국외주재, 취업 등 사회통념상 상당한 사유로 법무부장관이 정하는 기간 동안 외국에서 체류한 경우"라 함은 구체적으로 ㉠ 외국의 정규대학에 입학하여 자녀의 출생을 전후하여 6개월 이상 수학한 사람(그 밖에 교육기관에서의 어학연수 등은 1년 이상 수학), ㉡ 국내의 기업이나 단체에 1년 이상 재직한 자로서 그 기업이나 단체의 외국에 소재한 지사 등에 파견(전근)명령을 받아 자녀의 출생을 전후하여 6개월 이상 근무한 사람, ㉢ 「국가공무원법」 및 「지방공무원법」에 따른 공무원으로서 외국에 공무상 파견명령을 받아 자녀의 출생을 전후하여 6개월 이상 근무한 사람, ㉣ 외국에 소재한 기업이나 단체에 고용되어 자녀의 출생을 전후하여 1년 이상 근무한 사실이 있는 사람(외국에서 1년 이상 자영업을 영위한 사실이 있는 사람 포함) 가운데 어느 하나에 해당하는 경우를 말한다.[503]

제 3 절 절차 및 구비서류

이러한 신고는 아래와 같은 일정한 서식(국적선택신고서나 외국국적불행사 서약서)을 통해 대한민국 국내(출입국·외국인청(사무소·출장소)) 또는 국외(신청자 관할 재외공관)에서 할 수 있다.

구비서류는 구체적으로 ① 국적선택신고서(3.5cm×4.5cm칼라사진 1장 부착, 연락처 2곳

502) 「국적업무처리지침」 제14조의2(원정출산 제외기준) 제1항.
503) 「국적업무처리지침」 제14조의2(원정출산 제외기준) 제2항.

이상 기재, 만 15세 이상은 본인의 자필 서명필요), ② 본인임을 증명하는 서류(외국인등록증 원본· 앞뒤 사본 또는 주민등록증 등), ③ 복수국적자 입증서류: 신고인의 외국정부 발행 출생증명서 원본과 사본 1부(일본의 경우 호적등본 제출, 출생증명서 상 부 또는 모의 국적, 성명이 가족관계등록부와 다른 경우 경위서 첨부), 외국여권 사본 1부(외국국적 포기 전 미리 준비, 여권원본 소지자는 원본 지참 필요), 최근 3개월 이내 발급된 본인의 기본증명서와 가족관계증명서, 부모의 기본증명서(부모의 기본증명서가 발급이 되지 않는 경우 국적상실 또는 사망이 기재된 제적등본 첨부), ④ 병역관련 증명서류(병역증명서 또는 병역사항이 기재된 주민등록초본, 최근 3개월이내 발급된 것으로서 해당자만), ⑤ 자국대사관에서 발행한 외국국적포기(상실)증명서 원본 또는 '외국국적불행사 서약(복수국적유지) 관련 서류(외국국적불행사 서약자는 외국국적불행사 서약서와 원정출산자가 아님을 입증하는 서류 첨부하되 서약서에 3.5cm×4.5cm 칼라사진 1장 부착), ⑥ 최근 3개월 이내 발급된 주민등록등본 1통(주민등록 등재자인 경우), ⑦ 선택신고자의 외국여권(여행증명서)과 가족관계등록부상 인적사항이 다를 경우 그 부·모가 작성한 동일인 확인서와 부모의 신분증 사본 제출, 외국 출생증명서상 부 또는 모의 국적, 성명 등이 가족관계등록부와 다를 경우 그 경위서 제출, ⑧ 부 또는 모 대리시 추가 서류(만 15세 미만 : 부 또는 모의 신분증 사본), ⑨ 가족관계등록부 작성에 필요한 서류(일반귀화 부분 참조) 등이다.[504)]

이와 관련하여 기본증명서, 가족관계증명서 등 가족관계등록부에 관한 증명서 발급 시에는 상세내용이 기재 되어있는 상세증명서로 발급받아야 한다. 또한 외국어로 작성된 문서는 번역문과 번역자 확인서를 같이 제출해야 한다. 신청자의 자격과 관련하여 만 14세까지는 법정 대리인인 부나 모가 신고하여야 하고, 만 15세 이상은 본인이 신고해야 한다.[505)]

특히 외국국적불행사 서약 대상자인 경우 ① 모가 외국에 생활기반을 두고 출국 후 임신한 경우는 출생증명서(기본서류에 포함) 등을 ② 원전출산이 아님을 입증하는 서류와 관련해서는 2년 외국에 체류한 사실, 영주권 또는 국적을 취득한 사실, 외국의 정규대학에서 6개월 이상(그 밖의 교육기관에서 어학연수 등은 학위증, 수료증, 성적증명서, 수업료납입증명서 등 1년 이상) 유학한 사실, 6개월 이상 해외주재 근무한 사실(파견

504) 1345 자료(2020년 2월 20일).

505) 법무부 출입국·외국인정책본부, 『2014국적실무편람』(2014.6), 186면; 1345자료(2020년 2월 20일)

명령서, 국내 본사의 재직증명서, 해외 지사 또는 연락사무소 설치허가서 사본, 외국에서의 연간 납세사실증명서 등), 1년 이상 해외에서 취업(자영업을 영위)한 사실(재직증명서, 국내의 법인 등기부 또는 사업자등록증)에 해당하는 서류, 연간 납세사실 증명서 등을 추가로 제출해야 할 것이다.[506)]

제4절 대한민국의 국적을 선택할 수 있는 기간

Ⅰ. 원 칙

복수국적자로서 「국적법」 제12조제1항 본문에 규정된 기간 내에 대한민국 국적을 선택하려는 사람은 외국 국적을 포기하거나 법무부장관이 정하는 바에 따라 대한민국에서 외국 국적을 행사하지 아니하겠다는 뜻을 서약하고 법무부장관에게 대한민국 국적을 선택한다는 뜻을 신고하면 된다(「국적법」 제13조제1항).

Ⅱ. 국적 선택기간이 경과한 이후에 대한민국 국적을 선택하는 경우

문제는 위와 같은 대한민국의 국적을 선택할 수 있는 기간이 경과한 이후에 대한민국 국적을 선택하는 경우이다. 이에 대해 「국적법」은 복수국적자로서 제12조제1항 본문에 규정된 기간 후에 대한민국 국적을 선택하려는 자는 외국 국적을 포기한 경우에만 법무부장관에게 대한민국 국적을 선택한다는 뜻을 신고할 수 있다고 규정함으로써 외국국적불행서 서약은 허용되지 않고 외국의 국적을 반드시 포기해야 만 한다(「국적법」 제13조제2항 본문).

하지만 「국적법」 제12조제3항제1호의 경우에 해당하는 자(현역·상근예비역·보충역 또는 대체역으로 복무를 마치거나 마친 것으로 보게 되는 경우)는 그 경우에 해당하는 때부터 2년 이내에는 위의 「국적법」 제13조제1항에서 정한 방식으로 대한민국 국적을 선택한다는 뜻을 신고할 수 있다(「국적법」 제13조제2항 단서).

506) 법무부 출입국·외국인정책본부, 위의 책, 187면.

제 5 절 문제되는 경우

Ⅰ. 복수국적자가 국적을 선택하지 않은 경우

복수국적자가 국적을 선택하지 않은 경우, 즉 국적선택 불이행시의 효과가 문제된다. 이때 국적을 선택하지 않은 경우란 대한민국의 국적을 선택하지도 않고 이탈하지도 않은 채 국적을 선택할 수 있는 기간이 경과된 경우를 말한다.[507)]

이에 대해 「국적법」은 법무부장관으로부터 국적선택의 명령을 받게 되고 이러한 명령을 받고도 1년 이내에 대한민국의 국적을 선택하지 않으면 이 기간이 경과하는 때에 이르러서야 대한민국의 국적을 상실하게 됨을 규정하고 있다(국적법 제14조의2 제4항). 이러한 내용은 국적을 선택하지 않은 사람의 경우 법무부장관으로부터 국적선택의 명령을 받아야 하므로 문언상으로는 적어도 국적선택의 명령을 받기 이전까지는 합법적으로 복수의 국적을 계속 유지할 수 있다는 의미를 갖는다.

Ⅱ. 외국 국적 포기절차가 종료되지 않은 경우

외국 국적 포기 신청은 하였으나 그 포기절차가 종료되지 않고 처리 중이라는 내용을 담은 증명서로는 원칙적으로 국적선택신고를 할 수 없다.[508)]

---

507) 석동현, 앞의 책, 233면.

508) 법무부 출입국·외국인정책본부, 『2014 국적실무편람』(2014.6.), 188면.

제 12 장 대한민국 국적의 이탈

제12장에서는 대한민국 국적의 이탈에 대해서 알아본다. 여기에서는 주로 국적법상의 규정, 국적상실과의 구별, 요건, 국적이탈 신고 기간(남자의 경우, 여자의 경우), 직계존속(直系尊屬)이 외국에서 영주(永住)할 목적 없이 체류한 상태에서 출생한 자, 국적이탈신고의 절차 및 구비서류, 효력(국적이탈신고를 한 경우와 국적이탈신고를 하지 않은 경우), 관련문제로서 출생신고 미필자의 경우와 국적이탈에 의한 국적상실 시점에 대해 살펴보기로 한다. 본 장에서의 내용들은 실제로 실무상 자주 다루어진다는 점에서 상세히 숙지하여야 할 것이다.

사례의 연습

[사실관계]

원고 "갑"(남자, 원고가 미성년자이므로 법정대리인 친권자 부모)은 미국 네바다주의 한 병원에서 태어나 대한민국의 국적과 미국 시민권을 취득하였다. 갑의 부모를 포함한 가족은 2015년 10월 17일부터 주로 미국에서 거주하였고, 2018년 3월 16일 국적이탈 허가를 신청하면서 출생 당시 부모의 외국체류 사유 항목에는 "유학"을, 병역이행 여부 항목에서는 "미이행"이라고 각각 표시하였다.

이에 대해 피고(법무부장관)은 2018년 6월 4일 동 국적이탈 신고에 내용을 심사한 결과 국적법 제12조제3항이 정한 요건 미충족을 이유로 반려결정(이하 "처분")을 내리고 2018년 6월 15일 원고에게 도달하였다. 이에 대해 원고는

(1) 피고가 국적법 시행령 제18조의2, 국적법 시행규칙 제10조의2를 근거로 하여 '원고의 부모가 영주권, 시민권을 신청하거나 외국에서 17년 이상 계속하여 거주한 사실을 증명할 서류가 제출하지 않았다"는 이유로 처분을 하였는바 원고의 신청에 대한 구비서류 미비시 행정절차법 제17조제5항, 제40조제3항에 따라 곧바로 상당한 기간을 정해 원고에게 보완요구를 하지 않았고 이는 행정절차법을 위반 하여 위법하므로 취소되어야 하고,

(2) 이 사건 처분의 적법여부는 국적법 제12조제3항에 규정된 "직계존속이 외국에서 영주할 목적이 체류한 상태에서 출생한 자"에 해당하는지에 따라 직접 실질적으로 판단되어야 한다. 원고의 부모는 실제로 원고의 출생 당시 미국에 영주할 목

적이 있었고 다만 부가 학업을 마친 후 중국에 취업하면서 일시적으로 생활 터전을 이전했고 이는 출생 후의 사유에 불과하다. 그러므로 원고의 출생 당시 원고의 부모가 외국에 영주할 목적이 없었다고 본 이 사건 처분사유는 존재하지 않는다고 주장하였다.

이러한 원고의 주장은 이유가 있는 것으로 보아 받아들여져야 하는가?

[쟁 점]

1. 국적법 제12조제3항의 입법취지
   - o 목적의 정당성, 수단의 적정성, 최소성, 균형성, 과잉금지원칙 위배여부
2. 본 사건 처분의 적법성 여부
   - (1) 행정절차법 위반 여부
     - o 행정절차법 제17조제5항, 제6항, 제40조제3항, 제4항에 규정된 '보완대상이 되는 흠'이 갖는 의미
   - (2) 원고의 부모가 외국에서 영주할 목적 없이 체류했는지의 여부
     - o 국적이탈의 요건인 국적법 제12조제3항 및 국적법 시행령 제16조의2의 "직계존속이 외국에서 영주할 목적"의 판단 기준
     - o 영주할 목적 없이 체류한 상태"이었는지 여부의 기준이 되는 판단 시기

[관계 법령]

- o 국적법 제12조(복수국적자의 국적선택의무) 제3항
- o 국적법 제14조(대한민국 국적의 이탈 요건 및 절차)

[관련 판례]

- o 대법원 1996. 10. 25. 선고 95누14244 판결
- o 대법원 2004. 10. 15. 선고 2003두6573 판결
- o 서울행정법원 2019. 5. 3. 선고 2018구합77579 판결
- o 서울고등법원 2019. 10. 23. 선고 2019누45656 판결

제 1 절 개 요

I. 국적법상의 규정

【제14조】(대한민국 국적의 이탈 요건 및 절차)
① 복수국적자로서 외국 국적을 선택하려는 자는 외국에 주소가 있는 경우에만 주소지 관할 재외공관의 장을 거쳐 법무부장관에게 대한민국 국적을 이탈한다는 뜻을 신고할 수 있다. 다만, 제12조제2항 본문 또는 같은 조 제3항에 해당하는 자는 그 기간 이내에 또는 해당 사유가 발생한 때부터만 신고할 수 있다.
② 제1항에 따라 국적 이탈의 신고를 한 자는 법무부장관이 신고를 수리한 때에 대한민국 국적을 상실한다.
③ 제1항에 따른 신고 및 수리의 요건, 절차와 그 밖에 필요한 사항은 대통령령으로 정한다.

1. 개 요

「국적법」 제14조는 대한민국 국적의 이탈 요건 및 절차에 대해 규정하고 있다. 즉 우리나라는 국적이탈과 관련하여 ① 단일국적자와 국내에 주소를 두고 있는 복수국적자에 대한 제한과 ② 병역의무에 의한 국적이탈의 제한을 두고 있다(국적법 제12조). 즉, 단일국적자의 경우에는 국적을 이탈하지 못하도록 함으로써 무국적 방지에 충실하다고 할 수 있고[509] 외국에 주소를 두고 있지 않은 자에 대한 국적이탈도 허용하지 않고 있다.

유의할 것은 복수국적을 갖고 있는 사람이 외국의 국적을 선택하려는 경우, 즉 대한민국의 국적을 포기하려는 경우를 대한민국 국적의 '이탈'이라는 용어를 사용하고 있다는 점이다.

이러한 국적이탈과 관련하여 특히 복수국적자에게 국적선택의 시기나 제한을 두는 것이 헌법을 위반하는 것은 아닌지의 여부가 문제될 수 있지만 헌법재판소는 이에 대해 국적이탈의 자유, 평등권을 침해하는 것은 아니라고 결정한 바 있다.[510]

---

509) 이와 같이 무국적가 되는 것을 허용하지 않는다는 면에서 이러한 국적포기를 용인하는 미국과 구별된다(이철우 외, 앞의 책, 303면).

510) 헌법재판소 결정 2005헌마739(2006.11.30.) 전원재판부(국적법 제12조제1항 등 위헌확인)

가. 「국적법」 제12조제1항 단서 및 그에 관한 제14조제1항 단서는 이중국적자라 하더라도 대한민국 국민인 이상 병역의무를 이행하여야 한다는 것을 원칙적인 전제로 하여, 이중국적자로서 구체적인 병역의무 발생(전시준비역 편입) 시부터 일정기간(3월) 내에 한국 국적을 이탈함으로써 한국의 병역의무를 면하는 것은 허용하되, 위 기간 내에 국적이탈을 하지 않은 이중국적자는 병역문제를 해소하지 않는 한 한국 국적을 이탈하지 못하게 함으로써 국적선택제도를 통하여 병역의무를 면탈하지 못하게 하려는 데에 그 입법취지가 있다.

나. 현행 법제상 한국 국적의 이탈로 인한 불이익·불편이 병역면탈 의도의 국적이탈을 저지할 만큼 심각하지 않아서 위 조항들과 같은 규제가 없다면 국적선택제도를 이용한 병역 면탈이 보다 용이하게 되어, 첫째, 병역자원의 일정한 손실을 초래하고, 둘째, 이중국적자가 생활의 근거를 한국에 두면서 한국인으로서 누릴 각종 혜택을 누리다가 정작 국민으로서 의무를 다해야 할 때에는 한국 국적을 버리는 기회주의적 행태가 허용되는 결과가 되어 병역부담평등의 원칙이 심각하게 훼손된다.

다. 위 조항들에 의하더라도 국적선택의 자유가 완전히 박탈되는 것이 아니라 부분적인 제한을 받을 뿐이다. 18세가 되어 전시준비역에 편입된 때부터 3월이 지나기 전이라면 자유롭게 국적을 이탈할 수 있고, 그 이후부터 입영의무 등이 해소되는 시점(36세)까지만 국적이탈이 금지되므로 일정한 시기적인 제약을 받을 뿐이며, 전시준비역에 편입된 때부터 3월이 지났더라도 병역의무를 이행하거나 면제받는 등으로 병역문제를 해소한 때에는 역시 자유롭게 국적을 이탈할 수 있다.

라. 주된 생활의 근거를 외국에 두고 있는 이중국적자들의 경우 적극적으로 국적이탈을 함으로써 병역의무를 조기에 해소할 수도 있고, 관련 「병역법」 규정에 따라 소극적인 방법으로 병역의 문제를 자연스럽게 해결할 수도 있어서, 이들에 대하여 국적선택제한조항의 적용을 명시적으로 배제하는 규정을 두지 않았다 하더라도 그 점만으로 이들의 국적이탈의 자유를 침해하는 것이라 할 수 없다.

<u>헌법재판소 결정, 2013헌마805, 2014헌마788(병합)(2015.11.26.) (국적법 제12조제2항 위헌확인 등)</u>

1. 복수국적자가 대한민국 국민의 병역의무나 국적선택제도에 관하여 아무런 귀책사유 없이 알지 못하는 경우란 상정하기 어려운 점, 귀책사유 없이 국적선택기간을 알지 못하는 외국 거주 복수국적자라면 그가 생활영역에서 외국의 국적과 대한민국 국적을 함께 가지고 있다는 사실이 그의 법적 지위에 별다른 영향을 미치지 않을 것인 점, 이 사건 법률조항들이 「병역법」 제2조, 제8조를 아울러 살펴보아야 전시준비역에 편입되는 시기를 알 수 있도록 하고 있다는 것만으로 불완전한 입법이라거나, 수범자가 이를 알 것이라고 기대하기 어렵다고 할 수 없는 점, 이 사건 법률조항들이 민법상 성년에 이르지 못한 복수국적자로 하여금 18세가 되는 해의 3월 31일까지 국적을 선택하도록 하고 있다는 것만으로 현저하게 불합리하다거나 국적이탈의 자유를 과도하게 제한하고 있다고 보기 어려운 점 등을 고려하여, 이 사건 법률조항들이 복수국적자의 국적이탈의 자유를 침해하지 않는다는 선례의 견해를 그대로 유지하기로 한다.
2. 이 사건 법률조항들은 복수국적자인 남성과 여성을 달리 취급하고 있으나, 대한민국 국민인 남성은 헌법과 「병역법」이 정하는 바에 따라 병역의무를 수행하여야 하고, 이 사건 법률조항들은 복수국적자인 남성이 복수국적을 이용하여 병역의무를 면탈하려는 것을 방지하기 위하여 구체적인 병역의무가 발생하는 전시준비역에 편입된 때를 기준으로 3개월 이내에만 병역의무의 해소 없이 대한민국 국적을 이탈할 수 있도록 한 것이므로, 차별에 합리적인 이유가 있고, 따라서 평등권을 침해하지 않는다.

Ⅱ. 입 법 례

1948년 세계인권선언 제15조(The Universal Declaration of Human Rights, UDHR, Article 15(1))에서는 누구든지 국적에 대한 권리(the right to a nationality)를 가지며 어떤 사람도

재판관 박한철, 재판관 이정미, 재판관 김이수, 재판관 안창호의 반대의견
주된 생활 근거를 외국에 두고 있고, 대한민국 국민의 권리를 향유한 바도 없으며, 대한민국에 대한 진정한 유대 또는 귀속감이 없이 단지 혈통주의에 따라 대한민국의 국적을 취득하였을 뿐인 복수국적자가 자신에게 책임을 돌릴 수 없는 사유 등으로 이 사건 법률조항들에서 정한 기간 내에 대한민국 국적을 이탈하지 못한 경우에도 병역의무를 해소하지 않고서는 자신의 주된 생활 근거가 되는 국가의 국적을 선택할 수 없게 된다.
복수국적자인 남성에 대하여 국적선택절차에 관한 개별적 관리·통지를 하고 있지 않는 현실에서 위와 같은 복수국적자는 자신이 대한민국 국민으로서 병역의무를 이행하여야 하고, 이를 면하기 위해서는 제한된 기한 내에 대한민국 국적을 이탈하여야 한다는 사실에 관하여 전혀 알지 못할 수 있는데, 이 사건 법률조항들을 예외 없이 적용하는 것은 복수국적자에게 심히 부당한 결과를 초래할 수 있다. 이 사건 법률조항들에서 정한 기간 내에 대한민국 국적을 이탈하지 못한 복수국적자에 대하여 위 기간 내에 대한민국 국적을 이탈하지 못한 데에 정당한 사유, 또는 위 기간이 경과한 후에 대한민국 국적을 이탈하여야만 하는 불가피한 사유 등을 소명하도록 하여, 그러한 사유가 인정되는 경우에는 예외적으로 대한민국 국적의 이탈을 허용하더라도 복수국적을 이용한 병역면탈은 충분히 예방할 수 있다. 또한, 위와 같은 문제점은 대한민국 국적을 이탈한 복수국적자에 대하여 대한민국으로의 입국이나, 대한민국에서의 체류자격·취업자격 등을 제한하는 방법으로도 해결할 수 있다.
따라서 이 사건 법률조항들은 과잉금지원칙을 위반하여 청구인들의 국적이탈의 자유를 침해한다.

재판관 강일원의 별개의견
헌법 제14조가 보장하는 거주·이전의 자유는 대한민국 영토 안에서 국가의 간섭이나 방해를 받지 않고 생활의 근거지와 거주지를 임의로 선택할 수 있는 자유를 뜻한다. 그런데 거주지를 자유롭게 선택하고 이동할 수 있다고 하여 이로부터 자신이 소속된 국적을 버리거나 변경할 자유가 파생된다고 볼 수는 없다.
거주·이전의 자유도 다른 자유와 마찬가지로 인간의 존엄성에 뿌리를 둔 기본적 인권이므로, 대한민국 국적을 가진 사람에게만 인정되는 것이 아니다. 국적을 가지거나 선택할 수 있는 자유는 자신이 소속될 공동체를 규범적으로 결정할 수 있는 자유로서 권리자가 어디에 소재하고 있는지 여부와 관계없이 관념적으로 인정되는 권리인 반면, 거주·이전의 자유는 특정 장소에 물리적으로 소재하는 것을 전제로 하는 구체적 권리이므로, 그 성질도 다르다. 세계인권선언은 제15조에서 모든 사람은 국적을 가질 권리가 있고 국적을 변경할 수 있는 권리가 부정되어서는 안 된다고 규정하고 있고, 제13조에 따라 거주·이전의 자유를 규정함으로써, 국적을 변경할 수 있는 권리와 거주·이전의 자유권이 서로 다른 권리임을 분명히 하고 있다.
국적을 가지고 이를 변경할 수 있는 권리는 그 본질상 인간의 존엄과 가치 및 행복추구권을 규정하고 있는 헌법 제10조에서 도출되는 것으로 보아야 하고, 따라서 복수국적자가 대한민국 국적을 버릴 수 있는 자유도 마찬가지로 헌법 제10조에서 나오는 것이지 거주·이전의 자유에 포함되어 있는 것이 아니다.

자신의 국적을 임으로 박탈당하거나 국적을 변경할 권리가 부인될 수 없음을 규정하고 있다.[511] 또한 1930년 「헤이그 협약」 이래로 많은 조약들이 무국적을 야기하는 국적이탈을 허용해서는 안 된다는 규정과 함께 1961년 「무국적 감소에 관한 협약」에서도 거주이전의 자유나 출국의 자유, 다른 나라로 피난할 자유 등을 침해하지 않는 한 국적의 이탈 또는 포기가 국적상실을 초래하지 않도록 하고 있다.[512]

외국의 경우에는 국적이탈의 제한과 관련하여 다수의 국가들이 미성년에 대한 국적이탈은 제한하고, 대만이나 과거 프랑스 등 징병제 국가에서의 병역의무자에 대한 국적이탈을 제한하고 있다.[513] 이에 대해 우리나의 경우에는 국적이탈 자유의 헌법적 근거를 제14조의 거주·이전의 자유에서 찾거나(다수설과 판례), 제10조의 인간의 존엄과 가치 및 행복추구권(소수설과 헌재의 소수의견)에서 찾고 있다.[514]

Ⅲ. 국적이탈 허가가 기속행위에 해당하는지 여부

국적이탈 허가신청에 대한 법무부장관의 허가 여부의 판단에 대해 일정한 재량을 부여한 것인지 아니면 허가하여야 하는 기속행위인지의 여부가 문제될 수 있다. 이에 대해 대법원은 대한민국 국적과 외국의 국적을 이중으로 취득한 이중국적자가 자유의사로 대한민국 국적을 이탈할 수 있는 국적이탈의 자유는 헌법상 인정되는 거주이전의 자유의 하나에 해당하고 법률로써만 제한할 수 있고, 국적법령상의 국적이탈 허가는 관계 법령상 그 제한 사유에 해당하지 아니하는 한 허가하여야 하는 기속행위에 해당한다고 보았다.[515]

---

511) The Universal Declaration of Human Rights (UDHR) Article 15:
1. Everyone has the right to a nationality.
2. No one shall be arbitrarily deprived of his nationality nor denied the right to change his nationality.

512) 이철우 외, 앞의 책, 302면.

513) 이연우, "병역의무와 국적이탈의 자유", 한국이민법학회 발표자료(2017.12.29.), 2면

514) 이연우, 위의 자료 2면.

515) 대법원 2000. 12. 22. 선고 99두2826 판결.

Ⅳ. 국적상실과의 구별

국적상실은 대한민국 사람이 스스로 외국의 국적을 취득하거나 복수국적자가 국적선택을 하지 않는 등 국적법상의 국적상실사유가 발생하여 당사자의 신고여부에 관계없이 자동으로 한국의 국적을 상실하게 되는 것에 비해 국적이탈은 복수국적자가 법무부장관에게 국적이탈 신고로 대한민국의 국적을 포기하는 것을 말한다.

국적이탈자는 이제 더 이상 대한민국 국민이 아니라는 점에서 결과적으로 국적상실자와 다름없고 따라서 국적이탈은 크게 보면 국적상실의 한 유형이라고 볼 수 있다.[516)]

국적상실과 국적이탈은 다음 <표>와 같이 구별된다.

국적상실과 국적이탈의 구별

구분	국적상실	국적이탈
근거	「국적법」 제15조 (외국국적취득에 따른 국적상실)	「국적법」 제14조 (대한민국 국적의 이탈 요건 및 절차)
의의	대한민국 국민이 자진하여 후천적으로 외국국적을 취득한다든가 국적선택기간 내에 국적선택을 하지 않는 등의 「국적법」상의 국적상실 사유 발생 시 자동적으로 대한민국 국적을 잃게 되는 경우 (예 : 한국에서 태어난 한국 국민이 미국의 시민권을 취득한 경우, 외국인과 혼인으로 인하여 그 배우자의 국적을 취득한 후 6개월 내에 대한민국 국적보유 신고를 하지 않은 경우)	외국의 국적과 대한민국의 국적을 함께 갖고 있는 출생과 동시에 선천적으로 복수국적자가 된 자가 대한민국의 국적을 포기하고 외국의 국적을 선택하게 되는 경우(예: 부모 중 1인 또는 모두가 한국의 국민이고 미국에서 출생한 경우)
대상	본인이나 부모의 귀화로 취득한 시민권자	미국에서 태어난 시민권자는 선천척 복수국적자(미국에서 태어난 시민권자 가운데 1998년 6월14일 이후 출생자는 부모 양계혈통주의에 따라 부모 중 한명이라도 한국 국적이면 자동으로 복수국적자이기 때문에 국적이탈 신청을 해야 함)
신고기간	o 「국적법」상 대한민국 국민이 자진하여 외국국적을 후천적으로 취득 시 그때 한국 국적을 상실하므로 본인, 본인의 배우자 또는 4촌 이내 친족이 국적상실신고를 해야 함	o 남자의 경우 - 출생당시부터 만 18세가 되는 해의 3월 31일까지 가능하며, (예 : 2002년 출생 시 2020년 3월 31일까지 재외공관에 국적이탈 신청을 해야 대한민국의 병역의무에서

516) 법무부출입국·외국인정책본부, 『국적법 문답식 해설』, 2011, 155면

	o 남자가 외국국적을 후천적으로 취득한 후 국적상실신고를 해야 하고 상실신고를 하지 않을 경우 병무청으로부터 병역의무부과통지서를 받게 될 수 있음.	자유로워지게 됨) - 이 기간이 지난 경우 병역의무를 해소(병역면제, 병역준비역 편입 등 포함)한 사람에 한해 국적이탈 신고 가능 - 여러 이유로 국적이탈을 하지 못한 선천적 복수국적자 가운데 병역미필자들은 만 24세가 되는 해부터 25세가 되는 해 1월15일 사이에 병역연기와 함께 국외이주 사유로 인한 국외여행허가를 신청해야 함 - 병역이 연기된 선천적 복수국적자가 한국 내에서 1년 중 통산 6개월 이상 체류하거나 취업 등 영리활동을 하게되는 경우 국외여행허가가 취소되고 병역의무가 부과됨 o 여자의 경우 - 출생 당시부터 만 22세가 되기 전까지 국적선택을 해야 복수국적을 유지할 수 있음 - 재외공관에 국적이탈 신고 시 재외동포 비자신청 가능 - 이 기간이 지날 경우 법무부장관으로부터 국적선택명령을 받게 될 뿐이고 국적선택명령 이행기간이 종료한 이후라도 국적이탈 신고를 할 수 있을 것임.
신고 장소	o 국적상실 신고는 외국 주소지 관할 재외공관이나 국내 출입국·외국인 관서	o 국내에서 신고 불가, '외국에 주소가 있는 자'만 주소지 관할 재외공관에서 신고가능 o '외국에 주소가 있는 경우'란 주소 또는 거소지의 의미 외에 접수일 이전 계속하여 90일 이상 또는 1년 내 통산 6개월 이상 재외공관 관할지역에 거주한 경우를 의미
구비 서류	o 국적상실 신고서 o 유효한 외국 여권 원본 및 사본 o 기본증명서 및 가족관계증명서 (발급일로부터 6개월 이내) o 마지막으로 발급받은 최종 한국여권 원본 및 사본 1부(해당자에 한함) o 국적상실사유를 증명하는 서류(외국국적을 취득한 때에는 그 사실 및 연월일을 증명하는 서류) - 귀화(시민권)증서 원본 및 사본, 한글번역문 1부 o 성명변경 증빙 서류 원본 및 사본, 한글번역문 1부 - 외국 국적 취득시 성명을 변경한 경우에만	o 국적이탈 신고서 o 외국 국적 입증 서류 - 외국 출생증명서 원본 및 사본, 한글번역문 1부 - 유효한 외국 여권 원본 및 사본 o 부모의 시민권 혹은 영주권 원본 및 사본, 한글번역문 1부 o 본인의 기본증명서, 가족관계 증명서 (발급일로부터 6개월 이내) o 부모의 기본증명서(발급일로부터 6개월 이내) o 병적증명서(남자인 경우에만 해당) - 병역필, 병역면제, 제2국민역 편입 사실 등이 등재된 병적증명서

	해당 o 동일인 확인서 1부 - 외국 국적 취득시 성명을 변경한 경우에만 해당 - 변경사실에 대해 가족관계등록부상의 가족(부, 모, 배우자 등)이 보증(서명 기재)하고 보증인의 신분증 사본 및 가족관계 증명서 첨부	- 병역사항이 포함된 주민등록초본
기타	o 「국적법」은 제16조에서 대한민국 국적을 상실한 자는 법무부장관에게 국적상실신고를 하여야 하도록 규정 o 다만, 국적상실 신고를 외국적 취득 후 즉시 하지 않았다고 하여 과태료 등을 부과하는 규정은 없음. o 외국여권으로 한국 출입국을 위해 사증(비자) 신청시 국적상실신고를 마친 경우 본인 또는 자녀의 재외동포사증을 신청할 수 있음 o 선천적 복수국적자인 자녀의 출생신고 및 국적선택/이탈 신고 처리시 국적상실된 부모의 국적상실신고가 되어있지 않으면 자녀의 출생신고, 국적선택/이탈 신고와 함께 부모의 국적상실신고를 동시에 진행	o 과거에 대한민국의 국적을 갖고 있던 65세 이상의 외국국적자(예: 미국 시민권자)가 대한한국에 입국해 국적회복에 의한 국적취득(국적법 제9조)을 통해 대한민국의 국적을 취득한 후 1년 이내에 외국국적불행사 서약을 할 경우 복수국적이 인정됨(국적법 제10조제2항제4호). o 재외동포(F-4) 비자는 외국국적 동포들에게 일반 외국인에 비해 출입국 및 국내체류에 편의를 제공하기 위한 체류자격을 주는 비자로서 체류기한은 3년이고 연장이 가능함.

제2절 요 건

I. 신 고

1. 대상 및 국적이탈의 신고

복수국적자가 외국 국적을 선택하고 대한민국 국적을 이탈하기 위해서는 ① 외국에 주소가 있는 경우에만 ② 주소지 관할 재외공관의 장을 거쳐 법무부장관에게 대한민국 국적을 이탈한다는 뜻을 신고할 수 있다(「국적법」 제14조제1항). 즉, 대한민국 내에서는 이러한 신고를 할 수 없고 외국에 주소가 있어야 하고 그 주소지를 관할하는 재외공관에서만 가능하다(「국적법」 제14조제1항 본문). 이와 같이 신고를 함에 있어서 장소적 제한을 둔 이유는 현실적으로 대한민국에 주소를 두고 생활하면서 자신의 개인적 이익을 위해 대한민국 국적을 버리는 것을 방지하기 위한 것이라서 단순 관광이나 단기 방문의 기회를 통해 재외공관에 신고를 하는 것도 허용되지 않을 것이다.[517]

다만, 「병역법」 제8조에 따라 병역준비역에 편입된 자(제12조제2항 본문) 또는 같은 조 제3항에 해당하는 자(직계존속(直系尊屬)이 외국에서 영주(永住)할 목적 없이 체류한 상태에서 출생한 자가 병역의무의 이행과 관련하여 일정한 경우에 해당하는 자)는 그 기간 이내에 또는 해당 사유가 발생한 때부터만 신고할 수 있다(「국적법」 제14조제1항 단서).

2. 국적이탈 신고기간

2.1. 여자의 경우

복수국적자의 국적이탈 신고는 국적을 선택할 수 있는 기간 내에서만 원칙적으로 가능하고, 이 기간이 지난 경우라면 예외적으로 법무부장관으로부터 국적선택명령을 받은 때 국적이탈 신고를 할 수 있다. 다만 국적선택기간을 도과한 경우라도 법무부장관으로부터 국적선택명령을 받기 전까지는 국적이탈 제한사유에 해당되지 않는 한 국적이탈 신고가 가능하다고 볼 수 있을 것이다.

2.2. 남자의 경우

남자의 경우 ①「병역법」 제8조에 따라 병역준비역에 편입된 자는 편입된 때부터 3개월 이내에, 즉 병역준비역에 편입되는 해(만 18세)의 3월 31일까지 하나의 국적을 선택하여 국적을 이탈할 수 있다(「국적법」 제14조제1항 단서전단). 이 경우 병역의무이행 대상자가 국적을 이탈하였다면 더 이상 대한민국 국민이 아니므로 병역의무 이행의무가 없게 되고 이러한 국적이탈 신고 기간이 지난 경우라면 병역의무를 이행하거나 병역이 면제되는 등 병역의무가 해소된 경우에만 국적이탈을 할 수 있게 된다.

다만 ② 직계존속(直系尊屬)이 외국에서 영주(永住)할 목적 없이 체류한 상태에서

517) 석동현, 앞의 책, 228~230면.

출생한 자는 병역준비역에 편입되기 이전이라고 해도 국적이탈을 할 수 없고 반드시 병역의무를 해소한 후에, 즉 ㉠ 현역·상근예비역· 보충역 또는 대체역으로 복무를 마치거나 마친 것으로 보게 되는 경우, ㉡ 전시근로역에 편입된 경우, ③ 병역면제처분을 받은 경우에 해당하는 때에만 국적이탈을 할 수 있다(「국적법」 제14조제1항 단서후단).

만일 병역의무가 해소된 2년이 지난 후라도 국적선택명령을 받게 될 뿐이고 국적선택명령의 이행기간이 종료하기 전까지 국적이탈신고를 할 수 있다.[518] 다만 국적선택기간을 도과한 경우라도 법무부장관으로부터 국적선택명령을 받기 전까지는 국적이탈 제한사유에 해당되지 않는 한 국적이탈 신고가 가능하다고 볼 수 있을 것이다.

이때 유의해야 할 사항은 ① 만 20세 전에 병역의무가 해소된 사람은 만 20세가 되는 때에 해소된 것으로 보고(「국적법시행령」 제16조제2항),[519] ② ㉠ 만 20세 전에 병역의무가 해소된 복수국적 남자의 경우 만 22세가 되는 생년월일 생일까지 국적이탈 및 국적선택을 해야 하고, ㉡ 복수국적 여자의 경우에는 만 22세가 되는 생년월일 전일까지 국적이탈 및 국적선택을 해야 한다. 만일 이러한 기간이 경과되면 국적선택명령 대상자가 될 것이다. ③ 병역기피자 등의 입영의무 감면시기인 38세가 되는 해의 1월1일 자로 전시근로역(이전의 제2국민역에 해당)에 편입되었다면 38세가 되는 해의 1월1일부터 39세의 12월 31일까지는 국적이탈을 할 수 있으며, 40세가 되는 해의 1월1일부터는 국적선택명령의 대상이 된다. 이러한 내용은 병적증명서 등으로 병역의무 해소(병역복무필, 전시근로역으로 편입, 병역면제)일자를 확인할 수 있을

518) 법무부 출입국·외국인정책본부, 『2014국적실무편람』(2014.6.), 190면

519) 「국적법시행령」 제16조(복수국적자의 의의 등) ① 법 제11조의2제1항에서 "대통령령으로 정하는 사람"이란 다음 각 호의 어느 하나에 해당하는 사람을 말한다. <개정 2017. 8. 29..>

1. 법 제10조제2항에 따라 외국국적불행사 서약을 한 사람
2. 대한민국의 국민으로서 법 제15조제2항에 따라 외국 국적을 취득하게 된 후 6개월 내에 법무부장관에게 대한민국 국적의 보유 의사를 신고한 사람
3. 법률 제10275호 「국적법」 일부개정법률 부칙 제2조제1항에 따라 법무부장관에게 외국국적불행사서약을 하고 대한민국 국적을 재취득하거나 같은 조 제2항에 따라 외국 국적을 재취득한 후 외국국적불행사서약을 한 사람

② 만 20세가 되기 전에 법 제12조제3항 각 호의 어느 하나에 해당하게 된 사람은 만 20세가 된 때부터 같은 조 제2항 본문의 기간을 계산한다. [전문개정 2011. 3. 29.]

것이다. 참고로 「병역법」 변경으로 인해 입영의무 등의 감면시점이 31세에서 36세로, 병역기피자 등은 36세에서 38세로 변경되었다.

3. 직계존속(直系尊屬)이 외국에서 영주(永住)할 목적 없이 체류한 상태에서 출생한 자

이에 해당하는 남자는 만 18세 가 되는 해의 3월 31일 이내에 국적이탈 신고를 할 수 없고 반드시 병역의무를 해소(병역면제, 전시근로역 편입 등 포함)한 경우에만 국적이탈을 할 수 있다.

여기서 '직계존속(直系尊屬)이 외국에서 영주(永住)할 목적 없이 체류한 상태에서 출생한 남자'란 아버지 또는 어머니가 외국에 생활기반을 두고 있으면서 외국의 시민권이나 영주권을 취득한 상태 또는 법무부령으로 정하는 그에 준하는 체류 상태에서 출생한 자가 아닌 사람을 말한다(「국적법시행령」 제16조의2).

구체적으로 '법무부령으로 정하는 그에 준하는 체류 상태에서 출생한 자'란 ① 아버지 또는 어머니가 외국의 영주권(최장기 체류비자 또는 거주허가증) 또는 시민권(국적)을 가지고 있는 상태에서 외국에서 출생한 남자,[520] ② 외국에서 출생한 남자로서 출생 이후 아버지 또는 어머니가 외국의 영주권 또는 시민권을 취득한 사람,[521] ③ 아버지 또는 어머니가 외국에 체류하다가 외국의 영주권 또는 시민권을 신청한 상태에서 출생한 남자,[522] ④ 외국에서 출생한 남자로서 출생 이후 아버지 또는 어머니가 외국의 영주권 또는 시민권을 신청한 경우,[523] ⑤ 외국에서 출생한 남자로서 국적이탈 신고 전까지 아버지 또는 어머니가 외국에서 17년 이상 계속하여

---

520) 국적이탈 신고를 하는 자는 부나 모의 영주권 또는 시민권 사본과 외국의 기관에서 발행하는 출생증명서, 기타 이에 준하는 서류 등을 통해 이를 증명해야 한다(「국적업무처리지침」 제14조 제1항).

521) 국적이탈 신고를 하는 자는 부나 모의 영주권 또는 시민권 사본과 외국의 기관에서 발행하는 출생증명서, 기타 이에 준하는 서류 등을 통해 이를 증명해야 한다(「국적업무처리지침」 제14조 제1항).

522) 국적이탈 신고를 하는 자는 부나 모의 영주권 또는 시민권 신청관련 접수 영수증 사본과 외국의 기관에서 발행하는 출생증명서, 기타 이에 준하는 서류 등을 통해 이를 증명해야 한다(「국적업무처리지침」 제14조제2항).

523) 「국적업무처리지침」 제14조제2항.

거주한 사람에 해당하는 경우를 말한다(「국적법시행규칙」 제10조의2제1항).[524] 법무부장관은 위와 같은 내용에 따라 국적이탈 신고를 접수한 경우에는 그 서류가 진실한지 여부를 확인하고 진실하지 아니한 때에는 그 신고를 수리하지 아니한다.[525]

이와 관련하여 만일 영주권제도를 채택하고 있지 않는 나라의 경우라면 기 체류비자 또는 거주허가증으로 영주권을 갈음하는 것으로 보고, 시민권이라는 용어를 사용하지 않는 나라의 경우에는 국적으로 시민권을 갈음하는 것으로 본다(「국적법시행규칙」 제10조의2제2항).

제 3 절 국적이탈신고의 절차 및 구비서류

복수국적자로서 위와 같은 「국적법」 제14조제1항에 따라 대한민국 국적을 이탈한다는 뜻을 신고하려는 사람은 법무부령으로 정하는 아래와 같은 <국적이탈신고서>를 작성하여 주소지 관할 재외공관의 장에게 제출하여야 하고, 재외공관의 장은 지체 없이 이를 법무부장관에게 송부하여야 한다(「국적법시행령」 제18조제1항). 즉, 국내에서는 국적이탈 신고를 할 수 없다.

이와 관련하여 외국에 주소가 있는 자만이 국적이탈신고를 할 수 있기에 '외국에 주소가 있는 경우'의 의미가 문제될 수 있는데 이는 주소 또는 거소지의 의미 외에 접수일 이전 계속하여 90일 이상 또는 1년 내 통산 6개월 이상 재외공관 관할 지역에 거주한 경우를 말한다.[526] 만일 신고인이 15세 미만으로 인해 법정대리인이 대리 신고를 하는 경우에도 신고인 본인의 외국 거주요건을 충족시켜야 하고 거주요건만 충족된다면 외국 국적국이 아닌 제3국에서도 신고할 수 있다.[527]

구체적인 구비서류로는 아래와 같은 ① <국적이탈신고서>(수수료: 2만원, 연락처 2

---

524) 국적이탈 신고를 하는 자는 외국의 기관에서 발행하는 부 또는 모가 외국에서 본인 출생 후 17년 이상 계속하여 거주하였다는 공적서류(또는 사본)와 출생증명서, 기타 이에 준하는 서류 등을 통해 이를 증명해야 한다(「국적업무처리지침」 제14조제3항).

525) 「국적업무처리지침」 제14조제4항.

526) 법무부 출입국·외국인정책본부, 『2014국적실무편람』 (2014.6), 191면.

527) 위의 책, 같은 면.

곳 이상), ② 외국 국적 입증서류: 외국 여권사본(필수),[528] 외국정부 발행 가족관계등록부, 외국 정부에서 발행한 출생증명서 사본(원본대조, 번역문 첨부), ③ 대한민국 국적 입증서류(신고인의 기본증명서, 가족관계증명서, 부모의 기본증명서, 부모의 기본증명서가 없는 경우에는 제적등본), ④ 남자인 경우 병적증명서(병역필, 병역면제, 병역준비역 편입 사실 등이 기재된 병적증명서, 병역사항이 포함된 주민등록초본), ⑤ 직계존속의 외국 영주목적 입증서류(부나 모의 시민권 증서 사본, 영주권 사본 또는 부나 모가 외국에서 본인 출생 후 17년 이상 계속하여 거주하였다는 공적 서류 등), ⑥ 가족관계등록부 작성에 필요한 서류(일반귀화 부분 참조)이다.[529]

송부를 받은 법무부장관은 제1항에 따른 국적이탈 신고가 법 제14조제1항에 따른 국적이탈 요건을 갖춘 경우에만 수리한다(「국적법시행령」 제18조제2항). 이렇게 하여 국적이탈 신고를 수리한 때에는 법무부장관은 지체 없이 그 사실을 접수지 재

---

528) 신고 시점에도 외국 국적을 보유하고 있음을 확인하고, 미국 등 속지주의 국가에서 출생한 사람의 경우 출생증명서를 외국 여권에 갈음하는 경우가 있으나 출생증명서는 국적취득 사유를 증명함에 불과하고 이탈신고 시점에도 외국국적을 보유하고 잇는지 여부를 증명하는 것이 아니므로 유효기간이 만료된 것이 아닌 유효한 여권도 함께 제출해야 할 것이다. 또한 일본, 중국 등 가족관계등록(호적) 제도가 있는 국가의 경우 가족관계등록부(호적)를 외국여권에 갈음하는 경우가 잇으나 가족관계등록부(호적)는 국제통용어인 영문으로 작성되지 않고 그 나라의 언어로 된 점을 고려하여 외국 여권도 함께 제출해야 할 것이다(법무부 출입국·외국인정책본부, 『2014국적실무편람』 (2014.6.), 192면).

529) 「국적법시행규칙」 제12조(국적이탈 신고서의 서식 및 첨부서류) ① 영 제18조제1항에 따른 국적이탈 신고서는 별지 제8호서식에 따른다.

② 제1항의 국적이탈 신고서에 첨부하여야 하는 서류는 다음 각 호와 같다. <개정 2014. 6. 18.>

1. 가족관계기록사항에 관한 증명서
2. 외국 국적을 취득하거나 보유 중인 사실을 증명하는 서류
3. 외국 국적을 취득한 사유 및 연월일을 증명하는 서류와 외국 여권의 사본
4. 만 18세가 되는 해의 3월 31일 이전에 국적이탈 신고를 하려는 남자는 영 제16조의2에 해당하지 않는 사실을 증명하는 서류로서 법무부장관이 정하는 서류
5. 만 18세가 되는 해의 4월 1일 이후에 국적이탈 신고를 하려는 남자는 병역의무 이행과 관련하여 법 제12조제3항 각 호의 어느 하나에 해당하는 사실을 증명하는 서류(병적증명서로 확인할 수 없는 경우만 해당한다)

③ 법무부장관은 국적이탈 신고서를 제출하는 사람이 만 18세가 되는 해의 4월 1일 이후에 국적이탈 신고를 하는 남자인 경우에는 「전자정부법」 제36조제1항에 따른 행정정보의 공동이용을 통하여 병적증명서의 내용을 확인하여야 한다. 다만, 신고인이 이에 동의하지 아니하는 경우에는 그 서류를 첨부하도록 하여야 한다.[전문개정 2011. 5. 27.]; 법무부 출입국·외국인정책본부, 『2014국적실무편람』 (2014.6), 191~192면.

외공관의 장을 거쳐 본인에게 알려야 하며, 등록기준지 가족관계등록관서의 장에게 통보하고 관보에 고시하여야 하고(「국적법시행령」 제18조제3항), 국적이탈자가 주민등록이 되어 있을 때에는 그 주민등록관서의 장에게도 그 사실을 통보하여야 한다(「국적법시행령」 제18조제4항).[530)]

제4절 효 력

Ⅰ. 국적이탈신고를 한 경우

복수국적자로서 「국적법」 제14조제1항에 따라 대한민국 국적을 이탈한다는 뜻을 신고하려는 사람은 국적이탈 신고서를 작성하여 주소지 관할 재외공관의 장을 거쳐 법무부장관에게 신고하며, 국적이탈 요건을 갖춘 경우 수리하게 된다. 이와 같이 법무부장관이 국적이탈신고를 '수리한 때' 대한민국의 국적을 상실하게 된다고 볼 수 있다.

Ⅱ. 국적이탈신고를 하지 않은 경우

복수국적자가 국적이탈신고를 하지 않은 경우가 문제될 수 있는데 이는 위에서 설명한 복수국적자가 국적을 선택하지 않은 경우, 즉 국적선택 불이행시의 효과와 그 내용이 동일하다고 볼 수 있다. 다시 말하면 이때 국적을 선택하지 않은 경우란 대한민국의 국적을 선택하지도 않고 이탈하지도 않은 채 국적을 선택할 수 있는 기간이 경과된 경우를 말한다.[531)]

---

530) 이와 같이 제3항 및 제4항에 따라 등록기준지 가족관계등록관서의 장 또는 주민등록관서의 장에게 통보하는 서류에는 다음 각 호의 사항을 적어야 한다(「국적법시행령」 제18조제5항).
1. 국적이탈자의 성명, 생년월일, 성별 및 등록기준지
2. 국적이탈의 원인 및 연월일
3. 외국 국적
또한 법무부장관은 국적이탈자가 이미 발급받은 대한민국 여권이 있을 때에는 외교부장관에게 제5항 각 호의 사항과 여권번호를 통보할 수 있다(「국적법시행령」 제18조제6항).

531) 석동현, 앞의 책, 233면.

이 경우 위에서 언급한 바와 같이 「국적법」은 법무부장관으로부터 국적선택의 명령을 받고도 이를 따르지 아니한 사람은 그 기간이 경과하는 때에 대한민국의 국적을 상실하게 됨을 규정하고 있다(국적법 제14조의2제4항). 이러한 내용은 국적을 선택하지 않은 사람의 경우 법무부장관으로부터 국적선택의 명령을 받아야 하므로 문언상으로는 적어도 국적선택의 명령을 받기 이전까지는 합법적으로 복수의 국적을 계속 유지할 수 있다는 의미를 갖는다.

제 5 절 대한민국 국적의 이탈에 관한 특례

Ⅰ. 개 요

헌법재판소는 결정을 통해 국적법(2016. 5. 29. 법률 제14183호로 개정된 것) 제12조제2항 본문 및 국적법(2010. 5. 4. 법률 제10275호로 개정된 것) 제14조제1항 단서 중 제12조제2항 본문에 관한 부분은 헌법에 합치되지 아니한다고 결정하고, 다만 위 법률 조항은 2022. 9. 30.을 시한으로 개정될 때까지 계속 적용된다고 보았다. 즉, 헌법재판소는 병역준비역에 편입된 복수국적자가 국적 선택 기간 내에 국적 이탈을 신고하지 않은 경우에는 그 사유를 불문하고 병역의무가 해소될 때까지 국적 이탈을 할 수 없도록 하는 규정은 국적 이탈 자유를 과도하게 침해한다는 헌법재판소의 헌법불합치결정(헌법재판소 2020. 9. 24. 선고 2016헌마889)을 한 것이다.

이러한 내용 및 취지를 고려하여, 국적법을 개정[532] 주된 생활의 근거가 외국에 있는 복수국적자에게 적용되는 예외적인 국적 이탈의 허가 절차를 신설함으로써 현행 규정의 위헌성을 제거하는 동시에 국적 이탈의 자유라는 사익과 병역의무 이행의 공평성 확보라는 공익의 조화를 도모하고 있다.

532) 국적법 [공포 2022. 9. 15, 시행 2022. 10. 1.] [법률 제18978호, 2022. 9. 15., 일부개정]

【제14조의2】 (대한민국 국적의 이탈에 관한 특례)

① 제12조제2항 본문 및 제14조제1항 단서에도 불구하고 다음 각 호의 요건을 모두 충족하는 복수국적자는 「병역법」 제8조에 따라 병역준비역에 편입된 때부터 3개월 이내에 대한민국 국적을 이탈한다는 뜻을 신고하지 못한 경우 법무부장관에게 대한민국 국적의 이탈 허가를 신청할 수 있다.

1. 다음 각 목의 어느 하나에 해당하는 사람일 것
   가. 외국에서 출생한 사람(직계존속이 외국에서 영주할 목적 없이 체류한 상태에서 출생한 사람은 제외한다)으로서 출생 이후 계속하여 외국에 주된 생활의 근거를 두고 있는 사람
   나. 6세 미만의 아동일 때 외국으로 이주한 이후 계속하여 외국에 주된 생활의 근거를 두고 있는 사람
2. 제12조제2항 본문 및 제14조제1항 단서에 따라 병역준비역에 편입된 때부터 3개월 이내에 국적 이탈을 신고하지 못한 정당한 사유가 있을 것

② 법무부장관은 제1항에 따른 허가를 할 때 다음 각 호의 사항을 고려하여야 한다.

1. 복수국적자의 출생지 및 복수국적 취득경위
2. 복수국적자의 주소지 및 주된 거주지가 외국인지 여부
3. 대한민국 입국 횟수 및 체류 목적·기간
4. 대한민국 국민만이 누릴 수 있는 권리를 행사하였는지 여부
5. 복수국적으로 인하여 외국에서의 직업 선택에 상당한 제한이 있거나 이에 준하는 불이익이 있는지 여부
6. 병역의무 이행의 공평성과 조화되는지 여부

③ 제1항에 따른 허가 신청은 외국에 주소가 있는 복수국적자가 해당 주소지 관할 재외공관의 장을 거쳐 법무부장관에게 하여야 한다.

④ 제1항 및 제3항에 따라 국적의 이탈 허가를 신청한 사람은 법무부장관이 허가한 때에 대한민국 국적을 상실한다.

⑤ 제1항부터 제4항까지의 규정에 따른 신청자의 세부적인 자격기준, 허가 시의 구체적인 고려사항, 신청 및 허가 절차 등 필요한 사항은 대통령령으로 정한다. [본조신설 2022. 9. 15.]

[종전 제14조의2는 제14조의3으로 이동 <2022. 9. 15.>]

Ⅱ. 요 건

이는 구체적으로 국적법 제12조제2항 본문 및 제14조제1항 단서에도 불구하고 다음 각 호의 요건을 모두 충족하는 복수국적자는 「병역법」 제8조에 따라 병역준비역에 편입된 때부터 3개월 이내에 대한민국 국적을 이탈한다는 뜻을 신고하지 못한

경우 법무부장관에게 대한민국 국적의 이탈 허가를 신청할 수 있는 것이다.[533]

여기서 다음 각 호의 요건이란 ① ㉠ 외국에서 출생한 사람(직계존속이 외국에서 영주할 목적 없이 체류한 상태에서 출생한 사람은 제외한다)으로서 출생 이후 계속하여 외국에 주된 생활의 근거를 두고 있는 사람이거나 ㉡ 6세 미만의 아동일 때 외국으로 이주한 이후 계속하여 외국에 주된 생활의 근거를 두고 있는 사람 중 어느 하나에 해당하는 사람에 해당하고, ② 국적법 제12조(복수국적자의 국적선택의무)제2항 본문 및 제14조(대한민국 국적의 이탈요건 및 절차)제1항 단서에 따라 병역준비역에 편입된 때부터 3개월 이내에 국적 이탈을 신고하지 못한 정당한 사유가 있어야 하는 것을 말한다.

Ⅲ. 국적이탈 허가를 받기 위해 고려해야 할 사항

이에 따라 국적이탈 허가를 할 경우 법무부장관은 다음의 사항 즉, 복수국적자의 출생지 및 복수국적 취득경위, 복수국적자의 주소지 및 주된 거주지가 외국인지 여부, 대한민국 입국 횟수 및 체류 목적·기간, 대한민국 국민만이 누릴 수 있는 권리를 행사하였는지 여부, 복수국적으로 인하여 외국에서의 직업 선택에 상당한 제한이 있거나 이에 준하는 불이익이 있는지 여부, 병역의무 이행의 공평성과 조화되는지 여부를 고려하여야 한다.[534]

Ⅳ. 절차 및 효력 등

이에 따른 국적이탈을 위한 허가 신청은 외국에 주소가 있는 복수국적자가 해당 주소지 관할 재외공관의 장을 거쳐 법무부장관에게 하여야 하고,[535] 국적의 이탈 허가를 신청한 사람은 법무부장관이 허가한 때에 대한민국 국적을 상실한다.[536] 기타 이에 따른 신청자의 세부적인 자격기준, 허가 시의 구체적인 고려사항, 신청 및 허가 절차 등 필요한 사항은 대통령령으로 정한다.[537]

---

533) 국적법 【제14조의2】 (대한민국 국적의 이탈에 관한 특례) 제1항.
534) 국적법 【제14조의2】 (대한민국 국적의 이탈에 관한 특례) 제2항.
535) 국적법 【제14조의2】 (대한민국 국적의 이탈에 관한 특례) 제3항.
536) 국적법 【제14조의2】 (대한민국 국적의 이탈에 관한 특례) 제4항.
537) 국적법 【제14조의2】 (대한민국 국적의 이탈에 관한 특례) 제5항.

사례의 분석

o 본 사건은 서울고등법원 2019. 10. 23. 선고 2019누45656 판결(국적이탈신고반려처분취소)과 관련된 사안으로서 이 사건 처분이 위법하다는 원고 주장은 모두 이유없다.

1. 국적법 제12조 제3항의 입법취지

병역기피 목적 국적이탈신고를 막으려는 입법목적을 달성하려는 입법목적의 정당성과 수단의 적정성, 최소성을 띠고 병역의무를 필하거나 면제된 후에는 언제든지 국적이탈신고를 할 수 있는 점 등에서 과잉금지원칙에 위배되지 않고 공익과 사익사이에 균형성도 있다고 보인다.

2. 본 사건 처분의 적법성 여부

(1) 행정절차법 제17조제5항, 제6항, 제40조제3항, 제4항에 규정된 보완대상이 되는 흠은 보완이 가능한 경우이어야 함은 물론이고 그 내용 또는 형식적, 절차적인 요건에 한하고, 실질적 요건에 대하여 까지 보완요구를 하여야 한다고 볼 수 없다(대법원 1996. 10. 25. 선고 95누14244 판결). 다만 실질적인 요건에 관한 흠이 있는 경우라도 단순히 착오나 일시적인 사정 등에 기한 경우는 보완의 대상이 된다(대법원 2004. 10. 15. 선고 2003두6573 판결).

이 사건 처분사유는 "원고가 국적법 제12조제3항에 규정된 "직계존속이 외국에서 영주할 목적 없이 체류한 상태에서 출생한 자"로서 병역의무를 해소하지 않은 탓에 국적이탈신고를 수리할 수 없다는 것으로 실질적인 요건에 관한 흠에 해당하고 원고의 단순한 착오나 일시적인 사정 등에 기한 경우로서 보완의 대상이 되는 흠에 해당하지 않는다. 따라서 피고가 보완요구를 하지 않은 위법이 있다고 볼 수 없다.

(2) 국적이탈의 요건인 국적법 제12조 제3항 및 국적법 시행령 제16조의2의 "직계존속이 외국에서 영주할 목적"은 외국으로 출국하게 된 동기 및 경위, 영주권 또는 시민권의 신청 및 취득 여부, 체류의 목적, 실제로 체류한 기간 등 제반 사정을 종합하여 객관적으로 판단해야 하고, 이와 달리 직계존속의 내심의 의사에 따라 정할 것은 아니며, "영주할 목적 없이 체류한 상태"이었는지 여부는 국적 이탈신고를 한 당사자가 출생한 당시의 상태를 기준으로 하여 판단해야 한다.

원고의 출생 당시 미국에 유학중이던 원고의 부모는 외국에서 영주할 목적 없이 체류한 상태이었다고 봄이 타당하다.

제 13 장 국적선택의 명령

제13장에서는 복수국적자에 대한 국적선택명령에 대해서 살펴본다. 여기에서는 국적법상의 규정, 요건, 국적선택의 명령과 그 절차(국적선택의무 불이행자에 대한 경우와 외국국적불행사 서약 위반자에 대한 경우), 관련문제로서 무호적 복수국적자의 출생신고 및 국적상실 등에 대해서 주로 알아보기로 한다.

제 1 절 국적법상의 규정

【제14조의3】 (복수국적자에 대한 국적선택명령)

① 법무부장관은 복수국적자로서 제12조제1항 또는 제2항에서 정한 기간 내에 국적을 선택하지 아니한 자에게 1년 내에 하나의 국적을 선택할 것을 명하여야 한다.

② 법무부장관은 복수국적자로서 제10조제2항, 제13조제1항 또는 같은 조 제2항 단서에 따라 대한민국에서 외국 국적을 행사하지 아니하겠다는 뜻을 서약한 자가 그 뜻에 현저히 반하는 행위를 한 경우에는 6개월 내에 하나의 국적을 선택할 것을 명할 수 있다.

③ 제1항 또는 제2항에 따라 국적선택의 명령을 받은 자가 대한민국 국적을 선택하려면 외국 국적을 포기하여야 한다.

④ 제1항 또는 제2항에 따라 국적선택의 명령을 받고도 이를 따르지 아니한 자는 그 기간이 지난 때에 대한민국 국적을 상실한다.

⑤ 제1항 및 제2항에 따른 국적선택의 절차와 제2항에 따른 서약에 현저히 반하는 행위 유형은 대통령령으로 정한다. [본조신설 2010. 5. 4.]

「국적법」 제14조의3은 복수국적자로서 국적선택의무가 있는 경우 일정한 기간 내에 국적을 선택하지 아니한 자에게 1년 내에 하나의 국적을 선택할 것을 명할 것 등을 규정하고 있다. 본 규정은 제10차 개정을 통해 복수국적자가 국적을 선택할 수 있는 기간내에 국적 선택을 하지 않은 경우 자동으로 대한민국의 국적을 상실하게 하지 않고 그 이전에 국적선택의 의사를 묻도록 하고 있는 것이다.

이와 관련하여 우리나라의 현행 국적법상 국적선택제도를 살펴보면 다음과 같이 요약할 수 있을 것이다.

현행 국적법상 국적선택제도[538)]

0세		18세 (3월말)	22세[539)] 국적선택명령[540)]
한국국적 선택 (① 외국국적 포기 또는 ② 불행사 서약)[541)]	여성	한국국적 선택 가능 (① 또는 ②중 택일)	한국 국적 상실되기 이전까지 외국국적 포기를 통한 국적선택만 가능 (②는 불가)
	남성	위와 같음	위와 같음(단, 병역을 마친 사람은 그때로부터 2년 내에 ②가능)
외국국적 선택 (국적이탈, 국외거주자만 가능)	여성	국적이탈 가능	국적이탈 가능
	남성	국적이탈 가능 (원정출산자 불가)	병역이 해소된 이후부터 국적이탈 가능

제2절 요 건

Ⅰ. 대 상 자

국적선택명령은 복수국적자로서 제12조제1항 또는 제2항에서 정한 기간 내에 국적을 선택하지 아니한 자(「국적법」 제14조의3제1항)와 복수국적자로서 제10조제2항, 제13조제1항 또는 같은 조 제2항 단서에 따라 대한민국에서 외국 국적을 행사하지 아니하겠다는 뜻을 서약한 자(「국적법」 제14조의3제2항)가 그 대상이 된다.

이는 구체적으로 복수국적자로서 국적을 선택해야 할 의무가 있는 자(「국적법」 제12조제1항 또는 제2항 해당자)와 대한민국의 국적을 취득한 외국인이 일정한 경우에 해당하여 외국국적을 포기하거나 외국국적불행사 서약을 해야 하는 자(「국적법」 제10조

538) 이연우, 앞의 자료, 4면(수정 인용).

539) 여기서의 22세는 국적선택기간이 되는 연령으로서 만 20세가 된 후에 복수국적자가 된 사람의 경우에는 그때로부터 2년을 더한 연령까지가 국적선택기간이 된다(이연우, 위의 자료, 같은 면).

540) 국적선택기간 내에 하나의 국적을 선택하지 않을 경우에는 국적선택을 명하게 된다.

541) 협의의 원정출산자는 불행사서약을 할 수 없다.

제2항 해당자) 그리고 복수국적자로서 국적을 선택해야 할 의무가 있는 자(「국적법」 제12조제1항 본문 해당자)가 규정된 기간 내 외국 국적을 포기하거나 외국국적불행사 서약을 하고 대한민국 국적을 선택하고 신고하려는 자(제13조제1항 또는 같은 조 제2항 단서 해당자)이다.

이와 같이 국적선택명령에 의한 국적의 선택은 제2단계의 국적선택 절차라고 할 수 있고 이러한 단계에 이르는 경로는 위에서 언급한 대로 ① 국적법 제12조제1항 및 제2항에 따른 국적선택의무자가 기간 내에 국적선택을 하지 않아 1년 내에 국적을 선택할 것을 법무부장관으로부터 명령을 받은 경우와 ② 외국국적불행사 서약자가 그 서약의 뜻에 현저히 반하는 행위를 하여 6개월 내에 국적선택을 할 것을 역시 법무부장관으로부터 명령을 받은 경우라고 할 수 있다.[542] 이때 외국국적불행사 서약을 하는 사람은 다시 ① 국적법 제12조제1항 및 제2항에 따른 국적선택의무를 가지는 자로서 외국 국적의 포기에 갈음하여 외국국적불행사서약을 하는자와 ② 후천적으로 대한민국의 국적을 취득한 자 가운데 외국 국적의 포기에 갈음하여 외국국적불행사 서약을 하는 자로 나눌 수 있다.

그러므로 대상은 ① 국적 선택의무 기간 도과자와 ② 외국국적불행사 서약 위반자이다. ①의 경우 국적선택의무 기간 내에 국적선택신고 또는 국적이탈신고를 하지 아니하면 1년 내에 하나의 국적을 선택하도록 국적선택명령을 하게 된다. 유의할 것은 2010년 5월 4일 전에 국적선택의무 기간이 만료된 사람은 한국국적이 자동상실 된다. ②의 경우 외국국적불행사 서약을 한 자가 그 뜻에 현저히 반하는 행위를 한 경우 6개월 내에 하나의 국적을 선택할 것을 명할 수 있다.

Ⅱ. 국적선택의 명령과 그 절차

1. 국적선택의무 불이행자

1.1. 내 용

국적선택의무 불이행자에 대한 경우, 즉 복수국적자로서(제12조제1항 또는 제2항에서 정한) 국적선택 기간 내에 이를 선택하지 아니한 경우에 해당하는 사람에게 법무부

542) 이철우 외, 앞의 책, 310.

장관은 1년 내에 하나의 국적을 선택할 것을 명하도록 되어 있다(「국적법」 제14조의3제1항).[543] 이때 "1년 내에"는 앞에서도 언급한 바와 같이 1년이 되는 날을 포함하는 것이므로 국적선택명령을 받고 1년이 되는 날에도 국적선택·이탈신고를 할 수 있다.

국적선택명령의 절차는 법 제14조의3제1항 및 제2항에 따라 법무부장관이 국적선택명령을 할 때에는 법무부령으로 정하는 국적선택명령서를 본인에게 직접 교부하거나 등기우편으로 송부하여야 한다(「국적법시행령」 제18조의2제1항). 다만, 본인에게 직접 교부하거나 송부하기 어려운 경우에는 「민법」 제779조에 따른 가족이나 사실상 부양자에게 교부하거나 송부하여야 한다(「국적법시행령」 제18조의2제1항 단서).[544] 이때 소재불명 등으로 국적선택명령서의 교부 또는 송부가 어려운 경우에는 관보에 공고하며, 공고일부터 14일이 지난 때에 그 효력이 발생한다(「국적법시행령」 제18조의2제2항).

「국적법」 제14조의3제1항 및 제2항에 따라 법무부장관으로부터 국적선택명령을 받은 사람이 대한민국 국적을 선택하려면 국적법시행령 제17조에 규정된 절차를 따라야 하고, 대한민국 국적을 이탈하려면 국적법시행령 제18조에 규정된 절차를 따라야 한다(「국적법시행령」 제18조의2제3항).

1.2. 효 력

위와 같이 「국적법」 제14조의3제1항 또는 제2항에 따라 국적선택의 명령을 받은 자가 대한민국 국적을 선택하려면 외국 국적을 포기하여야 하고(「국적법」 제14조의3제3항), 이러한 국적선택의 명령을 받고도 이를 따르지 아니한 자는 그 기간이 지난 때에 대한민국 국적을 상실한다(「국적법」 제14조의3제4항).

---

543) 하지만 실제에 있어서는 국적을 선택하지 않은 사람을 하나하나 파악하기 어렵고 파악되었다고 해도 외국에 거주하는 등의 이유로 국적선택명령의 전달이 용이하지 않은 측면이 있다. 즉, 국적선택을 하지 않은 사람에 대해 우리나라의 국적선택명령제도는 엄격히 적용되지 않을 수 있다는 면에서 복수국적을 광범위하게 용인하는 것으로 볼 수 있을 것이다(석동현, 앞의 책, 237면).

544) 민법 제779조(가족의 범위)

① 다음의 자는 가족으로 한다. 1. 배우자, 직계혈족 및 형제자매, 2. 직계혈족의 배우자, 배우자의 직계혈족 및 배우자의 형제자매

② 제1항제2호의 경우에는 생계를 같이 하는 경우에 한한다.

이와 같이 복수국적자가 국적선택명령을 받고도 따르지 아니하여 법 제14조의3 제4항에 따라 대한민국 국적을 상실한 경우에는 법무부장관은 지체 없이 ① 국적상실자의 성명, 생년월일, 성별 및 등록기준지, ② 국적상실의 원인 및 연월일, ③ 외국 국적에 관한 사항을 관보에 고시하고, 그 등록기준지 가족관계등록관서의 장과 주민등록관서의 장에게 통보하도록 되어 있다(「국적법시행령」 제18조의2제6항).[545]

2. 외국국적불행사 서약 위반자[546]

2.1. 내 용

복수국적자로서 제10조제2항, 제13조제1항 또는 같은 조 제2항 단서에 따라 대한민국에서 외국 국적을 행사하지 아니하겠다는 뜻을 서약한 자가 그 뜻에 현저히 반하는 행위를 한 경우에는 법무부장관은 6개월 내에 하나의 국적을 선택할 것을 명할 수 있다(「국적법」 제14조의3제2항).

여기서(「국적법」 제14조의3제2항)에서 "그 뜻에 현저히 반하는 행위"란 외국국적불행사서약을 한 사람이 ① 반복하여 외국 여권으로 대한민국에 출국·입국한 경우(제1호), 외국 국적을 행사할 목적으로 외국인등록 또는 거소신고를 한 경우(제2호), 정당한 사유 없이 대한민국에서 외국 여권 등을 이용하여 국가·지방자치단체, 공공기관, 공공단체 또는 교육기관 등에 대하여 외국인으로서의 권리를 행사하거나 행사하려고 한 경우(제3호) 중 어느 하나에 해당하는 행위를 한 경우를 말한다(「국적법시행령」 제18조의2제4항).

이와 관련하여 법무부장관은 관계 기관 또는 재외공관의 장에게 복수국적자의 국내·국외 주소지 확인 등 필요한 사항을 조회할 수 있다(「국적법시행령」 제18조의2제5항).

---

545) 이때 법무부장관은 복수국적자가 법 제14조의2제4항에 따라 대한민국 국적을 상실한 경우 이미 발급받은 대한민국 여권이 있을 때에는 법무부장관은 제6항 각 호의 사항과 여권번호를 외교부장관에게 통보할 수 있다(「국적법시행령」 제18조의2제7항).

546) 구체적인 외국국적불행사의 법적 성격, 대상, 서약방식 및 기간, 구비서류 등과 관련해서는 '국적취득자의 외국국적 포기의무' 부분을 참조.

2.2. 효 력

이와 같이 「국적법」 제14조의3제2항에 따라 국적선택의 명령을 받은 자가 대한민국 국적을 선택하려면 외국 국적을 포기하여야 한다(「국적법」 제14조의3제3항). 하지만 국적선택의 명령을 받고도 이를 따르지 아니한 자는 그 기간이 지난 때에 대한민국 국적을 상실한다(「국적법」 제14조의3제4항).

제 3 절 관련문제

Ⅰ. 무호적 복수국적자의 출생신고 및 국적상실

출생신고를 하지 않은, 즉 무호적 선천적 복수국적자의 국적상실 여부가 문제되는 데 이에 대해서는 위의 '복수국적자의 법적지위' 부분에서 설명한 바 있다.

제 14 장 대한민국 국적의 상실

제14장에서는 대한민국 국적의 상실에 대해 살펴보는데 여기에는 구체적으로 국적법상의 규정, 요건, 대상, 사유, 절차(청문 및 국적심의위원회의 심의), 구비서류 등이 포함된다.

제 1 절 국적법상의 규정

【제14조의4】 (대한민국 국적의 상실결정)

① 법무부장관은 복수국적자가 다음 각 호의 어느 하나의 사유에 해당하여 대한민국의 국적을 보유함이 현저히 부적합하다고 인정하는 경우에는 청문을 거쳐 대한민국 국적의 상실을 결정할 수 있다. 다만, 출생에 의하여 대한민국 국적을 취득한 자는 제외한다.

1. 국가안보, 외교관계 및 국민경제 등에 있어서 대한민국의 국익에 반하는 행위를 하는 경우
2. 대한민국의 사회질서 유지에 상당한 지장을 초래하는 행위로서 대통령령으로 정하는 경우

② 제1항에 따른 결정을 받은 자는 그 결정을 받은 때에 대한민국 국적을 상실한다. [본조신설 2010. 5. 4.]

「국적법」 제14조의4은 복수국적자가 일정한 경우에 해당하여 대한민국의 국적을 보유함이 현저히 부적합하다고 인정하는 경우에 법무부장관은 청문을 거쳐 대한민국 국적의 상실을 결정할 수 있도록 하는 원칙적인 규정을 두고 있다. 여기에서는 요건, 절차 등에 대해 설명하고 국적상실의 신고(신고 주체, 신고 장소 등), 구비서류 등에 대해서는 뒤의 국적상실자의 처리(제16조) 부분에서 상세히 살펴보기로 한다.

제2절 요 건

Ⅰ. 대 상

국적상실의 결정을 받을 수 있는 대상자는 복수국적자이지만 그 중에서도 출생에 의하여 대한민국 국적을 취득한 경우에는 이에 포함되지 않는다(「국적법」 제14조의4제1항). 즉, 선천적 복수국적자는 국적상실 결정 대상이 아니다.

결국 국적상실 결정의 대상은 출생에 의하지 않은 후천적 사유 즉, 수반취득을 포함한 귀화나 인지 등에 의해 대한민국 국적을 취득하면서 외국국적불행사 서약을 한 복수국적자가 그 대상이 된다.

Ⅱ. 사 유

위와 같은 후천적 복수국적자가 국적상실의 결정을 받게 되는 사유로서는 ① 국가안보, 외교관계 및 국민경제 등에 있어서 대한민국의 국익에 반하는 행위를 하는 경우(「국적법」 제14조의4제1항제1호)와 ② 대한민국의 사회질서 유지에 상당한 지장을 초래하는 행위로서 대통령령으로 정하는 경우(제2호)이다.

구체적으로 ①에서 "대한민국의 국익에 반하는 행위"란 중대한 국가비밀이나 산업비밀의 유출, 간첩행위, 적대국가나 반국가 단체의 이익을 도모하는 행위 등을 말하고 실질적인 판단은 국적심의위원회의 심의 과정을 통해 이루어지게 될 것이다.[547)]

②에서 "대한민국의 사회질서 유지에 상당한 지장을 초래하는 행위로서 대통령령으로 정하는 경우"란 살인죄, 강간죄 등 법무부령으로 정하는 죄명으로 7년 이상의 징역 또는 금고의 형을 선고받아 그 형이 확정된 경우를 말한다(「국적법시행령」 제18조의3제2항). 이 가운데에서 "법무부령으로 정하는 죄명"이란 ①「형법」 제2편 제24장 살인의 죄, 제32장 강간과 추행의 죄 또는 제38장 절도와 강도의 죄 중 강도의 죄(제1호), ②「성폭력범죄의 처벌 등에 관한 특례법」 위반의 죄(제2호), ③「마약류관

547) 석동현, 앞의 책, 240면.

리에 관한 법률」 위반의 죄(제3호), ④「특정범죄 가중처벌 등에 관한 법률」 제5조의2, 제5조의4, 제5조의5, 제5조의9 또는 제11조 위반의 죄(제4호), ⑤「폭력행위 등 처벌에 관한 법률」 제4조 위반의 죄(제5호), ⑥「보건범죄단속에 관한 특별조치법」 위반의 죄(제6호) 중 어느 하나에 해당하는 죄를 말한다(「국적법시행규칙」 제12조의3).

제3절 절 차

국적상실의 결정을 위해서는 반드시 미리 청문절차를 거치고 국적심의위원회의 심의를 거쳐야 한다.

I. 청 문

"청문"이란 행정청이 어떠한 처분을 하기 전에 당사자 등의 의견을 직접 듣고 증거를 조사하는 절차를 말한다(행정절차법 제2조제5호). 국적상실의 결정과 관련하여 위에서 언급한「국적법」 제14조의4(대한민국 국적의 상실결정)제1항 각 호 외의 부분 본문의 청문절차에 관하여는「행정절차법」제2장제2절 중 청문에 관한 규정(각주 참조)을 준용하도록 하고 있다(「국적법시행령」 제18조의3제3항).[548]

---

548) 행정절차법[시행 2017. 7. 26] [법률 제14839호, 2017. 7. 26, 타법개정]
제28조(청문 주재자) ① 행정청은 소속 직원 또는 대통령령으로 정하는 자격을 가진 사람 중에서 청문 주재자를 공정하게 선정하여야 한다. <개정 2019. 12. 10.>
② 행정청은 청문이 시작되는 날부터 7일 전까지 청문 주재자에게 청문과 관련한 필요한 자료를 미리 통지하여야 한다. <신설 2014. 1. 28.>
③ 청문 주재자는 독립하여 공정하게 직무를 수행하며, 그 직무 수행을 이유로 본인의 의사에 반하여 신분상 어떠한 불이익도 받지 아니한다. <개정 2014. 1. 28.>
④ 제1항에 따라 대통령령으로 정하는 사람 중에서 선정된 청문 주재자는 「형법」이나 그 밖의 다른 법률에 따른 벌칙을 적용할 때에는 공무원으로 본다. <개정 2014. 1. 28.>
[전문개정 2012. 10. 22.] [시행일 : 2020.6.11.]
제29조(청문 주재자의 제척·기피·회피) ① 청문 주재자가 다음 각 호의 어느 하나에 해당하는 경우에는 청문을 주재할 수 없다. <개정 2019. 12. 10.>
1. 자신이 당사자등이거나 당사자등과 「민법」 제777조 각 호의 어느 하나에 해당하는 친족관계에 있거나 있었던 경우
2. 자신이 해당 처분과 관련하여 증언이나 감정(鑑定)을 한 경우

---

3. 자신이 해당 처분의 당사자등의 대리인으로 관여하거나 관여하였던 경우
4. 자신이 해당 처분업무를 직접 처리하거나 처리하였던 경우
5. 자신이 해당 처분업무를 처리하는 부서에 근무하는 경우. 이 경우 부서의 구체적인 범위는 대통령령으로 정한다.

② 청문 주재자에게 공정한 청문 진행을 할 수 없는 사정이 있는 경우 당사자등은 행정청에 기피신청을 할 수 있다. 이 경우 행정청은 청문을 정지하고 그 신청이 이유가 있다고 인정할 때에는 해당 청문 주재자를 지체 없이 교체하여야 한다.

③ 청문 주재자는 제1항 또는 제2항의 사유에 해당하는 경우에는 행정청의 승인을 받아 스스로 청문의 주재를 회피할 수 있다. [전문개정 2012. 10. 22.] [시행일 : 2020.6.11.] 제29조

제30조(청문의 공개) 청문은 당사자가 공개를 신청하거나 청문 주재자가 필요하다고 인정하는 경우 공개할 수 있다. 다만, 공익 또는 제3자의 정당한 이익을 현저히 해칠 우려가 있는 경우에는 공개하여서는 아니 된다. [전문개정 2012. 10. 22.]

제31조(청문의 진행) ① 청문 주재자가 청문을 시작할 때에는 먼저 예정된 처분의 내용, 그 원인이 되는 사실 및 법적 근거 등을 설명하여야 한다.

② 당사자등은 의견을 진술하고 증거를 제출할 수 있으며, 참고인이나 감정인 등에게 질문할 수 있다.

③ 당사자등이 의견서를 제출한 경우에는 그 내용을 출석하여 진술한 것으로 본다.

④ 청문 주재자는 청문의 신속한 진행과 질서유지를 위하여 필요한 조치를 할 수 있다.

⑤ 청문을 계속할 경우에는 행정청은 당사자등에게 다음 청문의 일시 및 장소를 서면으로 통지하여야 하며, 당사자등이 동의하는 경우에는 전자문서로 통지할 수 있다. 다만, 청문에 출석한 당사자등에게는 그 청문일에 청문 주재자가 말로 통지할 수 있다.[전문개정 2012. 10. 22.]

제32조(청문의 병합·분리) 행정청은 직권으로 또는 당사자의 신청에 따라 여러 개의 사안을 병합하거나 분리하여 청문을 할 수 있다.[전문개정 2012. 10. 22.]

제33조(증거조사) ① 청문 주재자는 직권으로 또는 당사자의 신청에 따라 필요한 조사를 할 수 있으며, 당사자등이 주장하지 아니한 사실에 대하여도 조사할 수 있다.

② 증거조사는 다음 각 호의 어느 하나에 해당하는 방법으로 한다.

1. 문서·장부·물건 등 증거자료의 수집
2. 참고인·감정인 등에 대한 질문
3. 검증 또는 감정·평가
4. 그 밖에 필요한 조사

③ 청문 주재자는 필요하다고 인정할 때에는 관계 행정청에 필요한 문서의 제출 또는 의견의 진술을 요구할 수 있다. 이 경우 관계 행정청은 직무 수행에 특별한 지장이 없으면 그 요구에 따라야 한다.

[전문개정 2012. 10. 22.]

제34조(청문조서) ① 청문 주재자는 다음 각 호의 사항이 적힌 청문조서(聽聞調書)를 작성하여야 한다.

1. 제목
2. 청문 주재자의 소속, 성명 등 인적사항
3. 당사자등의 주소, 성명 또는 명칭 및 출석 여부
4. 청문의 일시 및 장소
5. 당사자등의 진술의 요지 및 제출된 증거

6. 청문의 공개 여부 및 공개하거나 제30조 단서에 따라 공개하지 아니한 이유
7. 증거조사를 한 경우에는 그 요지 및 첨부된 증거
8. 그 밖에 필요한 사항

② 당사자등은 청문조서의 내용을 열람·확인할 수 있으며, 이의가 있을 때에는 그 정정을 요구할 수 있다. [전문개정 2012. 10. 22.]

제34조의2(청문 주재자의 의견서) 청문 주재자는 다음 각 호의 사항이 적힌 청문 주재자의 의견서를 작성하여야 한다.

1. 청문의 제목
2. 처분의 내용, 주요 사실 또는 증거
3. 종합의견
4. 그 밖에 필요한 사항 [전문개정 2012. 10. 22.]

제35조(청문의 종결) ① 청문 주재자는 해당 사안에 대하여 당사자등의 의견진술, 증거조사가 충분히 이루어졌다고 인정하는 경우에는 청문을 마칠 수 있다.

② 청문 주재자는 당사자등의 전부 또는 일부가 정당한 사유 없이 청문기일에 출석하지 아니하거나 제31조제3항에 따른 의견서를 제출하지 아니한 경우에는 이들에게 다시 의견진술 및 증거제출의 기회를 주지 아니하고 청문을 마칠 수 있다.

③ 청문 주재자는 당사자등의 전부 또는 일부가 정당한 사유로 청문기일에 출석하지 못하거나 제31조제3항에 따른 의견서를 제출하지 못한 경우에는 10일 이상의 기간을 정하여 이들에게 의견진술 및 증거제출을 요구하여야 하며, 해당 기간이 지났을 때에 청문을 마칠 수 있다. <개정 2019. 12. 10.>

④ 청문 주재자는 청문을 마쳤을 때에는 청문조서, 청문 주재자의 의견서, 그 밖의 관계 서류 등을 행정청에 지체 없이 제출하여야 한다. [전문개정 2012. 10. 22.] [시행일 : 2020.6.11.]

제35조의2(청문결과의 반영) 행정청은 처분을 할 때에 제35조제4항에 따라 받은 청문조서, 청문 주재자의 의견서, 그 밖의 관계 서류 등을 충분히 검토하고 상당한 이유가 있다고 인정하는 경우에는 청문결과를 반영하여야 한다. [전문개정 2012. 10. 22.]

제36조(청문의 재개) 행정청은 청문을 마친 후 처분을 할 때까지 새로운 사정이 발견되어 청문을 재개(再開)할 필요가 있다고 인정할 때에는 제35조제4항에 따라 받은 청문조서 등을 되돌려 보내고 청문의 재개를 명할 수 있다. 이 경우 제31조제5항을 준용한다. [전문개정 2012. 10. 22.]

제37조(문서의 열람 및 비밀유지) ① 당사자등은 청문의 통지가 있는 날부터 청문이 끝날 때까지 행정청에 해당 사안의 조사결과에 관한 문서와 그 밖에 해당 처분과 관련되는 문서의 열람 또는 복사를 요청할 수 있다. 이 경우 행정청은 다른 법령에 따라 공개가 제한되는 경우를 제외하고는 그 요청을 거부할 수 없다.

② 행정청은 제1항의 열람 또는 복사의 요청에 따르는 경우 그 일시 및 장소를 지정할 수 있다.

③ 행정청은 제1항 후단에 따라 열람 또는 복사의 요청을 거부하는 경우에는 그 이유를 소명(疎明)하여야 한다.

④ 제1항에 따라 열람 또는 복사를 요청할 수 있는 문서의 범위는 대통령령으로 정한다.

⑤ 행정청은 제1항에 따른 복사에 드는 비용을 복사를 요청한 자에게 부담시킬 수 있다.

⑥ 누구든지 청문을 통하여 알게 된 사생활이나 경영상 또는 거래상의 비밀을 정당한 이유 없이 누설하거나 다른 목적으로 사용하여서는 아니 된다. [전문개정 2012. 10. 22.]

Ⅱ. 국적심의위원회의 심의

「국적법」 제14조의4에 따른 대한민국 국적의 상실 결정에 관한 사항은 법무부장관 소속의 국적심의위원회의 심의 사항의 하나이다(「국적법시행령」 제28조제2호). 다만 규정의 문언상 국적심의위원회를 반드시 거쳐야 하는 전치요건으로 규정하고 있지 않기에 거치지 않고 대한민국 국적 상실의 결정을 할 경우 그 효력이 문제될 수 있다. 이에 대해서는 국적상실의 결정은 신중히 처리될 필요성이 있다는 점에서 반드시 국적심의위원회 심의를 거쳐야 하는 것으로 해석해야 할 것이다.[549]

제4절 효 력

국적상실의 결정을 받은 자는 그 결정을 받은 때에 대한민국 국적을 상실하게 된다(「국적법」 제14조의4제2항). 국적상실의 결정을 받은 결과 대한민국 국민이 아닌 외국인으로 신분이 변경되므로 국적상실의 결정과 동시에 그 결정을 받은 자는 「출입국관리법」에 의한 강제퇴거조치가 이루어질 수 있다. 즉, 대한민국에서 체류 중 대한민국의 국적을 상실하거나 이탈하는 등 그 밖의 사유로 「출입국관리법」 제10조에 따른 체류자격을 가지지 못하고 체류하게 되는 외국인은 그 사유가 발생한 날로부터 60일 이내에 체류자격을 받아야 하고,[550] 이에 위반 시 강제퇴거의 대상자가 될 수 있는 것이다.[551]

549) 석동현, 앞의 책, 242면.
550) 「출입국관리법」 제23조.
551) 「출입국관리법」 제46조제1항제8호.

제 15 장 복수국적자에 대한 통보의무

제15장에서는 복수국적자에 대한 통보의무에 대해서 알아보고 구체적으로 여기에는 통보의무의 대상, 내용, 절차, 복수국적자에 대한 질문권 및 자료제출요청권 등이 포함된다.

제 1 절 국적법상의 규정

【제14조의5】 (복수국적자에 관한 통보의무 등)

① 공무원이 그 직무상 복수국적자를 발견하면 지체 없이 법무부장관에게 그 사실을 통보하여야 한다.

② 공무원이 그 직무상 복수국적자 여부를 확인할 필요가 있는 경우에는 당사자에게 질문을 하거나 필요한 자료의 제출을 요청할 수 있다.

③ 제1항에 따른 통보 절차는 대통령령으로 정한다. [본조신설 2010. 5. 4.]

「국적법」 제14조의5는 공무원이 그 직무상 복수국적자를 발견하면 지체 없이 법무부장관에게 그 사실을 통보하여야 하고 필요시 당사자에 대한 질문권이나 자료제출요청권을 규정하고 있다.

제 2 절 통보의무

Ⅰ. 대상(통보의무자)

공무원이 그 직무상 복수국적자를 발견하면 지체 없이 법무부장관에게 그 사실을 통보하여야 한다(「국적법」 제14조의5제1항). 통보의 주체는 문언상 '공무원'이므로 주로 업무와 직·간접으로 연결된 출입국 관련 부처 공무원, 가족관계등록 관련 부처 공무원, 재외공관에 근무하는 담당 공무원 등이 주된 통보 주체가 될 것이다.[552)]

Ⅱ. 통보의 내용 및 절차

「국적법」 제14조의5제1항에 따른 통보는 그 공무원이 속한 기관의 주소지를 관할하는 청장 등에게 하여야 한다(「국적법시행령」 제18조의4제1항 본문). 다만, 재외공관의 장이 직무상 복수국적자를 발견하면 외교부장관을 거쳐 법무부장관에게 통보한다(「국적법시행령」 제18조의4제1항 단서).

위(제1항)에 따른 통보는 ① 한글 성명, 생년월일, 성별 및 등록기준지 등 인적사항과 ② 외국 국적의 영문 성명 및 생년월일에 대한 내용을 기재한 서류로 하여야 하며, 복수국적자가 복수국적을 보유하게 된 원인 및 연월일을 증명하는 서류와 소지한 외국 여권의 사본을 첨부하여야 한다(「국적법시행령」 제18조의4제2항).[553)]

청장 등은 위 내용(제1항)에 따라 통보를 받거나 그 직무상 복수국적자를 발견하면 복수국적자 기록표를 작성하여 법무부장관에게 송부하고 그 부본(副本)을 갖추어 두어야 한다(「국적법시행령」 제18조의4제3항).[554)]

---

552) 법무부 출입국·외국인정책본부, 『2014국적실무편람』(2014.6), 205면.

553) 「국적법 시행규칙」 제12조의4(복수국적자의 기록관리) ① 영 제18조의4제3항에 따른 복수국적자 기록표는 별지 제8호의3서식에 따르며, 다음 각 호의 사항을 적는다.
1. 대한민국 국적의 한글성명, 생년월일, 성별 및 국내 주소
2. 외국 국적의 영문성명 및 생년월일
3. 대한민국 국적 및 외국 국적의 취득사유 및 취득일
4. 병역의무와 관련이 있는 사람의 경우에는 병역사항
5. 그 밖에 법무부장관이 정하는 사항
② 복수국적자 기록표의 작성 및 관리는 정보화업무처리 절차에 따라 할 수 있다. [전문개정 2011. 5. 27.]

554) 「국적업무처리지침」 제14조의3(복수국적자 통보) ① 재외공관의 장이 직무상 복수국적자를 발견하면 외교부장관을 거쳐 법무부장관에게 통보한다.

제 3 절 복수국적자에 대한 질문권 및 자료제출요청권

위에서 언급한 것처럼 공무원이 그 직무상 복수국적자 여부를 확인할 필요가 있는 경우에는 당사자에게 질문을 하거나 필요한 자료의 제출을 요청할 수 있다(「국적법」 제14조의5제2항).

제 16 장 외국 국적 취득에 따른 국적의 상실

제16장에서는 외국 국적 취득에 따른 국적의 상실에 대해서 알아본다. 여기에서는 구체적으로 국적법상 국적이 상실되는 경우(대한민국 국적 취득에 의한 국적상실, 외국 국적 취득에 의한 국적상실, 복수국적자의 대한민국 국적이탈에 의한 국적상실, 복수국적자에 대한 국적선택명령 불이행자의 국적상실, 법무부장관의 국적상실 결정에 의한 국적상실), 외국 국적을 자진하여 취득하는 경우(자진취득), 외국 국적을 자진하여 취득하는 경우가 아닌 경우(비자진취득, 국적보유 신고의 의미와 유형, 국적보유의사의 신고 절차, 국적보유 신고 시 처우, 국적보유신고를 한 사람이 해야 할 일), 국적상실자의 처리와 관련 국적상실의 신고와 공무원의 국적상실 통보의무, 관보를 통한 고시, 국적상실자의 법률관계, 국적상실자의 양도 가능한 권리의 양도의무를 이행하지 않은 경우, 국적상실에 따른 부수적 효과 등에 대해서 살펴보기로 한다.

사례의 연습

1. 대한민국 사람("갑")이 대한민국의 국적을 상실하게 될 경우 갑이 가지는 권리는 모두 잃게 되는가?
2. 대한민국의 국적을 상실하게 될 경우 부모나 형제와의 친족관계도 소멸되는 것인가? 국적을 상실한 후에 부모가 사망한 경우 유산 상속을 받을 자격이 있는가?

제 1 절 국적법상의 규정

【제15조】 (외국 국적 취득에 따른 국적 상실)

① 대한민국의 국민으로서 자진하여 외국 국적을 취득한 자는 그 외국 국적을 취득한 때에 대한민국 국적을 상실한다.

② 대한민국의 국민으로서 다음 각 호의 어느 하나에 해당하는 자는 그 외국 국적을 취득한

때부터 6개월 내에 법무부장관에게 대한민국 국적을 보유할 의사가 있다는 뜻을 신고하지 아니하면 그 외국 국적을 취득한 때로 소급(遡及)하여 대한민국 국적을 상실한 것으로 본다.[555]

1. 외국인과의 혼인으로 그 배우자의 국적을 취득하게 된 자
2. 외국인에게 입양되어 그 양부 또는 양모의 국적을 취득하게 된 자
3. 외국인인 부 또는 모에게 인지되어 그 부 또는 모의 국적을 취득하게 된 자
4. 외국 국적을 취득하여 대한민국 국적을 상실하게 된 자의 배우자나 미성년의 자(子)로서 그 외국의 법률에 따라 함께 그 외국 국적을 취득하게 된 자

③ 외국 국적을 취득함으로써 대한민국 국적을 상실하게 된 자에 대하여 그 외국 국적의 취득일을 알 수 없으면 그가 사용하는 외국 여권의 최초 발급일에 그 외국 국적을 취득한 것으로 추정한다.

④ 제2항에 따른 신고 절차와 그 밖에 필요한 사항은 대통령령으로 정한다. [전문개정 2008. 3. 14.]

우리나라의 국적법은 복수국적을 방지하고 단일국적을 원칙으로 하는데 이러한 것은 자진하여 외국 국적을 취득하였거나, 국적취득자가 원국적을 포기하지 않았거나, 그리고 복수국적자가 국적선택을 이행하지 않았음을 이유로 국적을 자동적으로 상실시키는 제도를 통해 알 수 있다.[556]

「국적법」상 대한민국의 국적을 상실하는 경우로 두 가지를 규정하고 있다. 즉, ① 대한민국의 국민으로서 자진하여 스스로 외국 국적을 취득하게 되면 그 사람은 그 외국 국적을 취득한 때에 대한민국 국적을 상실하는 경우(외국국적의 자진취득)와 ② 일정한 경우에 해당하는 대한민국의 국민으로서 자진하지 않고 외국의 국적을 취득하게 된 경우 그 때로부터 일정한 기간 이내에 대한민국의 국적보유 의사를 신고하지 않으면 취득한 때로 소급하여 대한민국의 국적을 상실하게 하는 경우가 있다(외국국적의 비자진취득).

---

555) 이와 관련하여 국적보유신고 대상에 '외국에서 출생해서 미성년인 때 그 외국의 법률과 제도에 따라 국적을 부여받은 경우'를 추가하여 국민확보 및 국적선택 기회를 보장하고, 국적보유신고 기간이 6개월로 다소 짧다는 지적이 있어 신고기간을 연장할 필요가 있었다. 이에 대해 국적법 개정안은 국적법 제15조제2항과 관련하여 "미성년인 자로서 외국에서 거주하던 중 그 외국의 법률과 제도에 따라 그 외국의 국적을 취득한 자"를 국적보유신고 대상에 추가하고(제5호), 국적보유신고 기간을 "1년 이내"로 확대하였다(법무부공고 제2020-219호(2020년 7월 21일), 국적법 일부개정법률(안) 입법예고).

556) 이철우 외, 앞의 책, 294면.

이와 같이 외국국적의 자진취득과 비자진취득의 구분이 갖는 의미는 자진취득의 경우 당사자가 적극적으로 대한민국의 국적을 포기하고 외국의 국민이 되어 그 나라에서 허용하는 권리나 특권을 누리려는 의사가 명백히 추정되기에 이러한 사실 자체만으로 대한민국의 국적을 상실케 하는 것으로 취급해도 무방하지만 비자진취득의 경우에는 그렇지 않은 면이 있다는 점에 있을 것이다.[557]

또한 일정한 경우에 해당하는 대한민국 국민이 외국의 국적을 취득한 때부터 일정한 기간 내 대한민국 국적보유의 의사를 표시하기 위한 신고를 통해 국적을 보유할 수 있는 '국적보유제도'가 있다.

앞의 국적의 이탈부분에서 언급하였듯이 국적의 상실은 국적의 이탈과는 구분된다.[558]

제 2 절 「국적법」상 국적이 상실되는 경우 - 국적상실의 사유

「국적법」상 국적이 상실되는 경우는 다음과 같이 여러 가지를 들 수 있다. 먼저 국적상실이 되는 사유들을 살펴본 후 외국의 국적을 자진하여 취득하는 경우(자진취득)와 자진하여 취득하는 것이 아닌 경우(비자진취득)에 대해 구체적으로 살펴보기로 한다.

I. 후천적 사유에 의한 대한민국 국적 취득

「국적법」 제10조(국적취득자의 외국 국적포기 의무)상 귀화·국적회복 등으로 대한민국의 국적을 취득한 후 1년 내에 외국국적을 포기하거나 외국국적불행사 서약을 이행하지 않은 자는 그 기간이 지난 때에 대한민국의 국적을 상실한다(「국적법」 제10조제3항).

---

557) 석동현, 앞의 책, 248~249면.

558) 자세한 사항에 대해서는 국적의 이탈 부분 참고.

Ⅱ. 외국국적의 취득

대한민국의 국민으로서 자진하여 외국국적을 취득한 경우 그 외국의 국적을 취득한 때에 대한민국의 국적을 상실한다(「국적법」 제15조제1항). 다만 외국인과의 혼인, 입양, 인지 등 신분행위의 결과로 비자발적으로 외국의 국적을 취득하게 된 후 6개월 내에 대한민국의 국적보유신고를 하지 아니한 경우 외국 국적을 취득한 때로 소급하여 대한민국의 국적을 상실한 것으로 본다(「국적법」 제15조제2항). 이에 대해서는 아래에서 다시 구체적으로 살펴보기로 한다.

Ⅲ. 복수국적자의 대한민국 국적이탈

「국적법」 제14조(대한민국 국적의 이탈 요건 및 절차)에 따른 국적이탈의 신고를 한 자는 법무부장관이 신고를 수리한 때에 대한민국의 국적을 상실한다(「국적법」 제14조제2항). 다만 국적이탈에 의한 국적상실자는 「국적법」 제16조(국적상실자의 처리)상의 국적상실신고를 하여야 할 의무가 없다(「국적법」 제16조제1항). 이 경우 국적이탈신고를 하면 이에 따른 국적상실 된 사실을 가족관계등록관서에 통보함으로써 가족관계등록부를 정리하게 될 것이다.[559)]

Ⅳ. 복수국적자의 국적선택명령 불이행

복수국적자로서 「국적법」 제14조의3(복수국적자에 대한 국적선택명령) 제1항 및 제2항에 따라 국적선택명령을 받고도 그 기간 내에 국적선택을 하지 아니한 경우 그 기간이 지난 때에 대한민국의 국적을 상실한다(「국적법」 제14조의3제4항).

Ⅴ. 외국국적불행사 서약에 반하는 행위에 따른 국적선택명령 불이행

대한민국의 국적 선택을 위한 외국 국적의 포기에 갈음하는 외국국적불행사 서약 또는 후천적으로 국적을 취득한 자의 원국적 포기에 갈음하는 외국국적불행사

559) 법무부 출입국·외국인정책본부, 『2014국적실무편람』 (2014.6), 152면.

서약, 즉 대한민국에서 외국 국적을 행사하지 아니하겠다는 뜻을 서약한 자가 그 뜻에 현저히 반하는 행위를 한 경우에는 6개월 내에 하나의 국적을 선택할 것을 명할 수 있고,[560] 그 기간 내에 대한민국의 국적을 이탈하거나 외국의 국적을 포기하지 않으면 대한민국의 국적을 상실하게 된다.[561]

Ⅵ. 행정처분에 의한 국적상실

처분에 의한 국적상실은 국적상실의 결정에 의한 국적상실과 국적을 부여한 행정처분의 취소에 따른 국적상실로 구분하여 설명할 수 있다.

1. 국적상실의 결정에 의한 국적상실

1.1. 개 요

복수국적자(출생에 의한 복수국적자는 제외)가 국가안보, 외교관계 및 국민경제 등에 있어서 대한민국의 국익에 반하는 행위를 하거나 대한민국의 사회질서 유지에 상당한 지장을 초래하는 행위를 하여 법무부장관으로부터 국적상실의 결정을 받은 경우 그 결정을 받은 때에 대한민국의 국적을 상실한다(「국적법」 제14조의4제2항). 복수국적자가 그 대상이므로 복수국적자 아니면 국적상실의 결정을 할 수 없는데 이는 무국적을 방지하기 위한 것이라고 할 수 있다.[562]

이와 같이 국가의 처분에 의해 국적이 상실된다는 점에서 '국적의 박탈'이라고 할 수 있다.[563] 이러한 것은 국적상실 자체가 행정행위의 목적이 아니라 귀화나 국적회복과 같이 국적을 취득한 원인에 하자가 있어 그 처분을 취소하는 결과 국적상실의 효과가 발생하게 되지만 실질적으로는 국적을 상실시키는 처분과 유사하

560) 국적법 제14조의2(복수국적자에 대한 국적선택명령) ② 법무부장관은 복수국적자로서 제10조제2항, 제13조제1항 또는 같은 조 제2항 단서에 따라 대한민국에서 외국 국적을 행사하지 아니하겠다는 뜻을 서약한 자가 그 뜻에 현저히 반하는 행위를 한 경우에는 6개월 내에 하나의 국적을 선택할 것을 명할 수 있다.

561) 국적법 제14조의2(복수국적자에 대한 국적선택명령) ④ 제1항 또는 제2항에 따라 국적선택의 명령을 받고도 이를 따르지 아니한 자는 그 기간이 지난 때에 대한민국 국적을 상실한다.

562) 이철우 외, 앞의 책, 300면.

563) 국적의 박탈이 허용되는지의 여부에 대해서는 이철우 외, 앞의 책, 298~299면 참조.

게 되는 것이다.[564)]

1.2. 국적상실 결정을 위한 요건

위에서 언급한 바 있듯이 국적상실 결정은 ① 국가안보, 외교관계 및 국민경제 등에 있어서 대한민국의 국익에 반하는 행위를 하는 경우 또는 ② 대한민국의 사회질서 유지에 상당한 지장을 초래하는 행위로서 대통령령으로 정하는 경우에 행한다(국적법 제14조의4).[565)] ②에서'대통령으로 정하는 경우'란 살인죄, 강간죄 등 법무부령으로 정하는 죄명으로 7년 이상의 징역 또는 금고의 형을 선고받아 그 형이 확정된 경우를 말하고(국적법시행령 제18조의3),[566)] 여기서의 '법무부령으로 정하는 죄명'이란 ㉠「형법」 제2편 제24장 살인의 죄, 제32장 강간과 추행의 죄 또는 제38장 절도와 강도의 죄 중 강도의 죄, ㉡「성폭력범죄의 처벌 등에 관한 특례법」 위반의 죄, ㉢「마약류관리에 관한 법률」 위반의 죄, ㉣「특정범죄 가중처벌 등에 관한 법률」 제5조의2, 제5조의4, 제5조의5, 제5조의9 또는 제11조 위반의 죄, ㉤「폭력행위 등 처벌에 관한 법률」 제4조 위반의 죄, ㉥「보건범죄단속에 관한 특별조치법」 위반의 죄 중 어느 하나에 해당하는 죄를 말한다.[567)]

---

564) 이철우 외, 앞의 책, 298면.

565) 국적법 제14조의3(대한민국 국적의 상실결정) ① 법무부장관은 복수국적자가 다음 각 호의 어느 하나의 사유에 해당하여 대한민국의 국적을 보유함이 현저히 부적합하다고 인정하는 경우에는 청문을 거쳐 대한민국 국적의 상실을 결정할 수 있다. 다만, 출생에 의하여 대한민국 국적을 취득한 자는 제외한다.
1. 국가안보, 외교관계 및 국민경제 등에 있어서 대한민국의 국익에 반하는 행위를 하는 경우
2. 대한민국의 사회질서 유지에 상당한 지장을 초래하는 행위로서 대통령령으로 정하는 경우
② 제1항에 따른 결정을 받은 자는 그 결정을 받은 때에 대한민국 국적을 상실한다. [본조신설 2010. 5. 4.]

566) 국적법시행령 제18조의3(대한민국 국적의 상실결정 절차 등) ① 법무부장관은 법 제14조의3제1항에 따라 복수국적자가 대한민국의 국적을 보유함이 현저히 부적합하다고 인정하는 경우에는 제28조에 따른 국적심의위원회의 심의를 거쳐 대한민국 국적의 상실을 결정한다. <개정 2017. 8. 29.>
② 법 제14조의3제1항제2호에서 "대통령령으로 정하는 경우"란 살인죄, 강간죄 등 법무부령으로 정하는 죄명으로 7년 이상의 징역 또는 금고의 형을 선고받아 그 형이 확정된 경우를 말한다.
③ 법 제14조의3제1항 각 호 외의 부분 본문의 청문절차에 관하여는「행정절차법」 제2장제2절 중 청문에 관한 규정을 준용한다.
④ 법무부장관은 복수국적자가 국적상실결정을 받아 대한민국 국적을 상실한 경우에는 제18조의2제6항 및 제7항을 준용한다. <개정 2017. 8. 29.> [본조신설 2010. 12. 31.]

1.3. 국적상실 결정의 절차 및 국적상실의 시기

국적상실의 결정을 하기 위해서는 국적법 제14조의4제1항에 따라 청문절차를 거쳐야 하는데 이는 구체적으로 국적심의위원회의 심의를 거쳐 법무부장관이 결정하게 되고 그 절차는 행정절차법상의 청문에 관한 규정이 준용된다.[568] 이와 같은 국적상실의 결정이 있으면 그 결정을 받은 때에 대한민국의 국적을 상실하게 된다(국적법 제14조의4제2항).

2. 국적을 부여한 행정처분의 취소에 따른 국적상실

국적을 부여한 행정처분의 취소에 따라 국적이 상실될 수 있다. 즉, 거짓이나 그 밖의 부정한 방법으로 귀화허가나 국적회복허가 또는 국적보유판정을 받은 자에 대하여 법무부장관은 그 허가 또는 판정을 취소할 수 있는 것이다. 이와 같은 사유에 의한 국적상실은 무국적 감소에 관한 협약과 같은 국제규범에 반하지 않으며, 허가에 대한 취소의 행사기간을 정하지 않은 국적법 제21조도 대한민국의 헌법에 반하지 않는다.[569]

국적상실 결정이 복수국적자만을 그 대상으로 한다면, 「국적법」 제21조(허가 등의 취소)에 의한 국적상실은 단일국적자에 대해서도 가능하다는 점에서 차이가 있

---

567) 국적법시행규칙 제12조의3(국적상실 결정의 사유에 해당하는 죄명) 영 제18조의3제2항에서 "법무부령으로 정하는 죄명"이란 다음 각 호의 어느 하나에 해당하는 죄를 말한다.
1. 「형법」 제2편 제24장 살인의 죄, 제32장 강간과 추행의 죄 또는 제38장 절도와 강도의 죄 중 강도의 죄
2. 「성폭력범죄의 처벌 등에 관한 특례법」 위반의 죄
3. 「마약류관리에 관한 법률」 위반의 죄
4. 「특정범죄 가중처벌 등에 관한 법률」 제5조의2, 제5조의4, 제5조의5, 제5조의9 또는 제11조 위반의 죄
5. 「폭력행위 등 처벌에 관한 법률」 제4조 위반의 죄
6. 「보건범죄단속에 관한 특별조치법」 위반의 죄

568) 국적법시행령 제18조의3(대한민국 국적의 상실결정 절차 등) ① 법무부장관은 법 제14조의3제1항에 따라 복수국적자가 대한민국의 국적을 보유함이 현저히 부적합하다고 인정하는 경우에는 제28조에 따른 국적심의위원회의 심의를 거쳐 대한민국 국적의 상실을 결정한다.
③ 법 제14조의3제1항 각 호 외의 부분 본문의 청문절차에 관하여는 「행정절차법」 제2장제2절 중 청문에 관한 규정을 준용한다.

569) 헌재 2015. 9. 24 2015헌바26; 이철우 외, 앞의 책, 301면.

다.[570)]

이와 관련한 자세한 사항은 아래에서 설명할 국적법 제21조(허가 등의 취소) 부분에서 설명하기로 한다.[571)]

제 3 절 외국 국적을 자진하여 취득하는 경우(자진취득)

Ⅰ. 의 미

외국의 국적을 자진하여 취득한다는 것은 귀화 또는 국적회복을 통해 외국국적을 취득하는 것을 말한다.[572)] 즉, 외국 국적의 자진 취득은 특정 국가의 국적을 취득할 목적으로 스스로 그 해당 국가에서 요구하는 법령에 따른 요건과 절차를 충족하여 그 나라의 국적을 취득하는 것을 말하는데 귀화의 경우가 대표적인 예라고 할 수 있다. 이때 자진하여 외국 국적을 취득하였는지의 여부에 대한 판단은 외국의 국적을 취득하는 행위의 양태에 따른 것을 말하고 외국 국적을 취득하게 된 배경에 따르는 것은 아니다.[573)]

Ⅱ. 자진취득자의 대한민국의 국적이 상실되는 시기

자진하여 외국 국적을 취득한 사람, 즉 대한민국의 국민으로서 자진하여 외국 국적을 취득한 자는 그 외국 국적을 취득한 때에 대한민국 국적을 상실한다(「국적법」 제15조제1항). 그러므로 자진취득자의 대한민국의 국적이 상실되는 시기는 '그 외국 국적을 취득한 때'가 된다. 대법원도 대한민국의 국민이 외국의 국적(미국의 시민권)을 취득한 경우, 국적상실의 시기에 대하여 대한민국의 국민이 미국의 시민권을 취

570) 이철우 외, 앞의 책, 301면.
571) 국적법 제21조(「국적법」) ① 법무부장관은 거짓이나 그 밖의 부정한 방법으로 귀화허가나 국적회복허가 또는 국적보유판정을 받은 자에 대하여 그 허가 또는 판정을 취소할 수 있다.
② 제1항에 따른 취소의 기준·절차와 그 밖에 필요한 사항은 대통령령으로 정한다.
572) 이철우 외, 앞의 책, 295면.
573) 위의 책, 같은 면.

득하면 「국적법」상의 '자진하여 외국의 국적을 취득한 자'에 해당하여 우리나라의 국적을 상실하게 되는 것이지 대한민국과 미국의 '이중국적자'가 되어 법무부장관의 허가를 얻어 대한민국의 국적을 이탈하여야 비로소 대한민국의 국적을 상실하게 되는 것은 아니라고 보았다(대법원 1999. 12. 24. 선고 99도3354 판결; 대법원 2008. 7. 24. 선고 2008도4085 판결).[574)]

그러므로 피고인이 다른 나라(뉴질랜드)의 시민권을 취득하였다면 우리나라 국적을 상실하였으므로, 그 후 그 나라(뉴질랜드)에서 대한민국 국민에 대하여 사기행위

574) 대법원 1999. 12. 24. 선고 99도3354 판결 [특정범죄가중처벌등에관한법률위반(외국인을위한재산취득)] [공2000.2.1.(99),356] (일부 수정함)
① 미국은 호주나 캐나다 등과 같이 그 나라의 국민이 되는 자격으로서 국적제도를 두지 아니하고 시민권제도를 두고 있는바, 이러한 국가에서의 시민권은 국적과 그 법적 성격이나 기능이 거의 동일하다고 할 것이어서, 대한민국의 국민이 미국의 시민권을 취득하면 구 「국적법」(1997. 12. 13. 법률 제5431호로 전문 개정되기 전의 것) 제12조제4호 소정의 '자진하여 외국의 국적을 취득한 자'에 해당하여 우리나라의 국적을 상실하게 되는 것이지 대한민국과 미국의 '이중국적자'가 되어 구 「국적법」 제12조제5호의 규정에 따라 법무부장관의 허가를 얻어 대한민국의 국적을 이탈하여야 비로소 대한민국의 국적을 상실하게 되는 것은 아니라고 할 것이므로, 대한민국의 국적을 가진 상태에서 미국으로 이민하여 생활하다가 미국의 시민권을 취득한 공소외 최인애는 이 사건 토지 취득 당시 대한민국의 국적을 가지지 아니한 외국인에 해당한다고 판단하고 있는바, 관계 법령과 기록에 비추어 살펴보면 원심의 위와 같은 판단은 수긍이 가고, 거기에 상고이유에서 지적하는 바와 같은 구 「국적법」에 관한 법리오해 등의 위법이 없다. 이 점에 관한 상고이유는 받아들일 수 없다.
② 원심판결 이유를 기록에 비추어 살펴보면, 원심이 피고인의 이 사건 토지의 취득은 외국인인 공소외 최인애를 위한 것이지 그녀의 딸로서 대한민국 국적을 가진 공소외 윤정아를 위한 것은 아니라고 판단하여, 피고인이 외국인에 의한 취득이 금지된 토지를 외국인을 위하여 외국인의 자금으로 취득하였다는 이 사건 각 공소사실을 유죄로 인정하여 처단한 제1심의 조치를 그대로 유지한 것은 수긍이 가고, 거기에 상고이유에서 지적하는 바와 같은 채증법칙 위배나 법리오해의 위법이 없다. 이 점에 관한 상고이유도 받아들일 수 없다.
대법원 2008. 7. 24. 선고 2008도4085 판결 [사기·업무상배임]
대한민국의 국민이 뉴질랜드의 시민권을 취득하면 「국적법」(2008. 3. 14. 법률 제8892호로 개정되기 전의 것, 이하 같다) 제15조제1항에 정한 '자진하여 외국 국적을 취득한 자'에 해당하여 우리나라의 국적을 상실하게 되는 것이지 대한민국과 뉴질랜드의 '이중국적자'가 되어 「국적법」 제14조제1항의 규정에 따라 법무부장관에게 대한민국의 국적을 이탈한다는 뜻을 신고하여야 비로소 대한민국의 국적을 상실하게 되는 것은 아니며(대법원 1999. 12. 24. 선고 99도3354 판결 등 참조), 한편 형법 제6조 본문에 의하여 외국인이 대한민국 영역 외에서 대한민국 국민에 대하여 범죄를 저지른 경우에도 우리 형법이 적용되지만, 같은 조 단서에 의하여 행위지의 법률에 의하여 범죄를 구성하지 아니하거나 소추 또는 형의 집행을 면제할 경우에는 우리 형법을 적용하여 처벌할 수 없다고 할 것이고, 이 경우 행위지의 법률에 의하여 범죄를 구성하는지 여부에 대해서는 엄격한 증명에 의하여 검사가 이를 입증하여야 할 것이다.

를 하였더라도 외국인이 대한민국 영역 외에서 대한민국 국민에 대하여 범죄를 저지른 경우에 해당한다.575)

Ⅲ. 문제되는 경우

문제는 비록 대한민국의 국민이 외국의 국적을 취득하였다고 해도 본인이 이를 신고하거나 해당 나라의 관련 부처에서 이를 대한민국에 통보해 주지 않으면 알 수 없는 부분도 있을 수 있다는 점이다.

특히 외국 국적을 취득하였음에도 이를 대한민국에 알리지 않은 사이에 대한민국 내에 여전히 존재하는 당사자 명의의 부동산과 동산에 대한 권리변동, 상속, 건강 및 연금보험 등의 대한민국의 국민으로서의 지위를 그대로 유지함에 따라 발생할 수 있는 문제가 생길 수 있을 것이다.

사례의 분석

1. 반드시 그렇지 않다. 즉, 국적법 제18조에 따라 국적상실일로부터 대한민국 국민이 갖는 권리(피선거권, 투표권, 공직취임, 광업권 등)는 향유할 수 없고 권리 가운데 양도할 수 있는 것은 3년 내에 다른 국민에게 양도하여야 한다. 하지만 “갑”이 과거에 보유하고 있던 국내 재산도 자동적으로 잃게 되는 것은 아니므로 예금이나 토지, 건물 등의 부동산도 계속하여 보유할 수 있다. 다만 갑이 부동산 등을 계속보유하려는 경우에는 외국인으로 변경된 날부터 6개월 이내에 대통령령으로 정하는 바에 따라 관련 입증서류를 구비하여 신고관청에 신고하여야 할 것이다(부동산 거래신고 등에 관한 법률 제8조제3항).

2. 그렇지 않다. 국적이라는 공법상의 지위만 상실되며 사법상의 지위를 갖는 친족관계가 단절되거나 소멸되는 것은 아니다.576) 따라서 국적 상실 후 부모가 사망하였다면 국내의 다른 형제들과 공동으로 상속을 받을 수 있다.

575) 대법원 2008. 7. 24. 선고 2008도4085 판결.
576) 법무부출입국·외국인정책본부, 『국적법 문답식 해설』, 2011, 84~85면.

제 4 절 외국 국적을 자진하여 취득하는 경우가 아닌 경우(비자진취득) – 국적보유의 신고

사례의 연습

1. 외국인과 결혼하거나 외국인에게 입양 또는 인지된 후에 외국에서 거주하다가 그 나라의 국적을 취득한 경우 국적법 제15조제2항에 따라 대한민국의 국적보유신고를 할 수 있는가?
2. 국적법 제15조제2항에 따라 국적보유신고를 한 사람들에게는 결국 복수국적을 허용한다는 의미를 갖는가?
3. 미성년자인 갑의 부모는 미국국적을 취득하였고 이에 따라 갑은 외국 국적을 수반취득하게 되었다. 이때 갑이 국적보유신고기간 내에 입국할 경우 대한민국의 여권을 사용하여 입국할 수 있는가?
4. 국적보유 신고자의 국적선택의무의 기산점은 언제부터인가?

I. 의 의

외국 국적의 비자진취득으로서 일정한 경우에 해당하는 사람은 그 외국 국적을 취득한 때부터 6개월 내에 법무부장관에게 대한민국 국적을 보유할 의사가 있다는 뜻을 신고할 경우 우리나라 국적을 상실함이 없이 그 외국의 국적을 보유할 수 있는 제도를 운영하고 있다(「국적법」 제15조제2항).

즉, 외국 국적의 비자진취득은 해당자가 직접적이고 자발적인 의사에 기한 국적취득이 아니라 외국인과의 국제결혼 등에 의한 결과로서 상대방의 국적을 자동적으로 취득하게 되거나 부모가 외국의 국적을 취득하는 과정에서 미성년자인 자녀가 그 국적을 자동적으로 취득하게 되는 경우와 같이 다른 법률행위나 사실행위의 결과로서 자동적으로 그 국적을 취득하게 되는 경우를 말한다.[577]

말하자면 원칙적으로 외국 국적의 취득자는 대한민국의 국적을 상실하는 것이

577) 석동현, 앞의 책, 251~252면; 이철우 외, 앞의 책, 295면.

원칙이나 아래와 같은 유형에 해당하는 자가 국적보유신고를 하는 경우에는 대한민국의 국적이 상실되지 않고 법정 국적선택기간 동안 대한민국의 국적을 유지할 수가 있다.

이러한 외국 국적의 비자진취득에 관한 내용을 위에서 살펴 본 자진취득의 경우와를 비교하면 아래와 같은 <표>로 제시할 수 있을 것이다.

외국 국적의 자진취득과 비자진취득의 비교

구 분	적 용	대한민국 국적상실 시기	법적 근거
자진취득	귀화 등을 통한 자발적 취득의 경우	외국 국적을 자진하여 취득한 때	「국적법」 제15조제1항
비자진 취득	귀화 등이 아닌 일정한 경우	외국 국적 취득일부터 6월이 내에 대한민국 국적의 보유의사를 신고하지 않을 경우 그 외국 국적의 취득일로 소급하여 상실	「국적법」 제15조제2항

Ⅱ. 유형 - 대상

이러한 외국 국적[578]의 비자진취득과 관련하여 우리나라 「국적법」은 일정한 유형을 규정하고 있다(「국적법」 제15조제2항). 즉, ① 외국인과의 혼인으로 그 배우자의 국적을 취득하게 된 경우(제1호), ② 외국인에게 입양되어 그 양부 또는 양모의 국적을 취득하게 된 경우(제2호), ③ 외국인인 부 또는 모에게 인지되어 그 부 또는 모의 국적을 취득하게 된 경우(제3호), ④ 외국 국적을 취득하여 대한민국 국적을 상실하게 된 자의 배우자나 미성년의 자(子)로서 그 외국의 법률에 따라 함께 그 외국 국적을 취득하게 된 경우(제4호)의 4가지로 구분하여 규정하고 있다.

이와 관련하여 유의해야 할 사항은 본 4가지 유형에 해당되어 본 규정(제15조제2항)에 적용되는 경우는 규정상 그 나라(외국)의 국내법상 별도의 절차를 거침이 없이 자동적으로 그 나라의 국적을 취득하는 경우를 의미한다는 점이다. 그러므로 외국인과의 결혼이나 외국인에 의한 인지나 입양 등을 통해 외국에 이주하여 체류 중 그 나라(외국)에서 정한 법령이나 절차 등에 따라 귀화하는 경우는 위에서 언급한

578) 석동현, 앞의 책, 252면.

자진취득에 해당하여 제1항의 적용을 받게 된다.

Ⅲ. 국적보유의사의 신고절차

1. 일반적인 경우

국적보유신고는 위에서 설명한 것처럼 후천적 외국국적취득자는 대한민국 국적이 상실되는 것이 원칙이나 외국인과의 혼인으로 인해 그 배우자의 국적을 취득하게 된 자, 외국인에게 입양되어 그 양부 또는 양모의 국적을 취득하게 된 자, 외국인인 부 또는 모에게 인지되어 그 부 또는 모의 국적을 취득하게 된 자, 외국국적을 취득하여 대한민국 국적을 상실하게 된 자의 배우자나 미성년 자녀로서 그 외국의 법률에 따라 함께 그 외국국적을 취득하게 된 자가 국적보유신고를 하는 경우에는 한국국적이 상실되지 않고 법에서 정하는 국적선택기간 동안 대한민국 국적을 보유할 수 있다. 신고는 외국국적을 취득한 때부터 6월내에 하여야 하며, 이 기간 내에 국적보유신고를 하지 않으면 그 외국국적을 취득한 때에 소급하여 대한민국의 국적을 상실하게 된다. 신고시 본인이 직접 방문하여야 한다.

위와 같은 내용(「국적법」 제15조제2항)에 따라 대한민국 국적을 보유할 의사가 있다는 뜻을 신고하려면 정해진 기한, 즉 외국의 국적을 취득한 때로부터 6개월 이내에 아래와 같은 <국적보유 신고서>를 작성하여 청장 등에게 제출하여야 한다(「국적법 시행령」 제19조제1항).

이와 관련한 구체적인 구비서류는 국적상실신고에 필요한 서류 이외에 국적보유신고서(3.5cm×4.5cm 칼라사진 1장 부착, 연락처 2곳 이상 기재); 수수료(2만원), 외국 여권 원본과 사본(인적사항 면 복사), 본인의 기본증명서, 가족관계증명서, 혼인관계증명서(혼인사유인 경우) 각 1부, 국적보유신고 사유서(국적취득의 원인, 보유신고의 사유, 향후 계획 등을 기재), 외국국적을 취득한 원인 및 일자 입증서류, 혼인, 입양, 인지관계가 나타나는 외국의 가족관계등록부 또는 시민권증서(번역문 포함), 이와 관련하여 ① 혼인으로 인한 경우에는 외국정부발행 혼인증명서 등 혼인으로 외국국적을 취득함을 나타내는 서류를 ② 외국국적 수반취득의 경우에는 외국의 영사 기타 관련 공무원이 발급한 수반취득 확인서를 제출해야 한다. 이때 외국국적 수반취득이란 외국국적을 취득하여 대한민국 국적을 상실하게 된 자의 배우자나 미성년의 자가 그 외국의 법률에 따라 외국국적을 취득하게 되는 경우이므로 수반취득 사실이 문서로 입증되어야 한다(예 : 자녀의 취득 내용이 없는 부모의 시민권 증서로는 접수할 수 없으며 부모와 자녀의 외국국적 취득일자가 동일한 경우라면 예외로서 인정 가능). 이와 같은 외국 국적 수반취득자의 외국국적을 취득 원인 및 일자 입증서류는 외국의 영사 기타 관련 공무원이 발급한 수반취득 확인서를 갖추어야 한다.[579]

이에 따라 청장 등은 신고서를 제출받은 때에는 지체 없이 법무부장관에게 송부하여야 하고(「국적법시행령」 제19조제2항), 이에 따라 국적보유 신고를 수리하였으면 법무부장관은 그 사실을 지체 없이 본인에게 알리고, 그 등록기준지 가족관계등록관서의 장에게 통보하여야 한다(「국적법시행령」 제19조제3항).[580]

2. 국적보유 신고 대상자가 외국에 주소를 두고 있을 경우

만일 신고 대상자가 외국에 주소를 두고 있을 경우 그 신고는 주소지 관할 재외공관의 장을 통해서도 신고서나 신청서를 제출할 수 있다(「국적법시행령」 제25조제1항).

이에 따라(제1항에 따라) 신고서나 신청서를 제출받은 재외공관의 장은 이를 지체 없이 외교부장관을 거쳐 법무부장관에게 송부하여야 하고(「국적법시행령」 제25조제2항), 이와 같이 재외공관의 장을 통하여 제출된 신고를 수리하거나 신청을 접수하였으면 법무부장관은 그 사실을 외교부장관을 거쳐 해당 재외공관의 장에게 통보하는 절차를 취하게 된다(「국적법시행령」 제25조제3항).

3. 외국 국적취득에 따른 대한민국 국적 상실자가 그 취득일을 알 수 없는 경우

위에서 설명한 대로 대한민국의 국적을 상실하게 되는 시기는 외국의 국적을

---

579) 법무부 출입국·외국인정책본부, 『2014국적실무편람』(2014.6), 162면; 1345 자료(2020년 2월 20일).

580) 이에 따라(제3항에 따라) 그 등록기준지 가족관계등록관서의 장에게 통보하는 서류에는 다음 각 호의 사항을 적어야 한다(「국적법시행령」 제19조제4항).
1. 국적보유 신고자의 성명, 생년월일, 성별 및 등록기준지
2. 외국 국적을 취득하게 된 원인 및 연월일

'취득한 날'이다. 하지만 외국 국적 취득일의 상당한 경과나 취득일을 어렴풋이 기억하면서도 이에 따른 입증자료를 제출하지 못하게 되는 등 외국 국적의 취득일을 정확하게 기억할 수 없는 경우가 발생할 수 있다.

이와 관련한 예를 설명하면 다음과 같다.[581] 즉, 오래 전에 외국 국적의 취득으로 대한민국 국적을 상실하였으나 구호적부나 현행 가족관계등록부상에 이러한 내용이 반영되지 않아 이러한 서류상에 제적조치가 이루어지지 않고 그대로 이름이 등재되어 있는 사람이 국적회복허가를 신청하려 할 경우 국적상실신고가 먼저 이루어지거나 동시에 해야 하고 이때 대한민국의 국적상실일이 되는 외국 국적 취득일을 기재해야 하는 데 이에 대한 입증 곤란시 국적회복허가 신청서나 국적상실신고서의 접수가 어렵게 된다.

또한 외국 국적을 취득하여 대한민국 국적을 상실한 내용이 가족관계등록부에 반영되지 않은 상태에서 외국 여권을 소지하고 대한민국을 출입하면서 출입국담당 공무원이 알게 된 경우 그 공무원은 「국적법」(제16조제2항)이 정한 바에 의해 지체없이 법무부장관에게 국적상실자인 내용을 알려야 하는 데 이때 문제의 당사자가 외국 국적 취득일을 정확히 모르는 등의 경우에 통보서 상의 외국국적 취득일자(대한민국 국적 상실일자)를 기재할 수 없게 되고 결국 국적상실자임을 알았으면서도 이에 관한 통보를 할 수 없게 된다.

이에 대해 「국적법」은 외국 국적을 취득함으로써 대한민국 국적을 상실하게 된 자에 대하여 그 외국 국적의 취득일을 알 수 없으면 '그가 사용하는 외국 여권의 최초 발급일'에 그 외국 국적을 취득한 것으로 추정하도록 규정함으로써(「국적법」 제15조제3항) 이러한 문제점을 해소하고 있다고 볼 수 있다.

구체적으로 이러한 경우에는 신고대상자, 부모의 한국 성명과 외국성명의 출입국 기록 등을 통해 출생지와 출생 당시의 부모 국적을 알아본 후 복수국적자 여부인지를 확인한 후 최초 발급받은 해당 국가 여권으로 국적상실을 신청할 경우 외국 대사관이 발행한 최초 여권 확인서를 첨부하여야 할 것이다.

---

581) 석동현, 앞의 책, 254~255면.

Ⅳ. 효　력

국적보유신고를 통해 대한민국의 국적을 보유하게 된 사람은 일단 복수국적자가 되지만 위에서 살펴 본 「국적법」 제12조(복수국적자의 국적선택의무) 내지 제14조(대한민국 국적의 이탈 요건 및 절차)에서 정한 국적선택 기간 내에 하나의 국적을 선택해야 한다. 그러므로 국적보유 신고를 한 사람이 국적을 선택해야 할 기간이 지난 후에 대한민국 국적을 선택하려면 외국의 국적을 포기해야 한다.

이와 관련하여 국적보유신고를 한 사람이 국적을 선택해야 하는 기간 내에 대한민국의 국적을 선택하려는 경우 모두 외국국적불행사 서약의 방식으로 할 수 있는데 이는 복수국적자 중 외국국적을 포기해야 만 대한민국의 국적을 선택할 수 있는 소위 '원정출산자'의 경우와는 달리 국적보유 신고를 마친 사람들은 출생 당시 대한민국의 국적만 가졌던 사람들이기 때문이다.[582)]

한편, 비자진취득자의 대한민국 국적이 상실되는 시점은 그 나라(외국)의 국적을 취득한 때로부터 6개월 내에 법무부장관에게 대한민국 국적을 보유할 의사가 있다는 뜻을 신고하지 아니하거나 그 기한이 도과한 경우 그 외국 국적을 취득한 때로 소급(遡及)하여 대한민국 국적을 상실하게 된다(「국적법」 제15조제2항).

Ⅴ. 국적보유 신고 시 처우

국적보유를 신고할 경우 외국국적을 취득한 때로부터 6개월 내에 국적보유의 신고를 하면 복수국적자로서 국적선택제도의 적용대상이 된다. 또한 국적보유 신고 후 국적선택기간 내에 '외국국적불행사 서약'과 함께 대한민국 국적선택신고를 하면 대한민국의 국적을 유지할 수 있게 된다.[583)] 즉, 복수국적을 보유할 수 있는 것이다.

---

582) 석동현, 앞의 책, 252~253면.
583) 법무부 출입국·외국인정책본부, 『2014국적실무편람』(2014.6), 162면.

Ⅵ. 국적보유신고를 한 사람이 해야 할 일

국적보유신고를 한 사람은 다음과 같이 그 방법에 따라 일정한 기간 내에 국적선택을 해야 한다.[584)]

1. 국적의 선택

국적선택의 방법은 위에서 살펴본 것처럼 ①「국적법」 제13조에 따른 대한민국의 국적의 선택과 ② 제14조에 따른 대한민국 국적이탈의 방법이 있다. ①의 경우에는 외국 국적을 포기하거나 '외국국적불행사 서약'을 하고 대한민국의 국적을 선택한다. '외국국적불행사 서약'을 하는 경우 계속하여 복수국적을 보유하게 된다. 유의할 것은 국적선택 의무기간 내에 국적선택신고를 하는 경우에만 복수국적을 허용하므로 남자는 만 22세 전 또는 병역복무를 마친 후 2년 내에 국적선택을 하는 경우에만 복수국적이 허용되는 것이다. 이에 대해 ②의 경우에는 외국에 주소를 두고 거주하는 사람으로서 거주지 관할 재외공관을 통하여 국적이탈신고를 할 수 있고 국내에 생활기반을 두고 거주하는 사람은 국적이탈을 할 수 없다. 이와 관련하여 남자는 만 18세가 되는 해의 3월 31일 이전 또는 병역의무가 해소된 다음부터만 국적이탈을 할 수 있다.

2. 국적선택 의무 기간

남자의 경우와 여자의 경우 국적선택 의무 기간이 다르다. 즉, ① 남자의 경우 국적보유신고를 한 사람은 만 22세가 되기 이전에 또는 병역의무가 해소된 날로부터 2년 이내에서 국적선택을 해야 하고, 다만 병역의무가 해소된 이후에 국적보유신고를 한 사람은 그 때로부터 2년 내에 국적선택을 해야 한다. 이때 병역의무의 해소란 병역의 복무를 마쳤거나 전시근로역, 병역면제 처분 가운데 어느 하나에 해당하는 것을 말한다. 이에 대해 ② 여자의 경우 만 20세가 되기 전에 국적보유신고를 한 사람은 만 22세가 되기 전에, 만 20세가 된 후 국적보유신고를 한 사람은

584) 앞의 책, 164면.

그 때부터 2년 내에 국적선택을 해야 한다.

V. 관련문제 : 일본 국적법상 국적보유제도의 도입 여부

국적보유제도와 관련해서는 일본의 경우, 특히 일본 국적법 제12조와 제17조를 통해 살펴볼 수 있을 것이다.[585] 제12조에서는 "출생에 의해 외국의 국적을 취득한 일본 국민으로서 국외에서 출생한 자는 호적법이 정하는 바에 따라 일본 국적을 유보하는 의사를 표시하지 아니하면 그 출생 당시로 소급하여 일본 국적을 상실한다"고 규정하고 있다. 또한 제17조제1항에서는 "제12조의 규정에 의해 일본 국적을 상실한 자로서 20세 미만의 자는 일본에 주소를 두고 있을 때에는 법무대신에게 신고함으로써 일본의 국적을 취득할 수 있다."고 규정하고 있다.

이러한, 즉 일본식 국적보유제도 도입에 대해서는 국적유보제도를 시행할 경우 국적선택의무 대상자의 파악이 가능해지는 장점이 있고, 우리나라의 경우 사실상 가족관계등록이 국적을 증명하는 공부로서의 역할을 하는데 국외 출생 복수국적자가 한국에 출생신고를 하지 않을 경우 가족관계등록에 등재되지 않아 정부에서는 이를 파악할 수 없기에 가족관계등록에 미등재된 국민의 발생을 방지할 수 있도록 하기 위해 도입 필요하다는 입장(찬성론)과 국적보유제도를 통해 국적선택의무 대상자의 파악을 용이하게 하겠다는 것은 파악해야 할 1차적 주체가 정부임에도 이를 개인에게 전가시키는 것이 되고, 가족관계등록에 미등재된 국민의 발생을 방지할 수는 있겠지만 가족관계등록법상의 제도 실현을 위해 국적을 좌우시킨다는 것은 관리상의 편의를 위한 것일 수 있다는 입장이 있다(반대론).

생각해 보면 우리나라 국적법이 제10차 개정을 통해 국적선택명령제도를 도입함으로써 복수국적자가 출생신고를 하지 않은 경우라면("무가족관계등록 복수국적자") 공부(公簿)상 등재되지 않아 국적선택명령을 발할 수 없어 결국 복수국적 상태를 장

585) 日本 国籍法 第十二条　出生により外国の国籍を取得した日本国民で国外で生まれたものは、戸籍法の定めるところにより日本の国籍を留保する意思を表示しなければ、その出生の時にさかのぼつて日本の国籍を失う。
日本 国籍法　第十七条　第十二条の規定により日本の国籍を失つた者で二十歳未満のものは、日本に住所を有するときは、法務大臣に届け出ることによつて、日本の国籍を取得することができる。(http://www.moj.go.jp/MINJI/kokusekiho.html, 2020년 5월 8일 최종방문)

기간 정리할 수 없게 되고, 국적선택제도, 국적유보제도, 국적선택명령제도는 하나의 세트라고도 할 수 있으므로 사익인 국적이탈 자유와 공익이 병역부담 평등의 원칙과의 조화로운 방안마련이 필요할 것이다.[586)]

사례의 분석

1. 할 수 없다. 국적법상 대한민국의 국적보유신고를 할 수 있는 경우는 외국인과 결혼하거나 외국인에 의해 입양 또는 인지됨으로써 상대방 본국 법에 따라 자동적으로 그 외국의 국적을 취득하게 되는 경우를 말한다. 그러므로 외국인과 결혼하거나 외국인에게 입양 또는 인지되었다고 해도 그 사실 자체로 그 나라의 국적을 갖게 된 것이 아닌 그 후에 별도의 귀화절차를 통해 그 나라 국적을 가지게 된 경우라면 제15조제1항에 따라 자동적으로 대한민국의 국적을 상실하게 된다.[587)]

2. 그렇지 않다. 일단 국적보유신고를 하게 되면 복수국적 상태가 될 것이지만 이러한 사람들도 법에 규정된(국적법 제12조 내지 제14조) 국적선택기간 내에, 즉 20세 미만자는 22세가 되기 전까지, 20세 이상자는 2년 내에 하나의 국적을 선택하여야 하고 선택하지 않을 경우 국적선택명령의 대상이 되며 국적선택명령을 받고도 1년 내에 국적을 선택하지 않은 경우 대한민국의 국적을 상실하게 된다.[588)]

3. 갑이 국적보유신고기간 내에 입국할 경우 대한민국의 여권을 사용하여 입국할 수 있을 것이다. 사안에서 미성년자인 갑은 비자진취득자에 해당한다. 국적보유신고 대상은 모두 외국국적 취득 후 6개월이 될 때까지 대한민국의 국적을 보유하는 것으로 해석될 수 있고 이는 국적보유 신고여부와는 관련이 없을 것이다. 왜냐하면 보통 비자진취득자의 경우 6개월의 국적보유 기회를 주었고 6개월 내에 신고하지 않을 경우 소급하여 상실토록 하는 규정을 별도로 두고 있기 때문이다.

4. 국적보유 신고자의 국적선택의무의 기산점은 '외국국적 취득시부터'라고 할 수 있다. 왜냐하면 후천적으로 외국 국적을 취득한 사람은 원칙적으로 그 외국의 국적을 취득한 때에 대한민국의 국적을 상실하고, 외국의 국적을 취득한 때로부터 복수국적상태에 놓이게 되며 따라서 국적법(제12조)에 따라 국적선택의무가 있기 때문이다.

---

586) 정인섭, "국적유보제도의 득실", 『서울국제법연구』 제4권제2호, 서울국제법연구원, 1997, 67~70면; 이연우, 앞의 자료, 6~10면.
587) 법무부출입국·외국인정책본부, 『국적법 문답식 해설』, 2011, 161면.
588) 위의 책, 84~85면.

제 5 절 국적상실자의 처리 : 국적상실의 신고와 공무원의 국적상실 통보의무

【제16조】 (국적상실자의 처리)

① 대한민국 국적을 상실한 자(제14조에 따른 국적이탈의 신고를 한 자는 제외한다)는 법무부장관에게 국적상실신고를 하여야 한다.

② 공무원이 그 직무상 대한민국 국적을 상실한 자를 발견하면 지체 없이 법무부장관에게 그 사실을 통보하여야 한다.

③ 법무부장관은 그 직무상 대한민국 국적을 상실한 자를 발견하거나 제1항이나 제2항에 따라 국적상실의 신고나 통보를 받으면 가족관계등록 관서와 주민등록 관서에 통보하여야 한다.

④ 제1항부터 제3항까지의 규정에 따른 신고 및 통보의 절차와 그 밖에 필요한 사항은 대통령령으로 정한다. [전문개정 2008. 3. 14.]

「국적법」 제16조는 법 제14조에 따른 국적이탈 신고를 한 자 이외에 대한민국 국적을 상실한 자는 법무부장관에게 국적상실신고를 하여야 함을 규정하고 있다. 이와 같이 국적 상실 신고 의무를 정한 이유는 대한민국의 국적을 상실한 사람의 국내 공적 기록인 가족관계등록부와 주민등록부를 정리하기 위한 것이라고 할 수 있다.[589)]

실무상 실질적으로 이와 관련된 업무, 즉 「국적법」 제16조상의 국적상실 신고 또는 통보에 관한 권한에 대해서는 뒤에서 살펴 볼 「국적법」 제22조(권한의 위임)에 따라 법무부장관이 청장 등에게 위임하여 처리하게 된다(「국적법시행령」 제29조). 국적상실의 요건 등에 대해서는 앞에서(제14조의4) 언급한 바 있어 여기에서는 국적상실의 신고(신고 주체, 신고 장소 등), 구비서류 등에 대해서 살펴보기로 한다.

Ⅰ. 국적상실의 신고

1. 개 요

대한민국의 국적을 상실한 자는 법무부장관에게 국적을 상실하였음을 신고하여

589) 석동현, 앞의 책, 257면.

야 한다. 대한민국 국적상실의 유형은 위에서 언급한 대로 ① 한국인으로 출생하여 자진하여 외국에 귀화하는 등 후천적으로 그 나라의 국적 또는 시민권을 취득한 때를 의미하는 데 이 경우에는 연령, 성별, 병역문제와 관련 없이 국적상실 신고 대상이 된다. ② 외국인으로서 귀화나 국적회복절차로 한국국적을 취득한 후 1년 내에 종전에 가지고 있던 외국 국적이나 시민권을 포기하지 아니한 때이다. 즉, 국적상실 신고의무가 있는 국적상실자의 범위는 구체적으로 대한민국의 국적을 취득한 후 외국국적 포기의무를 이행하지 아니한 자, 외국국적 취득자, 복수국적자 국적선택명령 또는 국적상실결정에 의한 국적상실자 등이 이에 해당할 것이다. 다만 「국적법」 제14조에 의한 국적이탈에 의한 상실자는 신고의무가 없다.

2. 신고의 주체

이때 특정인이 국적을 상실하였다는 사실을 신고함에 있어서 신고주체, 즉 본인이 반드시 해야 하는지의 여부가 문제된다. 이와 관련하여 원칙적으로 「국적법」이나 「국적법시행령」상의 신청이나 신고는 15세 이상에 해당하는 자로서의 본인이 직접 해야 하지만 국적상실의 신고는 본인의 배우자 또는 4촌 이내의 친족이 대신하여 신고할 수 있다(「국적법시행령」 제25조의2제1항). 본인 이외 타인이 대신하는 경우라면 신청서나 신고서에 대리인의 성명·주소 및 신청(신고)인과의 관계를 기재하고 그 관계를 증명하는 서류를 첨부해야 할 것이다.

만일 자진하여 외국국적을 취득한 경우라면 외국국적 취득일에 이미 대한민국의 국적을 상실한 것이므로 연령, 성별, 병역문제와 상관없이 국적상실 신고대상자가 된다. 국적상실신고 시 신고인 이름은 가족관계등록부에 기재된 이름을 기재해야 하고 해외 입양으로 외국국적을 취득한 자에 대해 입양기관에서 일괄 신고하는 경우 외국국적 취득일로부터 6개월(국적보유신고 기간)이 경과한 경우 신청해야 할 것이다.

위에서도 언급하였지만 만일 대한민국의 국적을 상실하게 된 자에 대하여 그 외국 국적의 취득일을 알 수 없으면 그가 사용하는 외국 여권의 최초 발급일에 그 외국 국적을 취득한 것으로 추정된다(「국적법」 제15조제3항). 이러한 내용에 따라 최초로 발급받은 여권으로 국적상실 처리 시 신고자, 부모의 한국명과 외국명의 출입국

기록 등을 확인하여 출생한 곳과 출생 당시 부모의 국적을 살펴서 복수국적자 여부를 확인하게 될 것이므로[590] 외국 대사관의 최초여권 확인서를 첨부하여야 할 것이다.

이외에도 국적을 상실한 당사자의 사망이나 사망여부가 불확실한 상황 속에서 당사자로부터의 위임장이 없이 가족들이 국적상실신고를 하려고 한다면 이의 처리가 문제될 수 있다. 이에 대해서는 신고서를 접수한 담당 공무원이 제출된 자료를 통해 객관적으로 국적상실이 인정되는 경우라면 아래에서 살펴볼 「국적법」 제16조제2항에 따라 법무부장관이 통보하는 방식으로의 처리가 가능할 것이다.[591]

3. 신고의 장소

국적상실의 신고는 외국 주소지 관할 재외공관이나 출입국·외국인청 등(사무소·출장소)에서 할 수 있다. 즉, 국내라면 출입국·외국인 관서 또는 가족관계등록관서에, 국외라면 외국 주소지 관할 재외공관(「국적법시행령」 제25조제1항)에서 하면 될 것이다. 만일 국적상실의 신고를 출입국·외국인관서를 경유하지 않고 가족관계등록관서에 바로 할 경우라면 「가족관계의 등록 등에 관한 법률」(제97조, 국적상신고의 기재사항)과[592] 「국적상실신고를 수리한 때의 사무처리지침」(「대법원 가족관계등록예규」 제205호)에 따라[593] 본인, 배우자 또는 4촌 이내의 혈족이 가족관계등록관서(시·군·

590) 법무부 출입국·외국인정책본부, 『2014국적실무편람』 (2014.6), 158면.

591) 석동현, 앞의 책, 258면.

592) 「가족관계의 등록 등에 관한 법률」 (약칭: 가족관계등록법)[시행 2017. 10. 31.] [법률 제14963호, 2017. 10. 31, 일부개정] 제97조(국적상실신고의 기재사항) ① 국적상실의 신고는 배우자 또는 4촌 이내의 친족이 그 사실을 안 날부터 1개월 이내에 하여야 한다.
② 신고서에는 다음 각 호의 사항을 기재하여야 한다.
1. 국적상실자의 성명·주민등록번호 및 등록기준지
2. 국적상실의 원인 및 연월일
3. 새로 외국국적을 취득한 때에는 그 국적
③ 제2항의 신고서에는 국적상실을 증명하는 서면을 첨부하여야 한다.
④ 국적상실자 본인도 국적상실의 신고를 할 수 있다.

593) 「대법원 가족관계등록예규」 제205호(2007. 12. 10. 결재, 2008년 1월 1일부터 시행) [국적상실신고를 수리한 때의 사무처리지침] 국적의 상실은 내외국인의 법적 지위와 권리의무에 매우 큰 영향을 미치며, 이에 관한「가족관계의 등록 등에 관한 법률」상의 신고가 국적상실 파악의 주요한 자료가 되므로 아래와 같이 처리한다.

구·읍·면사무소)에 신고하고 이를 접수한 가족관계등록관서는 국적상실자의 가족관계등록부를 폐쇄하고 해당 관서가 소재한 주소지 관할 출입국·외국인관서에 폐쇄된 기본증명서, 국적상실 원인 및 연월일을 입증하는 서류(사본, 예를 들어 미국 취득권을 취득하여 국적을 상실한 사람이라면 폐쇄된 기본증명서, 미국 시민권증서 사본, 미국 여권 사본)를 첨부하여 통보하게 될 것이다.[594]

4. 구비서류

이러한 국적 상실의 신고는 구체적으로 아래와 같은 <국적상실 신고서>를 작성(신고인의 이름은 '가족관계등록부에 기재된 이름'을 기재, 3.5cm×4.5cm칼라사진 1장 부착)하여 법무부장관에게 제출하는 형태를 취한다. 즉, 구체적인 구비서류는[595] ① 국적상실신고서(수수료 : 없음), ② 외국인의 여권 원본과 사본(인적사항면 복사), ③ 국적상실 유형별 서류, 즉 ㉮ 외국국적의 취득으로 국적상실의 경우, 다시 ㉠ 귀화와 같이 후천적으로 자진하여 외국국적취득의 경우 최근 3개월 이내 발급된 본인의 기본증명서와 가족관계증명서 각 1부(호적에서 가족관계등록부 전환시 누락 등의 사유로 기본증명서 발급이 안 되는 경우 먼저 가족관계등록관서(구청)에 문의, 기본증명서를 발급받아 접수하여야 함), ㉡ 혼인으로 인한 외국국적취득의 경우 본인의 기본증명서와 혼인관계증명서 각 1부, ㉢ 해외입양으로 인한 외국국적취득의 경우 본인의 기본증명서와 입양관계증명서 각 1부, ㉣ 인지로 인한 외국국적취득 : 본인의 기본증명서와 가족관계증명서 각 1부, ㉯ 대한민국 국적취득 후 외국국적 미포기로 국적상실한 경우, 다시 ㉠ 귀화, 국적회복 후 1년 내 외국국적 미포기(유보포함)의 경우 본인의 기본증명서 1부, ㉡ 혼인으로 인한 국적취득 후 외국국적미포기의 경우 본인의 기본증명서와

---

1. 시(구)·읍·면의 장은 본인, 배우자 또는 4촌 이내의 친족으로부터「가 족관계의 등록 등에 관한 법률」제97조에 따른 국적상실신고를 수리(수리하기 전에 국적보유의사신고 여부를 철저히 조사한다) 하였을 때에는 지체 없이 기본증명서를 첨부하여 법무부장관에게 통보하여야 한다.
2. 「국적법」제10조에 해당하는 사람은 법무부장관의 국적상실 통보에 의하여 가족관계등록부를 폐쇄한다(「가족관계의 등록 등에 관한 법률」제98조. 다만, 2008. 8. 31.까지는 종전「호적법」제112조의2 규정을 적용하고 동 년 9.1.부터는「가족관계의 등록 등에 관한 법률」제98조의 규정을 적용한다).

594) 법무부 출입국·외국인정책본부, 『2014국적실무편람』 (2014.6), 159~160면.
595) 위의 책, 156~157면; 1345 자료(2020.2.19.).

혼인관계증명서 각 1부, ㉰ 선천적 복수국적자로서 국적선택 불이행으로 국적 상실한 경우(종전 「국적법」에 따라 국적자동 상실된 자만 해당, 2010년 5월 4일 이전), 다시 ㉠ 부 또는 모가 대한민국 국민으로서 출생지주의 국가에 출생함으로써 복수국적이 된 경우 본인의 기본증명서와 가족관계증명서 각 1부, ㉡ 부모 양계혈통주의에 따라서 복수국적이 된 경우 본인의 기본증명서, 가족관계증명서, 부와 모의 기본증명서, ④ 외국국적취득(국적상실) 원인 및 일자(연월일)입증 서류(외국 귀화증서나 시민권증서 원본 및 사본), ⑤ 외국 정부 발행 출생증명서(iii-③ 등 해당자만), ⑥ 병적 증명서(iii-③ 등 해당자만), ⑦ 가족관계등록부와 외국여권의 성명· 생년월일· 출생지가 어느 하나라도 다른 경우, 다시 ㉮ 성명 중 이름(名, GIVEN NAME)이 2자 이상 다른 경우 변경 증명자료 또는 부·모 등 보증인이 동일인임을 보증(보증인의 서명기재), 동일인 확인서(별도 서식)와 보증인의 신분증 사본 제출, 이때 변경 증명자료 제출 제외대상은 시민권 증서 뒷면에 NAME CHANGE 확인 내용이 기재된 자, 이름 변경 관련 외국법원의 판결문이 첨부된 자, 이름이 일부 변경되었으나 동일인으로 간주할 수 있는 경우(홍길동'이 'HONG, James Kildong'으로 변경된 경우 동일인으로 간주, 증명 자료 불필요), ㉯ 성명 중 성(姓, Surname/Family Name) 변경자의 경우 외국 결혼증명서, 배우자가 등재된 혼인관계증명서나 가족관계증명서(배우자등재) 제출, ⑧ 대리인이 접수하는 경우 신청서나 신고서에 대리인의 성명, 주소, 신청자 또는 신고자와의 관계 기재, 관계 입증서류 첨부, 대리인 신분증, ⑨ 주민등록 말소가 되지 않은 경우 최근 3개월 이내 발급된 주민등록등본 1부이다.

5. 국적상실 신고를 하지 않은 경우의 효력

국적상실 신고의무가 있는 사람이 국적상실 신고를 하지 않는 경우 그 효력이 문제된다. 이에 대해 「국적법」상 어떤 처벌규정은 없지만 만일 국적을 상실한 자가 국적을 상실하였음에도 이를 신고하지 않고 여전히 소지하고 있던 대한민국의 여권으로 출입국을 하였다면 무효의 여권을 사용함에 따른 처벌이 가능할 것이다. 즉 앞의 복수국적과 복수국적자 부분에서도 언급하였듯이 대한민국의 국적을 상실한 이후부터는 이전에 사용하던 대한민국 여권은 효력이 없게 된다.

이러한 것은 「출입국관리법」 제7조제1항 위반과 제28조제1항 위반 내용에 해당하여 입국이나 출국을 한 경우 3년 이하의 징역 또는 3천만 원 이하의 벌금에 처하는 처벌을 받을 수 있다.[596] 나아가 지방출입국·외국인관서의 장은 이에 해당하는 그 외국인을 대한민국 밖으로 강제퇴거 시킬 수 있으므로(「출입국관리법」 제46조) 해당 외국인은 강제퇴거의 대상자가 되어 강제퇴거를 당할 수도 있다.[597]

Ⅱ. 국적상실의 처리 - 공무원의 국적상실 통보의무

국적상실의 처리와 관련하여 공무원이 그 직무상 대한민국 국적을 상실한 자를 발견하면 지체 없이 법무부장관에게 그 사실을 통보하여야 한다(「국적법」 제16조제2항). 이때 공무원이 국적 상실을 통보할 때에는 그 사람의 성명, 생년월일, 성별 및 등록기준지 등 인적사항을 적고, 대한민국 국적을 상실한 원인 및 연월일을 증명하는 서류 또는 그가 소지한 외국여권의 사본을 첨부하여야 한다(「국적법시행령」 제20조제2항).

또한 법무부장관이 직무상 대한민국 국적을 상실한 자를 발견하거나, 「국적법」 제16조제1항이나 제2항에 따라 국적상실의 신고나 통보를 받을 경우 가족관계등록 관서와 주민등록 관서에 통보하여야 한다(「국적법」 제16조제3항). 이에 따라 법무부장관은 그 직무상 대한민국 국적을 상실하고도 등록기준지에서 말소되지 아니한 사람을 발견하거나 국적법시행령 제20조에 따른 국적상실의 신고나 통보를 수리한 경우에는 지체 없이 그 사실을 관보에 고시하고, 그 등록기준지 가족관계등록관서의 장에게 통보하여야 한다(「국적법시행령」 제21조제1항).[598]

---

596) 「출입국관리법」 제94조(벌칙)제2호 및 제18호; 「출입국관리법시행규칙」 제86조(범칙금의 양정기준) 제1항[별표 7]

597) 「출입국관리법」 제46조(강제퇴거의 대상자) ① 지방출입국·외국인관서의 장은 이 장에 규정된 절차에 따라 다음 각 호의 어느 하나에 해당하는 외국인을 대한민국 밖으로 강제퇴거시킬 수 있다. <개정 2012. 1. 26., 2014. 3. 18., 2016. 3. 29., 2018. 3. 20.>

1. 제7조를 위반한 사람

11. 제28조제1항 및 제2항을 위반하여 출국하려고 한 사람

598) 이 경우(제1항의 경우) 「국적법시행령」 제18조제4항 및 제5항을 준용한다(「국적법시행령」 제21조제2항).

「국적법시행령」 제18조(대한민국 국적의 이탈 절차 등)

④ 법무부장관은 국적이탈자가 주민등록이 되어 있을 때에는 그 주민등록관서의 장에게도 그

이외에도 법무부장관은 법 제16조제1항 및 제2항에 따른 신고 및 통보를 받은 경우 국적상실자가 이미 발급받은 대한민국 여권이 있을 때에는 국적법시행령 제18조의2제6항 각 호의 사항과 여권번호를 외교부장관에게 통보할 수 있다(「국적법시행령」 제21조제3항).[599)]

제 6 절 관보를 통한 고시

【제17조】 (관보 고시)
① 법무부장관은 대한민국 국적의 취득과 상실에 관한 사항이 발생하면 그 뜻을 관보에 고시(告示)하여야 한다.
② 제1항에 따라 관보에 고시할 사항은 대통령령으로 정한다. [전문개정 2008. 3. 14.]

Ⅰ. 개 요

「국적법」 제17조는 대한민국 국적의 취득과 상실에 관한 사항이 발생하면 법무부장관은 그 뜻을 관보에 고시(告示)하여야 함을 규정하고 있다(「국적법」 제17조제1항).

사실을 통보하여야 한다.
⑤ 제3항 및 제4항에 따라 등록기준지 가족관계등록관서의 장 또는 주민등록관서의 장에게 통보하는 서류에는 다음 각 호의 사항을 적어야 한다.
1. 국적이탈자의 성명, 생년월일, 성별 및 등록기준지
2. 국적이탈의 원인 및 연월일
3. 외국 국적

599) 국적법시행령 제18조의2(국적선택명령의 절차 등)
「국적법시행령」 제18조의2(국적선택명령의 절차 등) ⑥ 법무부장관은 복수국적자가 국적선택명령을 받고도 따르지 아니하여 법 제14조의2제4항에 따라 대한민국 국적을 상실한 경우에는 지체 없이 다음 각 호의 사항을 관보에 고시하고, 그 등록기준지 가족관계등록관서의 장과 주민등록관서의 장에게 통보하여야 한다.
1. 국적상실자의 성명, 생년월일, 성별 및 등록기준지
2. 국적상실의 원인 및 연월일
3. 외국 국적

Ⅱ. 관보에 고시할 사항

「국적법」 제17조제1항에 따라 관보에 고시할 사항은 다음과 같다. 즉 ① 인지에 의한 국적취득신고를 수리한 경우에는 국적취득자의 인적사항(성명, 생년월일, 성별, 종전 국적, 예정 등록기준지를 말한다. 이하 제2호부터 제4호까지에서 같다) 및 신고 수리일(「국적법시행령」 제26조제1호), ② 귀화허가 신청자가 국적을 취득한 경우에는 귀화자의 인적사항 및 국적 취득일(수반취득자가 있으면 수반취득자의 인적사항을 포함한다)(제2호), ③ 국적회복허가 신청자가 국적을 취득한 경우에는 국적 회복자의 인적사항, 국적상실의 원인과 연월일 및 국적 취득일(수반취득자가 있으면 수반취득자의 인적사항을 포함한다)(제3호), ④ 국적재취득 신고에 의한 국적취득 신고를 수리한 경우에는 국적취득자의 인적사항 및 신고 수리일(제4호), ⑤ 국적이탈 신고를 수리한 경우에는 국적이탈자의 인적사항(성명, 생년월일, 성별, 외국국적, 등록기준지) 및 신고 수리일(제5호), ⑥ 국적상실자에 대하여 국적상실 처리를 한 경우에는 국적상실자의 인적사항(성명, 생년월일, 성별, 외국국적, 등록기준지), 국적 상실의 원인 및 국적상실 연월일(외국국적을 취득하면 그 국적을 포함한다)(제6호), ⑦ 국적판정 신청에 대하여 국적보유자로 판정한 경우에는 국적보유 판정자의 인적사항(성명, 생년월일, 성별, 외국국적, 등록기준지 또는 예정등록기준지) 및 국적보유 판정일(제7호)이다.

Ⅲ. 관보 고시가 갖는 법률상 의미

위와 같은 일정한 사항을 관보에 고시하는 것은 대한민국의 국적을 취득하거나 상실하는 등의 내용을 공시하기 위한 것이고 이러한 고시에 따라 어떤 효력이 창설되는 것은 아니다. 그러므로 일단 「국적법」상 정한 내용에 따라 귀화나 국적회복의 허가, 국적상실신고나 국적이탈신고의 수리 등이 적법하게 행해졌다면 비록 사무착오 등의 어떤 사유로 관보 고시에 누락되었다고 해도 적법하게 행해진 내용에 따른 효력은 그대로 유지된다고 볼 수 있다.[600)]

---

600) 석동현, 앞의 책, 261면.

제 7 절 국적상실자의 법률관계

【제18조】 (국적상실자의 권리 변동)

① 대한민국 국적을 상실한 자는 국적을 상실한 때부터 대한민국의 국민만이 누릴 수 있는 권리를 누릴 수 없다.

② 제1항에 해당하는 권리 중 대한민국의 국민이었을 때 취득한 것으로서 양도(讓渡)할 수 있는 것은 그 권리와 관련된 법령에서 따로 정한 바가 없으면 3년 내에 대한민국의 국민에게 양도하여야 한다. [전문개정 2008. 3. 14.]

Ⅰ. 개 요

「국적법」 제18조는 대한민국 국적을 상실한 사람은 국적을 상실한 때부터 대한민국의 국민만이 누릴 수 있는 권리를 누릴 수 없음을 규정하고 있는데 국적을 상실하였다는 것은 이제 더 이상 대한민국의 국민이 아니므로 이는 어쩌면 당연한 내용을 규정한 것이라고 볼 수 있다.

Ⅱ. 주요내용

대한민국 국적을 상실한 자는 국적을 상실한 때부터 대한민국의 국민만이 누릴 수 있는 권리를 누릴 수 없는데 이에 해당하는 권리 중 대한민국의 국민이었을 때 취득한 것으로서 양도(讓渡)할 수 있는 것은 그 권리와 관련된 법령에서 따로 정한 바가 없으면 3년 내에 대한민국의 국민에게 양도하여야 한다(「국적법」 제18조). 여기에서(제18조제1항) "대한민국 국민만이 누릴 수 있는 권리"란 공무담임권, 투표권, 피선거권, 광업권 등과 법률상 대한민국 국민만이 행사할 수 있는 권리를 의미한다.[601]

특히, 대한민국의 국민이었을 때 취득한 것으로서 양도(讓渡)할 수 있는 것과 관련해서는(제18조제2항) 성질상 주로 사유재산에 대한 권리 등이 주로 문제가 될 것

601) 석동현, 앞의 책, 264면.

이다.[602)]

이외에도 대한민국의 국적을 상실한 경우 우리나라 국민과의 친족관계도 소멸되는지의 여부가 문제될 수 있다. 하지만 국적상실은 공법상의 지위를 상실하게 되는 것뿐이라는 점에서 이와 다른 사법상의 지위인 친족관계는 그대로 유지되므로 친자관계, 부부관계, 친족관계에 따른 상속관계 등도 여전히 유효하다고 할 수 있다.[603)]

Ⅲ. 국적상실자의 양도가능한 권리의 양도의무의 미이행

1. 원 칙

문제는 국적상실자의 양도 가능한 권리의 양도의무를 이행하지 않은 경우이다. 왜냐하면 「국적법」 제18조제2항의 문언상으로는 관련된 법령에서 따로 정한 바가 없으면 3년 내에 대한민국의 국민에게 양도하여야 함을 규정하고 있지만 양도하지 아니한 경우의 효력에 대해 별도로 규정하고 있지 않기 때문이다.

이에 대해서는 비록 대한민국의 국적을 상실하고 외국의 국적을 갖게 된 경우에도 재산(동산, 부동산)에 대한 권리는 그대로 유지된다고 볼 수 있다. 왜냐하면 외국인의 소유에 대해 특별한 제한을 두는 예외적인 법률이 없는 한 사유재산에 대한 권리는 대한민국 국민만이 향유할 수 있는 권리에 해당되지 않는다고 볼 수 있기 때문이다.[604)]

2. 예 외

다만, 외국인의 소유에 대해 일정한 제한이 있는 경우라면 관련 법령에 따라 대한민국 국민에게 양도하여야 할 것이다. 이에 해당하는 법령으로는 「부동산 거래신고 등에 관한 법률」 등을 들 수 있을 것이다. 즉, 대한민국 안의 부동산 등을 가지고 있는 대한민국 국민이나 대한민국의 법령에 따라 설립된 법인 또는 단체가 외국인 등으로 변경된 경우 그 외국인 등이 해당 부동산 등을 계속보유하려는 경

602) 석동현, 앞의 책, 265면.
603) 위의 책, 266면.
604) 위의 책, 265면.

우에는 외국인 등으로 변경된 날부터 6개월 이내에 대통령령으로 정하는 바에 따라 관련 입증서류를 구비하여 신고관청에 신고하여야 한다(부동산 거래신고 등에 관한 법률 제8조제3항).[605]

Ⅳ. 국적상실에 따른 부수적 효과

국적상실에 따른 부수적 효과로서 국적을 상실하기 이전에 사용하던 한국 여권은 효력이 없게 되고 이를 사용시 처벌 대상이 된다. 즉, 앞의 선천적 복수국적자 부분에서도 살펴본 바 있듯이 대한민국 국민이 후천적으로 외국국적을 취득하게 되면 취득일로부터 대한민국 국적이 자동 상실되므로 국적상실 신고를 하면서 대한민국의 여권을 반납해야 한다. 즉, 외국국적을 취득한 후에는 더 이상 대한민국의 국민이 아니므로 대한민국 여권을 다시 사용할 수 없다. 여권법상으로도 여권의 발급이나 재발급을 받은 사람이 외국국적을 취득하여 국적법에 따라 국적을 상실한 때는 그 효력을 잃도록 되어 있다(여권법 제13조제1항제7호).[606] 또한 「출입국관리법」 상으로도 외국인이 입국할 때에는 유효한 여권과 법무부장관이 발급한 사증(査證)을 가지고 있어야 하고(「출입국관리법」 제7조제1항),[607] 외국인으로서 출국할 때 역시 유효한 여권을 가지고 출국하는 출입국항에서 출입국관리공무원의 출국심사를 받아야 한다(「출입국관리법」 제28조제1항).

그럼에도 불구하고 만일 외국국적 취득 후에 대한민국 여권을 계속 사용하였다면 여권 부정사용 혐의로 심사를 통해 사범처리 되어 범칙금을 납부하게 될 뿐만 아니라 외국인으로서 체류허가 등 각종 제한을 받게 될 수 있다.

605) 부동산 거래신고 등에 관한 법률[시행 2018. 2. 9] [법률 제14569호, 2017. 2. 8, 타법개정] 제8조(외국인등의 부동산 취득·보유 신고)

606) 여권법[시행 2017. 6. 22.] [법률 제14606호, 2017. 3. 21., 일부개정] 제13조(여권의 효력상실)

607) 「출입국관리법」 [시행 2019. 10. 24] [법률 제16344호, 2019. 4. 23, 일부개정] 제7조(외국인의 입국).

제 17 장 법정대리인에 의한 신고 등

제17장에서는 법정대리인에 의한 신고 등에 대해서 알아본다. 여기에서는 주로 국적법상의 규정, 구체적인 내용으로서 15세 미만인 자의 경우와 15세 이상인 자의 경우, 귀화신청의 경우 배우자 동반여부, 국내 신청자가 불법체류자인 경우 등에 대한 내용을 다룬다.

사례의 연습

1. 국적취득 신고나 귀화 또는 국적회복 등을 신청하고자 하는 신청자가 미성년인 경우라면 부모가 대신 신고/신청을 할 수 있는가?
2. 14세인 "갑"은 일본에서 한국인 부("을")와 일본인 모("병") 사이에 출생하였다. 후에 을과 병은 이혼하고 갑에 대한 친권자로 병이 지정되었으며 일본 가족관계 등록부에도 기재되었다. 갑이 국적이탈신고를 통해 일본에서 일본인으로 살아가길 원한다면 병이 갑에 대한 국적이탈신고를 단독으로 할 수 있는가?

제 1 절 국적법상의 규정

【제19조】 (법정대리인이 하는 신고 등)

이 법에 규정된 신청이나 신고와 관련하여 그 신청이나 신고를 하려는 자가 15세 미만이면 법정대리인이 대신하여 이를 행한다. [전문개정 2008. 3. 14.]

일반적으로 본인이 출석하여 신고하는 것이 원칙이다. 즉, 국적법령에 따른 신청이나 신고는 본인(15세 이상인 경우로 한정한다)이 직접 하여야 한다. 다만 법 제16조제1항에 따른 국적상실의 신고는 본인의 배우자 또는 4촌 이내의 친족이 대신할 수 있다(국적법시행령 제25조의2제1항). 이때 법정대리인 등이 신청이나 신고를 대신할 때에는 신청서나 신고서에 ① 대리인의 성명·주소, ② 신청자 또는 신고자와의 관계에 대한 내용을 적고 이를 증명하는 서류를 첨부하여야 한다(국적법시행령 제25조2 제2항).[608)]

이와 관련하여 「국적법」 제19조는 「국적법」상 규정에 따른 신청이나 신고와 관련하여 그 신청이나 신고를 하려는 자가 15세 미만일 경우 법정대리인이 대신하여 신청이나 신고를 하도록 규정하고 있다. 이와 같이 일정한 연령상의 제한을 두는 것은 원칙적으로 「국적법」상의 신청이나 신고는 당사자의 신분을 변동시키는 일신전속적인 법률행위로서 대리가 허용되지 않지만 법률행위를 위한 의사결정 능력이 부족한 15세미만인 사람에 대해서는 특별히 본 규정을 통해 법정대리인이 이를 대신할 수 있도록 함으로써 당사자의 법적 지위를 보호하려는 것으로 이해할 수 있다.

제 2 절　구체적인 내용

Ⅰ. 15세 미만인 자

15세 미만인 사람의 신청 또는 신고를 해야 되는 경우로는 인지에 의한 대한민국의 국적취득, 특별귀화 허가의 신청, 수반취득의 신청, 국적회복 허가의 신청, 국적 재취득을 위한 신고, 국적보유의 신고, 국적선택의 신고, 국적이탈의 신고, 국적상실의 신고 등을 들 수 있다.

규정의 문언상 “법정대리인이 대신하여 이를 행한다.”라고 표현되어 있어 그 해석에 의문을 가질 수 있으나 법정대리인이 본인인 15세 미만인 자를 위한 것임을

---

608) 국적법시행령 제25조의2(신청 또는 신고의 방법·절차) ① 법 및 이 영에 따른 신청이나 신고는 본인(15세 이상인 경우로 한정한다)이 직접 하여야 한다. 다만, 법 제16조제1항에 따른 국적상실의 신고는 본인의 배우자 또는 4촌 이내의 친족이 대신할 수 있다.
② 법 제19조 또는 이 조 제1항 단서에 따라 법정대리인 등이 신청이나 신고를 대신할 때에는 신청서나 신고서에 다음 각 호의 사항을 적고, 제2호에 따른 관계를 증명하는 서류를 첨부하여야 한다.
1. 대리인의 성명·주소
2. 신청자 또는 신고자와의 관계

법정대리인의 이름으로 의사표시를 한 후 그 법률효과는 본인에게 귀속시키는 '대리'행위를 의미한다고 볼 수 있다.[609]

특히 민법상 양자가 될 사람이 13세 미만인 자의 경우 법정대리인이 이에 갈음하여 승낙할 수 있도록 한 규정은 이와 유사한 내용을 갖는다고 볼 수 있다.[610]

또한 '법정대리인'과 관련해서 민법은 친권을 행사하는 부나 모가 미성년자인 자의 법정대리인이 될 수 있음을 규정하고 있어 친권을 행사하는 부나 모가 15미만인 자의 법정대리인이 될 수 있을 것이다.[611]

Ⅱ. 15세 이상인 자

15세 이상인 자의 신청이나 신고는 비록 민법상 성년에 도달하지 않은 미성년자이지만 민법은 사적인 법률행위를 다루는 사법상의 행위이므로 「국적법」상 법률관계의 변동을 가져오는 법률행위는 공법상의 행위라는 점에서 특별한 예외적 규정이 없는 한 민법상의 규정은 적용되지 않는다.

Ⅲ. 귀화신청(배우자 동반 여부)

1. 간이(혼인)귀화

간이귀화의 경우, 즉 대한민국 국민과 혼인한 외국인배우자의 귀화허가 신청 시

---

609) 석동현, 앞의 책, 270면.

610) 민법[시행 2018. 2. 1] [법률 제14965호, 2017. 10. 31, 일부개정] 제869조(입양의 의사표시) ① 양자가 될 사람이 13세 이상의 미성년자인 경우에는 법정대리인의 동의를 받아 입양을 승낙한다.
② 양자가 될 사람이 13세 미만인 경우에는 법정대리인이 그를 갈음하여 입양을 승낙한다.
③ 가정법원은 다음 각 호의 어느 하나에 해당하는 경우에는 제1항에 따른 동의 또는 제2항에 따른 승낙이 없더라도 제867조제1항에 따른 입양의 허가를 할 수 있다.
1. 법정대리인이 정당한 이유 없이 동의 또는 승낙을 거부하는 경우. 다만, 법정대리인이 친권자인 경우에는 제870조제2항의 사유가 있어야 한다.
2. 법정대리인의 소재를 알 수 없는 등의 사유로 동의 또는 승낙을 받을 수 없는 경우
④ 제3항제1호의 경우 가정법원은 법정대리인을 심문하여야 한다.
⑤ 제1항에 따른 동의 또는 제2항에 따른 승낙은 제867조제1항에 따른 입양의 허가가 있기 전까지 철회할 수 있다.

611) 민법 제911조.

에 한국인 배우자를 동반하지 않더라도 신청을 접수할 수 있고 기타 한국인 배우자의 신원보증서 제출도 필요하지 않다. 신청이후 면접심사 시 한국인 배우자가 동반하여 출석할 것을 권고할 수 있으나 그렇지 않은 경우라도 실태조사를 통해 혼인관계 여부 등을 확인하게 될 것이다. 이러한 것은 예를 들면 ① 병원입원, 지방 출장 등 불가피한 사정을 나타내는 입증자료가 제출된 경우라면 한국인 배우자에 대한 전화통화 등의 형식으로 혼인관계가 유지되고 있는지의 여부를 확인할 수 있고, ② 불가피한 사정에 대한 입증자료가 제출되지 않은 경우 면접심사를 통과한 신청자에 대한 방문조사를 통해 역시 혼인관계 유지여부를 확인할 수 있을 것이다.[612)]

2. 특별귀화

하지만「국적법」제7조제1항제1호에 의한 특별귀화의 경우 국적을 취득한 부나 모를 동반함이 원칙이고 이는 면접심사 시에도 마찬가지이다. 만일 동반할 수 없는 불가피한 사유가 있을 경우 신청인이 그 사유를 소명하고 부나 모가 생존하고 있다는 사실을 입증하여야 할 것이다.[613)]

Ⅳ. 거동불능자가 국적회복허가 신청

국적회복 신청을 하려는 사람이 거동이 불가능 할 경우 그 신청은 위 국적법시행령 규정을 참고하여 ① 본인의 배우자 또는 ② 4촌 이내의 친족을 통해 신청하고 만일 ①과 ②가 없을 경우라면 실제 신청인을 보호하고 있는 사람을 통해 신청할 수 있을 것이다. 물론 신청시 관계를 증명할 수 있는 증빙서류를 첨부해야 한다.

Ⅴ. 국내 신청자가 불법체류자인 경우

1. 원 칙

원칙적으로 불법체류자는 불법체류 상태를 해소하기 이전까지는 귀화나 국적회

612) 법무부 출입국·외국인정책본부,『2014국적실무편람』(2014.6), 14~15면.
613) 위의 책, 15면.

복 신청을 할 수 없다.

2. 예 외

하지만 예외적으로 「국적업무처리지침」이나 「외국국적 동포의 국적회복 등에 관한 업무처리 지침」에 의거하여 일정한 요건을 충족시에는 국적회복 또는 귀화를 신청할 수 있다.[614)]

2.1. 인도적 고려에 의한 특례

하지만 「국적업무처리지침」상의 인도적 고려에 기한 특례나 동포회복지침상의 독립유공자에 대한 특례에 적용될 수 있는 경우라면 예외적으로 적용될 수 있다. 즉, 법무부장관은 불법체류 중인 외국인으로서 ① 「국적법」 제6조제2항제3호 또는 제4호에 해당하는 자[615)]나 ② 1998. 6. 14. 전에 국민과 혼인하여 국적을 취득한 자로 혼인일로부터 6개월이 경과한 후 원 국적을 포기함으로써 무국적 상태에 있는 자 중 어느 하나에 해당하고 인도적 고려가 필요하다고 인정되는 자에 대하여는 일정한(제2항 각 호상에 정한) 절차를 이행한 경우에 한하여 귀화 또는 국적회복허가 여부를 심사·결정한다(「국적업무처리지침」 제12조제1항).[616)]

---

614) 법무부 출입국·외국인정책본부, 『2014국적실무편람』(2014.6), 18~19면.

615) 「국적법」 제6조(간이귀화 요건) ② 배우자가 대한민국의 국민인 외국인으로서 다음 각 호의 어느 하나에 해당하는 사람은 제5조제1호 및 제1호의2의 요건을 갖추지 아니하여도 귀화허가를 받을 수 있다.

3. 제1호나 제2호의 기간을 채우지 못하였으나, 그 배우자와 혼인한 상태로 대한민국에 주소를 두고 있던 중 그 배우자의 사망이나 실종 또는 그 밖에 자신에게 책임이 없는 사유로 정상적인 혼인 생활을 할 수 없었던 사람으로서 제1호나 제2호의 잔여기간을 채웠고 법무부장관이 상당(相當)하다고 인정하는 사람
4. 제1호나 제2호의 요건을 충족하지 못하였으나, 그 배우자와의 혼인에 따라 출생한 미성년의 자(子)를 양육하고 있거나 양육하여야 할 사람으로서 제1호나 제2호의 기간을 채웠고 법무부장관이 상당하다고 인정하는 사람

616) 「국적업무처리지침」[시행 2019. 4. 22.] [법무부예규 제1218호, 2019. 4. 16., 일부개정] 제12조(인도적 고려에 기한 특례) ② 청장등은 제1항 각 호의 어느 하나에 해당하는 자가 불법체류 상태에서 귀화 또는 국적회복허가 신청을 하는 때에는 아래 각 호의 순서에 따라 처리한 후 심사를 진행한다(「국적업무처리지침」 제12조제2항).

1. 신청자가 국적취득에 필요한 서류를 구비하였는지 여부를 확인하고 그 결과를 출입국관리정

이에 대해 청장 등은 불법체류의 경우를 제외하고 국적취득에 필요한 서류를 구비한 제1항 각 호의 어느 하나에 해당하는 자가 출국명령을 받고 출국기한 내에 출국하지 아니한 사유 등으로 「출입국관리법」 제68조제4항의 적용대상이 되는 때에는[617] 출입국사범심사결정 시 불법체류기간에 대한 범칙금처분과 함께 같은 법 제68조제4항에 따라 강제퇴거명령서를 발부하고 그 명령에 대한 이의신청을 접수한 후 같은 법 제61조에 따른 법무부장관의 결정에 따라 처리한다(「국적업무처리지침」 제12조제3항).[618]

보시스템의 국적업무 참고사항란에 "신청서류 구비자"로 입력한 후 그 신청을 접수하고 접수일로부터 7일 이내에 출입국사범심사결정을 위한 조사에 응하여야 함을 안내

2. 제1호에 따라 "신청서류 구비자"로 입력된 자에 한하여 「출입국관리법」 제102조(통고처분)에 따른 출입국사범심사결정

3. 제2호에 따른 통고처분을 「출입국관리법」 제105조제1항에 규정된 기간 내에 이행한 자에 한하여 「출입국관리법시행령」제12조 별표1의 2의 체류자격 중 아래 목에 따라 체류허가
   가. 제1항제1호에 따른 법 제6조제2항제3호 해당자는 거주(F-6-3)자격
   나. 제1항제1호에 따른 법 제6조제2항제4호 해당자는 거주(F-6-2)자격
   다. 제1항제2호 해당자 중 국민과 혼인관계에 있는 자는 거주(F-6-1)자격
   라. 제1항제2호 해당자 중 국민과 혼인관계가 단절된 자는 기타(G-1)자격

4. 신청자가 신청일로부터 7일 이내에 출입국사범심사결정을 위한 조사에 응하지 아니하거나 제2호에 따른 통고처분을 「출입국관리법」 제105조제1항에 규정된 기간 내에 이행하지 아니한 경우 그 사실을 심사결정서에 기재한 후 즉시 법무부장관에게 보고

617) 「출입국관리법」 제68조(출국명령) ① 지방출입국·외국인관서의 장은 다음 각 호의 어느 하나에 해당하는 외국인에게는 출국명령을 할 수 있다. <개정 2014. 3. 18., 2018. 3. 20.>

1. 제46조제1항 각 호의 어느 하나에 해당한다고 인정되나 자기비용으로 자진하여 출국하려는 사람
2. 제67조에 따른 출국권고를 받고도 이행하지 아니한 사람
3. 제89조에 따라 각종 허가 등이 취소된 사람

3의2. 제89조의2제1항에 따라 영주자격이 취소된 사람. 다만, 제89조의2제2항에 따라 일반체류자격을 부여받은 사람은 제외한다.

4. 제100조제1항부터 제3항까지의 규정에 따른 과태료 처분 후 출국조치하는 것이 타당하다고 인정되는 사람
5. 제102조제1항에 따른 통고처분(通告處分) 후 출국조치하는 것이 타당하다고 인정되는 사람

② 지방출입국·외국인관서의 장은 제1항에 따라 출국명령을 할 때에는 출국명령서를 발급하여야 한다. <개정 2014. 3. 18.>

③ 제2항에 따른 출국명령서를 발급할 때에는 법무부령으로 정하는 바에 따라 출국기한을 정하고 주거의 제한이나 그 밖에 필요한 조건을 붙일 수 있다.

④ 지방출입국·외국인관서의 장은 출국명령을 받고도 지정한 기한까지 출국하지 아니하거나 제3항에 따라 붙인 조건을 위반한 사람에게는 지체 없이 강제퇴거명령서를 발급하여야 한다. <개정 2014. 3. 18.>

2.2. 독립유공자에 대한 특례

또한 「외국국적 동포의 국적회복 등에 관한 업무처리 지침」에 따른 독립유공자 등에 대한 특례를 통해[619] 법무부장관은 외국국적 동포 중 독립유공자·국가유공자 및 그 친족에 해당하는 자가 대한민국 국적의 취득을 원하는 때에는 국적법령에 반하지 않는 범위 내에서 그 신청을 받아 국가보훈처와의 협의 등을 거쳐 국적회복 또는 귀화를 허가할 수 있다(「외국국적 동포의 국적회복 등에 관한 업무처리 지침」 제7조제1항). 여기에서 '독립유공자'라 함은 「독립유공자 예우에 관한 법률」 제4조의 규정에 의한 독립유공자(순국선열 및 애국지사)를 말하고(「외국국적 동포의 국적회복 등에 관한 업무처리 지침」 제7조제2항),[620] '국가유공자'라 함은 「국가유공자등예우및지원에관한 법률」 제4조의 규정에 의한 국가유공자를 말한다(「외국국적 동포의 국적회복 등에 관한 업무처리 지침」 제7조제3항). 또한 '친족'이라 함은 「독립유공자예우에관한법률」 제5조 및 「국가유공자등예우및지원에관한법률」 제5조의 규정에 의한 친족을 말한다(「외국국적 동포의 국적회복 등에 관한 업무처리 지침」 제7조제4항).[621]

---

618) 이와 관련하여 청장 등은 제1항 각 호에 해당하는 자가 제2항제1호부터 제3호까지의 절차를 진행하고 있거나 제3항에 해당하는 경우에는 「출입국관리법」 령에 따른 강제퇴거 조치 등을 취하지 아니한다(「국적업무처리지침」 제12조제4항). 만일 법무부장관이 제2항제4호에 따라 보고를 받은 경우에는 그 신청자의 귀화 또는 국적회복 허가 신청에 대하여 불허가 처분한다(「국적업무처리지침」 제12조제5항); 「출입국관리법」 제61조(체류허가의 특례) ① 법무부장관은 제60조제3항에 따른 결정을 할 때 이의신청이 이유 없다고 인정되는 경우라도 용의자가 대한민국 국적을 가졌던 사실이 있거나 그 밖에 대한민국에 체류하여야 할 특별한 사정이 있다고 인정되면 그의 체류를 허가할 수 있다. ② 법무부장관은 제1항에 따른 허가를 할 때 체류기간 등 필요한 조건을 붙일 수 있다.

619) 「외국국적 동포의 국적회복 등에 관한 업무처리 지침」[시행 2018. 12. 20.] [법무부예규 제1202호, 2018. 12. 18., 일부개정.]

620) 독립유공자예우에 관한 법률 (약칭: 독립유공자법)[시행 2019. 12. 10] [법률 제16828호, 2019. 12. 10, 일부개정] 제4조(적용 대상자) 다음 각 호의 어느 하나에 해당하는 독립유공자, 그 유족 또는 가족은 이 법에 따른 예우를 받는다.

1. 순국선열: 일제의 국권침탈(國權侵奪) 전후로부터 1945년 8월 14일까지 국내외에서 일제의 국권침탈을 반대하거나 독립운동을 위하여 일제에 항거하다가 그 반대나 항거로 인하여 순국한 자로서, 그 공로로 건국훈장(建國勳章)·건국포장(建國褒章) 또는 대통령 표창을 받은 자
2. 애국지사: 일제의 국권침탈 전후로부터 1945년 8월 14일까지 국내외에서 일제의 국권침탈을 반대하거나 독립운동을 위하여 일제에 항거한 사실이 있는 자로서, 그 공로로 건국훈장·건국포장 또는 대통령 표창을 받은 자

621) 독립유공자예우에 관한 법률 제5조(유족 또는 가족의 범위) ① 이 법에 따라 보상을 받는 독립유공자의 유족 또는 가족의 범위는 다음과 같다.

1. 배우자
2. 자녀
3. 손자녀(孫子女). 다만, 독립유공자의 유족으로 최초로 등록할 당시 이미 자녀 및 손자녀까지 사망한 경우에는 독립유공자의 가장 가까운 직계비속 중 1명을 손자녀로 본다.
4. 며느리로서 1945년 8월 14일 이전에 구호적에 기재된 자

② 제1항제1호의 배우자의 경우, 사실혼 관계에 있는 사람을 포함한다. 다만, 배우자 및 사실혼 관계에 있는 사람이 독립유공자와 혼인 또는 사실혼 후 그 독립유공자가 아닌 다른 사람과 사실혼 관계에 있거나 있었던 경우는 제외한다. <신설 2015. 12. 22.>

③ 제1항제2호의 자녀의 경우, 양자(養子)는 독립유공자가 직계비속(直系卑屬)이 없어 입양한 자 1명만을 자녀로 본다. 다만, 1945년 8월 15일 이후에 입양된 양자의 경우에는 독립유공자, 그의 배우자 또는 직계존비속(直系尊卑屬)을 부양한 사실이 있는 자로 한정한다.

④ 제1항제3호의 손자녀의 경우, 독립유공자 직계비속의 양자는 그가 직계비속이 없어 입양한 자 1명만을 손자녀로 본다. 다만, 1945년 8월 15일 이후에 입양된 자의 경우에는 독립유공자, 그의 배우자 또는 직계존비속을 부양한 사실이 있는 자로 한정한다.

⑤ 제1항제4호의 며느리의 경우, 제12조에 따른 보상금(報償金)을 받는 제1항제1호부터 제3호까지의 유족이 없어야 하되, 해당자가 2명 이상이면 그 남편의 보상금 지급 순위에 따른 선순위자(先順位者) 1명으로 한정한다.

국가유공자 등 예우 및 지원에 관한 법률 (약칭: 국가유공자법)[시행 2020. 1. 1] [법률 제16851호, 2019. 12. 31, 타법개정 제5조(유족 또는 가족의 범위) ① 이 법에 따라 보상을 받는 국가유공자의 유족이나 가족의 범위는 다음 각 호와 같다.

1. 배우자
2. 자녀
3. 부모
4. 성년인 직계비속(直系卑屬)이 없는 조부모
5. 60세 미만의 직계존속(直系尊屬)과 성년인 형제자매가 없는 미성년 제매(弟妹)

② 제1항제1호의 배우자의 경우, 사실혼 관계에 있는 사람을 포함한다. 다만, 배우자 및 사실혼 관계에 있는 사람이 국가유공자와 혼인 또는 사실혼 후 그 국가유공자가 아닌 다른 사람과 사실혼 관계에 있거나 있었던 경우는 제외한다.

③ 제1항제2호의 자녀의 경우, 양자(養子)는 국가유공자가 직계비속이 없어 입양한 사람 1명만을 자녀로 본다.

④ 제1항제3호의 부모의 경우, 생부 또는 생모 외에 국가유공자를 양육하거나 부양한 사실이 있는 부 또는 모의 배우자가 있는 때에는 국가유공자를 주로 양육하거나 부양한 사람 1명을 부 또는 모로 본다.

⑤ 제1항제4호의 조부모의 경우, 성년인 직계비속이 대통령령으로 정하는 생활능력이 없는 정도의 장애인이거나 다음 각 호의 어느 하나에 해당하는 사람으로서 의무복무 중인 경우에는 성년인 직계비속이 없는 것으로 본다.

1. 「병역법」 제16조 또는 제20조에 따라 입영된 현역병(본인이 지원하지 아니하고 임용된 부사관을 포함한다)
2. 「병역법」 제22조에 따라 소집된 상근예비역
3. 「병역법」 제25조에 따라 전환복무된 의무경찰 및 의무소방원
4. 「병역법」 제2조에 따른 사회복무요원 및 대체복무요원으로 소집된 사람

사례의 분석

1. 신청이나 신고와 관련하여 신청(신고)자가 15세 미만인 경우 법정대리인이 이를 대신하도록 국적법 제19조는 규정되어 있으므로 이 경우에는 법정대리인이니 부모가 그 명의로 작성, 제출하여야 한다. 이러한 내용은 미성년자 중 15세 이상일 경우 본인 명의로 신고서나 신청서를 작성하되 본인이나 법정대리인인 부모가 대리하여 제출할 수 있다는 의미를 갖는다.[622]

2. 갑은 15세 미만이므로 법정대리인이 대신하여 신고를 하여야 한다. 사안에서 병이 을과의 이혼을 통해 친권자로 지정되었으므로 병만이 법정대리인으로서 단독으로 갑의 국적이탈신고를 대신할 수 있다.

---

⑥ 제1항제5호의 미성년 제매의 경우, 60세 미만의 직계존속과 성년인 형제자매가 있더라도 대통령령으로 정하는 생활능력이 없는 정도의 장애인이거나 제5항 각 호의 어느 하나에 해당하는 사람으로서 의무복무 중인 경우에는 60세 미만의 직계존속과 성년인 형제자매가 없는 것으로 본다.

622) 법무부출입국·외국인정책본부, 『국적법 문답식 해설』, 2011, 84~85면

제 18 장 국적의 판정

제18장에서는 국적의 판정에 대해서 다룬다. 여기에서는 구체적으로 국적법상 규정, 취지 및 법적 성격, 대상, 국적판정의 신청절차 및 구비서류, 국적판정의 심사, 효력('국적보유판정'을 한 경우와 '국적비보유판정'을 한 경우), 관련문제로서 국적취득자 기록정리 및 외국인등록증의 반납, 국적판정 신청자와 국적비보유판정자의 체류관리, '법률 형식상으로는 일응 대한민국의 국적을 보유하였다고 보기 어려우나 실질적으로는 국민으로 살아온 사람'의 경우 고려사항에 관한 내용을 살펴보기로 한다.

사례의 연습

1. 신고나 신청을 하려는 사람이 외국에 주소가 있을 때 그 주소지를 관할하는 재외공관의 장을 통해서도 신고나 신청이 가능한 경우를 생각해 보시오?
2. 외국에서도 국적판정을 신청할 수 있는가?
3. 중국 국적을 가진 조선족 동포들도 국적판정 신청을 할 수 있는가? 만일 국적판정을 신청할 수 없다면 대한민국 국적을 취득할 수 있는 방법은 무엇인가?
4. 사할린동포1세 및 2세, 3세가 대한민국 국적을 취득할 수 있는 방법은 무엇인가?
5. 구 소련지역 국가나 기타 CIS 지역에 거주하는 동포들은 어떻게 해야 대한민국의 국적을 취득할 수 있는가?
6. 북한이탈주민으로 보호결정을 받은 여성과 대한민국의 국적 보유자로 판정된 여성의 자녀('갑')는 어떻게 해야 대한민국의 국적을 취득할 수 있는가? 이때 갑이 출생이 1998년 6월 14일 이전인지, 아니면 이후인지 여부에 따라 그 취득절차를 달리해야 하는가?
7. 탈북한 여성("갑")이 한국에서 미국인 남성("을")과 결혼할 경우 갑과 을이 대한민국의 국적을 취득하는 방법과 절차에 대해 생각해 보시오?
8. 중국에서 출생한 "갑"은 북한에서 북한주민과 혼인하였다. 그 후 갑은 탈북하여 한국에 입국하였다. 이때 갑은 대한민국의 국적을 취득할 수 있는가?

제 1 절 국적법상 규정, 취지 및 법적 성격

【제20조】 (국적 판정)
① 법무부장관은 대한민국 국적의 취득이나 보유 여부가 분명하지 아니한 자에 대하여 이를 심사한 후 판정할 수 있다.
② 제1항에 따른 심사 및 판정의 절차와 그 밖에 필요한 사항은 대통령령으로 정한다.

Ⅰ. 취 지

「국적법」 제20조는 대한민국 국적의 취득이나 보유 여부가 분명하지 아니한 자에 대하여 법무부장관이 이를 심사한 후 판정할 수 있도록 규정하고 있다. 이러한 내용은 어떤 사람에 대해 그가 이전에 대한민국의 국적을 취득한 사실이 있는지 아니면 현재도 대한민국의 국적을 보유하고 있는지 여부 등이 분명하지 아니한 경우 그의 신청에 따라 법무부장관이 이를 심사하여 대한민국의 국민인지의 여부를 판정하는 제도라는 의미를 갖고 있다.[623]

이때 '국적 판정'이 무엇을 의미하는지의 여부가 문제될 수 있는데 어떤 사람의 국적 귀속관계가 분명하지 않을 때 그 사람의 국적이 어디인지, 즉 대한민국의 국민은 아닌지의 여부를 가린다는 의미보다는(광의적 의미의 국적판정) 대한민국 국적의 취득과 보유관계가 명확하지 않은 사람이 자신이 대한민국의 국적을 가진 자임을 확인받고자 국적의 판정을 신청한 경우 이를 법무부장관이 관련 법령에서 정하는 절차에 따라 심사한 후 현재 대한민국의 국적을 갖고 있는지의 여부를 판정하는 제도라고 볼 수 있다(협의적 의미의 국적판정).[624]

Ⅱ. 법적성격

「국적법」상의 국적판정의 법적 성격과 관련하여서는 국적 판정 신청자에 대해

---

623) 법무부 출입국·외국인정책본부, 『2014국적실무편람』 (2014.6), 167면.
624) 석동현, 앞의 책, 272~273면.

대한민국의 국적을 새롭게 부여하거나 상실케 하는 형성적 처분의 성격이 아닌 판정하는 시점 현재에 신청자가 과연 대한민국의 국적을 보유하고 있는 지의 여부를 확인하는 성격을 띠는 처분이라는 점에서 확인적 처분이라고 할 수 있다.[625]

제2절 대 상

국적판정 확인을 신청하여 그 확인 절차를 받으려는 대상자는 주로 대한민국 정부 수립 이전에 한반도 및 부속도서에서 출생, 대한민국 국적의 취득여부가 불분명한 사람, 대한민국 정부가 수립되기 이전에 국외로 이주한 사람과 그 직계비속 또는 북한적을 소지한 사람과 어떤 혈연이나 지연 관계를 가졌던 사람, 탈북자로서 중국과 같은 제3국에서 체재하던 중 대한민국으로 입국하거나 북한을 탈출하여 바로 국내 입국한 북한 주민의 경우 등이 그 대상이 될 수 있을 것이다.[626]

이러한 것은 구체적으로 ① 외교부 영주귀국사업 대상에 해당하는 사할린동포 1세인 1945년 8월 15일 이전 출생자,[627] ② 북한적 동포, ③ 법률 형식상으로는 일응 대한민국의 국적을 보유하였다고 보기 어려우나 대한민국의 국적이 없다고 판단하는 것이 오히려 현저히 불합리하다고 인정되는, 즉 실질적으로는 국민으로 살아온 사람이 될 것이다. 실무상으로는 특히 사할린동포와 북한이탈주민임을 주장하는 사람이 문제될 것이다.[628]

먼저 ① 즉 사할린동포는 일제 말기 징용에 끌려가 돌아오지 못한 사람들과 소수의 이주자로 구성되는데 제2차 세계대전 종전 후 구소련은 사할린동포를 무국적

---

625) 석동현, 앞의 책, 274면.

626) 위의 책, 275면.

627) 사할린동포 1세는 이미 러시아 등 외국 국적을 보유하고 있는 자들로 당연히 대한민국의 국민으로서의 지위를 가진다고 볼 수 없으므로 일반적인 국적취득(국적회복, 귀화) 절차 등을 통해 대한민국 국적을 취득해야 하지만 이들은 강제징용으로 사할린에 이주하여 외국국적 취득이 자발적으로 이루어졌는지의 여부가 불분명하다는 등의 이유로 해방 이전에 출생한 사할린동포 1세에 한해 정부의 정책적 판단으로 외교부장관으로 영주귀국허가에 따른 국적판정 요청에 따라 국적판정을 하고 있는 것이라고 한다(법무부 출입국·외국인정책본부, 『2014국적실무편람』 (2014.6), 167면).

628) 이철우 외, 앞의 책, 292면.

자로 취급하고 일본도 샌프란시스코조약에 따라 이들에 일본 국적을 부정하였다고 한다.[629] 정부는 1945년 8월 15일 이전에 사할린으로 징용, 징병된 사람 또는 그 동포의 자녀로서 1945년 8월 15일 이전에 출생한 사람 중 영주귀국하는 사람에 대해서 국적판정을 통해 대한민국의 국적을 인정해 왔다.[630]

또한 ②의 경우 「북한이탈주민의 보호 및 정착지원에 관한 법률」 제9조의 규정에 따라 보호결정이 되지 않았으나 북한적자로서 외국의 국적을 취득한 사실이 없는 사람(북한적 중국동포 및 그 자녀 등)을 의미하며,[631] 북한적 교포로 북한에서 탈북하여 중국 등 제3국을 통하여 밀입국한자, 북한여권(조선민주주의인민공화국 여권)을 소지하고 중국에 입국하여 중국으로부터 외국인 거류증을 발급받아 생활하다가 중국여권을 위조하여 국내에 밀입국한 자 등도 신청할 수 있다.[632]

만일 「북한이탈주민의 보호 및 정착지원에 관한 법률」에 따라 보호결정을 받은 사람이라면 국적판정의 절차없이 통일부장관이 서울가정법원에 신청하여 가족관

---

629) 이철우 외, 앞의 책, 293면.

630) 그 이후에 출생한 동포 2세대나 3세대는 귀화 또는 국적회복을 통해 국적을 얻을 수 있을 것이다 (위의 책, 같은 면).

631) 법무부 출입국·외국인정책본부, 『2014국적실무편람』 (2014.6), 167면; 북한이탈주민의 보호 및 정착지원에 관한 법률 (약칭: 북한이탈주민법) [시행 2019. 7. 16] [법률 제16223호, 2019. 1. 15, 일부개정] 제9조(보호 결정의 기준) ① 제8조제1항 본문에 따라 보호 여부를 결정할 때 다음 각 호의 어느 하나에 해당하는 사람은 보호대상자로 결정하지 아니할 수 있다.

1. 항공기 납치, 마약거래, 테러, 집단살해 등 국제형사범죄자
2. 살인 등 중대한 비정치적 범죄자
3. 위장탈출 혐의자
4. 체류국(滯留國)에 10년 이상 생활 근거지를 두고 있는 사람
5. 국내 입국 후 3년이 지나서 보호신청한 사람
6. 그 밖에 보호대상자로 정하는 것이 부적당하다고 대통령령으로 정하는 사람

② 제1항제4호 및 제5호의 경우 북한이탈주민에게 대통령령으로 정하는 부득이한 사정이 있는 경우에는 그러하지 아니하다.

③ 통일부장관은 북한이탈주민으로서 제1항 각 호의 어느 하나에 해당하여 보호대상자로 결정되지 아니한 사람에게는 필요한 경우 다음 각 호의 어느 하나에 해당하는 보호 및 지원을 할 수 있다.

1. 제11조·제13조·제14조·제16조·제17조의3·제19조·제19조의2·제20조(이 조 제1항제4호 및 제5호에 해당하여 보호대상자로 결정되지 아니한 경우만 해당한다)·제22조 및 제26조의2에 따른 보호 및 특례
2. 그 밖에 사회정착에 필요하다고 대통령령으로 정하는 보호 및 지원

④ 제3항에 따른 보호 및 지원에 관하여 필요한 사항은 대통령령으로 정한다.

632) 1345 자료 (2020년 2월 19일)

계등록부를 창설하게 될 것이다.[633] ③의 경우 실질적 국민으로 살아온 사람으로 인정되기 위해서는 일정한 요건을 충족시켜야 할 것이다. 이러한 요건으로는 ㉠ 신청인이 본인을 한국인으로 인식하고 장기간 국내에서 생활해 왔고 외국여권 사용 등 외국인으로 생활해 온 전력이 거의 없을 것, ㉡ 신청인이 한국인으로 생활해 온 것에 출생신고 대상이 아님에도 출생신고를 수리, 병역통지서의 발송 등 행정청의 업무상 과실 등이 있을 것, ㉢ 병역의무, 납세의 무 등 국민으로서의 의무를 성실히 이행하였을 것, ㉣ 그 밖에 정체성을 따져 보았을 때 대한민국 국민으로 볼 수 있을 것이 포함될 것이다.[634]

제 3 절 국적판정의 신청절차 및 구비서류

이들 대상자가 위와 같은 규정(「국적법」 제20조)에 따라 국적판정을 받기 위해서는 아래의 서식에 따른 <국적판정 신청서>(3.5cm×4.5cm칼라사진 1장 부착)를 작성하여 청장 등에게 제출하여야 하고(「국적법시행령」 제23조제1항), 이에 따라 신청서를 제출받은 때에는 청장 등은 지체 없이 법무부장관에게 송부하여야 한다(「국적법시행령」 제23조제2항).

---

633) 북한이탈주민의 보호 및 정착지원에 관한 법률 (약칭:북한이탈주민법) 제19조(가족관계 등록 창설의 특례) ① 통일부장관은 보호대상자로서 군사분계선 이남지역(이하 "남한"이라 한다)에 가족관계 등록이 되어 있지 아니한 사람에 대하여는 본인의 의사에 따라 등록기준지를 정하여 서울가정법원에 가족관계 등록 창설허가 신청서를 제출하여야 한다.
② 제1항의 가족관계 등록 창설허가 신청서에는 제12조제1항에 따라 작성된 보호대상자의 등록대장 등본과 가족관계등록부의 기록방법에 준하여 작성한 신분표를 붙여야 한다.
③ 서울가정법원은 제1항에 따라 가족관계 등록 창설허가 신청서를 받은 때에는 지체 없이 허가 여부를 결정하고, 가족관계 등록 창설허가를 한 때에는 해당 등록기준지의 시(구를 두지 아니한 시를 말한다. 이하 이 조에서 같다)·구·읍·면의 장에게 가족관계 등록 창설허가 등본을 송부하여야 한다.
④ 시·구·읍·면의 장은 제3항에 따른 가족관계 등록 창설허가 등본을 받은 때에는 지체 없이 가족관계등록부를 작성하여야 하고, 주소지 시장(특별시장·광역시장은 제외한다. 이하 같다)·군수·구청장(자치구의 구청장을 말한다. 이하 같다) 또는 특별자치도지사에게 가족관계 기록사항에 관한 증명서를 첨부하여 가족관계 등록 신고사항을 통보하여야 한다.

634) 법무부 출입국·외국인정책본부, 『2014국적실무편람』 (2014.6), 168면.

이때 국적판정 신청과 관련하여 ① 본인 또는 국내거주 친족의 가족관계기록사항에 관한 증명서나 그 밖에 출생 당시의 혈통관계를 소명할 수 있는 서류, ② 외국 국적을 취득한 적이 있을 때에는 그 사실을 증명하는 서류(그 외국의 여권 사본으로 갈음할 수 있음) 및 그 외국 국적을 취득하게 된 경위서, ③ 외국에 거주하다가 대한민국에 입국하여 주소 또는 거소를 두고 있는 사람은 입국 당시에 사용한 외국여권·여행증명서 또는 입국허가서의 사본, ④ 「가족관계의 등록 등에 관한 법률」 제98조에 따른 국적 판정 통보 및 가족관계등록부 작성 등에 필요한 서류로서 법무부장관이 정하는 서류, ⑤ 그 밖에 국적 판정에 참고가 되는 자료와 같은 서류가 국적 판정 신청서에 첨부되어야 한다(「국적법시행규칙」 제15조제2항).

구체적인 구비서류와 관련하여 ① 사할린동포 1세 등 외교부 영주귀국사업 대상의 경우 국적판정신청서, 영주귀국희망지원서, 거주확인서, 서약서, 외교부 및 대한적십자사의 영주귀국자국적판정요청서, 가족관계등록부 작성에 필요한 서류를, ② 북한적 동포의 경우 국적판정신청서, 신청인의 북한 신분증 사본 (북한여권, 해외공민증, 중국거류증 등), 중국 등 과거 체류국 신분증(신청인 및 가족이 중국에서 사용하던 신분증, 호구부 등 신분에 관한 모든 자료, 중국 위조신분증도 해당), 북한적이라는 사실을 증명할 신분증 외의 모든 자료(신청인 자신이 갖고 있는 편지, 사진, 북한호적 및 가족에 관한 모든 자료), 경위서(출생에서부터 현재 한국입국 경위, 거주생활실태를 자세히 작성)로서 여기에는 출생 및 북한에서의 가족관계 및 생활상, 중국에 건너가게 된 경위 및 중국에서의 생활상(학교, 직업, 결혼, 자녀 등), 한국입국을 결심하게 된 경위 및 입국과정, 한국에서의 생활상 및 국적신청 경위, 현재 중국 및 북한 등지에 있는 가족과 연락을 하고 있는지 여부, 있다면 언제 어떤 방법으로 몇 번이나 연락을 취하고 있는지 등을 자세히 작성, 국내 친척(연고인)의 가족관계증명서 및 주민등록등본(국내에 친척이 있는 경우), 국내 친척(연고인)의 상봉 경위서(신청인을 만나게 된 경위 등을 국내 친척이 자세히 작성한 후 서명날인하며, 인감증명은 제출하지 않음), 국적통보제도(가족관계등록부 작성)에 따른 추가 서류 등을 구비하고, ③ 법률 형식상으로는 일응 대한민국의 국적을 보유하였다고 보기 어려우나 실질적으로는 국민으로 살아온 사람의 경우 기본증명서, 가족관계증명서, 부모의 기본증명서, 주민등록표 등본, 병적증명서(해당자), 국내학교 재학증명서 그 밖에 대한민국 국민으로서 권리를 행사하고 의무를 성실히 이

행하였음을 입증하는 자료, 가족관계등록부 작성에 필요한 서류를 구비해야 할 것이다.[635)]

제 4 절 국적판정의 심사

국적판정의 심사 및 판정 절차 등과 관련해서 우선 법무부장관은 국적을 판정할 때 필요하면 관계 기관의 장에게 국적판정 신청자에 대한 신원조회, 범죄경력조회 또는 체류동향조사를 의뢰하거나 그 밖에 심사에 참고가 될 사항에 관한 의견을 구할 수 있다(「국적법시행령」 제24조제1항). 이때 필요할 경우 법무부장관은 국적판정 신청자에게 의견을 진술하게 하거나 보완자료 제출을 요구할 수 있다(「국적법시행령」 제24조제2항).

구체적으로 국적판정의 심사를 위해서 법무부장관은 국적판정신청자에 관하여 ①. 혈통관계, ② 국외이주 경위, ③ 대한민국 국적 취득 여부, ④ 대한민국 국적을 취득한 후 스스로 외국국적을 취득함으로써 대한민국 국적을 상실한 사실이 있는지 여부 등을 심사한 후 현재도 대한민국 국적을 보유하고 있는지를 판정하게 된다(「국적법시행령」 제24조제3항).

제 5 절 효 력

일단 신청자가 신청에 필요한 구비서류를 갖추어 국적판정 신청을 하면 아래와 같은 <국적판정심사결정서>를 통해 '국적보유판정' 또는 '국적비보유판정' 가운데 하나로 결정될 것이다.[636)]

---

635) 법무부 출입국·외국인정책본부, 『2014국적실무편람』 (2014.6), 168면; 1345 자료.

636) 국적판정의 결과 대한민국의 국적을 보유하지 않는 것으로 판단되는 경우 과거에는 '판정불가'의 통보를 하였으나 현재는 '국적비보유판정'의 통보를 하고 있다(이철우 외, 앞의 책, 293면).

Ⅰ. '국적보유판정'을 한 경우

국적판정을 통해 법무부장관으로부터 대한민국의 국적을 보유하고 있는 것으로 판정을 받은 사람은 대한민국의 국적 보유자로서 대한민국의 국민이라는 신분을 소유하고 있음을 확인하는 국적판정의 확인의 처분이다. 따라서 대한민국의 국적을 취득하기 위한 별도의 절차를 거칠 필요가 없이 가족관계등록부에 등재되어 대한민국 국민으로서의 권리와 의무를 갖게 된다.

그러므로 국적판정 신청자가 현재도 대한민국 국적을 보유하고 있는 것으로 판정하면 법무부장관은 그 사실을 지체 없이 본인과 등록기준지 가족관계등록관서의 장에게 통보하고, 관보에 고시하여야 한다(「국적법시행령」 제24조제4항). 또한 이와 같은 국적의 판정을 받은 사람은 별도의 국적취득 절차를 거치지 아니하고 「가족관계의 등록 등에 관한 법률」에서 정하는 바에 따라 가족관계 등록 창설을 할 수 있다(「국적법시행령」 제24조제5항; 「가족관계의 등록 등에 관한 법률」 제98조제1항제3호).[637)]

구체적으로 대한민국의 국적보유자로 판정을 받은 사람은 국적판정통지서를 받는 즉시 성명, 생년월일, 성별, 예정 등록기준지 등이 맞는지 가까운 가족관계등록관서(시청, 구청, 읍·면사무소)를 방문하여 기본증명서를 발급 받아야 한다. 이후 국적판정통지서, 기본증명서, 주민등록증 발급용 사진을 지참하여 거주지 읍·면·동사무소(주민자치센터)를 방문하여 주민등록신고 절차를 마쳐야 할 것이다.

Ⅱ. '국적비보유판정'을 한 경우

하지만 국적 판정결과 대한민국의 국적 보유자가 아닌 경우 이는 결국 외국인이

---

637) 「가족관계의 등록 등에 관한 법률」 (약칭: 가족관계등록법) [시행 2017. 10. 31] [법률 제14963호, 2017. 10. 31, 일부개정] 제98조(국적선택 등의 통보) ① 법무부장관은 다음 각 호의 어느 하나에 해당하는 사유가 발생한 경우 그 사람의 등록기준지(등록기준지가 없는 경우에는 그 사람이 정한 등록기준지)의 시·읍·면의 장에게 대법원규칙으로 정하는 사항을 통보하여야 한다.

1. 「국적법」 제13조에 따라 복수국적자로부터 대한민국의 국적을 선택한다는 신고를 수리한 때
2. 「국적법」 제14조제1항에 따라 국적이탈신고를 수리한 때
3. 「국적법」 제20조에 따라 대한민국 국민으로 판정한 때

② 대한민국 국민으로 판정받은 사람이 등록되어 있지 아니한 때에는 그 통보를 받은 시·읍·면의 장은 등록부를 작성한다.

라는 의미가 되므로 이후로는 국적판정 신청을 할 수 없게 된다. 엄밀한 의미에서 국적비보유판정은 대한민국 국적의 보유가 확인되지 않았다는 것을 나타낼 뿐이고, 이는 신분상의 변동을 가져오는 처분의 성격을 가진다고 할 수 없으므로 원칙적으로 행정소송으로 다툴 수 없을 것이다.[638)]

만일 신청자가 대한민국의 국적을 취득하고자 한다면 귀화허가 신청이나 국적회복 등 대한민국 국적 취득에 필요한 절차를 거쳐야 할 것이다. 물론 입증서류의 부족 등으로 국적비보유판정을 받은 사람이라면 대한민국의 국적자임을 입증하는 자료를 보완하여 국적판정을 다시 신청할 수 있을 것이다.

제 6 절 관련문제

Ⅰ. 국적취득자 기록정리 및 외국인등록증의 반납[639)]

국적취득자 기록정리 및 외국인등록증의 반납과 관련하여 ① 사할린동포의 경우 다수의 신청자가 일괄신청하고 이에 대해 일괄 국적판정을 고시일 기준으로 국적과에서 일괄 기록 정리하게 되는데 통상 외국인등록을 하지 않고 기록상 단기체류자로 남아있게 된다. 또한 러시아 국적을 보유하고 있는 동포가 국적판정을 받을 경우 실질적으로 두 개의 국적을 보유하게 되나 국내에서는 대한민국의 국민으로만 인정되어 외국인으로서의 체류기록은 정리하게 되며 국내 공항만을 출국하거나 입국 시 대한민국의 여권만 사용해야 할 것이다. ② 북한적 동포의 경우 밀입국, 위조, 위명여권 등으로 입국하여 기록 확인을 하기 어려우므로 입국 시 인적사항에 대한 정밀조사를 받게 될 것이다.

---

638) 서울행정법원 2012. 2. 17. 선고 2011구합22051 판결; 이철우 외, 앞의 책, 294면.
639) 법무부 출입국·외국인정책본부,『2014국적실무편람』(2014.6), 172면.

Ⅱ. 국적판정 신청자와 국적비보유판정자의 체류관리[640]

국적판정신청서를 제출한 자는 3~6개월의 유효기간을 갖는 국적판정 신청 접수증을 받게 되고 이는 국적판정의 심사기간 중의 신분증 기능을 수행하며, 국적이 판정된 경우 가족관계등록관서에서 동일인 확인자료로 활용하게 될 것이다.

이에 대해 법무부장관으로부터 대한민국 국적 보유자가 아닌 것으로 판정을 받으면 이는 현재 외국인이라는 의미를 갖게 되므로 이러한 판정을 받은 자가 대한민국의 국적을 갖고자 한다면 국적법이 정한 국적취득 절차(귀화 또는 국적회복)를 거쳐야 할 것이다.[641]

Ⅲ. '법률 형식상으로는 일응 대한민국의 국적을 보유하였다고 보기 어려우나 실질적으로는 국민으로 살아온 사람'의 경우 고려사항

이와 같은 사유로 신청한 본인이 출생에 의한 복수국적자라고 생각하여 국적선택을 신고하려던 자가 잘못된 출생신고의 발견 등으로 국적선택신고를 반려받고 국적판정 신청을 하게 될 경우 이후 신청인이 국적보유의 판정을 받아도 국적판정의 심사 도중에 국적선택 기간이 도과되어 외국국적불행사 서약 등을 할 수 없게 될 수 있으므로 국적선택기간 내의 신청자라면 국적판정 신청 접수 시 국적선택 신고도 함께 해야 할 것이다.[642]

사례의 분석

1. 외국에 주소를 두고 있는 경우 인지에 의한 국적취득신고, 국적회복, 국적재취득, 국적선택, 국적상실신고는 재외공관장에게 신청이 가능하다(국적법 시행령 제25조). 귀화는 신청자가 반드시 국내에 주소를 두고 있어야 하므로 외국에서는 신청할 수 없다.

640) 법무부 출입국·외국인정책본부, 『2014국적실무편람』(2014.6), 170면.

641) 석동현, 앞의 책, 277면

642) 이후에 만일 신청인이 '국적비보유판정'을 받게 되면 이미 접수된 국적선택신고를 요건을 구비하지 못했다는 사유로 반려되게 될 것이다(법무부 출입국·외국인정책본부, 『2014국적실무편람』(2014.6), 170~171면).

2. 국적판정을 신청할 수 없다. 왜냐하면 위 1의 경우 이외에는 대한민국에 주소가 있어야 신청할 수 있고 국적판정 심사 및 절차에 있어서 관계 기관에 신원조회와 신청자의 의견 및 진술 청취 등이 필요하기 때문이다.[643]

3. 보통 조선족으로 불리는 중국동포들이 대부분은 중국 국적의 외국인이므로 국적판정 대상자가 아니며 귀화 또는 국적회복 허가를 통해 대한민국의 국적을 취득할 수 있다. 중국 동포들 가운데 해외공민으로 등록된 '북한적 동포(조교)'들의 경우에는 국적판정 신청이 가능하나 위의 시행령 규정에 따라 국내에서만 신청할 수 있으므로 국외에서는 국적판정을 신청할 수 없다. 중국국적을 가진 조선족 동포는 국내에 적법하게 입국하여 체류 중인 사람에 한해 중국동포 1세는 국적회복, 2세 이하는 귀화절차를 통해 대한민국의 국적을 취득할 수 있다.[644]

4. 사할린동포 1세(1945년 8월 15일 이전 출생자) 중 국내 가족관계등록부(제적자 포함)가 있거나 한반도에서 한국인 혈통으로 출생한 후 이주한 사실이 확인되는 사람은 국적법에 따른 국적회복허가를 받을 수 있고, 외교부의 영주귀국허가를 받은 사람은 국적판정 절차에 의해 대한민국의 국적을 취득할 수 있는데 이는 국적법 제20조가 아닌 외교부의 「사할린동포영주귀국허가지침」에 의한 것이라고 할 수 있다. 사할린동포1세 대부분은 러시아 등 외국국적을 보유하고 있기에 일반적으로 국적회복이나 귀화를 통해 대한민국의 국적을 취득해야 하나 강제징용에 의한 사할린 이주로 인한 외국국적 취득의 자발성 여부가 불분명 하는 등의 이유로 정책적으로 판단하여 외교부장관의 영주귀국허가에 따라 국적판정을 하고 있는 것이다. 사할린동포 2세, 3세의 경우에는 귀화대상자인지 국적회복대상자인지의 여부에 의해 일정 요건을 갖추었다면 귀화나 국적회복허가를 받아 대한민국의 국적을 취득할 수 있을 것이다.[645]

5. 구 소련지역 국가나 기타 CIS 지역에 거주하는 동포들은 동포 1세로서 거주국의 국적을 취득하고 거주할 경우 국적법상의 국적회복허가를 받아 대한민국의 국적을 취득할 수도 있고, 2세 또는 3세들의 경우에는 출생당시 부모가 거주국의 국적을 취득한 상태라면 순수 외국인에 해당하므로 귀화절차를 통해 국적취득이 가능할 것이다.[646]

6. 북한이탈주민으로 보호결정을 받은 여성과 대한민국의 국적 보유자로 판정된 여성의 자녀는 언제 출생하였느냐에 따라 국적취득 절차가 다르다. 즉, 부모양계혈통주의를 채택한 1998년 6월 14일 전 출생자는 특별귀화 절차에 따르고 '이후' 출생자는 출생에 의해서 대한민국의 국적을 취득할 수 있다. 「북한이탈주민의 보호 및 정착지원에 관한 법률」에 따라[647] 북한이탈주민으로 보호결정을 받아 통일부장관의 신청으로 가족관계등록부가 작성된 북한이탈주민과 법무부장관으로부터 국적판정을 받은 사람은 새롭게 대한민국의 국적을 취득하는 것이 아니라

처음부터 당연하게 대한민국의 국적을 보유한 사람으로서 확인을 받는 것이라고 할 수 있다.[648]

7. 사안에서 "갑"이 탈북자 신분이 맞다면 법무부장관에게 국적판정 신청을 해 보는 방법을 생각해 볼 수 있다(이에 대한 구체적인 절차는 국적판정 부분의 내용을 참고). "을"의 경우에는 ① 한국에서 적법하게 입국하여 5년 이상 체류하거나 ② 갑이 국적판정을 받아 가족관계등록부가 작성된 후 을과 결혼한 후 한국에 2년 이상 계속하여 거주한 이후에 귀화허가 신청을 할 수 있을 것이다.[649]

8. 위 사안만으로 국적취득 여부나 보유여부가 분명하지 않은 경우에 해당한다고 볼 수 있으므로 국적판정을 받아 보아야 할 것이다.

643) 법무부출입국·외국인정책본부, 『국적법 문답식 해설』, 2011, 184면.
644) 위의 책, 185면.
645) 위의 책, 189면.
646) 위의 책, 190면.
647) 「북한이탈주민의 보호 및 정착지원에 관한 법률」 (약칭 : 북한이탈주민법 [시행 2019. 7. 16.] [법률 제16223호, 2019. 1. 15., 일부개정].
648) 위의 책, 186면.
649) 위의 책, 273면.

제 19 장 귀화허가, 국적회복허가 또는 국적판정의 취소

앞의 귀화허가 부분에서 취소에 관한 부분을 언급한 바 있지만 여기에서는 전체적으로 귀화허가, 국적회복허가, 또는 국적판정의 취소에 관한 내용을 다루는데 여기에는 국적법상의 규정, 대상, 절차, 효과 등이 포함된다.

제 1 절 국적법상의 규정

【제21조】(허가 등의 취소)

① 법무부장관은 거짓이나 그 밖의 부정한 방법으로 귀화허가, 국적회복허가, 국적의 이탈 허가 또는 국적보유판정을 받은 자에 대하여 그 허가 또는 판정을 취소할 수 있다.

② 제1항에 따른 취소의 기준·절차와 그 밖에 필요한 사항은 대통령령으로 정한다.

「국적법」 제21조는 거짓이나 그 밖의 부정한 방법으로 귀화허가, 국적회복허가, 국적의 이탈 허가 또는 국적보유판정을 받은 자에 대하여서 법무부장관은 그 허가 또는 판정을 취소할 수 있음을 규정하고 있다.

제 2 절 대 상

허가 또는 판정의 취소가 될 수 있는 대상은 귀화허가, 국적회복허가, 국적의 이탈 허가 또는 국적보유판정을 받은 자가 거짓이나 그 밖의 부정한 방법으로 대한민국 국적을 취득한 경우이다. 구체적으로 이에 해당하는 사람은 ① 귀화허가, 국적회복허가, 국적의 이탈 허가 또는 국적보유 판정을 받을 목적으로 신분관계 증명서류를 위조·변조하거나 위조·변조된 증명서류를 제출하여 유죄 판결이 확정된 사람, ② 혼인·입양 등에 의하여 대한민국 국적을 취득하였으나 그 국적취득의 원인이 된 신고 등의 행위로 유죄 판결이 확정된 사람, ③ 대한민국 국적 취득의 원인이 된 법률관계에 대하여 무효나 취소의 판결이 확정된 사람, ④ 그 밖에 귀화허가, 국적회복허가, 국적의 이탈 허가 또는 국적보유 판정에 중대한 하자가 있는 사람이 될 것이다.

제3절 절 차

이에 따라(법 제21조제1항) 귀화허가, 국적회복 허가 또는 국적보유 판정을 취소하려면 법무부장관은 당사자에게 확인서를 받는 등 소명(疏明)할 기회를 주어야 한다(「국적법시행령」 제27조제2항 본문). 다만, 당사자의 소재를 알 수 없거나 당사자가 소명자료 제출 요구에 정당한 이유 없이 2회 이상 따르지 아니한 경우에는 그러하지 아니하다(「국적법시행령」 제27조제2항 단서).

또한 이에 귀화허가, 국적회복 허가 또는 국적보유 판정 등을 취소하면 법무부장관은 그 사실을 지체 없이 본인 및 등록기준지 가족관계등록관서의 장에게 통보하고, 관보에 고시하여야 한다(「국적법시행령」 제27조제3항). 이러한 경우(제3항의 경우)에는 대한민국 국적의 이탈 절차 등을 규정하고 있는 시행령을 준용하고 있으므로 이에 해당하는 자가 주민등록이 되어 있을 때에는 그 주민등록관서의 장에게도 그 사실을 통보하여야 한다(「국적법시행령」 제27조제4항).

이러한 내용(제3항 및 제4항에 규정된 내용)에 따라 관보에 고시하거나 등록기준지 가족관계등록관서의 장과 주민등록관서의 장에게 통보할 때에는 ① 취소 대상자의 성명, 생년월일, 성별 및 등록기준지, ② 취소 원인 및 연월일을 적어야 한다(「국적법시행령」 제27조제5항). 이외에도 이에 따라(제21조제1항에 따라) 귀화허가, 국적회복 허가 또는 국적보유 판정을 취소할 경우 그 사람이 이미 발급받은 대한민국 여권이 있을 때에는 법무부장관은 위의 사항(제5항 사항)과 여권번호를 외교부장관에게 통보할 수 있다(「국적법시행령」 제27조제6항).

제4절 효 과

거짓이나 그 밖의 부정한 방법에 의해 귀화허가나 국적회복허가 또는 국적보유판정을 받은 자에 대하여 법무부장관으로부터 그 허가 또는 판정의 취소를 받게 되면 그 당사자는 취소 즉시 대한민국의 국적을 상실하게 된다. 이때 취소의 효력은 '소급효'를 가져 귀화허가나 국적회복허가 또는 국적보유의 판정은 아예 처음부터 효력이 없는 것으로 된다.[650] 이렇게 되면 이에 해당하는 사람은 이전에 대한민국의 국적을 보유해 본 적이 없는 경우에 해당하므로 대한민국의 국적을 취득하기 위해서는 귀화 등 새로운 국적 취득 절차를 거쳐야 될 것이다.

이와 같은 국적취소의 내용은 관보에 고시되고 본인에게 통지되며 외교부나 가족관계등록관서 등 관계기관에 통보되는 한편 출입국 규제조치를 받게 될 것이다.[651]

또한 이와 관련하여 귀화허가나 국적회복허가 또는 국적보유판정을 받은 이후 여권을 발급받아 사용하는 등 귀화허가나 국적회복허가 또는 국적보유판정이 취소되기 이전까지 행해진 공법행위들의 효력이 문제될 수 있을 것이다.

제5절 국적취소의 제한

위와 같이 국적법상 거짓 기타 부정한 방법으로 국적을 취득한 경우 국적이 취소될 수 있다. 하지만 국적이 취소될 경우 취소로 인한 혼인생활이나 자녀 양육관계의 단절, 국적을 취득한 후 형성된 여러 신분관계의 파탄 등의 회복하기 어려운 예기치 못한 어려움으로 인해 당사자에게 가혹할 수 있다.

그렇기 때문에 위와 같은 규정에도 불구하고 일정한 경우 국적취소가 제한될 필요가 있고 이러한 내용은 국적업무처리지침을 통해 반영되고 있다. 즉, 실제 명의로 대한민국 국적을 취득한 지 5년 이상 경과하고 법 제5조제3호부터 제5호의 요건을 갖춘 사람으로서 ① 대한민국 국민과 혼인(사실혼 포함) 관계에서 출생한 미성

650) 석동현, 앞의 책, 280~281면; 이철우 외, 앞의 책, 301면.
651) 법무부 출입국·외국인정책본부, 『2014국적실무편람』(2014.6), 178면.

년 자녀를 양육하고 있는 경우, ② 대한민국 국민과 혼인을 하는 등 새로운 신분상의 법률관계를 형성한 경우, ③ 혼인의사 없이 대한민국 국민과 법률적으로 혼인하였으나 그 배우자와 실질적인 혼인 관계를 계속 유지하고 있는 경우, ④ 만 65세 이상 외국국적동포로서 본국에 생활기반 상실 등으로 귀국할 수 없는 인도적 사유가 있는 경우 중 어느 어느 하나에 해당하는 경우에는 국적을 취소하지 아니할 수 있다.[652]

즉, ① 실제 본명으로 국적을 취득한 경우 취득 후 5년 이상의 경과, 사실혼 관계를 포함한 국민과의 혼인관계에서 출생한 미성년 자녀의 양육, 한국인 배우자와 혼인관계의 유지, 만 65세 이상의 동포 가운데 어느 하나의 사유에 해당하고, 생계유지 능력, 기본 소양능력, 품행 단정이라는 모든 요건을 충족한 경우라면 국적취소는 제한될 것이다.

헌법재판소는 2015. 9. 24. 선고한 2015헌바26 결정에서 국적법 제21조는 헌법에 위반되지 아니한다고 보면서,[653] "법무부장관은 제반사정을 고려하여" 귀화허가의 취소 여부를 결정할 것을 제시하고 있다. 즉, 고려해야 할 '특별한 사정'이 있는 경우 국적은 취소하고 일정한 처분은 하되 출국조치가 아닌 일정한 체류 자격을 부여하여 체류활동을 할 수 있도록 해야 할 것이다. 이러한 특별한 사정에는

---

652) <u>국적업무처리지침 제22조의2(국적취소의 제한)</u> ① 법 제21조제1항에도 불구하고 실제 명의로 대한민국 국적을 취득한 지 5년 이상 경과하고 법 제5조제3호부터 제5호의 요건을 갖춘 사람으로서 다음 각 호의 어느 하나에 해당하는 경우에는 국적을 취소하지 아니할 수 있다.
1. 대한민국 국민과 혼인(사실혼 포함) 관계에서 출생한 미성년 자녀를 양육하고 있는 경우
2. 대한민국 국민과 혼인을 하는 등 새로운 신분상의 법률관계를 형성한 경우
3. 혼인의사 없이 대한민국 국민과 법률적으로 혼인하였으나 그 배우자와 실질적인 혼인 관계를 계속 유지하고 있는 경우
4. 만 65세 이상 외국국적동포로서 본국에 생활기반 상실 등으로 귀국할 수 없는 인도적 사유가 있는 경우

653) … 귀화허가 등 국적에 관한 사항은 국가의 기본적 구성요소이자 주권자인 국민의 범위를 확정하는 고도의 정치적 속성을 가지고 있으므로, 당해 국가가 역사적 전통과 정치·경제·사회·문화 등 여러 사정을 고려하여 결정할 문제이다. 거짓이나 그 밖의 부정한 방법으로 귀화허가를 받은 경우, 그로부터 상당기간이 지났다고 하여 귀화허가의 효력은 그대로 유지시킨 채 행정질서벌 등의 제재를 가하는 것은 부정한 방법에 의한 국적의 편취나 부실취득의 결과를 용인하는 결과가 되므로, 그것만으로는 입법목적을 효율적으로 달성할 수 없다. 그리고 <u>법무부장관은 제반사정을 고려하여 귀화허가의 취소 여부를 결정</u>하므로 … (헌법재판소 결정, 2015헌바304, 2015. 11. 26. 국적법 제21조 위헌소원).

위에서 언급한 사유 이외에 아주 심한 질병이나 육체적 장애를 가진 국민인 배우자 또는 배우자의 부나 모를 부양하고 있는 등 위에서 언급한 내용에 준하는 인도적인 사유 등이 포함될 것이다.

② 실제의 명의(본명)가 아닌 '다른 사람의 명의'로 국적을 취득한 경우가 문제될 수 있다. 이러한 경우 위에서 언급한 것처럼 국적은 취소하고 일정한 처분은 하되, 만일 특별히 고려할 인도적인 사유가 있다면 대한민국 내의 본국 공관 등을 통해 본명으로 기재된 여권을 발급받아 제출할 경우 역시 체류활동에 필요한 체류자격을 부여받아 대한민국에서 계속하여 체류할 수 있을 것이다. 이러한 것은 헌법재판소 결정(2015헌바304, 2015. 11. 26.)을 통해 적시한 바 있듯이 "귀화허가가 취소되는 당사자는 대한민국 국적을 상실하더라도 체류허가를 받아 외국인의 지위에서 대한민국에 계속 체류할 수 있고, 종전의 하자를 치유하여 다시 귀화허가를 받는 데에는 장애가 없다"는 내용과도 연결될 수 있을 것이다.

하지만 실제의 명의(본명)에 의한 국적취득과 '다른 사람의 명의'에 의한 국적취득은 그 내용을 달리하므로 후자의 경우에는 고의성의 정도, 국적법의 성격, 인도적인 사유 등을 종합적으로 고려하여 국내에 계속적인 체류자격을 인정하는 것이 그렇지 않은 것에 비해 현저히 우월한 경우에 한해(substantially outweighs) 인정하는 보수적인 접근이 필요로 할 것이다.

한편, 국적이 취소된 사람이 만일 일정한 체류자격을 부여받아 체류 중 귀화허가를 신청하는 경우 거주기간의 기산점이 문제될 수 있는데 이 경우의 기산 시기는 '국적을 취득할 당시 기산점이 된 입국일로부터' 산정될 것이라고 할 수 있다.

제 20 장 수수료의 납부

제20장에서는 수수료의 납부와 관련한 내용을 다루고 여기에는 국적법령상의 규정, 납부해야 할 수수료와 납부방법, 수수료 납부의 방법과 면제 등이 포함된다.

【제24조】 (수수료)

① 이 법에 따른 허가신청, 신고 및 증명서 등의 발급을 받으려는 사람은 법무부령으로 정하는 바에 따라 수수료를 납부하여야 한다.

② 제1항에 따른 수수료는 정당한 사유가 있는 경우 이를 감액하거나 면제할 수 있다.

③ 제1항에 따른 수수료의 금액 및 제2항에 따른 수수료의 감액·면제 기준 등에 필요한 사항은 법무부령으로 정한다.

[본조신설 2018. 9. 18.] [종전 제21조의2에서 이동 <2022. 9. 15.>]

제 1 절 국적법령상의 규정

「국적법」 제24조는 본 법(「국적법」)에 따라 허가신청, 신고 및 증명서 등의 발급을 받으려는 사람은 일정한 수수료를 납부해야 하고 정당한 사유가 있을 경우 이를 감액하거나 면제할 수 있음을 규정하고 있다.

제 2 절 납부해야 할 수수료와 납부방법

국적업무와 관련된 각종 허가신청·신고 및 증명서 등을 발급받음에 있어서 원칙적으로 다음 <표>와 같은 수수료를 납부해야 한다(「국적법시행규칙」 제18조제1항).

국적업무와 관련된 각종 허가신청·신고 및 증명서 등의 발급에 관한 수수료

구 분	업 무 명	수 수 료
o 「국적법 시행규칙」 제18조(수수료)제1항[654]	귀화허가 신청(1인당, 수반취득자는 제외)	30만원
	국적회복허가 신청(1인당, 수반취득자는 제외)	20만원
	국적취득 신고(1인당)	2만원
	국적재취득 신고(1인당)	2만원
	국적이탈 신고(1인당)	2만원
	국적보유 신고(1인당)	2만원
	외국국적 포기확인서 발급, 외국국적불행사 서약확인서 발급(1통당), 제17조에 따른 증명서 발급(1통당)	2천원
o 면제되는 경우(국적법 시행규칙 제18조제3항)	법 제7조제1항제2호에 따라 귀화허가를 신청하는 경우	
	법 제7조제1항제3호에 따라 귀화허가를 신청하는 경우	
	「전자정부법」 제9조제2항 또는 제3항에 따른 전자민원창구나 통합전자민원창구를 통하여 제1항제7호부터 제9호까지의 어느 하나에 해당하는 증명서 등의 발급을 신청하는 경우	
	그 밖에 인도적인 사유 등을 고려하여 수수료 면제가 필요하다고 법무부장관이 인정하는 경우	
면제되는 경우의 구체적 내용[655]	o 국적회복 ① 특별공로자(법 제7조제1항제2호, 독립유공자 또는 국가유공자) 본인 또는 그 배우자나 직계존비속 ② 특별공로자(법 제7조제1항제2호, 독립유공자 또는 국가유공자) 본인의 직계존비속의 배우자 ③ 재외동포의 출입국과 법적지위에 관한 법률 시행령 제3조에 따른 외국국적 동포중 대한민국 정부 수립('48.8.15.) 이전에 대한민국 영토 밖으로 이주하였거나 대한민국 영토 밖에서 출생한 자('15.8.15. 추가)	
	독립유공자 또는 국가유공자 후손의 특별 귀화	
	우수인재 특별귀화	
	o 일반귀화 재외동포의 출입국과 법적지위에 관한 법률 시행령 제3조에 따른 외국국적 동포중 대한민국 정부 수립('48.8.15.) 이전에 대한민국 영토 밖으로 이주하였거나 대한민국 영토 밖에서 출생한 자	
	o 입양된 미성년의 일반귀화, 재한 화교의 특별귀화, (2세 귀화 후) 동포3세의 특별귀화, 혼인귀화한 자의 친자의 특별귀화, 중국동포 2세의 특별귀화 ① 재난 및 안전관리 기본법에 따라 특별재난지역으로 인정되어 피해 지원금을 받고 있는 자 ② 아래의 장애를 가지고 있는 자(장애인복지법 시행규칙 제2조 별표1)	

가. 지적·정신 장애인으로서의 1급부터 3급까지의 판정을 받은 자 또는 보건복지부 고시에 따른 1급부터 3급까지의 장애정도가 있다고 판단되는 자
나. 자폐성장애인으로서 1급 또는 2급의 판정을 받은 자 또는 보건복지부 고시에 따른 1급부터 2급까지의 장애정도가 있다고 판단되는 자
다. 뇌병변장애인으로서 1급부터 3급까지의 판정을 받은 자 또는 보건복지부 고시에 따른 1급부터 3급까지의 장애정도가 있다고 판단되는 자
③ 재외동포의 출입국과 법적지위에 관한 법률 시행령 제3조에 따른 외국국적 동포중 대한민국 정부수립('48.8.15.) 이전에 대한민국 영토 밖으로 이주하였거나 대한민국 영토 밖에서 출생한 자('15.8.15. 추가)

---

o 입양된 성년의 귀화, 재한 화교 등의 간이귀화, (중국)동포2세의 간이귀화
① 특별공로자(법 제7조제1항제2호, 독립유공자 또는 국가유공자) 본인의 직계존비속의 배우자
② 재난 및 안전관리 기본법에 따라 특별재난지역으로 인정되어 피해 지원금을 받고 있는 자
③ 아래의 장애를 가지고 있는 자(장애인복지법 시행규칙 제2조 별표1)
가. 지적·정신 장애인으로서의 1급부터 3급까지의 판정을 받은 자 또는 보건복지부 고시에 따른 1급부터 3급까지의 장애정도가 있다고 판단되는 자
나. 자폐성장애인으로서 1급 또는 2급의 판정을 받은 자 또는 보건복지부 고시에 따른 1급부터 2급까지의 장애정도가 있다고 판단되는 자
다. 뇌병변장애인으로서 1급부터 3급까지의 판정을 받은 자 또는 보건복지부 고시에 따른 1급부터 3급까지의 장애정도가 있다고 판단되는 자
④ 재외동포의 출입국과 법적지위에 관한 법률 시행령 제3조에 따른 외국국적 동포중 대한민국 정부 수립('48.8.15.) 이전에 대한민국 영토 밖으로 이주하였거나 대한민국 영토 밖에서 출생한 자('15.8.15. 추가)

---

o 혼인에 의한 간이귀화, 혼인 파탄으로 인한 간이귀화
① 특별공로자(법 제7조제1항제2호, 독립유공자 또는 국가유공자) 본인의 직계존비속의 배우자
② 국적판정(법 제20조)을 받은 사할린동포의 배우자
③ 재난 및 안전관리 기본법에 따라 특별재난지역으로 인정되어 피해 지원금을 받고 있는 자
④ 아래의 장애를 가지고 있는 자(장애인복지법 시행규칙 제2조 별표1)
가. 지적·정신 장애인으로서의 1급부터 3급까지의 판정을 받은 자 또는 보건복지부 고시에 따른 1급부터 3급까지의 장애정

	도가 있다고 판단되는 자 나. 자폐성장애인으로서 1급 또는 2급의 판정을 받은 자 또는 보건복지부 고시에 따른 1급부터 2급까지의 장애정도가 있다고 판단되는 자 다. 뇌병변장애인으로서 1급부터 3급까지의 판정을 받은 자 또는 보건복지부 고시에 따른 1급부터 3급까지의 장애정도가 있다고 판단되는 자 ⑤ 재외동포의 출입국과 법적지위에 관한 법률 시행령 제3조에 따른 외국국적 동포중 대한민국 정부 수립('48.8.15.) 이전에 대한민국 영토 밖으로 이주하였거나 대한민국 영토 밖에서 출생한 자('15.8.15. 추가)	

여기서 국적법시행규칙 제17조에 따른 증명서(「국적법시행규칙」 제18조제1항제9호)는 청장 등이 귀화허가 등으로 대한민국 국적을 취득한 사람 또는 「국적법」·「국적법 시행령」 및 「국적법시행규칙」에 따른 신고가 수리된 사람이 신분증 사본을 첨부하여 신청하는 경우 그 사실에 관한 증명서를 발급하는 경우를 말한다(「국적법시행규칙」 제17조제1항).

이에 따른 증명서 발급 신청은 본인의 법정대리인 또는 본인으로부터 위임을 받은 사람이 대신할 수 있는데 이 경우 ① 본인 및 대리인의 신분증 사본과 ② 위임장 등 대리관계 또는 본인과의 관계를 증명하는 서류를 제출하여야 한다(「국적법시행규칙」 제17조제2항).

제 3 절 수수료 납부의 방법

이러한 수수료 납부 방법은 그 금액에 해당하는 정부수입인지로 납부한다. 다만, 재외공관에서는 현금, 그 금액에 상당하는 외국 화폐 또는 그 납입을 증명하는 증표 등으로 갈음할 수 있다(「국적법시행규칙」 제18조제2항).

---

654) 수수료는 그 금액에 해당하는 정부수입인지로 납부한다. 다만, 재외공관에서는 현금, 그 금액에 상당하는 외국 화폐 또는 그 납입을 증명하는 증표 등으로 갈음할 수 있음(제2항).

655) 국적업무처리지침 제21조(수수료 면제); 1345자료.

제 4 절 수수료 납부의 면제

위에서 언급한 것처럼 일정한 경우에는 해당 수수료를 면제한다. 이에 해당하는 경우란 ① 법 제7조제1항제2호에 따라 귀화허가를 신청하는 경우(「국적법시행규칙」 제18조제3항제1호), ② 법 제7조제1항제3호에 따라 귀화허가를 신청하는 경우(제2호), ③「전자정부법」 제9조제2항 또는 제3항에 따른[656] 전자민원창구나 통합전자민원창구를 통하여 일정한 증명서 등의 발급을 신청하는 경우(제3호), ④ 그 밖에 인도적인 사유 등을 고려하여 수수료 면제가 필요하다고 법무부장관이 인정하는 경우(제4호)를 말한다(「국적법시행규칙」 제18조제3항).[657]

---

656) 전자정부법 [시행 2017. 10. 24.] [법률 제14914호, 2017. 10. 24., 일부개정] 제9조(방문에 의하지 아니하는 민원처리) ② 행정기관등의 장은 제1항에 따른 민원처리제도를 시행하기 위하여 인터넷에 전자민원창구를 설치·운영할 수 있다. 다만, 전자민원창구를 설치하지 아니하였을 때에는 제3항의 통합전자민원창구에서 민원사항 등을 처리하게 할 수 있다.
③ 중앙사무관장기관의 장은 행정기관등의 전자민원창구의 설치·운영을 지원하고 이를 연계하여 통합전자민원창구를 설치·운영 할 수 있다.

657) 국적업무처리지침 제21조(수수료 면제) 규칙 제18조제3항제4호에서 '수수료 면제가 필요하다고 법무부장관이 인정하는 경우'란 다음 각 호의 어느 하나에 해당하는 경우를 말한다.
1. 법 제7조제1항제2호에 따른 특별공로자 본인 또는 그 배우자나 직계존비속이 법 제9조에 따라 국적회복허가를 신청하는 경우
2. 법 제7조제1항제2호에 따른 특별공로자 본인의 직계존비속의 배우자로 법 제6조에 따른 간이귀화나 법 제9조에 따른 국적회복허가를 신청하는 경우
3. 법 제20조에 따라 국적판정을 받은 사할린동포의 배우자로 법 제6조제2항에 따라 간이귀화허가를 신청하는 경우
4. 재난 및 안전관리 기본법에 따라 특별재난지역으로 인정되어 피해 지원금을 받고 있는 자로 법 제6조에 따른 간이귀화나 법 제7조에 따른 특별귀화허가를 신청하는 경우
5. 제7조제1항제5호 각 목에 해당하는 장애를 가지고 있는 자로 법 제6조에 따른 간이귀화나 법 제7조에 따른 특별귀화허가를 신청하는 경우
6. 재외동포의 출입국과 법적지위에 관한 법률 시행령 제3조에 따른 외국국적동포 중 대한민국 정부 수립 이전에 대한민국 영토 밖으로 이주하였거나 대한민국 영토 밖에서 출생한 자로 법 제5조부터 제7조까지의 귀화허가나 법 제9조에 따른 국적회복허가를 신청하는 경우
7. 그 밖에 이에 준하는 사유로 인하여 특별한 배려가 필요하다고 법무부장관이 인정하는 경우

제21장 관계기관 등에 대한 협조의무

제21장에서는 관계기관 등에 대한 협조의무에 관한 내용을 살펴보는데 여기에는 국적법령상의 규정, 요청할 수 있는 정보 및 관계 기관장 등의 정보제공의무가 포함된다.

【제25조】(관계 기관 등의 협조)

① 법무부장관은 국적업무 수행에 필요하면 관계 기관의 장이나 관련 단체의 장에게 자료 제출, 사실 조사, 신원 조회, 의견 제출 등의 협조를 요청할 수 있다.

② 법무부장관은 국적업무를 수행하기 위하여 관계 기관의 장에게 다음 각 호의 정보 제공을 요청할 수 있다.

1. 범죄경력정보
2. 수사경력정보
3. 외국인의 범죄처분결과정보
4. 여권발급정보
5. 주민등록정보
6. 가족관계등록정보
7. 병적기록 등 병역관계정보
8. 납세증명서

③ 제1항 및 제2항에 따른 협조 요청 또는 정보 제공 요청을 받은 관계 기관의 장이나 관련 단체의 장은 정당한 사유가 없으면 요청에 따라야 한다.

제1절 국적법령상의 규정

「국적법」 제25조는 법무부장관은 국적업무 수행을 함에 있어서 필요할 경우 관계 기관의 장이나 관련 단체의 장에게 자료 제출, 사실 조사, 신원 조회, 의견 제출 등의 협조를 요청할 수 있을 뿐만 아니라 일정한 사항에 대한 정보 제공을 요청할 수 있도록 규정하고 있다.

제 2 절 요청할 수 있는 정보 및 관계 기관장 등의 정보제공의무

위와 같이 국적업무를 수행하기 위하여 법무부장관은 관계 기관의 장에게 일정한 내용의 정보를 제공해 줄 것을 요청할 수 있다. 여기서의 일정한 내용의 정보란 ① 범죄경력정보, ②수사경력정보, ③ 외국인의 범죄처분결과정보, ④ 여권발급정보, ⑤ 주민등록정보, ⑥ 가족관계등록정보, ⑦ 병적기록 등 병역관계정보, ⑧ 납세증명서를 말한다(「국적법」 제25조제2항)

법무부장관으로부터 위와 같은 협조 요청 또는 정보 제공 요청을 받은 관계 기관의 장이나 관련 단체의 장은 정당한 사유가 없으면 요청에 따라야 한다(「국적법」 제25조제3항).

제 22 장 권한의 위임

제22장에서는 권한의 위임에 관한 내용을 다루는데 여기에는 국적법상의 규정, 법무부장관의 권한이 위임되는 내용과 수임기관에 관한 내용이 포함된다.

> **【제26조】 (권한의 위임)**
> 이 법에 따른 법무부장관의 권한은 대통령령으로 정하는 바에 따라 그 일부를 지방출입국·외국인관서의 장에게 위임할 수 있다.

제 1 절 국적법상의 규정

「국적법」 제26조는 「국적법」에서 정한 법무부장관의 일정한 권한은 대통령령으로 정하는 바에 따라 그 일부를 지방출입국·외국인관서의 장에게 위임할 수 있도록 하고 있다. 이러한 것은 국적취득과 관련된 민원업무가 늘어남에 따른 국적과 관련된 행정의 효율성과 편의성을 고려한 것이라고 볼 수 있다.

제 2 절 법무부장관의 권한이 위임되는 내용과 수임기관

이와 관련하여 법무부장관의 권한이 지방출입국·외국인관서의 장에게 위임되는 경우는 다음과 같다(「국적법시행령」 제29조). 즉, ① 인지에 의한 국적 취득 신고(법 제3조)에 관한 권한(제1호), ② 국적포기증명서등 또는 국적포기절차를 마치기 어려운 사정을 증명하는 서류를 제출받는 권한과 외국국적 포기확인서를 발급하는 권한(법 제10조 및 이 영 제11조제1항·제2항, 제13조)(제2호), ③ 법 제10조제2항 및 이 영 제11조제4항에 따른 외국국적불행사서약서 수리 및 확인서를 발급하는 권한(법 제10조제

2항 및 시행령 제11조제4항)(제3호), ④ 국적의 재취득 신고(법 제11조)에 관한 권한(제4호), ⑤ 국적포기증명서등을 제출받는 권한과 외국국적 포기확인서를 발급하는 권한(법 제11조의2제2항 및 시행령 제11조제5항)(제5호), ⑥ 국적선택 신고(법 제13조 및 시행령 제17조)에 관한 권한(제6호), ⑦ 국적상실 신고 또는 통보(법 제16조)에 관한 권한(제7호)들이 지방출입국·외국인관서의 장에게 위임되는 것이다. 이러한 위임되는 내용들에 대한 처리기관, 즉 수임기관은 위에서 '지방출입국·외국인관서의 장에게 위임할 수 있도록 규정하고 있으므로 '지방출입국·외국인관서의 장'이 된다.

제 23 장 개인정보 보호를 위한 정보의 처리

제23장에서는 개인정보 보호를 위한 정보의 처리에 관한 내용을 다루는데 여기에는 법령상의 규정, 민감정보 및 고유식별정보의 처리에 관한 내용이 포함된다.

「국적법 시행령」【제30조】(민감정보 및 고유식별정보의 처리)

① 법무부장관(제29조에 따라 법무부장관의 권한을 위임받은 자를 포함한다) 또는 청장등은 다음 각 호의 사무를 수행하기 위하여 불가피한 경우 「개인정보 보호법」 제23조에 따른 사상·신념, 정치적 견해, 건강에 관한 정보, 같은 법 시행령 제18조제1호 또는 제2호에 따른 유전정보 또는 범죄경력자료에 해당하는 정보, 같은 영 제19조제1호·제2호 또는 제4호에 따른 주민등록번호, 여권번호 또는 외국인등록번호가 포함된 자료를 처리할 수 있다.

1. 법 제3조에 따른 국적 취득에 관한 사무
2. 법 제4조에 따른 귀화에 관한 사무
3. 법 제9조에 따른 국적회복에 관한 사무
4. 법 제11조에 따른 국적의 재취득에 관한 사무
5. 법 제13조에 따른 국적의 선택에 관한 사무
6. 법 제14조에 따른 국적의 이탈에 관한 사무
7. 법 제15조에 따른 국적 상실 및 국적 보유에 관한 사무
8. 법 제20조에 따른 국적 판정에 관한 사무

② 법무부장관(제29조에 따라 법무부장관의 권한을 위임받은 자를 포함한다) 또는 청장등은 다음 각 호의 사무를 수행하기 위하여 불가피한 경우 「개인정보 보호법 시행령」 제19조제1호, 제2호 또는 제4호에 따른 주민등록번호, 여권번호 또는 외국인등록번호가 포함된 자료를 처리할 수 있다.

1. 법 제14조의4 및 이 영 제18조의4에 따른 복수국적자 통보 및 기록표 작성에 관한 사무
2. 법 제16조제3항, 이 영 제2조제2항, 제5조, 제7조제3항, 제10조제1항, 제15조제2항, 제17조제4항, 제18조제3항·제4항·제6항, 제18조의2제6항·제7항(제18조의2제6항·제7항은 제18조의3제4항에서 준용하는 경우를 포함한다), 제19조제3항, 제21조제1항·제3항, 제24조제4항, 제27조제3항·제6항 및 대통령령 제22588호 「국적법 시행령」 일부개정령 부칙 제4조제4항에 따라 가족관계등록관서 등에 하는 통보에 관한 사무

③ 법 제14조의4에 따라 복수국적자에 관한 통보를 하거나 법 제16조제2항에 따라 국적상실자 통보를 하는 공무원은 그 사무를 수행하기 위하여 불가피한 경우 「개인정보 보호법 시행령」 제19조제1호, 제2호 또는 제4호에 따른 주민등록번호, 여권번호 또는 외국인등록번호가

포함된 자료를 처리할 수 있다.

제 1 절 법령상의 규정

「국적법시행령」 제30조는 「국적법시행령」 제29조에 따른 법무부장관의 권한을 위임받은 자, 또는 청장 등은 사무를 수행하기 위하여 불가피한 경우 일정한 정보가 포함된 자료를 처리할 수 있도록 규정하고 있다.

제 2 절 민감정보 및 고유식별정보의 처리

법무부장관(제29조에 따라 법무부장관의 권한을 위임받은 자 포함) 또는 청장등은 일정한 사무를 수행하기 위하여 불가피한 경우 「개인정보 보호법」 제23조에 따른 사상·신념, 정치적 견해, 건강에 관한 정보,[658] 같은 법 시행령 제18조제1호 또는 제2호에 따른 유전정보 또는 범죄경력자료에 해당하는 정보,[659] 같은 영 제19조제1호·제2

---

658) 개인정보 보호법 [시행 2017. 10. 19.] [법률 제14839호, 2017. 7. 26., 타법개정] 제23조(민감정보의 처리 제한) ①개인정보처리자는 사상·신념, 노동조합·정당의 가입·탈퇴, 정치적 견해, 건강, 성생활 등에 관한 정보, 그 밖에 정보주체의 사생활을 현저히 침해할 우려가 있는 개인정보로서 대통령령으로 정하는 정보(이하 "민감정보"라 한다)를 처리하여서는 아니 된다. 다만, 다음 각 호의 어느 하나에 해당하는 경우에는 그러하지 아니하다.

1. 정보주체에게 제15조제2항 각 호 또는 제17조제2항 각 호의 사항을 알리고 다른 개인정보의 처리에 대한 동의와 별도로 동의를 받은 경우
2. 법령에서 민감정보의 처리를 요구하거나 허용하는 경우

② 개인정보처리자가 제1항 각 호에 따라 민감정보를 처리하는 경우에는 그 민감정보가 분실·도난·유출·위조·변조 또는 훼손되지 아니하도록 제29조에 따른 안전성 확보에 필요한 조치를 하여야 한다.

659) 개인정보 보호법 시행령 [시행 2019. 1. 1.] [대통령령 제29421호, 2018. 12. 24., 타법개정] 제18조(민감정보의 범위) 법 제23조제1항 각 호 외의 부분 본문에서 "대통령령으로 정하는 정보"란 다음 각 호의 어느 하나에 해당하는 정보를 말한다. 다만, 공공기관이 법 제18조제2항제5호부터 제9호까지의 규정에 따라 다음 각 호의 어느 하나에 해당하는 정보를 처리하는 경우의 해당 정보

호 또는 제4호에 따른 주민등록번호, 여권번호 또는 외국인등록번호가 포함된 자료를 처리할 수 있다(「국적법시행령」 제30조).[660)]

이러한 경우에 해당하는 일정한 사무란 ① 법 제3조에 따른 국적 취득에 관한 사무(「국적법시행령」 제30조제1항제1호), ② 법 제4조에 따른 귀화에 관한 사무(제2호), ③ 법 제9조에 따른 국적회복에 관한 사무(제3호), ④ 법 제11조에 따른 국적의 재취득에 관한 사무(제4호), ⑤ 법 제13조에 따른 국적의 선택에 관한 사무(제5호), ⑥ 법 제14조에 따른 국적의 이탈에 관한 사무(제6호), ⑦ 법 제15조에 따른 국적 상실 및 국적 보유에 관한 사무(제7호), ⑧ 법 제20조에 따른 국적 판정에 관한 사무(제8호)를 말한다.

또한 ② 법무부장관(제29조에 따라 법무부장관의 권한을 위임받은 자를 포함) 또는 청장등은 일정한 사무를 수행하기 위하여 불가피한 경우 「개인정보 보호법 시행령」 제19조제1호, 제2호 또는 제4호에 따른 주민등록번호, 여권번호 또는 외국인등록번호가 포함된 자료를 처리할 수 있다(「국적법시행령」 제30조제2항). 이때의 일정한 사무란 ① 법 제14조의4 및 이 영 제18조의4에 따른 복수국적자 통보 및 기록표 작성에 관한 사무(제1호), ② 법 제16조제3항, 이 영 제2조제2항, 제5조, 제7조제3항, 제10조제1항, 제15조제2항, 제17조제4항, 제18조제3항·제4항·제6항, 제18조의2제6항·제7항(제18조의2제6항·제7항은 제18조의3제4항에서 준용하는 경우를 포함한다), 제19조제3항, 제21조제1항·제3항, 제24조제4항, 제27조제3항·제6항 및 대통령령 제22588호 「국적법시행령」 일부개정령 부칙 제4조제4항에 따라 가족관계등록관서 등에 하는 통보에 관한 사무(제2호)를 말한다.

는 제외한다. <개정 2016. 9. 29.>
1. 유전자검사 등의 결과로 얻어진 유전정보
2. 「형의 실효 등에 관한 법률」 제2조제5호에 따른 범죄경력자료에 해당하는 정보

660) 개인정보 보호법 시행령 제19조(고유식별정보의 범위) 법 제24조제1항 각 호 외의 부분에서 "대통령령으로 정하는 정보"란 다음 각 호의 어느 하나에 해당하는 정보를 말한다. 다만, 공공기관이 법 제18조제2항제5호부터 제9호까지의 규정에 따라 다음 각 호의 어느 하나에 해당하는 정보를 처리하는 경우의 해당 정보는 제외한다.
1. 「주민등록법」 제7조의2제1항에 따른 주민등록번호
2. 「여권법」 제7조제1항제1호에 따른 여권번호
3. 「도로교통법」 제80조에 따른 운전면허의 면허번호
4. 「출입국관리법」 제31조제4항에 따른 외국인등록번호

이외에도 ③ 법 제14조의4에 따라 복수국적자에 관한 통보를 하거나 법 제16조제2항에 따라 국적상실자 통보를 하는 공무원은 그 사무를 수행하기 위하여 불가피한 경우 「개인정보 보호법 시행령」 제19조제1호, 제2호 또는 제4호에 따른 주민등록번호, 여권번호 또는 외국인등록번호가 포함된 자료를 처리할 수 있다(「국적법 시행령」 제30조제3항).

【부록 1】 국 적 법[661)]

제1조(목적) 이 법은 대한민국의 국민이 되는 요건을 정함을 목적으로 한다. [전문개정 2008. 3. 14.]

제2조(출생에 의한 국적 취득) ① 다음 각 호의 어느 하나에 해당하는 자는 출생과 동시에 대한민국 국적(國籍)을 취득한다.

1. 출생 당시에 부(父)또는 모(母)가 대한민국의 국민인 자
2. 출생하기 전에 부가 사망한 경우에는 그 사망 당시에 부가 대한민국의 국민이었던 자
3. 부모가 모두 분명하지 아니한 경우나 국적이 없는 경우에는 대한민국에서 출생한 자

② 대한민국에서 발견된 기아(棄兒)는 대한민국에서 출생한 것으로 추정한다.

[전문개정 2008. 3. 14.]

제3조(인지에 의한 국적 취득) ① 대한민국의 국민이 아닌 자(이하 "외국인"이라 한다)로서 대한민국의 국민인 부 또는 모에 의하여 인지(認知)된 자가 다음 각 호의 요건을 모두 갖추면 법무부장관에게 신고함으로써 대한민국 국적을 취득할 수 있다.

1. 대한민국의 「민법」상 미성년일 것
2. 출생 당시에 부 또는 모가 대한민국의 국민이었을 것

② 제1항에 따라 신고한 자는 그 신고를 한 때에 대한민국 국적을 취득한다.

③ 제1항에 따른 신고 절차와 그 밖에 필요한 사항은 대통령령으로 정한다. [전문개정 2008. 3. 14.]

제4조(귀화에 의한 국적 취득) ① 대한민국 국적을 취득한 사실이 없는 외국인은 법무부장관의 귀화허가(歸化許可)를 받아 대한민국 국적을 취득할 수 있다.

② 법무부장관은 귀화허가 신청을 받으면 제5조부터 제7조까지의 귀화 요건을 갖추었는지를 심사한 후 그 요건을 갖춘 사람에게만 귀화를 허가한다. 〈개정 2017. 12. 19.〉

③ 제1항에 따라 귀화허가를 받은 사람은 법무부장관 앞에서 국민선서를 하고 귀화증서를 수여받은 때에 대한민국 국적을 취득한다. 다만, 법무부장관은 연령, 신체적·정신적 장애 등으로 국민선서의 의미를 이해할 수 없거나 이해한 것을 표현할 수 없다고 인정되는 사람에게는 국민선서를 면제할 수 있다. 〈개정 2017. 12. 19.〉

④ 법무부장관은 제3항 본문에 따른 국민선서를 받고 귀화증서를 수여하는 업무와 같은 항 단서에 따른 국민선서의 면제 업무를 대통령령으로 정하는 바에 따라 지방출입국·외국인관서의 장에게 대행하게 할 수 있다. 〈신설 2017. 12. 19.〉

⑤ 제1항부터 제4항까지에 따른 신청절차, 심사, 국민선서 및 귀화증서 수여와 그 대행 등에 관하여 필요한 사항은 대통령령으로 정한다. 〈개정 2017. 12. 19.〉 [전문개정 2008. 3. 14.]

제5조(일반귀화 요건) 외국인이 귀화허가를 받기 위해서는 제6조나 제7조에 해당하는 경우 외에는 다음 각 호의 요건을 갖추어야 한다. 〈개정 2017. 12. 19.〉

1. 5년 이상 계속하여 대한민국에 주소가 있을 것

1의2. 대한민국에서 영주할 수 있는 체류자격을 가지고 있을 것

2. 대한민국의 「민법」상 성년일 것
3. 법령을 준수하는 등 법무부령으로 정하는 품행 단정의 요건을 갖출 것
4. 자신의 자산(資産)이나 기능(技能)에 의하거나 생계를 같이하는 가족에 의존하여 생계를 유지할

---

661) 국가법령정보센터 [시행 2022. 10. 1.] [법률 제18978호, 2022. 9. 15., 일부개정](2022.09.15) 최종 방문).

능력이 있을 것
5. 국어능력과 대한민국의 풍습에 대한 이해 등 대한민국 국민으로서의 기본 소양(素養)을 갖추고 있을 것
6. 귀화를 허가하는 것이 국가안전보장·질서유지 또는 공공복리를 해치지 아니한다고 법무부장관이 인정할 것 [전문개정 2008. 3. 14.]

제6조(간이귀화 요건) ① 다음 각 호의 어느 하나에 해당하는 외국인으로서 대한민국에 3년 이상 계속하여 주소가 있는 사람은 제5조제1호 및 제1호의2의 요건을 갖추지 아니하여도 귀화허가를 받을 수 있다. 〈개정 2017. 12. 19.〉
1. 부 또는 모가 대한민국의 국민이었던 사람
2. 대한민국에서 출생한 사람으로서 부 또는 모가 대한민국에서 출생한 사람
3. 대한민국 국민의 양자(養子)로서 입양 당시 대한민국의 「민법」상 성년이었던 사람

② 배우자가 대한민국의 국민인 외국인으로서 다음 각 호의 어느 하나에 해당하는 사람은 제5조제1호 및 제1호의2의 요건을 갖추지 아니하여도 귀화허가를 받을 수 있다. 〈개정 2017. 12. 19.〉
1. 그 배우자와 혼인한 상태로 대한민국에 2년 이상 계속하여 주소가 있는 사람
2. 그 배우자와 혼인한 후 3년이 지나고 혼인한 상태로 대한민국에 1년 이상 계속하여 주소가 있는 사람
3. 제1호나 제2호의 기간을 채우지 못하였으나, 그 배우자와 혼인한 상태로 대한민국에 주소를 두고 있던 중 그 배우자의 사망이나 실종 또는 그 밖에 자신에게 책임이 없는 사유로 정상적인 혼인 생활을 할 수 없었던 사람으로서 제1호나 제2호의 잔여기간을 채웠고 법무부장관이 상당(相當)하다고 인정하는 사람
4. 제1호나 제2호의 요건을 충족하지 못하였으나, 그 배우자와의 혼인에 따라 출생한 미성년의 자(子)를 양육하고 있거나 양육하여야 할 사람으로서 제1호나 제2호의 기간을 채웠고 법무부장관이 상당하다고 인정하는 사람 [전문개정 2008. 3. 14.]

제7조(특별귀화 요건) ① 다음 각 호의 어느 하나에 해당하는 외국인으로서 대한민국에 주소가 있는 사람은 제5조제1호·제1호의2·제2호 또는 제4호의 요건을 갖추지 아니하여도 귀화허가를 받을 수 있다. 〈개정 2010. 5. 4., 2017. 12. 19.〉
1. 부 또는 모가 대한민국의 국민인 사람. 다만, 양자로서 대한민국의 「민법」상 성년이 된 후에 입양된 사람은 제외한다.
2. 대한민국에 특별한 공로가 있는 사람
3. 과학·경제·문화·체육 등 특정 분야에서 매우 우수한 능력을 보유한 사람으로서 대한민국의 국익에 기여할 것으로 인정되는 사람

② 제1항제2호 및 제3호에 해당하는 사람을 정하는 기준 및 절차는 대통령령으로 정한다. 〈개정 2010. 5. 4., 2017. 12. 19.〉 [전문개정 2008. 3. 14.]

제8조(수반 취득) ① 외국인의 자(子)로서 대한민국의 「민법」상 미성년인 사람은 부 또는 모가 귀화허가를 신청할 때 함께 국적 취득을 신청할 수 있다. 〈개정 2017. 12. 19.〉
② 제1항에 따라 국적 취득을 신청한 사람은 부 또는 모가 대한민국 국적을 취득한 때에 함께 대한민국 국적을 취득한다. 〈개정 2017. 12. 19.〉
③ 제1항에 따른 신청절차와 그 밖에 필요한 사항은 대통령령으로 정한다. 〈개정 2017. 12. 19.〉 [전문개정 2008. 3. 14.]

제9조(국적회복에 의한 국적 취득) ① 대한민국의 국민이었던 외국인은 법무부장관의 국적회복허가(國籍回復許可)를 받아 대한민국 국적을 취득할 수 있다.

② 법무부장관은 국적회복허가 신청을 받으면 심사한 후 다음 각 호의 어느 하나에 해당하는 사람에게는 국적회복을 허가하지 아니한다. 〈개정 2017. 12. 19.〉
1. 국가나 사회에 위해(危害)를 끼친 사실이 있는 사람
2. 품행이 단정하지 못한 사람
3. 병역을 기피할 목적으로 대한민국 국적을 상실하였거나 이탈하였던 사람
4. 국가안전보장·질서유지 또는 공공복리를 위하여 법무부장관이 국적회복을 허가하는 것이 적당하지 아니하다고 인정하는 사람

③ 제1항에 따라 국적회복허가를 받은 사람은 법무부장관 앞에서 국민선서를 하고 국적회복증서를 수여받은 때에 대한민국 국적을 취득한다. 다만, 법무부장관은 연령, 신체적·정신적 장애 등으로 국민선서의 의미를 이해할 수 없거나 이해한 것을 표현할 수 없다고 인정되는 사람에게는 국민선서를 면제할 수 있다. 〈개정 2017. 12. 19.〉

④ 법무부장관은 제3항 본문에 따른 국민선서를 받고 국적회복증서를 수여하는 업무와 같은 항 단서에 따른 국민선서의 면제 업무를 대통령령으로 정하는 바에 따라 재외공관의 장 또는 지방출입국·외국인관서의 장에게 대행하게 할 수 있다. 〈신설 2017. 12. 19.〉

⑤ 제1항부터 제4항까지에 따른 신청절차, 심사, 국민선서 및 국적회복증서 수여와 그 대행 등에 관하여 필요한 사항은 대통령령으로 정한다. 〈개정 2017. 12. 19.〉

⑥ 국적회복허가에 따른 수반(隨伴) 취득에 관하여는 제8조를 준용(準用)한다. 〈개정 2017. 12. 19.〉 [전문개정 2008. 3. 14.]

제10조(국적 취득자의 외국 국적 포기 의무) ① 대한민국 국적을 취득한 외국인으로서 외국 국적을 가지고 있는 자는 대한민국 국적을 취득한 날부터 1년 내에 그 외국 국적을 포기하여야 한다. 〈개정 2010. 5. 4.〉

② 제1항에도 불구하고 다음 각 호의 어느 하나에 해당하는 자는 대한민국 국적을 취득한 날부터 1년 내에 외국 국적을 포기하거나 법무부장관이 정하는 바에 따라 대한민국에서 외국 국적을 행사하지 아니하겠다는 뜻을 법무부장관에게 서약하여야 한다. 〈신설 2010. 5. 4.〉
1. 귀화허가를 받은 때에 제6조제2항제1호·제2호 또는 제7조제1항제2호·제3호의 어느 하나에 해당하는 사유가 있는 자
2. 제9조에 따라 국적회복허가를 받은 자로서 제7조제1항제2호 또는 제3호에 해당한다고 법무부장관이 인정하는 자
3. 대한민국의 「민법」상 성년이 되기 전에 외국인에게 입양된 후 외국 국적을 취득하고 외국에서 계속 거주하다가 제9조에 따라 국적회복허가를 받은 자
4. 외국에서 거주하다가 영주할 목적으로 만 65세 이후에 입국하여 제9조에 따라 국적회복허가를 받은 자
5. 본인의 뜻에도 불구하고 외국의 법률 및 제도로 인하여 제1항을 이행하기 어려운 자로서 대통령령으로 정하는 자

③ 제1항 또는 제2항을 이행하지 아니한 자는 그 기간이 지난 때에 대한민국 국적을 상실(喪失)한다. 〈개정 2010. 5. 4.〉 [전문개정 2008. 3. 14.]

제11조(국적의 재취득) ① 제10조제3항에 따라 대한민국 국적을 상실한 자가 그 후 1년 내에 그 외국 국적을 포기하면 법무부장관에게 신고함으로써 대한민국 국적을 재취득할 수 있다. 〈개정 2010. 5. 4.〉

② 제1항에 따라 신고한 자는 그 신고를 한 때에 대한민국 국적을 취득한다.

③ 제1항에 따른 신고 절차와 그 밖에 필요한 사항은 대통령령으로 정한다.

[전문개정 2008. 3. 14.]

제11조의2(복수국적자의 법적 지위 등) ① 출생이나 그 밖에 이 법에 따라 대한민국 국적과 외국 국적을 함께 가지게 된 사람으로서 대통령령으로 정하는 사람[이하 "복수국적자"(複數國籍者)라 한다]은 대한민국의 법령 적용에서 대한민국 국민으로만 처우한다. 〈개정 2016. 12. 20.〉

② 복수국적자가 관계 법령에 따라 외국 국적을 보유한 상태에서 직무를 수행할 수 없는 분야에 종사하려는 경우에는 외국 국적을 포기하여야 한다.

③ 중앙행정기관의 장이 복수국적자를 외국인과 동일하게 처우하는 내용으로 법령을 제정 또는 개정하려는 경우에는 미리 법무부장관과 협의하여야 한다. [본조신설 2010. 5. 4.]

제12조(복수국적자의 국적선택의무) ① 만 20세가 되기 전에 복수국적자가 된 자는 만 22세가 되기 전까지, 만 20세가 된 후에 복수국적자가 된 자는 그 때부터 2년 내에 제13조와 제14조에 따라 하나의 국적을 선택하여야 한다. 다만, 제10조제2항에 따라 법무부장관에게 대한민국에서 외국 국적을 행사하지 아니하겠다는 뜻을 서약한 복수국적자는 제외한다. 〈개정 2010. 5. 4.〉

② 제1항 본문에도 불구하고 「병역법」 제8조에 따라 병역준비역에 편입된 자는 편입된 때부터 3개월 이내에 하나의 국적을 선택하거나 제3항 각 호의 어느 하나에 해당하는 때부터 2년 이내에 하나의 국적을 선택하여야 한다. 다만, 제13조에 따라 대한민국 국적을 선택하려는 경우에는 제3항 각 호의 어느 하나에 해당하기 전에도 할 수 있다. 〈개정 2010. 5. 4., 2016. 5. 29.〉

③ 직계존속(直系尊屬)이 외국에서 영주(永住)할 목적 없이 체류한 상태에서 출생한 자는 병역의무의 이행과 관련하여 다음 각 호의 어느 하나에 해당하는 경우에만 제14조에 따른 국적이탈신고를 할 수 있다. 〈개정 2010. 5. 4., 2016. 5. 29., 2019. 12. 31.〉

1. 현역·상근예비역·보충역 또는 대체역으로 복무를 마치거나 마친 것으로 보게 되는 경우
2. 전시근로역에 편입된 경우
3. 병역면제처분을 받은 경우 [전문개정 2008. 3. 14.] [제목개정 2010. 5. 4.]

[헌법불합치, 2016헌마889, 2020. 9. 24. 국적법(2016. 5. 29. 법률 제14183호로 개정된 것) 제12조제2항 본문은 헌법에 합치되지 아니한다. 위 법률조항은 2022. 9. 30.을 시한으로 개정될 때까지 계속 적용된다.]

제13조(대한민국 국적의 선택 절차) ① 복수국적자로서 제12조제1항 본문에 규정된 기간 내에 대한민국 국적을 선택하려는 자는 외국 국적을 포기하거나 법무부장관이 정하는 바에 따라 대한민국에서 외국 국적을 행사하지 아니하겠다는 뜻을 서약하고 법무부장관에게 대한민국 국적을 선택한다는 뜻을 신고할 수 있다. 〈개정 2010. 5. 4.〉

② 복수국적자로서 제12조제1항 본문에 규정된 기간 후에 대한민국 국적을 선택하려는 자는 외국 국적을 포기한 경우에만 법무부장관에게 대한민국 국적을 선택한다는 뜻을 신고할 수 있다. 다만, 제12조제3항제1호의 경우에 해당하는 자는 그 경우에 해당하는 때부터 2년 이내에는 제1항에서 정한 방식으로 대한민국 국적을 선택한다는 뜻을 신고할 수 있다. 〈신설 2010. 5. 4.〉

③ 제1항 및 제2항 단서에도 불구하고 출생 당시에 모가 자녀에게 외국 국적을 취득하게 할 목적으로 외국에서 체류 중이었던 사실이 인정되는 자는 외국 국적을 포기한 경우에만 대한민국 국적을 선택한다는 뜻을 신고할 수 있다. 〈신설 2010. 5. 4.〉

④ 제1항부터 제3항까지의 규정에 따른 신고의 수리(受理) 요건, 신고 절차, 그 밖에 필요한 사항은 대통령령으로 정한다. 〈개정 2010. 5. 4.〉 [전문개정 2008. 3. 14.]

제14조(대한민국 국적의 이탈 요건 및 절차) ① 복수국적자로서 외국 국적을 선택하려는 자는 외국에 주소가 있는 경우에만 주소지 관할 재외공관의 장을 거쳐 법무부장관에게 대한민국 국적을 이탈한다는 뜻을 신고할 수 있다. 다만, 제12조제2항 본문 또는 같은 조 제3항에 해당하는 자는 그 기간 이내에 또는 해당 사유가 발생한 때부터만 신고할 수 있다. 〈개정 2010. 5. 4.〉

② 제1항에 따라 국적 이탈의 신고를 한 자는 법무부장관이 신고를 수리한 때에 대한민국 국적을 상실한다. 〈개정 2010. 5. 4.〉

③ 제1항에 따른 신고 및 수리의 요건, 절차와 그 밖에 필요한 사항은 대통령령으로 정한다. 〈개정 2010. 5. 4.〉 [전문개정 2008. 3. 14.] [제목개정 2010. 5. 4.]

[헌법불합치, 2016헌마889, 2020. 9. 24. 국적법(2010. 5. 4. 법률 제10275호로 개정된 것) 제14조제1항 단서 중 제12조제2항 본문에 관한 부분은 헌법에 합치되지 아니한다. 위 법률조항은 2022. 9. 30.을 시한으로 개정될 때까지 계속 적용된다.]

제14조의2(대한민국 국적의 이탈에 관한 특례) ① 제12조제2항 본문 및 제14조제1항 단서에도 불구하고 다음 각 호의 요건을 모두 충족하는 복수국적자는 「병역법」 제8조에 따라 병역준비역에 편입된 때부터 3개월 이내에 대한민국 국적을 이탈한다는 뜻을 신고하지 못한 경우 법무부장관에게 대한민국 국적의 이탈 허가를 신청할 수 있다.

1. 다음 각 목의 어느 하나에 해당하는 사람일 것
   가. 외국에서 출생한 사람(직계존속이 외국에서 영주할 목적 없이 체류한 상태에서 출생한 사람은 제외한다)으로서 출생 이후 계속하여 외국에 주된 생활의 근거를 두고 있는 사람
   나. 6세 미만의 아동일 때 외국으로 이주한 이후 계속하여 외국에 주된 생활의 근거를 두고 있는 사람
2. 제12조제2항 본문 및 제14조제1항 단서에 따라 병역준비역에 편입된 때부터 3개월 이내에 국적 이탈을 신고하지 못한 정당한 사유가 있을 것

② 법무부장관은 제1항에 따른 허가를 할 때 다음 각 호의 사항을 고려하여야 한다.

1. 복수국적자의 출생지 및 복수국적 취득경위
2. 복수국적자의 주소지 및 주된 거주지가 외국인지 여부
3. 대한민국 입국 횟수 및 체류 목적·기간
4. 대한민국 국민만이 누릴 수 있는 권리를 행사하였는지 여부
5. 복수국적으로 인하여 외국에서의 직업 선택에 상당한 제한이 있거나 이에 준하는 불이익이 있는지 여부
6. 병역의무 이행의 공평성과 조화되는지 여부

③ 제1항에 따른 허가 신청은 외국에 주소가 있는 복수국적자가 해당 주소지 관할 재외공관의 장을 거쳐 법무부장관에게 하여야 한다.

④ 제1항 및 제3항에 따라 국적의 이탈 허가를 신청한 사람은 법무부장관이 허가한 때에 대한민국 국적을 상실한다.

⑤ 제1항부터 제4항까지의 규정에 따른 신청자의 세부적인 자격기준, 허가 시의 구체적인 고려사항, 신청 및 허가 절차 등 필요한 사항은 대통령령으로 정한다. [본조신설 2022. 9. 15.]

[종전 제14조의2는 제14조의3으로 이동 〈2022. 9. 15.〉]

제14조의3(복수국적자에 대한 국적선택명령) ① 법무부장관은 복수국적자로서 제12조제1항 또는 제2항에서 정한 기간 내에 국적을 선택하지 아니한 자에게 1년 내에 하나의 국적을 선택할 것을 명하여야 한다.

② 법무부장관은 복수국적자로서 제10조제2항, 제13조제1항 또는 같은 조 제2항 단서에 따라 대한민국에서 외국 국적을 행사하지 아니하겠다는 뜻을 서약한 자가 그 뜻에 현저히 반하는 행위를 한 경우에는 6개월 내에 하나의 국적을 선택할 것을 명할 수 있다.

③ 제1항 또는 제2항에 따라 국적선택의 명령을 받은 자가 대한민국 국적을 선택하려면 외국 국적을 포기하여야 한다.

④ 제1항 또는 제2항에 따라 국적선택의 명령을 받고도 이를 따르지 아니한 자는 그 기간이 지난

때에 대한민국 국적을 상실한다.
⑤ 제1항 및 제2항에 따른 국적선택의 절차와 제2항에 따른 서약에 현저히 반하는 행위 유형은 대통령령으로 정한다. [본조신설 2010. 5. 4.]
[제14조의2에서 이동, 종전 제14조의3은 제14조의4로 이동 〈2022. 9. 15.〉]

제14조의4(대한민국 국적의 상실결정) ① 법무부장관은 복수국적자가 다음 각 호의 어느 하나의 사유에 해당하여 대한민국의 국적을 보유함이 현저히 부적합하다고 인정하는 경우에는 청문을 거쳐 대한민국 국적의 상실을 결정할 수 있다. 다만, 출생에 의하여 대한민국 국적을 취득한 자는 제외한다.
1. 국가안보, 외교관계 및 국민경제 등에 있어서 대한민국의 국익에 반하는 행위를 하는 경우
2. 대한민국의 사회질서 유지에 상당한 지장을 초래하는 행위로서 대통령령으로 정하는 경우

② 제1항에 따른 결정을 받은 자는 그 결정을 받은 때에 대한민국 국적을 상실한다.
[본조신설 2010. 5. 4.] [제14조의3에서 이동, 종전 제14조의4는 제14조의5로 이동 〈2022. 9. 15.〉]

제14조의5(복수국적자에 관한 통보의무 등) ① 공무원이 그 직무상 복수국적자를 발견하면 지체 없이 법무부장관에게 그 사실을 통보하여야 한다.
② 공무원이 그 직무상 복수국적자 여부를 확인할 필요가 있는 경우에는 당사자에게 질문을 하거나 필요한 자료의 제출을 요청할 수 있다.
③ 제1항에 따른 통보 절차는 대통령령으로 정한다. [본조신설 2010. 5. 4.]
[제14조의4에서 이동 〈2022. 9. 15.〉]

제15조(외국 국적 취득에 따른 국적 상실) ① 대한민국의 국민으로서 자진하여 외국 국적을 취득한 자는 그 외국 국적을 취득한 때에 대한민국 국적을 상실한다.
② 대한민국의 국민으로서 다음 각 호의 어느 하나에 해당하는 자는 그 외국 국적을 취득한 때부터 6개월 내에 법무부장관에게 대한민국 국적을 보유할 의사가 있다는 뜻을 신고하지 아니하면 그 외국 국적을 취득한 때로 소급(遡及)하여 대한민국 국적을 상실한 것으로 본다.
1. 외국인과의 혼인으로 그 배우자의 국적을 취득하게 된 자
2. 외국인에게 입양되어 그 양부 또는 양모의 국적을 취득하게 된 자
3. 외국인인 부 또는 모에게 인지되어 그 부 또는 모의 국적을 취득하게 된 자
4. 외국 국적을 취득하여 대한민국 국적을 상실하게 된 자의 배우자나 미성년의 자(子)로서 그 외국의 법률에 따라 함께 그 외국 국적을 취득하게 된 자

③ 외국 국적을 취득함으로써 대한민국 국적을 상실하게 된 자에 대하여 그 외국 국적의 취득일을 알 수 없으면 그가 사용하는 외국 여권의 최초 발급일에 그 외국 국적을 취득한 것으로 추정한다.
④ 제2항에 따른 신고 절차와 그 밖에 필요한 사항은 대통령령으로 정한다.
[전문개정 2008. 3. 14.]

제16조(국적상실자의 처리) ① 대한민국 국적을 상실한 자(제14조에 따른 국적이탈의 신고를 한 자는 제외한다)는 법무부장관에게 국적상실신고를 하여야 한다.
② 공무원이 그 직무상 대한민국 국적을 상실한 자를 발견하면 지체 없이 법무부장관에게 그 사실을 통보하여야 한다.
③ 법무부장관은 그 직무상 대한민국 국적을 상실한 자를 발견하거나 제1항이나 제2항에 따라 국적상실의 신고나 통보를 받으면 가족관계등록 관서와 주민등록 관서에 통보하여야 한다.
④ 제1항부터 제3항까지의 규정에 따른 신고 및 통보의 절차와 그 밖에 필요한 사항은 대통령령으로 정한다. [전문개정 2008. 3. 14.]

제17조(관보 고시) ① 법무부장관은 대한민국 국적의 취득과 상실에 관한 사항이 발생하면 그 뜻을 관

보에 고시(告示)하여야 한다.

② 제1항에 따라 관보에 고시할 사항은 대통령령으로 정한다. [전문개정 2008. 3. 14.]

제18조(국적상실자의 권리 변동) ① 대한민국 국적을 상실한 자는 국적을 상실한 때부터 대한민국의 국민만이 누릴 수 있는 권리를 누릴 수 없다.

② 제1항에 해당하는 권리 중 대한민국의 국민이었을 때 취득한 것으로서 양도(讓渡)할 수 있는 것은 그 권리와 관련된 법령에서 따로 정한 바가 없으면 3년 내에 대한민국의 국민에게 양도하여야 한다. [전문개정 2008. 3. 14.]

제19조(법정대리인이 하는 신고 등) 이 법에 규정된 신청이나 신고와 관련하여 그 신청이나 신고를 하려는 자가 15세 미만이면 법정대리인이 대신하여 이를 행한다. [전문개정 2008. 3. 14.]

제20조(국적 판정) ① 법무부장관은 대한민국 국적의 취득이나 보유 여부가 분명하지 아니한 자에 대하여 이를 심사한 후 판정할 수 있다.

② 제1항에 따른 심사 및 판정의 절차와 그 밖에 필요한 사항은 대통령령으로 정한다.

[전문개정 2008. 3. 14.]

제21조(허가 등의 취소) ① 법무부장관은 거짓이나 그 밖의 부정한 방법으로 귀화허가, 국적회복허가, 국적의 이탈 허가 또는 국적보유판정을 받은 자에 대하여 그 허가 또는 판정을 취소할 수 있다. 〈개정 2022. 9. 15.〉

② 제1항에 따른 취소의 기준·절차와 그 밖에 필요한 사항은 대통령령으로 정한다.

[본조신설 2008. 3. 14.]

제21조의2 [종전 제21조의2는 제24조로 이동 〈2022. 9. 15.〉]

제21조의3 [종전 제21조의3은 제25조로 이동 〈2022. 9. 15.〉]

제22조(국적심의위원회) ① 국적에 관한 다음 각 호의 사항을 심의하기 위하여 법무부장관 소속으로 국적심의위원회(이하 "위원회"라 한다)를 둔다.

1. 제7조제1항제3호에 해당하는 특별귀화 허가에 관한 사항
2. 제14조의2에 따른 대한민국 국적의 이탈 허가에 관한 사항
3. 제14조의4에 따른 대한민국 국적의 상실 결정에 관한 사항
4. 그 밖에 국적업무와 관련하여 법무부장관이 심의를 요청하는 사항

② 법무부장관은 제1항제1호부터 제3호까지의 허가 또는 결정 전에 위원회의 심의를 거쳐야 한다. 다만, 요건을 충족하지 못하는 것이 명백한 경우 등 대통령령으로 정하는 사항은 그러하지 아니하다.

③ 위원회는 제1항 각 호의 사항을 효과적으로 심의하기 위하여 필요하다고 인정하는 경우 관계 행정기관의 장에게 자료의 제출 또는 의견의 제시를 요청하거나 관계인을 출석시켜 의견을 들을 수 있다. [본조신설 2022. 9. 15.] [종전 제22조는 제26조로 이동 〈2022. 9. 15.〉]

제23조(위원회의 구성 및 운영) ① 위원회는 위원장 1명을 포함하여 30명 이내의 위원으로 구성한다.

② 위원장은 법무부차관으로 하고, 위원은 다음 각 호의 사람으로 한다.

1. 법무부 소속 고위공무원단에 속하는 공무원으로서 법무부장관이 지명하는 사람 1명
2. 대통령령으로 정하는 관계 행정기관의 국장급 또는 이에 상당하는 공무원 중에서 법무부장관이 지명하는 사람
3. 국적 업무와 관련하여 학식과 경험이 풍부한 사람으로서 법무부장관이 위촉하는 사람

③ 제2항제3호에 따른 위촉위원의 임기는 2년으로 하며, 한 번만 연임할 수 있다. 다만, 위원의 임기 중 결원이 생겨 새로 위촉하는 위원의 임기는 전임위원 임기의 남은 기간으로 한다.

④ 위원회의 회의는 제22조제1항의 안건별로 위원장이 지명하는 10명 이상 15명 이내의 위원이 참석하되, 제2항제3호에 따른 위촉위원이 과반수가 되도록 하여야 한다.

⑤ 위원회의 회의는 위원장 및 제4항에 따라 지명된 위원의 과반수의 출석으로 개의하고 출석위원 과반수의 찬성으로 의결한다.

⑥ 위원회의 사무를 처리하기 위하여 간사 1명을 두되, 간사는 위원장이 지명하는 일반직공무원으로 한다.

⑦ 위원회의 업무를 효율적으로 수행하기 위하여 위원회에 분야별로 분과위원회를 둘 수 있다.

⑧ 제1항부터 제7항까지의 규정에서 정하는 사항 외에 위원회의 구성 및 운영에 필요한 사항은 대통령령으로 정한다. [본조신설 2022. 9. 15.]

제24조(수수료) ① 이 법에 따른 허가신청, 신고 및 증명서 등의 발급을 받으려는 사람은 법무부령으로 정하는 바에 따라 수수료를 납부하여야 한다.

② 제1항에 따른 수수료는 정당한 사유가 있는 경우 이를 감액하거나 면제할 수 있다.

③ 제1항에 따른 수수료의 금액 및 제2항에 따른 수수료의 감액·면제 기준 등에 필요한 사항은 법무부령으로 정한다. [본조신설 2018. 9. 18.] [제21조의2에서 이동 〈2022. 9. 15.〉]

제25조(관계 기관 등의 협조) ① 법무부장관은 국적업무 수행에 필요하면 관계 기관의 장이나 관련 단체의 장에게 자료 제출, 사실 조사, 신원 조회, 의견 제출 등의 협조를 요청할 수 있다.

② 법무부장관은 국적업무를 수행하기 위하여 관계 기관의 장에게 다음 각 호의 정보 제공을 요청할 수 있다.

1. 범죄경력정보
2. 수사경력정보
3. 외국인의 범죄처분결과정보
4. 여권발급정보
5. 주민등록정보
6. 가족관계등록정보
7. 병적기록 등 병역관계정보
8. 납세증명서

③ 제1항 및 제2항에 따른 협조 요청 또는 정보 제공 요청을 받은 관계 기관의 장이나 관련 단체의 장은 정당한 사유가 없으면 요청에 따라야 한다.

[본조신설 2017. 12. 19.] [제21조의3에서 이동 〈2022. 9. 15.〉]

제26조(권한의 위임) 이 법에 따른 법무부장관의 권한은 대통령령으로 정하는 바에 따라 그 일부를 지방출입국·외국인관서의 장에게 위임할 수 있다. 〈개정 2014. 3. 18.〉

[본조신설 2010. 5. 4.] [제22조에서 이동 〈2022. 9. 15.〉]

제27조(벌칙 적용에서의 공무원 의제) 위원회의 위원 중 공무원이 아닌 사람은 「형법」 제127조 및 제129조부터 제132조까지의 규정을 적용할 때에는 공무원으로 본다. [본조신설 2022. 9. 15.]

부 칙 〈제18978호, 2022. 9. 15.〉

제1조(시행일) 이 법은 2022년 10월 1일부터 시행한다.

제2조(대한민국 국적의 이탈 특례에 관한 적용례) ① 제14조의2의 개정규정은 이 법 시행 이후 대한민국 국적의 이탈 허가를 신청한 경우부터 적용한다.

② 제14조의2의 개정규정은 이 법 시행 당시 병역준비역에 편입된 때부터 3개월이 지난 복수국적자에 대하여도 적용한다.

제3조(국적심의위원회 설치에 따른 적용례 및 경과조치) ① 제22조의 개정규정에 따른 국적심의위원회의 심의사항은 이 법 시행 이후 법무부장관이 신청을 접수하거나 국적 상실의 결정이 필요하다고 인정하려는 경우부터 적용한다.

② 제1항에도 불구하고 이 법 시행 당시 종전의 대통령령에 따른 국적심의위원회가 심의 중인 사항에 대하여 제22조의 개정규정에 따른 국적심의위원회가 계속하여 심의할 수 있다.

③ 종전의 대통령령에 따른 국적심의위원회의 민간 위원으로 위촉된 사람은 제23조제2항제3호의 개정규정에 따른 위촉위원으로 본다. 이 경우 위촉위원의 임기는 종전의 대통령령에 따라 위촉된 때부터 계산한다.

【부록 2】 국적법 시행령[662)]

제1조(목적) 이 영은 「국적법」에서 위임된 사항과 그 시행에 필요한 사항을 규정함을 목적으로 한다. [전문개정 2011. 3. 29.]

제2조(인지에 의한 국적취득 신고의 절차 등) ① 「국적법」(이하 "법"이라 한다) 제3조제1항에 따라 대한민국 국적을 취득하려면 법무부령으로 정하는 국적취득 신고서를 작성하여 법무부장관에게 제출하여야 한다.
② 법무부장관은 제1항에 따라 국적취득 신고를 수리(受理)하면 그 사실을 지체 없이 본인과 「가족관계의 등록 등에 관한 법률」에 따른 등록기준지(이하 "등록기준지"라 한다) 가족관계등록관서의 장에게 통보하고, 관보에 고시하여야 한다. 〈개정 2010. 12. 31.〉 [전문개정 2008. 10. 6.]

제3조(귀화허가의 신청) ①법 제4조제1항에 따라 귀화허가를 받으려는 사람은 법무부령으로 정하는 귀화허가 신청서에 귀화 요건을 갖추었음을 증명하는 서류 등 법무부령으로 정하는 서류를 첨부하여 출입국·외국인청장, 출입국·외국인사무소장, 출입국·외국인청 출장소장 또는 출입국·외국인사무소 출장소장(이하 "청장등"이라 한다)에게 제출해야 한다. 〈개정 2010. 12. 31., 2018. 5. 8., 2020. 12. 22.〉
② 청장등은 제1항에 따라 신청서 및 그 첨부서류(이하 "신청서등"이라 한다)를 제출받은 때에는 법무부장관이 정하는 바에 따라 조회·조사 및 확인 등의 절차를 마치고 그 결과와 의견을 신청서등에 첨부하여 법무부장관에게 송부해야 한다. 〈개정 2020. 12. 22.〉 [전문개정 2008. 10. 6.]

제4조(귀화 요건 심사를 위한 조회·조사·확인 등) ① 법무부장관은 법 제4조제2항에 따라 귀화 요건을 심사하기 위하여 필요한 경우에는 귀화허가 신청자에게 출석하여 의견을 진술하게 하거나 관련 자료를 제출할 것을 요구할 수 있고, 귀화허가 신청자의 거주지 등을 현지조사하여 귀화 요건을 갖추었는지 확인할 수 있다. 〈신설 2020. 12. 22.〉
② 법무부장관은 법 제4조제2항에 따라 귀화 요건을 심사할 때 관계 기관의 장에게 귀화허가 신청자에 대한 신원조회, 범죄경력조회 및 체류동향조사를 의뢰하거나 그 밖에 필요한 사항에 관하여 의견을 구할 수 있다. 〈개정 2020. 12. 22.〉 [전문개정 2011. 3. 29.] [제목개정 2020. 12. 22.]

제4조의2(귀화허가 신청자에 대한 종합평가 등) ① 법무부장관은 법 제4조제2항에 따라 귀화 요건을 심사하기 위하여 귀화허가 신청자에 대한 「출입국관리법 시행령」 제48조제2항제3호에 따른 종합평가(이하 "종합평가"라 한다)와 면접심사(이하 "면접심사"라 한다)를 실시한다. 다만, 귀화허가 신청자의 연령 등을 고려하여 법무부령으로 정하는 사람에 대해서는 법무부령으로 정하는 바에 따라 종합평가 또는 면접심사를 면제할 수 있다.
② 법무부장관은 제1항 본문에도 불구하고 제3조제2항 및 제4조에 따른 조회·조사·확인 결과 또는 신청서등의 검토 결과 귀화 요건을 갖추지 못한 것으로 인정되는 귀화허가 신청자에 대해서는 종합평가 및 면접심사를 실시하지 않을 수 있다.
③ 귀화허가 신청자는 귀화허가 신청일부터 1년 이내에 법무부장관이 정하는 바에 따라 종합평가에 응시해야 한다. 다만, 법무부장관이 제1항 단서에 따라 종합평가를 면제한 경우나 제2항에 따라 종합평가를 실시하지 않기로 한 경우에는 그렇지 않다.
④ 면접심사의 심사 항목 등 면접심사에 필요한 사항은 법무부령으로 정한다.

---

662) 국가법령정보센터[시행 2022. 7. 12.] [대통령령 제32790호, 2022. 7. 11., 타법개정] (2022.09.15) 최종방문).

[본조신설 2020. 12. 22.] [종전 제4조의2는 제4조의4로 이동 〈2020. 12. 22.〉]

제4조의3(귀화허가의 제한) 법무부장관은 귀화허가 신청자가 다음 각 호의 어느 하나에 해당하는 경우에는 귀화허가를 해서는 안 된다.

1. 제3조제2항 및 제4조에 따른 조회·조사·확인 결과 또는 신청서등의 검토 결과 귀화 요건을 갖추지 못한 것으로 인정되는 경우
2. 제4조의2제3항 본문에 따른 기간 내에 종합평가에 응시하지 않은 경우
3. 종합평가에서 100점을 만점으로 하여 60점 미만을 득점한 경우
4. 면접심사에서 부적합평가를 받은 경우

[본조신설 2020. 12. 22.] [종전 제4조의3은 제4조의5로 이동 〈2020. 12. 22.〉]

제4조의4(귀화허가를 받은 사람에 대한 국민선서 및 귀화증서 수여) ① 법무부장관은 법 제4조제2항에 따라 귀화허가를 한 경우에는 같은 조 제3항 본문에 따라 국민선서를 받고 귀화증서를 수여하기 위한 일시와 장소를 지정하고, 그 지정된 일시와 장소에 참석할 것을 귀화허가를 받은 사람에게 통보해야 한다.

② 제1항에 따라 통보를 받은 사람은 질병·사고 등 불가피한 사유로 지정된 일시와 장소에 참석하지 못하게 된 경우에는 불참 사유와 참석 가능 일정을 적은 서면(이하 "불참사유서"라 한다)을 지정된 날 전날까지 법무부장관에게 제출해야 한다.

③ 법무부장관은 제2항에 따라 불참사유서가 제출된 날부터 1개월 이내에 국민선서를 받고 귀화증서를 수여하기 위한 일시와 장소를 새로 지정하고, 그 지정된 일시와 장소에 참석할 것을 귀화허가를 받은 사람에게 다시 통보해야 한다.

④ 제1항부터 제3항까지에서 규정한 사항 외에 국민선서와 귀화증서 수여의 세부적인 절차 및 방법에 관하여 필요한 사항은 법무부장관이 정한다. [본조신설 2018. 12. 18.]

[제4조의2에서 이동, 종전 제4조의4는 제4조의6으로 이동 〈2020. 12. 22.〉]

제4조의5(귀화허가를 받은 사람에 대한 국민선서의 내용 등) ① 법 제4조제3항 본문에 따른 국민선서의 내용은 "나는 자랑스러운 대한민국 국민으로서 대한민국의 헌법과 법률을 준수하고 국민의 책임과 의무를 다할 것을 엄숙히 선서합니다."로 한다.

② 법 제4조제3항 단서에 따라 국민선서가 면제될 수 있는 사람은 다음 각 호의 어느 하나에 해당하는 사람으로 한다.

1. 국민선서 당시 15세 미만인 사람
2. 「장애인복지법 시행령」 별표 1에 따른 뇌병변장애인, 지적장애인 또는 자폐성장애인에 해당하는 사람 중에서 법무부장관이 인정하는 사람
3. 그 밖에 제2호에 준하는 사람으로서 법무부장관이 인정하는 사람

[본조신설 2018. 12. 18.] [제4조의3에서 이동 〈2020. 12. 22.〉]

제4조의6(귀화허가를 받은 사람에 대한 국민선서 및 귀화증서 수여 등의 대행) ① 법무부장관은 법 제4조제4항에 따라 청장등에게 다음 각 호의 업무를 대행하게 할 수 있다.

1. 국민선서를 받고 귀화증서를 수여하기 위한 일시와 장소를 지정하여 우편 또는 전화 등의 방법으로 통보하는 업무
2. 국민선서를 받고 귀화증서를 수여하는 업무
3. 불참사유서를 제출받는 업무
4. 국민선서 면제 대상자를 확인하고, 면제 대상자에게 그 사실을 통보하는 업무

② 청장등은 법 제4조제3항 본문에 따라 귀화허가를 받은 사람이 국민선서를 하고 귀화증서를 수여받았을 때에는 그 명단을 작성하여 지체 없이 법무부장관에게 송부해야 한다.

③ 제1항 및 제2항에서 규정한 사항 외에 국민선서를 받고 귀화증서를 수여하는 업무와 국민선서의 면제 업무 대행에 필요한 사항은 법무부장관이 정한다.
[본조신설 2018. 12. 18.] [제4조의4에서 이동 〈2020. 12. 22.〉]

제5조(귀화에 의한 국적 취득의 통보 등) 법무부장관은 귀화허가 신청자가 국적을 취득했을 때에는 그 사실을 지체 없이 등록기준지 가족관계등록관서의 장에게 통보하고, 관보에 고시하여야 한다. 〈개정 2018. 12. 18.〉 [전문개정 2014. 6. 17.] [제목개정 2018. 12. 18.]

제6조(특별귀화 대상자) ① 법 제7조제1항제2호에 해당하는 사람은 다음 각 호의 어느 하나에 해당하는 사람으로 한다. 〈개정 2014. 6. 17., 2018. 12. 18.〉

1. 본인 또는 그 배우자나 직계존비속이 다음 각 목의 어느 하나에 해당하는 사람
   가. 「독립유공자예우에 관한 법률」 제4조에 따른 독립유공자
   나. 「국가유공자 등 예우 및 지원에 관한 법률」 제4조에 따른 국가유공자로서 국가유공으로 관계 법률에 따라 대한민국 정부로부터 훈장·포장 또는 표창을 받은 사람
2. 국가안보·사회·경제·교육 또는 문화 등 여러 분야에서 대한민국의 국익에 기여한 공로가 있는 사람
3. 그 밖에 제1호 및 제2호에 준하는 공로가 있다고 법무부장관이 인정하는 사람

② 법 제7조제1항제3호에 해당하는 사람은 다음 각 호의 어느 하나에 해당하는 사람 중에서 제28조에 따른 국적심의위원회의 심의를 거쳐 법무부장관이 정하는 사람으로 한다. 〈개정 2017. 8. 29.〉

1. 국회사무총장, 법원행정처장, 헌법재판소사무처장 또는 중앙행정기관의 장 등이 추천한 사람
2. 재외공관의 장, 지방자치단체(특별시·광역시·특별자치시·도·특별자치도를 말한다)의 장, 4년제 대학의 총장, 그 밖에 법무부장관이 정하는 기관·단체의 장이 추천하는 사람으로서 법무부장관이 심의에 부친 사람
3. 과학·경제·문화·체육 등의 분야에서 수상, 연구실적, 경력 등으로 국제적 권위를 인정받고 있는 사람으로서 법무부장관이 심의에 부친 사람 [전문개정 2011. 3. 29.]

제7조(수반취득의 신청절차 등) ① 법 제8조제1항에 따라 국적취득(이하 "수반취득"이라 한다)을 하려면 그 아버지 또는 어머니가 제3조에 따라 청장등에게 제출하는 귀화허가 신청서에 수반취득하려는 뜻을 표시하여야 한다. 〈개정 2018. 5. 8.〉
② 부모가 이혼한 수반취득 신청자는 그 아버지나 어머니가 수반취득을 신청한 사람에 대하여 친권 또는 양육권을 가지고 있다는 것을 서면으로 증명하여야 한다.
③ 법무부장관은 법 제8조제1항의 요건을 갖춘 수반취득 대상자가 제1항 및 제2항에 따라 수반취득을 신청한 경우에는 그 아버지 또는 어머니가 국적을 취득했을 때 수반취득에 관한 사항도 함께 알리고, 등록기준지 가족관계등록관서의 장에게 통보하며, 관보에 고시하여야 한다. 〈개정 2018. 12. 18.〉 [전문개정 2011. 3. 29.]

제8조(국적회복허가의 신청) ①법 제9조제1항에 따라 국적회복허가를 받으려면 법무부령으로 정하는 국적회복허가 신청서를 작성하여 청장등에게 제출하여야 한다. 〈개정 2010. 12. 31., 2018. 5. 8.〉
② 청장등은 제1항에 따라 신청서를 제출받은 때에는 지체 없이 법무부장관에게 송부하여야 한다. 다만, 법무부장관이 정하는 바에 따른 조회·조사 및 확인 등을 해야 할 경우에는 그 절차를 마치고 의견을 붙여 송부하여야 한다. 〈신설 2010. 12. 31., 2018. 5. 8.〉 [전문개정 2008. 10. 6.]

제9조(국적회복허가 신청에 대한 심사) ① 법무부장관은 법 제9조제2항에 따라 국적회복허가 신청자에 대한 국적회복 요건을 심사할 때 관계 기관의 장에게 국적회복허가 신청자에 대한 신원조회, 범죄경력조회, 병적조회 또는 체류동향조사를 의뢰하거나 그 밖에 필요한 사항에 관하여 의견을 구할

수 있다.

② 법무부장관은 필요하면 국적회복허가 신청자에 대하여 의견을 진술하게 하거나 보완자료 제출을 요구할 수 있다. [전문개정 2011. 3. 29.]

제9조의2(국적회복허가를 받은 사람에 대한 국민선서 및 국적회복증서 수여 등) 법 제9조제3항 본문에 따라 법무부장관이 국민선서를 받고 국적회복증서를 수여하는 절차와 해당 국민선서의 내용, 같은 항 단서에 따라 국민선서가 면제될 수 있는 사람 및 같은 조 제4항에 따라 법무부장관이 국민선서를 받고 국적회복증서를 수여하는 업무와 국민선서의 면제 업무 대행에 관하여는 제4조의4부터 제4조의6까지의 규정을 준용한다. 이 경우 "귀화"는 "국적회복"으로 본다. 〈개정 2020. 12. 22.〉 [본조신설 2018. 12. 18.]

제10조(국적회복에 의한 국적 취득의 통보 등) 법무부장관은 국적회복허가 신청자가 국적을 취득했을 때에는 그 사실을 지체 없이 등록기준지 가족관계등록관서의 장에게 통보하고, 관보에 고시해야 한다. [전문개정 2018. 12. 18.]

제11조(외국 국적의 포기방식 등) ① 법 제10조제1항 또는 제2항에 따라 외국 국적을 포기하려는 사람은 그 기간 내에 외국 국적을 포기하거나 상실하는 절차를 마치고, 그 외국의 영사나 관련 공무원이 발급한 국적포기(상실)증명서 또는 이에 준하는 서류(이하 "국적포기증명서등"이라 한다)를 지체 없이 법무부장관에게 제출하여야 한다. 〈개정 2010. 12. 31.〉

② 법무부장관은 제1항에 따라 국적포기증명서등을 제출한 사람에 대하여 외국국적 포기 확인서를 발급하여야 한다. 〈개정 2010. 12. 31.〉

③ 법 제10조제2항에 따라 대한민국에서 외국 국적을 행사하지 아니하겠다는 뜻을 서약(이하 "외국국적불행사서약"이라 한다)하려는 사람은 그 기간 내에 국내에 주소를 두고 있는 상태에서 외국국적 불행사 서약서를 작성하여 청장등에게 제출하여야 한다. 〈개정 2010. 12. 31., 2018. 5. 8.〉

④ 청장등은 제3항에 따라 외국국적불행사 서약서를 제출받은 때에는 지체 없이 법무부장관에게 송부하여야 하며, 법무부장관이 그 서약서를 수리한 때에는 서약서를 제출한 사람에게 외국국적불행사 서약확인서를 발급하여야 한다. 〈신설 2010. 12. 31., 2018. 5. 8.〉

⑤ 법무부장관은 법 제11조의2제2항에 따라 외국 국적을 포기한 사람이 국적포기증명서등을 제출하고 그 확인을 요청하는 경우에는 외국국적 포기확인서를 발급하여야 한다. 〈신설 2010. 12. 31.〉

⑥ 제2항부터 제5항까지의 규정에 따른 외국국적 포기확인서, 외국국적불행사 서약서 및 외국국적불행사 서약확인서의 서식은 법무부령으로 정한다. 〈신설 2010. 12. 31.〉 [전문개정 2008. 10. 6.]

제12조(외국 국적 포기사실증명의 요구) ① 법무부장관은 법 제10조제1항에 규정된 사람(제11조제1항 또는 제3항에 따라 국적포기증명서등을 제출하거나 외국국적불행사 서약서를 제출한 사람은 제외한다)에 대하여 그 기간이 지난 후에 그 외국 국적을 포기하였는지를 확인할 필요가 있으면 그 포기사실을 증명할 것을 요구할 수 있다.

② 제1항에 규정된 사람의 소재를 알 수 없거나 그 밖에 서면으로 요구할 수 없는 부득이한 사정이 있을 때에는 관보에 게재하는 방식으로 제1항의 요구를 할 수 있다. 이 경우 관보에 게재된 날의 다음 날에 그 요구의 의사표시가 도달된 것으로 본다.

③ 제1항 또는 제2항에 따라 요구를 받은 사람은 요구를 받은 때부터 1개월 내에 그 외국의 영사나 그 밖의 관련 공무원이 발급한 국적포기증명서등으로 그 외국 국적을 포기한 사실을 증명하여야 하며, 이를 이행하지 아니한 경우에는 그 외국 국적을 포기하지 않은 것으로 본다.

④ 제3항에 규정된 사람으로서 천재지변이나 그 밖의 불가항력적 사유로 그 기간 내에 요구사항을 이행하지 못한 사람은 그 사유가 소멸된 때부터 10일 내에 그 외국 국적을 포기한 사실을 증명할 수 있다. [전문개정 2011. 3. 29.]

제13조(외국 국적 포기가 어려운 자 등) ① 법 제10조제2항제5호에서 "대통령령으로 정하는 자"란 다음 각 호의 어느 하나에 해당하는 사람을 말한다. 〈개정 2017. 8. 29.〉

1. 외국의 법률 및 제도로 인하여 외국 국적의 포기가 불가능하거나 그에 준하는 사정이 인정되는 사람
2. 대한민국 국적을 취득한 후 3개월 이내에 외국 국적의 포기절차를 개시하였으나 외국의 법률 및 제도로 인하여 법 제10조제1항에 따른 기간 내에 국적포기절차를 마치기 어려운 사정을 증명하는 서류를 법무부장관에게 제출한 사람

② 제1항제2호에 해당하는 사람이 외국 국적의 포기절차를 마쳤을 때에는 지체 없이 국적포기증명서등을 법무부장관에게 제출하여야 한다. [전문개정 2010. 12. 31.]

제14조(외국 국적 미포기자 등에 대한 처우 제한) 대한민국 국적을 취득하고도 법 제10조제1항 또는 제2항에 따른 외국 국적의 포기 절차나 외국국적불행사서약 절차를 마치지 아니한 사람에게는 관계 법령에서 정하는 바에 따라 출입국, 체류, 주민등록 또는 여권발급 등에서 대한민국 국민으로서의 처우가 제한될 수 있다. [전문개정 2010. 12. 31.]

제15조(국적의 재취득 신고절차 등) ① 법 제11조제1항에 따라 대한민국 국적을 재취득하려면 법무부령으로 정하는 국적취득 신고서를 작성하여 법무부장관에게 제출하여야 한다.

② 법무부장관은 제1항에 따라 국적취득신고를 수리하였으면 그 사실을 지체 없이 본인과 등록기준지 가족관계등록관서의 장에게 통보하고, 관보에 고시하여야 한다. 〈개정 2010. 12. 31.〉

[전문개정 2008. 10. 6.]

제16조(복수국적자의 의의 등) ① 법 제11조의2제1항에서 "대통령령으로 정하는 사람"이란 다음 각 호의 어느 하나에 해당하는 사람을 말한다. 〈개정 2017. 8. 29.〉

1. 법 제10조제2항에 따라 외국국적불행사서약을 한 사람
2. 대한민국의 국민으로서 법 제15조제2항에 따라 외국 국적을 취득하게 된 후 6개월 내에 법무부장관에게 대한민국 국적의 보유 의사를 신고한 사람
3. 법률 제10275호 국적법 일부개정법률 부칙 제2조제1항에 따라 법무부장관에게 외국국적불행사서약을 하고 대한민국 국적을 재취득하거나 같은 조 제2항에 따라 외국 국적을 재취득한 후 외국국적불행사서약을 한 사람

② 만 20세가 되기 전에 법 제12조제3항 각 호의 어느 하나에 해당하게 된 사람은 만 20세가 된 때부터 같은 조 제2항 본문의 기간을 계산한다. [전문개정 2011. 3. 29.]

제16조의2(직계존속이 외국에서 영주할 목적 없이 체류한 상태에서 출생한 자) 법 제12조제3항 각 호 외의 부분에서 직계존속이 외국에서 영주할 목적 없이 체류한 상태에서 출생한 자는 아버지 또는 어머니가 외국에 생활기반을 두고 있으면서 외국의 시민권이나 영주권을 취득한 상태 또는 법무부령으로 정하는 그에 준하는 체류 상태에서 출생한 자가 아닌 사람으로 한다.

[전문개정 2011. 3. 29.]

제17조(대한민국 국적의 선택 절차 등) ① 복수국적자로서 법 제13조제1항 또는 같은 조 제2항 단서에 따라 대한민국 국적을 선택하려는 사람은 해당 기간 내에 제11조제1항·제2항에 따라 외국 국적을 포기 또는 상실하는 절차를 마치고 법무부령으로 정하는 국적선택 신고서를 작성하여 법무부장관에게 제출하거나, 제11조제3항·제4항에 따라 외국국적불행사서약을 한 후 국적선택 신고서를 작성하여 청장등에게 제출하여야 한다. 이 경우 청장등은 제출받은 국적선택 신고서를 지체 없이 법무부장관에게 송부하여야 한다. 〈개정 2018. 5. 8.〉

② 복수국적자로서 법 제13조제2항 본문 또는 같은 조 제3항에 따라 대한민국 국적을 선택한다는

뜻을 신고하려는 사람은 외국 국적을 포기 또는 상실하는 절차를 마치고, 법무부령으로 정하는 국적선택 신고서를 작성하여 법무부장관에게 제출하여야 한다.

③ 법 제13조제3항에서 "출생 당시에 모가 자녀에게 외국 국적을 취득하게 할 목적으로 외국에서 체류 중이었던 사실이 인정되는 자"란 국내에 생활기반을 두고 있는 어머니가 임신한 후 자녀의 외국 국적 취득을 목적으로 출국하여 외국에서 체류하는 동안 출생한 사람을 말한다. 다만, 아버지 또는 어머니가 다음 각 호의 어느 하나에 해당하는 사람은 제외한다.

1. 자녀의 출생 전후를 합산하여 2년 이상 계속하여 외국에서 체류한 경우
2. 자녀의 출생 전후에 외국의 영주권 또는 국적을 취득한 경우
3. 자녀의 출생 당시 유학, 공무파견, 국외주재, 취업 등 사회통념상 상당한 사유로 법무부장관이 정하는 기간 동안 외국에서 체류한 경우

④ 법무부장관은 제1항부터 제3항까지의 규정에 따라 국적선택 신고를 수리한 때에는 지체 없이 그 사실을 본인과 등록기준지 가족관계등록관서의 장에게 통보하여야 한다. [전문개정 2011. 3. 29.]

제18조(대한민국 국적의 이탈 절차 등) ① 복수국적자로서 법 제14조제1항에 따라 대한민국 국적을 이탈한다는 뜻을 신고하려는 사람은 법무부령으로 정하는 국적이탈 신고서를 작성하여 주소지 관할 재외공관의 장에게 제출하여야 하고, 재외공관의 장은 지체 없이 이를 법무부장관에게 송부하여야 한다.

② 법무부장관은 제1항에 따른 국적이탈 신고가 법 제14조제1항에 따른 국적이탈 요건을 갖춘 경우에만 수리한다.

③ 법무부장관은 제1항 및 제2항에 따라 국적이탈 신고를 수리한 때에는 지체 없이 그 사실을 접수지 재외공관의 장을 거쳐 본인에게 알려야 하며, 등록기준지 가족관계등록관서의 장에게 통보하고 관보에 고시하여야 한다.

④ 법무부장관은 국적이탈자가 주민등록이 되어 있을 때에는 그 주민등록관서의 장에게도 그 사실을 통보하여야 한다.

⑤ 제3항 및 제4항에 따라 등록기준지 가족관계등록관서의 장 또는 주민등록관서의 장에게 통보하는 서류에는 다음 각 호의 사항을 적어야 한다.

1. 국적이탈자의 성명, 생년월일, 성별 및 등록기준지
2. 국적이탈의 원인 및 연월일
3. 외국 국적

⑥ 법무부장관은 국적이탈자가 이미 발급받은 대한민국 여권이 있을 때에는 외교부장관에게 제5항 각 호의 사항과 여권번호를 통보할 수 있다. 〈신설 2017. 8. 29.〉 [전문개정 2011. 3. 29.]

제18조의2(국적선택명령의 절차 등) ① 법 제14조의2제1항 및 제2항에 따라 법무부장관이 국적선택명령을 할 때에는 법무부령으로 정하는 국적선택명령서를 본인에게 직접 교부하거나 등기우편으로 송부하여야 한다. 다만, 본인에게 직접 교부하거나 송부하기 어려운 경우에는 「민법」 제779조에 따른 가족이나 사실상 부양자에게 교부하거나 송부하여야 한다.

② 소재불명 등으로 국적선택명령서의 교부 또는 송부가 어려운 경우에는 관보에 공고하며, 공고일부터 14일이 지난 때에 그 효력이 발생한다.

③ 법 제14조의2제1항 및 제2항에 따라 법무부장관으로부터 국적선택명령을 받은 사람이 대한민국 국적을 선택하려면 제17조에 규정된 절차를 따라야 하고, 대한민국 국적을 이탈하려면 제18조에 규정된 절차를 따라야 한다.

④ 법 제14조의2제2항에서 "그 뜻에 현저히 반하는 행위"란 외국국적불행사서약을 한 사람이 다음 각 호의 어느 하나에 해당하는 행위를 한 경우를 말한다.

1. 반복하여 외국 여권으로 대한민국에 출국·입국한 경우

2. 외국 국적을 행사할 목적으로 외국인등록 또는 거소신고를 한 경우
3. 정당한 사유 없이 대한민국에서 외국 여권 등을 이용하여 국가·지방자치단체, 공공기관, 공공단체 또는 교육기관 등에 대하여 외국인으로서의 권리를 행사하거나 행사하려고 한 경우

⑤ 법무부장관은 관계 기관 또는 재외공관의 장에게 복수국적자의 국내·국외 주소지 확인 등 필요한 사항을 조회할 수 있다.

⑥ 법무부장관은 복수국적자가 국적선택명령을 받고도 따르지 아니하여 법 제14조의2제4항에 따라 대한민국 국적을 상실한 경우에는 지체 없이 다음 각 호의 사항을 관보에 고시하고, 그 등록기준지 가족관계등록관서의 장과 주민등록관서의 장에게 통보하여야 한다.
1. 국적상실자의 성명, 생년월일, 성별 및 등록기준지
2. 국적상실의 원인 및 연월일
3. 외국 국적

⑦ 법무부장관은 복수국적자가 법 제14조의2제4항에 따라 대한민국 국적을 상실한 경우 이미 발급받은 대한민국 여권이 있을 때에는 제6항 각 호의 사항과 여권번호를 외교부장관에게 통보할 수 있다. 〈신설 2017. 8. 29.〉 [전문개정 2011. 3. 29.]

제18조의3(대한민국 국적의 상실결정 절차 등) ① 법무부장관은 법 제14조의3제1항에 따라 복수국적자가 대한민국의 국적을 보유함이 현저히 부적합하다고 인정하는 경우에는 제28조에 따른 국적심의위원회의 심의를 거쳐 대한민국 국적의 상실을 결정한다. 〈개정 2017. 8. 29.〉

② 법 제14조의3제1항제2호에서 "대통령령으로 정하는 경우"란 살인죄, 강간죄 등 법무부령으로 정하는 죄명으로 7년 이상의 징역 또는 금고의 형을 선고받아 그 형이 확정된 경우를 말한다.

③ 법 제14조의3제1항 각 호 외의 부분 본문의 청문절차에 관하여는 「행정절차법」 제2장제2절 중 청문에 관한 규정을 준용한다.

④ 법무부장관은 복수국적자가 국적상실결정을 받아 대한민국 국적을 상실한 경우에는 제18조의2제6항 및 제7항을 준용한다. 〈개정 2017. 8. 29.〉 [본조신설 2010. 12. 31.]

제18조의4(복수국적자에 관한 통보절차 등) ① 법 제14조의4제1항에 따른 통보는 그 공무원이 속한 기관의 주소지를 관할하는 청장등에게 하여야 한다. 다만, 재외공관의 장이 통보하는 경우는 법무부장관이 따로 정한다. 〈개정 2018. 5. 8.〉

② 제1항에 따른 통보는 법무부령으로 정하는 복수국적자 발견 통보서로 해야 하며, 복수국적자가 복수국적을 보유하게 된 원인 및 연월일을 증명하는 서류와 복수국적자가 소지한 외국 여권의 사본을 첨부해야 한다. 〈개정 2014. 6. 17., 2020. 12. 22.〉
1. 삭제 〈2020. 12. 22.〉
2. 삭제 〈2020. 12. 22.〉

③ 청장등은 제1항에 따라 통보를 받거나 그 직무상 복수국적자를 발견하면 복수국적자 기록표를 작성하여 법무부장관에게 송부하고 그 부본(副本)을 갖추어 두어야 한다. 〈개정 2018. 5. 8.〉
[전문개정 2011. 3. 29.]

제19조(국적보유의사의 신고절차 등) ① 법 제15조제2항에 따라 대한민국 국적을 보유할 의사가 있다는 뜻을 신고하려면 법무부령으로 정하는 국적보유 신고서를 작성하여 청장등에게 제출하여야 한다. 〈개정 2010. 12. 31., 2018. 5. 8.〉

② 청장등은 제1항에 따라 신고서를 제출받은 때에는 지체 없이 법무부장관에게 송부하여야 한다. 〈신설 2010. 12. 31., 2018. 5. 8.〉

③ 법무부장관은 제1항과 제2항에 따라 국적보유 신고를 수리하였으면 그 사실을 지체 없이 본인에게 알리고, 그 등록기준지 가족관계등록관서의 장에게 통보하여야 한다. 〈개정 2010. 12. 31.〉

④ 제3항에 따라 그 등록기준지 가족관계등록관서의 장에게 통보하는 서류에는 다음 각 호의 사항을 적어야 한다. 〈개정 2010. 12. 31.〉

1. 국적보유 신고자의 성명, 생년월일, 성별 및 등록기준지
2. 외국 국적을 취득하게 된 원인 및 연월일 [전문개정 2008. 10. 6.]

제20조(국적상실의 신고·통보절차 등) ① 법 제16조제1항에 따라 국적상실 신고를 하려면 법무부령으로 정하는 국적상실 신고서를 작성하여 법무부장관에게 제출하여야 한다.

② 법 제16조제2항에 따라 국적상실을 통보할 때에는 그 사람의 성명, 생년월일, 성별 및 등록기준지 등 인적사항을 적고, 대한민국 국적을 상실한 원인 및 연월일을 증명하는 서류 또는 그가 소지한 외국여권의 사본을 첨부하여야 한다. [전문개정 2011. 3. 29.]

제21조(국적상실자의 처리) ① 법 제16조제3항에 따라 법무부장관은 그 직무상 대한민국 국적을 상실하고도 등록기준지에서 말소되지 아니한 사람을 발견하거나 제20조에 따른 국적상실의 신고나 통보를 수리한 경우에는 지체 없이 그 사실을 관보에 고시하고, 그 등록기준지 가족관계등록관서의 장에게 통보하여야 한다.

② 제1항의 경우에는 제18조제4항 및 제5항을 준용한다. 〈개정 2010. 12. 31.〉

③ 법무부장관은 법 제16조제1항 및 제2항에 따른 신고 및 통보를 받은 경우 국적상실자가 이미 발급받은 대한민국 여권이 있을 때에는 제18조의2제6항 각 호의 사항과 여권번호를 외교부장관에게 통보할 수 있다. 〈신설 2017. 8. 29.〉 [전문개정 2008. 10. 6.]

제22조 삭제 〈2014. 6. 17.〉

제23조(국적 판정의 신청) ① 법 제20조에 따라 국적 판정을 받으려면 법무부령으로 정하는 국적판정 신청서를 작성하여 청장등에게 제출하여야 한다. 〈개정 2018. 5. 8.〉

② 청장등은 제1항에 따라 신청서를 제출받은 때에는 지체 없이 법무부장관에게 송부하여야 한다. 〈개정 2018. 5. 8.〉 [전문개정 2011. 3. 29.]

제24조(국적 판정의 심사 및 판정절차 등) ① 법무부장관은 국적을 판정할 때 필요하면 관계 기관의 장에게 국적판정신청자에 대한 신원조회, 범죄경력조회 또는 체류동향조사를 의뢰하거나 그 밖에 심사에 참고가 될 사항에 관한 의견을 구할 수 있다.

② 법무부장관은 필요하면 국적판정 신청자에게 의견을 진술하게 하거나 보완자료 제출을 요구할 수 있다.

③ 법무부장관은 국적판정신청자에 관하여 다음 각 호의 사항 등을 심사한 후 현재도 대한민국 국적을 보유하고 있는지를 판정한다.

1. 혈통관계
2. 국외이주 경위
3. 대한민국 국적 취득 여부
4. 대한민국 국적을 취득한 후 스스로 외국국적을 취득함으로써 대한민국 국적을 상실한 사실이 있는지 여부

④ 법무부장관은 국적판정 신청자가 현재도 대한민국 국적을 보유하고 있는 것으로 판정하면 그 사실을 지체 없이 본인과 등록기준지 가족관계등록관서의 장에게 통보하고, 관보에 고시하여야 한다.

⑤ 제4항의 판정을 받은 사람은 별도의 국적취득 절차를 거치지 아니하고 「가족관계의 등록 등에 관한 법률」에서 정하는 바에 따라 가족관계 등록 창설을 할 수 있다. [전문개정 2011. 3. 29.]

제25조(외국에 주소를 두고 있는 사람의 신고서 등 제출) ① 다음 각 호의 신고서나 신청서 등(이하 이 조에서 "신고서등"이라 한다)을 제출하려는 사람이 외국에 주소를 두고 있을 때에는 주소지 관할

재외공관의 장을 통해서도 신고서등을 제출할 수 있다. 〈개정 2020. 12. 22.〉
1. 제2조제1항에 따른 국적취득 신고서
2. 제8조제1항에 따른 국적회복허가 신청서
3. 제11조제1항에 따른 국적포기증명서등(법 제3조제1항 또는 제9조제1항에 따라 대한민국 국적을 취득한 사람이 제출하려는 경우로 한정한다)
4. 제11조제3항에 따른 외국국적불행사 서약서(법 제3조제1항 또는 제9조제1항에 따라 대한민국 국적을 취득한 사람이 제출하려는 경우로 한정한다)
5. 제15조제1항에 따른 국적취득 신고서
6. 제17조제1항·제2항에 따른 국적선택 신고서
7. 제19조제1항에 따른 국적보유 신고서
8. 제20조제1항에 따른 국적상실 신고서

② 제1항에 따라 신고서등을 제출받은 재외공관의 장은 이를 지체 없이 외교부장관을 거쳐 법무부장관에게 송부해야 한다. 〈개정 2013. 3. 23., 2020. 12. 22.〉

③ 법무부장관은 제2항에 따라 송부받은 신고서등을 접수한 경우 그 사실을 외교부장관을 거쳐 해당 재외공관의 장에게 통보한다. 〈개정 2013. 3. 23., 2020. 12. 22.〉

[전문개정 2008. 10. 6.] [제목개정 2020. 12. 22.]

제25조의2(신청 또는 신고의 방법·절차) ① 법 및 이 영에 따른 신청이나 신고는 본인(15세 이상인 경우로 한정한다)이 직접 하여야 한다. 다만, 법 제16조제1항에 따른 국적상실의 신고는 본인의 배우자 또는 4촌 이내의 친족이 대신할 수 있다.

② 법 제19조 또는 이 조 제1항 단서에 따라 법정대리인 등이 신청이나 신고를 대신할 때에는 신청서나 신고서에 다음 각 호의 사항을 적고, 제2호에 따른 관계를 증명하는 서류를 첨부하여야 한다.
1. 대리인의 성명·주소
2. 신청자 또는 신고자와의 관계 [본조신설 2014. 6. 17.]

제25조의3(전자민원창구) ① 법무부장관은 「민원 처리에 관한 법률」 제12조의2제2항에 따른 전자민원창구(이하 "전자민원창구"라 한다)를 설치·운영할 수 있다. 〈개정 2022. 7. 11.〉

② 제1항에 따른 전자민원창구의 설치·운영 및 민원업무의 처리 절차 등에 관하여 필요한 사항은 법무부장관이 정하여 고시한다. [본조신설 2020. 12. 22.]

제26조(관보에 고시할 사항) 법 제17조제1항에 따라 관보에 고시할 사항은 다음 각 호와 같다. 〈개정 2018. 12. 18.〉
1. 인지에 의한 국적취득신고를 수리한 경우에는 국적취득자의 인적사항(성명, 생년월일, 성별, 종전국적, 예정 등록기준지를 말한다. 이하 제2호부터 제4호까지에서 같다) 및 신고 수리일
2. 귀화허가 신청자가 국적을 취득한 경우에는 귀화자의 인적사항 및 국적 취득일(수반취득자가 있으면 수반취득자의 인적사항을 포함한다)
3. 국적회복허가 신청자가 국적을 취득한 경우에는 국적 회복자의 인적사항, 국적상실의 원인과 연월일 및 국적 취득일(수반취득자가 있으면 수반취득자의 인적사항을 포함한다)
4. 국적재취득 신고에 의한 국적취득 신고를 수리한 경우에는 국적취득자의 인적사항 및 신고수리일
5. 국적이탈 신고를 수리한 경우에는 국적이탈자의 인적사항(성명, 생년월일, 성별, 외국국적, 등록기준지) 및 신고수리일
6. 국적상실자에 대하여 국적상실 처리를 한 경우에는 국적상실자의 인적사항(성명, 생년월일, 성별, 외국국적, 등록기준지), 국적 상실의 원인 및 국적상실 연월일(외국국적을 취득하면 그 국적을 포함한다)

7. 국적판정 신청에 대하여 국적보유자로 판정한 경우에는 국적보유 판정자의 인적사항(성명, 생년월일, 성별, 외국국적, 등록기준지 또는 예정등록기준지) 및 국적보유 판정일

[전문개정 2011. 3. 29.]

제27조(허가 등의 취소의 기준·절차 등) ① 법무부장관은 다음 각 호의 사람에 대하여 법 제21조제1항에 따라 귀화허가, 국적회복 허가 또는 국적보유 판정을 취소할 수 있다.

1. 귀화허가, 국적회복 허가 또는 국적보유 판정을 받을 목적으로 신분관계 증명서류를 위조·변조하거나 위조·변조된 증명서류를 제출하여 유죄 판결이 확정된 사람
2. 혼인·입양 등에 의하여 대한민국 국적을 취득하였으나 그 국적취득의 원인이 된 신고 등의 행위로 유죄 판결이 확정된 사람
3. 대한민국 국적 취득의 원인이 된 법률관계에 대하여 무효나 취소의 판결이 확정된 사람
4. 그 밖에 귀화허가, 국적회복 허가 또는 국적보유 판정에 중대한 하자가 있는 사람

② 법무부장관은 법 제21조제1항에 따라 귀화허가, 국적회복 허가 또는 국적보유 판정을 취소하려면 당사자에게 소명(疏明)할 기회를 주어야 한다. 다만, 당사자의 소재를 알 수 없거나 당사자가 소명자료 제출 요구에 정당한 이유 없이 2회 이상 따르지 아니한 경우에는 그러하지 아니하다.

③ 법무부장관은 법 제21조제1항에 따라 귀화허가, 국적회복 허가 또는 국적보유 판정 등을 취소하면 그 사실을 지체 없이 본인 및 등록기준지 가족관계등록관서의 장에게 통보하고, 관보에 고시하여야 한다.

④ 제3항의 경우에는 제18조제4항을 준용한다.

⑤ 제3항 및 제4항에 따라 관보에 고시하거나 등록기준지 가족관계등록관서의 장과 주민등록관서의 장에게 통보할 때에는 다음 각 호의 사항을 적어야 한다.

1. 취소 대상자의 성명, 생년월일, 성별 및 등록기준지
2. 취소 원인 및 연월일

⑥ 법무부장관은 법 제21조제1항에 따라 귀화허가, 국적회복 허가 또는 국적보유 판정을 취소할 경우 그 사람이 이미 발급받은 대한민국 여권이 있을 때에는 제5항 각 호의 사항과 여권번호를 외교부장관에게 통보할 수 있다. 〈신설 2017. 8. 29.〉 [전문개정 2011. 3. 29.]

제28조(국적심의위원회) 다음 각 호의 사항을 심의하기 위하여 법무부장관 소속으로 국적심의위원회(이하 "위원회"라 한다)를 둔다.

1. 법 제7조제1항제3호에 해당하는 특별귀화 대상자 선정에 관한 사항
2. 법 제14조의3에 따른 대한민국 국적의 상실 결정에 관한 사항
3. 그 밖에 법무부장관이 국적업무와 관련하여 위원회에 심의를 요청하는 사항

[전문개정 2017. 8. 29.]

제28조의2(위원회의 구성 및 임기) ① 위원회는 위원장 1명과 30명 이내의 위원으로 구성한다.

② 위원장은 법무부 출입국·외국인정책본부장이 되고, 위원은 다음 각 호의 사람으로 한다.

1. 법무부 국적·통합정책단장
2. 과학·경제·문화·체육 등 분야에서 위원회의 심의사항과 관련 있는 관계 기관 공무원 중에서 법무부장관이 임명하는 사람
3. 그 밖에 민간 전문가 중에서 법무부장관이 위촉하는 사람

③ 위원회의 사무를 처리하기 위하여 간사 1명을 두며, 간사는 법무부에서 국적 업무를 담당하는 과장으로 한다.

④ 위촉된 위원의 임기는 2년으로 하며, 한 번만 연임할 수 있다. 다만, 위원의 임기 중 결원이 생겨 새로 위촉되는 위원의 임기는 전임자 임기의 남은 기간으로 한다. [전문개정 2017. 8. 29.]

제28조의3(위원회 위원장의 직무) ① 위원장은 위원회를 대표하고, 위원회의 사무를 총괄한다.

② 위원장이 부득이한 사유로 직무를 수행할 수 없을 때에는 위원장이 지명하는 위원이 그 직무를 대행한다. [전문개정 2017. 8. 29.]

제28조의4(위원회의 운영) ① 위원회의 회의는 법무부장관이 요청하거나 위원장이 필요하다고 인정할 때에 위원장이 소집하고, 위원장은 그 의장이 된다.

② 위원회의 회의는 위원장과 위원장이 회의마다 지정하는 10명 이상 15명 이내의 위원으로 구성한다.

③ 위원회의 회의는 제2항에 따른 구성원 과반수의 출석으로 개의(開議)하고, 출석위원 과반수의 찬성으로 의결한다.

④ 위원회는 심의 사항과 관련하여 필요하다고 인정할 때에는 관계인을 출석시켜 의견을 들을 수 있다.

⑤ 이 영에서 규정한 사항 외에 위원회 운영에 필요한 사항은 법무부장관이 정한다.

[전문개정 2017. 8. 29.]

제28조의5(위원회 위원의 해임 및 해촉) 법무부장관은 위원회의 위원이 다음 각 호의 어느 하나에 해당하는 경우에는 해당 위원을 해임 또는 해촉(解囑)할 수 있다. 〈개정 2018. 12. 18.〉

1. 심신장애로 인하여 직무를 수행할 수 없게 된 경우
2. 직무와 관련된 비위사실이 있는 경우
3. 직무태만, 품위손상이나 그 밖의 사유로 인하여 위원으로 적합하지 아니하다고 인정되는 경우
4. 제28조의6제1항 각 호의 어느 하나에 해당하는 데도 불구하고 회피(回避)하지 않은 경우
5. 위원 스스로 직무를 수행하는 것이 곤란하다고 의사를 밝히는 경우

[본조신설 2015. 12. 31.]

제28조의6(위원의 제척 등) ① 위원회의 위원이 다음 각 호의 어느 하나에 해당하는 경우에는 위원회의 심의·의결에서 제척(除斥)된다.

1. 위원 또는 그 배우자나 배우자이었던 사람이 해당 안건의 당사자가 되거나 그 안건의 당사자와 공동권리자 또는 공동의무자인 경우
2. 위원이 해당 안건의 당사자와 친족이거나 친족이었던 경우
3. 위원이 해당 안건에 대하여 증언, 진술, 자문, 연구, 용역 또는 감정을 한 경우
4. 위원이나 위원이 속한 법인·단체 등이 해당 안건의 당사자의 대리인이거나 대리인이었던 경우

② 위원이 제1항 각 호에 따른 제척 사유에 해당하는 경우에는 스스로 해당 안건의 심의·의결에서 회피해야 한다. 〈개정 2018. 12. 18.〉 [본조신설 2017. 8. 29.]

제28조의7(통보 등의 방법) 법 및 이 영에 따라 법무부장관이 관계 기관에 통보하는 업무와 청장등이 법무부장관에게 송부하는 업무는 정보통신망을 통한 전자적 방법으로 처리할 수 있다. 〈개정 2018. 5. 8.〉 [본조신설 2017. 8. 29.]

제29조(권한의 위임) 법무부장관은 법 제22조에 따라 다음 각 호의 권한을 청장등에게 위임한다. 〈개정 2014. 6. 17., 2017. 8. 29., 2018. 5. 8.〉

1. 법 제3조에 따른 인지에 의한 국적 취득 신고에 관한 권한
2. 법 제10조 및 이 영 제11조제1항·제2항, 제13조에 따른 국적포기증명서등 또는 국적포기절차를 마치기 어려운 사정을 증명하는 서류를 제출받는 권한과 외국국적 포기확인서를 발급하는 권한
3. 법 제10조제2항 및 이 영 제11조제4항에 따른 외국국적불행사서약서 수리 및 확인서를 발급하는 권한
4. 법 제11조에 따른 국적의 재취득 신고에 관한 권한

5. 법 제11조의2제2항 및 이 영 제11조제5항에 따른 국적포기증명서등을 제출받는 권한과 외국국적포기확인서를 발급하는 권한
6. 법 제13조 및 이 영 제17조에 따른 국적선택 신고에 관한 권한
7. 법 제16조에 따른 국적상실 신고 또는 통보에 관한 권한 [본조신설 2010. 12. 31.]

제30조(민감정보 및 고유식별정보의 처리) ①법무부장관(제29조에 따라 법무부장관의 권한을 위임받은 자를 포함한다) 또는 청장등은 다음 각 호의 사무를 수행하기 위하여 불가피한 경우 「개인정보 보호법」 제23조에 따른 사상·신념, 정치적 견해, 건강에 관한 정보, 같은 법 시행령 제18조제1호 또는 제2호에 따른 유전정보 또는 범죄경력자료에 해당하는 정보, 같은 영 제19조제1호·제2호 또는 제4호에 따른 주민등록번호, 여권번호 또는 외국인등록번호가 포함된 자료를 처리할 수 있다. 〈개정 2014. 8. 6., 2018. 5. 8.〉

1. 법 제3조에 따른 국적 취득에 관한 사무
2. 법 제4조에 따른 귀화에 관한 사무
3. 법 제9조에 따른 국적회복에 관한 사무
4. 법 제11조에 따른 국적의 재취득에 관한 사무
5. 법 제13조에 따른 국적의 선택에 관한 사무
6. 법 제14조에 따른 국적의 이탈에 관한 사무
7. 법 제15조에 따른 국적 상실 및 국적 보유에 관한 사무
8. 법 제20조에 따른 국적 판정에 관한 사무

② 법무부장관(제29조에 따라 법무부장관의 권한을 위임받은 자를 포함한다) 또는 청장등은 다음 각 호의 사무를 수행하기 위하여 불가피한 경우 「개인정보 보호법 시행령」 제19조제1호, 제2호 또는 제4호에 따른 주민등록번호, 여권번호 또는 외국인등록번호가 포함된 자료를 처리할 수 있다. 〈신설 2014. 8. 6., 2017. 8. 29., 2018. 5. 8.〉

1. 법 제14조의4 및 이 영 제18조의4에 따른 복수국적자 통보 및 기록표 작성에 관한 사무
2. 법 제16조제3항, 이 영 제2조제2항, 제5조, 제7조제3항, 제10조제1항, 제15조제2항, 제17조제4항, 제18조제3항·제4항·제6항, 제18조의2제6항·제7항(제18조의2제6항·제7항은 제18조의3제4항에서 준용하는 경우를 포함한다), 제19조제3항, 제21조제1항·제3항, 제24조제4항, 제27조제3항·제6항 및 대통령령 제22588호 국적법 시행령 일부개정령 부칙 제4조제4항에 따라 가족관계등록관서 등에 하는 통보에 관한 사무

③ 법 제14조의4에 따라 복수국적자에 관한 통보를 하거나 법 제16조제2항에 따라 국적상실자 통보를 하는 공무원은 그 사무를 수행하기 위하여 불가피한 경우 「개인정보 보호법 시행령」 제19조제1호, 제2호 또는 제4호에 따른 주민등록번호, 여권번호 또는 외국인등록번호가 포함된 자료를 처리할 수 있다. 〈신설 2014. 8. 6.〉 [본조신설 2012. 1. 6.]

부 칙 〈제32790호, 2022. 7. 11.〉 (전자정부법 시행령)

제1조(시행일) 이 영은 2022년 7월 12일부터 시행한다.

제2조(다른 법령의 개정) ① 및 ② 생략

③ 국적법 시행령 일부를 다음과 같이 개정한다.

제25조의3제1항 중 "「전자정부법」 제9조제2항"을 "「민원 처리에 관한 법률」 제12조의2제2항"으로 한다.

④부터 ⑫까지 생략

【부록 3】 국적법 시행규칙[663)]

제1조(목적) 이 규칙은 「국적법」 및 같은 법 시행령에서 위임된 사항과 그 시행에 필요한 사항을 규정함을 목적으로 한다. [전문개정 2011. 5. 27.]

제2조(국적취득 신고서의 서식 및 첨부서류) ① 「국적법 시행령」(이하 "영"이라 한다) 제2조제1항에 따른 국적취득 신고서는 별지 제1호서식에 따른다.

② 제1항의 국적취득 신고서에 첨부하여야 하는 서류는 다음 각 호와 같다.

1. 외국인임을 증명하는 서류
2. 대한민국 국민인 아버지 또는 어머니에 의하여 인지된 사실을 증명하는 서류
3. 출생한 당시에 그 아버지 또는 어머니가 대한민국 국민이었음을 증명하는 서류
4. 「가족관계의 등록 등에 관한 법률」 제93조에 따른 국적취득 통보 및 가족관계등록부 작성 등에 필요한 서류로서 법무부장관이 정하는 서류 [전문개정 2011. 5. 27.]

제3조(귀화허가 신청서의 서식 및 첨부서류) ① 영 제3조제1항에 따른 귀화허가 신청서는 별지 제2호서식에 따른다. 〈개정 2020. 12. 22.〉

② 영 제3조제1항에 따라 귀화허가 신청서에 첨부하여야 하는 서류는 다음 각 호와 같다. 〈개정 2015. 11. 11., 2018. 12. 20., 2020. 12. 22.〉

1. 외국인임을 증명하는 서류
2. 다음 각 목의 어느 하나에 해당하는 서류로서 본인 또는 생계를 같이하는 가족이 생계유지능력을 갖추고 있음을 증명하는 서류. 다만, 「국적법」(이하 "법"이라 한다) 제7조제1항에 해당하는 사람은 제외한다.
   가. 법 제5조에 따른 일반귀화허가 신청자는 다음의 어느 하나에 해당하는 서류
      1) 한국은행이 고시하는 전년도 일인당 국민총소득(GNI) 이상의 소득금액 증명원(세무서장이 발급한 것을 말한다)
      2) 6천만원 이상의 금융재산(예금·적금·증권 등) 증명 서류
      3) 공시가격, 실거래가 또는 시중은행 공표 시세가 6천만원 이상에 해당하는 부동산 소유 증명서류나 6천만원 이상에 해당하는 임대차보증금 등 부동산임대차계약서 사본
      4) 그 밖에 1)부터 3)까지에 상당하다고 법무부장관이 인정하는 서류
   나. 법 제6조에 따른 간이귀화허가 신청자는 다음의 어느 하나에 해당하는 서류
      1) 3천만원 이상의 금융재산(예금·적금·증권 등) 증명 서류
      2) 공시가격, 실거래가 또는 시중은행 공표 시세가 3천만원 이상에 해당하는 부동산 소유 증명서류나 3천만원 이상에 해당하는 임대차보증금 등 부동산임대차계약서 사본
      3) 재직증명서 또는 취업예정사실증명서
      4) 그 밖에 1)부터 3)까지에 상당하다고 법무부장관이 인정하는 서류
3. 수반취득을 신청하는 사람이 있을 때에는 그 관계를 증명하는 서류
4. 추천서 및 추천서 작성자의 신분을 증명하는 서류(법 제6조 및 제7조제1항제1호에 해당하는 사람은 제외한다)
5. 아버지 또는 어머니의 가족관계기록사항에 관한 증명서·제적등본(법 제6조제1항제1호에 해당하는 사람으로 한정한다)

---

663) 국가법령정보 [시행 2020. 12. 22.] [법무부령 제989호, 2020. 12. 22., 일부개정] (2022.09.15, 최종 방문)

6. 본인과 그 아버지 또는 어머니가 대한민국에서 출생한 사실을 증명하는 서류(법 제6조제1항제2호에 해당하는 사람으로 한정한다)
7. 입양사실이 기록된 양부 또는 양모의 가족관계기록사항에 관한 증명서(법 제6조제1항제3호에 해당하는 사람으로 한정한다)
8. 한국인 배우자의 가족관계기록사항에 관한 증명서(법 제6조제2항제1호 또는 제2호에 해당하는 사람으로 한정한다). 다만, 외국에서 혼인하고 한국인 배우자의 가족관계등록부에 혼인사실이 기록되어 있지 않을 경우에는 혼인한 사실을 증명하는 서류로 갈음한다.
9. 한국인 배우자의 가족관계기록사항에 관한 증명서·제적등본, 그 배우자의 사망이나 실종 또는 그 밖에 자신에게 책임이 없는 사유로 정상적인 혼인생활을 할 수 없었던 사실을 증명하는 서류(법 제6조제2항제3호에 해당하는 사람으로 한정한다)
10. 한국인 배우자의 가족관계기록사항에 관한 증명서·제적등본, 그 배우자와의 사이에서 출생한 미성년 자녀가 있다는 사실을 증명할 수 있는 출생증명서 또는 그 밖에 이에 준하는 서류 및 본인이 그 미성년 자녀를 양육하고 있거나 양육하여야 할 사람이라는 사실을 증명하는 서류(법 제6조제2항제4호에 해당하는 사람으로 한정한다)
11. 아버지 또는 어머니의 가족관계기록사항에 관한 증명서(법 제7조제1항제1호에 해당하는 사람으로 한정한다)
12. 영 제6조제1항 또는 제2항 각 호의 어느 하나에 해당하는 사실을 증명하는 서류(법 제7조제1항제2호 또는 제3호에 해당하는 사람으로 한정한다)
13. 「가족관계의 등록 등에 관한 법률」 제94조에 따른 귀화허가 통보 및 가족관계등록부 작성 등에 필요한 서류로서 법무부장관이 정하는 서류

③ 출입국·외국인청장, 출입국·외국인사무소장, 출입국·외국인청 출장소장 또는 출입국·외국인사무소 출장소장(이하 "청장등"이라 한다)은 귀화허가 신청서를 받은 경우에는 정보처리시스템으로 다음 각 호의 서류의 내용을 확인하여야 한다. 다만, 귀화허가를 받으려는 사람이 그 확인에 동의하지 아니하는 경우에는 해당 서류를 첨부하도록 하여야 한다. 〈개정 2014. 6. 18., 2018. 5. 15.〉

1. 외국인등록사실증명
2. 출입국사실증명

④ 청장등은 귀화허가 신청서를 받은 경우에는 「전자정부법」 제36조제1항에 따른 행정정보의 공동이용을 통하여 다음 각 호의 서류의 내용을 확인하여야 한다. 다만, 귀화허가를 받으려는 사람이나 정보주체가 그 확인에 동의하지 아니하는 경우에는 해당 서류를 첨부하도록 하여야 한다. 〈개정 2018. 5. 15.〉

1. 한국인 배우자의 주민등록표 등본(법 제6조제2항제1호 또는 제2호에 해당하는 사람으로 한정한다)
2. 아버지 또는 어머니의 주민등록표 등본(법 제7조제1항제1호에 해당하는 사람으로 한정한다)

⑤ 제2항제4호에 따른 추천서는 대한민국 국민으로서 직장 동료·이웃사람·통장·이장 등 귀화허가 신청자와 지속적인 관계를 맺고 있는 사람 2명 이상이 별지 제2호의2서식에 따라 작성한 것이어야 한다. 다만, 법 제7조제1항제2호에 해당하는 사람은 추천서 대신 관계 기관의 장의 확인서 등으로 갈음하며, 같은 항 제3호에 해당하는 사람은 영 제6조제2항 각 호의 사람이 작성한 추천서 등을 제출하여야 한다. 〈개정 2015. 11. 11., 2018. 12. 20.〉 [전문개정 2011. 5. 27.]

제4조(종합평가 및 면접심사) ① 영 제4조의2제1항 단서에 따라 영 제4조의2제1항 본문에 따른 종합평가(이하 "종합평가"라 한다)를 면제할 수 있는 사람은 다음 각 호와 같다. 〈개정 2014. 6. 18., 2017. 8. 29., 2020. 12. 22.〉

1. 삭제 〈2017. 8. 29.〉
2. 미성년자

3. 만 60세 이상인 사람
4. 법 제7조제1항제2호 또는 제3호에 해당하는 사람
5. 「출입국관리법」 제39조제1항에 따른 사회통합 프로그램을 이수한 사람
5의2. 귀화허가 신청일을 기준으로 최근 3년 이내에 종합평가에서 100점을 만점으로 하여 60점 이상을 득점한 사람
6. 그 밖에 법무부장관이 인정하는 특별한 사유가 있는 사람

② 삭제 〈2017. 8. 29.〉

③ 영 제4조의2제1항 단서에 따라 면접심사를 면제할 수 있는 사람은 다음 각 호와 같다. 〈개정 2014. 6. 18., 2017. 8. 29., 2020. 12. 22.〉

1. 국적을 회복한 사람의 배우자로서 만 60세 이상인 사람
2. 귀화허가 신청 당시 만 15세 미만인 사람
3. 제1항제5호에 해당하는 사람 중 종합평가에서 100점을 만점으로 하여 60점 이상을 득점한 사람
4. 그 밖에 법무부장관이 인정하는 특별한 사유가 있는 사람

④ 면접심사에서는 국어능력 및 대한민국 국민으로서의 자세와 자유민주적 기본질서에 대한 신념 등 대한민국 국민으로서 갖추어야 할 기본요건을 심사한다. [전문개정 2011. 5. 27.] [제목개정 2014. 6. 18., 2017. 8. 29.]

제5조(귀화신청자의 국내거주 요건) 법 제5조제1호 및 법 제6조에 따른 기간은 외국인이 적법하게 입국하여 외국인등록을 마친 후 국내에서 적법하게 계속 체류한 기간으로 하되, 다음 각 호의 어느 하나에 해당하는 경우에는 국내에서 계속 체류한 것으로 보아 전후의 체류기간을 통틀어 합산한다.

1. 국내 체류 중 체류기간이 끝나기 전에 재입국 허가를 받고 출국한 후 그 허가기간 내에 재입국한 경우
2. 국내 체류 중 체류기간 연장이 불가능한 사유 등으로 일시 출국하였다가 1개월 이내에 입국사증을 받아 재입국한 경우
3. 제1호 및 제2호에 준하는 사유로 법무부장관이 전후의 체류기간을 통틀어 합산하는 것이 상당하다고 인정하는 경우 [전문개정 2011. 5. 27.]

제5조의2(품행 단정의 요건) 법 제5조제3호에서 "법령을 준수하는 등 법무부령으로 정하는 품행 단정의 요건"이란 다음 각 호의 어느 하나에 해당하는 경우를 말한다.

1. 귀화허가를 받으려는 외국인이 다음 각 목의 어느 하나에도 해당하지 않은 경우로서 법무부장관이 해당 외국인의 법령 위반행위를 한 경위·횟수, 법령 위반행위의 공익 침해 정도, 대한민국 사회에 기여한 정도, 인도적인 사정 및 국익 등을 고려해 품행이 단정한 것으로 인정하는 경우
   가. 금고 이상의 형의 선고를 받은 사람이 그 형의 집행이 끝나거나 집행을 받지 않기로 한 날부터 10년이 지나지 않은 경우
   나. 금고 이상의 형의 선고를 받고 그 형의 집행을 유예 받은 사람이 그 유예기간이 끝난 날부터 7년이 지나지 않은 경우
   다. 벌금형의 선고를 받은 사람이 그 벌금을 납부한 날부터 5년이 지나지 않은 경우
   라. 형의 선고유예나 기소유예의 처분을 받은 사람이 형의 선고유예를 받거나 기소유예의 처분을 받은 날부터 2년이 지나지 않은 경우
   마. 「출입국관리법」 제59조제2항에 따른 강제퇴거명령을 받은 사람이 출국한 날부터 10년이 지나지 않은 경우
   바. 「출입국관리법」 제68조제1항에 따른 출국명령을 받은 사람이 출국한 날부터 5년이 지나지 않은 경우
   사. 국세·관세 또는 지방세를 납부하지 않은 경우

아. 그 밖에 가목부터 사목까지의 규정에 준하는 사유에 해당한다고 법무부장관이 인정하는 경우
2. 귀화허가를 받으려는 외국인이 제1호 각 목의 어느 하나에 해당하는 경우에도 불구하고 법무부장관이 해당 외국인의 제1호 각 목의 어느 하나에 해당하게 된 경위나 그로 인한 공익 침해 정도, 대한민국 사회에 기여한 정도, 인도적인 사정 및 국익 등을 고려해 품행이 단정한 것으로 인정하는 경우 [본조신설 2018. 12. 20.]

제6조(국적회복허가 신청서의 서식 및 첨부서류) ① 영 제8조에 따른 국적회복허가 신청서는 별지 제3호서식에 따른다.
② 제1항의 국적회복허가 신청서에 첨부하여야 하는 서류는 다음 각 호와 같다. 〈개정 2014. 6. 18.〉
1. 외국인임을 증명하는 서류
1의2. 가족관계기록사항에 관한 증명서·제적등본 또는 그밖에 본인이 대한민국 국민이었던 사실을 증명하는 서류
2. 국적상실의 원인 및 연월일을 증명하는 서류(외국국적을 취득하였을 때에는 그 국적을 취득한 원인 및 연월일을 증명하는 서류)
3. 수반취득을 신청하는 사람이 있을 때에는 그 관계를 증명하는 서류
4. 삭제 〈2020. 12. 22.〉
5. 「가족관계의 등록 등에 관한 법률」 제95조에 따른 국적회복허가 통보 및 가족관계등록부 작성 등에 필요한 서류로서 법무부장관이 정하는 서류
6. 법 제10조제2항제2호부터 제4호까지의 규정 중 어느 하나에 해당하는 사실을 증명하는 서류로서 법무부장관이 정하는 서류(영 제11조제3항에 따라 외국국적불행사서약을 하려는 사람만 해당한다)
③ 삭제 〈2020. 12. 22.〉 [전문개정 2011. 5. 27.]

제6조의2(본국 범죄경력증명서 등의 제출) 법무부장관은 필요한 경우 귀화허가 신청자 또는 국적회복허가 신청자에게 본국 정부의 범죄경력증명서 또는 그 밖에 이에 준하는 서류를 제출하게 할 수 있다. [전문개정 2011. 5. 27.]

제7조 삭제 〈2010. 12. 31.〉

제8조(외국국적 포기확인서의 서식) 영 제11조제2항 및 제5항에 따른 외국국적 포기확인서는 별지 제5호서식에 따른다.
[전문개정 2011. 5. 27.]

제8조의2(외국국적불행사 서약서의 서식 등) ① 영 제11조제3항에 따른 외국국적불행사 서약서는 별지 제5호의2서식에 따른다.
② 법 제10조제2항제5호에 해당하는 사람이 제1항에 따른 서약서를 제출하려는 경우에는 영 제13조제1항 각 호의 어느 하나에 해당하는 사실을 증명하는 서류를 첨부하여야 한다.
③ 영 제11조제4항에 따른 외국국적불행사 서약확인서는 별지 제5호의3서식에 따른다. [전문개정 2011. 5. 27.]

제9조 삭제 〈2010. 12. 31.〉

제10조(국적재취득 신고자의 신고서식 및 첨부서류) ① 영 제15조제1항에 따른 국적 재취득을 위한 국적취득 신고서는 별지 제1호서식에 따른다.
② 제1항의 국적취득 신고서에 첨부하여야 하는 서류는 다음 각 호와 같다.
1. 가족관계기록사항에 관한 증명서 또는 대한민국 국적 취득사실을 증명하는 서류
2. 외국 국적을 포기한 사실 및 연월일을 증명하는 서류
3. 「가족관계의 등록 등에 관한 법률」 제93조에 따른 국적취득 통보 및 가족관계등록부 작성 등에

필요한 서류로서 법무부장관이 정하는 서류 [전문개정 2011. 5. 27.]

제10조의2(영주권에 준하는 체류 상태에서 출생한 자) ① 영 제16조의2에서 "법무부령으로 정하는 그에 준하는 체류 상태에서 출생한 자"란 다음 각 호의 어느 하나에 해당하는 사람을 말한다.

1. 외국에서 출생한 남자로서 출생 이후 아버지 또는 어머니가 외국의 영주권 또는 시민권을 취득한 사람
2. 아버지 또는 어머니가 외국에 체류하다가 외국의 영주권 또는 시민권을 신청한 상태에서 출생한 남자
3. 외국에서 출생한 남자로서 출생 이후 아버지 또는 어머니가 외국의 영주권 또는 시민권을 신청한 사람
4. 외국에서 출생한 남자로서 국적이탈 신고 전까지 아버지 또는 어머니가 외국에서 17년 이상 계속하여 거주한 사람

② 영주권제도를 채택하고 있지 않는 나라의 경우에는 최장기 체류비자 또는 거주허가증으로 영주권을 갈음하는 것으로 보고, 시민권이라는 용어를 사용하지 않는 나라의 경우에는 국적으로 시민권을 갈음하는 것으로 본다. [전문개정 2011. 5. 27.]

제11조(국적선택 신고서의 서식 및 첨부서류) ① 영 제17조제1항 및 제2항에 따른 국적선택 신고서는 별지 제7호서식에 따른다.

② 제1항의 국적선택 신고서에 첨부하여야 하는 서류는 다음 각 호와 같다. 〈개정 2014. 6. 18.〉

1. 가족관계기록사항에 관한 증명서
2. 외국 국적을 포기한 사실 및 연월일을 증명하는 서류 또는 외국국적불행사 서약서
3. 외국 국적을 취득한 사유 및 연월일을 증명하는 서류와 외국 여권의 사본
4. 법 제12조제3항제1호에 해당하는 사실을 증명하는 병역 관련 서류(법 제13조제2항 단서에 따라 외국국적불행사서약을 하는 사람만 해당한다)
5. 법 제13조제3항에 해당하지 않는 사실을 증명하는 서류로서 법무부장관이 정하는 서류(영 제17조제1항에 따라 외국국적불행사서약을 하는 사람만 해당한다) [전문개정 2011. 5. 27.]

제12조(국적이탈 신고서의 서식 및 첨부서류) ① 영 제18조제1항에 따른 국적이탈 신고서는 별지 제8호서식에 따른다.

② 제1항의 국적이탈 신고서에 첨부하여야 하는 서류는 다음 각 호와 같다. 〈개정 2014. 6. 18.〉

1. 가족관계기록사항에 관한 증명서
2. 외국 국적을 취득하거나 보유 중인 사실을 증명하는 서류
3. 외국 국적을 취득한 사유 및 연월일을 증명하는 서류와 외국 여권의 사본
4. 만 18세가 되는 해의 3월 31일 이전에 국적이탈 신고를 하려는 남자는 영 제16조의2에 해당하지 않는 사실을 증명하는 서류로서 법무부장관이 정하는 서류
5. 만 18세가 되는 해의 4월 1일 이후에 국적이탈 신고를 하려는 남자는 병역의무 이행과 관련하여 법 제12조제3항 각 호의 어느 하나에 해당하는 사실을 증명하는 서류(병적증명서로 확인할 수 없는 경우만 해당한다)

③ 법무부장관은 국적이탈 신고서를 제출하는 사람이 만 18세가 되는 해의 4월 1일 이후에 국적이탈 신고를 하는 남자인 경우에는 「전자정부법」 제36조제1항에 따른 행정정보의 공동이용을 통하여 병적증명서의 내용을 확인하여야 한다. 다만, 신고인이 이에 동의하지 아니하는 경우에는 그 서류를 첨부하도록 하여야 한다. [전문개정 2011. 5. 27.]

제12조의2(국적선택명령서의 서식) 영 제18조의2제1항에 따른 국적선택명령서는 별지 제8호의2서식에 따른다. [전문개정 2011. 5. 27.]

제12조의3(국적상실 결정의 사유에 해당하는 죄명) 영 제18조의3제2항에서 "법무부령으로 정하는 죄명"이란 다음 각 호의 어느 하나에 해당하는 죄를 말한다.

1. 「형법」 제2편 제24장 살인의 죄, 제32장 강간과 추행의 죄 또는 제38장 절도와 강도의 죄 중 강도의 죄
2. 「성폭력범죄의 처벌 등에 관한 특례법」 위반의 죄
3. 「마약류관리에 관한 법률」 위반의 죄
4. 「특정범죄 가중처벌 등에 관한 법률」 제5조의2, 제5조의4, 제5조의5, 제5조의9 또는 제11조 위반의 죄
5. 「폭력행위 등 처벌에 관한 법률」 제4조 위반의 죄
6. 「보건범죄단속에 관한 특별조치법」 위반의 죄 [전문개정 2011. 5. 27.]

제12조의4(복수국적자의 기록관리) ① 영 제18조의4제2항에 따른 복수국적자 발견 통보서는 별지 제8호의3서식에 따른다. 〈개정 2020. 12. 22.〉

② 영 제18조의4제3항에 따른 복수국적자 기록표는 별지 제8호의4서식에 따른다. 〈신설 2020. 12. 22.〉

③ 복수국적자 기록표의 작성 및 관리는 정보화업무처리 절차에 따라 할 수 있다. 〈개정 2020. 12. 22.〉 [전문개정 2011. 5. 27.]

제13조(국적보유 신고서의 서식 및 첨부서류) ① 영 제19조제1항에 따른 국적보유 신고서는 별지 제9호서식에 따른다.

② 제1항의 국적보유 신고서에 첨부하여야 하는 서류는 다음 각 호와 같다. 〈개정 2014. 6. 18.〉

1. 가족관계기록사항에 관한 증명서
2. 외국 국적을 취득하게 된 원인 및 연월일을 증명하는 서류와 외국 여권의 사본

[전문개정 2011. 5. 27.]

제14조(국적상실 신고서의 서식 및 첨부서류) ① 영 제20조제1항에 따른 국적상실 신고서는 별지 제10호서식에 따른다.

② 제1항의 국적상실 신고서에 첨부하여야 하는 서류는 다음 각 호와 같다. 〈개정 2014. 6. 18.〉

1. 가족관계기록사항에 관한 증명서
2. 국적상실의 원인 및 연월일을 증명하는 서류(외국 국적을 취득하였을 때에는 그 국적을 취득한 원인 및 연월일을 증명하는 서류)와 외국 여권의 사본

③ 외국 국적을 취득함으로써 대한민국 국적을 상실한 사람 중 그 외국 국적을 취득한 연월일을 증명하는 서류를 제출할 수 없는 사람은 제2항제2호의 서류를 그 외국의 여권 사본으로 갈음하여 제출할 수 있다. [전문개정 2011. 5. 27.]

제15조(국적 판정 신청서의 서식 및 첨부서류) ① 영 제23조에 따른 국적 판정 신청서는 별지 제11호서식에 따른다.

② 제1항의 국적 판정 신청서에 첨부하여야 하는 서류는 다음 각 호와 같다.

1. 본인 또는 국내거주 친족의 가족관계기록사항에 관한 증명서나 그 밖에 출생 당시의 혈통관계를 소명할 수 있는 서류
2. 외국 국적을 취득한 적이 있을 때에는 그 사실을 증명하는 서류(그 외국의 여권 사본으로 갈음할 수 있다) 및 그 외국 국적을 취득하게 된 경위서
3. 외국에 거주하다가 대한민국에 입국하여 주소 또는 거소를 두고 있는 사람은 입국 당시에 사용한 외국여권·여행증명서 또는 입국허가서의 사본
4. 「가족관계의 등록 등에 관한 법률」 제98조에 따른 국적 판정 통보 및 가족관계등록부 작성 등에

필요한 서류로서 법무부장관이 정하는 서류
5. 그 밖에 국적 판정에 참고가 되는 자료 [전문개정 2011. 5. 27.]

제16조(번역문의 첨부) 영 및 이 규칙에 따른 신청 또는 신고와 관련하여 법무부장관 또는 청장등에게 제출하는 서류가 외국어로 작성되어 있을 때에는 번역문을 첨부하여야 하며, 그 번역문에는 번역자의 성명과 연락처를 적어야 한다. 〈개정 2018. 5. 15.〉 [전문개정 2011. 5. 27.]

제17조(증명서의 발급) ① 청장 등은 귀화허가 등으로 대한민국 국적을 취득한 사람 또는 법·영 및 이 규칙에 따른 신고가 수리된 사람이 신분증 사본을 첨부하여 신청하는 경우 그 사실에 관한 증명서를 발급한다. 〈개정 2018. 5. 15.〉
② 제1항에 따른 증명서의 발급 신청은 본인의 법정대리인 또는 본인으로부터 위임을 받은 사람이 대신할 수 있다. 이 경우 다음 각 호의 서류를 제출하여야 한다.
1. 본인 및 대리인의 신분증 사본
2. 위임장 등 대리관계 또는 본인과의 관계를 증명하는 서류
③ 제1항에 따른 증명서의 발급 신청서는 별지 제12호서식에 따르고, 증명서는 별지 제13호서식 및 별지 제14호서식에 따른다. [전문개정 2014. 6. 18.]

제18조(수수료) ① 국적업무와 관련된 각종 허가신청·신고 및 증명서 등의 발급에 관한 수수료는 다음 각 호와 같다. 〈개정 2014. 6. 18.〉
1. 귀화허가 신청(1인당, 수반취득자는 제외한다): 30만원
2. 국적회복허가 신청(1인당, 수반취득자는 제외한다): 20만원
3. 국적취득 신고(1인당): 2만원
4. 국적재취득 신고(1인당): 2만원
5. 국적이탈 신고(1인당): 2만원
6. 국적보유 신고(1인당): 2만원
7. 외국 국적 포기확인서 발급(1통당): 2천원
8. 외국국적불행사 서약확인서 발급(1통당): 2천원
9. 제17조에 따른 증명서 발급(1통당): 2천원
② 제1항에 따른 수수료는 그 금액에 해당하는 정부수입인지로 납부한다. 다만, 재외공관에서는 현금, 그 금액에 상당하는 외국 화폐 또는 그 납입을 증명하는 증표 등으로 갈음할 수 있다.
③ 다음 각 호의 어느 하나에 해당하는 경우에는 해당 수수료를 면제한다. 〈신설 2014. 6. 18.〉
1. 법 제7조제1항제2호에 따라 귀화허가를 신청하는 경우
2. 법 제7조제1항제3호에 따라 귀화허가를 신청하는 경우
3. 「전자정부법」 제9조제2항 또는 제3항에 따른 전자민원창구나 통합전자민원창구를 통하여 제1항 제7호부터 제9호까지의 어느 하나에 해당하는 증명서 등의 발급을 신청하는 경우
4. 그 밖에 인도적인 사유 등을 고려하여 수수료 면제가 필요하다고 법무부장관이 인정하는 경우
[전문개정 2011. 5. 27.]

제19조 삭제 〈2016. 12. 22.〉

부 칙 〈제989호, 2020. 12. 22.〉

이 규칙은 공포한 날부터 시행한다.

【부록 4】 국적업무처리지침[664)]

제1조(목적) 이 예규는 「국적법」(이하 "법"이라 한다), 「국적법 시행령」(이하 "영"이라 한다) 및 「국적법 시행규칙」(이하 "규칙"이라 한다)의 시행과 기타 국적업무의 처리에 필요한 사항을 규정함으로써 국적업무의 적정한 운영 및 효율적 처리를 도모함을 목적으로 한다.

제2조(추천서 등) ① 법 제5조에 따른 귀화허가를 신청하는 자는 규칙 별지제2호의2서식의 귀화추천서를 제출하여야 한다.

1. 삭제
2. 삭제

② 영 제6조제1항제1호에 해당하는 자는 국가보훈처장이 독립유공 관련자 등임을 확인하는 서류를 제출하여야 한다(귀화허가 신청 후 제출도 가능)

③ 삭제

제3조(귀화증서 등) ① 법제4조제3항에 따른 귀화증서의 명칭은 "대한민국 귀화증서"로 한다.

② 법 제9조제3항에 따른 국적회복증서의 명칭은 "대한민국 국적회복증서"로 한다.

③ 법무부장관은 법제7조1항2호 내지 3호에 따른 특별공로자(독립유공자 후손 등)나 우수인재 등이 특별귀화허가를 받는 경우 귀화증서에 그 사실을 따로 기재할 수 있다.

④ 국적회복증서의 경우 제3항을 준용한다.

⑤ 시행령 제4조의4제2항에 따라 제출하는 불참사유서는 별지 제6호 서식에 의한다.

⑥ 출입국·외국인청장, 출입국·외국인사무소장, 출입국·외국인청 출장소장 또는 출입국·외국인사무소 출장소장(이하 "청장등"이라 한다)은 영제4조의4에 따른 국민선서 및 귀화증서 수여의 방식을 국민선서 및 국적증서 수여식 행사 참여를 원칙으로 한다.

⑦ 제6항에도 불구하고 감염병 확산, 국가비상사태, 천재지변 등의 긴급한 상황에는 청장등이 별도로 정하는 형식에 따라 국민선서 및 국적증서 수여를 할 수 있다.

제4조(귀화요건 등의 조회·조사 및 확인) ① 법무부장관은 귀화 또는 국적회복 허가 신청의 요건 충족 여부 등을 심사하기 위하여 청장등으로 하여금 조회·조사 및 확인하게 할 수 있다.

② 청장등은 별지 제1호서식의 귀화심사결정서 또는 별지 제2호서식의 국적회복심사결정서에 제1항에 따른 조회·조사 및 확인 결과와 의견을 기재하여 법무부장관에게 보고한다.

③ 청장등은 제2항에 따른 보고를 정보화처리절차를 이용하여 할 수 있다.

제5조(면접심사의 민간 위촉) ① 법무부장관은 영 제4조의2에 따른 귀화적격심사 중 면접심사를 출입국관리공무원 외의 자(이하 "민간면접관"이라 한다)에게 위촉하여 수행하게 할 수 있다.

② 민간면접관은 면접심사를 실시한 후 면접심사결과를 청장등에게 제출하여야 한다.

③ 민간면접관의 위촉 및 처우에 관한 사항은 법무부장관이 따로 정한다.

제6조(종합평가 응시 및 결과제출) ① 귀화허가를 신청한 사람은 귀화허가 신청일부터 1년 이내에 사회통합프로그램에서 실시하고 있는 귀화용 종합평가(이하 "종합평가"라 한다)에 응시하여야 한다. 다만, 규칙 제4조제1항에 따라 종합평가를 면제받는 사람들은 그러하지 아니하다.

② 종합평가 구성 내용 및 응시절차는 출입국관리법 시행령 제48조제6항에 따라 법무부장관이 정한

---

664) 국가법령정보센터 [시행 2022. 2. 1.] [법무부예규 제1287호, 2022. 1. 25., 일부개정.](2022.06.30., 최종방문)

「사회통합프로그램 운영지침」에 따른다.

③ 종합평가에 응시한 사람은 그 결과를 지체없이 청장등에게 제출해야 한다. 다만, 정보통신망으로 종합평가 결과를 확인할 수 있는 경우에는 그러하지 아니하다.

제7조(종합평가의 면제) ① 법무부장관은 다음 각 호의 어느 하나에 해당하는 사람에 대하여는 영 제4조의2제1항, 규칙 제4조제1항제6호에 따라 종합평가를 면제할 수 있다.

1. 「초·중등교육법」에 의한 초·중·고등학교, 「고등교육법」에 의한 대학(산업대학·교육대학·전문대학·방송·통신대학·사이버대학·기술대학) 또는 대학원(일반대학원·전문대학원·특수대학원), 「국민 평생 직업능력 개발법」에 의한 기능대학 중 어느 하나를 졸업한 자
2. 「초·중등교육법 시행령」에 규정된 중·고등학교 입학자격검정고시 또는 고등학교 졸업학력 검정고시 합격자
3. 배우자가 대한민국의 국민인 외국인으로서 법 제6조제2항제1호 또는 제2호에 의하여 귀화허가를 신청한 자

3의2. 법제20조에 따라 국적판정을 받은 사할린동포(일본의 강제동원으로 사할린에 잔류된 대한민국 혈통을 가진 사람을 말한다.)의 자녀로서 법제6조제1항1호 또는 제7조제1항1호에 따른 귀화허가를 신청한 자

4. 「출입국관리법 시행령」 별표1의 3에 해당하는 영주(F-5)자격을 취득한 외국인으로서 같은 2호 후단 및 3·6·7·9호의 어느 하나에 해당하는 자
5. 법 제6조제1항제1호 및 제7조제1항제1호에 따라 귀화허가를 신청한 자 중 「장애인복지법 시행규칙」 제2조 별표1의 '장애인의 장애정도'에 규정된 아래 각 목의 어느 하나에 해당하는 자
   가. 지적·정신장애인 판정을 받은 자(장애 정도가 심한 장애인에 해당함) 또는 보건복지부 고시에 따른 지적·정신장애인으로 판단되는 자
   나. 자폐성장애인 판정을 받은 자(장애 정도가 심한 장애인에 해당함) 또는 보건복지부 고시에 따른 자폐성장애인으로 판단되는 자
   다. 뇌병변장애인으로서 장애의 정도가 심한 장애인 판정을 받은 자 또는 보건복지부 고시에 따른 장애의 정도가 심한 장애인으로 판단되는 자
6. 장애 등 청장등이 특별한 배려가 필요하다고 인정하는 사람

② 제1항 각 호의 어느 하나에 해당되어 종합평가를 면제받고자 하는 자는 아래 각 호에 규정된 서류에 의하여 그 사실을 소명하여야 한다.

1. 대한민국의 교육기관에서 교육과정을 졸업한 자: 해당 교육기관장 발행의 졸업증명서
2. 검정고시 합격자: 해당 검정고시 합격증 등
3. 배우자가 대한민국의 국민인 자: 가족관계등록부 등

3의2. 부 또는 모가 국적판정을 받은 사할린동포인 자: 출생증명서 등

4. 장애인: 「의료법」 제3조의3에 규정된 종합병원에서 발급한 진단서, 소견서, 진료기록지 등 장애입증서류

제8조(면접심사의 면제) ① 법무부장관은 규칙 제4조제3항제4호에 따라 다음 각 호의 어느 하나에 해당하는 사람에 대하여는 면접심사를 면제할 수 있다.

1. 법 제7조제1항제2호에 해당하는 사람
2. 시행령 제6조제1항제1호에 해당하는 사람 중 직계존비속의 배우자로 만60세 이상인 사람
3. 법 제20조에 따라 국적판정을 받은 사할린동포(사할린 동포란 "일본의 강제동원으로 사할린에 잔류된 대한민국 혈통을 가진 사람"을 말한다)의 배우자로서 만 60세 이상인 사람. 다만, 국적판정을 받은 후 혼인한 배우자는 제외한다.
4. 제7조제1항제3의2호에 해당하는 사람으로서 만60세 이상인 사람

② 법무부장관은 법 제6조에 따른 간이귀화 또는 법 제7조에 따른 특별귀화를 신청하려는 외국인이 제7조제1항제5호 또는 제6호에 해당하는 경우에는 청장등에게 사실조사 등을 의뢰하여 그 의견을 구할 수 있다.

③ 법무부장관은 제2항에 따른 조사결과 다음 각 호의 어느 하나에 해당할 경우에는 면접심사를 면제할 수 있다.

1. 법 제6조제1항에 해당하는 자의 경우 부모 또는 가족 등의 보호나 도움을 받고 있을 것
2. 법 제6조제2항제1호 또는 제2호에 따라 간이귀화를 신청한 자는 배우자와 정상적인 혼인 관계를 계속 유지하고 있을 것
3. 법 제7조제1항제1호에 따라 특별귀화를 신청한 자의 경우 부 또는 모가 생존하고 있으며 함께 살고 있을 것

④ 제1항 및 제3항에도 불구하고 귀화허가 심사결정을 위해 면접심사가 필요하다고 판단되는 때에는 그러하지 아니하다.

⑤ 규칙 제4조제3항제1호에 따른"국적을 회복한 사람의 배우자"의 경우 제1항 제3호 단서를 준용한다.

제8조의2(국민선서의 면제) 영 제4조의5제2항제2호에 따른 국민선서가 면제될 수 있다고 법무부장관이 인정하는 사람에 관하여는 제7조제1항제5호 각목을 준용한다.

제9조(귀화 부적격자의 처리 등) ① 법무부장관은 귀화적격심사를 위한 종합평가에서 영 제4조의3제3호에 규정된 점수(100점 만점에 60점 이상)를 얻지 못한 사람에 대하여 응시기회를 2회 추가로 부여할 수 있으며, 면접심사에서 부적합 판정을 받은 사람에 대하여는 응시기회를 1회 추가로 부여할 수 있다.

② 법무부장관은 불허처분을 받은 사람이 다시 귀화허가를 신청한 때에는 새로운 신청으로 접수하여 처리하되, 불허일로부터 1년 내에 다시 신청한 경우에는 신청서류와 유관기관의 의견조회는 아래 각 호에서 규정하는 바에 따라 처리할 수 있다. 다만, 새로운 신청에 대한 심사에 중대한 영향을 미치는 때에는 그러하지 아니하다.

1. 신청자의 본국 사정 등에 의하여 신청서류를 다시 갖추기가 어렵다고 인정되는 때에는 종전 신청시 제출한 서류로 대체 가능
2. 종전 신청 건에 대한 유관기관의 의견조회가 이루어진 경우 그 결과를 원용

③ 면접심사대상자가 면접심사에서 다음 각 호의 어느 하나에 해당하는 행위를 한 사람에 대해서는 그 심사를 부적합 처리하고, 당해 귀화신청은 불허처분한다.

1. 다른 사람에게 대신 면접심사를 보도록 하거나 대신 심사를 보는 행위
2. 통신기기, 그 밖의 신호 등을 이용하여 시험 내용에 관하여 다른 사람과 의사소통하는 행위
3. 부정한 자료를 가지고 있거나 이용하는 행위
4. 면접심사관의 본인 확인 및 소지품 검색 요구에 따르지 않는 행위
5. 면접심사 시간 동안 휴대 가능 물품 외 물품에 대해 면접심사관의 조치에 응하지 않거나 안내와 달리 임의의 장소에 보관한 행위
6. 그 밖에 면접심사관이 부정한 수단으로 심사결과에 영향을 미친다고 판단하는 행위

제10조(귀화신청이 취하된 경우 등) ① 법무부장관은 귀화허가 신청자가 사망하거나 그 신청을 취하한 때에는 허가여부의 판단 없이 심사를 종결한다.

② 법무부장관은 귀화허가 신청자가 신원조사·체류동향조사 또는 적격심사 과정에서 소재불명된 것으로 확인되거나 심사를 위한 출석요구에 정당한 이유 없이 2회 이상 불응한 때에는 그 사실을 심사결정서에 기재하고 불허처분한다.

③ 법무부장관은 귀화허가 신청자가 신원조사·체류동향조사 또는 적격심사 과정에서 완전출국한 것

으로 확인된 때에는 등록외국인기록표 등 관련 자료를 첨부하여 불허처분한다. 다만, 재입국허가(재입국허가 면제자를 포함한다)를 받고 출국한 자에 대해서는 재입국허가기간 내에 입국하는 경우에 한하여 신원조사를 다시 의뢰하거나 체류동향조사를 실시한다.

④ 제1항과 제2항은 국적회복허가 신청 또는 국적판정신청의 경우에도 이를 준용한다.

제11조(한국인 배우자와 혼인관계가 단절된 외국인의 귀화신청 접수 등) ① 법 제6조제2항제3호의 실종이라 함은 「민법」 제27조에 의한 실종선고를 받은 경우를 말한다.

② 법 제6조제2항제3호에 따라 귀화허가를 신청하는 자는 아래 각호의 어느 하나 이상의 자료에 의하여 자신의 책임없는 사유 등으로 정상적인 혼인생활을 할 수 없었음을 증명하여야 한다.

1. 판결문
2. 한국인 배우자의 폭행 등을 고소하여 받은 검찰의 불기소 결정서 또는 경찰의 불송치 결정서나 진단서
3. 한국인 배우자의 파산 결정문 등
4. 한국인 배우자의 가출신고서나 출국사실증명원
5. 한국인 배우자의 4촌 이내 친족이나 혼인관계 단절 당시의 주거지 통(반)장이 작성한 확인서
6. 공인된 여성 관련 단체가 작성한 별지 제4호서식의 확인서
7. 그 밖에 배우자의 전적 내지는 주된 책임으로 정상적인 혼인생활을 할 수 없었음을 증명하는 자료

③ 법 제6조제2항제4호에 따라 미성년의 자를 양육하여야 할 자임을 이유로 귀화를 신청하는 자는 판결문, 이혼신고서 및 확인서등본, 한국인 배우자의 4촌 이내 친족 또는 주거지 통(반)장이 작성한 확인서 등에 의해 그 사실을 증명하여야 한다.

제11조의2 (사정변경에 따른 법 적용) 법무부장관은 다음 각 호의 어느 하나에 해당하는 사람에 대하여는 심사 중인 귀화허가 신청을 종료하지 아니하고 새로운 요건을 적용하여 귀화허가 심사를 진행할 수 있다.

1. 법 제6조제2항제1호 또는 제2호에 따라 귀화허가를 신청한 사람이 귀화허가 심사 중에 자신의 책임 없는 사유 등으로 혼인관계가 중단되었으나 법 제6조제2항제3호 또는 제4호의 요건을 충족하는 경우
2. 법 제7조제1항제1호에 따라 귀화허가를 신청한 사람이 귀화허가 심사 중에 부 또는 모가 사망하였으나 제6조제1항제1호의 요건을 충족하는 경우

제12조(인도적 고려에 기한 특례) ① 법무부장관은 불법체류 중인 외국인으로서 다음 각 호의 어느 하나에 해당하고 인도적 고려가 필요하다고 인정되는 자에 대하여는 제2항 각 호의 절차를 이행한 경우에 한하여 귀화 또는 국적회복허가 여부를 심사·결정한다.

1. 법 제6조제2항제3호 또는 제4호에 해당하는 자
2. 1998. 6. 14. 전에 국민과 혼인하여 국적을 취득한 자로 혼인일로부터 6개월이 경과한 후 원 국적을 포기함으로써 무국적 상태에 있는 자

② 청장등은 제1항 각 호의 어느 하나에 해당하는 자가 불법체류 상태에서 귀화 또는 국적회복허가 신청을 하는 때에는 아래 각 호의 순서에 따라 처리한 후 심사를 진행한다.

1. 신청자가 국적취득에 필요한 서류를 구비하였는지 여부를 확인하고 그 결과를 출입국관리정보시스템의 국적업무 참고사항란에 "신청서류 구비자"로 입력한 후 그 신청을 접수하고 접수일로부터 7일 이내에 출입국사범심사결정을 위한 조사에 응하여야 함을 안내
2. 제1호에 따라 "신청서류 구비자"로 입력된 자에 한하여 「출입국관리법」 제102조(통고처분)에 따른 출입국사범심사결정
3. 제2호에 따른 통고처분을 「출입국관리법」 제105조제1항에 규정된 기간 내에 이행한 자에 한하여

「출입국관리법 시행령」 제12조 별표1의 2의 체류자격 중 아래 목에 따라 체류허가

가. 제1항제1호에 따른 법 제6조제2항제3호 해당자는 거주(F-6-3)자격

나. 제1항제1호에 따른 법 제6조제2항제4호 해당자는 거주(F-6-2)자격

다. 제1항제2호 해당자 중 국민과 혼인관계에 있는 자는 거주(F-6-1)자격

라. 제1항제2호 해당자 중 국민과 혼인관계가 단절된 자는 기타(G-1)자격

4. 신청자가 신청일로부터 7일 이내에 출입국사범심사결정을 위한 조사에 응하지 아니하거나 제2호에 따른 통고처분을 「출입국관리법」 제105조제1항에 규정된 기간 내에 이행하지 아니한 경우 그 사실을 심사결정서에 기재한 후 즉시 법무부장관에게 보고

③ 청장등은 불법체류의 점을 제외하고 국적취득에 필요한 서류를 구비한 제1항 각 호의 어느 하나에 해당하는 자가 출국명령을 받고 출국기한 내에 출국하지 아니한 사유 등으로 「출입국관리법」 제68조제4항의 적용대상이 되는 때에는 출입국사범심사결정 시 불법체류기간에 대한 범칙금처분과 함께 같은 법 제68조제4항에 따라 강제퇴거명령서를 발부하고 그 명령에 대한 이의신청을 접수한 후 같은 법 제61조에 따른 법무부장관의 결정에 따라 처리한다.

④ 청장등은 제1항 각 호에 해당하는 자가 제2항제1호부터 제3호까지의 절차를 진행하고 있거나 제3항에 해당하는 경우에는 출입국관리법령에 따른 강제퇴거 조치 등을 취하지 아니한다.

⑤ 법무부장관은 제2항제4호에 따라 보고를 받은 경우에는 그 신청자의 귀화 또는 국적회복 허가신청에 대하여 불허처분한다.

제13조(모계출생자의 국적취득신고) 법무부장관은 법률 제5431호 법 부칙 제7조에 의한 국적취득신고를 받는 경우(법제3조제1항에 의한 국적취득신고중 우리 국민인 모가 인지한 자 중 부가 외국인인 자의 경우도 같다) 신고자의 가족관계등록 기재와 관련하여 부모중 누구의 성을 따를 것인지 명백하게 선택하여 기재토록 하여야 한다.

제13조의2(병역의무의 이행) 국적법 제12조제3항제1호에서 "복무를 마친 것으로 보게 되는 경우" 란 현역·상근예비역 또는 보충역의 복무 중 부득이한 사유로 복무기간을 채우지 못한 사람으로서 다음 각 호의 어느 하나에 해당하는 경우를 말한다.

1. 병역법 제62조제2항 및 제63조제1항에 따라 전시근로역에 편입된 경우
2. 병역법 제65조제1항제1호에 해당하여 전시근로역에 편입되었거나 병역면제 처분을 받은 경우. 단, 현역병입영 대상자는 제외한다.
3. 병역법 시행령 제135조제3항에 해당하여 전시근로역에 편입된 경우. 단, 현역병입영 대상자는 제외한다.
4. 군인사법 제37조제1항제1호 및 제3호에 따라 전역한 경우
5. 그 밖에 법무부장관이 제1호부터 제4호까지의 어느 하나에 상당하다고 인정하는 경우

제14조(국적이탈 신고 접수 등) ① 부 또는 모가 외국의 시민권이나 영주권을 취득한 상태에서 출생하였거나 규칙 제10조의2제1항제1호에 해당하여 국적이탈 신고를 하는 남자는 부 또는 모의 영주권 또는 시민권 사본과 외국의 기관에서 발행하는 출생증명서, 그 밖에 이에 준하는 서류 등에 의해 이를 증명하여야 한다.

② 규칙 제10조의2제1항제2호 또는 제3호에 해당하여 국적이탈 신고를 하는 남자는 부 또는 모의 영주권 또는 시민권 신청관련 접수증 사본과 외국의 기관에서 발행하는 출생증명서, 기타 이에 준하는 서류 등에 의해 이를 증명하여야 한다.

③ 규칙 제10조의2제1항제4호에 해당하여 국적이탈 신고를 하는 남자는 이탈신고 전까지 부 또는 모가 외국에서 17년 이상 계속 거주하였다는 외국기관발행 공적서류(또는 사본)와 출생증명서, 기타 이에 준하는 서류 등에 의해 이를 증명하여야 한다.

④ 법무부장관은 국적이탈 신고를 접수한 경우에는 제1항부터 제3항까지의 서류가 진실한지 여부를 확인하고 진실하지 아니한 때에는 그 신고를 수리하지 아니한다.

⑤ 삭제

제14조의2(원정출산 제외기준) ① 영 제17조제3항제1호에서 규정한 "2년 이상 계속하여 외국에서 체류한 경우"의 체류 기간을 계산함에 있어 1년 간 국내에서 체류한 총 일수가 30일 이상 90일 미만인 경우는 그 일수를 공제하고 90일 이상인 경우는 계속하여 외국에 체류한 것으로 보지 아니한다.

② 영 제17조제3항제3호에서 규정한 "자녀의 출생 당시 유학, 공무파견, 해외주재, 취업 등 사회통념상 상당한 사유로 법무부장관이 정하는 기간 동안 외국에서 체류한 경우"라 함은 다음 각 호의 어느 하나에 해당하는 경우를 말한다.

1. 외국의 정규대학에 입학하여 자녀의 출생을 전후하여 6개월 이상 수학한 사람(그 밖에 교육기관에서의 어학연수 등은 1년 이상 수학)
2. 국내의 기업이나 단체에 1년 이상 재직한 자로서 그 기업이나 단체의 외국에 소재한 지사 등에 파견(전근)명령을 받아 자녀의 출생을 전후하여 6개월 이상 근무한 사람
3. 「국가공무원법」 및 「지방공무원법」에 따른 공무원으로서 외국에 공무상 파견명령을 받아 자녀의 출생을 전후하여 6개월 이상 근무한 사람
4. 외국에 소재한 기업이나 단체에 고용되어 자녀의 출생을 전후하여 1년 이상 근무한 사실이 있는 사람(외국에서 1년 이상 자영업을 영위한 사실이 있는 사람 포함)

제14조의3(복수국적자 통보) ① 재외공관의 장이 직무상 복수국적자를 발견하면 외교부장관을 거쳐 법무부장관에게 통보한다.

② 영 제18조의4제1항 및 제2항에 따라 복수국적자를 통보하는 때에는 별지 제5호서식의 복수국적자 발견통보(보고)서를 작성하여 송부한다.

제15조(국적판정 심사) 법무부장관은 영 제24조제3항에 따라 국적판정에 대한 심사를 하는 때에는 별지제7호서식의 국적판정심사결정서를 작성한다.

제16조(출생 월일이 특정되지 않은 자의 처리) 법무부장관은 해당국의 신분등록제도의 불비로 인하여 출생 월일이 특정되지 않은 신분증을 소지하고 있고, 실제 출생 월일을 증명할 수 있는 별도의 자료가 없는 자가 귀화·국적회복 허가 신청을 하는 경우에는 신청자가 그의 국내 주재 자국대사관 또는 영사관 등을 통하여 출생 월일을 특정받은 후 「출입국관리법」 제35조에 의한 외국인등록사항 변경의 신고를 이행한 경우에 한하여 귀화·국적회복 허가 신청을 심사한다.

제17조(가족관계등록부 작성에 필요한 서류) ① 규칙 제2조제2항제4호, 제3조제2항제13호, 제6조제2항제5호, 제10제2항제3호, 제15제2항제4호에 의한 첨부서류는 다음 각호와 같다.

1. 귀화허가 등의 신청 또는 신고자가 자필로 작성한 별지제8호서식의 가족관계통보서
2. 귀화허가 등의 신청 또는 신고자의 부모, 배우자, 자녀, 혼인 또는 미혼, 입양 등의 신분사항에 관한 소명자료
3. 귀화허가 등의 신청 또는 신고자가 조선족인 경우 성명을 원지음이 아닌 한국식 발음으로 기재할 때 조선족임을 소명하는 중화인민공화국 발행의 공문서
4. 귀화허가 등의 신청 또는 신고자가 출생 월일을 새로이 특정할 경우 원 국적국의 대사관 또는 영사관에서 발급한 증명서 등 출생 월일에 관한 소명자료

② 법무부장관은 첨부서류의 보완 요구에 정당한 이유 없이 2회 이상 응하지 아니한 자에 대해서는 귀화·국적회복 허가 신청에 대하여 불허처분할 수 있다.

제18조(생계유지능력 입증서류) ① 법무부장관은 귀화허가를 신청한 사람이 다음 각 호의 어느 하나

에 해당하는 경우 규칙 제3조제2항제2호에 따른 서류를 달리 정할 수 있다.
1. 법 제6조제1항제1호에 따라 귀화허가를 신청한 사람
2. 법 제6조제2항에 따라 귀화허가를 신청한 아래 각 목에 해당하는 사람
  가. 국민인 배우자와 혼인한 후 자녀를 임신한 사람(유산한 경우를 포함)
  나. 국민인 배우자와 혼인한 후 자녀를 출산하고자 난임시술을 받은 사람
  다. 국민인 배우자와 혼인한 후 자녀를 출산하여 양육하고 있는 사람
  라. 국민인 배우자의 부모를 1년 이상 부양하며 동거하고 있는 사람
  마. 국민인 배우자가 「장애인복지법 시행규칙」 제2조 별표 1에 따라 '장애의 정도가 심한 장애인'으로 판정을 받은 사람
  바. 위 각 목에 준하는 상당한 사유가 있는 것으로 청장등이 인정하는 사람
3. 법 제7조제1항제2호에 따라 특별귀화허가를 받은 사람의 배우자로서 만 60세 이상인 사람
4. 법 제20조에 따라 국적판정을 받은 사할린동포의 배우자로서 만 60세 이상인 사람

② 법무부장관이 제1항에 따라 달리 정할 수 있는 서류는 다음 각 호의 어느 하나이다.
1. 소액이라도 일정한 근로수입이 있는 경우(일용직 등): 통장입금내역 또는 기타 증빙자료. 다만, 제1항제2호 및 제3호에 해당하는 사람의 경우는 임대아파트 계약서 등 생활지원자금 증빙자료
2. 학원, 직업훈련기관 등에서 취업교육을 받고 있는 경우: 교육기관 발급 확인서
3. 고용지원센터에 구직등록을 한 경우: 구직등록증
4. 실업급여를 수령 중인 경우: 통장입금내역
5. 「장애인복지법」 제32조, 제32조의2에 따른 장애인등록자의 경우 "장애정도가 심한 장애인"임을 입증하는 장애인증명서. 다만 「장애인복지법」에 따라 장애인등록을 할 수 없는 사람은 「의료법」 제3조의3에 규정된 종합병원에서 발급한 장애정도심사용 진단서 및 소견서 등 증빙자료

제19조(특별공로자 특별귀화허가 첨부서류) ① 영 제6조제1항제1호 가목에 따른 특별귀화 대상자가 공로가 있음을 증명하는 서류는 다음 각 호와 같다.
1. 「독립유공자예우에 관한 법률」 제4조에 따른 독립유공자임을 증명하는 서류로서 국가보훈처장이 발급 또는 확인하는 서류
2. 신청인이 독립유공자, 그의 배우자 또는 그의 직계존비속임을 증명하는 서류

② 영 제6조제1항제1호 나목에 따른 특별귀화 대상자가 공로가 있음을 증명하는 서류는 다음 각 호와 같다.
1. 「국가유공자등예우 및 지원에 관한 법률」 제4조에 따른 국가유공자로서 국가보훈처장이 발급 또는 확인하는 서류
2. 제1호에 따른 국가유공자가 그 국가유공으로 대한민국 정부로부터 훈장·포장 또는 표창을 수여받았음을 증명하는 서류
3. 신청인이 국가유공자, 그의 배우자 또는 그의 직계존비속임을 증명하는 서류

③ 영 제6조제1항제2호 또는 제3호에 따른 특별귀화 대상자가 공로가 있음을 증명하는 서류는 다음 각 호와 같다.
1. 대한민국 국가발전에 기여를 인정받아 대한민국 정부로부터 훈·포장 또는 대통령표창을 받은 사실을 증명하는 서류
2. 대한민국의 과학, 경제, 문화, 체육 등 분야에서 국제관계 증진 및 국가발전에 기여한 사람으로서 중앙행정기관의 장이 별지 제9호 서식에 따라 작성한 추천서 및 추천 사유를 입증하는 서류
3. 사회·복지 분야에서 5년 이상 봉사활동을 하여 대한민국 사회·복지 분야의 발전에 크게 공헌한 사람으로서 중앙행정기관의 장 또는 지방자치단체(광역시, 특별시, 특별자치시, 특별자치도)장, 청장 등 또는 그에 준하는 기관·단체의 장이 별지 제9호 서식에 따라 작성한 추천서 및 추천 사

유를 입증하는 서류
4. 범죄·재해·재난·사고 등으로부터 국민의 생명 및 재산보호에 기여한 사람으로서 중앙행정기관의 장 또는 지방자치단체(광역시, 특별시, 특별자치시, 특별자치도)장, 청장 등 또는 그에 준하는 기관·단체의 장이 별지 제9호 서식에 따라 작성한 추천서 및 추천 사유를 입증하는 서류

제20조(귀화허가 심사결과 등의 통지) ① 법무부장관은 귀화를 허가하거나 불허한 때, 국적회복을 허가하거나 불허한 때, 국적보유판정을 하거나 비보유판정을 한 때, 국적선택신고나 국적취득신고를 수리한 때에는 그 사실을 지체 없이 본인에게 통지하여야 한다.
② 법무부장관은 법제4조제2항에 따라 귀화를 허가하는 때에는 영제4조의4제1항에 따른 통지에 의하며, 귀화를 불허하는 때에는 별지 제11호 서식의 귀화불허 통지서로 통지한다.
③ 법무부장관은 법제9조제1항에 따라 국적회복을 허가하는 때에는 영제9조의2에 따른 통지에 의하며, 국적회복을 불허하는 때에는 별지 제13호서식의 국적회복불허 통지서로 통지한다.
④ 법무부장관은 영 제24조제4항에 따라 국적보유판정을 한 때에는 별지 제14호서식의 국적보유판정 통지서로, 국적비보유판정을 한 때에는 별지 제15호서식의 국적비보유판정 통지서로 통지한다.
⑤ 법무부장관은 영 제2조제2항, 제15조제2항 및 영 제22588호 부칙 제4조제4항에 따라 국적취득신고를 수리한 때에는 별지 제16호서식의 국적취득신고수리 통지서로 통지한다.
⑥ 법무부장관은 영 제17조제4항에 따라 국적선택신고를 수리한 때에는 별지 제17호 서식의 국적선택신고수리 통지서로 통지
⑦ 제1항부터 제6항까지에 따른 통지서는 본인에게 직접 교부하거나 우편 등의 방법으로 송부하여야 한다.

제21조(수수료 면제) 규칙 제18조제3항제4호에서 '수수료 면제가 필요하다고 법무부장관이 인정하는 경우'란 다음 각 호의 어느 하나에 해당하는 경우를 말한다.
1. 법 제7조제1항제2호에 따른 특별공로자 본인 또는 그 배우자나 직계존비속이 법 제9조에 따라 국적회복허가를 신청하는 경우
2. 법 제7조제1항제2호에 따른 특별공로자 본인의 직계존비속의 배우자로 법 제6조에 따른 간이귀화나 법 제9조에 따른 국적회복허가를 신청하는 경우
3. 법 제20조에 따라 국적판정을 받은 사할린동포의 배우자로 법 제6조제2항에 따라 간이귀화허가를 신청하는 경우
4. 재난 및 안전관리 기본법에 따라 특별재난지역으로 인정되어 피해 지원금을 받고 있는 자로 법 제6조에 따른 간이귀화나 법 제7조에 따른 특별귀화허가를 신청하는 경우
5. 제7조제1항제5호 각 목에 해당하는 장애를 가지고 있는 자로 법 제6조에 따른 간이귀화나 법 제7조에 따른 특별귀화허가를 신청하는 경우
6. 재외동포의 출입국과 법적지위에 관한 법률 시행령 제3조에 따른 외국국적동포 중 대한민국 정부 수립 이전에 대한민국 영토 밖으로 이주하였거나 대한민국 영토 밖에서 출생한 자로 법 제5조부터 제7조까지의 귀화허가나 법 제9조에 따른 국적회복허가를 신청하는 경우
7. 그 밖에 이에 준하는 사유로 인하여 특별한 배려가 필요하다고 법무부장관이 인정하는 경우

제22조(명예국민증 수여) ① 법무부장관은 대한민국의 국위 선양 또는 국익 증진에 현저한 공로가 있는 외국인으로서 아래 각 호의 1에 해당하는 자에게 대한민국 명예국민증(이하 '명예국민증'이라 함)을 수여할 수 있다.
1. 국가 유공으로 대한민국 정부로부터 훈장·포장 또는 표창을 받은 사실이 있는 사람
2. 국가 안보·사회·경제·문화 등의 분야에서 대한민국의 국익에 기여한 공로가 있는 사람
3. 기타 제1호 및 제2호에 준하는 공로가 있다고 인정되는 사람

② 법무부장관은 명예국민증 수여 대상자에게 명예국민증과 함께 명예국민 메달 또는 기념품을 수여할 수 있다.

③ 법무부장관은 명예국민이 대한민국에 입국 또는 체류하거나, 출국하는 경우에 그에게 필요한 편의를 제공할 수 있다.

④ 법무부장관은 별지제18호서식의 명예국민증 수여대장을 작성하여 관리할 수 있다.

제22조의2(국적취소의 제한) ① 법 제21조제1항에도 불구하고 실제 명의로 대한민국 국적을 취득한 지 5년 이상 경과하고 법 제5조제3호부터 제5호의 요건을 갖춘 사람으로서 다음 각 호의 어느 하나에 해당하는 경우에는 국적을 취소하지 아니할 수 있다.

1. 대한민국 국민과 혼인(사실혼 포함) 관계에서 출생한 미성년 자녀를 양육하고 있는 경우
2. 대한민국 국민과 혼인을 하는 등 새로운 신분상의 법률관계를 형성한 경우
3. 혼인의사 없이 대한민국 국민과 법률적으로 혼인하였으나 그 배우자와 실질적인 혼인 관계를 계속 유지하고 있는 경우
4. 만 65세 이상 외국국적동포로서 본국에 생활기반 상실 등으로 귀국할 수 없는 인도적 사유가 있는 경우

제23조(재검토기한) 법무부장관은 「훈령·예규 등의 발령 및 관리에 관한 규정」에 따라 이 예규에 대하여 2021년 1월 1일 기준으로 매3년이 되는 시점(매 3년째의 12월 31일까지를 말한다)마다 그 타당성을 검토하여 개선 등의 조치를 하여야 한다.

부 칙 〈제1287호, 2022. 1. 25.〉

이 예규는 2022.2.1. 부터 시행한다.

【부록 5】 외국국적 동포의 국적회복 등에 관한 업무처리지침[665)]

제1조(목적) 이 지침은 대한민국 국적을 보유하였던 자 또는 그 직계비속(이하 '외국국적 동포'라 한다)이 국적법령에 따라 대한민국의 국적을 회복하거나 귀화함에 있어 그 업무처리에 필요한 사항을 정함을 목적으로 한다.

제2조(적용대상) 이 지침은 외국국적 동포로서 아래 각 호의 어느 하나에 해당하는 자에 대하여 적용한다.

1. 1949년 10월 1일 전에 한반도 및 그 부속도서에서 중국 등지로 이주하였거나 중국 등지에서 출생한 자
2. 제1호에 해당하는 자의 직계비속

제3조(의제규정) 제2조제1호에 해당하는 중국 국적 동포는 1949년 10월 1일부로 중국국적을 취득함과 동시에 대한민국 국적을 상실한 것으로 본다.

제4조(국내 신청자격) 외국국적 동포로서 이 지침에 따라 국내에서 국적회복 또는 귀화 허가 신청을 하고자 하는 자는 적법하게 입국·체류 중인 때에 한하여 법무부장관에게 그 신청을 할 수 있다.

제5조(대한민국 국민이었던 사실의 증명) ① 국적회복허가를 신청하는 자는 다음 각 호의 자료에 의하여 본인이 대한민국 국민이었던 사실을 증명하여야 한다.

1. 본인의 가족관계기록사항에 관한 증명서·제적등본
2. 본인의 부 또는 모의 가족관계기록사항에 관한 증명서·제적등본 및 본인과의 관계를 증명할 수 있는 출생증명서, 관련국의 공적서류 또는 공증증서 등
3. 8촌 이내 혈족의 가족관계기록사항에 관한 증명서 및 그 혈족과의 관계를 증명할 수 있는 가족관계기록사항에 관한 증명서·제적등본, 관련국의 공적서류 또는 공증증서, 족보와 친척관계확인서, 공인의료기관에서 발행하는 유전자감식결과 등
4. 그 밖에 위 각호에 준하는 증명자료

② 귀화허가를 신청하는 자가 본인의 부 또는 모가 대한민국 국민이었던 사실을 주장하기 위해서는 다음 각 호의 자료에 의하여 그 사실을 증명하여야 한다.

1. 부 또는 모의 가족관계기록사항에 관한 증명서·제적등본
2. 부 또는 모의 7촌 이내 혈족의 가족관계기록사항에 관한 증명서 및 그 혈족과 부 또는 모와의 관계를 증명할 수 있는 가족관계기록사항에 관한 증명서·제적등본, 족보와 친척관계확인서, 관련국의 공적서류 또는 공증증서, 공인의료기관에서 발행한 유전자 감식결과 등
3. 그 밖에 위 각호에 준하는 증명자료

③ 제1항 내지 제2항에 있어 본인, 부 또는 모의 가족관계기록사항에 관한 증명서·제적등본에 표시된 성명, 생년월일이 여권 기타 외국의 신분서류 기재사항과 다른 때에는 상당한 관계가 있는 자의 친척관계확인 등 적절한 방법으로 동일인인 사실을 증명하여야 한다.

제6조(관계기관 협의) 법무부장관은 다음 각호의 1에 해당하는 자에 대하여 국적회복 또는 귀화를 허가함에 있어서는 신원조회, 범죄경력조회, 체류동향조사 및 귀화적격심사 등 국적법령에 규정된 절차와 별도로 국가정보원장과의 협의를 거쳐야 한다.

---

665) 국가법령정보센터 [시행 2018. 12. 20.] [법무부예규 제1202호, 2018. 12. 18., 일부개정.](2022. 6.30. 최종방문)

1. 북한에 유학 또는 주재한 경력이 있는 자
2. 공산당, 소속국가의 군대·정부기관에 복무한 경력이 있는 자
3. 기타 안보상 필요하다고 판단되는 자

제7조(독립유공자등에 대한 특례) ① 법무부장관은 외국국적 동포 중 독립유공자·국가유공자 및 그 친족에 해당하는 자가 대한민국 국적의 취득을 원하는 때에는 국적법령에 반하지 않는 범위내에서 제5조 및 제8조의 규정에 불구하고 그 신청을 받아 국가보훈처와의 협의 등을 거쳐 국적회복 또는 귀화를 허가할 수 있다.

② 제1항에서 독립유공자라 함은 독립유공자예우에관한법률 제4조의 규정에 의한 독립유공자(순국선열 및 애국지사)를 말한다

③ 제1항에서 국가유공자라 함은 국가유공자등예우및지원에관한법률 제4조의 규정에 의한 국가유공자를 말한다.

④ 제1항에서 친족이라 함은 독립유공자예우에관한법률 제5조 및 국가유공자예우및지원에관한법률 제5조의 규정에 의한 친족을 말한다.

제8조(국적취득 요건을 갖춘 신청자의 가족에 대한 체류허가) ① 출입국·외국인청장, 출입국·외국인사무소장, 출입국·외국인청 출장소장 또는 출입국·외국인사무소 출장소장(이하 '청장등'이라 한다.)은 제2조에 해당하는 외국국적 동포가 국적회복 또는 귀화 허가 요건을 갖추고 그 신청을 한 경우에 그와 함께 국내에 체류하는 가족이 출입국관리법에 따른 체류허가를 신청하면 이를 심사한 후 제4항에 따라 체류를 허가할 수 있다.

② 제1항에 규정된 가족의 범위는 다음과 같다.

1. 배우자
2. 자녀 및 그 배우자

③ 청장등은 제2조에 해당하는 외국국적 동포가 불법체류 상태이나 아래 각 호의 어느 하나에 해당하고 가족결합 등 대한민국에 체류하여야 할 특별한 사정이 있다고 인정하는 경우에는 출입국관리법령에 따른 출입국사범 처리를 한 후 신청을 받아 제4항에 따라 체류를 허가할 수 있다. 다만, 밀입국자, 위·변조여권 등을 행사한 자에 대하여는 그러하지 아니하다.

1. 대한민국 국적을 보유하였던 자로서 가족관계등록부에 등록(폐쇄된 경우를 포함한다)되어 있는 자
2. 제1호에 해당하는 자와 함께 국내에 체류하는 배우자, 자녀 및 그 배우자
3. 국적회복허가를 받고 국적법 제10조에 따른 외국국적 포기 또는 외국국적불행사서약을 한 자의 배우자와 자녀 및 그 배우자

④ 청장등은 제1항부터 제3항까지에 해당하는 자로부터 체류허가 신청이 있는 때에는 출입국관리법 시행령 별표 1의 26.방문동거(F-1) 자격으로 체류를 허가한다. 다만, 체류허가를 신청하는 자가 방문동거(F-1) 이외의 자격으로 체류할 수 있는 경우에는 그에 따른다.

⑤ 청장등은 제3항에 해당하는 자가 출입국사범 심사결정 사항을 이행한 때에는 출국조치를 하여야 할 특별한 사정이 없는 한 출입국관리법령에 따른 강제퇴거 조치 등을 취하지 아니한다.

제9조(재검토기한) 법무부장관은 「훈령·예규 등의 발령 및 관리에 관한 규정」에 따라 이 예규에 대하여 2019년 1월 1일 기준으로 매3년이 되는 시점(매 3년째의 12월 31일까지를 말한다)마다 그 타당성을 검토하여 개선 등의 조치를 하여야 한다.

부 칙 〈제1202호, 2018. 12. 18.〉

이 예규는 2018. 12. 20.부터 시행한다.

【부록 6】 국적법 시행령 제6조제2항에 해당하는 우수인재 평가 기준 및 추천 등에 관한 고시[666]

1. 우수인재 특별귀화(국적회복 포함) 제도

우수인재 특별귀화(국적회복 포함) 제도란 과학, 경제, 문화 등 사회 각 분야에서 전문적인 지식과 기술 등 특정 능력을 보유하고, 대한민국의 국익에 기여할 것으로 인정하는 사람에게 국적심의위원회 심의를 거쳐 복수국적을 인정하는 제도임

신청 및 접수	➡	국적심의위원회 심의·의결	➡	귀화 면접심사	➡	귀화·국적 회복 허가	➡	국적증서 수여	➡	외국국적 불행사서약

※ 국적심의위원회는 출입국·외국인정책본부장(위원장), 사회 각 분야의 민간 전문가 및 관계부처 공무원 등으로 구성

2. 우수인재 특별귀화(국적회복 포함) 적용대상

1) 우수인재 적용 대상은 출입국관리법시행령 【별표1의2】(장기체류자격)의 전문직·준전문직 종사자 등 체류자격을 가진 등록외국인으로 우수인재 평가기준을 충족하는 사람
2) 상기 체류자격을 가진 등록외국인에 해당하지 않더라도 우수인재 평가기준 및 가점 항목별 배점을 고려하여 법무부장관이 국적심의위원회 심의에 회부한 사람

3. 우수인재 특별귀화(국적회복 포함) 신청서류

〈 서류 제출 시 유의사항 〉

○ 해외기관이 발급한 서류는 국문 또는 영문 번역문을 첨부하여 제출

- 다만, 서류의 진위여부 등 확인이 필요한 경우 제출서류에 아포스티유 또는 영사확인을 요청할 수 있음

1) 우수인재 국적신청 상세기술서(별지 제1호 서식)
   ☞ 우수인재 평가기준 및 추천 등 고시에 해당하는 사항을 포함하여 작성
2) 본인이 작성한 상세기술서를 소명하는 서류
3) 우수인재 가점 항목별 점수표(별지 제2호 서식)
   ☞ 해당하는 사람에 한하여 작성·제출(해당사항이 없으면 제출할 필요가 없음)

666) 국가법령정보센터(2022.06.30., 최종방문), [시행 2020. 6. 26.] [법무부고시 제2020-220호, 2020. 6. 26., 일부개정.]

4) 본인이 작성한 가점 항목별 점수를 소명하는 서류

※ 우수인재 제도도 귀화 또는 국적회복 신청을 전제로 하는 것이므로 「국적법시행규칙」 제3조제6조에 따른 서류는 필수적으로 제출하여야 함

4. 우수인재 결격사유

1) 「국적법시행규칙」 제5조의2(품행 단정의 요건) 각 호의 어느 하나에 해당하는 사람은 원칙적으로 국적심의위원회 심의대상에서 제외한다.
2) 다만, 법무부장관은 상기 어느 하나에 해당하는 경우에도 우수인재 평가기준의 기본요건 및 소득요건을 충족하고 우수인재 가점 항목별 배점에 따라 대한민국 국익에의 기여 및 사회 공헌도 등을 참작하여 기준점수(70점) 이상을 획득한 사람은 국적심의위원회 심의에 회부할 수 있다.

5. 우수인재 평가기준

아래의 기본요건 및소득요건 등 해당하는 모든 사항은 **본인이 입증하고 소명해야 함**

※ 경력 등 기본요건은 국적 취득 신청일 당시 충족 필요, **국내·외 대학(원)에서 정규과정을 마치고 취득한 이공계 석·박사 이상 학위증 취득자는 외국국적동모 기준 적용**

연번	대상	기본요건(경력 등)	소득요건
1	**저명인사**	① 전직 국가원수, 정부 수반 및 각료급 이상, 전직 국제기구 대표 등	없음
		② 노벨상, 플리처상, 괴테상, 공쿠르상, 맨부커상, 필즈상, 튜링상, 올림픽 동메달 이상 수상자 등	없음
2	**학술분야 연구실적 우수자**	① 국내 외 4년제 대학에서 부교수 이상*으로 **1년 이상** 재직한 경력이 있거나 재직 중인 사람으로서 최근 5년 이내 SCI, SSCI, A&HCI 등에 등재된 학 술지에 **1편 이상** 논문 게재 또는 KCI 등재된 학술지 등에 **2편 이상** 논문 게재 또는 권위 있는 저널, 학술지, 학술대회 등에서 **2회 이상** 논문 등을 발표하거나 게재 ※ 「고등교육법」에 따른 부교수, 교수, 학장, 총장을 말하며, 해외 대학은 이에 준하여 경력 인정	없음
		② 국내 외 4년제 대학에서 교원*으로 **3년 이상** 재직한 경력이 있거나 재직 중인 시람으로서 최근 5년 이내 SCI, SSCI, A&HCI 등에 등재된 학술지에 **3편 이상** 논문 게재 또는 KCI 등재된 학술지 등에 **5편 이상** 논문 게재 또 는 권위 있는 저널, 학술지, 학술대회 등에서 **5회 이상** 논문 등을 발표하거나 게재	없음

연번	대상	기본요건(경력 등)	소득요건
		*「고등교육법」에 따른 조교수 및 강사를 말하며, 해외 대학은 이에 준하여 경력 인정 ※ 외국국적동포는 2년 이상 경력	
		③ 최근 3년 이내 **300대** 대학*으로 선정된 곳에서 **2년 이상** 강의한 경력이 있는 자로서 최근 5년 이내 SCI, SSCI, A&HCI 등에 등재된 학술지에 **3편 이상** 논문 게재 또는 KCI에 등재된 학술지 등에 **5편 이상** 논문 게재 또 는 권위 있는 저널, 학술지, 학술대회 등에서 **5회 이상** 논문 등을 발표하거나 게재 * 대학평가 지표: QS, THE ※ 외국국적동포는 500대 대학	없음
		④ 국내의 인문, 정치, 사회, 경제, 과학 등 학술 분야에서 국가 연구기관, 공공기관에서 지정한 연구기관, 대학부설 산학협력단 및 연구소(과학 분 야로 한정), 기업부설연구소(과학 분야로 한정)에서 연구원으로 **3년 이상** 재직한 경력이 있거나 재직 중인 자로서 최근 5년 이내 SCI, SSCI, A&HCI 등에 등재된 학술지에 **3편 이상** 논문 게재 또는 KCI에 등재된 학술 지 등에 **5편 이상** 논문 게재 또는 권위 있는 저널, 학술지, 학술대회 등에서 **5회 이상** 논문 등을 발표하거나 게재 * 외국국적 동포는 2년 이상 경력	없음
3	**문화·예술 분야의 우수능력자**	① 자신이 속한 분야에서 뛰어난 능력을 인정받아 국내·외 공신력이 있는 단체 또는 기관으로부터 수상한 경력이 있는 사람 ② 자신이 속한 분야에서 인지도가 높은 저명인사들의 심사를 통해 뛰어난 성과를 이룬 사람만이 가입할 수 있는 협회의 회원으로 가입되어 있는 사람 ③ 전문출판물 또는 주요 대중매체에 자신의 우수한 재능에 대한 기사가 게재되었거나 전문출판물에 자신의 학술기사가 게재된 적이 있는 사람 ④ 자신이 속한 분야의 공신력이 있는 전시회, 박람회, 경연대회, 영화제 등에서 본인이 다른 사람의 작품을 심사하거나 심사위원단으로 참여한 경력이 있는 사람 ⑤ 국제적으로 권위 있는 예술 전시회, 박람회, 공연, 영화제, 음악제 등에서 작품을 전시, 공연 또는 수상한 경력이 있는 자 또는 국제적으로 권위 있는 출판사, 음반사 등과 계약을 체결한 사람 ※ **상기의 예 중 2개 이상을 충족하는 사람**	일반외국인: GNI 2배 이상 외국국적동포: GNI 1.5배 이상 또는 상기 기준에 상당하는 흥행수익, 출판, 음반판매, 각종 수상 등으로 상업적 성공을 입증하는 서류
4	스포츠 분야의 우수능력자	① 자신이 속한 분야에서 뛰어난 능력을 인정받아 국내·외 공신력이 있는 단체 또는 기관으로부터 수상한 경력이 있는 사람	일반외국인: GNI 2배 이상 외국국적동포: GNI

<table>
<tr><th>연번</th><th>대상</th><th>기본요건(경력 등)</th><th>소득요건</th></tr>
<tr><td></td><td></td><td>② 자신이 속한 분야에서 인지도가 높은 저명인사들의 심사를 통해 뛰어난 성과를 이룬 사람만이 가입할 수 있는 협회의 회원으로 가입되어 있는 사람
③ 전문출판물 또는 주요 대중매체에 자신의 우수한 재능에 대한 기사가 게재되었거나 전문출판물에 자신의 스포츠 관련 기사가 게재된 적이 있는 사람
④ 자신이 속한 분야의 공신력이 있는 국제 체육행사, 대회 등에서 심판 또는 심사위원으로 참여한 경력이 있는 사람
⑤ 국제적으로 권위 있는 체육행사, 대회 등[예, 올림픽, 월드컵 축구(UCH회 포함), 세계(주니어)선수권대회, 월드컵 대륙별·간(주니어) 국제 대회, 페럴림픽]에 출전한 경력이 있는 선수 또는 지도자
⑥ 최근 3년 이내 국제적으로 권위 있는 체육대회(상기 ⑤에 준하는 수준) 개인전 3위 이내, 단체전 8강 이내 입상한 선수 또는 골프대회(PGA, LPGA) 등에서 20위 이내 성적을 기록한 사람
※ 상기의 예 중 2개 이상을 충족하는 사람</td><td>1.5배 이상 또는 상기 기준에 상당하는 수익, 수상 경력 등 상업적 성공을 입증하는 서류

※ 대한장애인체육회 회장의 추천을 받은 우수인재(장애인)는 외국국적 동포 기준 적용</td></tr>
<tr><td rowspan="5">5</td><td rowspan="5">국내·외 기업근무자, 외투기업 근무자</td><td>① FORTUNE, EDONOMIST 등 세계 유수 경제전문지가 최근 3년 이내 선정한 세계 300대 기업에서 3년 이상 근무한 경력이 있는 사람으로서 「독점규제 및 공정거래에 관한 법률」을 적용받는 대기업에서 사내이사로 상시 근무하거나 근무 예정이 확정된 사람
※ 외국국적 동포는 500대 기업에서 1년 이상 근무</td><td rowspan="3">일반외국인: GNI 2배 이상
외국국적동포: GNI 1.5배 이상</td></tr>
<tr><td>② FORTUNE, EDONOMIST 등 세계 유수 경제전문지가 최근 3년 이내 선정 한 세계 300대 기업에서 3년 이상 근무한 경력이 있는 사람으로서 「중견기업 성장촉진 및 경쟁력 강화에 관한 특별법」을 적용받는 중견기업에서 사내이사로 상시 근무하거나 근무 예정이 확정된 사람
※ 외국국적동포는 500대 기업에서 2년 이상 근무</td></tr>
<tr><td>③ 상시근로자 수 100인 이상 및 자본금 80억 원을 초과하는 국내 소재하는 기업에서 년 이상 사내이사 이상의 직으로 근무하고 있는 사람
※ 외국국적동포는 2년 이상 근무</td></tr>
<tr><td>④ 3년 간 대외수출 실적이 연평균 미화 500만 달러 이상인 개인사업자 또는 법인의 대표(사업체는 「중소기업기본법」의 적용을 받는 중소기업이고, 실질적인 경영주일 것)
※ 외국국적동포는 미화 200만 달러 이상</td><td>실적입증서류</td></tr>
<tr><td>⑤ 「외국인투자촉진법」상 미화 50만 달러 이상 투자한 외국인투자기업(개인 또는 법인)의 대표이사 이상의 직으로 국내 3년 이상 거주하고 납세실적 3억원 이상, 국민 30명</td><td>실적입증서류</td></tr>
</table>

연번	대상	기본요건(경력 등)	소득요건
		이상 고용하고 있는 사람	
6	신산업 분야, 첨단기술분야 근무자	신산업 분야* 또는 첨단기술 분야**에서 **2년 이상** 경력이 있는 사람으로서 국내 기업 또는 연구기관에 고용된 사람(고용 예정된 사람 포함) * 신산업 분야: 시스템반도체, 바이오헬스, 미래차, 인공지능 등 ** 첨단기술 분야: 신소재분야, IT, e-business, BT, NT, 수송기계, 환경·에너지, 디지털가전, 융·복합산업, 소프트웨어 ※ **외국국적동포는 1년 이상 경력**	일반외국인: GNI 2배 이상 외국국적동포: GNI 1.5배 이상
7	신산업분야, 첨단기술, 과학분야 등 원천기술 보유자	신산업분야, 첨단기술, 과학 등의 분야에서 상업화되지는 않았으나 세계수준의 원천기술을 보유한 사람	없음
8	국내·외 지식재산권 보유자	국내·외 지식재산권(특허권, 실용신안권, 디자인권)을 보유하고 특허권 등으로 인한 총 소득이 **1억원 이상**인 사람(특허권의 양도로 인한 수입도 포함)	없음
9	전문분야 특별한 지식, 기술보유자	의사, 변호사, 회계사, 기술사 등 전문지역을 소지한 자로서 국내에서 **3년 이상 체류**하면서 해당 분야에서 근무하고 있거나 근무 예정이 확정된 사람	일반외국인: GNI 2배 이상 외국국적동포: GNI 1.5배 이상
10	국제기구 등 근무경력자	UN, WHO, OECD, IAEA, LINESCO 등의 국제기구에서 **10년 이상** 근무한 경력이 있거나 이에 준하는 수준의 지격을 갖춘 자로서 활동 경력이 대한민국 국익에 기여하였거나 기여할 것으로 예상되는 사람	없음

※ '외국국적동포'란 「재외동포의 출입국과 법적지위에 관한 법률」 제2조제2호에 해당하는 사람을 말한다.

6. 우수인재 추천권자

1) 대통령 및 국무총리 직속기관의 장을 포함하는 중앙행정기관의 장
2) 국회사무총장, 법원행정처장, 헌법재판소사무처장
3) 재외공관의 장, 지방자치단체(특별시, 광역시, 특별자치시, 도, 특별자치도)의 장, 4년제 대학의 총장
4) 대한상공회의소 회장, 전국경제인연합회 회장, 한국무역협회 회장, 중소기업중앙회 회장
5) 한국문화예술위원회 위원장, 한국콘텐츠진흥원 원장, 영화진흥위원회 위원장, 대한체육회 회장, 대한장애인체육회 회장

6) 공공기관의 운영에 관한 법률 제5조제3항제1호(공기업) 또는 제2호(준정부기관)에 해당하는 기관의 장, 같은 법률 제5조제4항에 규정된 연구개발목적 공공기관의 장

※ 공공기관 경영정보시스템(ALIO)에 공시된 공공기관 현황을 기준으로 접수(2020년 6월 현재, 공기업 36개, 준정부기관 95개, 연구개발목적 공공기관 69개)

※ 「공공기관의 운영에 관한 법률」제5조제4항의 연구개발목적 공공기관(69개)

경제·인문사회연구회 및 소속기관 (24)	국가과학기술연구회 및 소속기관 (20)	부처 직할 연구원 등 기타기관 (25)
경제·인문사회연구회	국가과학기술연구회	한국과학기술원
과학기술정책연구원	한국과학기술연구원	광주과학기술원
국토연구원	한국기초과학지원연구원	대구경북과학기술원
대외경제정책연구원	한국천문연구원	울산과학기술원
산업연구원	한국생명공학연구원	기초과학연구원
에너지경제연구원	한국한의학연구원	한국과학기술기획평가원
정보통신정책연구원	한국과학기술정보연구원	한국원자력통제기술원
통일연구원	한국표준과학연구원	한국원자력안전기술원
한국개발연구원	한국항공우주연구원	한국산업기술시험원
한국교육개발원	한국원자력연구원	한국세라믹기술원
한국교육과정평가원	한국생산기술연구원	한국나노기술원
한국교통연구원	한국전자통신연구원	한국국방연구원
한국노동연구원	한국건설기술연구원	국방과학연구소
한국농촌경제연구원	한국철도기술연구원	국방기술품질원
한국법제연구원	한국식품연구원	한국문화관광연구원
한국보건사회연구원	한국지질자원연구원	한국보건의료연구원
한국여성정책연구원	한국기계연구원	대구경북첨단의료산업진흥재단
한국조세재정연구원	한국에너지기술연구원	오송첨단의료산업진흥재단
한국직업능력개발원	한국전기연구원	(재)중소기업연구원
한국청소년정책연구원	한국화학연구원	한국지식재산연구원
한국해양수산개발원		한국학중앙연구원
한국행정연구원		(재)APEC 기후센터
한국형사정책연구원		한국해양과학기술원
한국환경정책·평가연구원		국립해양생물자원관
		국립낙동강생물자원관

7) 다문화도시협의회 회원 도시*의 장

* 외국인이 1만명 이상 거주하는 도시 26개 기초자치단체장으로 구성 : 서울특별시(7) 영등포구, 구로구, 금천구, 서대문구, 종로구, 성동구, 강서구, 인천광역시(1) 남동구, 경기도(14) 안산시, 수원시, 시흥시, 화성시, 부천시, 평택시, 성남시, 용인시, 김포시, 고양시, 광주시, 포천시, 안양시, 남양주시, 충청남도(2) 천안시, 아산시, 광주광역시(1) 광산구, 경상남도(1) 김해시

8) 상기 추천권자는 우수인재 평가기준 해당여부를 사전에 검토·확인하여 별지 제3호 서식(우수인재추천서)에 따라 추천한다.

7. 우수인재 가점제도(총 210점)

우수인재 가정제도란 신산업분야의 장재적 능력 및 국익기여 가능성 등을 점수화하여 기준점수(70점) 이상을 획득한 사람에 대해서는 기본요건 및 소득요건 등이 다소 미흡하더라도 법무부장관이 국적심의위원회 심의 기회를 부여하는 제도임

▣ 항목별 점수표

<table>
<tr><th>연번</th><th>항목</th><th colspan="13">구간별 점수</th></tr>
<tr><td rowspan="2">1</td><td rowspan="2">국민고용
(40점)</td><td>30명 이상</td><td colspan="3">29명 ~ 20명</td><td colspan="6">19명 ~ 5명</td><td colspan="3">4명 이하</td></tr>
<tr><td>40점</td><td colspan="3">1명당 2점 환산
(38점 ~ 20점)</td><td colspan="6">1명당 1점 환산
(19점 ~ 5점)</td><td colspan="3">4점</td></tr>
<tr><td rowspan="2">2</td><td rowspan="2">납세실적
(30점)</td><td>3억 이상</td><td colspan="6">3억 미만 ~ 0.6억 이상</td><td colspan="6">0.6억 미만 ~ 0.1억 이상</td></tr>
<tr><td>30점</td><td colspan="6">초과 0.1억당 1점 환산(29점 ~ 6점)</td><td colspan="6">5점</td></tr>
<tr><td rowspan="2">3</td><td rowspan="2">수출실적
(30점)</td><td>30억 이상</td><td colspan="6">30억 미만 ~ 6억 이상</td><td colspan="6">6억 미만 ~ 1억 이상</td></tr>
<tr><td>30점</td><td colspan="6">초과 1억당 1점 환산(29점 ~ 6점)</td><td colspan="6">5점</td></tr>
<tr><td rowspan="2">4</td><td rowspan="2">국내·외 학력
(50점)</td><td colspan="5">신산업분야 박사
(시스템반도체, 바이오헬스, 미래차, 인공지능)</td><td colspan="4">이공계 박사</td><td colspan="2">박사</td><td>석사</td><td>학사</td></tr>
<tr><td colspan="5">50점</td><td colspan="4">40점</td><td colspan="2">30점</td><td>15점</td><td>3점</td></tr>
<tr><td rowspan="2">5</td><td rowspan="2">사회기여·기부
(20점)</td><td colspan="2">연 1000만원 이상</td><td colspan="4">연 1,000만원 미만 ~ 연 100만원 이상</td><td colspan="7">연 100만원 미만 ~ 연 50만원 이상</td></tr>
<tr><td colspan="2">20점</td><td colspan="4">초과 60만원당 1점 환산(19점 ~ 5점)</td><td colspan="7">4점</td></tr>
<tr><td rowspan="2">6</td><td rowspan="2">추 천 서
(15점)</td><td colspan="3">6번 추천권자 1), 2)</td><td colspan="5">6번 추천권자 3), 4), 5), 6)</td><td colspan="5">6번 추천권자 7)</td></tr>
<tr><td colspan="3">15점</td><td colspan="5">10점</td><td colspan="5">5점</td></tr>
<tr><td rowspan="2">7</td><td rowspan="2">사회봉사
(15점)</td><td colspan="3">사회봉사 180시간 이상</td><td colspan="5">사회봉사 179~50시간
(초과 10시간당 1점)</td><td colspan="5">사회봉사 49시간 이상</td></tr>
<tr><td colspan="3">15점</td><td colspan="5">14점 ~ 2점</td><td colspan="5">1점</td></tr>
</table>

연번	항목	구간별 점수		
8	장기간합법체류 (10점)	10년 초과	10년 ~ 4년	3년 이상
		10점	9점 ~ 4점(초과 1년당 1점)	3점

■ 항목별 세부기준 및 증빙서류

(연번 1) 4대 사회보험(국민연금, 건강보험, 산재보험, 고용보험) 사업장 가입자 명부 기준

(연번 2) 부가가치세를 제외한 1년간 세금 납부 실적(법인세, 소득세, 교육세 등)

(연번 3) 관세청, 무역협회, 세무사 등이 발행한 확인서 또는 증명서

(연번 4) 국내·외 학위 모두 포함하며, 이미 취득한 경우만 해당(취득예정 제외). 졸업증(졸업증명서) 또는 학위증(학위증명서) 제출

(연번 5) 기부금(현물 포함) 기탁서, 영수증, 기부내역서 등

(연번 6) 기관의 장 명의로 발행된 추천서만 인정

※ 추천권자는 「우수인재 평가기준 및 추천 등 고시」 "6. 우수인재 추천권자" 참조

(연번 7) 봉사확인서 등 해당 기관(단체)에서 발행한 확인서 등

※ 사회봉사활동은 최근 3년 이내 실적으로 봉사활동증명서로서 1365자원봉사포털(www.1365.go.kr), 사회복지자원봉사인증관리시스템(www.vms.or.kr)으로 확인된 경우만 인정

(연번 8) 「국적법 시행규칙」 제5조 적용(출입국사실증명서로 본인이 체류기간 산정)

※ (공통사항) 구간별 점수 환산 기준 : 각 구간별 점수를 환산할 때는 기준별 요건 마다 반올림을 하지 않고 기준점수 이상 취득 시 환산 점수를 적용

8. 우수인재 심의대상

1) 「국적법시행령」 제6조제2항제1호의 추천을 받은 사람
2) 「국적법시행령」 제6조제2항제2호의 추천을 받은 사람 중 법무부장관이 우수인재 평가기준과 가점제도를 참고하여 국적심의위원회 심의에 회부한 사람
3) 「국적법시행령」 제6조제2항제3호에 따라 법무부장관이 심의에 부친 사람

9. 시행일, 경과규정

1) (시행일) 이 고시는 2020년 6월 26일부터 시행한다.
2) (경과규정) 개정 고시 시행 이전에 접수된 신청에 대하여도 본 고시를 적용한다.

10. 재검토기한

무부장관은 이 고시에 대하여 2021년 1월 1일을 기준으로 3년마다(매 3년이 되는 해의 기준일과 같은 날 전까지를 말한다.) 그 타당성을 검토하여 개선 등의 조치를 취하여야 한다.

참고문헌

「가족관계의 등록 등에 관한 법률」(약칭: 가족관계등록법) [시행 2017.10.31] [법률 제14963호, 2017.10.31.].

「개인정보 보호법」 [시행 2017.10.19.] [법률 제14839호, 2017.7.26.].

「개인정보 보호법 시행령」 [시행 2019.1.1.] [대통령령 제29421호, 2018.12.24.].

「국적법」 [시행 2022.10.1.] [법률 제18978호, 2022.9.15.].

「국적법시행령」 [시행 2022.7.12.] [대통령령 제32790호, 2022.7.11.].

「국적법시행규칙」 [시행 2020.12.22.] [법무부령 제989호, 2020.12.22.].

「국적업무처리지침」 [시행 2019.4.22.] [법무부예규 제1218호, 2019.4.16.].

「국제사법」 [시행 2016.1.19.] [법률 제13759호, 2016.1.19.].

「난민법」 [시행 2016.12.20.] [법률 제14408호, 2016.12.20.].

「대법원 가족관계등록예규」 제101호(자녀의 성과 본에 관한 가족관계등록사무 처리지침), 제108호(한국인과 외국인 사이에서 출생한 자녀에 대한 출생신고 처리방법), 제163호(외국인 또는 가족관계등록부가 없는 사람 등과의 혼인신고가 있는 경우의 사무처리지침), 제205호(국적상실신고를 수리한 때의 사무처리지침), 제207호(국적상실의 기록이 없는 사람에 대한 국적회복의 신고), 제312호, 제326호(출생에 의한 복수국적자에 대한 출생신고에 관한 사무처리지침), 제451호(외국의 국호, 지명 및 인명의 표기에 관한 사무처리지침).

「대한민국 헌법」

「독립유공자예우에 관한 법률」(약칭 : 독립유공자법) [시행 2019. 12. 10] [법률 제16828호, 2019.12.10.].

법무부고시(제2016-276호) (2016.9.12.부터 시행), "「국적법시행령」 제6조제2항에 해당하는 우수인재 추천 및 평가기준에 관한 고시".

「민법」 [시행 2018.2.1.] [법률 제14965호, 2017.10.31.].

법무부 고시(제2018-70호) (2018.3.26.부터 시행), "재외동포(F-4) 자격의 취업활동 제한범위".

법무부 고시(제2019-303호) (2019.12.27.), "결혼동거 목적의 사증 발급에 필요한 소득요건 고시".

「병무청훈령」 제1598호 (2019.12.11.).

「병역법」 [시행 2020.3.31] [법률 제17166호, 2020.3.31., 일부개정].

「병역법 시행령」 [시행 2020.6.11] [대통령령 제30760호, 2020.6.9.].

「병역법 시행규칙」 [시행 2020.1.7] [국방부령 제1006호, 2020.1.7.].

「병역의무자 국외여행 업무처리 규정」 [시행 2019.12.11.].

「부동산 거래신고 등에 관한 법률」 [시행 2018.2.9.] [법률 제14569호, 2017.2.8.].

「북한이탈주민의 보호 및 정착지원에 관한 법률」 (약칭 : 북한이탈주민법) [법률 제16223호, 2019.1.15.].

「여권법」[시행 2017.6.22.] [법률 제14606호, 2017.3.21.].

「외국인학교 및 외국인유치원의 설립 · 운영에 관한 규정」 [시행 2016.7.28] [대통령령 제27374호, 2016.7.26.].

「외국국적 동포의 국적회복 등에 관한 업무처리 지침」) [시행 2018.12.20.] [법무부예규 제1202호, 2018.12.18.].

「의료법」 [시행 2020.2.28.] [법률 제16555호, 2019.8.27.].

「재외동포의 출입국과 법적 지위에 관한 법률」(약칭 : 재외동포법)[시행 2018.5.1.] [법률 제14973호, 2017.10.31.].

「재외동포의 출입국과 법적 지위에 관한 법률 시행령」, [시행 2019.7.2.] [대통령령 제29936호, 2019.7.2.].

「재외동포의 출입국과 법적 지위에 관한 법률 시행규칙」, [시행 2018.6.12] [법무부령 제930호, 2018.6.12.].

「재한외국인 처우 기본법」(약칭 : 외국인처우법) [시행 2017.10.31.] [법률 제14974호, 2017.10.31.].

「전자정부법」 [시행 2017.10.24.] [법률 제14914호, 2017.10.24.].

「출입국관리법」 [시행 2019.10.24] [법률 제16344호, 2019.4.23.].

「출입국관리법시행령」 [시행 2020.2.18] [대통령령 제30415호, 2020.2.18.].

「출입국관리법시행규칙」 [시행 2020.2.21] [법무부령 제968호, 2020.2.21.].

「행정절차법」 [시행 2017.7.26] [법률 제14839호, 2017.7.26.].

국적법 전문가 토론회 자료, “선천적복수국적자의 국적선택제도 개선을 위한 국적법 개정방향”. 국회의원회관, 2018.9.11.

권채리, “복수국적의 허용과 규제 그리고 과제”, 『공법학연구』 제20권제2호, 한국비교공법학회, 2019.5.

김형수, “유승준 사건, 무엇이 문제인가”, 한국이민법학회 · 건국대학교 법학연구소 2019년 추계공동학술대회 발표자료, 건국대학교, (2019.10.25.).

민지원, “가족사증제도와 가족(재)결합에 관한 연구”, 이민정책연구원(2019-1).

법무부, 『사증업무편람』, 2005.

법무부, “체류외국인 실태조사 - 의료관광객, 관광상륙허가자”, 2016.2.
법무부출입국 · 외국인정책본부, 『2009외국국적동포 업무편람』, 2009.
법무부출입국 · 외국인정책본부, 『세계 각국의 국적제도-국적포기와 회복 절차 및 이중국적 허용 등에 관한 내용-』, 2010.
법무부출입국 · 외국인정책본부, 『2014국적실무편람』, (2014.6.).
법무부출입국 · 외국인정책본부, “알기 쉬운 외국국적 동포업무 매뉴얼”, (2020.5. 기준).
법무부출입국 · 외국인정책본부, 『국적판례집』, 2008.
법무부출입국 · 외국인정책본부, 『국적법 문답식 해설』, 2011.
법무부출입국 · 외국인정책본부, 『이민자조기적응프로그램』(외국국적동포), 2018.
법무부출입국 · 외국인정책본부, “사증발급 안내매뉴얼”(2020.6.).
법무부출입국 · 외국인정책본부, “체류업무 자격별 안내매뉴얼”(2020.6.).
법무부 · 병무청, “국적 및 병역안내서”, (2013.9.).
병무청, “2018년 국외체류자 병역제도 안내”, 2018.
석동현, 『국적법』, 법문사, 2011.
안춘수, 『국제사법』, 법문사, 2017.
윤진수, 『친족상속법 강의』(제3판), 박영사, 2020.
이연우, “병역의무와 국적이탈의 자유”, 한국이민법학회 발표자료(건국대 법학전문대학원, 2017.12.29.).
이종옥, “이민행정업무 체류실무특강”, (강의자료, 2019.9.1.).
이종옥, “각종 체류허가 신청서류 안내”, (강의자료, 2020.1.).
이주윤, “국제법적 시각에서 본 대한민국의 국적문제”, 『법학연구』 (제29집, 2008).
이철우, “국적제도의 개선방안 : 보충적 출생지주의와 제한적 이중국적 용인을 중심으로”, 2007년도 법무부 연구용역과제보고서, (2007).
이철우 외, 『이민법』, 박영사, 2016.
정인섭, “국적유보제도의 득실”, 『서울국제법연구』 제4권제2호, 서울국제법연구원, 1997.
차용호, 『한국 이민법』, (법문사), 2015.
〈하이코리아〉 및 〈1345〉 자료.
한국이민재단, 『다문화사회전문가 이수교육』, 2019년 하반기.
한국이민재단, 『이민행정실무 아카데미』 (기본과정 교재), 2017.

日本 国籍法(http://www.moj.go.jp/MINJI/kokusekiho.html, 2020.5.8. 최종방문).

헌법재판소 결정, 97헌가12, 위헌법률심판제청, 2000.8.31.

헌법재판소 결정 2005헌마739(2006. 11. 30.) 전원재판부(「국적법」 제12조제1항 등 위헌확인).

헌법재판소 결정, 2013헌마805, 2014헌마788(병합(2015.11.26.)) (「국적법」 제12조제2항 위헌 확인 등).

헌법재판소 결정, 2015헌바26, 2015. 9. 24.

헌법재판소 결정, 2015헌바304, 2015. 11. 26. (국적법 제21조 위헌소원).

헌법재판소 결정, 2016헌마889, 2020. 9. 24. (국적법 제12조제2항 본문 등 위헌확인).

대법원 1996. 11. 12. 선고 96누1221 판결 [강제퇴거명령처분무효확인등][집44(2)특,703;공 1996.12.15.(24),3602].

대법원 1999. 12. 24. 선고 99도3354 판결 [특정범죄가중처벌등에관한법률위반(외국인을위한 재산취득)][공2000.2.1.(99),356].

대법원 2000. 12. 22. 선고 99두2826 판결 [국적이탈허가거부처분취소].

대법원 2005. 7. 14. 선고 2005두2483 판결 [국적회복허가신청불수리처분취소].

대법원 2008. 7. 24. 선고 2008도4085 판결 [사기 · 업무상배임].

대법원 2010. 10. 28. 선고 2010두6496 판결 [귀화허가신청불허가처분취소][공2010하,2178].

대법원 2010. 7. 15. 선고 2009두19069 판결 [국적신청불허가처분취소][공2010하,1592].

대법원 2010. 7. 15. 선고 2009두19069 판결.

대법원 2019. 7. 11. 선고 2017두38874 판결 [사증발급거부처분취소].

서울고등법원 2001. 6. 21. 선고 2000누12913 판결.

서울고등법원 2010. 10. 14. 선고 2009누30365 판결 [국적회복신청불허가처분 및 반려처분 취소].

서울고등법원 제4특별부 2004. 10. 29. 선고 2003누12891 판결 [귀화허가신청서접수거부처분 취소].

서울행정법원 2003. 6. 24. 선고 2002구합34786 판결.

서울행정법원 2008. 5. 14. 선고 2007구합43501 판결 [귀화허가신청불허처분취소).

서울행정법원 2009. 3. 10. 선고 2008구합46408 판결.

서울행정법원 2009. 8. 14. 선고 2009구합10123 판결 [국적신청불허가처분취소].

서울행정법원 2009. 9. 3. 선고 2009구합22348 판결 [국적신청불허가처분취소].

서울행정법원 2009. 10. 1. 선고 2009구합5046 판결 [국적신청불허가처분취소].

서울행정법원 2009. 12. 28. 선고 2009구합26920 판결 [출국명령처분취소 등].

서울행정법원 2010. 6. 4. 선고 2010구합12293 판결 [국적취득신청불허가처분취소].
서울행정법원 2010. 6. 24. 선고 2010구합14848 판결 [국적신청불허가처분취소].
서울행정법원 2010. 7. 2. 선고 2009구합21567 판결 [국적허가불허취소].
서울행정법원 2010. 7. 9. 선고 2010구합3558 판결 [국적취득신청불허가처분취소].
서울행정법원 2010. 8. 13. 선고 2009구합50350 판결 [국적신청불허가처분취소].
서울행정법원 2010. 8. 19. 선고 2010구합18369 판결 [국적신청불허가처분취소].
서울행정법원 2010. 12. 2. 선고 2010구합27837 판결 [국적취득신청불허가처분취소].
서울행정법원 2011. 12. 8. 선고 2011구합19079 판결.
서울행정법원 2012. 2. 17. 선고 2011구합22051 판결.
서울행정법원 2012. 5. 3. 선고 2011구합35873 판결.

사항색인

ㅁ

ㅂ

ㅅ

ㅇ

저·자·약·력

■ 이종옥 〈감수자〉

대한무역진흥공사(KOTRA) 법무관
외교부 영사과 법무관
중국 선양총영사관 영사
서울출입국·외국인청 세종로출장소 소장
서울출입국·외국인청 관리과장
인천공항출입국·외국인청 심사국장
이주동포연구원, 강사

현) 박문각 종로고시학원 강사
다문화행정협회 강사

■ 유태수 〈감수자〉

주 상하이 대한민국총영사관 주재관
외교부 영사과 법무관

현) 법무부 귀화 면접관
(재) 한국이민재단 이사
출입국민원 대행기관 전임강사(법무부)
다문화사회전문가 양성과정 전임강사(한국이민재단)
- 법무연수원 출입국 체류와 사범 소송실무 강의
- 대림대 평생교육원 출입국관리법 강의

- 저서 : System 헌법(공저) (1996년, 고시연구원)

■ 조 국 현

강원 평창(봉평) 출생
강릉명륜고등학교
강원대학교 법과대학 (법학사)
고려대학교 정책대학원 (행정학석사)
고려대학교 대학원 행정학과 (행정학박사)
미국 Indiana University Maurer School of Law (법학석사, LL.M.)
미국 Indiana University McKinney School of Law (법학박사, S.J.D.)

[주요 경력]

법무법인 정도, 외국변호사(Attorney at law licensed and admitted in the State of New York)
한림국제대학원대학교 미국법학과 겸임교수
미국 뉴욕주 및 미국 연방 뉴욕(동부) 지방법원 변호사
(Admitted in the State of New York and United States District Court, Eastern District New York)
한림국제대학원대학교 글로벌종합이민센터, 센터장
아이팩(IIPAC)조정중재센터, 조정전문위원
서울대학교 의과대학/서울대학교병원 의학연구윤리심의위원회(IRB) 심의위원
한국전력공사(KEPCO) 투자심의위원회, 투자심의위원
미국 Law Offices of Youngsoo Choi, P.C., in the State of New York, 소속변호사 (Associate Attorney)
기획재정부 주관 공기업·준정부기관 경영평가단, 경영평가위원
미국 Stanford University, Asia-Pacific Research Center, 객원연구원 (Visiting Scholar)
대통령소속 동북아의 평화를 위한 바른역사정립기획단, 선임연구관
동북아역사재단, 연구위원
일본 문부과학성 산하 일본학술진흥회(JSPS), 외국인특별연구원
일본 게이오대학(慶應義塾, Keio University), Post-Doctoral Fellow

국가기관 공무원 및 공기업 외국변호사 채용 면접 전형위원
공기업 프로젝트 추진 관련 법률자문사 선정을 위한 제안서 평가위원
고려대학교 정부학연구소, 선임연구원
Thomson Reuters LAWnB 교육센터, 미국변호사시험 준비과정, 강사
대통령 자문 동북아시대위원회, 사회문화협력전문위원회, 전문위원 등

[주요 연구]

출입국관리법 (진원사, 2022)
미국 불법행위법[제2판] (진원사, 2019)
미국 계약법[제2판] (진원사, 2019)
미국 증거법 (진원사, 2019)
미국 재산법 (박영사, 2017)

* E-Mail: canicho@naver.com

[제2판] 외국인 및 재외동포를 위한 **국적법** - 국적법령의 이해 및 실무 -

저　자 조국현
발행인 양진수
발행처 진원사

2020년 11월 10일 초 판 발행
2022년 10월 27일 제2판 인쇄
2022년 11월 18일 제2판 발행

서울시 송파구 법원로 9길 26, C동 1107호 (문정동, H비즈니스파크)
전화 : 02) 916-1850 / 팩스 : 02) 916-3442
신고번호 제2018-000026호
http://www.jinwonsa.co.kr
e-mail : hhansin@hanmail.net

저자와의 협의하에 인지생략

ISBN : 978-89-6346-621-7 93360

정가 50,000원